Michael Kerres, Britta Voß (Hrsg.)

Digitaler Campus

Vom Medienprojekt zum nachhaltigen Medieneinsatz in der Hochschule

Waxmann Münster / New York
München / Berlin

Bibliografische Informationen Der Deutschen Bibliothek
Die Deutsche Bibliothek verzeichnet diese Publikation in der Deutschen Nationalbibliografie; detaillierte bibliografische Daten sind im Internet über http://dnb.ddb.de abrufbar.

Medien in der Wissenschaft; Band 24
Gesellschaft für Medien in der Wissenschaft e.V.

ISSN 1434-3436
ISBN 3-8309-1288-9

http://www.waxmann.com
E-Mail: info@waxmann.com

Umschlaggestaltung: Pleßmann Kommunikationsdesign, Ascheberg
Titelbild: Britta Voß
Satz: Stoddart Satz und Layout, Münster
Druck: Buschmann, Münster
gedruckt auf alterungsbeständigem Papier, DIN 6738

Inhalt

Integration des E-Learning in die Hochschule

Innovative didaktische Lernszenarien

Informationsmanagement in der Hochschule

Michael Kerres, Britta Voß

Vorwort: Vom Medienprojekt zur nachhaltigen Mediennutzung auf dem Digitalen Campus

Digitale Medien haben sich durch verschiedene Initiativen als ein selbstverständlicher Bestandteil im Hochschulalltag etabliert, wie z.B. bei der Literaturrecherche und -beschaffung, bei der Dokumentbearbeitung und -distribution ebenso wie bei der Präsentation und Kommunikation und im weitesten Sinne: als Medien des Lehrens und Lernens. Die Entwicklung lässt dabei nicht erkennen, dass sich traditionelle Hochschulen auflösen und vermehrt „virtuellen Universitäten" Platz machen, wie noch vor wenigen Jahren von manchen Enthusiasten vorhergesagt wurde.

Mit den zunehmend verfügbaren Erkenntnissen aus einer Vielzahl von Projekten und Aktivitäten an Hochschulen geht es heute vorrangig nicht mehr um die Erprobung „neuer" Ansätze mediengestützten Lernens, sondern um die (Weiter-) Entwicklung von Strukturen und Prozessen, um bestehende Ansätze auf der Basis solcher Erkenntnisse konsequent zu erweitern und die aufgezeigten Potenziale digitaler Medien in der Lehre gezielt zu nutzen. Zentrale Aufgaben werden die Umsetzung von Konzepten des Medieneinsatzes in der alltäglichen Lehre und deren dauerhafte Integration in den Hochschulalltag, in Studienrichtungen und Studiengänge.

Dieser Band gibt einen Einblick in aktuelle Bemühungen an Hochschulen, diese Prozesse der Hochschulentwicklung *mit* und *durch* Medien zu gestalten. Er beinhaltet die Vorträge der **GMW*03*** – Conference on Media in Higher Education, der 8. Jahrestagung der Gesellschaft für Medien in der Wissenschaft e.V., die vom 16.-19. September 2003 an der Universität Duisburg-Essen stattgefunden hat. Folgende Trends kennzeichnen die Diskussion der Tagung:

- Vom Projekt zur Hochschulentwicklung

Das Thema Neue Medien ist nicht mehr die Spielwiese für eine kleine Gruppe begeisterter Spezialisten, sondern eine Herausforderung für die Hochschulentwicklung in allen Bereichen. Gefordert sind Lösungen und Strategien, die zu nachhaltigen Veränderungen in der Hochschule beitragen. Standen lange Zeit technisch ambitionierte Multimedia-Anwendungen im Mittelpunkt des Interesses, wendet sich die Aufmerksamkeit verstärkt innovativen Lösungen zu, die neue Perspektiven für ganze Studienrichtungen oder Studiengänge aufzeigen. Ausgangspunkt dieser veränderten Sichtweise ist die Erkenntnis, dass „virtuelle" Lehrangebote nur dann lebensfähig sind, wenn sie konsequent und in jeder Hinsicht ein selbstverständlicher Bestandteil sowohl der technischen Infrastruktur als auch des akademischen und sozialen Lebens einer Hochschule werden.

Alle Projektaktivitäten im Kontext von Medien und Bildung stehen vor dem Problem der Verstetigung, d.h. wie kann die Weiterführung von Vorhaben z.B. nach Auslaufen einer Projektförderung sichergestellt werden, etwa um Server und digitale Dienste zu betreiben und zu betreuen, damit Materialien verfügbar bleiben und aktualisiert werden.

Dieses Problem wird vielfach den Projekten zugeschrieben. Doch es erscheint fraglich, inwieweit die Verstetigung vollständig als ein Problem der Projekte aufgefasst werden kann. Es bleibt die Frage, ob die intendierten Effekte von Förderprogrammen alleine in der Projektform zu organisieren ist. Viele aktuelle Projekte haben den Fokus auf die Produktion hochwertiger Medien gelegt. Die Fragen der organisationalen Integration und des notwendigen Wandels, der Entwicklung von Lehrplänen und Studiengängen, des internen und externen Marketings, der strukturellen Voraussetzungen, der Personalentwicklung, der Formulierung von Geschäftsmodellen und Verwertungsstrategien – dies alles sind gewichtige Anforderungen, die bislang nur marginal thematisiert werden und sich innerhalb von „Medienprojekten" auch kaum lösen lassen. Diese Fragen lassen sich kaum beiläufig erledigen und machen – über die Medienprojekte hinaus – hochschulinterne Strategiediskussionen erforderlich.

An manchen Hochschulen werden diese Herausforderungen gesehen, und es wird nach Wegen gesucht, wie der Elan, der durch die öffentlichen Förderprogramme ausgelöst worden ist, für Hochschulentwicklung genutzt werden kann, um diesen in seiner Wirksamkeit zu sichern bzw. zu stärken.

- Vom virtuellen Lernen in Netzen zum mediengestützten Lernen in der Hochschule

Das Lernen mit neuen Medien wird nicht mehr als Alternative zur „konventionellen" Lehre aufgefasst, sondern es wird zunehmend nach innovativen Formen der Kombination verschiedenartiger Lernformen auf dem Campus gesucht.

Hybride Lernarrangements erweitern das methodisch-didaktische Repertoire der Hochschullehre, indem sie tradierte Lehrkonzepte mit neuen Lernformen bereichern: Hochschuldidaktische Ansätze, die sich durch Phasen eines intensiven selbstgesteuerten und kooperativen Lernens, durch eine stärkere Anwendungsnähe und Transferorientierung des Lernens auszeichnen. Die neuen Ansätze bieten zum einen eine größere zeitliche und räumliche Flexibilität für Studierende mit sehr unterschiedlichen Zeitbudgets und zum anderen Möglichkeiten der Entwicklung kooperativer Strukturen bei der Organisation von Lehrangeboten über die einzelne Hochschule hinaus. Die Sichtweise der hybriden Lernarrangements fokussiert nicht mehr das Lernen in „virtuellen Lernräumen", sondern ein erweitertes Lernen „in" der Hochschule und „auf" dem Campus. Und damit stellen sich Fragen an die Architektur, die Raum- und Gebäudeausstattung, die Infrastruktur sowie Dienstleistungen und Support-Strukturen auf dem „Digitalen Campus" zur Unterstützung des erweiterten Lehrens und Lernens.

Ein Aspekt ist dabei der ubiquitäre Internet-Zugang innerhalb der Hochschule durch drahtlose Zugangstechnik und mobiles Lernen auf dem Campus sowie die damit zusammenhänge Frage der Gestaltung räumlich-physikalischer Arrangements, die das Lernen wesentlich beeinflussen. In den Mittelpunkt des Interesses rücken Arrangements, die einen nahtlosen Übergang zwischen „realen" und „virtuellen" Räumen des Lernens unterstützen. Der physikalische Raum wird um die Möglichkeiten des virtuellen Raumes erweitert, er erlebt eine Ausweitung seiner Möglichkeiten, indem er Lernorte sowohl auf dem Campus als auch außerhalb des Campus verbindet und Grenzen zwischen realen und bislang eben: „virtuellen" Räumen überwindet.

- Von der Lernplattform zu integrierten Lösungen für den digitalen Campus

Als technische Grundlage für das Lernen mit digitalen Medien standen bis vor kurzem die Möglichkeiten von „Lernplattformen" als Basis für das „virtuelle" Lernen im Mittelpunkt des Interesses. Die Anforderungen und Ansprüche an Internet-Plattformen zur Lernunterstützung sind in bisher verfügbaren Lösungen bislang noch keineswegs vollständig eingelöst. In der praktischen Erprobung ist jedoch bereits sichtbar, wie eng die Lösungen vielfach angelegt sind.

Das internetbasierte Lernen ist auf dem Hintergrund der gesamten digitalen Infrastruktur und Informationsverarbeitung einer Hochschule zu diskutieren, in der alle sinnhaft digitalisierbaren Prozesse, die zum Lernen, Lehren, Prüfen, Forschen, Verwalten etc. gehören, abgebildet sind. Zum Lehren und Lernen an einer Hochschule gehören deutlich mehr als etwa das Distribuieren von Lernmaterialien und das Bearbeiten von Multiple-Choice-Tests. Eine Lernplattform bleibt ein artifizielles, isoliertes Gebilde, wenn sie nicht in einem „integrierten Informationsmanagement" zusammengeführt wird mit vielen anderen, vielfach bereits digitalisierten Prozessen: Dies beginnt mit der Immatrikulation, geht über die Bibliotheksverwaltung, bis hin zum Prüfungswesen und dem Qualitätsmanagement. Selbstverständlich benötigt sie (digitale) Werkzeuge für die Unterstützung von Gruppenarbeit und für das Verwalten von Dokumenten und Wissen.

Die Internetplattform der Zukunft entsteht erst, wenn die Übergänge zwischen allen diesen (und manch anderen) Teilprozessen geschaffen werden. In der Implementation eines solchen „integrierten Informationsmanagements" an einer Hochschule entsteht eine Plattform für alle Aktivitäten des Lehrens und Lernens als Teil der hochschulweiten Infrastruktur digitaler Dienste, möglicherweise sogar ohne bisherige „Lernplattformen".

Lernplattformen sind diskutiert worden als die technologische Basis für neue, „virtuelle Hochschulen". Mit der Forderung nach „integriertem Informationsmanagement" in der Hochschule wird eine Verschiebung der Sichtweise deutlich. Es geht nicht um die Schaffung einer neuen Parallelwelt neben der Hochschule, sondern um den Aufbau eines digitalen Campus in der Hochschule, durch den sowohl die traditionelle Lehre profitiert als auch neue Wege der mediengestützten Lehre gegangen werden können. Um die Nutzung neuer Medien in der Lehre dauerhaft abzusichern, ist der Blick vom „virtuellen Campus“ auf die Integration mediengestützten Lernens in der „realen“ Hochschule zu lenken. Hierbei spielen auch Ansätze des mobilen Lernens auf dem Campus, wie sie in Projekten der Notebook-Universität erprobt werden, eine besondere Rolle.

Insgesamt rückt damit das Interesse weg von einer *virtuellen Hochschule* als einem „Parallel-Universum“, das zusätzlich zur bestehenden Hochschule existiert (und/oder dieses in seiner Existenz infrage stellt), hin zum *Digitalen Campus,* der Prozesse der Hochschule durch digitale Dienste unterstützt und erweitert. Das Konzept des „digitalen Campus“ integriert Ansätze der Mediennutzung in der Lehre, in der Forschung, in Service-Einrichtungen und der Verwaltung. Er schafft durchgängige Strukturen der digitalen Informationsverarbeitung in der Hochschule und unterstützt so Aktivitäten aller Akteure in ihren alltäglichen Handlungen.

Die Wege, die Hochschulen bei der Nutzung digitaler Dienste gehen, sind unterschiedlich. Es zeigt sich aber, dass ein Mehrwert nur dann entstehen kann, wenn die unterschiedlichen digitalen Dienste aus den Bereichen Lehren und Lernen, Prüfen und Verwalten, Forschen und Publizieren etc. in einem integrierten Informationsmanagement zusammengeführt werden. Maßgebliches Kriterium entsprechender Bemühungen ist der Aufbau nachhaltiger Strukturen, die in der Regel auch organisatorische Veränderungen an Hochschulen erforderlich machen, sowohl bei der Organisation von Lehre als auch der Service-Einheiten für Information, Kommunikation und Medien.

Schließlich noch ein Wort des Dankes an alle Mitarbeiterinnen und Mitarbeiter des Lehrstuhls für Mediendidaktik und Wissensmanagement der Universität Duisburg-Essen: Sie haben durch ihre tatkräftige Unterstützung ganz wesentlich zur Erstellung dieses Bandes beigetragen.

Vom Projekt zur Hochschulentwicklung

Karen Beyer, Marion Bruhn-Suhr, Jasmin Hamadeh

Ein Weiterbildungsprojekt als Promotor von Hochschulentwicklung – Realität oder Größenwahn?

Es werden keine Fische verschenkt: Wie Hochschulen mit einer Weiterbildungseinrichtung das Angeln lernen

Zusammenfassung

In diesem Beitrag werden die Besonderheiten des BLK-Projektes OLIM[1] in Bezug auf die Implementierung von Nachhaltigkeit und die Entwicklungsimpulse aus der Weiterbildung in die Hochschulen hinein dargestellt. Ausgehend von der besonderen Situation in Hamburg und in der Arbeitsstelle für wissenschaftliche Weiterbildung der Universität Hamburg wird das Projekt in seinen wesentlichen Zügen skizziert. Es schließt sich eine Darstellung wichtiger Faktoren zum angestrebten Ziel Nachhaltigkeit sowie eine Beschreibung ihres konzeptionellen Beitrags an. Am Beispiel erster Projektergebnisse wird aufgezeigt, inwiefern sich die hohen Erwartungen bisher erfüllt haben oder ob es sich um einen Anflug von Größenwahn einer kleinen Einrichtung in einer großen Universität handelt.

Einleitung: Projektförderung und Nachhaltigkeit – ein Widerspruch in sich?

Gib einem Menschen einen Fisch, und er wird einen ganzen Tag lang satt;
lehre ihn das Angeln, und er wird sein ganzes Leben lang satt.
(Chinesisches Sprichwort)

Diese Einsicht zum Thema Nachhaltigkeit lässt sich trefflich auf jegliche Projektentwicklung übertragen. Sie legt das Postulat nahe, ein jedes Projekt möge Antwort geben können auf die Frage: Was muss getan werden, um die Projektbeteiligten das Angeln zu lehren?

Dieser Beitrag zeigt, wie die Arbeitsstelle für wissenschaftliche Weiterbildung der Universität Hamburg (AWW) in ihrem Projekt OLIM mit Kooperationspartnern aus Hamburger Hochschulen und Unternehmen Kompetenzen für den Einsatz von E-Learning aufbaut. Am Projektende soll einerseits ein qualifiziertes Angebot stehen, das sich selbst finanziert, zum anderen ein solider Grundstein für weitere E-Learning-Aktivitäten an Hamburger Hochschulen gelegt sein.

1 OLIM steht für „Online Perspektiven im weiterbildenden Studium“ und wird von der Bund-Länder-Kommission (BLK) gefördert.

Projektförderung von E-Learning an deutschen Hochschulen führt nicht immer zu nachhaltigen Ergebnissen. Wenn die Finanzierung nach Beendigung des Projektes ausbleibt, werden begonnene Entwicklungen oft genug ebenfalls gestoppt. Nicht selten liegt dies u.a. an ungünstigen Personalstrukturen: Für die Projektdauer werden wissenschaftliche Mitarbeiter eingestellt und mit Ablauf des Projektes fließt deren gesammeltes Wissen mit Beendigung der befristeten Arbeitsverhältnisse wieder ab (vgl. z.B. Kandzia, 2002, S. 55 oder Kerres, 2001, S. 39 f.). Die Frage, wie es gelingen kann, ein E-Learning-Projekt derart zu gestalten, dass das Ende der Förderung nicht gleichzeitig das „Aus" der E-Learning-Aktivitäten in der Einrichtung bedeuten muss, war daher von Anfang an wesentlich bei der Konzeption des E-Learning-Projektes OLIM an der Universität Hamburg.

Die Projektinitiatoren bedachten das Thema Nachhaltigkeit in der Projektkonzeption auf verschiedenen Ebenen mit, z.B. bei der Projekt- und Stellenstruktur, dem Einsatz der Technik, der Qualifizierungsstrategie oder dem zu entwickelnden Produkt und seiner Vermarktung. Dabei wurde die Vision lebendig, wissenschaftliche Weiterbildung an der Universität könne als Promotor in die Universität hinein wirken. Die „herrschenden Verhältnisse" sollten also quasi auf den Kopf gestellt werden: Ein Angebot der wissenschaftlichen Weiterbildung ergibt sich nicht wie gewohnt als Nebenprodukt der grundständigen Lehre und Forschung; vielmehr wird in der wissenschaftlichen Weiterbildung ein attraktives E-Learning-Angebot entwickelt, welches in das grundständige Studienangebot hineinwirkt.

Ausgangslage in Hamburg zur Zeit der Antragstellung

Die bisherigen berufsbezogenen Weiterbildungsstudienangebote der AWW sind durchgängig berufsbegleitend organisiert, einige beinhalten Phasen angeleiteten Selbststudiums auf der Basis schriftlicher Studienmaterialien. Die Durchführung beruht jedoch überwiegend auf dem Konzept klassischer Präsenzlehre. Für die Entwicklung und Durchführung ihrer Angebote arbeitet die AWW eng mit Hochschullehrern der Hamburger Hochschulen zusammen. Seit der Einrichtung des Fernstudienzentrums (1988) verfügt die AWW auch über Kompetenz und Wissen auf dem Gebiet des selbstorganisierten Lernens.

Die neuen Medien und ihre Möglichkeiten wurden bislang im Bereich der weiterbildenden Studien in der AWW nicht genutzt. Die Überzeugung, dass multimediale Lernarrangements berufstätigen Studierenden ein höheres Maß an Selbstbestimmung über Zeit, Ort und Geschwindigkeit des Lernens und auch ein höheres Maß an inhaltlicher Selbstbestimmung eröffnen könnten, sowie die Tatsache, dass Medienkompetenz in der Praxis stark nachgefragt ist, führte zur Konzeption des E-Learning Projektes OLIM. Kooperationspartner des Projektes, insbesondere Hochschullehrende aus Hamburger Hochschulen, brachten zunächst Fachkompetenz, jedoch kaum „E-Lern- oder E-Lehre-Kompetenz" in das Projekt mit. Eine Ausnahme bildet die Open University Business School, die in Forschung und Umsetzung von „Blended Learning"-Angeboten anerkanntes Expertenwissen hat.

Kurzbeschreibung des Projektes

Im Rahmen des Projektes OLIM geht es darum, Online-Perspektiven für das weiterbildende Studium am Beispiel des modularisierten Fernstudienangebots „Management für Führungskräfte – Einführung in praxisrelevante Themenkomplexe" zu entwickeln. Es werden folgende Module entwickelt und erprobt:

Propädeutikmodul

- „Study Skills"

Pflichtmodule

- Einführung ins kaufmännische Denken und Management
- Einführung in das Vertragsrecht
- Einführung in die Arbeits- und Organisationspsychologie

Modul zur Qualifizierung von E-Autoren und E-Moderatoren

- Train-the-E-Trainer

Wahlpflichtmodule

- Organisationales Lernen und Change Management
- Projekt-, Prozess- und Qualitätsmanagement
- Wissensmanagement
- Recht der Außenwirtschaft
- Betriebliche Gesundheitsförderung und Gesundheitsmanagement
- Personal- und Organisationsentwicklung

Das E-Learning-Angebot zielt neben der Vermittlung von Fachkompetenz auf die Verbesserung von Medienkompetenz, „Soft Skills" und „Study Skills" für die besonderen Bedürfnisse des selbstorganisierten Lernens. Im Gegensatz zu vielen Skeptikern geht die AWW davon aus, dass auch diese Kompetenzen im Rahmen eines E-Learning-Konzeptes vermittelt werden können.[2]

Im Rahmen des Projektes OLIM wird u.a. Folgendes erarbeitet (vgl. Projektantrag: www.aww.uni-hamburg.de):

- ein neues, qualitativ hochwertiges, modularisiertes Weiterbildungsprogramm in Form eines „Blended Learning"-Angebotes
- didaktische, medientechnische und medienrechtliche Rahmenbedingungen hinsichtlich der wissenschaftlichen Weiterbildung und des grundständigen Studiums
- Konzepte für die Entwicklung in Teams, die sich aus Hochschullehrenden, Mediendidaktikern, -technikern und Vertretern der Praxis zusammensetzen

---

2 Insbesondere in vielen Unternehmen bestehen Zweifel und Vorbehalte bezüglich der Realisierung dieser Lernziele (vgl. z.B. G. Mathy, Tagungsband Learntec 2001).

- Konzepte zur Zertifizierung von Weiterbildungsleistungen sowie ein Leistungspunktesystem
- ein Programm zur Ausbildung von E-Moderatoren und E-Autoren, (zunächst) für alle Projektbeteiligten
- die Möglichkeit der Integration des internationalen Aspektes durch Einbeziehung der britischen Open University Business School (OUBS)
- Spezifika für eine Übertragung der Ergebnisse auf das grundständige Studium

Kooperationspartner für dieses Projekt kommen vorwiegend aus den Hamburger Hochschulen, außerdem sind Praktiker aus Unternehmen und die britische OUBS beteiligt.

Von besonderer Bedeutung ist der Aspekt der Nachhaltigkeit der Entwicklung natürlich auch für die AWW als zentraler Einrichtung für wissenschaftliche Weiterbildung selbst. Nach Ablauf der Anschubfinanzierung durch die Projektmittel soll es gelingen, die bestehenden Weiterbildungsangebote der AWW in ein Konzept des „Blended Learning" einzubetten und um E-Learning-Komponenten zu ergänzen.

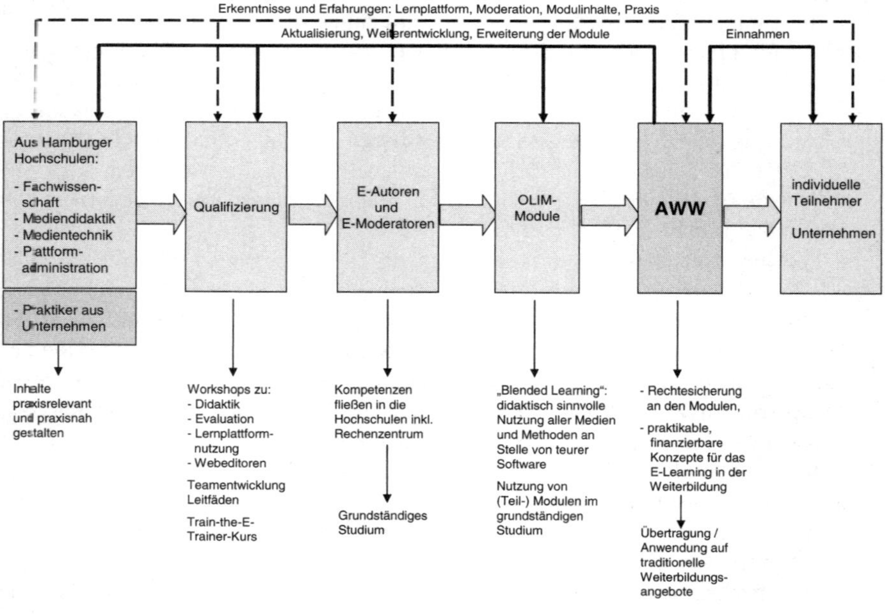

Abb. 1: Aspekte der Nachhaltigkeit des Projektes

Im Konzept des Projektes findet das Postulat der Nachhaltigkeit an vielen Stellen seinen Niederschlag, wie im Folgenden skizziert wird.

Das Konzept – Welche Faktoren unterstützen im Projekt OLIM die Nachhaltigkeit im Einzelnen?

- Möglichst breit in die Hochschulen hineinwirken:
  An der Entwicklung der Module sind Wissenschaftler aus drei Hamburger Hochschulen beteiligt, die in ihren Einrichtungen und Instituten als Multiplikatoren wirken können.
- Know-how in den beteiligten Einrichtungen halten:
  Die Entwicklungsaufgaben werden von Hochschullehrern, wissenschaftlichen Mitarbeitern der Fachbereiche und der AWW sowie Praktikern gemeinsam wahrgenommen. Unterstützt durch Teamarbeit findet ein kontinuierlicher Wissens- und Erfahrungsaustausch in Bezug auf E-Learning-Entwicklung und deren Umsetzung statt, der dazu führt, dass das Know-how in den Einrichtungen verbleibt, auch nach dem Ausscheiden der Mitarbeiter, die befristet für das Projekt eingestellt wurden.
- Kompetenz des Regionalen Rechenzentrums (RRZ) stärken:
  Das RRZ der Universität Hamburg ist für die technisch-administrative Unterstützung des Projekts zuständig. Es wurde eine Serviceeinheit im RRZ eingerichtet, die allen Wissenschaftlern der Hamburger Hochschulen zur Verfügung steht. Das RRZ administriert zwei Lernplattformen und steht für technische und plattformbezogene Fragen zur Verfügung. In die Serviceeinheit fließen auch OLIM-Projektmittel ein. Gegenüber der Ausgangssituation 2000/2001 hat die Universität somit eine nicht unerhebliche Entwicklung vollzogen.
- Nutzung vorhandener Lernplattformen – keine technischen Eigenentwicklungen durchführen:
  Aufgrund der Tatsache, dass den Hamburger Hochschulen und damit auch der AWW langfristig zwei proprietäre Lernplattformen für die E-Learning-Aktivitäten zur Verfügung gestellt wurden, konnte das Projekt sich auf die Konzeption von hochwertigen, finanzierbaren und didaktisch sinnvollen Modulen konzentrieren. In Kauf genommen wird hierbei, dass die Lernplattform die Entwicklerteams in ihren Entfaltungsmöglichkeiten an vielen Stellen einschränkt.
- Qualifizierung durch Teamentwicklung:
  Die Entwicklung in Teams trägt dazu bei, dass sich die Teammitglieder gegenseitig qualifizieren (Bericht über die Teamarbeit im Projekt OLIM: vgl. L. Burger in DUZ 1-2/2003, S. 22). Jedes Team verfügt auf diese Weise über Kompetenzen aus den Bereichen Medientechnik, Fachwissenschaft und Didaktik. Zusätzlich ist an jedem Modul mindestens ein Praktiker beteiligt, der berufsbezogene Kompetenz und Wissen sowie authentisches Material einbringt.
- Qualifizierung durch das Modul „Train the E-Trainer" (TeT):
  Das Modul TeT wurde entwickelt, um während des Projekts und auch zukünftig „Content-Lieferanten" und Moderatoren der AWW für das Einsatzgebiet „Blended Learning" zu schulen. Besonderes Augenmerk liegt hierbei auf der E-Autoren- und der E-Moderatorenrolle. Im Pilotlauf profitierten die

OLIM-Beteiligten einerseits von der Beschäftigung mit relevanten Themen und andererseits vom Rollentausch: Die Lehrenden erfuhren E-Learning aus der Perspektive eines Lernenden (vgl. auch yousee, Das Magazin der Universität Hamburg, Januar 2003, S. 31)

- Qualitätssicherung durch ein prozessorientiertes Qualitätskonzept:
  Basierend auf einem Regelkreis von Planen, Lenken, Sichern / Messen / Bewerten und Verbessern wird die Qualität der Projektarbeit gesichert.
- Module und Konzepte an grundständiges Studium anpassen:
  Die Fachwissenschaftler in den Entwicklerteams sind hauptamtlich in der grundständigen Lehre tätig. Teile der entwickelten Module werden auch in der grundständigen Lehre eingesetzt. Darüber hinaus regen die erarbeiteten didaktisch-methodischen Konzepte, Erfahrungen und gewonnenen Kompetenzen an, die grundständigen Lehrangebote durch E-Learning zu ergänzen.
- Gebührenfinanzierte Aktualisierung von Modulen:
  Die Module werden nach Beendigung der Projektphase in das Regelangebot der Universität Hamburg im Bereich der Weiterbildung übernommen. Sie wenden sich an berufstätige Weiterbildungsinteressenten und sind gebührenpflichtig. Die regelmäßig vorzunehmenden Aktualisierungen werden aus den Gebühreneinnahmen finanziert.

Erfahrungsberichte

Pilotlauf des Moduls „Train the E-Trainer“

Im Rahmen des Projektes OLIM wurde ein Modul „Train the E-Trainer“ zur Qualifikation von E-Autoren und E-Moderatoren entwickelt. Die Teilnehmer lernen einerseits Möglichkeiten kennen, E-Learning- und „Blended Learning“-Einheiten zu planen und zu gestalten, andererseits werden sie auf die besonderen Anforderungen an Lehrende in Bezug auf die E-Moderation vorbereitet.

Der erste Pilotlauf endete am 31.01.03 mit einer Präsenzveranstaltung. Die zwanzig Teilnehmer waren vorwiegend Lehrende aus dem Hochschulbereich, die Module für das Projekt OLIM entwickeln. Das Bedürfnis, Erfahrungen und Erkenntnisse aus dem Modul auszutauschen, prägte die Stimmung der Abschlussveranstaltung: Ein deutliches Zeichen dafür, dass das Modul in hohem Maße zur Reflexion von E-Learning, den neuen Rollen und Möglichkeiten angeregt hat – durch gute und ebenso durch weniger gelungene Aktivitäten.

Nach der Auswertung ausführlicher Fragebogen und persönlicher Gespräche mit den Teilnehmern gehen wir von folgenden nachhaltigen Wirkungen hinsichtlich gewonnener Kompetenzen sowie der Qualität der geplanten Module aus:[3]

3 Bei den folgenden kursiv gedruckten Zitaten handelt es sich um Aussagen von Teilnehmern des Pilotlaufs „Train the E-Trainer“.

- *„Durch die online-Erfahrung als Teilnehmer kann ich diese Perspektive in der Entwicklung besser berücksichtigen."*
  Ein wichtiger Aspekt der Teilnahme am Modul war der Rollenwechsel, der sowohl Erkenntnisse zum allgemeinen Lernverhalten brachte, als auch hinsichtlich des Online-Lernens, z.B.: Was motiviert, was hemmt mich beim Online-Lernen?
- Die Erfahrungen aus der Teilnahme an dem Modul „Train the E-Trainer" fanden auch Niederschlag in der OLIM-Modulentwicklung. Die Bereitschaft zu strukturierter Planung wurde mit der Erfahrung von Vorzügen guter, aber auch durch die Auswirkung weniger guter Planung spürbar größer. Aus den Erfahrungen ergaben sich auch ganz konkrete Erkenntnisse, wie z.B.:
  „Es werden in unserem Modul weniger Aufgaben parallel laufen als eigentlich geplant war."
  „Die Aufgaben müssen sehr konkret formuliert sein."
  „Konsequenzen für unsere Modulentwicklung: Erhebliche Umfangeinschränkung, höheres Gewicht auf Gruppenarbeit, interaktiveres Design der Lerntexte."
- In ihrer Rolle als Lerner haben die Teilnehmer prägende Erfahrungen mit der Art der Moderation gemacht:
  „Ich habe den freundlichen Ton der Moderatorinnen, ihren Humor, die Hilfsbereitschaft und die schnelle Reaktion auf Fragen sehr geschätzt."
  „Es hat mich gestört, wenn eine Antwort auf meine Einsendeaufgabe unpersönlich war."
  „Die Zusammenfassungen der einzelnen Foren und die Ankündigungen im Newsletter haben mir den Überblick wesentlich erleichtert."
  Die Teilnehmer hatten auch die Aufgabe, spezielle Foren und Chats selbst zu moderieren. Es ergaben sich u.a. aus den Moderations-Erfahrungen angeregte Diskussionen des Themas ‚Autorität, Leitung und selbstorganisiertes Lernen' sowie über den Aufwand von Moderationstätigkeiten im Verhältnis zum Lernerfolg.
- Die Teilnehmer haben den Umgang mit Diskussionsforen, Chats, Arbeitsgruppenräumen und Dokumenten (öffnen, herunterladen, herauf laden, drucken) durch angeleitetes Ausprobieren gelernt. Die technische Hilfe, die in einem Diskussionsforum, per Mail und telefonisch erreichbar war, erwies sich dabei als sehr hilfreich.
- Die Evaluation des Pilotlaufs hat natürlich auch Auswirkungen auf die Weiterentwicklung des Moduls „Train the E-Trainer": So wird beispielsweise das Erleben, Ausprobieren und Reflektieren verschiedener Werkzeuge und didaktischer Methoden intensiviert. Das Zusammenspiel von Lernzielen und Methoden (und ggf. Lernerfolgskontrollen) wird Basis aller Aktivitäten und wird auch für die eigene Modul-Entwicklung und -Moderation der Teilnehmer reflektiert. Der Einsatz englischer Texte und englischsprachiger Experten[4] wird

---

4 Zwei E-Learning Experten der britischen Open University Business School moderierten zwei Wochen lang Foren zur Kursplanung und Motivation.

überdacht, da sich herausstellte, dass für einige Teilnehmer die Sprachbarriere größer war als erwartet. Für höhere zeitliche Flexibilität der Teilnehmer wird die Laufzeit des Moduls ausgeweitet. Da Kompetenz zu selbstorganisiertem Lernen nur eingeschränkt vorausgesetzt werden kann, werden die Teilnehmer im Verlauf des Moduls von ausgeprägter Anleitung schrittweise in stärker selbstorganisiertes Lernen geführt.

Teamarbeit bei der Modulentwicklung

An der Entwicklung der OLIM-Module sind jeweils Fachwissenschaftler aus Hamburger Hochschulen, ein Medientechniker, eine Mediendidaktikerin und mindestens ein Praktiker aus einem Unternehmen beteiligt. Basis der Modulentwicklung ist die Arbeit im Team, die z.B. folgendermaßen aussieht: Der Fachverantwortliche stellt eine Idee zum Grobkonzept vor: „Ich würde gern die großen Einheiten sequenziell anbieten und parallel dazu Projekte laufen lassen. Wie schätzen Sie folgenden Vorschlag ein: ...?“ Der Medientechniker fragt nach, ob schon über die Art der Sequenzierung nachgedacht wurde und macht auf technische Möglichkeiten und Schwierigkeiten aufmerksam. Die Mediendidaktikerin schlägt vor, die Projektarbeit und die sonstigen Lerneinheiten inhaltlich direkt miteinander zu verknüpfen, u.a. um die Ergebnisse der Projektarbeit in den Lernprozess einzubinden. Der Vertreter aus der wirtschaftlichen Praxis stellt die Relevanz einzelner Inhalte zur Diskussion und bietet an, für die Projektarbeit konkrete Beispiele aus dem betrieblichen Alltag beizusteuern.

Alle Entwickler haben in ihren Zwischenberichten für die Bund-Länder-Kommission die Teamarbeit sehr positiv bewertet und nehmen dafür ggf. auch erhöhten Aufwand in Kauf.[5]

„Die zunächst stark inhaltlich geprägte Konzeption ist intensiv didaktisch umgeformt worden.“

„Durch die Beiträge der Praktikerin ist eine bisher nicht verwandte Praxiskomponente hinzu gekommen, die dem Modul als Weiterbildungselement eine wichtige Prägung geben, aber auch für das grundständige Studium fruchtbar gemacht werden kann.“

„Vorteil der Teamarbeit: Zwang zur Reflexion über Lehrinhalte und Lehrformen.“

Die Teamarbeit orientiert sich zeitlich und inhaltlich an einer Meilensteinplanung. Checklisten bieten dabei konkrete Planungshilfen zum Erreichen der Meilensteine. In den Teams wird gemeinsam an den Fragestellungen gearbeitet oder die Vorschläge eines Entwicklers werden diskutiert.

Nachhaltige Ergebnisse zeigen sich auch hier in gewonnenen Kompetenzen, Erfahrungen und qualitativen Verbesserungen der geplanten Module:

- Der Umgang mit der Lernplattform, das medientechnische und mediendidaktische Wissen, das im Zuge der gemeinsamen Entwicklungsarbeit aufgebaut wird, befähigt die an der Entwicklung beteiligten Lehrenden aus den Hoch-

5 Bei den folgenden kursiv gedruckten Zitaten handelt es sich um Aussagen von Mitgliedern der OLIM-Teams.

schulen, Schritt für Schritt E-Learning für ihre Lehre nutzbar zu machen – eine Fähigkeit, die sie auch außerhalb dieses Projektes z.B. im grundständigen Studium einsetzen können. Konkrete Übertragungen auf das grundständige Studium haben in einem Team bereits stattgefunden. Unterstützt werden ihre Anstrengungen durch den Pioniergeist, der innerhalb und im Austausch der verschiedenen Teams entstanden ist.

- Alle Teammitglieder haben in recht kurzer Zeit das gemeinsame Arbeiten als Bereicherung erfahren. Die Arbeit im Team profitiert nicht nur vom Expertenwissen der Einzelnen, sondern auch davon, dass im Teamaustausch mehr Ideen entstehen und kritischer reflektiert wird als in Einzelarbeit. Auf diesem Weg wurde z.B. der Aufbau vieler Grobkonzepte hinsichtlich Übersichtlichkeit, Vielfalt und innerem Zusammenhalt entwickelt. Die Beteiligten haben durch unterschiedliche Erfahrungen erkannt, unter welchen Voraussetzungen Teamarbeit funktioniert (z.B. Vorbereitung der Teamtreffen, Einhalten von Terminen und Verabredungen, Fähigkeit zuzuhören und mitzudenken, Offenheit gegenüber Ideen anderer).
- Nicht nur die Fähigkeit, sondern auch die Bereitschaft zur Teamarbeit wurde gestärkt. Das findet seinen Niederschlag u.a. in der Initiative aus den Teams, sich mit den Entwicklern der anderen Module auszutauschen und in dem Versuch, im eigenen Fachbereich Aufgaben mit Kollegen gemeinsam zu lösen.
- Die unumgängliche Auseinandersetzung mit didaktischen Fragestellungen hat die Einsicht in die Notwendigkeit didaktischer Planung von Lehrveranstaltungen (wieder-)belebt. Diese Erkenntnisse wirken in die grundständige Lehre zurück – so zumindest die Absichtserklärung. Aus dieser Auseinandersetzung resultiert z.B. auch die konkrete Planung einer didaktisch-methodischen Schulung von Lehrkräften im Fachbereich eines der einbezogenen Professoren.
- In der Teamarbeit zeigt sich außerdem, dass der Projektcharakter einer nachhaltigen Entwicklung nicht widerspricht, sondern sie sogar forcieren kann. Allen beteiligten Kooperationspartnern ist bewusst, dass eine intensive Entwicklungsunterstützung auf die Dauer der Projektlaufzeit begrenzt ist. Es ist Bestandteil des Projektkonzeptes, dass die Beteiligten unterschiedliche Konzepte und Methoden auch hinsichtlich einer Einsatzmöglichkeit in das grundständige Studium erproben. Das ist ein wichtiger Grund für die Beteiligten, nicht nur auf Expertenwissen zurückzugreifen, sondern eigene Kompetenzen aufzubauen. Der Zeitdruck, den die begrenzte Projektlaufzeit mit sich bringt, führt außerdem zu einer hohen Bereitschaft, sich an terminliche und sonstige Verabredungen zu halten, was die Teamarbeit sehr effektiv gestaltet.

Zusammenfassung / Ausblick

Im Sinne des Eingangs angeführten Sprichwortes sind die Projektbeteiligten durchaus auf dem Weg, das Angeln zu lernen. Die Hoffnung, von dem Projekt „ein Leben lang satt zu werden“ ist zwar sicher überhöht, doch die Hoffnung, eine

Grundlage für weitere E-Learning-Aktivitäten an Hamburger Hochschulen zu schaffen, wird von den bisherigen Erfahrungen durchaus genährt.

Literatur

Bruhn-Suhr, M. (2003). Fit für E-Learning, *yousee, Das Magazin der Universität Hamburg*, Januar 2003, 30-31.

Burger, L. (2003). Stoff verpacken. *DUZ 1- 2/2003*, 22.

Kandzia, P.-T. (2002). E-Learning an Hochschulen – Von Innovation und Frustration. In: G. Bachmann, O. Haefeli, M. Kindt (Hrsg.), *Campus 2002*. Münster u.a., 50-58.

Kerres. M. (2001). Neue Medien in der Lehre – Von der Projektförderung zur systematischen Integration. In: G.-W. Bathke u.a. (Hrsg.). *Das Hochschulwesen HSW 2*. Bielefeld, 38-45.

Mathy, G. (2001). Die Corporate University auf dem Weg zur virtuellen Akademie: Erwartungen – Hindernisse – Visionen. In: U. Beck, W. Sommer (Hrsg.). *Learntec 2001. Tagungsband*. Karlsruhe, 619-622.

Birgit Drolshagen, Ralph Klein

Barrierefreiheit – eine Herausforderung für die Medienpädagogik der Zukunft

Zusammenfassung

Unser Beitrag basiert auf dem Grundsatz, dass alle Angebote einer Hochschule auch für Hochschulangehörige mit Behinderungen zugänglich sein müssen. Dies setzt die barrierefreie Gestaltung von Hochschulen – und somit auch ihrer medienpädagogischen Angebote – voraus. Ausgehend von der Formulierung medienpädagogischer Aufgaben unter dem Aspekt der Barrierefreiheit und einer Beschreibung der Situation behinderter Studierender an bundesdeutschen Hochschulen zeigen wir am Beispiel sehbehinderter und blinder Studierender auf, wie der Weg zu einer barrierefreien Medienpädagogik beschritten werden kann. In diesem Zusammenhang stellen wir den Dortmunder Arbeitsansatz vor, der vom Dortmunder Zentrum Behinderung und Studium entwickelt und erprobt wurde.

Ziel unseres Beitrags ist es aufzuzeigen, wie im Bereich der Medienpädagogik bestehende Benachteiligungen sehgeschädigter Studierender durch ein am Prinzip der Barrierefreiheit orientiertes Reformkonzept in Verbindung mit entsprechenden Dienstleistungsangeboten und strukturellen Re- und Umorganisationen hochschulinterner Prozesse in allen Bereichen der Hochschule aufgehoben werden können.

1 Einleitung

Umfassende Ziele steckte die Enquete-Kommission des Deutschen Bundestags „Zukunft der Medien in Wirtschaft und Gesellschaft – Deutschlands Weg in die Informationsgesellschaft“ ab. (Deutscher Bundestag, 1998) Aktiv, kreativ-gestaltend und vor allem selbstbestimmt sollen sich Bürger und Bürgerinnen durch die Nutzung der Neuen Medien an der Gestaltung der Informationsgesellschaft beteiligen. Das gilt selbstverständlich auch für den Bereich der Hochschule und ihrer Angehörigen: Für ihre Verwaltungen, für Lehrende und für Studierende.

Um dieses Ziel zu erreichen, halten die Hochschulen zusätzlich zur Vermittlung qualifizierten Fachwissens eine Vielzahl von Angeboten bereit, die es Studierenden ermöglichen, Medienkompetenz und somit nicht-fachliche Kompetenzen zu erwerben. Zu nicht-fachlichen Kompetenzen gehören beispielsweise der effiziente Einsatz des PCs als Informationsbeschaffungs-, -aneignungs- und -auswertungswerkzeug sowie die Beherrschung der von den neuen Informations- und Kommunikationstechnologien gestützten Präsentationstechniken. Die Bedeutung der nicht-fachlichen Kompetenzen für das angestrebte Berufsleben spiegelt sich in ihrer Bezeichnung als Schlüsselqualifikationen wieder. (Brackhane, 2001)

Den Erwerb derartiger Schlüsselqualifikationen zu ermöglichen, ist medienpädagogisch nicht nur sinnvoll und notwendig, sondern gehört zu den gesetzlich festgelegten Aufgaben der Hochschulen. Abschnitt 1, § 3, Satz 1 des Universitätsgesetzes von Nordrhein-Westfalen legt fest: Die Hochschulen „bereiten auf berufliche Tätigkeiten vor, die die Anwendung wissenschaftlicher Erkenntnisse und wissenschaftlicher Methoden erfordern ...“. (Universitätsgesetz NRW 1997) Insofern sehen wir hier die Verbindung zum Thema des Kongresses.

Ihrem Auftrag werden die Hochschulen in vielfältiger Weise gerecht: Hochschuldidaktische Zentren veranstalten für die Studierenden Kurse, in denen Arbeitstechniken zur Präsentation wissenschaftlicher Vorträge, zum Verfassen wissenschaftlicher Arbeiten etc. vermittelt werden. Studierende, die die Bedienung bestimmter Software erlernen möchten, können hierzu Veranstaltungen z.B. in Hochschulrechenzentren belegen. In so genannten CIP-Pools (studentische Computer-Pools) stehen den Studierenden Computer zur Verfügung, an denen die Arbeit mit studienrelevanter Software erlernt, weltweit zu recherchieren oder auch studienrelevante Texte (z.B. Hausarbeiten, Thesenpapiere) erstellt und dabei Techniken des wissenschaftlichen Arbeitens erlernt werden können. Auch die Hochschulbibliotheken bieten ihren Benutzern und Benutzerinnen zusätzlich zur Möglichkeit, Fachliteratur zu bearbeiten, PCs, an denen die Arbeit mit wissenschaftlichen Datenbanken o.Ä. erlernt werden kann.

Obwohl das o.g. Universitätsgesetz in Abschnitt 1, § 3, Satz 5 weiter erklärt, dass die Hochschulen „die besonderen Bedürfnisse behinderter Studierender“ zu berücksichtigen haben, bleiben behinderten Studierenden diese Angebote und somit auch die Möglichkeiten zur Qualifizierung in der Regel versagt. Hochschulbibliotheken, CIP-Pools und Hochschulrechenzentren sind lediglich in geringem Maß mit behindertenspezifischen PCs ausgestattet. In Fortbildungskursen der Hochschuldidaktischen Zentren oder der Hochschulrechenzentren werden die spezifischen Bedarfe hörgeschädigter oder sehgeschädigter Studierender im Regelfall nicht berücksichtigt etc. Diese Defizite stellen eine gravierende Benachteiligung behinderter Studierender gegenüber ihren nichtbehinderten Kommilitonen und Kommilitoninnen dar und verhindern die gleichberechtigte Teilhabe am Lebensbereich Studium. Diese strukturellen Defizite und Barrieren der Hochschulen werden in der „International Classification of Functioning, Disability and Health“ der Weltgesundheitsorganisation als „participation restrictions“ bezeichnet. (World Health Organisation, S. 10)

Der Ausschluss behinderter Studierender von der Nutzung der Neuen Medien wiegt besonders schwer, da diese für behinderte Studierende neben dem üblichen didaktischen „Mehrwert“ unter bestimmten Umständen einen erheblichen Nachteilsausgleich bewirken können. (Carstens, 1998) In Bezug auf Medienpädagogik, Medienkompetenz, neues Lernen mit Neuen Medien und lebenslanges Lernen ergeben sich daraus bestimmte Anforderungen an die Hochschulen.

Dank des Bundesgesetzes zur Gleichstellung Behinderter vom Mai 2002 und den bereits verabschiedeten oder kurz vor Verabschiedung stehenden Landesgleichstellungsgesetzen1 erhält die Berücksichtigung dieser spezifischen Nutzergruppe einen hohen Stellenwert. Gefragt ist nicht mehr nachholender Ausgleich von Defiziten in Folge von nicht berücksichtigten Anforderungen, sondern gleichberechtigte und vor allem gleichzeitige Verwirklichung dieser Anforderungen. Behinderte werden dank der Gesetze von Bittstellern zu Kompetenzinhabern, die an der allgemeinen Entwicklung in diesen Bereichen beteiligt sind. Wir werden im Folgenden darstellen, wie die Universität Dortmund mit dem „Dortmunder Zentrum Behinderung und Studium“ (DoBuS) auch im Bereich der Medienpädagogik die zu erwartenden Anforderungen eines Gleichstellungsgesetzes bereits jetzt weit gehend erfüllt.

Ausgehend von der Formulierung medienpädagogischer Aufgaben unter dem Aspekt der Barrierefreiheit und einer Beschreibung der Situation behinderter Studierender an bundesdeutschen Hochschulen stellen wir den Dortmunder Arbeitsansatz vor, der vom DoBuS entwickelt und erprobt wurde. Sein Grundsatz ist, dass auch behinderte Studierende das Recht haben müssen, an der Hochschule ihrer Wahl das Fach ihrer Wahl zu studieren. Am Beispiel sehbehinderter und blinder Studierender beschreiben wir, wie unter Anwendung des Dortmunder Arbeitsansatzes der Weg zu einer barrierefreien Medienpädagogik beschritten werden kann. Ziel unseres Beitrags ist es aufzuzeigen, wie im Bereich der Medienpädagogik bestehende Benachteiligungen sehgeschädigter Studierender durch ein am Prinzip der Barrierefreiheit orientiertes Reformkonzept in Verbindung mit entsprechenden Dienstleistungsangeboten und strukturellen Re- und Umorganisationen hochschulinterner Prozesse in allen Bereichen der Hochschule aufgehoben werden können.

2 Barrierefreiheit, Medienpädagogik und digitaler Campus

Um behinderten Studierenden die notwendigen nicht-fachlichen Kompetenzen zu vermitteln, wird eine modifizierte, d.h. erweiterte Medienpädagogik benötigt. Unter Medienpädagogik verstehen wir allgemein die Vermittlung von Kompetenzen im Umgang mit Medien aller Art, wobei die technischen, inhaltlichen, juristischen und sozialen Dimensionen des jeweiligen Mediums berücksichtigt werden müssen. Überlegungen und Maßnahmen, die allgemeine und berufliche Interessen, Arbeitsmöglichkeiten und politische Partizipationsmöglichkeiten von Menschen jeden Alters betreffen, werden in die Medienpädagogik einbezogen. Auch die Seite der Produktion von Medien ist dabei inbegriffen, denn gerade in der wissenschaftlichen Arbeit werden Medien und Medieninhalte produziert, bei-

1 In Berlin und Rheinland-Pfalz wurden Landesgleichstellungsgesetze bereits verabschiedet. In Nordrhein-Westfalen, dem Saarland, Thüringen und anderen Bundesländern werden sie derzeit beraten.

spielsweise in Form von Web-Sites oder sonstigen multimedialen Präsentationen. (Schorb, 1997)

Hauptgegenstände der Medienpädagogik sind die Mediendidaktik, d.h. die Lehre durch Unterrichtsmedien, und die Medienerziehung, d.h. der Umgang mit Medien. Vor allem die Mediendidaktik muss um den Begriff „barrierefrei" erweitert werden, damit die Situation behinderter Menschen berücksichtigt wird. Der Begriff stammt aus der Architektur. Wir benutzen ihn seit 1993 als Metapher für Benutzungsschnittstellen von Software und haben dafür den eingängigen Begriff „barrierefreie Benutzungsschnittstelle" geprägt. (Klein, 1994) Heute ist er weit verbreitet und hat in die Behindertengleichstellungsgesetze Eingang gefunden.

Unter barrierefrei verstehen wir, dass weder durch Hard- noch durch Software noch durch Gestaltung von Inhalten Barrieren zwischen den angebotenen Informationen und ihren Nutzern und Nutzerinnen errichtet werden. Das wäre z.B. bei

- ausschließlich mit der Maus benutzbaren Web-Seiten,
- ausschließlich an visuell-räumlichen Vorstellungen orientierten Medien oder bei
- fehlenden Orientierungs- oder Navigationshilfen

der Fall. Für einen gehörlosen Menschen oder für jemanden, der lediglich einen Arm gebrauchen kann, werden andere Elemente zu Barrieren als für sehgeschädigte Personen oder für Menschen, die die deutsche Sprache nicht beherrschen, oder die kognitiv beeinträchtigt sind. Barrierefrei bedeutet, dass keiner potenziellen Nutzerin eine Zugangsbarriere zum entsprechenden Angebot oder Medium in den Weg gestellt wird. Barrierefreiheit ist nach unserem Verständnis eine relative Eigenschaft und keine analytische Kategorie, mit der Benutzungsschnittstellen, Dienstleistungen, Informationsangebote oder Medien eindeutig in nicht-barrierefrei und barrierefrei eingeteilt werden könnten.

Barrierefreie Gestaltung bedeutet nicht, auf bestimmte Elemente oder Eigenschaften von Medien, z.B. Grafiken, Video-Clips o.Ä., zu verzichten. Es wird vielmehr angestrebt, möglichst viele Alternativen zur Nutzung eines Informationsangebots bereit zu stellen und die Wahlfreiheit bei der Nutzung der angebotenen Medien zu erhöhen.

Barrierefreiheit als Versprechen an behinderte Studierende und Herausforderung an die Institution Hochschule eignet sich ebenso als Beschreibung und Leitidee für didaktische Zwecke. Eine Lehrveranstaltung kann wie ein Medium barrierefrei sein oder unterschiedliche Barrieren errichten. Ein Beispiel aus dem Bereich des Lernens mit Neuen Medien sind so genannte WebQuests. Darunter werden hypermediale Lernumgebungen verstanden, die in der Regel konstruktivistischen Lerntheorien folgen. Methodisch betrachtet sind WebQuests eine Mischung aus geankertem und situiertem Lernen. Sie stützen sich sehr stark auf das World Wide Web. Sind sie mit Braillezeile, Sprachausgabe und Vergrößerungssystem nutzbar, bieten sie im Bereich der Hochschuldidaktik auch sehgeschädigten Studierenden eine ausgezeichnete medienpädagogische Plattform. (Dodge, 2001; Dodge, 1996)

Konstruktivistische Ansätze kommen dem Ziel der Barrierefreiheit entgegen. Sie definieren eine Sehschädigung nicht als Defizit, das auszugleichen ist, sondern als spezifische Form der Wirklichkeitskonstruktion. Dies betrifft nicht nur Lernumgebungen und das Lernen mit Neuen Medien, sondern auch die Reorganisation von Abläufen an der Hochschule. Mit Hilfe Neuer Medien bzw. der Möglichkeiten des virtuellen oder digitalen Campus können im Prinzip alle Akteure ihre je spezifischen Abläufe auf die von ihnen gewünschte Weise konstruieren. Das gilt unter der Bedingung von Barrierefreiheit insbesondere für behinderte Studierende. Dieses Potenzial besitzt etwa das Medium E-Mail, mit dessen Hilfe sich die Kommunikation zwischen Lehrenden und Studierenden in Bezug auf Beratung, Feedback, Terminabsprachen, Einreichen von schriftlichen Arbeiten usw. ändert. Als Beispiel für einen entstehenden digitalen Campus sei das „Interaktive Studierenden-Informations-System" (ISIS) genannt, das seit einigen Jahren an der Universität Dortmund entwickelt wird.[2] Es ermöglicht auch sehgeschädigten Studierenden, die das traditionelle gedruckte Vorlesungsverzeichnis nicht nutzen können, sich ihre Stundenpläne zusammenzustellen, Themenschwerpunkte einzelner Lehrveranstaltungen kennen zu lernen, Arbeits- und Forschungsschwerpunkte sowie weitere Angaben über Lehrende zu erhalten usw. ISIS soll zukünftig auch für Verwaltungsaufgaben genutzt werden, etwa zur Rückmeldung der eingeschriebenen Studierenden.

3 Zur Situation behinderter Studierender

Von einem barrierefreien digitalen Campus, von barrierefreien Lehrveranstaltungen und von barrierefreien Medien in der Wissenschaft ist die Situation an deutschen Hochschulen noch weit entfernt. Studierende mit Behinderungen treffen im Verlauf ihres Studiums auf eine Vielzahl an Erschwernissen, mit denen sich Studierende ohne Behinderungen nicht auseinander setzen müssen. So müssen z.B. blinde Studierende, die Fachliteratur in der üblichen Schwarzschrift nicht lesen können, häufig selbst dafür Sorge tragen, dass sie diese in einer für sie lesbaren Medienform, z.B. in Brailleschrift, erhalten. Diese Erschwernisse resultieren aus fehlenden strukturellen Angeboten der Hochschulen für behinderte Studierende.

Sie sind somit nicht durch die individuell gegebene Schädigung, sondern durch strukturelle Defizite bedingt und lassen sich dementsprechend durch strukturelle Veränderungen auf ein Minimum reduzieren. In Bezug auf sehgeschädigte Studierende könnte ein institutionalisiertes Angebot zur Umsetzung wissenschaftlicher Literatur in sehgeschädigtengerechte Medienformen solch eine Veränderung sein.

Das verbleibende Minimum an Erschwernissen ist im Sinne einer Beeinträchtigung als unmittelbare Folge der Schädigung zu verstehen. Hierzu gehören z.B. bei blinden Studierenden zeitaufwändigere Arbeitstechniken, die durch das Lesen der Brailleschrift und die damit verbundene verringerte Übersicht bedingt sind.

2 http://www.isis.uni-dortmund.de

Folge von Barrieren und fehlenden Dienstleistungsangeboten für behinderte Studierende ist, dass sie nicht nur den durch ihre Beeinträchtigung verursachten Mehraufwand, sondern zusätzlich auch die fehlenden Strukturen an den Hochschulen durch individuelle Kompensation ausgleichen müssen. Strukturmängel sind keine unausweichlichen Erschwerungen; sie verhindern aber die gleichberechtigte Teilhabe am Lebensbereich Studium und bedürfen im Hinblick auf weitest mögliche Chancengleichheit für alle Studierenden der Aufhebung. (World Health Organisation) Die 16. Sozialerhebung belegt die Benachteiligungen behinderter Studierender an deutschen Hochschulen und dokumentiert, dass diese Studierendengruppe gemessen an ihrem Anteil an der Bevölkerung stark unterrepräsentiert ist. (Schnitzer, Isserstedt & Middendorff, 2001, S. 406) Von gleichberechtigter Partizipation am Lebensbereich „Studium" im Sinne der „International Classification of Functioning, Disability and Health" kann somit keine Rede sein.

Auch im Bereich moderner Informations- und Kommunikationstechnologien herrschen bezogen auf die besonderen Bedarfe sehgeschädigter Studierender strukturelle Defizite vor. Barrierefreie Nutzungsmöglichkeiten der Hochschulangebote spielen im Bereich dieser Technologien bislang nahezu keine Rolle – und dies, obwohl die Konzepte zurzeit erst im Stadium der Entwicklung sind und obwohl die technischen Voraussetzungen zu ihrer Nutzung durch behinderte Menschen weitest gehend erfüllt sind. (Stephanidis, 2001) Wie eine Untersuchung aus dem Jahr 2000 zeigt, stellen in Nordrhein-Westfalen lediglich sechs der 44 Hochschulen spezielle Computerarbeitsräume für behinderte Studierende bereit. (Drolshagen, 2001) Diese sind mit sehgeschädigtengerecht adaptierten PCs ausgestattet und ermöglichen blinden und sehbehinderten Studierenden, die Vorteile moderner Informations- und Kommunikations-Technologien zu nutzen. Bundesweit bestehen lediglich etwa 30 derartiger Arbeitsräume. (Deutsches Studentenwerk, 1998, S. 66)

Werden die Prinzipien der Barrierefreiheit beachtet, sind blinde PC-Nutzer und -Nutzerinnen in der Lage, sich den Bildschirminhalt mit Hilfe einer Sprachausgabe vorlesen zu lassen oder sich diesen mittels eines zusätzlichen Ausgabegerätes, der so genannten Braillezeile, zu erschließen. Dies geschieht unter Verwendung einer speziellen „Brücken-Software", die jeweils die Zeile des Monitors, in der sich der Schreibcursor oder der Mauszeiger befindet, in Blindenschrift umwandelt und auf der Braillezeile mit Hilfe von erhabenen Stiften darstellt. Das so entstandene Punktschriftmuster kann dann problemlos mit den Fingern gelesen werden. Auf diese Weise wird der komplette Monitorinhalt zeilenweise mit der Braillezeile abgetastet. Sehbehinderte Menschen lesen den Bildschirminhalt mit Hilfe von Vergrößerungssystemen, die ihnen zudem die individuell jeweils benötigte Farbwahl und Kontrasteinstellung gestatten. (Drolshagen, 1994, S. 223)

4 Medienpädagogik im Dortmunder Arbeitsansatz

Die Berücksichtigung der spezifischen Bedarfe behinderter Studierender, medienpädagogische Überlegungen, die Vermittlung von Schlüsselqualifikationen, die konsequente Einhaltung des Prinzips der Barrierefreiheit sowie die Bereitstellung technischer Hilfsmittel fließen im „Dortmunder Zentrum Behinderung und Studium“ (DoBuS) zusammen. DoBuS ist u.a. aus dem vom Land NRW geförderten „Pilotprojekt zur didaktisch-strukturellen Verbesserung der Studiensituation behinderter Studierender“ hervorgegangen. (Drolshagen, Klein, Rothenberg & Tillmann, 2002) Seine Ergebnisse konnten institutionalisiert werden und damit zu einer nachhaltigen Strukturreform der Hochschule beitragen.

DoBuS besteht aus den Einrichtungen Beratungsdienst behinderter und chronisch kranker Studierender (BbS), Arbeitsraum und Hilfsmittelpool für behinderte Studierende (AfB) und Umsetzungsdienst zur sehgeschädigtengerechten Adaption von Studienmaterialien (UD). Der BbS berät und unterstützt Studierende, die im Zusammenhang mit ihrer Behinderung Schwierigkeiten bei der Gestaltung, Finanzierung und Durchführung ihres Studiums sowie bei der Organisation von Pflege, Assistenz oder Mobilität haben. Auch Lehrende können sich an den BbS wenden, um sich beraten zu lassen, wie sie die Bedürfnisse behinderter Studierender berücksichtigen können. Im AfB stehen konventionelle Hilfsmittel und speziell ausgestattete PC-Arbeitsplätze für behinderte, insbesondere für sehgeschädigte Studierende zur Verfügung. Bestimmte Geräte können bei entsprechendem Bedarf verliehen werden. Die Angebote des AfB ermöglichen es behinderten Studierenden, die EDV-Angebote der Hochschule (z.B. Online-Kataloge) so selbstverständlich wie ihre nichtbehinderten Kommilitonen und Kommilitoninnen in ihre wissenschaftlichen Arbeitstechniken zu integrieren. Im AfB werden regelmäßige Tutoriate veranstaltet, die auf die Bedarfe behinderter Studierender reagieren. Es gibt z.B. EDV-Tutoriate, in denen blinde Studierende die Arbeit mit der für das Studium benötigten Software unter Verwendung der Braillezeile und Sprachausgabe erlernen. Vom UD werden Studienmaterialien wie Fachaufsätze, Thesenpapiere, Vortragsfolien, Skripte usw. nach wissenschaftlichen Kriterien in die Medienform umgesetzt, die von den blinden oder sehbehinderten Studierenden benötigt wird. Die entsprechenden Texte werden gegebenenfalls digitalisiert, adaptiert und archiviert. Studierende können zwischen Brailleschrift, Großdruck, Audio-Kassette und digitalisierter Repräsentation wählen.[3]

Arbeitsprinzip von DoBuS ist es, in der Einzelberatung gemeinsam mit den behinderten Studierenden individuelle Lösungen für die auftretenden Probleme zu entwickeln. Die in der Einzelberatung sichtbar werdenden Studienerschwerungen und Barrieren der Hochschule werden gesammelt und systematisiert. Auf Basis der systematisierten individuellen Probleme werden von DoBuS gegebenenfalls

3 Weitere Informationen über DoBuS und seine Angebote: http://www.uni-dortmund.de/dobus. Die DoBuS-Website ist ein Beispiel für ein barrierefreies Informationsangebot im WWW.

neue spezifische Angebote aufgebaut, mit denen Defizite der Hochschule ausgeglichen werden, oder es werden bestehende allgemeine Angebote der Hochschule in Hinblick auf Barrierefreiheit modifiziert. Ein Beispiel für ein spezifisches Angebot, das in jüngster Zeit aufgebaut wurde, ist der Umsetzungsdienst zur sehgeschädigtengerechten Adaption von Studienmaterialien. Als ein behindertengerecht modifiziertes allgemeines Angebot kann die barrierefreie Gestaltung der Homepage der Universität Dortmund angesehen werden. Die folgende Abbildung veranschaulicht den beschriebenen nachhaltigen Reformprozess:

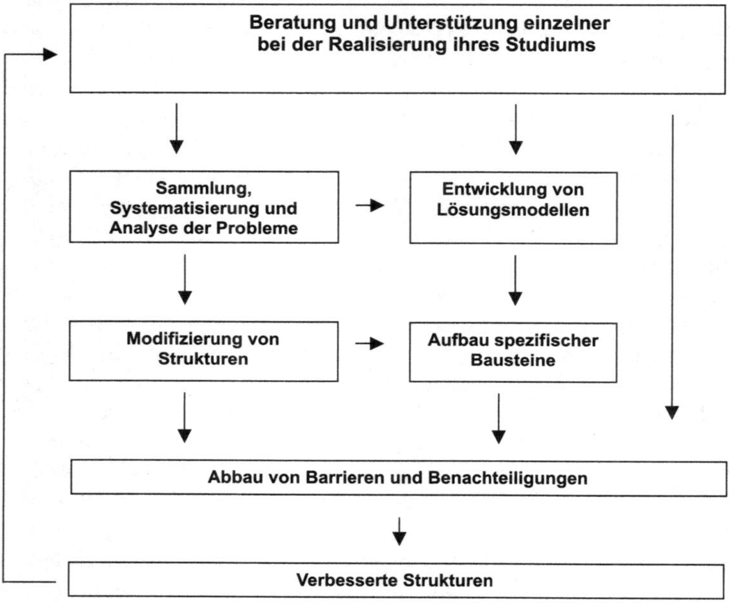

Abb. 1: Der Dortmunder Arbeitsansatz

An einem Beispiel soll konkretisiert werden, wie die Angebote und Arbeitsweisen von DoBuS an der Universität Dortmund genutzt werden können, um auch in der Medienpädagogik dem Ziel der Barrierefreiheit näher zu kommen.

Ein blinder Student muss im kommenden Semester ein Pflichtseminar im Fach Journalistik absolvieren. Es findet im Medienraum statt, der mit PCs, Videobeamer, zentraler Steuerung durch den PC des Dozenten usw. ausgestattet ist. Die Studierenden müssen das Internet für die Bearbeitung ihrer Aufgaben nutzen, sie müssen Zeitungsartikel schreiben und einige Ergebnisse ihrer Arbeit in Form einer selbst erstellten Web Site präsentieren. Der betreffende Student lässt sich zunächst vom BbS beraten und wird u.a. über den AfB und die dort vorhandenen Schulungs-, Arbeits- und Übungsmöglichkeiten informiert. Er absolviert daraufhin im AfB ein EDV-Tutoriat, in dem er lernt, mit Braillezeile und Sprachausgabe

Internet, Textverarbeitungsprogramme und die weitere benötigte Software zu nutzen. Aus der Perspektive von DoBuS und der Hochschule handelt es sich um eine individuelle Lösung. Aus Sicht des Studenten wird eine Schlüsselqualifikation erworben.

Der BbS spricht – sofern vom Studierenden gewünscht – auch den Dozenten an, der die betreffende Veranstaltung anbietet. Er macht ihn darauf aufmerksam, dass ein Student mit spezifischen Bedarfen an seiner Veranstaltung teilnehmen wird. Der Dozent lässt sich beraten, wie er seine Didaktik an diese Bedarfe anpassen kann, z.B. indem er konsequent verbalisiert, wenn er Abbildungen, Grafiken o.Ä. verwendet, oder indem er die geringere Lesegeschwindigkeit des Studenten berücksichtigt. Er leiht sich außerdem ein Notebook mit Braillezeile vom AfB aus und lässt die schriftlichen Seminarunterlagen vom UD in Blindenschrift umsetzen. Der Dozent adaptiert auf diese Weise seine Lehre. Im Ergebnis wird diese besondere Lehrveranstaltung barrierefrei.

Würde auf Grund dieser und vergleichbarer Erfahrungen beschlossen, die entsprechenden Veranstaltungsräume im Rahmen neuer Anschaffungen zukünftig auch mit behindertengerechten PCs auszustatten, würde ein bestehendes allgemeines Angebot im Hinblick auf Barrierefreiheit verändert. Damit wäre diese Barriere insgesamt abgebaut.

Für den Bereich der Medienpädagogik lässt sich das Ergebnis des Dortmunder Reformprozesses folgendermaßen zusammenfassen:

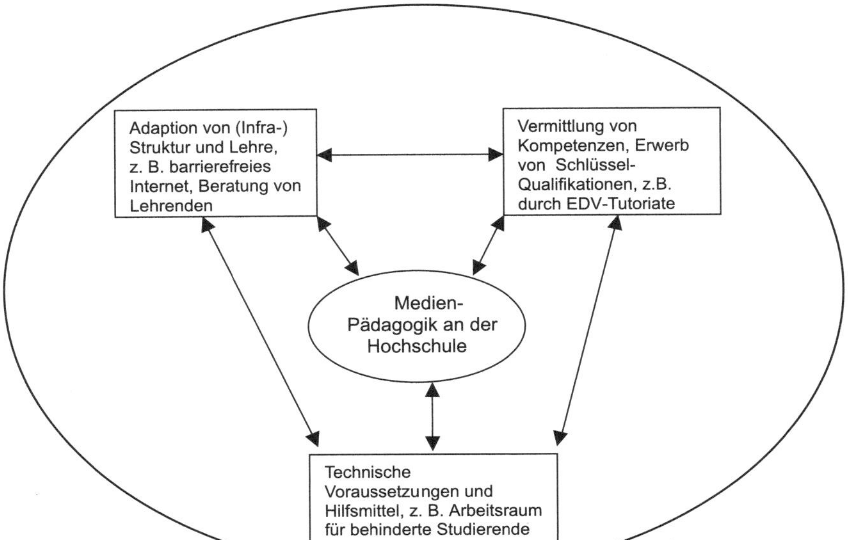

Abb. 2: Barrierefreie Medienpädagogik an der Universität Dortmund

5 Ausblick

Am Beispiel der Universität Dortmund haben wir gezeigt, wie das Konzept einer barrierefreien Medienpädagogik durch strukturelle Reformen und Reorganisation von hochschulinternen Prozessen nachhaltig umgesetzt werden kann. Grundlage für diesen Reformprozess ist der beschriebene Arbeitsansatz des Dortmunder Zentrums Behinderung und Studium. Dieser stellt sicher, dass die angestrebten Reformen der bestehenden Hochschulangebote flexibel am Bedarf der Nutzerinnen und Nutzer orientiert werden. Erforderlich hierfür ist eine enge Kooperation mit allen anderen Einrichtungen der Hochschule. Insofern ist DoBuS mit seinen Angeboten fest in die Hochschulstruktur integriert.

Wie anfangs dargestellt wird die barrierefreie Gestaltung aller Hochschulangebote und somit auch der Medienangebote spätestens mit Inkrafttreten des Behindertengleichstellungsgesetzes NRW eine vordringliche Aufgabe aller Hochschulen. Dieser Herausforderung muss sich die Medienpädagogik der Zukunft stellen. Gerne sind wir bereit, im Sinne eines Know-how-Transfers unsere Erfahrungen und Kenntnisse bezüglich der barrierefreien Gestaltung hochschuleigener Medienangebote weiterzugeben und auszutauschen. Unseren Vortrag beenden wir mit der Erwartung einer interessanten Diskussion zu Fragen einer barrierefreien Medienpädagogik auf den nächsten Kongressen dieser Art.

Literatur

Brackhane, R. (2001): Zwischen „Verfahren" und „geübtem Blick" – Zur Vorbereitung und Durchführung von betrieblichen Praktika. In: *blind/sehbehindert 121* (3), 164-167.

Carstens, A. (1998): Chancen eines barrierefreien Zugangs zur multimedial geprägten Informationsgesellschaft. In *horus 60* (3), 95-99.

Deutscher Bundestag, 13. Wahlperiode (1998): *Schlussbericht der Enquete-Kommission „Zukunft der Medien in Wirtschaft und Gesellschaft – Deutschlands Weg in die Informationsgesellschaft"*, Drucksache 13/11004, Bonn.

Deutsches Studentenwerk (Hrsg.) (1997): *Studium und Behinderung*, Bonn.

Dodge, B. (2001): FOCUS. Five Rules for Writing a Great WebQuest. <http://www.webquest.futuro.usp.br/artigos/textos_outros-bernie1.html>.

Dodge, B. (1997): Some Thoughts About WebQuests, <http://edweb.sdsu.edu/ courses/edtec596/about_webquests.html>.

Drolshagen, B., Klein, R., Rothenberg, B. & Tillmann, A. (2002): *Eine Hochschule für alle*. Würzburg.

Drolshagen, B. (2001): Arbeitsplätze für behinderte Studierende an nordrhein-westfälischen Hochschulen – Selbstverständlichkeit oder Mangelware? In: *blind/sehbehindert 120* (1), 51-57.

Drolshagen, B. (1994): *Studierende mit Sehschädigungen an bundesdeutschen Hochschulen. Eine Untersuchung zum Erleben des Studienbeginns und zur Situation bei der Literaturbeschaffung*, Dissertation, Dortmund.

Klein, R. (1994): Barrierefreie Gestaltung von Benutzungsoberflächen: Speziallösungen oder eine Benutzungsoberfläche für Alle? In: *Display* *9* (2), 93-110.
Schnitzer, K., Isserstedt, W. & Middendorff, E. (2001): *Die wirtschaftliche und soziale Lage der Studierenden in der Bundesrepublik Deutschland. 16. Sozialerhebung des Deutschen Studentenwerks,* Bonn.
Schorb, B. (1997): Vermittlung von Medienkompetenz als Aufgabe der Medienpädagogik. In: Deutscher Bundestag (Hrsg.): *Medienkompetenz im Informationszeitalter,* 63-75.
Stephanidis, C. (Hrsg.) (2001): *User Interfaces For All. Concepts, Methods, and Tools,* New Jersey/London.
Universitätsgesetz NRW in der Fassung der Bekanntmachung vom 3. August 1993 (GV.NW. S. 532), geändert durch Gesetz vom 1. Juli 1997 (GV.NW. S. 213).
World Health Organisation: International Classification of Functioning, Disability and Health, Introduction, <http://www.who.int/classification/icf/intros/ICF-Eng-Intro.pdf>.

Heiko Feeken

Qualitätssicherung für nachhaltige Strukturen in der ICT-basierten Lehreraus- und -fortbildung

Das Beispiel „Ökonomische Bildung online"

Zusammenfassung

Das Institut für Ökonomische Bildung (IÖB) an der Carl von Ossietzky Universität Oldenburg ist u.a. mit der wissenschaftlichen Durchführung des Projekts „Ökonomische Bildung online" befasst, mit dem die Entwicklung eines vollständigen internetbasierten Studiengangs, differenzierter Fort- und Weiterbildungsprofile für Lehrkräfte an allgemein bildenden Schulen und die Vorbereitung des Exports des Studiengangs nach Russland erreicht werden soll. Ein vertraglich fixiertes Hauptaugenmerk bei der Entwicklung dieser Angebote liegt auf der Nachhaltigkeit, d.h. nach Ablauf der Projektförderdauer (7/2001–12/2004) sollen sich die Produkte auf dem wachsenden Bildungsmarkt selbst refinanzieren.

Wie versucht werden soll die Nachhaltigkeit zu erreichen, ist Gegenstand dieses Artikels. Im Mittelpunkt stehen dabei Maßnahmen der Qualitätssicherung, die m.E. aber nicht bei der Betrachtung der Produkte an sich, d.h. der Inhalte und Kurse selbst beschränkt bleiben kann, sondern auch die Ausrichtung an der Marktsituation, die Bedürfnisse der Zielgruppen, die Kooperationsbeziehungen, die Finanzierung und die Technik ins Blickfeld nehmen muss.

1 Markteintritt trotz Stagnation?

Die Lage der öffentlichen Haushalte und die häufig als Stagnation interpretierte Neustrukturierung auf der Bühne der ICT-Szenerie scheint auf den ersten Blick kontraproduktiv zum eingangs erwähnten Ziel der Nachhaltigkeit zu sein, denn eine Marktbereinigung unter Anbietern von Lernplattformen und ICT-basierten Bildungsangeboten bestimmt derzeit das Bild. Forschungsergebnisse zeigen zudem, dass Universitäten in Europa, Australien und den USA die viel gepriesenen revolutionären Veränderungen im Bildungssystem durch den Einsatz von ICT nicht erwarten. Vor allem wird in der Entwicklung der Informationstechnik keine „Zwangsjacke" gesehen, die Bildungsangebote gewaltsam in neue Formen presst. Stattdessen werden bestehende Angebote langsam durch ICT angereichert („stretching the mould") (Collis; van der Wende, 2002, 7).

Beim näheren Hinschauen ist erkennbar, dass die eben skizzierten Entwicklungen mit dem Projektziel der Nachhaltigkeit durchaus in Einklang zu bringen sind. Denn fortan kann alleine die Genehmigung eines E-Learning-Projekts nicht mehr wie bisher als politischer Erfolg gewertet und verkauft werden und auch die Erfindung immer neuer ressourcenfressender Features in Lernplattformen sorgt nicht mehr automatisch für Begeisterung.

Qualitativ hochwertige Angebote haben dagegen auf einem bereinigten Markt mehr als bisher die Chance, von potenziellen Zielgruppen überhaupt wahrgenommen und letztlich auch genutzt zu werden.

Das Projektziel der Nachhaltigkeit und die gegenwärtig zu beobachtenden Neustrukturierungen im ICT-Bereich bilden damit klare und verbindliche Rahmenvorgaben, innerhalb derer strategische Ziele formuliert werden müssen, die den Erfolg der zukünftigen ICT-basierten Studien- und Qualifizierungsangebote des IÖB sicherstellen sollen.

Durch diese Ausrichtung bewegt sich der Focus der Projektarbeit von „Ökonomische Bildung online“ zwangsläufig weg von den technischen Möglichkeiten des ICT-basierten Lernens hin zu Aspekten der Qualitätssicherung, die einen Aufgabenkatalog bereithält, wie er bislang eher in marktwirtschaftlich agierenden Unternehmen als unter dem Dach von Universitäten zu finden ist.

Den theoretischen Hintergrund für solche Fragestellungen liefern bspw. Veröffentlichungen der Western Interstate Commission for Higher Education, 2001; The Institute For Higher Education Policy, 2000; ADEC 2003, u.a.

Bei einer strategischen Ausrichtung der Projektarbeit dürfen sich nach unserer Überzeugung die Fragen der Qualitätssicherung aber nicht nur nach außen, d.h. auf die Bildungsangebote an sich beschränken. Im Blickfeld stehen vielmehr neben der klaren Ausrichtung an den Bedürfnissen definierter Zielgruppen auf inhaltlicher, didaktischer, technischer und organisatorischer Ebene auch nach innen gerichtete Themen der Qualität, die sich beispielsweise auf die Finanzierung und die Arbeits- und Ablauforganisation bei Herstellung und Distribution der ICT-basierten Bildungsangebote beziehen. Diese nach außen und innen gerichteten Fragen der Qualitätssicherung werden im Folgenden skizziert.

2 Bedarfsanalyse bestimmt qualitative Ausrichtung

Auch qualitativ hochwertige Angebote sorgen nicht automatisch für Nachhaltigkeit, wenn über die Bedürfnisse der Zielgruppen keine exakte Klarheit besteht. Diese Klarheit liefert eine Analyse der Situation der ökonomischen Bildung im allgemein bildenden Schulsystem in Deutschland. Sie ist geprägt von folgenden Bedingungen:

- Lehrkräfte, die Ökonomie unterrichten, tun dies zu ca. ¾ ohne eine entsprechende Fakultas.
- Das Durchschnittsalter der Lehrkräfte beträgt 50 Jahre.

Ein hoher Ausbildungs- und Qualifizierungsbedarf ist erkennbar, der jedoch unter erschwerten Bedingungen realisiert werden muss:

- In Deutschland besitzen 16 Bundesländer die Kulturhoheit, d.h. jedes Land entscheidet autonom über die Ausprägung von Lehrplänen, Konzepten und Stundendeputaten.
- In den 16 Bundesländern existieren 5 verschiedene Schulformen mit unterschiedlicher Gewichtung und Ausgestaltung der ökonomischen Bildung.

Weniger die Aus- als vielmehr die Weiterbildung von Lehrkräften ist von folgenden weiteren Rahmenbedingungen geprägt:

- Der Einsatz von ICT gehört zu den konstitutiven Elementen des Aus- und Fortbildungskonzepts von „Ökonomische Bildung online". Da der Einsatz von ICT in der Schule aber noch nicht alltäglich ist, sind psychologische Hemmschwellen der Zielgruppe vorhersehbar.
- Die im Rahmen von „Ökonomische Bildung online" geplanten Lehr- und Lernmethoden sind vielen der seit Jahren im Dienst stehenden Lehrkräfte möglicherweise unbekannt.

Diese kurze Skizzierung weist die Richtung der notwendigen Schritte der Qualitäts- und damit Erfolgssicherung im Bereich der Inhalts- und Kursentwicklung deren Umsetzung in Abschnitt 4 beschrieben ist.

3 Qualitätssicherung durch Public-private-partnership

Alle Nachhaltigkeitsbestrebungen stehen und fallen mit der Finanzierung und den richtigen oder falschen Kooperationsbeziehungen. „Ökonomische Bildung online" demonstriert in diesem Punkt exemplarisch die Zusammenarbeit verschiedener Akteure über die Landesgrenzen hinweg. Ministerien, Schulen, Stiftungen, Unternehmen und Wissenschaft arbeiten länderübergreifend zusammen. Beteiligt sind: Bertelsmann Stiftung; Heinz Nixdorf Stiftung; Ludwig-Erhard-Stiftung; Ministerium für Wissenschaft und Kultur Niedersachsen, Ministerium für Kultus, Jugend und Sport Baden-Württemberg; EWE AG, Oldenburg; Stiftung der Deutschen Wirtschaft, Berlin.

Zu Beginn sollten Baden-Württemberg und Niedersachsen diesem Kooperationsmodell zum Erfolg verhelfen. Der hohe Bedarf an Ökonomielehrkräften in Deutschland sorgte jedoch dafür, dass noch nach Projektbeginn weitere Bundesländer einstiegen. In fünf Bundesländern werden seit Oktober 2002 aktuell Qualifizierungsmaßnahmen durchgeführt; fünf weitere Länder kommen vermutlich ab 2004 hinzu. Gegenwärtig werden ca. 150 Lehrkräfte geschult, 2004 werden es ca. 500 sein. Eine Aus- und Weiterbildung von Lehrkräften über die Grenzen der Bundesländer hinweg ist ein Novum, für das es derzeit keinen Vergleich gibt. Zur Qualitätssicherung zählt ebenfalls die enge Kooperation mit dem Fernstudienzentrum der Universität Oldenburg (ZEF), das über umfangreiche Erfahrungen zum Distance Learning verfügt. In Kooperation mit dem ZEF wird die Qualität der Angebote laufend verbessert, die ICT-Infrastruktur sichergestellt und weiterentwickelt sowie die Datensicherheit und die Benutzerverwaltung organisiert. Das IÖB erhält durch diese Kooperation auch institutionelle Unterstützung bei der organisatorischen Gestaltung des Übergangs von der Präsenzlehre zur Online-Lehre.

Um den nachhaltigen Betrieb von „Ökonomische Bildung online" auch nach Ablauf der Projektförderdauer sicherzustellen, werden gegenwärtig neue Finanzierungsmodelle entwickelt, die sich sowohl auf die bewährten public-private-partnership, als auch auf marktwirtschaftlich orientierte Konzepte unter Einbeziehung neuer Zielgruppen auf nationaler und internationaler Ebene stützt.

4 Qualitätssicherung in der Inhalts- und Kursentwicklung

Das Qualifizierungskonzept von „Ökonomische Bildung online" entspricht in seinen Grundzügen den vom IÖB entwickelten und im Rahmen umfangreicher Schulversuche erprobten und evaluierten Ökonomie-Curricula für unterschiedliche Schulformen im allgemein bildenden Schulwesen, die wiederum auf Grundlage einer bundesweiten Lehrplananalyse entwickelt wurden. Auf diese Weise erleben die teilnehmenden Lehrkräfte keinen Bruch zwischen der Ausbildung bzw. Fortbildung und den Anwendungsbezügen im schulischen Bereich.

Für das Aus- und Fortbildungskonzept werden insgesamt 74 Module (aufgeteilt in Grundmodule, vertiefende Module und fachdidaktische Module) entwickelt, die jeweils etwa 100 Printseiten entsprechen. Um ein Höchstmaß an inhaltlicher Qualität sicherzustellen, werden die Module von ausgewiesenen Fachleuten an insgesamt 40 Lehrstühlen in Deutschland und Österreich geschrieben. Die von hoher fachlicher Expertise geprägten Printfassungen der Module werden von einem fachlich, didaktisch, medientechnisch und organisatorisch qualifizierten Mitarbeiterteam im IÖB zu Online-Kursen aufbereitet. Bei der Aufbereitung von Inhalten und ihrer medientechnischen Aufbereitung kommen verbindliche Anforderungskataloge zum Einsatz. Dadurch sind die Module und Kurse von einer einheitlichen, leicht nachvollziehbaren und immer wiederkehrenden Struktur gekennzeichnet, die Lernenden beispielsweise eine schnelle Übersicht über Konzeption, Ziele, und Aufgaben eines Kurses ermöglicht.

Die medientechnische Aufbereitung und die eingesetzte ICT-Infrastruktur (Lotus Notes, LearningSpace) orientiert sich an den speziellen Bedürfnissen der Zielgruppe – nicht an technischen Maximalwerten. So stehen Texte, Grafiken, Tabellen, Java-Simulationen, Glossar, Schlagwortregister, Literaturhinweise und Internetlinks den Lehrkräften in Form einer auch offline nutzbaren Hypermedia-Datenbank mit vielfältigen Such- und Sortierfunktionen zur Verfügung. Die Lernumgebung stellt somit auch eine umfassende, ständig verfügbare Hintergrundbibliothek dar, die sowohl für den Qualifizierungsprozess als auch für die tägliche Vorbereitung des Schulunterrichts genutzt werden kann. Die Kommunikation findet asynchron über Foren statt, die in die Lernumgebung integriert sind.

Entscheidungsträger in den 16 Bundesländern, beispielsweise Kultusministerien oder Landesinstitute für Lehrerfort- und -weiterbildung, entwickeln auf Grundlage des Gesamtangebots individuelle Angebote für bestimmte Zielgruppen, die sich in Modul-Auswahl, Dauer der Fortbildungen, Konzeption für online- und offline Phasen sowie Prüfungsbedingungen unterscheiden.

Die Qualitätssicherung im Bereich der Inhalts- und Kursentwicklung umfasst ebenfalls ein permanentes Monitoring der bundesweit laufenden Kurse durch das IÖB, mit dem beispielsweise die Umsetzung des Ziel-Inhaltskonzepts sowie des didaktischen Konzepts überprüft wird. Die Ergebnisse werden für die stetige Weiterentwicklung und Verbesserung der Angebote genutzt.

5 Qualitätssicherung im Lehr-/Lernprozess

Die Aus- und Weiterbildungsangebote sind organisiert nach Blended Learning Konzepten. Im Zeitraum von einem Jahr finden durchschnittlich etwa 15 Präsenztage statt. In Online- und Offline Phasen werden die Lernenden von (derzeit 37) Tutorinnen und Tutoren betreut, die in vierwöchigen, vom IÖB durchgeführten Schulungen entsprechend qualifiziert wurden. Um Hemmschwellen für das ungewohnte ICT-basierte Lernen von vorn herein gering zu halten, wurde bei der Auswahl der Tutoren nicht nur auf deren inhaltliche Qualifizierung sondern auch auf ihre pädagogische Expertise Wert gelegt. In der Regel sind die Tutoren selbst aktive Lehrkräfte und somit vom Status her den Lernenden gleichgestellt. Arbeitstreffen der Tutoren unter Leitung des IÖB sorgen für deren Weiterqualifizierung und für die Weiterentwicklung des Betreuungskonzepts.

Die Lernmethoden in den Kursen sind auf die speziellen Bedürfnisse der Zielgruppe ausgerichtet. Die Lernenden sind zur Analyse und Synthese gezwungen. Neben verschiedenen Aufgaben und Selbsttests müssen die Lernenden beispielsweise Unterrichtsentwürfe auf Basis der Modulinhalte konstruieren. Unterstützung erfahren sie darin durch vom IÖB entwickelte Arbeits- und Lernstrategien, die beispielweise Verknüpfungen zwischen den Inhalten der Grundmodule und den vertiefenden Modulen aufzeigen. Weiterhin werden die Lernenden mit Informationen über die Verknüpfung der in den Schulen geltenden Lehrpläne, mit den Inhalten der Module oder mit aktuellen exemplarischen Einstiegsbeispielen unterstützt. Diese für die Lehrkräfte zugleich für ihr eigenes Lernen förderlichen wie auch unterrichtsverwertbaren Beispiele verdeutlichen die Relevanz der zu lernenden Inhalte vor der „ökonomischen Realität".

Es folgen schlaglichtartig weitere Aspekte der Qualitätssicherung im Lehr-/ Lernprozess:

- Auf Gruppenarbeit und Kooperation wird besonderer Wert gelegt. Die Lernumgebung unterstützt die Zusammenarbeit der Lernenden untereinander und mit den Tutoren auf vielfältige technische und organisatorische Weise.

- Die Tutoren nehmen didaktische, soziale, organisatorische und technische Aufgaben war. Sie sind verantwortlich für ein zeitlich angemessenes und konstruktives Feedback auf Beiträge und Prüfungen der Lernenden.
- Den Tutoren steht ein eigener Kommunikationsbereich in der Lernumgebung zur Verfügung, der für Austausch und gleichrangige Hilfestellung untereinander sowie für die Unterstützung durch sog. Metatutoren (Fachleute des IÖB) genutzt wird.
- Die Kurse sind durch in sich geschlossene Module unterteilt, die eine Überprüfung der Lernziele ermöglichen, bevor die Lernenden weiter fortschreiten.
- Lernende sind mit zusätzlichem Material ausgestattet, das verständlich und übersichtlich über die Ziele, Inhalte und das Gesamtkonzept informiert. Ein komplettes Modul widmet sich diesen Fragestellungen.
- Die Kurse beginnen i.d.R. mit einer einwöchigen Präsenzphase, in der über das Konzept, die Ziele und Inhalte der Ausbildung, die Erwartungen an den Zeitbedarf und über die technischen Rahmenbedingungen informiert wird um Selbstmotivation und Einsatzbereitschaft sicherzustellen.
- Im Rahmen der Präsenzphasen werden die Lernenden mit effektiven Lernmethoden vertraut gemacht und erhalten Unterstützung und Training zur Nutzung der elektronischen Medien.
- Lernende und Tutoren haben während der Maßnahmen kostenlosen Zugriff auf eine internetbasierte Datenbank (www.wigy.de), die umfangreiche zusätzliche Literatur zur Fachwissenschaft und Fachdidaktik der ökonomischen Bildung und vor allem Unterrichtsentwürfe, Arbeitsblätter und andere unterrichtsverwertbare Inhalte enthält.
- Die Lernenden sowie die Tutoren erhalten schnelle und zuverlässige technische und organisatorische Hilfestellung während der Maßnahmen via Internet und Telefon.
- Einheitliche Replyzeiten von Tutoren auf Anfragen und Beiträge der Lernenden sorgen für Sicherheit und Verbindlichkeit im Umgang mit der Lernumgebung bzw. der Lernmethode.

6 Ausblick

Um die Nachhaltigkeit der entwickelten Angebote sicherzustellen sind weitere Schritte der Qualitätssicherung erforderlich, die an dieser Stelle nur skizziert werden:

- Gegenwärtig wird an einer Zertifizierung des geplanten Studiengangs sowie der Aus- und Weiterbildungsmaßnahmen gearbeitet, die sich an europäischen und internationalen Standards (Bachelor/Master/ects-System) orientiert.
- Die Effektivität der ICT-basierten Bildungsangebote muss mit unterschiedlichen Methoden gemessen werden und die Evaluationsergebnisse müssen in die Verbesserung der Maßnahmen einfließen. Zum Beispiel müssen Daten über Einschreibungen, Kosten und Nutzung der Technik erhoben werden,

damit letztlich über eine Vollkostenrechnung der Finanzbedarf für einen nachhaltigen Betrieb identifiziert werden kann.

- Die aktuell genutzte Infrastruktur wird in Richtung eines Content-Management-Systems/Lernmanagement Systems weiterentwickelt, das die Kompatibilität der Inhalte mit internationalen Standards wie SCORM und LOM berücksichtigt um auf diese Weise die eigenen Angebote für die Nutzung durch externe Webservices oder Lernmanagementsysteme zukünftiger virtueller Universitäten zu ermöglichen. Zentrale Aspekte sind dabei die Wiederverwendbarkeit der Inhalte in Form von „reusable learning objects" (RLOs) und ein standardisiertes Metadatensystem.
- Die personelle Mehrarbeit durch den universitären Einsatz ICT-basierter Lernszenarien muss institutionell berücksichtigt werden.
- Gegenwärtig wird an einem Konzept gearbeitet, wie Inhalte bzw. die Kurse einer periodischen Kontrolle unterzogen werden um Standards einzuhalten und für die Aktualität der Inhalte zu sorgen.

Nachhaltigkeit kann letztlich nur gesichert werden, wenn es gelingt, ICT-basierte Studien- und Qualifizierungsangebote in fakultätsübergreifende universitäre Strukturen einzubinden und sie auch Zielgruppen im Weiterbildungsmarkt verfügbar zu machen. Geeignete Anreizsysteme für solche universitären oder gar universitätsübergreifenden Kooperationen sind dafür gegenwärtig aber nicht in Sicht. Vielmehr gelten weiterhin die restriktiven Faktoren, die beispielsweise Kandzia formuliert hat (Kandzia, 2002). Ein Kooperationsprojekt zwischen zahlreichen Einrichtungen und Fakultäten der Universitäten Oldenburg und Osnabrück (epolos) an dem auch „Ökonomische Bildung online" beteiligt ist, versucht diese Hemmnisse zu überwinden. Mehr Informationen dazu finden Sie unter: www.cdl-oldenburg.de.

Möglicherweise wird der gegenwärtig zu beobachtende Rückzug der öffentlichen Hand und der dadurch ausgelöste Sparzwang in Universitäten für eine zwangsweise Umorientierung sorgen. Eine konsequente Ausrichtung an strategischen Zielen und damit verbundene Maßnahmen der Qualitätssicherung stellen Werkzeuge zur Verfügung, um nicht selbst von der eingangs beschriebenen Marktbereinigung erfasst zu werden.

Informationen über den aktuellen Stand des Projekts „Ökonomische Bildung online", über Modulautoren, Konzepte, Inhalte und Teilnehmer finden Sie unter der Adresse: www.oebo.de.

7 Literatur

ADEC 2002. Guiding Principles for Distance Teaching and Learning. The American Distance Education Consortium. Abruf am 09.06.2003. http://www.adec.edu/admin/papers/distance-teaching_principles.html

Collis, B. & Marijk van der Wende (2002). Models of Technology and Change In Higher Education. Abruf am 09.06.2003. http://www.utwente.nl/cheps/documenten/ictrapport.pdf.

Kandzia, Paul-Thomas (2002): E-Learning an Hochschulen – Von Innovation und Frustration. In Bachmann, G.; Haefeli, O.; Kindt, M. (Hg.), *Campus 2002. Die Virtuelle Hochschule in der Konsolidierungsphase.* S. 50-59. Münster: Waxmann.

The Institute For Higher Education Policy (2000). Quality on the line. Benchmarks For Success in Intenet-based Distance Education. Washington. Abruf am 09.06.2003. http://www.ihep.com/Pubs/PDF/Quality.pdf

Western Interstate Commission for Higher Education (2001). Best Practices For Electronically Offered Degree and Certificate Programs. Abruf am 09.06.2003. http://www.wcet.info/resources/accreditation/Accrediting%20-%20Best%20Practices.pdf.

Birgit Feldmann, Gunter Schlageter

Das verflixte (?) siebte Jahr – Sieben Jahre Virtuelle Universität

Zusammenfassung

Im Wintersemester 1996 wurde am Lehrgebiet Praktische Informatik I mit einigen wenigen Kursen und ebenso wenig Studierenden die Virtuelle Universität (VU) der FernUniversität in Hagen gestartet. Heute arbeiten mehr als 25.000 Nutzer aktiv mit dieser Plattform und können aus über 300 Kursen aller Fachbereiche ihr individuelles Studienprofil auswählen. Die Virtuelle Universität (VU) hat allerdings nicht nur enorme Veränderungen von Lehren und Lernen bewirkt, auch die Organisation als Ganzes erfährt inzwischen durch die VU einen Strukturwandel. Viele Publikationen beschäftigen sich mit den technologischen, didaktischen und auch juristischen Aspekten des Wandels; aber kaum jemand beschreibt die kompletten Auswirkungen durch den Einsatz eines solchen Systems und doch wird genau danach sehr häufig gefragt. Nicht nur Studierende, auch Lehrende, Verwaltungsangestellte und Techniker werden vor neue Herausforderungen gestellt. Im folgenden Papier werden die Erfahrungen aus dem Projekt Virtuelle Universität der FernUniversität in Hagen zusammengefasst. Am Beispiel des Projektes soll gezeigt werden, wie ein Initiativprojekt eine ganze Organisation in seinen Bann zog und vielfältige Veränderungen in allen Bereichen bewirkt hat.

1 Ein Blick zurück

Lebenslanges Lernen, arbeitsplatzbezogene Weiterbildung, Learning on Demand, etc., sind Schlagworte mit denen sich eine moderne Bildungseinrichtung auseinandersetzen muß. Die FernUniversität in Hagen hat sich sehr früh dieser Themen angenommen und verschiedenste Formen IT-gestützter Lehre vorangetrieben. Ziel des Projektes Virtuelle Universität war – und ist es noch heute – die Entwicklung und Erprobung von Szenarien, Anwendungen und Werkzeugen für E-Learning: Räumlich sowie zeitlich flexibles, individualisiertes und bedarfsorientiertes Lernen durch konsequente Nutzung Neuer Medien und Kommunikationstechnologie. Im Mittelpunkt steht der Studierende mit seinen individuellen Bedürfnissen. Die verschiedenen Funktionalitäten orientieren sich aus dem tatsächlichen Bedarf und nicht am organisatorischen Aufbau einer Universität. Zwar startete das Projekt in den Fachbereichen Informatik und Elektrotechnik, stand aber immer auch allen anderen Fachbereichen offen. Die größten Veränderungen fanden auf technischer Ebene statt, zudem wurde die Schnittstelle für die Betreuer aufgrund veränderter Anforderungen grundlegend überarbeitet. 2001 kamen dann weitere funktionale Bereiche zu den Bestehenden hinzu. Nicht nur die Funktionsbereiche auch das Layout der Virtuellen Universität wurde den sich verändernden Anforderungen angepasst:

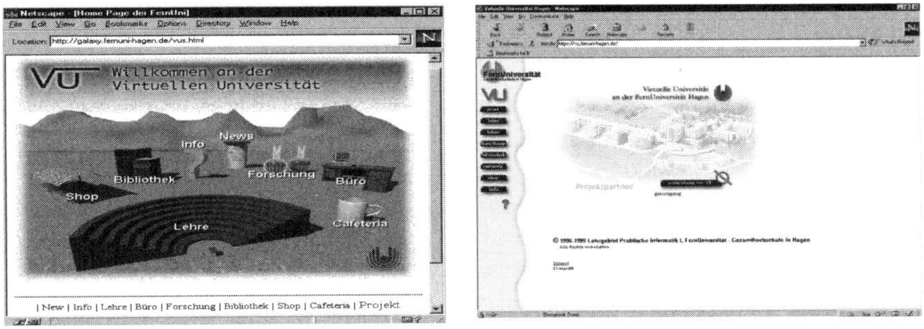

Abb. 1: Virtuelle Universität 1995 und 1998

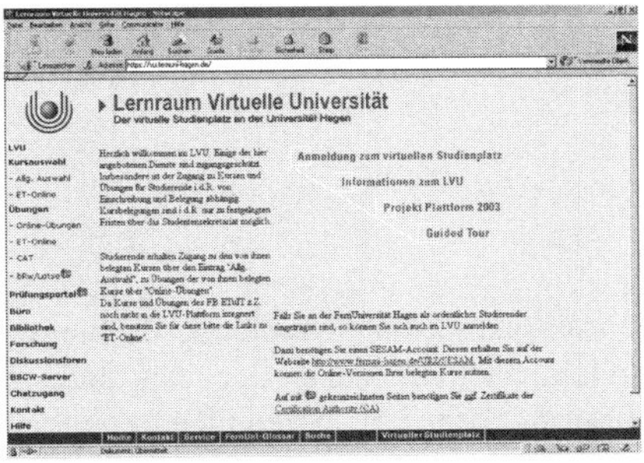

Abb. 2: Die Virtuelle Universität heute

Inzwischen nutzen mehr als 25000 Studierende das System. Sie können aus über 300 Veranstaltungen aller Fachbereiche wählen.

2 Veränderungen des Lernens

Eine erste Benutzerumfrage ergab, dass die Mehrheit der Studierenden die Intensität der Kontakte und der Diskussionen als sehr sinnvoll bewertet (Mittrach, 1999). Ähnliche Ergebnisse liegen bei der Bewertung netzbasierter Lern- und Arbeitsgruppen vor (Feldmann, 2001). Entsprechende Ergebnisse finden sich auch in anderen Quellen (vgl. Kerres, 2001, S. 255f., Glowalla, Glowalla & Kohnert

S. 372). Ein anderer Trend ist die Verringerung der Ausfallquote bei Veranstaltungen. Beispielsweise ist die Zahl der Abbrecher in virtuellen Seminaren deutlich geringer als in vergleichbaren Präsenzseminaren (Feldmann, Mittrach & Schlageter, 1999, Mason, 1994). Wie erklärt sich das? Nachfolgend die wichtigsten Erfolgsfaktoren virtuellen Lernens:

2.1 Stichwort Kommunikation und Interaktion

Durch die Virtuelle Universität werden vorhandene netzgestützte Kommunikations- und Kooperationsmöglichkeiten gebündelt und mit dem Lehrmaterial verknüpft. Aus dem Lehrmaterial heraus können so Diskussionsprozesse angeregt werden. Im virtuellen Übungsbetrieb kann der Studierende online Einsendeaufgaben üben, einsenden, den Korrekturstatus verfolgen (Tracking) und letztendlich korrigierte Aufgaben und Musterlösungen archivieren. Unsere Erfahrungen zeigen, dass Studierende asynchrone Kommunikationsmittel wie E-Mail und Newsgroup deutlich bevorzugen und bei den synchronen Kommunikationsmitteln textbasierte Mittel wie z.B. Chat am beliebtesten sind. Das liegt in der Hauptsache an der Orts- und Zeitunabhängigkeit der asynchronen Medien und an der einfachen Bedienbarkeit aller textbasierten Kommunikationsmittel, unabhängig ob synchron oder asynchron (Becking & Schlageter, 2002, Feldmann, 2001, Feldmann, 2002, Mittrach, 1999).

2.2 Stichwort Betreuung

Geeignete Ansprechpartner für alle mit einem Fernstudium verbundene Probleme finden Studierende entweder im Info-Bereich oder in einer der zahlreichen Newsgruppen. Es gab auch vor der Einführung der VU bereits Betreuungsangebote im Internet, aber erst durch die Bündelung der verschiedenen Angebote wurde auch eine große Nutzeranzahl erreicht. Die Studierenden selbst bewerten die Qualität der Betreuung als erheblich verbessert und wünschen sich einen weiteren Ausbau der Plattform (Becking 2002, Feldmann-Pempe & Schlageter 1999, Feldmann, 2002, Mittrach 1999).

2.3 Stichwort Innovation

Durch den kommunikativen Umgang und die Möglichkeiten der Neuen Medien entstehen Neue Lehrformen. Neben Praktika, Online-Übungsstunden und andere Veranstaltungsformen werden interaktives Übungsmaterial (Übungsbetrieb WebAssign), virtuelle Labore und virtuelle Seminare angeboten. Interaktive Elemente, z.B. Programme testen, grafische Übungsaufgaben, finden großen Anklang unter der Studentenschaft (Brunsmann, Homrighausen, Six & Voss 1999).

Auch die Möglichkeit in kleinen Gruppen gemeinsam an Projekten, bzw. wissenschaftlichen Arbeiten mitwirken zu können, wird als Bereicherung empfunden. Die beiden folgenden Beispiele verdeutlichen einige der Veränderungen, die in diesem Bereich stattgefunden haben:

2.3.1 Beispiel 1: Reale Systeme im virtuellen Labor

Ein besonders eindrucksvolles Beispiel für die angesprochenen neuen Lehrformen ist das Roboterlabor[1], ein Kooperationsprojekt der FernUniversität mit anderen nordrhein-westfälischen Universitäten. Im Falle eines Roboterpraktikums ist es möglich, über das Internet einen realen Roboter virtuell zu steuern und damit regelungstechnische Experimente zu machen, ohne tatsächlich das Labor besuchen zu müssen. Die Studierenden können die Bewegungen des Roboters über Video verfolgen und erhalten so auch einen plastischen Eindruck vom Geschehen.

2.3.2 Beispiel 2: Virtuelle Seminare

Ein anderes Beispiel sind virtuelle Seminare. Im Gegensatz zum bisherigen Präsenzseminar an der FernUniversität und auch an Präsenzuniversitäten ermöglicht der Einsatz virtueller Seminare erstmals für Betreuer und Studierende einen kontinuierlichen Kommunikations- und Diskussionsprozess. Betreuer und die Kommilitonen haben mit Hilfe verschiedener Kommunikationsmittel die Möglichkeit durchgehend Einblick in den Arbeitsprozess der Studierenden und dessen Ergebnisse zu nehmen. Das bedeutet von der gemeinsamen Themenwahl über die Bildung von Lerngruppen bis hin zur gemeinsamen Ausarbeitung und Diskussion der Seminarbeiträge. Die Diskussionen können dabei zeitgleich (z.B. als Chat oder Videokonferenz) oder zeitversetzt (Newsgroup, Groupware) stattfinden. Typischerweise bevorzugen Studierende die größere Unabhängigkeit der asynchronen Kommunikationstechniken (Feldmann-Pempe & Schlageter 1999, Mittrach 1999). Den Vergleich mit Präsenzuniversitäten brauchen virtuelle Seminare nicht zu scheuen. Studierende an Präsenzuniversitäten, die an der FernUniversität Seminare besuchen, fühlen sich in virtuellen FernUni-Seminaren in der Regel besser betreut als im Präsenzseminar (Feldmann 2001). Für Mitarbeiter ergibt sich ein differenzierteres Bild, wie aus den folgenden Kapiteln hervorgeht.

3 Veränderungen in der Lehre

Studierende sind nur eine Gruppe, die von den Möglichkeiten der virtuellen Universität profitiert. Essentiell für den Erfolg einer virtuellen Universität sind die Lehrenden. Ohne ihr Mitwirken kann ein solches Unternehmen keinen Erfolg

1 Entwickelt vom Lehrgebiet Elektrotechnik, Prof. Dr. Hoyer, FernUniversität in Hagen.

haben (Becking & Schlageter, 2002, Feldmann-Pempe, Schönwald & Schlageter, 1999/1, Kerres, 2001, Steinmann, 2002). Dabei verändert sich gerade für diese Gruppe Wesentliches in ihrem Arbeitsalltag. Unter „Lehrende“ werden sowohl Professoren als auch wissenschaftliche Mitarbeiter, Mentoren und Korrektoren verstanden. Ihre Rolle wandelt sich zunehmend vom reinen Anbieter von Lehrmaterial hin zum Berater, Betreuer oder Lernmanager. Vielmehr als in der klassischen Fern- und auch Präsenzlehre ist es jetzt die Aufgabe Lehrender, Lernen zu organisieren und Lernende aktiv zu unterstützen. Gerade durch diesen Strukturwandel im Profil der Lehrenden entsteht eine Vielzahl von verschiedenen Problematiken. Die Akzeptanz der virtuellen Plattform ist hier noch durch Vorurteile behaftet. Vorteile werden nicht unbedingt erkannt und Mehrarbeit wird befürchtet. Konsequente Unterstützung durch die Universitätsleitung und der Fachbereiche, Hilfsangebote für Neueinsteiger und der sensible Umgang mit Skeptikern können hier viel erreichen. Die häufigsten Befürchtungen sind folgende:

3.1 Stichwort Kommunikation und Interaktion

Viele Lehrende erwarten eine Vielzahl persönlicher Anfragen verschiedenster Art, es wird angenommen, dass die Hemmschwelle bei den elektronischen Kommunikationsmöglichkeiten wesentlich niedriger ist als bei konventionellen Kommunikationsmitteln. Erfahrungen haben allerdings gezeigt, dass Studierende eben nicht den Betreuer direkt ansprechen, sondern eher Kommilitonen um Hilfe bitten. Zudem ist es wichtig, Kommunikation zu organisieren und gegebenenfalls auch zu delegieren, z.B. Studierende auf FAQs oder die Newsgroup hinzuweisen. Die Kommunikationsdisziplin ist entscheidend für den Online-Tutor (Feldmann & Schlageter, 2001, Kerres, 2000).

3.2 Stichwort Betreuung

„Niemand wird mit einem Problem alleine gelassen“ impliziert einen gewissen Erwartungsdruck beim Betreuenden, mit dem man ihn keinesfalls allein lassen darf. Ziel soll sein, Betreuung nicht nur für Studierende, sondern auch für Lehrende zu verbessern. Qualifizierte Betreuung muss Spaß machen, daher ist es wichtig Lehrenden zu vermitteln, dass auch ihre Arbeit eine neue Qualität gewinnt (Feldmann, 2001, Steinmann 2002). Denn wenn auch ein gewisser Einarbeitungsaufwand besteht, so ist es doch sicher, dass sich danach die laufende Arbeitsbelastung deutlich reduziert (Biedebach. Bomsdorf & Schlageter 2002, Feldmann, 2001). Der intensive Kontakt erlaubt ein besseres Kennenlernen des Gegenübers, Lehrende haben wesentlich bessere Möglichkeiten Hilfe und Unterstützung anzubieten, in den Entwicklungsprozess einzugreifen, Fehlentwicklungen rasch zu erkennen und vor allem zu verhindern. Statt am Ende vor der Katastrophe zu stehen, kann während der wichtigsten Phasen der Lernentwicklung Einfluss genommen werden. Das hat natürlich Auswirkungen auf die Qualität der Ergebnisse. Mehrfache Korrekturen und Überarbeitungen sind Alltag in der VU. Das bedeutet, dass das tatsächliche Endprodukt (unabhängig ob Einsendeaufgabe oder Hausarbeit) in der Regel von höherer Qualität ist als in der konventionellen Fern- und zum Teil auch Präsenzlehre. Damit führt die Nutzung der virtuellen Lernplattform VU zu einer höheren Arbeitszufriedenheit, was für die gesamte Organisation positive Auswirkungen hat.

3.3 Stichwort Innovation

Innovation wird nicht von allen Beteiligten begrüßt, vor allem, wenn es dabei um technische Innovation geht. Es kommen dazu ganz neue Betreuungsaufgaben auf den Einzelnen zu. So müssen z.B. virtuelle Übungsgruppen organisiert und betreut werden. Die damit auftretenden Probleme sind in der Regel neu für den Betreuer (z.B. Erzeugung von Traffic in der Newsgruppe, Organisation von E-Mail-Austausch, Einsatz von Groupware, Umgang mit verschiedenen Kommunikationsstilen der Teilnehmer, etc.). Eine einfach zu bedienende Benutzerschnittstelle unterstützt die Lehrenden in ihrer täglichen Arbeit. Erfahrungsgemäß kommen auch unerfahrene Mitarbeiter gut mit dem System zurecht. Wesentliche Hilfen bei der Einführung sind qualifizierte Schulungen, Tutorials, Online-Hilfen und eine Telefon-Hotline. Viel größer als die technische Einarbeitungszeit (hier werden die Vorteile rasch erkannt und regelmäßig genutzt) sind die Probleme im Umgang mit dem Material (Wie bereite ich Material fürs Web auf?, Was stelle ich ins Netz?) und vor allem mit der Betreuung der Studierenden (hier vor allem die Organisation der Kommunikation). Eine große Hilfe sind telefonisch verfügbare adäquate Ansprechpartner, die vor Ort Unterstützung leisten können. Die FernUniversität bietet hier durch das Zentrum für Fernstudienentwicklung eine leistungsfähige Ressource für Kursbetreuer an.

4 Veränderungen in der Verwaltung

Neben Studierenden und Lehrenden wird eine der größten Gruppen innerhalb der Organisation Universität gerne außer Acht gelassen – die Universitätsverwaltung. Die Verwaltung einer Universität ist neben Management- und Leitungsaufgaben zuständig für Studierendenangelegenheiten wie Einschreibung, Rückmeldung, Studieninformation, Prüfungen, etc. Im Universitätsrechenzentrum werden sämtliche Daten der FernUniversität verwaltet, das Logisitikzentrum übernimmt Druck und Versand der Materialien. In den Anfängen wurden Verwaltungsabläufe nicht, bzw. nur wenig in die Virtuelle Universität miteinbezogen. Nach und nach haben aber gerade die betroffenen Einrichtungen eine stärkere Beteiligung eingefordert und dank der Unterstützung der Projekt- und der Universitätsleitung auch bekommen.

4.1 Die Universitätsleitung

Das Rektorat der FernUniversität Hagen hat frühzeitig erkannt, dass ein Bestehen in einer sich verändernden Hochschullandschaft nur durch innovative strukturelle Veränderung erreicht werden kann. Mit Hilfe der Initiative LVU (Lernraum Virtuelle Universität), einer koordinierenden fachbereichsübergreifenden Einrichtung, ist es gelungen, die verschiedenen Entwicklungen im Bereich E-Learning zu koordinieren und den Weg hin zur Medienuniversität zu ebnen. Zudem wurden mithilfe universitätseigener Mittel Projekte zur Weiterentwicklung virtuellen Lernens gefördert und deren Ergebnisse gebündelt und so Synergieeffekte erreicht (Lernraum Virtuelle Universität, 2003). Der Ausbau und die Weiterentwicklung des virtuellen Lernraums ist Teil der regulären Universitätsaufgaben geworden.

4.2 Rechenzentrum

Seit dem Frühjahr 2000 betreibt das Universitätsrechenzentrum das Trägersystem VU und hat dadurch auch neue Aufgaben erhalten. Die VU ist ein zusätzlicher 24-Stundenservice der für die Studierenden angeboten wird und entsprechende Betreuung verlangt. Hinzu kommt, dass das Rechenzentrum die geeignete Anlaufstelle ist, um die verschiedenen Datenquellen zu bündeln und eine einheitliche Datenlandschaft zu schaffen. Nur so kann erreicht werden, dass wichtige Daten (Benutzer, Kursdaten, etc.) nur einmal eingegeben werden müssen und Redundanzen verhindert werden. Auch wird die Plattform entsprechend der technischen Entwicklung und den Wünschen der Nutzer immer wieder entsprechend angeglichen und weiterentwickelt. Für all diese Aufgaben ist im Rechenzentrum ein zusätzlicher Aufgabenbereich mit neuen Mitarbeitern entstanden.

4.3 Logistikzentrum

Langfristig wird sich der Versand von Studienmaterialien verändern. Statt nur Papierkurse werden auch CD-ROMs verschickt, ein Teil des Materials wird zum Download bereit stehen, der Postversand wird abnehmen. Schon jetzt werden bisher gedruckte und versendete allgemeine Informationen nur noch elektronisch publiziert. Es ist durchaus denkbar, dass sich mithilfe von Electronic Publishing und Content Management Systemen ein Wandel vom reinen Versandzentrum hin zum wirklichen „Inhaltsverwalter“ vollziehen wird. Bereits seit 1999 werden die Bachelorkurse des Fachbereichs Elektrotechnik nur noch elektronisch versandt.

4.4 Studienzentren

Auch die Arbeit der Studienzentren wird sich verändern. Mentoren können jetzt ortsunabhängig Übungen anbieten, Material pflegen und alle Möglichkeiten der VU selbst nutzen. Die Studienzentren werden in noch größerem Maße als bisher Beratungs- und Betreuungsmöglichkeiten anbieten und auch technische Infrastruktur, z.B. für Online-Zugang, Videokonferenzen, etc. zur Verfügung stellen. Mentoren werden selbstverständlicher in die Organisation und Betreuung von Lehrveranstaltungen mit einbezogen.

5 Resümee

Die virtuelle Universität hat es geschafft, vom kleinen Initiativprojekt zu einer großen Bewegung innerhalb der Hochschule zu werden. Sie ist ein typisches Beispiel für ein lernerzentriertes Bildungssystem der Zukunft. Studierende, Lehrende und Leitung und Verwaltung haben zu dieser erfolgreichen Entwicklung beigetragen. Einen großen Anteil haben die Studierenden, denn durch ihre zahlreiche Teilnahme konnte die VU nicht mehr aus dem Universitätsalltag wegdiskutiert werden. Die großen Nutzerzahlen waren im Projektumfang nicht mehr zu bewältigen, die Professionalisierung unabwendbar. Durch die Auslagerung in das Universitätsrechenzentrum wurde ein wichtiger Schritt zur Entlastung der ursprünglichen Projektgruppe unternommen. Die Auswirkungen auf die Gesamtorganisation wurden zu Beginn sicher unterschätzt, aber die Probleme wurden gelöst oder sind auf dem besten Weg zu einer Lösung. Der Erfolg eines anfangs kleinen Projektes hat inzwischen zu zwei erfolgreichen Ausgründungen geführt, in denen die wertvollen Erfahrungen aus der VU an die Industrie weitergegeben werden können. Das Trägersystem Virtuelle Universität ist als OpenSource Software über die Initiative CampusSource des Landes Nordrhein-Westfalen (http://www.campussource.org) verfügbar. Wesentlicher Erfolgsfaktor war die Miteinbeziehung aller wesentlichen Benutzergruppen. Denn, wie gezeigt, verändert virtuelle Lehre nicht nur den Lehralltag – Leitung, Verwaltung und Logistik sind genauso betroffen.

Die verflixten Jahre haben wir hinter uns – die Virtuelle Universität ist heute Alltag im Regelbetrieb der FernUniversität in Hagen.

Literatur

Becking D. Schlageter, G. (2002). A Collaborative Lab- and Learning Environment for a Virtual Database-Practical at the Virtual University. In: *Proceedings ICCE 2002*. Auckland.

Biedebach, A., Bomsdorf, B.; Schlageter, G. (2002). The Changing Role of Instructors in Distance Education: Impact on Tool Support. In: *Proceedings e-Learn 2002*. Montreal.

Brunsmann, J., Homrighausen, A., Six, H.W., Voss, J. (1999) *Assignments in a Virtual University – The WebAssign-System*. Vienna/Austria.

Döring, N. (2002). Online-Lernen. In: Issing, L. J.; Klimsa, P. (Hrsg.): *Information und Lernen mit Multimedia und Internet*. Weinheim, 247-262.

Feldmann, B. (2001). Communication – The Essential Factor For A Successful E-learning Environment. In: *Proceedings SSGRR 2001*. L'Aquila, Italy.

Feldmann, B. (2002). The Internet Communication Environment – The Virtual University as Virtual Community. In: *Proceedings ICCE'02*. Auckland, New Zealand.

Feldmann-Pempe, B. Mittrach, S., Schlageter, G. (1999). Internet-based Seminars at the Virtual University: A Breakthrough in Open and Distance Education. In: *Proceedings ED-Media'99*. Seattle.

Feldmann-Pempe, B.; Schönwald, O.; Schlageter, G. (1999). Virtual Seminars: A tutor's view. In: *Proceedings WebNet'99*. Honolulu.

Feldmann-Pempe, B.; Schönwald, O.; Schlageter, G. (1999). Virtual University Hagen: The Internet Communication Environment. In: *Proceedings ICCE'99*, Chiba.

Glowalla, U., Glowalla G., Kohnert, A. (2002). Studierverhalten in Online-Bildungsangeboten. In: Issing, L. J.; Klimsa, P. (Hrsg.). *Information und Lernen mit Multimedia und Internet*. Weinheim, 359-372.

Kerres, M. (2001). *Multimediale und telemediale Lernumgebungen*. München.

Lernraum Virtuelle Universität (2003). Webseiten des Büros Lernraum Virtuelle Universität. Hagen, Abruf am 13.03.2003 http://www.fernuni-hagen.de/LVU/.

Mason, R. (1994). *Using Communications Media in Open and Flexible Learning*. Kogan Page.

Mittrach, S., Schlageter, G. (1998). A Tutoring Wizard Guiding Tutorial Work in the Virtual University, In: *Proceedings ED-Media'98*. Freiburg.

Mittrach, S. (1999). *Lehren und Lernen in der Virtuellen Universität: Konzepte, Erfahrungen, Evaluation*. Aachen.

Praktische Informatik I (2003). Webseiten des Lehrgebiets Praktische Informatik I. der FernUniversität in Hagen. Abruf am 18.03.2003 http://pi1.fernuni-hagen.de.

Preece, J. (2000). *Online Communities. Designing, Usability, Supporting Sociability*. Chichester.

Steinmann, G. (2002). Einführung von E-Learning in der betrieblichen Bildung: der Trainer als Erfolgsfaktor. In: Issing, L. J.; Klimsa, P. (Hrsg.). *Information und Lernen mit Multimedia und Internet*. Weinheim, 387-392.

Heidemarie Hanekop, Uwe Hofschröer, Carmen Lanfer

Ressourcen, Erfahrungen und Erwartungen der Studierenden – Bausteine für Entwicklungsstrategien

Ergebnisse einer repräsentativen Befragung von Göttinger Studierenden zu PC- und Internetanwendungen im Studium

Zusammenfassung

Die Studierenden haben eine wichtige Rolle bei der erfolgreichen Implementierung von ICT-Anwendungen im Studium gespielt. Ende 2002 nutzen nahezu 90% der Studierenden in Göttingen PC- und Internetanwendungen als unentbehrliche Arbeitswerkzeuge im Studium, darüber hinaus stellen sie wesentliche (Hardware-) Ressourcen. Entwicklungsstrategien für intensivere Formen mediengestützten Lernens können auf diese Ressourcen aufbauen. Die Ergebnisse der vorgestellten Studie belegen dies, sie weisen aber gleichzeitig darauf hin, wie stark die bisher weitgehend auf Eigeninitiative der Studierenden basierende Einführung von PC- und Internetanwendungen im Studium deren Erwartungen und Anforderungen auch gegenüber neuen, internetbasierten Lehr- und Lernformen prägt. Positive Einstellungen gegenüber neuen Anwendungen resultieren aus der Erfahrung mit PC und Internet als effizientes, nützliches Arbeitswerkzeug im Studium. Indifferente oder negative Einstellungen gegenüber (zukünftigen) PC- und Internetanwendungen beziehen sich auf solche Anwendungen, die grundlegende Veränderungen der Präsenzlehre oder der persönlichen Kooperations- und Kommunikationsstrukturen zur Folge haben könnten. Zustimmung finden aber auch Anwendungen, von denen die Studierenden den Ausgleich von Defiziten der (Präsenz-) Lehre erwarten, z.B. durch ergänzende Lernmaterialien, bessere Studienorganisation oder zusätzliche Kontaktmöglichkeiten.

Einleitung

Entwicklungsstrategien für neue, internetgestützte Lehr- und Lernformen im Studium können sich auf Voraussetzungen stützen, die durch die breite Einführung von PC- und Internetanwendungen in den vergangenen Jahren geschaffen wurden. Zu diesen Voraussetzungen zählen auch die Ressourcen, die die Studierenden einbringen, sei es in Form von Kenntnissen und Fähigkeiten, wie auch durch private Hardware und Infrastruktur.[1] Mit den im Folgenden vorstellten Ergebnissen einer Befragung von Studierenden an der Universität Göttingen zur

1 Besonders augenfällig ist der Stellenwert der privaten Ressourcen beim Konzept ‚Notebook University‘ (NBU), in dessen Rahmen die hier vorgestellte Studie entstanden ist.

PC- und Internetnutzung[2] wollen wir darauf hinweisen, dass die Studierenden gleichzeitig mit den Ressourcen auch Nutzungspraktiken, Erfahrungen und Einstellungen einbringen, die ihre Erwartungen und ihre Nutzungsbereitschaft im Hinblick auf zukünftige PC- und Internetanwendungen im Studium beeinflussen. Damit soll keineswegs behauptet werden, dass sich aus den gegenwärtigen Einstellungen und Erwartungen der Studierenden die zukünftige Nutzung neuer Lehr- und Lernformen prognostizieren lässt. Wir vermuten allerdings, dass die Einführung neuer Lehr- und Lernformen nicht bruchlos an einer Entwicklung anknüpfen kann, die sich gerade durch ein hohes Maß an Eigeninitiative der Studierenden sowie einen geringen Integrationsgrad in der Lehre auszeichnet.

1 PC- und Internetressourcen der Studierenden

Der PC ist für den überwiegenden Teil der Studierenden mittlerweile ein unverzichtbares Arbeitswerkzeug. 79% der Göttinger Studierenden nutzen PC-Anwendungen im Studium häufig, 19% selten und lediglich 2% nie. Basis der PC-Nutzung ist die private Ausstattung, über 90% der Studierenden verfügen über einen eigenen PC. Diese Zahlen liegen über den Ergebnissen der im Sommersemester 2000 vom Deutschen Studentenwerk (im Rahmen der 16. Sozialerhebung) durchgeführten Befragung zur PC-Nutzung (Middendorff, 2001). 62% der Studierenden in Göttingen besitzen Ende 2002 einen eigenen Desktop, 17% ein Notebook und 12% sowohl Desktop als auch Notebook. Somit liegt der Anteil der Notebookbesitzer bereits bei 30%. Allerdings haben erst 3% der Studierenden ihr Notebook mit einem Funk-LAN-Zugang ausgestattet. Nur knapp 5% verfügen nicht über einen PC oder müssen auf einen PC bei Freunden und Bekannten zurückgreifen (4,5%).

Die Internetnutzung im Studium ist für die Studierenden mittlerweile ebenso selbstverständlich wie die PC-Nutzung. Ebenfalls 79% der Studierenden in Göttingen nutzen das Internet im Studium häufig, 19% selten und lediglich 2% nie. Die Ausstattung mit privaten Internetanschlüssen ist deutlich angestiegen, allerdings ist sie noch nicht flächendeckend: 80% der Studierenden in Göttingen haben Ende 2002 einen Internetzugang zu Hause, immerhin 20% haben keinen und sind somit auf die Internetzugänge in der Universität angewiesen. Mitte 2000 hatte erst jeder zweite (55%) einen Internetanschluss zu Hause (vgl. Middendorff, 2001), die Sozialforschungsstelle Dortmund kommt Ende 2000 (vgl. Klatt et al., 2001) auf eine Anteil von 73% Studierender mit eigenem PC und Internetanschluss.

2 Als Instrument diente ein standardisierter Fragebogen, der im Wintersemester 02/03 in ausgewählten Lehrveranstaltungen der verschiedenen Fachbereiche an ca. 4000 Teilnehmer verteilt wurde (Rücklaufquote 64%). Zusätzlich wurden 230 Fragebögen online ausgefüllt.

Kenntnisse und Fähigkeiten der Studierenden

Um Kenntnisse und Fähigkeiten der Studierenden im Umgang mit PC und Internet zu erfassen, wurden die Studierenden um eine Selbsteinschätzung ihrer PC-Kenntnisse und -Fähigkeiten gebeten.[3] Das Ergebnis fällt überraschend positiv aus: Ein Drittel hält sich für „gut" im Umgang mit dem PC, mehr als 45% für ausreichend. Lediglich 17% meinen mit dem PC oftmals nicht ausreichend umgehen zu können, 4% schätzen ihre Kenntnisse als schlecht ein. Diesen Befunden nach präsentiert sich die Göttinger Studentenschaft mit einem durchaus passablen Kenntnisstand; fast 80% bescheinigen sich zumindest ausreichende Kenntnisse und Fähigkeiten in Bezug auf PC- und Internetanwendungen.

Geschlechtsspezifische Analysen zeigten jedoch, wie stark die Selbsteinschätzung des eigenen Kenntnisstandes vom Geschlecht der befragten Person abhängig ist: Die Hälfte der männlichen Studierenden schätzt sich als „gut" ein; aber nur etwa ein Fünftel der Frauen. Ihr Selbstbild geht überwiegend (52%) in Richtung ausreichender Kenntnisse. Ein Viertel der weiblichen Studierenden meint, dass ihre Fähigkeiten oft nicht ausreichten. Dies denken nur 10% der Männer von sich.

Bei der Art des Kenntniserwerbs steht „learning-by-doing" mit Abstand im Vordergrund. 90% sagen „Ich habe mir die Kenntnisse durch Ausprobieren selbst beigebracht". Daneben oder ergänzend wird die Hilfe von Freunden und Bekannten in Anspruch genommen (80%). Alle anderen Formen spielen nur eine untergeordnete Rolle. Jeweils ein Fünftel lernten den Umgang mit PC und Internet in der Schule oder durch Jobs. Lehrbücher haben 13% benutzt, verschiedene Kursformen bleiben zwischen 5% und 13%.

Diese Art des Kenntniserwerbs ist bezeichnend für den auf Eigeninitiative beruhenden Adaptionsprozess von PC- und Internet durch die Studierenden, andererseits ist fraglich, ob diese eher unsystematische Art und Weise für alle Anwendungen effektiv und angemessen ist. Klatt et al. (2001) stellen dies zumindest für die Nutzung elektronischer Fachinformationsdienste in Frage.

Komplementäre Nutzung von PC- und Internet-Arbeitsplätzen in der Universität

Auch wenn die überwiegende Mehrzahl der Studierenden über eine PC- und Internetausstattung zu Hause verfügt, nutzen fast 80% auch die Computerarbeitsplätze in der Universität. Die Nutzung der universitären Infrastruktur erfolgt allerdings eher ausgesprochen punktuell. Besonders die fachbereichseigenen PC-Arbeitsplätze werden von den Studierenden häufig genutzt (von 34% der Studierenden). Ein Fünftel der Studierenden greift regelmäßig auf die PC-Ressourcen der Universitätsbibliothek und anderer Bibliotheken zurück. Insbesondere für das Bearbeiten von E-Mails (48%), für die Literatursuche (47%) und Internetrecherche (44%) werden die Universitätsrechner von den Studierenden „häufig" genutzt.

---

3 Befragungsergebnisse spiegeln notwendigerweise ein Selbstbild wieder, dies kann nur vermieden werden, indem der Kenntnisstand aufwendig über Indikatoren ermittelt wird – wie z.B. von der o.g. Studie der Sozialforschungsstelle.

Seltener nutzen sie Peripherie-Geräte der Universität (Drucker, Scanner u.ä.), spezielle Anwendungsprogramme, Datenbanken oder den Austausch von Dokumenten.

Studierende ohne eigenen PC und/oder Internet nutzen die universitären Arbeitsplätze tendenziell häufiger; sie gleichen damit ihre Ausstattungsdefizite zu Hause aus. Der Hauptgrund zur Nutzung der universitären PC-Arbeitsplätze besteht allerdings nicht in der Kompensation eigener Ausstattungsdefizite (16%), sondern in der Tatsache, dass die Universität für die Studierenden neben ihrem Zuhause ein wichtiger Arbeitsplatz darstellt (61%). PC und Internet werden auch an diesem Arbeitsplatz benötigt. Darüber hinaus spielt der Kostenfaktor eine zentrale Rolle; fast 50% wollen durch die PC-Nutzung in der Universität ihre eigenen Kosten reduzieren. Internetnutzung verursacht zu Hause laufende Kosten, die man dadurch reduzieren möchte, dass man die kostenlosen Zugänge in der Universität benutzt.

2 Nutzungserfahrungen

Die Arbeit am und mit dem PC nimmt für fast zwei Drittel der Studierenden täglich mehr als eine Stunde in Anspruch, 12% verbringen mehr als vier Stunden täglich am PC. Allerdings gibt es auch 14% der Studierenden, die den PC nicht täglich bzw. eher selten nutzen.

Die Mehrzahl der Internet-Nutzer verbringt bis zu einer Stunde täglich für das Studium im Netz, 21% der Studierenden sind allein für ihr Studium ein bis zwei Stunden täglich online, 13% sogar mehr als zwei Stunden. Allerdings gibt auch nahezu ein Viertel der Studierenden an, derzeit keine Internetanwendungen im Studium zu benötigen. Die meisten von ihnen sind mit dem Medium jedoch sehr wohl vertraut und nutzen es privat.

Unterschiedliche PC- und Internetnutzung an den Fachbereichen

Diese insgesamt hohe Nutzungsdauer für PC und Internet variiert zwischen den Fachbereichen deutlich. Bei der PC-Nutzung finden sich erwartungsgemäß in den Fächern Mathe / Physik / Informatik überdurchschnittlich viele „Intensivnutzer" mit einer Nutzungsdauer von mehr als einer Stunde (72%), etwas weniger stark ausgeprägt auch bei den Wirtschafts- (68%), Sozial- (68%) und Geisteswissenschaften (64%). Dagegen finden sich im Fach Medizin deutlich mehr Nutzer, die täglich nur wenig, d.h. unter einer Stunde am PC verbringen (30%).

Auch bei der Internetnutzung zeigen sich große Differenzen zwischen den Fachbereichen: Der niedrigste Anteil Nichtnutzer ist in den Wirtschaftswissenschaften (9%) und den Sozialwissenschaften (14%), der höchste Anteil ist in der Medizin (39%) zu verzeichnen.[4]

4 Vgl. hierzu Ergebnisse der Arbeitsgruppe Hochschulforschung der Universität Kostanz (Bargel, 2000): sie sehen Gründe für die geringe Nutzung im Fach Medizin in der hohen Intensität und dem hohen Grad der Verschulung.

Diese großen Unterschiede lassen darauf schließen, dass der Integrationsgrad von Internetanwendungen und -ressourcen in den Fachbereichen noch sehr unterschiedlich ist, dies drückt sich auch in einem unterschiedlichen Stellenwert von PC und Internet in den Fachbereichen aus[5].

Selektive Nutzung: PC und Internet als Arbeitsmittel

Die Arbeiten, die mit Hilfe von PC- und Internetanwendungen ausgeführt werden, konzentrieren sich auf das Schreiben von Texten, das Bearbeiten von Aufgaben sowie auf Literaturrecherche und das Beschaffen von Material für das Studium.

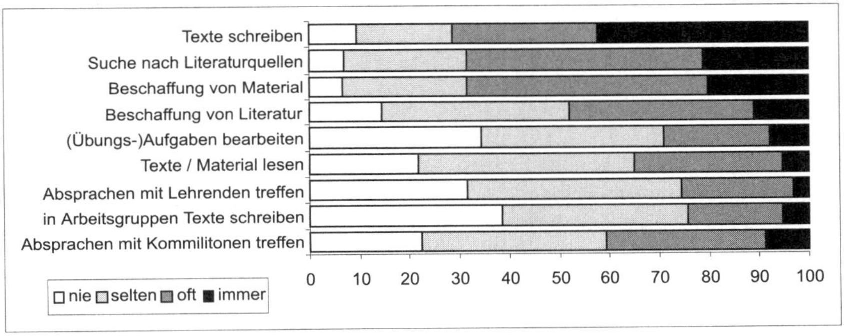

Abb. 1: Nutzung von PC- und Internetanwendungen für bestimmte Tätigkeiten

Internetanwendungen zur Kommunikation und zum Austausch unter den Studierenden und mit den Lehrenden sind erst in Ansätzen etabliert. Die Nutzungsmuster in Abbildung 1 verdeutlichen, dass PC und Internet von den Studierenden als Arbeitsmittel eingesetzt werden. Als technische Unterstützung von Kommunikation und Kooperation finden sie dagegen weit weniger Verwendung. Für alle genannten Anwendungen steigt die Bedeutung von PC- und Internetanwendungen im Hauptstudium an.

Nutzung und Nutzungsbereitschaft lehrveranstaltungsbegleitender Angebote: Internetplattformen als Info- und Content-Pool

In Göttingen, wie an den meisten anderen Präsenzuniversitäten, sind lehrveranstaltungsbegleitende Angebote bisher nur punktuell eingeführt (HIS, 2002). Eine universitätsweite Nutzungserhebung steht damit vor dem Problem, dass viele Studenten die abgefragten Angebote noch nicht kennen bzw. nutzen können. Wir haben uns dieser Problematik in drei Schritten angenähert: Erstens haben wir danach gefragt, ob bestimmte Angebote bekannt sind, zweitens ob sie genutzt

5 „Wie schätzen Sie generell den Stellenwert von PC und Internetanwendungen in Ihrem Studiengang ein?“: Es zeigt sich, dass der Stellenwert in den Wirtschaftswissenschaften am höchsten eingeschätzt wird (98,1 %, Antworten für „sehr wichtig“ und „wichtig“). Es folgen Sozialwissenschaften (88,5%) und Mathe/ Physik/ Informatik (86,8%).

werden und drittens ob die Befragten sie nutzen würden (wenn es in ihrem Studium ein entsprechendes Angebot gäbe).

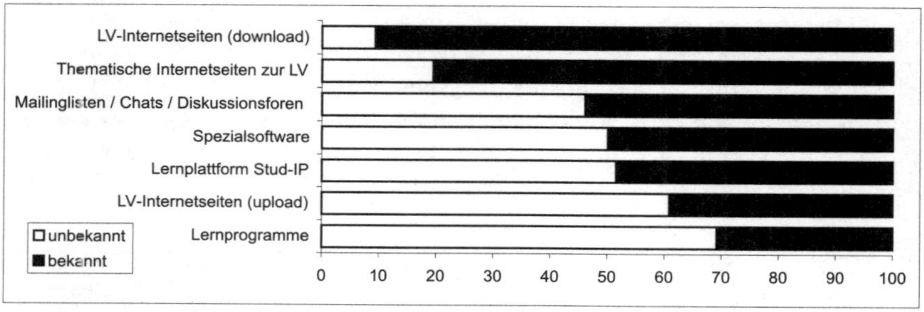

Abb. 2: Bekanntheit bestimmter PC- und Internetanwendungen

Bei der Frage der Bekanntheit lässt sich feststellen, dass die verschiedenen Anwendungen stark unterschiedlich bekannt sind. Eine überwiegende Bekanntheit besitzen momentan nur Internetseiten, in denen Materialien und Informationen zu Lehrveranstaltungen oder weiterführende Informationen zum Thema der Lehrveranstaltung angeboten werden. Trotz der erst punktuellen Einführung begleitender Angebote sind aber auch Mailinglisten / Diskussionforen / Chats, spezielle Computerprogramme und die Lernplattform Stud-IP etwa der Hälfte der Studierenden bekannt.

Verglichen hiermit konnten wir feststellen, dass die Nutzung dieser Anwendungen deutlich geringer ausfällt. Es überrascht wenig, dass Bekanntheit allein noch nicht ausreicht, um die Nutzung zu gewährleisten. Auffällig ist jedoch, dass jene Anwendungen die höchsten Nutzungsraten aufweisen, mit denen die Studierenden Informationen und Materialien abrufen können. Anwendungen, bei denen die Studierenden eine aktivere Funktion einnehmen, wie z.B. Internetseiten zum Ablegen von Informationen und Materialien, Lernprogramme oder auch Mailinglisten / Chats / Diskussionforen, werden prozentual seltener genutzt.

Kontrastiert man diesen Zusammenhang von Bekanntheit und Nutzung mit der Bereitschaft der Studierenden, bestimmte Anwendungen zukünftig zu nutzen, bestätigt sich die Tendenz, dass die Studierenden Anwendungen bevorzugen, die den Studierenden Informationen und Inhalte zur Verfügung stellen, ohne dass sich die Form der Lehre und damit das Prinzip der Präsenzuniversität stark verändert.

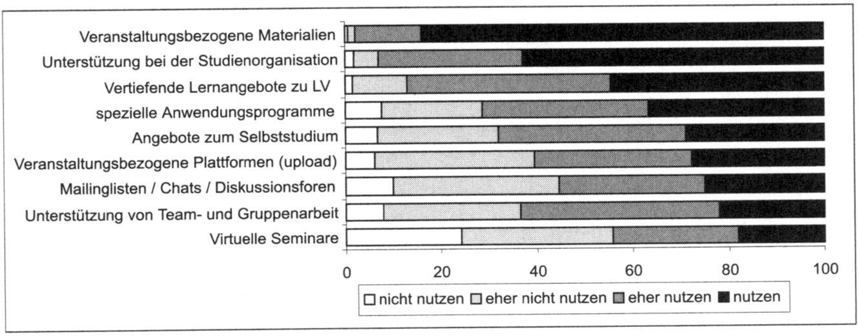

Abb. 3: Nutzungsbereitschaft für bestimmte Anwendungen

Die Studierenden wollen auch in Zukunft vor allem Anwendungen nutzen, die ihnen Unterstützung bei der Suche und Beschaffung von Studienmaterialien anbieten, stoßen bereits auf eine tatsächliche Nutzung der Studierenden heute. Dagegen ist eine klare Nutzungsbereitschaft für Anwendungen, die PC- und Internetanwendungen in direkten Zusammenhang mit der Vermittlung von Lehrinhalten stellen, wie z.B. virtuelle Seminar, Mailinglisten / Chats / Diskussionsforen oder Systeme zur Unterstützung von Gruppenarbeit dies tun, deutlich geringer ausgeprägt. Eine deutliche Mehrheit der Studierenden würde keine virtuellen Seminare „besuchen“.

3 Einstellungen und Erwartungen der Studierenden

Im Prozess der Aneignung von PC- und Internetanwendungen für Tätigkeiten im Studium haben die Studierenden Einstellungen herausgebildet, die für die Akzeptanz zukünftiger Anwendungen bedeutsam sein können. Diese Einstellungen wirken auf die Bildung von Erwartungen an zukünftige PC- und Internetanwendungen im Rahmen neuer Lehr- und Lernformen ein.

Einstellungen zur bisherigen PC- und Internetnutzung

Den Studierenden wurden Aussagen mit Gründen für und gegen PC- und Internetanwendungen vorgelegt. Die größte Zustimmung mit ca. 90% erhielten Aussagen, die auf die Übernahme von Außenerwartungen entweder im Hinblick auf Berufschancen oder Anforderungen von Lehrenden im Studium schließen lassen.[6] Nur geringfügig niedrigere Zustimmungsquoten erhalten Aussagen, die eine Verbesserung der Arbeitseffizienz und Nützlichkeit für studienbezogene Tätigkeiten behaupten. Jeweils knapp 80% der Studierenden stimmen den Aussagen zu, dass PC und Internet ein effizienteres Studium ermöglichen, das sich der Zugang zu Infor-

6 Vgl. hierzu auch die Ergebnisse der Arbeitsgruppe Hochschulforschung (Bargel, 2000) und der Sozialforschungsstelle Dortmund (Klatt et al., 2001).

mationen und Material verbessert und die studienbezogenen Angebote im Internet für sie nützlich sind. Hingegen ist eine Verbesserung der Kommunikation mit Lehrenden oder KommilitonInnen für die Mehrheit der Studierenden kein Argument für Internetanwendungen.

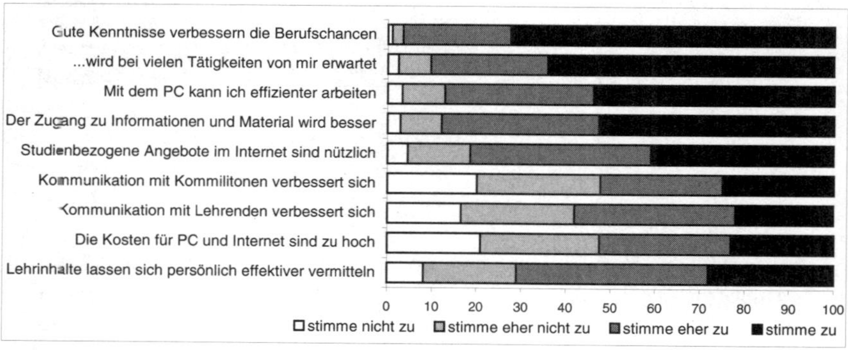

Abb. 4: Gründe für und gegen PC- und Internetnutzung im Studium

Erwartungen an die zukünftige PC- und Internetnutzung

Die Mehrheit der Studierenden zeigt sich gegenüber einer stärkeren Einbindung neuer PC- und Internetanwendungen in das Studium aufgeschlossen: 76% sind für die Ausweitung, 13% wünschen keine stärkere Nutzung, 9% sind unentschieden. Allerdings machen zwei Drittel der Befürworter ihre Zustimmung davon abhängig, dass sie die konkrete Anwendung für sich selbst als sinnvoll und nützlich beurteilen.

Die Erwartungen der Studierenden im Hinblick zukünftiger PC- und Internetanwendungen im Studium wurden durch eine Frage nach den erwünschten Zielen zukünftiger PC- und Interanwendungen erhoben. An erster Stelle rangieren Verbesserungen beim Zugang zu Literatur und Unterrichtsmaterial, über die Hälfte der Befragten halten dies für sehr wichtig. Verbesserungen bei der Studienorganisation und effektivere Administration[7] halten immerhin gut 40% der Studierenden für sehr wichtig. Möglicherweise drückt sich in diesem Punkten Unzufriedenheit mit der gegenwärtigen Studienorganisation aus, bei der die Studierenden eine Chance für die Problemlösung im Einsatz der neuen Anwendungen sehen. Ähnliches könnte für das nächste Ziel – die bessere Kommunikation mit Lehrenden – gelten. Interessanterweise hat die bessere Kommunikation mit den Lehrenden als Zielsetzung eine höhere Priorität, als in der bisherigen Nutzung und den Gründen für den bisherigen Einsatz. Ziele, die sich auf veränderte Formen der Lehre richten, rangieren am Ende der Wunschliste. Die Möglichkeit vertiefender

7 Vermutlich spielt bei diesem Ergebnis die Unzufriedenheit der Studierenden mit der Organisation und Administration des Studiums in den großen Fächern eine erhebliche Rolle. In diesem Sinne zielt der PC- und Interneteinsatz hier auf den Ausgleich von Defiziten der Präsenzlehre (vgl. Schulmeister, 2002).

Lernangebote zu Lehrveranstaltungen und ergänzender Angebote zum Selbststudium trifft auf gemäßigtes Interesse, die „virtuelle" Vermittlung von Lehrinhalten ist nicht gewollt (vgl. auch Schulmeister, 2002).

Bei den Kriterien der Studierenden für zukünftige PC- und Internetanwendungen steht – in Übereinstimmung mit den Gründen für die bisherige Nutzung – Effizienz und Nützlichkeit an erster Stelle (sehr wichtig 55%), gefolgt von der Anforderung an die Sicherheit der persönlichen Daten (sehr wichtig 54%), die Höhe der Kosten für Anschaffung und Nutzung (sehr wichtig 48%), spürbare Arbeitserleichterungen und flexible Zeitgestaltung (sehr wichtig jeweils 46%). Der Wunsch nach besserer Integration der Anwendungen in Lehre und Studium wird von 32% der Befragten als sehr wichtig erachtet, die Betreuung durch Lehrende und andere Einrichtungen der Universität ist nur für 19% sehr wichtig.

Die Zustimmung zu mobilen Lehr- und Lernformen hängt zumindest in der gegenwärtigen Phase entscheidend davon ab, ob sich die Studierenden davon konkrete Arbeitsverbesserungen versprechen. Nahezu 40% der Studierenden würden diese Optionen gerne nutzen. Viele lehnen diese Art des Internetzugangs nur deshalb ab, weil sie kein Notebook haben. 70% der Befragten sehen den Vorteil mobiler Arbeitsformen mit Notebook und Funk-LAN-Zugang darin, dass sie an ihren verschiedenen Arbeitsorten über die gleiche, ihnen vertraute Arbeitsumgebung verfügen und ihre Daten immer dabei haben. 60% meinen, auf diese Weise das Internet intensiver nutzen können und zeitliche Flexibilität zu gewinnen. Der wichtigste Grund, den sie gegen mobile Arbeitsformen ins Feld führen, sind die Kosten für ein Notebook.

Ausblick

Entwicklungsstrategien zur Einführung neuer Lehr- und Lernformen auf der Basis von Internetanwendungen und innovativen Kommunikationstechnologien können sich auf die Ressourcen stützen, die die Studierenden in diesen Prozess einbringen. Die Integration dieser Ressourcen in derartige Strategien ist allerdings nicht selbstverständlich. In den vorgestellten Ergebnissen wird dies am Beispiel der studentischen Notebooks deutlich. Die im Göttinger NBU-Projekt verfolgte Strategie mobiler Arbeits- und Lernszenarien kann sich auf einen wachsenden Anteil Studierender beziehen, die bereits über ein Notebook verfügen und sie stößt auch auf (Nutzungs-)Interesse bei den Studierenden. Doch obwohl ein Drittel der Studierenden ein Notebook haben, nutzen weniger als 5% den mobilen WLAN-Zugang in der Universität. Mobile Notebookarbeitsplätze werden von den Studierenden (bisher) vornehmlich als möglicherweise effizientes Arbeitsmittel betrachtet. Die Bilanzierung von Aufwand und Nutzen scheint für die Studierenden derzeit unklar zu sein, sie kann möglicherweise durch bessere Rahmenbedingungen für die mobile Nutzung auf dem Campus positiv beeinflusst werden. Mobile Lehr- und Lernformen bilden sich dadurch vermutlich nicht heraus, dies setzt die systematische Integration in der Lehre voraus.

Die Nutzungsintensität von PC- und Internetanwendungen differiert nach Fachbereichen, bzw. Fächern und Studienphase. Neben fächerspezifisch unterschiedlichen Anforderungen hat dies offenbar etwas damit zu tun, dass die Nutzungsintensität von PC- und Internetanwendungen mit der Bedeutung selbstständiger Arbeit zunimmt. Das heißt, in Studiengängen mit hohen Anteilen selbstständiger Arbeit steigt der Stellenwert von PC- und Internetanwendungen. Hochschulpolitische Konzepte, die diesen Zusammenhang im Umkehrschluss zur Strategie erheben – mehr PC- und Internetanwendungen um die Anteile selbstständiger Arbeit zu erhöhen – könnten bei den Studierenden Widerstände auslösen.

Studierende an einer Präsenzuniversität betrachten mediengestützte Lehrangebote mehrheitlich als Ergänzung zur Präsenzlehre, nicht als Alternative. Grundsätzliche Veränderungen der Lehrformen über den Hebel des ICT-Einsatzes werden eher kritisch gesehen. Ergänzende Angebote werden dann besonders positiv beurteilt, wenn sie Lösungen für Probleme anbieten, Defizite beheben, Erleichterungen bringen. Arbeitsbelastungen und zusätzlicher Aufwand (z.B. ‚uploads' von eigenen Beiträgen, zusätzliche Chatforen zu Lehrveranstaltungen) werden als solche registriert und u.U. ignoriert, solange sie nicht verpflichtend eingeführt sind. Für Entwicklungsstrategien, die auf eine nachhaltige Veränderung der Hochschullehre setzten, könnte es wichtig sein die Art der Veränderung von Lehre genau zu definieren und auch die Anforderungen an die Studierenden explizit zu berücksichtigen, um einen Ausgleich ggf. widerstreitender Interessen herbeiführen zu können und ggf. Widerstände bzw. Blockaden zu vermeiden.

Literatur

Bargel, Tino (2000). *Studierende und die virtuelle Hochschule – Computer, Internet und Multimedia in der Lehre.* Universität Konstanz: Arbeitsgruppe Hochschulforschung (Reihe: Hefte zur Bildungs- und Hochschulforschung 30).

HIS (2002). *Neue Medien im Hochschulbereich – Eine Situationsskizze zur Lage in den Bundesländern.* Hannover: Hochschul-Informations-System.

Klatt, Rüdiger / Gavriilidis, Konstantin / Kleinsimlinghaus, Kirsten / Feldmann, Maresa u.a. (2001). *Elektronische Information in der Hochschulausbildung – Innovative Mediennutzung im Lernalltag der Hochschulen.* Opladen: Leske und Budrich.

Middendorff, Elke (2001). Computernutzung und Neue Medien im Studium. Ergebnisse der 16. Sozialerhebung des Deutschen Studentenwerkes (DSW). Abruf am 12. Juni 2003. www.studentenwerke.de/se/2001/computernutzung.pdf

Schulmeister, Rolf (2002). Virtuelle Universitäten und die Virtualisierung der Hochschulausbildung – Argumente und Konsequenzen. In J.Issing & G. Stärk (Hrsg.), *Studieren mit Multimedia und Internet. Ende der traditionellen Hochschule oder Innovationsschub?* (Reihe Medien in der Wissenschaft, Bd. 16, S. 129-144). Münster: Waxmann.

Andreas Knaden, Martin Gieseking

Organisatorische Umsetzung eines E-Learning-Konzepts einer Hochschule am Beispiel des Zentrums virtUOS der Universität Osnabrück

Zusammenfassung

Die ELAN-Initiative des Landes Niedersachsen treibt zurzeit den vermehrten Einsatz moderner E-Learning-Konzepte in Form dreier Pilotprojekte mit dem Ziel voran, landesweit ein akademisches Kompetenznetzwerk aufzubauen. Sämtliche Hochschulen des Landes sollen von den Kompetenzen der jeweils anderen Universitäten und Fachhochschulen profitieren und die Lehre damit effizienter gestalten. Die an einem dieser Piloten beteiligte Universität Osnabrück nahm die Initiative zum Anlass, ein neues Dienstleistungszentrum zu gründen, dessen Aufgabe sich durch die Unterstützung der multi- und telemedialen Lehre definiert. Dieser Beitrag gibt einen Einblick in die Organisation dieses Zentrums, dessen Forschungs- und Dienstleistungen und zeigt die daraus resultierenden Vorteile auf.

1 Motivation

Ausgangspunkt der Umsetzung eines E-Learning-Konzepts an der Universität Osnabrück war die Überlegung, dass zur nachhaltigen Verbreitung medienorientierter, didaktisch fundierter Kenntnisse eine Infrastruktur aufzubauen sei, die es den Lehrenden ermöglicht, multimediale (Begriff vgl. Schulmeister, S. 24f.) Lehrangebote in unterschiedlichen Lehr- und Lern-Arrangements zu entwickeln, einzusetzen und zu evaluieren. In den Aufgabenfeldern Entwicklung, Einsatz, und Evaluation sollten technische und organisatorische Infrastrukturen sowie Beratungs- und Betreuungsdienstleistungen bereitgestellt werden, die es Lehrenden erlauben, E-Learning-Konzepte und zugehörigen Content in ihre Veranstaltungen zu integrieren (Hoppe, Vornberger, S. 1). Die Kernkompetenzen der zentralen Infrastruktur sollte sich insbesondere in den Bereichen Content-Produktionen und virtuelle Lehrveranstaltungen (zum Begriff vgl. Günther, S. 21) manifestieren. In einem weiteren Schritt wurde angestrebt, die gewonnenen Erfahrungen und entwickelten Dienstleistungen zu evaluieren und in einem Netzwerk von Hochschulen sowie weiteren Bildungseinrichtungen mit ähnlicher Stoßrichtung im Austausch gegen andere Kompetenzen bereitzustellen.

Dabei war durchaus zu beobachten, dass in Teilen der Hochschule technologie-affine Lehrende bereits mit dem Einsatz von multimedial aufbereitetem Content zur Unterstützung ihrer Lehrveranstaltungen begonnen hatten. Jedoch entstand so an vielen Stellen unsystematisch und mit hohem Aufwand Content für virtuelle Lehrveranstaltungen, der kaum wartbar erschien und dessen weitere Pflege und Nutzung nicht gesichert war. Vielfach lockten insbesondere die technischen Möglichkeiten, didaktische Konzepte standen dabei überwiegend im Hintergrund (vgl. Kerres, S. 23, Döring, S. 250).

Im Bereich des „Content Engineering" – hier definiert als systematisches Vorgehen zur Erstellung, Verbreitung, Nutzung, Verwaltung, Wiederverwendung, Archivierung etc. von Lehrmaterialien – wurden in Anlehnung an etablierte Vorgehensmodelle des Software-Engineering die drei Aufgabenfelder Entwicklung, Einsatz und Evaluation als zentrale Dienstleistungsbereiche der zu implementierenden Infrastruktur formuliert (vgl. Appelrath, Hoppe, S. 1).

Im Mittelpunkt des Aufgabenfelds *Entwicklung* steht ein an Vorgehensmodellen orientiertes Content Engineering und damit ein zielgerichteter Prozess, in dem systematisch wissenschaftliche Erkenntnisse und Einsatzerfahrungen genutzt werden, um Prinzipien, Methoden, Techniken und Werkzeuge zur Entwicklung hochwertigen Contents abzuleiten. Daneben zählen zu diesem Aufgabenfeld auch das Projektmanagement sowie die Qualitätssicherung der entstehenden Angebote.

Das Aufgabenfeld *Einsatz* beschreibt die Nutzung des entwickelten Contents. Dies kann durch medienbasierte Anreicherung von Präsenzveranstaltungen, Durchführung von telemedial (zum Begriff: Kerres, S. 257) gestützten virtuellen Lehrveranstaltungen bzw. Bereitstellung von Materialien zum selbstgesteuerten Lernen erfolgen. Zum Bereich Einsatz gehört auch die Entwicklung zentraler Zugangsportale für Studierende und Lehrende sowie der Betrieb einer Lehr-/ Lernplattform (zum Begriff: Döring, S. 249), die im weitesten Sinne Aufgaben des Kursmanagement und der Distribution von Content unterstützen.

Das Aufgabenfeld *Evaluation* umfasst Tätigkeiten, die sich mit der prozessbegleitenden Qualitätssicherung der entstehenden Lehr-/Lernangebote insbesondere hinsichtlich fachlicher und didaktischer Aspekte befassen. Das Aufgabenfeld gewinnt seine Bedeutung aus der Tatsache, dass Content in Form leicht multiplizierbarer Medien über ein enormes Verbreitungspotenzial verfügt und gerade deswegen gesteigerten Qualitätsansprüchen genügen muss.

2 Konzepte

Der Gründung des Zentrums virtUOS gingen an der Universität Osnabrück verschiedene Initiativen voraus, deren Zielsetzung es war, unterschiedliche Aspekte im Zusammenhang mit der Integration neuer Technologien sowie deren Anwendung in Forschung und Lehre zu beleuchten, zu erproben und deren Realisierung voranzutreiben. Ausgangspunkt dafür waren zahlreiche, voneinander zunächst unabhängige Einzelprojekte, die sich thematisch um den genannten gemeinsamen Anwendungsschwerpunkt ansiedelten. So wurden 1996 im Fach Musik/Musikwissenschaft bereits die ersten virtuellen Seminare erfolgreich durchgeführt (vgl.

Enders, 2000). Umfangreiche Erfahrungen mit einer Vielzahl unterschiedlicher audio-visueller und IP-basierter Kommunikationsmedien wurden in virtuellen Lehrveranstaltungen im Fachbereich Wirtschaftswissenschaften gesammelt und protokolliert (Knaden, Zettel, 2002). Vorwiegend auf Niedersachsen konzentrierte Kontakte standortübergreifender Lehre ergaben sich im Projekt VirtCampus, welches vom Fachbereich Computerlinguistik und künstliche Intelligenz getragen wurde. Ebenfalls im Fach Musik angesiedelt ist der virtuelle Verlag epOs Music zur kostengünstigen Publikation musikwissenschaftlicher Arbeiten in gedruckter und elektronischer Form. In dem von der DFG geförderten Projekt OSIRIS der Universitätsbibliothek sowie dem Institut für semantische Informationsverarbeitung wurde seit 1997 ein System zur Literaturrecherche mit natürlichsprachliche Suchanfragen entwickelt.

All diese Einzelprojekte und deren sich teilweise überschneidenden Konzepte wurden ab Herbst 2000 durch eine vom Präsidium der Universität Osnabrück angeregte Arbeitsgruppe, die das Konzept CANTOS (Computer Aided Netbased Teaching Osnabrück) entwickelte, zusammengeführt. Neben der Nutzung von Synergieeffekten innerhalb der bestehenden Projekte wurde CANTOS als Basiskonzept für den Einsatz multimedialer Inhalte in der Lehre verstanden.

Als Kernbestandteile dieses Konzepts kristallisierte sich zum einen die Notwendigkeit einer komplexen zentralen Infrastruktur zur Bearbeitung, Verwaltung und Verteilung der vielfältigen Informationen heraus (vgl. Abb. 1). Zum anderen wurden webbasierte tutorielle Systeme in den Mittelpunkt des Interesses gerückt, mit deren Hilfe multimediale Lehrinhalte und Informationen via Internet in Verbindung mit einem optionalem Kursmanagement angeboten werden können.

Eine Grundvoraussetzung für den reibungslosen Einsatz computergestützter Medien sowie der virtuellen Lernumgebungen ist eine technologisch zuverlässige Infrastruktur, die gerade im Hinblick auf vernetztes Lernen durch den nachhaltigen fehlerfreien Betrieb der zugrundeliegenden Server durch das Rechenzentrum sichergestellt werden muss. Eine im Oktober des letzten Jahres herausgegebene Studie der Senatsmedienkommission der Universität Osnabrück (Universität Osnabrück, 2002) thematisiert unter anderem diesen Sachverhalt und stellt heraus, dass nur ein dienstleistungsorientiertes Rechenzentrum für derartige Aufgaben in Frage kommt.[1]

Die konsequente Evaluation der universitären IT-Strukturen und deren Optimierungsansätze führten in Verbindung mit den Ergebnissen der CANTOS-Arbeitsgruppe jedoch zur Überlegung, dass neben dem Rechenzentrum eine weitere Organisationseinheit zu schaffen sei, die sowohl explorativ neue Technologien im Bereich medienbasierter Lehre erkunden und entwickeln als auch konkrete

1 Im Gegensatz zu einem behördenähnlich organisierten Rechenzentrum, welches dem wissenschaftlichen Personal seine Architekturen und oft praxisfernen Anwendungen aufzwingt, orientiert sich ein dienstleistendes Rechenzentrum an den Bedürfnissen der Anwender und rüstet ggf. erforderliche Hard- und Software nach.

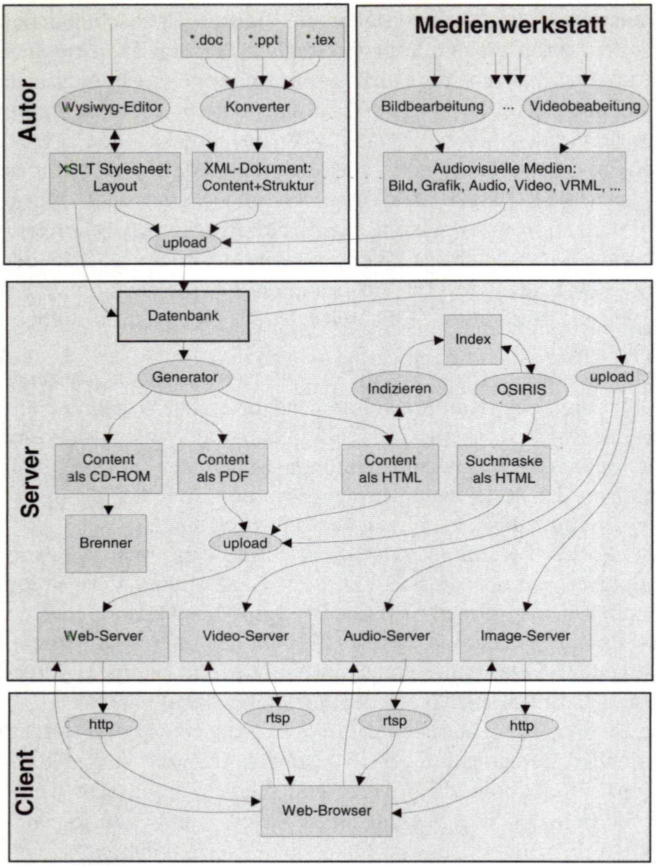

Abb. 1: Gesamtarchitektur der technischen Infrastruktur

Dienstleistungen für Lehrende in diesem Bereich bereitstellen sollte. Um eine solche Institution finanziell realisieren zu können, kam es zur Beantragung von Fördermitteln, die im Rahmen des Innovationspaktes II, später ELAN genannt, vergeben wurden.

Ziel von ELAN, dem *E-Learning Academic Network Niedersachsen*, ist es, die hochschulübergreifende multimediale, netzgestützte Lehre zunächst in Form dreier Pilotprojekte, bestehend aus jeweils zwei Partneruniversitäten, voranzutreiben. Der erfolgreiche Antrag der Universitäten Oldenburg und Osnabrück (Appelrath, Hoppe, 2002) mündeten in das ELAN-Pilotprojekt *epolos* (ELAN-Pilot Oldenburg/Osnabrück). Im Rahmen dieser Pilotphase entwickeln neben epolos die beiden weiteren Hochschulverbünde Hannover/Braunschweig sowie Göttingen/Clausthal-Zellerfeld, Konzepte, Methoden und Techniken zum Aufbau von Infrastrukturen, welche die nachhaltig optimierte Nutzung der jeweils lokal vorhandenen Kompetenzen und Ressourcen über die eigenen Hochschulbereich hinaus garantieren sollen. Nach erfolgreicher Umsetzung der drei Projekte wird die Ausdehnung dieses akademischen Netzwerks auf die gesamte niedersächsische Hochschullandschaft erwogen.

3 Das Zentrum virtUOS

Der Aufbau eines akademischen multimedialen Lehr-/Lernnetzwerks erfordert sowohl eine enge Zusammenarbeit zwischen den Partneruniversitäten als auch systematische Überlegungen hinsichtlich der lokal dafür erforderlichen Strukturen und Kompetenzen. Die Universität Osnabrück hat sich dazu entschlossen, diese in Form von Mitarbeitern und Technologien vorhandenen Kompetenzen im neu gegründeten *Zentrum zur Unterstützung virtueller Lehre der Universität Osnabrück* (virtUOS), zu bündeln. Ähnlich wie das Rechenzentrum stellt es eine unabhängige Organisatzionseinheit der Hochschule dar und versteht sich neben der gezielten Umsetzung des ELAN-Konzepts als Dienstleistungs- und Serviceeinrichtung, die Kunden inner- und außerhalb der Universität Osnabrück in verschiedenen Bereichen berät sowie bei der Verwirklichung und Evaluation entsprechender Projekte unterstützt.

3.1 Organisationsstruktur und Ausstattung

Das Zentrum virtUOS, eine zentrale Einrichtung nach §117 (altes) NHG ist dreistufig gegliedert. Die Führung der Organisation liegt bei einem aus Mitgliedern verschiedener Statusgruppen gebildeten Vorstand (vier Hochschullehrer, je ein wissenschaftlicher, technischer sowie studentischer Mitarbeiter). Die Außenvertretung wird durch einen Vorstandssprecher aus dem Kreis der beteiligten Hochschullehrer wahrgenommen, die operative Führung der Organisationseinheit obliegt einem Mitglied des wissenschaftlichen Mittelbaus (Ordnung 2002, S. 9). Gewählt wird der Vorstand von den Mitgliedern des Zentrums virtUOS.

Die Mitgliedschaft kann grundsätzlich jeder Angehörige der Hochschule erwerben, der durch seine Lehr-, Lern- und Forschungsaktivitäten in den Kompetenzfeldern des virtUOS aktiv ist (Ordnung 2002, S. 8). Praktisch sind dies häufig die Projektleiter der vom Zentrum virtUOS unterstützten Teilprojekte aber auch wissenschaftliche Mitarbeiter der kooperierenden zentralen Einrichtungen der Universität sowie Studierende. Die dritte Ebene besteht aus den Mitarbeitern des Zentrums. Diese führen die operativen Aufgaben des Zentrums aus, entwickeln kundenorientiert Dienstleistungen für die Mitglieder der Hochschule und bieten darüber hinaus Support bei der Nutzung der medienbasierten Technologien.

Das virtUOS stellt aufgrund seiner Konzeption, welche Forschung und Dienstleistung in einem Zentrum vereinigt, ein Novum dar. Die starke Integration der regelmäßig nur zeitvertraglich gebundenen Mitarbeiter in die Herkunftsfachbereiche ist durch die in Zusammenarbeit mit Hochschullehrern der Bereiche durchgeführten Forschungsarbeiten sichergestellt. Die daraus resultierenden Vorzüge sind:

- Hohes fachliches Niveau des Ausbildungsstandes der Mitarbeiter
- Keine durch Dauerstellen bedingte Erstarrung der Mitarbeiterstruktur
- Sicherstellung des wissenschaftlichen Nachwuchses für das virtUOS-Team
- Enger Kontakt zu den Fachbereichen und damit zu den Kunden des virtUOS

Aus dem letztgenannten Aspekt resultiert wiederum eine Vielzahl positiver Konsequenzen für die Arbeit des Zentrums. Zu nennen sind dabei insbesondere die folgenden Aspekte:

- Starke Kundenorientierung von Mitarbeitern und Dienstleistungen
- Iterative, benutzerbeteiligende und damit marktgerechte Weiterentwicklung von Dienstleistungen
- Ständige Marktevaluation der angebotenen Produkte
- Integrationsmöglichkeit von Erkenntnissen aus anderen Tätigkeitsfeldern der Fachbereiche
- Bewährtes Vertrauensverhältnis zwischen Mitarbeitern und Kunden

Eine weitere Besonderheit des Zentrums besteht in seiner Einbindung in die landesweite ELAN-Initiative. Die Vorgabe, mit Dienstleistungen auch für andere Hochschulen des Landes präsent zu sein, erfordert eine enge kontinuierliche standortübergreifende Kooperation und fördert in besonderem Maße den Wissens- und Erfahrungsaustausch, sorgt demnach für ein hohes Kompetenzniveau.

Angesichts des schlechten Rufs zentraler Einrichtungen (Stichwort „closed-shop“ Mentalität) war die Gründung einer zentralen Einrichtung dieser Art an der Hochschule zunächst stark umstritten. Aufgrund der oben genannten Aspekte der fachbereichsspezifischen Mitarbeiterintegration konnten diese Bedenken allerdings weitgehend entkräftet werden. Weitere Argumente für die Zentralisierung waren:

- Gewünschte Verfügbarkeit eines zentralen Ansprechpartners
- Möglichkeit zur projektspezifischen Teamarbeit und Kompetenzkombination
- Notwendigkeit zu fachübergreifender Forschung und Entwicklung
- Erfordernis der zentralen Organisation von Skillmanagement und Fortbildung
- Erhöhung der Ausfallsicherheit durch Kompetenzüberlappung
- Koordination der Nutzung von Medienressourcen
- Repräsentation eines medienbasierten Gesamtkonzepts der Hochschule

Aus den genanten Vorgaben resultieren spezielle Anforderungen an die Beschäftigten des virtUOS. Insbesondere wird klar, dass eine monolithische Rekrutierung des Teams z.B. aus dem Bereich Informatik nicht zielführend sein kann. Das Kompetenzprofil der Mitarbeiter ist daher breit gestreut. Vorgehalten werden Kernkompetenzen aus den Bereichen Mediendidaktik, telemediale Technik, Instruktionsdesign, Mediendesign, Systementwicklung, Evaluation, Dokument- sowie Projektmanagement.

Dies spiegelt sich auch in der Übersicht der berufsqualifizierenden Abschlüsse der Mitarbeiter wider. In der zentralen Einrichtung arbeiten Informatiker, Psychologen, Absolventen des Studiengangs Cognitive Science, Diplomkaufleute, Juristen, Pädagogen verschiedener Hauptfachrichtungen sowie studentische und wissenschaftliche Hilfskräfte aus verschiedenen Fachbereichen der Universität. Durch die vom Land bereitgestellte Basisalimentierung in Verbindung mit den von der Hochschule selbst als Eigenleistung bereitgestellten Mitteln verfügt das Zentrum über 6,5 Planstellen für wissenschaftliche Mitarbeiter, eine akademische Ratsstelle für die Leitung sowie 10 Stellen für wissenschaftliche Hilfskräfte (30 Stunden/Monat). Aufgestockt wird dieses Stellenvolumen durch die Einwerbung weiterer Projektmittel. Auch nach Auslaufen der Förderung durch das Land wird das Zentrum virtUOS durch die Universität Osnabrück nachhaltig weitergeführt und kann über die Arbeitsleistung von vier Planstellen verfügen.

Strukturell wichtig erscheint ferner die enge Zusammenarbeit des virtUOS mit der lokalen Bibliothek und dem Rechenzentrum. Das Gesamtleistungsangebot setzt sich aus den verschiedenen Teilangeboten der Einrichtungen dieses Kooperationsnetzwerks zusammen und deckt auf diese Weise ein besonders breites fachliches und technisches Spektrum ab. Dem erklärten Ziel eine hochschuleigene Institution zu installieren, welche dem Kunden umfassende "Dienstleistungen aus einer Hand" präsentiert, scheint zu gelingen. Dank der genannten Kooperationspartner ist das Zentrum von der Notwendigkeit entbunden, selbst eigene Server bzw. diverse technische Anlagen zu betreiben und zu warten. Eine strenge Konzentration auf die eigentlichen Kernkompetenzen hilft in diesem Fall Kompetenzüberschreitungen zu vermeiden.

3.2 Produkte und Dienstleistungen

Das Zentrum virtUOS versteht sich sowohl als Entwickler neuer wissenschaftlicher Konzepte im Medienbereich als auch als Dienstleister für die Lehrenden der Universität Osnabrück. Jeder Fachbereich – und innerhalb der Fächer wiederum jeder Dozent – stellt unterschiedliche Anforderungen an Aufbau und Durchführung seiner Veranstaltungen, denn es existieren ausgeprägte Fachkulturen. So verwundert es kaum, dass ebenso vielfältige Anforderungen bezüglich der medialen sowie netzbasierten Unterstützung an die Mitarbeiter von virtUOS herangetragen werden. Um diese Vielfalt ökonomisch vertretbar abbilden zu können, sind stets wiederkehrende Kernbestandteile (Elementardienstleistungen) aus den Anfragen herauszukristallisieren, die dann in verschiedenen Kombinationen in den aktuellen Dienstleistungskatalog des Zentrums einfließen.

Ein Beispiel für den inzwischen deutlich über 150 Elementardienstleistungen umfassenden Gesamtleistungskatalog ist die Aufbereitung bereits verfasster, ggf. gedruckter Texte. Sechs standardisiere Leistungen, für die bereits Vorgehensmodelle und entsprechende Verfahren existieren, können von Kunden des virtUOS in Anspruch genommen werden, welche darüber hinaus von entsprechend geschulten Mitarbeitern begleitend betreut werden können.

In anderen Bereichen lässt sich die Dienstleistung nicht in additiv kombinierbare Teilleistungen untergliedern. Dies ist immer dann der Fall, wenn komplexe, unzerteilbare Werkzeuge einen Leistungsbereich abdecken und zur marktgerechten Erbringung von Dienstleistungen verschiedene Systeme überlappend eingesetzt werden müssen. Ein Beispiel dafür ist etwa der Einsatz von webbasierten Lehr-/Lernplattform einschließlich entsprechend an diese Umgebungen angepasster Übungen und Prüfungen. Zurzeit werden drei unterschiedliche Plattformen mit jeweils speziellen Möglichkeiten angeboten.

Die kommerzielle Lehr-/Lernumgebung WebCT stellt ein komplettes System einschließlich Kursmanagement sowie Kommunikations- und Präsentationstools dar. Ferner bietet es ein rudimentäres Klausurmodul, mit dem einfache Multiple-Choice-Tests durchgeführt werden können. Bereits drei Monate nach der Installation wurden 34 aktive Kurse aus acht Fächern und fünf Fachbereichen zuzüglich fünf weiterer Testkurse aus fünf Fächern eingerichtet und regelmäßig genutzt.

Der vom Fachbereich Computerlinguistik der Universität Osnabrück entwickelte MVC (Minimal Virtual Campus) bietet ein umfangreicheres Klausurensystem inklusive algorithmischer Auswertung. Es wurde primär für den Bereich „Lernen von Programmiersprachen" entwickelt, wird jedoch stetig erweitert. Für das Sommersemester 2003 werden mit Hilfe des MVC vier Kurse des Instituts Cognitive Science durchgeführt.

Viele Dozenten möchten im Rahmen ihrer Veranstaltung keine komplette Lernplattform einsetzen, benötigen aber ein System zur Kursanmeldung. Ungefähr 60 Kurse dieser Kategorie werden derzeit über eine von virtUOS-Mitarbeitern entwickeltes Anwendung verwaltet.

Der gesamte Umfang der Dienstleistungen des Zentrums virtUOS kann an dieser Stelle nicht dargestellt werden. Der Vollständigkeit halber seien deshalb nur die zentralen Bereiche der Unterstützung genannt: Konzeption von Lehrveranstaltungen, Vorbereitung und Contententwicklung für Lehrveranstaltungen, Durchführung von medienbasierten Lehrveranstaltungen, Übungen und Prüfungen, Qualitätssicherung und Nachnutzung.

3.3 virtUOS Kompetenzkreis

Weiteres wichtiges Ziel des virtUOS ist die Bündelung der bereits an der Universität Osnabrück vorhandenen Aktivitäten im Multimediabereich. In mehreren Fachbereichen existieren bereits umfangreiche von der DFG geförderte Initiativen und Projekte, deren Aufgaben sich durchaus in Teilen mit dem Leistungsspektrum des Zentrums überschneiden. Auch Einzelakteure mit beachtlichem Wissensstand und erheblichen Erfahrungen in der Anwendung multimedialer Technologien sind zu identifizieren.

Im Sinne einer effizienten Mittelverwertung aber auch zur Erweiterung und Vernetzung vorhandener Kompetenzen sind hier regelmäßige Kommunikation und Kooperation geboten. Eine Aufgabe des virtUOS ist es dabei, einerseits durch Bereitstellung technisch-organisatorischer Voraussetzungen den Austausch und die Sammlung medienbezogenen Wissens zu fördern, andererseits die Interaktion der beteiligten Fachwissenschaftler durch die Organisation von Präsentationen, Vortragsreihen und Tagungen zu intensivieren.

Als Instrument dient hier der virtUOS Kompetenzkreis. Kunden und Interessenten rund um das virtUOS können kostenfrei Mitglied dieser „Special Interest Group“ werden. Ihnen steht ein spezialisiertes Portal zum Abruf aktueller Informationen aus der mediengestützten Lehre und Forschung sowie speziell darauf zugeschnittene Dienstleistungsangebote im Zusammenhang mit virtUOS-Aktivitäten zur Verfügung. Informationen und Veranstaltungshinweise werden an die spezielle Nutzergruppe versandt, die selbst die Gelegenheit ergreifen können ihre Aktivitäten einem größeren Interessentenkreis zu präsentieren.

3.4 Koorperation

Wie bereits beschrieben, ist das Zentrum virtUOS in den ELAN-Piloten epolos eingebettet, eine enge Kooperation findet mit der Universität Oldenburg statt. Diese zeichnet sich insbesondere durch eine strukturierte Verteilung der Kompetenzbereiche sowie ihrer kommunikativen Verzahnung aus (Appelrath, Hoppe, S. 23). Während der Schwerpunkt auf Seiten Oldenburgs im Bereich der nutzungsorientierten Teilprojekte medienbasierter Lehre und damit der Erstellung von Content und der Durchführung von Lehrveranstaltungen liegt, stehen in Osnabrück vielfältige Dienstleistungs- und Supportfunktionen im Vordergrund.

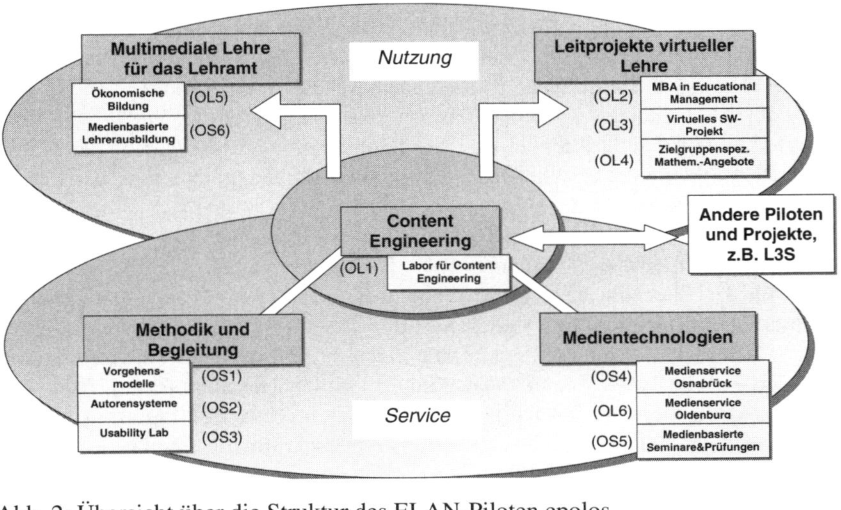

Abb. 2: Übersicht über die Struktur des ELAN-Piloten epolos

Wie nebenstehender Abbildung zu entnehmen ist, untergliedern sich die jeweiligen Aufgabenbereiche der beiden Standorte in je sechs Teilprojekte (OL1–OL6 bzw. OS1–OS6), welche standortübergreifend über das Labor für Content Engeneering in Oldenburg vernetzt sind und lokal in verschiedenen Schwerpunkt-AGs kooperieren (Appelrath, Hoppe, S. 4). Dabei stellt die standortübergreifende Kooperation besondere Anforderungen an die Leitungsebene eines solchen Projekts (Picot, Reichwald, S. 385). Bei der projektinternen Kommunikation werden konsequent die telemedialen Ressourcen, die auch in den Lehrveranstaltungen verwendet werden, zum Einsatz gebracht. Da gerade in den standortverteilten Arbeitsgruppen ein häufiger Kontakt vieler mit vielen erforderlich ist, verbieten sich herkömmliche Koordinationsformen (Meetings mit Anreise) aus ökonomischen und ökologischen Gründen. Neben den asynchronen Kommunikationsformen spielen insbesondere IP-basierte Videokonferenzen eine wesentliche Rolle zur Abstimmung der Aktivitäten. Entsprechend ausgestattete Gruppensysteme (Günther, S. 101) sind im virtUOS und bei den beteiligten Partnern im regelmäßigen Einsatz.

Die beiden weiteren ELAN-Piloten Hannover/Braunschweig und Göttingen/Clausthal sind mittelbar ebenfalls an der Kooperationsstruktur beteiligt. Mit Hilfe eines Bezugsrahmens, welcher die Kern- und Randkompetenzen jeder Schwerpunkt-AG der beteiligten Hochschulen aufschlüsselt, sollen künftig abzurufende Kompetenzen an den zuständigen Partner delegiert werden können.

4 Entwicklungsziele und Ausblick

Die Gründung des Zentrums virtUOS unter dem Aspekt tele- und multimedialer Lehre ist nur ein erster Schritt der Hochschule in diesem Kompetenzbereich. Hier geht es nicht darum eine einmalige Adaption technischer Fähigkeiten und Fertigkeiten der Lehrenden zu implementieren, sondern Ziel ist vielmehr der Aufbau eines strukturierten Skillmanagements hinsichtlich der jeweils aktuellen Möglichkeiten der Medientechnologie in allen Bereichen der Hochschule. Nur die kontinuierliche Fortbildung aller an den Lehr- und Forschungsaufgaben der Hochschule Beteiligten kann zu einer nachhaltigen und effizienten Nutzung der technischen Möglichkeiten führen.

Der bereits erwähnte verschärfte Wettbewerb zwischen den verschiedenen Ausbildungsinstituten um Finanzmittel, Personalressourcen und Studierende zwingt die Hochschulen dazu, neue Wege zu gehen. Moderne Informations- und Kommunikationstechnologien stellen hier das geeignete Mittel dar, um die „Produkte" Ausbildung und Forschung gerade kleinerer und mittlerer Hochschulen im Vergleich zu Großuniversitäten marktfähig zu halten (Knaden, Zettel, S.3). Der Aufbau und die permanente Weiterentwicklung von virtuellen Lernumgebungen wird dabei in der Zukunft einen wesentlichen Schwerpunkt moderner Lehre darstellen. Doch dieser darf nicht allein auf Forschung und Lehre beschränkt bleiben, denn die Institution Hochschule als Ganzes kann von den neuen Technologien nachhaltig profitieren. Entsprechende Modelle zur kontinuierlichen Fortentwicklung und marktgerechten Anpassung von Organisationen existiert bereits, der Begriff des organisationalen Lernens (Picot, Reichwald, S. 509) liegt hier nicht fern.

Strategisch bedeutsam ist auch die Erweiterung des Kundenkreises des Zentrums. Angesichts der Verbundstruktur des ELAN-Netzwerks zählen neben Lehrenden und Studierenden der Universität Osnabrück Mitglieder anderer niedersächsischer Hochschulen, die für die zeit- und standortunabhängige Gruppenarbeit multi- und telemediale Technologie nutzen wollen, zu den Interessenten. Zusätzlich sind sowohl der Ausbau der bestehenden Praxispartnerschaften mit Unternehmen aus der Region als auch die Kooperation mit Lehrer und Lehrerinnen an regionalen Schulen wichtige Ziele des virtUOS.

Literatur

Appelrath, H.-J., Hoppe, U. (2002): *epolos – ELAN-Pilot Oldenburg/Osnabrück,* Osnabrück.

Döring, N. (2002): Online-Lernen. In: Issing, L., Klimsa, P.: *Information und Lernen mit Multimedia und Internet,* Weinheim, S. 247-264.

Enders, B. (2000): Music on Internet – Experiences with a Virtual Music Seminar. In: *Musik im virtuellen Raum – KlangArt-Kongress 1997.* Osnabrück, S. 111-127.

Günther, J. (2001): *Videokonferenz in der Lehre.* Wien.

Hoppe, U., Vornberger, O. (2001): *Bericht der Kommission zur Erarbeitung eines Konzeptes zur Computerunterstützten netzbasierten Lehre an der Universität Osnabrück – CANTOS.* Osnabrück.

Kerres, M.: *Multimediale und telemediale Lernumgebungen,* München, 2001.

Knaden, A, Zettel, M. (2002): *Das virtuelle Seminar.* Osnabrück.

Picot, A., Reichwald, R., Wiegand, R. (1998): *Die grenzenlose Unternehmung.* Wiesbaden.

Ordnung des Zentrums zur Unterstützung virtueller Lehre der Universität Osnabrück (2002). In: *Amtliches Mitteilungsblatt der Universität Osnabrück* 13/2002, S.6–8.

Schulmeister, R. (1997): *Grundlagen hypermedialer Lernsysteme,* München.

Senatsmedienkommission der Universität Osnabrück: IT-Konzept der Universität Osnabrück (2003).

Benedetto Lepori, Lorenzo Cantoni, Chiara Succi

The introduction of e-learning in European universities: models and strategies

Abstract

The aim of this paper is to present the models and the strategies of adoption of e-learning in a group of European universities, most of them located in the regions called "the four motors of Europe" (Baden-Württenberg, Catalunya, Lombardy and Rhône-Alpes) and in Switzerland. Our analysis focuses on four dimensions: the rationale behind the introduction of e-learning, the organisation of the activities and, in particular, the existence of a university centre for e-learning, the type of activities, and, finally, the type of public reached by e-learning.

The majority of campus universities in our sample introduced e-learning to improve the quality of education of their students and, for the most part, as a support for existing courses. Some of the campus universities went even further insofar as they have introduced some online courses into their curricula. This has led to forms of cooperation where different universities share some of their courses. Finally, a small number of campus universities have included as part of their educational offer full distance degree programs which can be attended also by non residential students. The above cases show that there is no general move from campus universities towards distance education, but rather a more selective behaviour. Thus we conclude that e-learning, although it is undoubtedly spreading in both distance and presence universities, is not yet bringing fundamental changes in the institutions themselves. E-learning is at the moment integrated into the existing organization and educational offer.

1 Introduction

It is increasingly well-recognised in political discourse that the adoption of e-learning[1] represents one of the most important phenomena in the development of higher education institutions (CEC 2001). The use of ICT is seen as "the single most important change driver in education and training systems" (Coimbra Group 2002), alongside being an opportunity for universities to modernise and answer the social and political pressure towards wider access to higher education and

1 In this paper we use the term e-Learning as it is defined by the Commission of the European Communities: "the use of new multimedia technologies and the Internet to improve the quality of learning by facilitating access to resources and services as well as remote exchanges and collaboration" (CEC 2001).

lifelong learning. Thus, there is a large body of official documents that stress the importance of developing coherent strategies for introducing e-learning in higher education and propose measures in this direction (CEC 2001). Also, a rather large body of literature (especially from the USA) emphasizes the dramatic changes in the higher education system caused by the diffusion of new educational technologies, as well as the need for universities to radically change in order to stand both the social pressure and the competition from online universities (Bates 2000; Hazemi et al. 1998; Rowley et al. 1998).This picture is, however, less clear when we analyse the strategies of individual universities.

A recent review of the adoption of educational technologies in higher education shows that "higher education institutions do not expect revolutionary change as a result from or related to the use of ICT" (Collins & Van der Wende 2002, p. 7) and that they mostly use ICT as a way to improve existing teaching activities, rather than to replace them, or to access to new educational markets through distance education. Moreover, case studies on the adoption of e-learning show a large diversity of strategies and practices which seem to be related to the setting of each national higher education system and to the mission and the history of the individual universities[2]. Continuity and diversity seem thus to be the two major features of the adoption of e-learning in the European universities. This raises a series of questions:

- can we reduce diversity or, in other words, can we identify a set of models of adoption of e-learning in (European) higher education institutions? According to which dimensions can we describe these models?
- can we clarify diversity and identify those factors explaining why individual universities choose one of these models? How are these factors related to the individual history of the institution, to its organisation or to its (national or regional) context?

This paper aims to contribute to this debate by analysing how a set of 27 European universities in five European countries (Italy, France, Germany, Spain and Switzerland) are introducing e-learning into their educational activities. These results were collected by interviewing people in charge of e-learning activities in these institutions. Since we analyse a set of case studies through a common framework in order to further the general understanding of a given subject, our method can be described as a collective case study (Stake 1994). The paper is organised as follows. Section 2 analyses the concept of hybridization between campus education and distance education as a way to explore the adoption of e-learning by universities. In section 3, the methodology and the sample of the study are presented. Section 4 discusses the four dimensions we have chosen to describe our case studies – i.e. the rationale behind the introduction of e-learning,

---

2 See the case studies published in the special issue of the "International Review of Research in Open and Distance Learning" on the Hybridization of Higher Education, January 2002 (online at: http://www.irrodl.org/content/v2.2/editorial.html) as well as the presentations at the European Conference: "The New Educational Benefits of ICT in Higher Education" (Wende & Ven 2003; Kallenberg & Ven 2002; online at http://www.oecr.nl/conference/).

the institutional organisation of e-learning, the existing e-learning activities and, finally, their target public – and discusses the main results of each dimension. Section 5 identifies a set of trajectories for the introduction of e-learning and shows how the choice between them is related to the original mission and organisation of each institution[3].

2 The hybridization of higher education

Our analysis of the introduction of e-learning in higher education will be based on the concept of hybridization. This means that the two modes of delivery of higher education previously separated – i.e. presence and distance education – tend to converge. A whole range of intermediate ("hybrid") educational offers are, in fact, currently developed thanks to the introduction of new learning technologies (Lewis 2002). We can analyse hybridization according to two parameters, i.e. the type of public and space, and the mode of delivery of education (Cantoni & Di Blas 2002). The first parameter relates to the overall mission and strategy of the university, while the second pertains to the level of the delivery in each specific educational activity (e.g., a university course).

a) According to the first parameter, hybridization means that the markets for distance education and for education of university students on the campus are not clearly separated any longer. Besides the traditional distance education universities (based on textbooks and surface mail, like the Open University and the Fernuniversität Hagen) which introduce ICT in their courses, we find a whole range of "virtual universities" offering courses or degrees to non-residential students (Guri-Rosenblit 1999). These include dual-mode universities (offering both on campus and distance degrees), mixed-mode universities (where students follow both courses in presence and distance learning), extension services, distance educational degrees presented by consortia of campus universities, and new virtual universities based on ICT (Guri-Rosenblit 2001). In other words, many campus-based universities are developing new educational offers targeted to non-campus students for accessing new potentially profitable markets (especially in corporate training), finding a niche in an increasingly competitive environment, or responding to social and political pressures (Cookson 2002).

b) According to the second parameter, hybridization means that the traditional distinction between presence teaching (based on face-to-face lectures and tutoring) and distance learning (based on printed textbooks) is becoming increasingly blurred (Perret 2003). The two modes were never completely separated: thus, for example, many students on the campus do not attend lectures, and textbooks produced for distance education have been used also by campus universities. Yet,

---

3 This research has been realized in the framework of the mandate Educational Management in the Swiss Virtual Campus (EDUM; www.edum.ch); we wish to thank the Swiss Virtual Campus programme (www.virtualcampus.ch) and the Università della Svizzera italiana (www.unisi.ch) for their financial support.

new learning technologies have pushed hybridization to a new dimension. On the one hand, thanks to ICT, distance learning is acquiring some features of presence education, like synchronous communication (e.g., through videoconferencing) and interactivity between teachers and students. On the other hand, some features of distance education, like course materials available online or electronic communication, are increasingly used also for the students on the campus (Lewis 2002). So-called "hybrid courses" combine face-to-face teaching with computer-based distance education[4]. Moreover, in mixed-mode universities students can attend some course completely at distance, while other courses are still taught through face-to-face lectures. Face-to-face and distant provision of educational content are no longer alternative, but we see the development of a whole range of delivery methods (often overlapping) used by students in different circumstances.
According to our two parameters, we can then represent these processes as the combination of three movements (figure 1)

- A: campus universities are entering with the help of ICT into new educational markets, offering courses and degrees also to non campus students;
- B: campus universities are introducing into their educational offer for residential students some features of distance education, like online courses or hybrid courses which are taught in presence only partially;
- C: distance education institutions are introducing ICT to enhance interactivity between teachers and students – both synchronously, e.g. videoconferencing, and asynchronously –, as well as to deliver contents online (instead of through surface mail), hence reducing the "distance" itself.

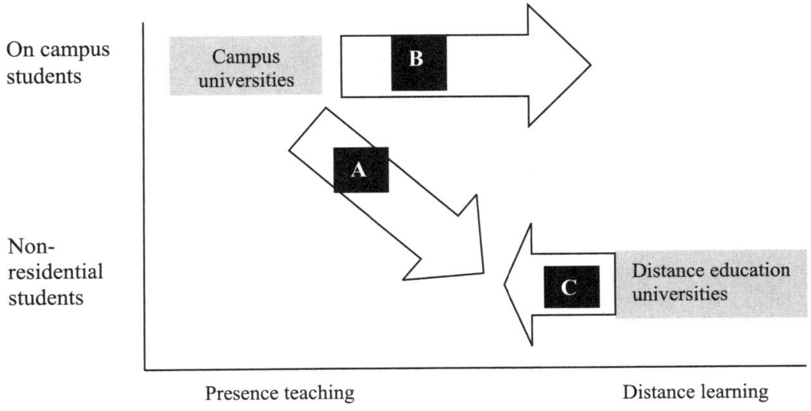

Figure 1. Hybridization and the impact of new learning technologies

4 ""Hybrid" is the name commonly used to describe courses that combine face-to-face classroom instruction with computer-based learning. Hybrid courses move a significant part of course learning online and, as a result, reduce the amount of classroom seat time" (University of Wisconsin Hybrid Course Project; online at http://www.uwm.edu/Dept/LTC/hybrid.html). See also: http://www.mcli.dist.maricopa.edu/ocotillo/hybrids/ index.php.

The above framework does not imply that all the differences between distance and presence education are disappearing, but rather that the higher education space is redesigned, and that new kinds of educational offers and institutions are emerging in some specific areas. Moreover, given that higher education institutions have consolidated structures and educational practices, this process takes place largely through the evolution of existing institutions and thus it is largely dependent on their past history.

3 Methodology

The research was articulated in two phases. Firstly, in spring 2002, we sent 52 questionnaires to make a quality benchmarking. After the analysis of the results, we focused on the most interesting institutions by means of 26 in-depth (face-to-face) interviews in spring 2003. We have selected all the universities of Switzerland and of the regions belonging to the Four Motors for Europe consortium[5], that is, Baden-Württemberg, Lombardia, Rhône-Alpes and the Spanish Catalunya. These are among the most developed and dynamic regions in Europe, with a high level of scientific and technological development. Further similarities among them are suggested by data on their geographic area and population. The starting sample consisted of all the 52 Universities located in these five areas. The benchmarking phase used a questionnaire structured in two parts aiming respectively at collecting general information about each University, and assessing the perception of the quality of their e-learning processes on the basis of the 24 Quality on the Line benchmarks (Phipps & Merisotis 2000). We received 31 out of 52 questionnaires. The main outcome of this phase is that, while technological infrastructures are in place and managed adequately, a major effort is still needed to design and implement tools and processes for evaluation and assessment. Maybe due to the fact that e-learning is very recent, many institutions are focussing more on the creation of a suitable environment for it than on its evaluation. Moreover, as long as e-learning is offered through single and isolated initiatives (Bates 2000), the question on its medium-term economic and organizational sustainability cannot be properly answered (Cantoni & Succi 2003). Secondly, we organised 26 interviews with people working in some of the most active institutions. In this case, we also selected some institutions outside the "four motors" in order to better understand the national settings. We had 12 interviews with the institutions reached by the questionnaire. 3 additional institutions were visited (Paris III, Paris X, FernUniversität Hagen) and 11 (out of 12) Swiss Universities were interviewed. In this set we can identify different higher education models. Besides twenty-two campus universities, there are two distance Universities (UOC and FernUniversität), as well as two Universities with a distance education department (Paris III and Paris X).

---

5 www.baden-wuerttemberg.de/interreg/e_.organisationen/interregional/int_org_vmfe.html.

4 Major results

The results of the 15 interviews in France, Germany, Italy and Spain are summarized as follows. Note that, in order to avoid a falsification of some of the results due to the dimension of the sample, the 11 Swiss interviews are sometimes integrated in the analysis, but sometimes described apart.

4.1 The rationale behind e-learning

The literature on the subject suggests many reasons for introducing new technologies in education (Bates 2000) like, for example, improving the quality of education, reducing the costs and/or getting new revenues, accessing to new educational markets, and supporting the process of modernisation of the universities.

The European Universities visited declared that they implement e-learning activities to enhance the quality of teaching/learning processes (87%). Only in a few cases they mentioned economical issues (13%). Differently from many American institutions, European universities do not want to get additional revenues from educational activities and, in many of the interviews, this was seen as contrary to the university's mission and ethos. Some distance education institutions as Hagen or Paris X inserted new technologies to cut some costs (printed papers, telephone calls,...) but never to earn more money. This does not mean that there are no innovative uses of new technologies. These are introduced to respond to precise institutional needs and they are employed according to the original mandate of the University. For example, the Universitat Oberta de Catalunya had the mission to promote the use of Catalan language and its culture in Spain. Here, new technologies help to achieve this purpose. Paris III decided to offer a global access to their knowledge at distance: new tools as WebCT or some videoconferencing software make this more effective. All the Swiss Universities stated that they are not looking for new students and that they do not think of new media as a means to enlarge their educational market (except, in some cases, for corporate training).

4.2 Organisation

In almost every university (21 out of 24) e-learning activities are controlled by a centre dedicated to new technologies for education. These were created for many reasons and they cover different functions. We found a model where institutions create a centre for e-learning activities, but, despite the existence of the centre itself, the implementation of e-learning can be quite decentralised. In other cases there are bright teachers who start the implementation of new technologies and then ask the university direction for funding to enlarge it. These centres could be classified as service centres (e.g.: Lyon 1) that test some tools and make them available to the teachers, as development centres (e.g.: Universitat Autonoma de Barcelona) which try to find and propose new learning solutions or as didactical centres (e.g.: Universitat de Barcelona Virtual) which themselves realise educational products by employing competences and teachers from other university departments. We found also three institutions without a specific centre, while in the two distance education institutions (FernUniversität Hagen and UOC) e-learning is a core activity and it is managed from the university direction.

4.3 Activities

The universities that adopt new technologies in their teaching activities can be placed on a continuum between the substitution and the integration of "traditional" activities (Cantoni & Di Blas 2002).
We can distinguish in our sample four main levels of introduction of e-learning:

1. Almost all universities provide some (software) tools that the teacher can ask to use, and to be trained in and assisted in the utilisation.
2. A group of institutions (10 out of 26) offer a space on a platform (commercial or homemade) where professors can find some services (calendar, forum, library, etc…) to integrate their lectures.
3. 27% of the institutions offer some courses completely online that, as such, can be seen as an alternative to lectures or textbooks.
4. In a few cases, like at the Politecnico di Milano or the Universitat Autonoma de Barcelona, we find entire degree programs online that are open also to non-residential students,

4.4 Type of public and space

The type of public and the space reached by universities are important factors to be considered in understanding how e-learning is introduced. On the one hand, universities might improve the quality of education through e-learning by keeping students as the same target public; on the other hand, they can widen their educational offer and try to enrol different categories of students thanks to the use of new educational technologies. In our sample, e-learning activities are provided for students on the campus (23 out of 27 universities) and for students outside the campus. The category of 'non-residentials' can be divided in two subgroups: "different" undergraduate students (8 out of 27) like workers, disabled persons or housewives who want to attain the same educational degree as campus students, and long-life learners (3 out of 27). The situations observed are very different, but a common element can be found: campus universities develop e-learning activities for external students where there is a particular interest to reach, for example, a market niche. Thus, the Università degli Studi di Milano has created an online course in mathematic for higher school students that the University intends to enrol in the following years.

5 Towards a taxonomy of institutions

To summarise, if we visualise the presence Universities (P) and the distance Universities (D) on one axis, and the adoption of new technologies (NT) on another axis, we can identify some behavioural patterns adopted by Universities. We standardize the NT introduction on the time line (t), although each University inserted them in slightly different periods and for different reasons. This happened in fact between 1996 and 2001 (Cantoni & Succi 2003).

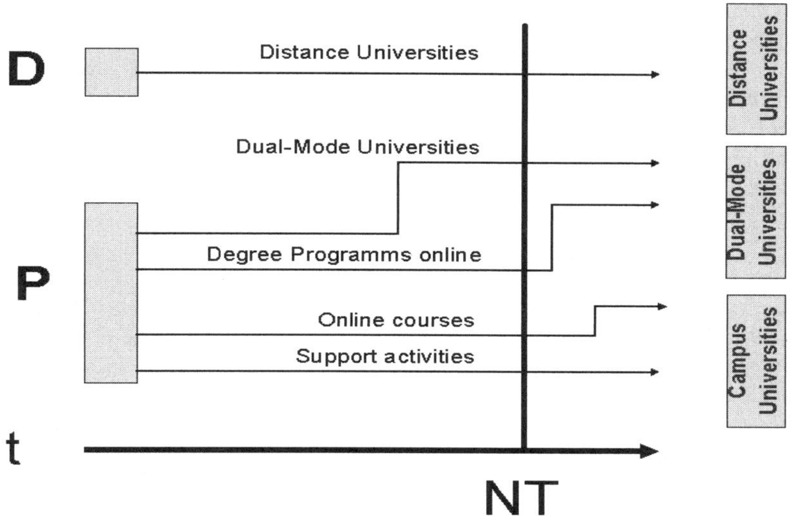

Figure 2: the five behavioral patterns of Universities

We can characterise the behaviour of the analysed institutions as follows.

a) Distance Universities. We have two examples in our sample. FernUniversität Hagen was opened before the diffusion of e-learning and it is now introducing new technologies to manage all the teaching/learning processes more efficiently. On the contrary, Universitat Oberta de Catalunya offered all educational activities through Internet from the beginning, and it intends to replace with e-learning all the services and processes of a presence institution.

b) Dual Mode Universities that offer courses for both students on the campus and external students. In the '70 two campus universities (Paris III and Paris X) have created a department to deliver distance education. They found some advantages with ICT and they are now introducing them as an alternative for the delivery of some degree programs. Also, a small group of campus universities is using e-learning to offer courses for external students. Politecnico di Milano designed a full degree program online in order to experiment new possibilities and new management models, and to attract new students. In the case of Università Cattolica, two degree programs are delivered by satellite videoconferences that connect 5 Campuses and 13 affiliated buildings. Universitat de Barcellona created a centre of online courses for corporate training. The courses are expected to reach also the Latin American market. Here, technology seems to foster the move towards dual mode-universities and the access of campus universities in the distance education market. Yet, our results show that this development takes place only where the concerned universities identify a specific niche market which matches their strategies and resources. There is no general move from campus universities towards distance education, but rather a more selective behaviour.

c) Campus Universities introduce e-learning at very different levels, ranging from the simple support to face-to-face teaching, to the delivery of full online courses. For example, Università Statale di Milano and Universitat Autonoma de Barcelona identified some activities to be delegated to online courses like, for example, the training of new matriculates or the optional courses in common with other Universities. Other universities integrate new technologies as a support to improve existing courses. The major part of our sample is experimenting and evaluating platforms or software.

Our conclusion is that, while e-learning is undoubtedly spreading both in distance and presence universities, it is not for the moment bringing a fundamental change in these institutions. Rather, it is being integrated into the existing organisations and educational offer. Universities adopt ICT not in accordance with a general (normative) strategy that they should reconvert to e-learning, but rather with a more pragmatic approach: technology is introduced to respond to clearly identifiable needs or opportunities (e.g., for new educational markets or for cutting costs in the case of distance education), and/or where it does not require a profound modification of their organisations. This also explains why the large majority of campus universities introduce e-learning to support and improve presence teaching, rather than to replace them. Additionally, in the European context, the merging of the presence and distance educational market seems to be a rather marginal phenomenon. These results do not mean that in the long run there will be no large changes in the higher education system. Yet, these changes will be much more gradual than often recognised. Again, their driving force is not the introduction of new educational technologies, but rather the strategies of each institution both at the level of its direction and of each institute and teacher.

References

Association of European Universities (no date), Restructuring the University – Universities and the Challenge of New Technologies (online at http://www.unige.ch/eua/En/Publications/doc/welcome.html[6])

Bates T.W., (2000) *Managing Technological Change: Strategies for College and University Leaders,* Jossey Bass, San Francisco (Ca)

Cantoni L., Di Blas N. (2002), *Teoria e pratiche della comunicazione,* Apogeo, Milano.

Cantoni L., Succi C., (2003) Gestione dei processi di eLearning nelle università svizzere ed europee. In: Andronico A., Dettori G., Ferlino L., Olimpo G. (a cura di), *Didamatica 2003. Informatica per la Didattica* (Atti del Convegno, Genova, 27-28 febbraio 2003)

CEC (2001) Communication from the Commission to the council and the European Parliament, The eLearning Action Plan: Designing tomorrow's education, COM (2001)172, Brussels, 28.3.2001 (available online through the eLearning initiative website: http://europa.eu.int/comm/education/elearning/index.html)

Coimbra Group (2002), *European Union Policies and Strategic Change for eLearning in Universities,* Brussels.

Collins B., Van der Wende M. (2002), Models of technology and Change in Higher Education, CHEPS, Twente (online at http://www.utwente.nl/cheps/documenten/ictrapport.pdf).

Cookson P. (2002), The Hybridization of Higher Education: cross-national perspectives. In: *International Review of Research in Open and Distance Learning, 2* (2), January 2002 .

Guri-Rosenblit S. (1999), *Distance and Campus Universities: Tensions and Interactions,* Pergamon, Paris.

Guri-Rosenblit S. (2001), Les universités virtuelles: modèles actuels et tendances futures, *Enseignement supérieur en Europe,* XXVI (4).

Hazemi R., Hailes St. and Wilbur S. (eds.) (1998), *The Digital University: Reinventing the Academy,* by, Springer Publishing, London, England.

Kallenberg, A.J., Ven, M.J.J.M. van de (2002). *The New Educational Benefits of ICT in Higher Education: Proceedings.* Rotterdam: Erasmus Plus.

Lewis R. (2002), The Hybridisation of Conventional Higher Education: UK perspective. In: International Review of Research in Open and Distance Learning, 2 (2), January 2002 (online at: http://www.irrodl.org/content/v2.2/editorial.html)

Perret J-F. (2003), *Le Campus Virtuel Suisse à la croisée de différents modèles pédagogiques,* Document de travail, Lugano.

Phipps R. & Merisotis J., (2000) Quality On The Line. Benchmarks For Success In Internet-Based Distance Education, prepared by The Institute For Higher Education Policy (available online on the IHEP website)

Rowley D. J., Lujan H., Dolence M. (1998), *Strategic Choices for the Academy,* Jossey-Bass, San Franscisco.

Stake R. E. (1994), *The Art of Case Study Research,* Thousand Oaks (CA), Sage.

Wende M. van der and Ven M. van de (2003), *The use of ICT in Higher Education. A mirror of Europe,* Utrecht, LEMMA Publishers.

---

6 All online references have been checked on May 31, 2003

Akiko Hemmi, Neil Pollock, Christine Schwarz

If not the Virtual University then what?

Co-producing e-learning and configuring its users

Abstract

This paper reflects the changing notion of the Virtual University (1.) and its realisation (2.). We introduce an approach from the Sociology of Science and Technology (STS) which analyses the construction of the "*student as a user*" as seen through the "*eyes of designers*" (3.). We ask how social relations are built into technological artefacts. In showing how socio-technical developments transcend sometimes contradict and various notions of "the student" (4.) we discuss difficulties and chances of bridging the gap between designers of e-learning-artefacts and its assumed addresses (5.).

1 Semi-virtual Universities: The evolution of a vision

Virtual University-projects (VU) – the attempt to put the traditional university online as a whole – had been the great hope of the higher education systems of almost all modern democracies. Although there are some specific versions of VU in different cultural contexts, the mantra "Virtuality" functioned as a rhetoric catalyst for a huge amount of different, sometimes contradictory and quite elastic aims, such as: quality improvement, student centredness, finding new clients, self responsibility of universities, organisational and personnel development, more practical and current curriculum, less hierarchy between teachers and students, improvement of efficiency, internationalisation, improvement of cooperation between and in universities.

In this flexible or elastic sense the VU was a contradictory undertaking from the beginning: firstly, there was the positive effect that because of the interpretative flexibility around the notion, many different actors could contribute to its aims. Secondly due to the elasticity of aims the virtual university in the making caused several tensions between actors, i.e. between those who were extremely reform-oriented as opposed to conservative or those who were market-oriented as opposed to more humanity-oriented.

A widespread literature has been developed to measure or reflect the e-learning attempts to these aims. It is still commonplace to read that information and communication technologies are radically reconfiguring the landscape of higher education, changing the very 'nature' of the university (cf. Abeles, 1998, Glotz & Seufert, 2002, Uhl, 2003). These expectations have fired the imagination of academics, policy makers, university managers, and educational specialists alike (cf. Goddard, 1999), the assumption being that universities can move straightforwardly towards this vision.

Compared to the dotcom crash e-learning-research curbed much of its enthusiasm and underwent a reflective turn from technocratic expectations to a greater sensibility for the social shaping of technology and science. Especially research on VU is now more focussed on the flexibility and perseverance of the social structures in traditional and virtual universities (Buchholz 2001, Cornford & Pollock, 2002, Robin & Webster, 2002). Therefore some of the most important experiences after these years of experimenting with the Virtual University can be summarized: "Change is slow and not radical" and "ICT in learning and teaching: widespread but a part of a blend" as a current international study about the ICTs in the university concludes (Collis & van der Wende, 2003) an old wisdom of organisational sociology. What was already known finally became explicit as "strategic differences" between different stakeholders, especially the ministries and the universities (Brake, 2000, Kandzia, 2002). More recently virtual university-projects have been reformulated as semi-virtual, hybrid or blended learning which suggests that the current status of e-learning seems to have evolved from reductive notions (such as just ICT-supported distance-learning).

Although it is not easy to discover general trends there seems to be a shift of preferences of asynchronous tools instead of synchronous, single disciplines or master studies instead of the canon of interdisciplined academics as well as self learning instead of group learning. The dominance of offline technologies in current e-learning-developments such as CDs, Laptops and DVDs suggests that we reached a second wave or post-Internet Virtual-University (Hemmi, Schwarz, Pollock, submitted).

From this point of view e-learning and VU have not been 'false' but transforming promises. During the years one core concern seem to remain constant: the enlargement of *the* (virtual) student's flexibility. However, even this reduced virtual promise has implications for our understanding of semi-virtual students and the types of access they will require which we discuss below.

2 The Virtual University is the University made concrete

Recent research suggests that universities have found the introduction of new technologies, alongside their more traditional methods of providing teaching and learning, extremely difficult, and that the actual model of the Virtual University which is emerging, bears little relationship to the vision above (cf. Brake, 2000, Cornford & Pollock, 2000, 2003, Robin & Webster, 2002, Schulmeister, 2001, Woolgar, 2002, Kandzia, 2002, Uhl, 2003, Collis & van der Wende, 2003, Wilson, 2003, Williams et al., 2000, Williams, 2002). Common among many of the problems of implementing such technologies are difficulties in enrolling (or keeping enrolled) all of those aspects of the university necessary to make such projects work (academic staff, students, computer services departments, libraries, validation committees, partner institutions, etc.). In short, initiatives are confounded by difficulties in co-ordinating a wide range of actors across a large organisation made up of diverse and disparate entities (i.e. departments and service units).

It is, it seems, the very institution of the university which is at the heart of the problem. That means that the virtualization of the university – for what ever purposes – requires different levels of organisational change, the re-shaping of the university, the roles and relationships within as well as institutional structures, in short the re-configuring of the organisation of universities (Cornford & Pollock, 2003). This begs the question: if not this vision of the Virtual University then what? If the central problems of building the virtual university seem to relate to the university as an institution, then it is to this issue that we should perhaps redirect our attention: to the social relations within higher education institutions.

Theodore Porter has described the vision embodied within ICTs as "a world of information" and as a "world of standardised objects and neutralised subjects". This he contrasts with "local sites where skill and intimate familiarity with people and things provide the most promising route to success" (Porter, 1994: 221). But to what extent is "this pacified world", and the concrete structures necessary to create it, compatible with the wider processes of higher education? (Cornford & Pollock, 2003: 77). When we say the Virtual University is the university made concrete we mean that the very notion of information which sits at the root of the notion of a Virtual University contains an ambiguous potential: on the one hand the ability to abstract from specific places, times and communities, but on the other hand a powerful incentive to formalise, to standardise thus making social relations and therefore power relations explicit or: concrete (Cornford & Pollock, 2003: 77).

The alleged core concern of the VU, student-centredness, does seem constant, but the underlying notions have changed more discreetly of what is and should be the university – and their "users". What is the dominant construction of the student? This is held to be a difficult question by many commentators as is evidenced by the following quote: "Neither 'the student' nor 'the institution' is homogeneous and the images rest on complex expectations and attitudes. Students have been and are seen as many things" (Silver & Silver, 1997: 163). The authors point out the dominant change of the notion of the student from the student as an apprentice, a ward, a client, a customer or a member of the university and that, importantly, aspects of all of these roles still exist in institutions today.

How does the university construct the student as a user of e-learning? In general, most virtual universities work with a simplified and what might be described as an 'emptied out' notion of the student. Even in the GMW – as in most e-learning communities – the important question about the underlying designer's perception and construction of the student has neither been set nor answered. Instead we should address this imbalance by highlighting the mutual shaping of technology, its users and their organisations or societies by introducing a theoretical and empirical framework which was developed in the sociology of technology and science (STS) as well as the sociology of scientific knowledge (SSK).

3 The co-production of technologies and users

There are a number of theoretical contributions to the understanding of how social relations are built in technological artefacts and how technologies are taken up by users by STS and SSK and within them especially from Actor Network Theory (cf. Law, 1994) and the Social Shaping of Technology Approach (Sørensen & Williams, 2002, Lieshout et al., 2001).

It is well known that information and communication technologies provide a powerful incentive to standardisation and classification – this includes notions about users. The identity of the student is 'fixed' through designers making assumptions about the student's needs, desires, goals etc. and embodying such ideas within technologies. Useful insights to the construction of the user and the catching of the consumer are provided by several approaches (Akrich, 1992, 1995, Buchholz, 2001, Buchholz & Schwarz, 2002, Mort, 2003, Woolgar, 1991).

Developing and implementing e-learning is not only about the design of software – the writing of computer code – but also about the production of roles and identities of various actors. Configuring the 'student as user' therefore requires designers to engage with all aspects of the university, what is sometimes called 'system building' or 'heterogeneous engineering' (cf. Law, 1994). This will in some respects build on research from within the STS. For example Akrich's (1992, 1995) work describes a variety of explicit and implicit techniques employed by designers to construct users. That is, assumptions about a user's competence, needs and interests are built or scripted into a technology, thus determining its shape. Another example for the configuring-the-user-approach is Mort's analysis of tele-medicine, where patients are rendered increasingly passive and are configured as "absent patients" (Mort et al, 2003). Although a user could ultimately reshape or 'work around' (cf. Pollock, submitted) such scripts, this is unlikely owing to further processes where the user is configured (Woolgar, 1991) or taught what to want or expect (through marketing, usability trials, packaging and so on) from a technology.

While the literature within the STS and SSK has been extremely helpful in contributing to our knowledge of the many different processes that allow a technology to 'come to life', this has often been at the expense of our knowledge of the user; the user is only ever seen through the 'eyes of the designer' (McLaughlin et al, 1999). Therefore, we do not rely on such a narrow definition to understand the way in which staff and students become users of e-learning-scenarios. It is important to note that users are always more complex than the models envisaged by the designers of systems. To understand the way they interrelate with such systems requires an understanding of the domains which such users inhabit or indeed how they have 'multiple memberships' of many different domains all at once (Star, 1991). Moreover, because of this multiple memberships among the users it is assumed that certain identities 'cross-over' (Law, 1994) to serve as resources in the successful take-up (or otherwise) of the technology. This sensitises us to the questions of the organisational shaping of e-learning-scenarios and the social configuration of their users: the semi-virtual student.

4 Co-constructing the Virtual University and configuring its user

University students are, potentially, one of the most interesting groups of users. Are we, for instance, to assume – as possibly designers do – that one undergraduate student on a sociology degree has the same generic competencies, needs and interests as, say, a post graduate MBA student? This poses interesting problems for the developers of systems: How are they to conceptualise the student as a user? How will they attempt to make their conceptualisations 'fit'? Are students, with their already highly changing and ambiguous role and identity (cf. Silver & Silver, 1997) to be configured or taught to be 'successful users'?

What is the underlying evolution in the notion of the semi-virtual student? The socio-technical negotiations within the e-learning development transcend various and sometimes contradictory notions of "the" semi-virtual student as the user: the student who tries to arrange his or her studies between work and family; the student who is a (business) traveller; the student who prefers or is forced to stay at home, the student who needs to be better prepared for occupational work, the student who wishes to make university more compatible and convenient with spare time, the student who needs access from an "outside" system or different parts of the university, the student who loves to be on the campus, the student who wants to be supported from experts *as* an expert. The notion of the mobile student contains a whole variety of options.

Let us now look how the current notion of the (mobile) student today is inscribed in the existing forms of e-learning. One of the few – if not the only – empirical studies which related in detail this theoretical approach of the co-production of technology to research on VUs is the study "Students and Users in the Construction of the Virtual University" by Andrea Buchholz (Buchholz, 2001, Buchholz & Schwarz, 2002).

Exemplifying the development of a Study Guide System (SGS) within a VU, multiple co-existing student constructions are illustrated. A wide range of strategies were discovered how designers, lecturers and researchers constructed "the student as user". Some of those strategies are: shifting between an instrumental, market-driven discourse about university and the principled, values-oriented discourse. Another strategy is switching between ambiguous aspects of the student as an emancipated "*being*" on the one hand and perceiving them as uncivilized, in the making, and "*becoming*" on the other. In contrast to this co-existing and interplaying notions of the student, the study shows how the main concern of the SGS, namely to put the student into the centre of the VU, has faded. Although designers differ in their picture of the semi-virtual user they underestimate the multiplicity of students' different situations.

Although the SGS project featured modes of control as well as spaces for adaptation (cf. Williams et al, 2000), students got *fixed* as the "student-as-a-course-chooser". In a second phase students became even more *marginalized*: Absorbed by problems in the team and institutional conflicts designers had little concern for students. Finally the lack of interest on students came to light by students' limited access (e.g. students got the fewest access to a database for course material). They became prominent again when a milestone was to be met later in the project. Students got *"reinserted" as phantoms*. But how? The designers had had an inner row which divided them into two groups: one built up a system which constructed the "student-as-information-seeker" and the other group developed the notion of the "student-as-skill-seeker": "The student configured in the SGS can now be understood as reflecting a particular history of the inner working of a project team. (...) Calling these student constructions 'phantoms' highlights that they tend to be an imprint of the [VU designers'] world more than the actual reference to students" (Buchholz & Schwarz 2002: 7).

Reflecting the messiness of designers' work the study suggests to reflect the construction of the student as a user: *First of all* we should be aware that the picture of the semi-virtual student as a user is a product of negotiations and power struggle rather than a given character. *Secondly* only the reflective deconstruction of the student as a phantom, i.e. looking at different and unexpected ways of using technical artefacts, can help to put the student in the centre of the (virtual) university (Buchholz, 2000). "Using, however defined, is practised through a diverse array of socially and historically situated activities" (Buchholz, 2001: 202). *Thirdly* both views, the view of the designer and the student have to made relevant and brought to each other which is not an easy task. Well-balanced studies would require a more in-depth methodology and collaborative ethnology seems to be a promising starting point. But more than in the current "configuration of the user"-approach (Woolgar, 1991) the focus has to be shifted even more to the user than to designers' views – although "we can not pretend to play different roles in a single setting easily" (Buchholz 2001: 204). Rather we need to deal with and engage in roles that we in turn are ascribed to: as designers, lecturers, or researchers. We all leave imprints as intermediaries in ambivalent roles, too.

"A consequence for work done in STS is thus to treat the term 'user' with more caution. We need to possibly find a new and richer vocabulary in which the situatedness of userness would get more strongly preserved. To readily take on board the notion of 'the user' might disguise the setting's own diverse constructions (i.e. as learners, students, advice-seekers, success-indicators). As has become apparent (...) 'the student' and its authentic imprint is not the starting point, but the outcome of a rather complex set of negotiations between intermediaries an their own particular agendas" (Buchholz, 2001: 203).

5 Bridging the designer-user-gap: dealing with plurality

As we have shown, there are competing notions of what a student is and what he or she should be in future. "The purchaser model tends to evade the constructive, participative role of the student as outsider, in favour of a separation between the provider and the recipient. If the student buys rights as a result of the purchase, however, the central right is that of becoming a member, a participant – a member with greater need and power to contribute than the apprentice in the guild or the weekend user of the golf course" (Silver/Silver, 1997: 168).

Whether students can contribute to this changing of roles is an open question. And so is the question of future virtual university-projects, because they depend centrally on how the student is conceived in e-learning-artefacts.

However, interestingly, students remain absent from the design process – they are with few exceptions 'phantom users'. It would be simple to argue for more inclusion of students in the design process but this is not the point of our paper. Beside our plea for a more reflective approach to the political content of technology we rather argue to respond to the multiple and contradictory constructions of the student in two ways. *Firstly* a further concretisation of the virtual university is needed in the sense that the university as an institution must clarify its social relations, its roles and responsibilities towards students (as well as staff and designers). *Secondly* as long as designers, lecturers and policy makers remain unaware of the described co-production of technology in the designer-user-gap they will keep phantomising students – no matter whether they are constructed as members or customers. We have to be careful with and responsible for the multiplicity and contradictions of students and their constructions through intermediaries. Bridging the user-designer-gap as an (ethnographic) intermediary means entering a space for manoeuvre. Where social relations are built into technology, organizations can be shaped, too. Maybe this niche for social change which is hidden in the virtual promise is often overlooked?

For all this noise about free competition of (virtual) universities competition without diversity will not make sense – nor will it be much fun.

References

Abeles, T. (1998), The academy in a wired world, *Futures, 30* (7): 603-13.

Akrich, M. (1992), 'The De-Scription of Technical Objects'. In: Bijker, W. & Law, J. (eds.) *Shaping Technology – Building Society,* Cambridge, Massachusetts: MIT Press, pp. 205-224.

Akrich, M. (1995), User Representations: Practices, methods and sociology. In: Rip, A. / Misa, T. / Schot, J. (eds.), *Managing Technology in Society,* London: Pinter Publishers, pp. 167-184.

Brake, Ch. (2000), *Politikfeld Multimedia, Multimediale Lehre im Netz der Restriktionen*, Münster: Waxmann.

Buchholz, A. (2000), Von rollenden Schreibtischstühlen und virtuellen Studenten – Ethnographie einer Televeranstaltung, in: Uellner, S. & Wulf, V. (eds.) *Vernetztes Lernen mit digitalen Medien*, Heidelberg: Physica-Verlag, pp. 163-182.

Buchholz, A. (2001), *Students and Users in the Construction of the Virtual University*, unpublished PhD Thesis, London: Brunel University.

Buchholz, A. & Schwarz, C. (2002), *Deferring Uncertainties in the Virtual University. About Trojan Horses and Hot Potatoes, European Association for the Study of Science and Technology (EASST) 2002*, Conference Paper on CD Rom, http://www.wa.uni-hannover.de/WIR/Schwarz/Schwarz-publik.html

Collis, B. & van der Wende, M. (2003), *The use of ICT in Higher Education. A mirror of Europe*, Utrecht: LEMMA Publishers.

Cornford, J. & Pollock, N. (2000), *Theory and practice of the virtual university, EASST Review, 19* (2): 19-11.

Cornford, J. & Pollock, N. (2003), *Putting the university online: information, technology, and organisational change,* Buckingham: Open University.

Glotz, P. & Seufert, S. (eds.) (2002), *Corporate University in der Praxis*, Frauenfeld: Huber.

Goddard, J. (1999) 'Sign Posts to the Learning Corporation', *Times Higher Education Supplement,* July 30, p. 13.

Hemmi, A. / Pollock, N. / Schwarz, C. (submitted), *The Virtual University: evolution of a promise and the construction of its (mobile) users*, Fourth International Conference on Human-System, Quatrième Colloque International sur l'Apprentissage Personne-Système, Glasgow July 2003.

Kandzia, P.-Th. (2002), E-learning an Hochschulen – Von Innovation und Frustration. In: Bachmann, G. et al. (ed.), *Campus 2002. Die Virtuelle Hochschule in der Konsolidierungsphase,* Münster: Waxmann.

Law, J. (1994), *Organizing Modernity.* Oxford: Blackwell.

Lieshout, M. van, Egyedi, T., Bijker, W. (eds.) (2001), *Social Learning Technologies: The Introduction of Multimedia in Education.* Aldershot: Ashgate, 2001.

McLaughlin, J., Rosen, P., Skinner, D., Webster, A., (1999) *Valuing Technology: Organisations, Culture and Change,* London: Routledge.

Mort, M., May, C., Williams, T. (2001), 'Remote Doctors and Absent Patients: acting at a distance in telemedicine', http://www.lancs.ac.uk/users/scistud/working_paper9.htm

Mort, M. / Williams, T. / May, C. / Mair, F. (submitted), *Telemedicine, Telehealthcare and the Future Patient: some reflections on being absent,* correspondence: m.mort@lancaster.ac.uk

Pollock, N. (submitted) 'The construction of use and mis-use: or the ambivalence of workarounds' submitted to Social Studies of Science.

Porter, T.M. (1994), Information, power and the view from nowhere, in: Bud-Frierman, L. (ed.), *Information Acumen: The Understanding and Use of Knowledge in Modern Business.* London: Routledge, pp. 217-30.

Robins, K. & Webster, F. (2002), *The Virtual University? Knowledge, Markets, and Management*, Oxford/New York: Oxford University Press.

Schulmeister, R. (2001), *Virtuelle Universität – virtuelles Lernen*, München: Oldenbourg.

Silver, H. & Silver, P. (1997), *Students: Changing Roles, Changing Lives*, Milton Keynes: SRHE & Open University Press.

Sørensen, K. & Williams, R. (eds.) (2002), *Shaping Technology, Guiding Policy: Concepts, Spaces and Tools*, Cheltenham: Edward Elgar, 2002.

Star, S. (1991) 'Power, Technologies and the Phenomenology of Conventions'. In Law, J. (ed.), *A Sociology of Monsters,* London: Routledge.

Uhl, V. (2003), *Virtuelle Hochschulen auf dem Bildungsmarkt. Strategische Positionierung unter Berücksichtigung der Situation in Deutschland, Österreich und England*, Deutscher Universitäts-Verlag/VVA.

Williams, R., Slack, R., Stewart, J. (2000), *Social Learning in Multimedia, Final Report,* available under: http://www.rcss.ed.ac.uk/research/slim.html

Wilson, R. (2003), E-education in the UK, in: Landoni, M. / Diaz, P. (eds.), *Journal of Digital Information announces, A SPECIAL ISSUE on E-education: Design and Evaluation for Teaching and Learning* (Volume 3, issue 4, March 2003)

Woolgar, S. (1991) 'Configuring the User: The Case of Usability Trials'. In Law, J. (ed), *A Sociology of Monsters,* London: Routledge.

Woolgar, S. (eds.) (2002), *Virtual society? Technology, cyberbole, reality,* Oxford: Oxford University Press, 2002.

Jörg Stratmann, Michael Kerres

Ansatzpunkte für das Change-Management beim Aufbau einer Notebook-Universität

Zusammenfassung

Die Einführung von Notebooks an einer Universität bringt zunächst keine grundlegende Innovation mit sich. Die Potenziale, die mit dem Einsatz von Notebooks in der Präsenzlehre verbunden sind, sind vielfältig. Der Beitrag zeigt auf, welche Vorteile der Notebook-Einsatz auf den unterschiedlichen Ebenen Individuum, Gruppe und Organisation beinhaltet. Am Beispiel des eCampus-Projektes der Universität Duisburg-Essen zeigt sich, dass dieser Mehrwert sich jedoch nicht von selbst einstellt, sondern an bestimmte Bedingungen auf den verschiedenen Ebenen geknüpft ist. Es sind Maßnahmen notwendig, um die intendierten Veränderungsprozesse in Gang zu setzen, damit Notebooks im Alltag von Lehre und Forschung verankert werden können. Dazu sind Maßnahmen in den Bereichen Infrastruktur, didaktische Reform, Personal- und Organisationsentwicklung sowie Medienproduktion und -distribution zu ergreifen und in einem angemessenen Gleichgewicht umzusetzen.

1 Einleitung

Mit eCampus Duisburg wird das Ziel verfolgt, digitale Endgeräte, in unserem Fall Notebooks, zu einem alltäglichen Bestandteil von Hochschule werden zu lassen.[1] Um diese Vision Realität werden zu lassen, sind eine Reihe von Anstrengungen auf unterschiedlichen Ebenen notwendig. Viele Medienprojekte schaffen es nicht – trotz vielfach guter Ergebnisse im Rahmen des Projektvorhabens –, die Verwertung bzw. Verstetigung ihrer Aktivitäten nach Auslaufen der Projektförderung sicherzustellen. Daher stellt sich die Frage der Nachhaltigkeit von Investitionen in die grundsätzlich auf Zeit angelegten Medienprojekte. Mit dem „magischen Viereck mediendidaktischer Innovation" stellte Kerres (2001) ein Modell vor, dass Aktionsfelder benennt, die für eine systematische Integration von Medienaktivitäten in einer Bildungsorganisation erforderlich sind, und das Grundlage der hier diskutierten eCampus-Strategie der Universität Duisburg-Essen am Standort Duisburg ist.

1 Das Projekt eCampus Duisburg wird vom bmb+f im Rahmen des Zukunftsinvestionsprogramms „Neue Medien in der Bildung" (Bereich: Notebook-University) gefördert.

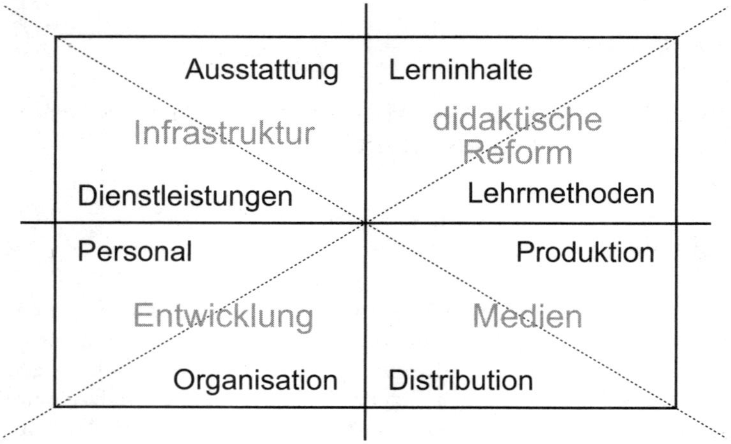

Abb. 1: Sicherung von Nachhaltigkeit: Magisches Viereck mediendidaktischer Innovation (Kerres, 2001)

Die grundlegende Überlegung des Modells: Zur nachhaltigen Sicherung von mediendidaktischen Innovationen in einer Bildungsorganisation sind Aktivitäten gleichermaßen in den Bereichen Infrastruktur, didaktische Reform, Personal- und Organisationsentwicklung sowie Medienproduktion und -distribution zu ergreifen (s. Abb. 1). Sollen Medien zu einem integralen Bestandteil einer Organisation werden, in unserem Fall einer Universität, sind die Anstrengungen nicht nur auf einen Teil des Vierecks (wie z.B. die Medienproduktion) zu beziehen. Dabei sind die Maßnahmen in den entsprechenden Aktionsfeldern inhaltlich und zeitlich aufeinander abzustimmen. Es nützt wenig, die Maßnahmen in den einzelnen Bereichen in zeitlicher Folge zu initiieren, sie sind vielmehr zeitlich parallel und in einem ausgewogenen Gleichgewicht anzusetzen.

Im Folgenden werden Anforderungen an eine Hochschule aufgezeigt, die bei der Umsetzung der Integration von Notebooks im Sinne des magischen Vierecks mediendidaktischer Innovation entstehen. Hierzu wird ein Rahmenmodell einer Notebook-Universität vorgestellt, welches die Anforderungen und Potenziale auf den Ebenen Organisation, Gruppe, und Individuum genauer beschreibt.

2 Rahmenmodell

Die Potenziale, die mit dem Einsatz von Notebooks in der Präsenzlehre verbunden werden, sind vielfältig. Wie gezeigt wird, bringt der Notebook-Einsatz mögliche Vorteile auf den unterschiedlichen Ebenen Individuum, Gruppe und Organisation. Dieser Mehrwert stellt sich jedoch nicht von selbst ein, sondern ist an Anforderungen auf den verschiedenen Ebenen geknüpft.

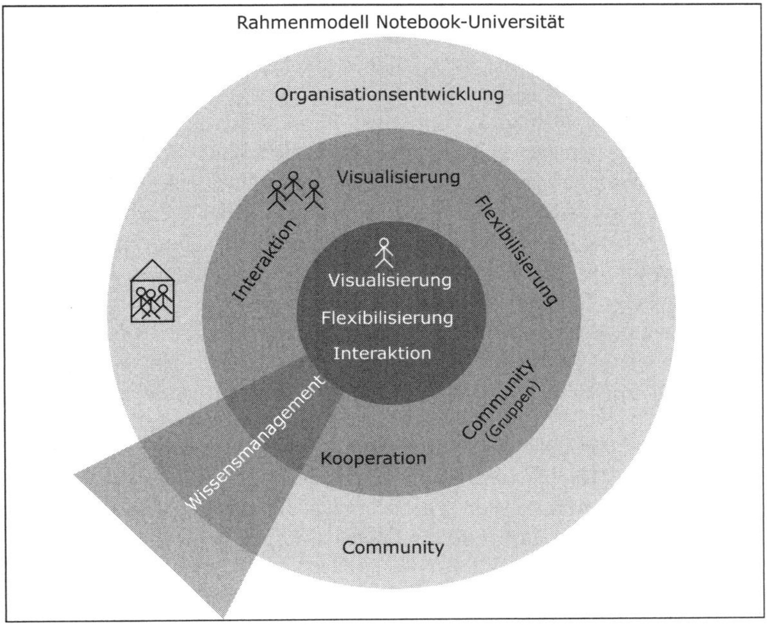

Abb. 2: Rahmenmodell einer Notebook-Universität (Kalz, Stratmann & Kerres 2003)

2.1 Anforderungen und Potenziale auf der Organisationsebene

Der eCampus Duisburg ist eine strategische Initiative der Universität Duisburg-Essen, um digital abbildbare Dienstleistungen in der Lehre und der Verwaltung konsequent über das Inter-/Intranet zu organisieren und den Einsatz von Notebooks in Lehrveranstaltungen zu ermöglichen. Die Initiative wird gemeinsam von Wissenschaftler/innen, zentralen Einrichtungen und der Hochschulverwaltung getragen. Dieses Vorgehen ist notwendig, um einen dauerhaften Change-Management-Prozess in Gang zu setzen. Es ist wenig aussichtsreich, Projekte auf Lehrstuhlebene anzusiedeln, mit der Hoffnung, dass diese sich auf die gesamte Organisation ausdehnen. Diese Hoffnung erfüllt sich selten, da solche Projekte oft als befristete, auf bestimmte Felder der Institution beschränkte Phänomene betrachtet werden. Ein nachhaltiges Change-Management erfordert deswegen auch top-down Elemente, mit der die Institution ihre Ziele präziser benennt und selbst als agierende Instanz eigene Maßnamen spezifiziert (vgl. Kerres 2002).

eCampus Duisburg ist deshalb zum einen ein internetbasiertes Produkt mit bestimmten Funktionalitäten und zum anderen ein Prozess, der die koordinierte Entwicklung in der Universität sicherstellt, die Integration verfügbarer Services vorantreibt und die notwendigen organisationalen und qualifikatorischen Voraussetzungen in der Universität schafft. Der Erfolg der eCampus-Initiative wird perspektivisch ganz entscheidend davon abhängen, inwiefern es gelingen wird, Produktentwicklung und Prozessgestaltung miteinander zu verzahnen.

Auf der einen Seite finden infrastrukturelle Maßnahmen statt wie der Ausbau des Wireless LAN auf dem Campus und die Versorgung von Studierenden mit teilweise subventionierten Notebooks und dem Support durch das Hochschulrechenzentrum. Das Rechenzentrum ist mit einem Notebookhersteller eine strategische Partnerschaft eingegangen, durch die besonders günstige Konditionen für Notebooks und Zubehör gewährleistet werden können. Auf der Basis der Vereinbarung werden z.B. Reparaturen durch das Rechenzentrum schon während der Garantiezeit vor Ort an der Universität ausgeführt. Hierdurch müssen die Studierenden häufig nur wenige Stunden auf ihr Gerät verzichten.

Des Weiteren wurde das Kompetenzzentrum Digitale Medien (KDM) eingerichtet, welches aus einem Re-Engineering der drei zentralen Einrichtungen Hochschulrechenzentrum, Audiovisuelles Medienzentrum und Universitätsbibliothek hervorgegangen ist. Das KDM ist der virtuelle organisatorische Zusammenschluss aller Beschäftigten der drei zentralen Betriebseinheiten, die Kompetenzen in der Erstellung, Bearbeitung, Beschaffung, Erschließung und Verbreitung von digitalen Medien haben. Diese Bündelung von Kompetenzen hat das Ziel, in der Hochschule als eine einheitliche Anlaufstelle für Fragestellungen in Bezug auf digitale Medien aufzutreten.

Innerhalb vom KDM werden die Dienstleistungen neu strukturiert. Das Kompetenzzentrum Digitale Medien stellt den Fakultäten, Fächern, Dozierenden und Studierenden Serviceleistungen bei der Erstellung, Bearbeitung, Beschaffung, Erschließung und Verbreitung von digitalen Medien bereit.

Hinzu kommen weitere Maßnahmen in Nachbarprojekten, die der Fortbildung von Lehrenden dienen. „Ziel ist es, ein Qualifizierungskonzept zu entwickeln und einzusetzen, um die Medienkompetenz und -anwendung in der Hochschullehre zu verstärken und zu professionalisieren." (http://www.uni-duisburg.de/ecompetence/). Zusammen mit der Bertelsmann-Stiftung und mit Unterstützung des Landes NRW wird ein Portal zur Selbst-Qualifikation von Hochschullehrenden eingerichtet.

Das Portal bietet dabei unterschiedliche Materialien abgestimmt auf die individuellen Voraussetzungen des Lehrenden. Sie können sich dort mit aufbereiteten Showcases mit realisierten Beispielen und methodischen Ansätzen aus der Praxis der Hochschule versorgen. Es werden auch Materialien angeboten, die die Lehrenden situationsabhängig nach eigenem Lernbedarf abrufen können. Kann man im ersten Fall eher von einer Push-Orientierung sprechen, so werden Informationen im zweiten Fall eher im Sinne einer Pullorientierung angeboten. Dieses Vorgehen mit Push-Elementen ist wichtig, um auch nicht so medienaffinen Mitarbeitern den Zugang zu erleichtern.

Ein einzurichtendes personalisiertes Portal für Angehörige der Universität Duisburg-Essen rundet die Maßnahmen ab. Hier stehen den unterschiedlichen Nutzergruppen nach einem *single signon* verschiedene Dienste und Services zur

Verfügung. Das integrierte Informationsmanagement soll zur hochschulweiten Zusammenführung bislang isolierter Dienste (z.B. Anwendungen der Hochschulverwaltung, des Rechenzentrums und der Universitätsbibliothek) und zur Intensivierung des interdisziplinären Austausches unter Einbeziehung von Wissenschaft, zentralen Einrichtungen und Hochschulverwaltung beitragen. Das Portal soll dabei zugleich Anlaufstelle und Ausgangspunkt für eine universitätsweite Community sein.

2.2 Anforderungen und Potenziale auf der Gruppenebene

Basale Voraussetzung für den Einsatz von Notebooks in der Lehre ist die Bereitschaft der Dozierenden, neue Medien in den Lehrbetrieb zu integrieren. Zusätzlich sind ihre Veranstaltungen den neuen Gegebenheiten so anzupassen, dass die Notebooks sinnvoll in den Lehr-/Lernkontext eingebunden sind. Diese grundsätzliche Bereitschaft zum Einsatz der Notebooks und zur Anpassung des didaktischen Konzeptes soll durch die oben beschriebenen Maßnahmen auf organisationaler Ebene gefördert werden.

Innerhalb einer Veranstaltung gilt es für die Lehrperson, didaktische Entscheidungen zum Einsatz der Notebooks zu treffen. Nicht jede Verwendungsform der Notebooks erscheint im universitären Lehr-Lern-Kontext sinnvoll (vgl. Gay & Hembrooke 2002, Sharples 2002). Es bedarf didaktischer und methodischer Innovation, die Notebooks als Werkzeuge für individuelle Lernprozesse in Lehrveranstaltungen zu integrieren. Bei der didaktischen Planung der Veranstaltung ist anzugeben, zu welchem Zweck die Notebooks ins Lehr-/Lerngeschehen integriert werden sollen und welche Erwartungen damit verbunden sind bzw. welcher Mehrwert sich dadurch ergeben soll. Das Ziel ist es, dass die Lehrperson den Notebook-Einsatz als ein Kriterium innerhalb des didaktischen Planungsprozesses mit einbezieht. Besonders Phasen des selbst gesteuerten Lernens und Arbeitens sowie Phasen der kooperativen Zusammenarbeit scheinen geeignet zu sein für den Einsatz von Notebooks in der Hochschullehre. Für die Lehrenden und Lernenden bieten sich mit den Neuen Medien u.E. vor allem bessere Möglichkeiten der Visualisierung, neue Formen der Kommunikation und Interaktion sowie eine erhöhte Flexibilität. Das Lernen und Arbeiten in der Hochschule weist so weniger Medienbrüche auf.

Auf Gruppenebene wird zu diesem Zweck zusätzlich ein spezielles Portal für mobile Lerner und Lehrende an der Universität Duisburg-Essen angeboten, auf dem unter anderem die am Projekt beteiligten Lehrstühle ihre didaktischen Konzepte und Einsatzszenarien vorstellen. Der sich daraus ergebene Informationspool dient einerseits den Studierenden, die sich über Veranstaltungen mit Notebook-Einsatz informieren können, die sie selbst nicht besucht haben. Auf der anderen Seite haben Dozierende (vor allem Personen, die bisher nicht am Projekt beteiligt sind) hier die Möglichkeit, schon realisierte didaktische Konzepte anzusehen und sich so für den eigenen Notebook-Einsatz inspirieren zu lassen. Zudem besteht auf dem Portal die Möglichkeit, alle vorgestellten Themen zu kommentieren bzw. in Foren zu diskutieren, wodurch sich für die jetzt schon am Projekt Beteiligten die Chance auf ein wertvolles Feedback ergibt.

Insgesamt sechs Teilprojekte beschäftigen sich mit der Entwicklung, dem Einsatz und der Evaluation von didaktischen Szenarien, die die Vorteile nutzen, die sich durch die Notebooks und die ubiquitäre Netzverfügbarkeit entfalten sollen. Dabei sollen Szenarien entstehen, die die fachspezifischen Besonderheiten berücksichtigen und in denen ein begründeter Mehrwert zu erwarten ist. Diese neu entstehenden Szenarien lassen sich den typischen an einer Hochschule vorkommenden Veranstaltungsformen Vorlesung, Seminar und Praxisprojekt zuordnen.

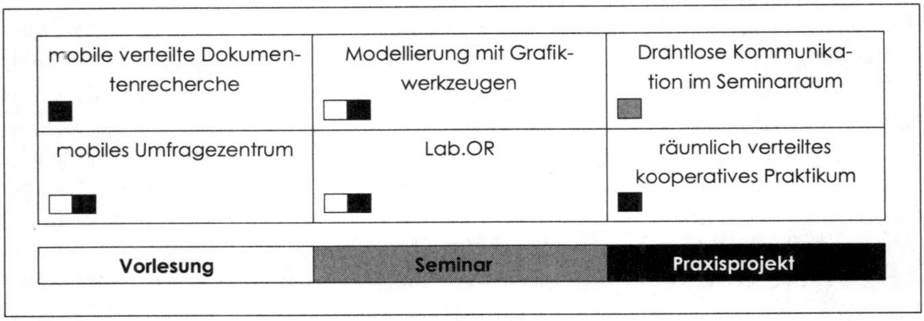

Abb. 3: Lehr-Lern-Szenarien im eCampus Duisburg (Kalz, Stratmann & Kerres 2003)

Daneben werden auf der Gruppenebene auch Tools und Kommunikationsmedien bereitgestellt, die ein kooperatives Arbeiten in diesen Szenarien unterstützen. Die Werkzeuge können nach Unterstützung von synchronen und asynchronen Arbeitsprozessen unterschieden werden.

Synchron	**Asynchron**
Cool Modes	BSCW
Note IT	Newsgroups / Foren
Passenger	E-Mail
Lab.OR	Mailinglisten
Chat / ICQ (awareness)	

Tab. 1: Synchrone und asynchrone Tools und Kommunikationsmedien im Projekt eCampus

Auf dieser Gruppenebene geht es um die Potenziale von Notebooks in Learning-Communities, die sowohl innerhalb einer Lehrveranstaltung als auch außerhalb gebildet werden können. In Veranstaltungen mit Notebook-Einsatz kommt es vor allem zu einer verbesserten *Visualisierung* sowie einer einfacheren *Interaktion* zwischen den Beteiligten. Visualisierungen unterstützen das Lehr- Lerngeschehen, indem sie schwierige Zusammenhänge oder abstrakte Sachverhalte auf eine einfache bzw. logische Weise abbilden (vgl. Ballstaedt 1997). Somit erleichtern sie den Einstieg in eine Diskussion, aber auch die Visualisierung der Diskussion selbst oder eines Brainstormings bieten Vorteile (vgl. Klebert et al. 1987). In Bezug auf die Interaktion sind vor allem die rechnergestützten und netzbasierten *Kommunikations- und Kooperationsmöglichkeiten* in Veranstaltungen zu nennen. Als Zusatz zu Veranstaltungen können z.B. Newsgroups, Mailinglisten oder Foren eingesetzt werden und zu einer *Community-Bildung* beitragen die im Idealfall die Diskussion weit über die Veranstaltung hinaus aufrecht erhält.

2.3 Anforderungen und Potenziale auf der Individualebene

Voraussetzung ist auch auf der individuellen Ebene die Bereitschaft des Einzelnen, in die erforderliche Hardware (vor allem Notebooks und WLAN-Karte) zu investieren. Darüber hinaus wird erwartet, dass die sich im Studium immer wieder ergebenen „Leerlaufzeiten" für Lernaktivitäten zu nutzen. Diese Bereitschaft soll durch die subventionierte Abgabe von Notebooks und den weiter oben beschriebenen Support durch das Hochschulrechenzentrum gefördert werden. Zudem wird die Attraktivität des Angebots dadurch gesteigert, dass die Studierenden nahezu flächendeckend über das WLAN Zugang zum Internet haben und an vielen Stellen auf dem Campus Notebookarbeitsplätze eingerichtet wurden.

Damit Studierende die Leerlaufzeiten nutzen können, müssen sie außerdem einerseits über die notwenige Software verfügen (z.B. Office-Produkte), mit der Hausarbeiten und Präsentationen direkt auf dem Campus erstellt werden können. Zum anderen ist die Verfügbarkeit von spezieller Software hilfreich, mit denen z.B. Abläufe in Form von Animationen aufbereitet oder Befragungen mit Hilfe von SPSS selbst ausgewertet werden können. Das KDM bietet in diesem Zusammenhang Schulungen für alle verfügbaren Programme an.

Auf der anderen Seite ist es sinnvoll, wenn Dozierende ihre Seminarinhalte als elektronische Skripte (z.B. als PDF) aufbereiten und diese neben ihren Präsentationen mit eventuell ergänzenden Informationen (z.B. als Audios, Videos oder Animationen) aus den Veranstaltungen den Studierenden an geeigneter Stelle zum Abruf zur Verfügung stellen.

Auch die Bereitstellung von Online-Lernmaterialien in einer digitalen Bibliothek, wie sie z.B. im Rahmen von Projekte des bmb+f entstanden sind, ist ein wichtiges Themenfeld, um Selbstlernaktivitäten der Studierenden zu initiieren.

Auf der individuellen Ebene impliziert der Notebook-Einsatz damit zunächst eine *Flexibilisierung*. Für die Studierenden bedeutet dies, dass sie z.B. „Leerlaufzeiten“ für sich besser nutzen können, indem sie sich auf Veranstaltungen vorbereiten, sich Ressourcen aus dem Internet und digitalen Bibliotheken beschaffen oder mit Anwendungen arbeiten. Über das Portal für mobile Lerner haben die Studierenden die Möglichkeit, sich über alle Aktivitäten, die für diese Zielgruppe interessant sind, zu informieren. Des weiteren können sie sich hier über die vorgestellten Themen und Beiträge austauschen und so wichtige Impulse für den weiteren Ausbau der Notebook Universität liefern. In einem nächsten Schritt soll eine personalisierte Komponente des Portals MyCampus mit einem *single signon* ermöglicht werden, so dass sich eine Person nur noch einmal anmelden muss und danach vielfältige Dienste und Services nutzen kann, angefangen bei verbindlichen Anmeldungen zu Seminaren und Prüfungen über die Buchung von Medien, wie z.B. Beamern, bis hin zur Nutzung von Lernplattformen und Shared Workspaces. Aber auch das Abrufen von Prüfungsergebnissen soll ermöglicht werden.

Auch für Lehrende und Verwaltungsangestellte der Universität sollen Dienste und Services weiterentwickelt werden, die den Hochschulalltag erleichtern können. So können Lehrende Angaben zur Beschreibung von Seminaren direkt in ein Online-Vorlesungsverzeichnis eintragen und hier auch alle für das Seminar notwendigen Medien sowie Räume buchen. Das Lernen auf einer Lernplattform im Internet darf nicht zu einem isolierten Bestandteil eines akademischen Lebens werden, wo man sich mit einem papiergebundenen Formular zu Lehrveranstaltungen oder Prüfungen anmeldet und Beschaffungs- oder Reiseanträge eingereicht werden. Erst mit der konsequenten Digitalisierung dieser Prozesse wird auch das technologiebasierte Lernen selbstverständlich werden (vgl. Kerres & Horsmann, 2002)

Auf allen drei Ebenen unterstützen Notebooks Prozesse zum Dokumenten-, Informations- und Wissensmanagement. Es können vier Prozesskategorien des Wissensmanagements unterschieden werden: Wissensrepräsentation, Wissenskommunikation, Wissensgenerierung und Wissensnutzung (Reinmann-Rothmeier & Mandl 1999). Auf der Individualebene bedeutet dies zum Beispiel die Erstellung von Präsentationen für Referate. Bei der Kommunikation und Interaktion in Gruppen spielt das Teilen von Informationen und Dokumenten eine wichtige Rolle sowie das gemeinsame Aushandeln und Generieren von Wissen. „Das Konzept der Learning Communities und ihre Weiterentwicklung zu Communities of Practise können als eine Art Plattform dafür fungieren, Wissen zu artikulieren, auszutauschen, neu zu schaffen und zu nutzen, so dass Communities dieser Art wichtige methodische Unterstützung im Wissensmanagement darstellen.“ (Winkler, Reinmann-Rothmeier & Mandl, 2000, S. 23). Durch das Vorhandensein von Notebooks und die ubiquitäre Verfügbarkeit des Internets ist der ständige Zugang zu dieser Community gewährleistet.

Übersicht der Maßnahmen im Rahmen der eCampus Duisburg – Strategie

- Versorgung von Studierenden mit (subventionierten) Endgeräten,
- Ausbau der WLAN-Infrastruktur (Access-Points, VPN-Router etc.),
- Ausbau von Support-Dienstleistungen für mobile Lerner einschl. der Reorganisation bisheriger Dienstleistungen und Zusammenführung in einem Kompetenzzentrum Digitale Medien (KDM),
- Aufbau eines Portals für mobile Lerner an der Uni Duisburg mit Informationen rund um das mobile Lernen (Stufe 1: allgemeine Informationen, Stufe 2: personalisiertes Nachrichtenportal),
- Konzeption und ansatzweise Implementation eines integrierten Informationsmanagements zur hochschulweiten Zusammenführung bislang isolierter Dienste (z.B. Anwendungen der Hochschulverwaltung, des Rechenzentrums und der Universitätsbibliothek),
- Konzeption und Erprobung eines zentralen Verzeichnisdienstes (single sign on),
- Aufbau und Erprobung didaktischer Szenarien der Notebook-Nutzung in verschiedenen Fachgebieten und
- Intensivierung des interdisziplinären Austausches unter Einbeziehung von Wissenschaft, zentralen Einrichtungen und Hochschulverwaltung.

3 Befragungsergebnisse

Die strategische Initiative eCampus Duisburg wird seit Beginn von einer formativen Evaluation begleitet. Vorgesehen sind drei Erhebungsphasen, in denen die Studierenden des Studiengangs „Angewandte Kommunikations- und Medienwissenschaft (Kommedia)“ zu ihren Eindrücken und Erfahrungen mit der Notebook-Universität befragt werden. Die Befragung findet vor allem mit Hilfe von Online-Fragebögen statt. In der ersten Phase wurde eine Vollerhebung durchgeführt mit einer Rücklaufquote von 86% (n = 134). Die Studierenden werden zu den Bereichen Notebook, WLAN-Infrastruktur und Einsatzszenarien befragt.

Das vom Hochschulrechenzentrum vergünstigt angebotene Notebook wurde von fast 80% der Studierenden gekauft. 10% der Studierenden besaßen bereits ein Notebook. Fast alle haben ihr Notebook schon einmal im Funknetz der Universität Duisburg-Essen eingesetzt oder haben es vor (97%). Insgesamt sehen die Befragten, die Ihr Notebook schon einmal in einer Lehrveranstaltung eingesetzt haben (n=76), durch den Einsatz von Notebooks in Lehrveranstaltungen eine Steigerung der Qualität und Effizienz. Als Begründung für eine Qualitätssteigerung werden von 77% die Unterstützung des Lernprozesses durch Visualisierungen (Diagramme, Animationen, usw.) genannt. Des Weiteren wird von vielen der Vorteil der Anwendung von neuen Lernmethoden (fallbasiertes Lernen, problemorientiertes Lernen, usw.) und der höhere Interaktionsgrad zwischen den Dozenten und den Studierenden und den Studierenden selbst während der Veranstaltung als Begründung angegeben.

Die Effizienzsteigerung manifestiert sich für 80% in einer schnelleren Verteilung des Skripts und der Folien des Dozenten (kein zeitintensives Ausleihen). Drei Viertel der Befragten geben zusätzlich die bessere Verfügbarkeit von Lernressourcen (digitale Bücher, Bücher reservieren, etc.) und eine nicht ortsgebundene Zusammenarbeit als Gründe für die Effizienzsteigerung an. Dazu befragt, zu welchen Zwecken sie die Notebooks in den eCampus Lehrveranstaltungen einsetzen, nannten gut 70% die allgemeine Internetrecherche und Präsentationen. Die Hälfte nutzt das Notebook für Notizen und 40% nennen sowohl die netzgestützte Zusammenarbeit als auch die fachliche Kommunikation mit Hilfe des Notebooks als Einsatzformen. Auch außerhalb von Lehrveranstaltungen nutzen 65% ihr Notebook zur Vorbereitung von Präsentationen und zur Internetrecherche. Fast alle Studierenden sind nach Ihren bisherigen, ersten Erfahrungen mit dem eCampus Projekt zufrieden und würden aufgrund des Zusatznutzens und des günstigen Preises das Notebook erneut erwerben. Auch wenn diese positiven Daten zunächst einen Neuigkeitseffekt reflektieren, der in weiteren Folgeerhebungen zu prüfen sein wird, zeigen sie doch, dass die besondere Fokussierung von Support-Dienstleistungen und didaktischen Szenarien in dem Projekt bei den Studierenden zumindest wahrgenommen worden ist.

4 Schluss

Der Einsatz von Notebooks in der Hochschullehre beinhaltet Potenziale auf unterschiedlichen Ebenen. Realisierbar werden diese jedoch nur, wenn verschiedene Aktionslinien zusammenkommen und die erforderlichen Innovationen auf unterschiedlichen Ebenen stattfinden. Der eCampus Duisburg wendet sich bewusst gegen den Begriff und den Ansatz des „virtuellen Lernens“, da dieser losgelöst ist von den „realen Orten“ des Lehr-Lerngeschehens an einer Präsenzeinrichtung. Er verfolgt vielmehr die Idee der „Verlängerung“ der konventionellen Lehr-Lernumgebungen durch digitale Werkzeuge und Anwendungen. Die digitalen Medien schaffen keine „neuen“ Parallelwelten zum physikalischen Campus, sondern der digitale Campus erweitert und verlängert das Lernen auf dem realen Campus, z.B. durch Informationsportale, durch digitale Kommunikationstools im Seminarraum und Hörsaal, mit durchgängigen Supportlösungen (hochschulweites *sign on* für Dienste). Die Artefakte der Lehr-Lernumgebung liegen dabei in digitaler Form vor, sie sind erweiterbar, ergänzbar und annotierbar und sind damit insgesamt anschlussfähiger.

Die damit verbundene Hypothese geht davon aus, dass sich digitale Medien nur dann in einer Organisation dauerhaft und nachhaltig verankern lassen, wenn sie an den bestehenden Prozessen und Strukturen andocken und diese gleichzeitig bewusst weiter entwickeln. Abgestoßen werden dagegen technische Artefakte durch die Organisation, wenn diese als reines add on hinzugefügt werden, bei denen die Personen keinen direkten Mehrwert wahrnehmen können. Der Einsatz von Notebooks bietet damit Anlass, über didaktische Innovationen in der Hochschullehre nachzudenken. Es wird jedoch auch deutlich, dass diese Innovationen nur dann tragfähig werden, wenn die komplexen Abhängigkeiten mediendidaktischer Innovation in der Hochschule berücksichtigt werden und in den beschriebenen Aktionsfeldern zusammengeführt werden.

Literatur

Ballstaedt, S.-P. (1997). *Wissensvermittlung. Die Gestaltung von Lernmaterial.* Weinheim: BELTZ Psychologie Verlags Union.

eCompetence (2003). eCompetence Portal. Abruf am 27. März http://www.uni-duisburg.de/ecompetence/

Gay, G. & Hembrooke, H. (2003). Collaboration in Wireless Learning Networks. Abruf am 2. Feb. 2003 http://dlib2.computer.org/conferen/hicss/1435/pdf/14350033b.pdf

Kalz, M., Stratman, J., Kerres, M. (in Druck). Notebooks in der Hochschullehre. Didaktische und strukturelle Implikationen. In Bachmair, B., Diepold, P. & de Witt, C. (Hrsg.), *Jahrbuch Medienpädagogik 2004.* Leverkusen: Leske & Budrich.

Kerres, M. (2002). Medien und Hochschule. Strategien zur Erneuerung der Hochschullehre. In L. Issing & G. Stärk (Hrsg.), *Studieren mit Multimedia und Internet* (Reihe: Medien in der Wissenschaft, Bd. 16, S. 57-70). Münster: Waxmann.

Kerres, M. & Horsmann, S. (2002). Mediengestützte Lehre: Einführung und Etablierung alternativer Lernformen. In T. Studer & B. Armbruster (Hrsg.), *Handbuch „Erfolgreiche Leitung von Forschungsinstituten, Hochschulen und Stiftungen“*, Hamburg: Dashöfer.

Klebert, K., Schrader, E. & Straub, W. G. (1987). *KurzModeration*, Hamburg: Windmühle.

Reinmann-Rothmeier, G. & Mandl, H. (1999). Wissensmanagement: Modewort oder Element der lernenden Organisation? In DGFP Deutsche Gesellschaft für Personalführung e.V. (Hrsg.), *Personalführung* (Bd. 12, S. 18-23). Düsseldorf.

Sharples, M. (2003). Disruptive Devices: Mobile Technology for Conversational Learning. Abruf am 15. Jan 2003 http://www.eee.bham.ac.uk/sharplem/Papers/ijceell.pdf

Winkler, K., Reinmann-Rothmeier, G. & Mandl, H. (2000). *Learning Communities und Wissensmanagement,* Forschungsbericht Nr. 126, München.

Volker Uhl

Strategisches Management von virtuellen Hochschulen. Positionierung auf dem Bildungsmarkt

Zusammenfassung

Die Euphorie über die Zukunft virtueller Hochschulen trägt den realen Gegebenheiten nicht Rechnung. Der erhoffte Wandel virtueller Hochschulprojekte von technologieorientierten Informatikprojekten zu marktorientierten Bildungdienstleistern ist bislang ausgeblieben. Dieser Zusammenhang erfordert eine systematische Analyse der strategischen Positionierungen von Präsenz- und Fernhochschulen und von virtuellen Hochschulprojekten. Ausgehend von den Überlegungen des Wettbewerbskonzepts von M. E. Porter und der Systemtriade von B. R. Clark werden die strategischen Differenzen zwischen den Akteuren der Hochschullehre (Ministerien, Rektoraten und Professoren) und den virtuellen Hochschulprojekten aufgearbeitet. Diese Überlegungen basieren auf einer umfangreichen empirischen Erhebung der strategischen Positionierung deutscher Hochschulen und ihrer Bewertung des Nutzenpotenzials virtueller Hochschullehre. Aufgrund der Ergebnisse dieser empirischen Erhebungen werden Gestaltungsempfehlungen zur strategischen Positionierung virtueller Hochschulen entwickelt. Die Integration virtueller Lehre in die Hochschulen ist an folgende Prämissen geknüpft: Für eine nachhaltige Integration virtueller Hochschulprojekte in die Hochschulen muss die strategische Relevanz virtueller Hochschullehre in den Zielen und Strategien der Hochschulen verankert sein. Die Finanzierung virtueller Hochschulprojekte sollte durch die Steuerungslogik der „State Authority" oder des „Market" organisiert sein. Eine ausschließliche Finanzierung innerhalb der Steuerungslogik der „Academic Oligarchy" ist kontraproduktiv für eine nachhaltige Integration.

Zwischen den Ministerien und den Hochschulen besteht eine strategische Differenz in der Einschätzung der zukünftigen Relevanz von Fernstudiengängen und der Bedeutung von Effizienz und Wirtschaftlichkeit in der Hochschullehre. Unter den gegebenen Rahmendingungen sollten virtuelle Hochschulprojekte eine Differenzierungs- und/oder Nischenstrategie wählen.

1 Einleitung und Forschungsdesign

Im Rahmen des Wandels von der industriellen bzw. postindustriellen Gesellschaft zur Wissensgesellschaft kommt den Hochschulen eine zentrale Rolle zu. Sie sind der klassische Ort der Wissensvermittlung und der Generierung neuen Wissens.

Die Finanzierung der Hochschulen folgt nach Clark[1] durch die Steuerungslogiken „State Authority“, „Academic Oli-garchy“ und „Market“. Von Sporn[2] ist diese Systemtriade zur Positionierung von nationalen Hochschulsystemen weiterentwickelt worden.

Innerhalb des vom BMBF geförderten Forschungsprojekts „Virtuelle Hochschulen auf dem Bildungsmarkt, Strategische Positionierung unter Berücksichtigung der Situation in Deutschland, Österreich und England“[3] wurde dieser Ansatz zur Analyse der Positionierungsoptionen virtueller Hochschulen genutzt. Davon ausgehend, dass sich die bisherigen virtuellen Hochschulprojekte und virtuellen Hochschulen in dem kulturellen, organisatorischen und finanziellen Kontext des deutschen Hochschulwesens bewegen, unterliegen diese der vorherrschenden Steuerungslogik der „Academic Oligarchy“. Die Finanzierung erfolgt weder aus Globalhaushalten der Hochschulen noch durch Einnahmen aus dem Bildungsmarkt, sondern in erster Linie aus Stiftungs-, Bundes- oder Sondermitteln der Länder.

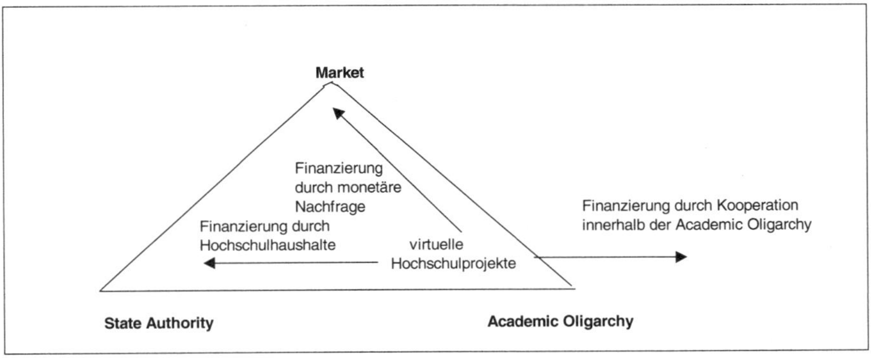

Abb. 1: Positionierung virtueller Hochschulprojekte in der Systemtriade

Die Positionierung der Hochschulen zur Generierung von Einnahmen erfolgt innerhalb des Spannungsfeldes dieser Systemtriade. Die Wettbewerbsstrategie der einzelnen Hochschule und die Relevanz virtueller Studienangebote innerhalb dieser Positionierung bestimmt den Stellenwert virtueller Hochschulangebote. Neben der Frage nach der Existenz von Strategien stellt sich das Problem, Anhaltspunkte über sinnvolle zukünftige Normstrategien zu gewinnen. Hierbei wird im Folgenden in Anlehnung an Porter[4] von den drei generischen Typen von Strategien ausgegangen: Die Strategie der Kostenführerschaft konzentriert sich auf die Minimierung des internen Ressourceneinsatzes. Die Differenzierungsstrategie richtet sich im Gegensatz zur Strategie der Kostenführerschaft auf den externen

1 Vgl. Clark, B. R. (1996), S.10 ff.
2 Vgl. Sporn, B. (1996), S.11.
3 Vgl. Uhl, V. (2003) .
4 Porter, M. E. (1999), S. 74.

Bereich, also auf den Markt. Die bereitgestellte Leistung ist so zu differenzieren und auszugestalten, dass diese Leistung in der gesamten Branche als einzigartig angesehen wird. Während die Strategie der Kostenführerschaft und die Differenzierungsstrategie sich auf die interne Unternehmesorganisation einerseits und externe Marktsituation andererseits richten, konzentriert sich die Marktnischenstrategie auf eine bestimmte Zielgruppe in dem Markt, ein spezifiziertes Segment des Produktionsprogramms oder ein geografisch abgrenzbares Marktsegment.

	Strategischer Vorteil	
	Singularität aus der Sicht des Käufers	Kostenvorsprung
Branchenweit	Differenzierungsstrategie	Umfassende Kostenführerschaftsstrategie
Beschränkung auf ein Segment	Konzentration auf Schwerpunkte Nischenstrategie	

Abb. 2: Strategietypen (Quelle: Porter, M. E. 1999, S.75)

2 Empirische Erhebung zur strategischen Positionierung

Die Befragung wurde von April 2001 bis Juni 2001 durchgeführt. Folgende Zielgruppen wurden befragt:

- Die Rektorate aller Universitäten und Fachhochschulen in Deutschland,
- alle wirtschaftswissenschaftlichen Dekanate und eine gleichgroße Stichprobe von Professoren der Wirtschaftswissenschaften,
- die Fachreferenten der Landesministerien.

Insgesamt wurde eine Rücklaufquote von 29% erreicht. Der Fragebogen, und die Hypothesenentwicklung sind im Abschlussbericht des Forschungsprojekts[5] ausführlich beschrieben. Daher werden an dieser Stelle nur die Ergebnisse vorgestellt.

Anhand der Fragenkomplexe „Konkurrenz- und Branchenentwicklung in der Hochschullehre“, „Ziele und Strategien von Hochschulen“, „Kernkompetenzen

5 Uhl, V. (2003), S. 26 ff.

von Hochschulen" und „Perspektiven für virtuelle Studienangebote" sollte dabei einerseits die strategische Selbsteinschätzung der Hochschulen ermittelt werden und andererseits die strategischen Optionen für virtuelle Hochschulprojekte identifiziert werden.

2.1 Konkurrenz- und Branchenentwicklung in der Hochschullehre

Dem Internet wird mit dem höchsten Mittelwert von 5,14 (Standardabweichung 0,79) durch alle Befragungsgruppen eine zunehmende Bedeutung in der Hochschullehre zugeschrieben. Für den mündlichen Vortrag (Mittelwert von 3,67) und den Printmedien (Mittelwert 3,39) wird dagegen eine gleichbleibende Bedeutung für die Hochschullehre prognostiziert (Zukünftige Bedeutung, 1 abnehmend bis 6 zunehmend).

Die Hochschullehrer haben nach ihrer Selbsteinschätzung (Mittelwert 5,14) den größten Einfluss in der Hochschullehre (Einfluss, 1 schwach bis 6 stark). Für die politische Legislative und den Ministerien wird dagegen ein geringerer Einfluss angenommen.

Die Nachfrage der Erststudierenden nach Studienangeboten behält auch zukünftig für die Universitäten bei einem Mittelwert von 4,68 die wichtigste Bedeutung. Für die Fachhochschulen (Mittelwert 4,85) und den Ministerien (Mittelwert 5,0) wird dagegen bei den Berufstätigen der größte Zuwachs erwartet (Nachfrage, 1 abnehmend bis 6 zunehmend).

Der größte Nutzen von virtuellen Studienangeboten wird für Berufstätige bei einem Mittelwert von 4,9 prognostiziert (Nutzen, 1 klein bis 6 groß).

Der Nutzen durch Interaktivität, das fachliche Niveau, die Aktualität der Lehrinhalte und die Flexibilität des Lernens (Ort/Zeit) werden als gleich-berechtigte Produkteigenschaften virtueller Studienangebote eingeschätzt.

Hochschulen konkurrieren im Wesentlichen mit Hochschulen des gleichen Typs (Mittelwert 4,66). Private (Mittelwert 2,75) und ausländische Hochschulen (Mittelwert 2,56) werden bisher nicht als starke Konkurrenz beurteilt (Konkurrenz, 1 schwach bis 6 stark).

Während 62% der Universitäten in einem nationalen und globalen Umfeld konkurrieren, liegt der Schwerpunkt des Wettbewerbs von Fachhochschulen im regionalen und lokalen Bereich 71%. Ein intensiver Wettbewerb zwischen den Hochschulen wird nur für die Hochschulen des gleichen Typus angenommen. Dagegen wird die Konkurrenz zu Hochschulen anderer Art (Universitäten zu Fachhochschulen), Fernhochschulen, Privaten Hochschulen, Weiterbildungseinrichtungen und Ausländischen Hochschulen als nicht intensiv beurteilt.

2.2 Zielen und Strategien von Hochschulen

Dem Ziel der Konzentration auf das Präsenzstudienangebot wird weiterhin von den Universitäten und Fachhochschulen die größte Bedeutung zugemessen (Mittelwert insgesamt 4,65). Die Ministerien priorisieren demgegenüber den Aufbau neuer Produktlinien im Fernstudienbereich (Mittelwert 5,3, Priorität, 1 niedrig bis 6 hoch).

Der Einfluss virtueller Studienangebote auf die Ziele der Universitäten und Fachhochschulen wird von den befragten Hochschulen mit niedrigen Werten (Mittelwert 2,7 und 2,65) eingeschätzt (Einfluss 1 schwach bis 6 stark).

Der Signifikanztest (Bonferroni, Signifikanzniveau 0,05) zeigt für den Vergleich der Mittelwerte der Universitäten und der Landesministerien einen signifikanten Unterschied.

Dem Einfluss virtueller Studienangebote für den Aufbau neuer Produktlinien im Fernstudienbereich wird von den Ministerien (Mittelwert 5,5 (Standardabweichung 0,76) eine hohe Bedeutung zugemessen. Zwischen den Hochschulen und den Ministerien besteht diesbezüglich eine Divergenz in ihrem Zielsystem. Eine strategische Neuausrichtung der Universitäten auf neue Produktlinien und Zielgruppen hat dementsprechend eine untergeordnete Bedeutung. Insbesondere die Universitäten richten ihre Ziele weiter auf die Konzentration des Präsenzstudienangebotes aus.

Die Differenzierungsstrategie durch Herausbildung von Alleinstellungsmerkmalen wird von den Befragten als wichtigster Strategietyp für Hochschulen mit dem Mittelwert 4,9 (Standardabweichung 1,23) beurteilt. Diese Strategie wird von den Universitäten mit einer Profilbildung durch Konzentration auf Kernfächer komplementiert (Mittelwert 4,59, Standadabweichung 1,4), wohingegen Fachhochschulen die Konzentration auf Zielgruppen mit dem zweit höchsten Mittelwert von 4,32 (Standardabweichung 1, 22) beurteilen (Priorität 1 niedrig bis 6 hoch).

Effizienzsteigerungen und Größenwachstum haben dagegen für die Hochschulen nur eine mittlere Relevanz. Innerhalb des Strategietyps der Ministerien hat dagegen die Effizienzsteigerung bei Kostenvorteilen mit einem Mittelwert von 5,25 (Standardabweichung 0,71) eine deutlich höhere Priorität. Diesbezüglich besteht zwischen den Ministerien und den Hochschulen eine strategische Differenz, die nach dem Bonferroni Test signifikant ist.

Der Einfluss virtueller Studienangebote auf diesen Typus einer Differenzierungsstrategie wird von den Befragungsgruppen nur mit mittleren Werten eingestuft (Einfluss auf die Profilbildung durch Konzentration auf Kernfächer Mittelwert 2,71, Standardabweichung 1,41, Einfluss auf die Differenzierung durch Herausbildung von Alleinstellungsmerkmalen Mittelwert 3,69, Standardabweichung 1,58) (schwach 1 bis 6 hoch).

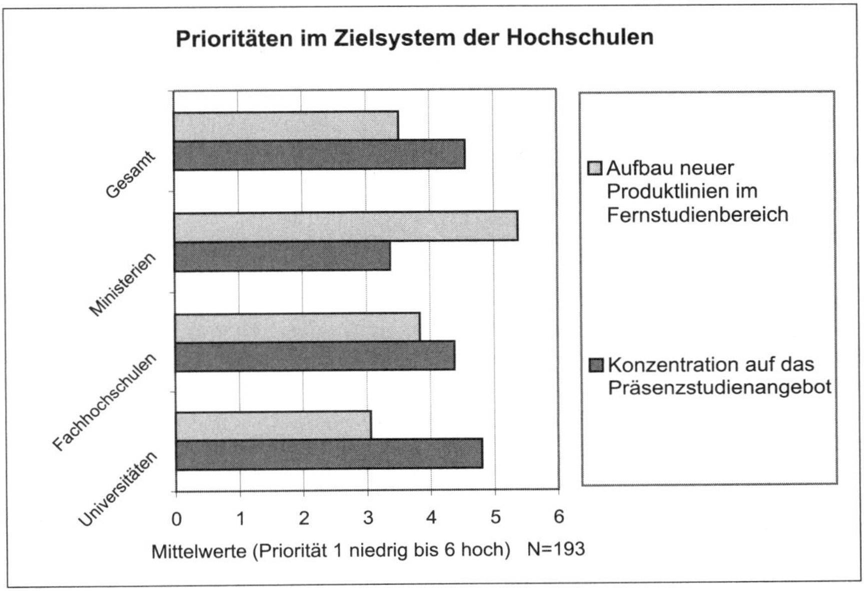

Die Differenzierung durch die Herausbildung von Alleinstellungsmerkmalen ist der vorherrschende Strategietyp für die Hochschulen. Da der Einfluss virtueller Studienangebote auf diese Strategie durch die Hochschulen schwach eingeschätzt wird, wird der zunehmenden Ubiquität der Hochschullehre durch Virtualisierung keine Relevanz zugeschrieben.

2.3 Perspektiven für virtuelle Studienangebote

Die Einschätzung zum virtuellen Studienanteil der Befragungsgruppen unterscheidet sich hinsichtlich der Art der Hochschullehre. Im grundständigen Präsenzstudium wird ein 14% komplementierender Anteil virtueller Studienangebote prognostiziert. Für Aufbaustudiengänge im Fernstudium wird dagegen ein durchschnittlicher virtueller Studienanteil von 43% angenommen. Bezüglich der Differenzierung nach Fachbereichen wird in der Informatik ein 23% Anteil und in den Kunst-/Musikwissenschaften ein 10% Anteil virtueller Studienangebote erwartet.

Die Hypothese, dass die Ministerien die treibenden Akteure im Prozess der Virtualisierung sind und die Entwicklung neuer Produktlinien im Fernstudienbereich und eine Effizienzsteigerung erwarten wird von der Befragung bestätigt. Da die Hochschulen den Virtualisierungsgrad der Hochschulformen, neue Produktlinien im Fernstudienbereich und die Bedeutung der Effizienzsteigerung geringer einschätzen, wird in diesem Fragenkomplex eine strategische Differenz zwischen den Ministerien und den Hochschulen deutlich. Die Befragungsgruppen befürworten mit einem Mittelwert von 4,22 (Standardabweichung 1,19) eine

Public Private Partnership als zukünftiges Organisationsmodell virtueller Hochschulen. Einer zentralen virtuellen Hochschule werden dagegen nur geringe Zukunftsperspektiven zugeschrieben.

3 Thesenartige Zusammenfassung

Die Präsenzuniversitäten sehen ihre strategische Positionierung in Verbindung mit der Virtualisierung der Lehre – sofern diese überhaupt vorhanden ist – in Zukunft nicht auf dem Gebiet umfassender Lehrangebote. Sie werden wie bisher ihre strategische Position sehr stark auf das Präsenzstudium ausrichten. Eine Substitution des Präsenzstudiums wird aus der Sicht der Universitäten grundsätzlich nicht angestrebt.

Anders als die Präsenzuniversitäten sieht die Ministerialverwaltung die zukünftige Entwicklung in einer zunehmenden Substitution von Präsenzlehre durch virtuelle Lehre. Virtuelle Hochschule und virtuelle Hochschulprojekte haben für die Ministerialverwaltung vergleichsweise einen wesentlich höheren Stellenwert.

Die unverkennbare strategische Differenz zwischen Präsenzuniversitäten und Ministerialverwaltungen stellt ein gravierendes Merkmal für die zu-künftigen Entwicklungs- und Nutzungsperspektiven virtueller Hochschulen im universitären Bereich dar. Diese strategische Differenz und die damit möglicherweise verbundene Fehlallokationen finanzieller Mittel auf diesem Gebiet dürfte in Zukunft die gewollte wachsende Autonomie und Eigenständigkeit der Hochschule verstärken.

Neben der strategischen Differenz zwischen Ministerialverwaltung und Präsenzuniversitäten liegt ein weiteres Problem in der bisherigen Förderung und Finanzierung virtueller Hochschulprojekte. Diese ist durch eine ausschließliche Förderung als Forschungsvorhaben gekennzeichnet und verhindert damit eine systembezogene Integration in die Steuerungslogik von Hochschulhaushalten. So sind die bisherigen Hochschulprojekte primär in der Steuerungslogik der „Academic Oligarchy“ verankert und entwickeln sich von daher lediglich innerhalb ihrer Fachdisziplinen, ohne dass ihre Nachhaltigkeit gesichert ist.

Um eine Nachhaltigkeit und umfassende Nutzung des Potenzials virtueller Hochschulprojekte innerhalb der bisherigen Präsenzuniversitäten zu gewährleisten, muss die Finanzierung und Förderung derartiger Projekte integrativ über die Hochschulhaushalte mitfinanziert werden. Dies bedeutet, dass eine Verschiebung der Finanzierung von der bisherigen „Academic Oligarchy“ zur „State Authority“ geboten ist.

Der zukünftige Bildungsmarkt dürfte sehr stark durch die organisatorische Einbindung intermediärer Bildungsbroker geprägt werden. Diese dürften eine wichtige Selektionsfunktion im System der Verfügbarkeit von Wissen einnehmen und die Verknüpfung von Angebot und Nachfrage virtueller Studienangebote leisten. Den Bildungsbrokern kommt dann auch eine entscheidende Funktion bei der Marktflexibilisierung und Marktanpassung von Studienangeboten an sich ändernde Nachfrage zu.

Den bestehenden Hochschulen, insbesondere den Universitäten, kommt gegenüber den Bildungsbrokern die Funktion von Bildungs- und Wissenszulieferern zu. Dabei dürften die Bildungsbroker zunehmend die Kernkompetenzen unterschiedlicher Hochschulen koordinieren und entsprechend flexibel auf neue Marktanforderungen reagieren.

Wettbewerb, sofern er überhaupt als solcher wahrgenommen wird, findet im Wesentlichen zwischen Hochschulen gleichen Typs statt. Dabei konzentriert sich der Schwerpunkt des Wettbewerbs von Fachhochschulen auf den regionalen und lokalen Bereich, während sich Universitäten in einem nationalen und globalen Wettbewerbsumfeld sehen.

Die soziale Segmentierung[6] durch die neuen Medien eröffnet den virtuellen Hochschulen die Positionierungsoption der Differenzierungs- und Nischenstrategie.

Statt Fern- oder Präsenzhochschulsysteme virtuell kopieren zu wollen, sollten virtuelle Hochschulen ihre strategische Grundpositionierung auf segmentierte Bildungsmärkte ausrichten. Durch das konsekutive Studienmodell wird diese Positionierungsstrategie im Segment weiterführender Studiengänge an Relevanz gewinnen.

Literatur

Castells, M.(2001), *Der Aufstieg der Netzwerkgesellschaft*, Teil 1 der Triologie, Das Informationszeitalter, Opladen.

Clark, B.R., (1996), *The Higher EducATION System: An Academic Organization in Cross-National Perspective*, Berkeley.

Pellert, A. (1999), *Die Universität als Organisation. Die Kunst, Experten zu managen,* Wien, Köln, Graz.

Picot, A., Reichwald, R., Wigand, R.T. (2001), *Die grenzenlose Unternehmung. Information, Organisation und Management,* 4. Aufl., Wiesbaden.

Porter, M. E. (1999), *Wettbewerbsstrategie. Methoden zur Analyse von Branchen und Konkurrenten*, Frankfurt, New York.

Porter, M. E. (1999a), *Wettbewerbsvorteile: Spitzenleistungen erreichen und behaupten*, Frankfurt/Main und New York.

Porter, M. E. (1999b), *Wettbewerb und Strategie*, München.

Schulmeister, R. (2001), *Virtuelle Universität, Virtuelles Lernen*, München.

Uhl, V. (2003), *Virtuelle Hochschulen auf dem Bildungsmarkt, Strategische Positionierung unter Berücksichtigung der Situation in Deutschland, Österreich und England*, Wiesbaden.

6 Vgl. Castells, M. (2001), S. 238.

Integration des E-Learning in die Hochschule

Martin Ebner, Jürgen Zechner, Andreas Holzinger

Die Anwendung des 3-2-1 Modells didaktischer Elemente in der Hochschulpraxis

Zusammenfassung

Im Verlauf einer universitätsweiten Förderinitiative wurde für die Lehrveranstaltung Betonbau ein Projekt durchgeführt, das mithilfe Neuer Medien versucht, die Lehre an der Hochschule nachhaltig zu verbessern. In dieser Veröffentlichung wird über die Entwicklung von interaktiven Lernobjekten (ILO) berichtet, die streng nach den Gesichtspunkten des 3-2-1 Modells didaktischer Elemente nach Kerres (2001) aufgebaut wurden. Die Umsetzung, sowohl in technischer als auch didaktischer Hinsicht, sowie die Implementierung im Curriculum wird detailliert beschrieben. Eine Diskussion über eine mögliche Effizienzsteigerung in der Lehre rundet diese Veröffentlichung ab.

1 Einleitung

Die Anwendung Neuer Medien eröffnet eine Vielfalt an neuen Möglichkeiten in der Lehre (siehe z.B. Gorny, Daldrup, & Guenther-Arndt, 2002; Back, 2002; Niegemann, 2001). Neben dem konventionellen Präsenzunterricht werden neue Formen, wie z.B. Student-centered E-Learning (Motschnig & Holzinger, 2002) oder Blended Learning (Sauter & Sauter, 2002), nicht nur möglich, sondern es kann darüber nachgedacht werden, ob damit neben einer Motivationssteigerung eine Effizienzsteigerung denkbar wäre (Holzinger, 1997; Holzinger, 2000).

Mithilfe hybrider Lernarrangements (Kerres, 2001) können verschiedenste Kombinationen von Vermittlungsformen oder auch Medien zum Einsatz kommen, und somit kann auch das Lernangebot an der jeweiligen Zielgruppe ausgerichtet werden.

In der Lehrveranstaltung Betonbau (Ebner & Holzinger, 2002) an der Technischen Universität Graz werden die Möglichkeiten des Internets begleitend bzw. zusätzlich zum herkömmlichen Unterricht angeboten, um den Studierenden weitere Möglichkeiten zu bieten ihre Kenntnisse zu vertiefen. Die Stärken des Mediums für unsere Zwecke sind vor allem:

- **Kommunikation und Betreuung:** synchrone (Chat) oder asynchrone (Foren, E-Mail) Formen können jederzeit umgesetzt werden, da es sich zeigte, dass auch jene Online-Kurse erfolgreicher waren, welche eine effektive Tutorenkomponente anbieten (Schulmeister, 2001).

- **Interaktion:** Die Möglichkeit interaktiv in ein Geschehen einzugreifen, d.h. „real“ sich Wissen zu erarbeiten (Carroll, 1987).

Dies umzusetzen und damit die LV zu unterstützen ist das Ziel des Projektes iVISiCE (Interactive Visualizations in Civil Engineering, Abb.1).

Abb. 1: iVISiCE (http://ivisice.tugraz.at)

Es wird versucht mithilfe von Visualisierungen und interaktiven Übungen oft schwierige Probleme der Ingenieurwissenschaft Bauingenieurwesen anschaulich darzustellen und damit einen weiteren Schritt in der Raumdiagonale des heuristischen Lernmodells (Baumgartner & Payr, 1994) voranzukommen. Die Entwicklung so genannter „Interaktiven Übungen“ (ILOs) wird nachfolgend näher beschrieben.

2 Das 3-2-1 Modell didaktischer Elemente (Kerres, 2002)

Ausgangspunkt ist das Instruktionsmodell nach Gagné (Briggs, Gagné & Wager, 1992; Gagné, 1965), welches besagt, dass neun „instruktionale Ereignisse“ stattfinden sollten, um optimalen Lernerfolg zu sichern (Abb. 2). In diesem Modell wird aufgezeigt, dass gewisse Aktivitäten der Lehrenden mit bestimmten Aktivitäten der Lernenden korrespondieren (Holzinger, 2001).

Aktivität des Lehrenden	Aktivität des Lernenden
Aufmerksamkeit erzielen	Konzentration mobilisieren
Lehrziele mitteilen	realistische Erwartungen über Lernergebnis aufbauen
An Vorwissen anknüpfen	Langzeitgedächtnis aktivieren
Lernmaterial präsentieren	Lernmaterial wahrnehmen
Lernhilfen anbieten	Übernahme in Langzeitgedächtnis durch semantische Enkodierung fördern
Gelerntes anwenden	Rückschlüsse auf Lernergebnis ermöglichen
Rückmeldung geben	diagnostische Information und Verstärkung geben
Leistung testen	Hinweise zur Verfügung haben, die bei der Erinnerung benötigt werden
Behaltensleistung und Lerntransfer fördern	Leistung in neuen Situationen erproben

Abb. 2: Instruktionsmodell nach Gagné (1965)

Dabei wird von Gagné betont, dass das Augenmerk auf den Lernenden zu richten ist und dass die „Aktivierung" derer „nur" bestimmte Aktivitäten der Lehrenden (oder eines Mediums) erfordern.

Kerres (2002) gibt zu bedenken, dass dieses Modell noch sehr von einem behavioristischen Ansatz inspiriert sei und daher eine relativ starre Abfolge vorliegt bzw. dass auch soziale Prozesse vernachlässigt werden. Weiter muss darauf hingewiesen werden, dass das Modell unabhängig von Rahmenbedingungen des didaktischen Feldes (Lehrziele, Zielgruppe usw.) immer dasselbe Vorgehen vorschlägt.

Daraufhin konzipierte Kerres eine Weiterentwicklung dieser Überlegungen zu einem 3-2-1 Modell: Verschiedene Varianten für didaktisch aufbereitete Lernangebote sind denkbar und zwar in Abhängigkeit von Parametern des didaktischen Feldes (Abb. 3). Dieses Modell liegt den „Interaktiven Übungen", welche innerhalb des Projektes iVISiCE erstellt wurden, zugrunde.

Element	Didaktisches Element	Funktion im Lernprozess	*mögliche* methodische Varianten:
❸	**Lerninformation** **Lernmaterial** **Lernaufgabe**	Orientierung Anregung Aktivierung	Vortrag, selbstgesteuertes Lernen selbstgesteuertes Lernen, Präsentation kooperatives Lernen
❷	**Kommunikation** **Kooperation**	Unterstützung	tutoriell betreutes Lernen, sozial-kommunikatives Lernen
❶	**Test**	Motivierung Orientierung	Zertifizierung, Testung, Selbstkontrolle

Abb. 3: 3-2-1 Modell didaktischer Elemente nach Kerres (2001)

3 Interaktive Übung aus dem Projekt iVISiCE

Bei dieser Übung handelt es sich um eine interaktive Flash-Sequenz, mit der der Student die Möglichkeit hat Ingenieurmodelle aus dem Bereich des konstruktiven Stahlbetonbaus zu erlernen (Sparowitz, 1995, 2001).

3.1 Technische Umsetzung

Die interaktiven Übungen wurden mit dem Programm Macromedia Flash (Jean-Richard, 2001) erstellt. Diese Software ist ein vektorbasierendes Authoring-Programm, welche die Betriebssysteme Microsoft Windows und Apple MacOS unterstützt. Es hilft dem Entwickler sowohl für Web- als auch Lehrinhalte bei der visuellen und interaktiven Umsetzung seiner Ideen. Dabei sind eine Vielzahl von Techniken ein fester Bestandteil des Programms (Tweeningvarianten für die Bewegungsabläufe, Werkzeuge zur Gestaltung grafischer Ideen, eigene Scriptsprache usw.)

Mit Flash erstellte „Movieclips" lassen sich einfach in HTML-Seiten einbinden. Dies bedeutet, dass der Lerner lediglich einen herkömmlichen Browser mit dem unentgeltlichen Plugin „Macromedia Flash Player" benötigt, um diese Objekte bearbeiten zu können.

Neben der Plattformunabhängigkeit, die bei so heterogenen Ausbildungszentren wie Hochschulen sehr wesentlich ist, ist auch die kleine Filegröße der Übungen ein weiterer Vorteil. Selbst eine recht aufwendige Animation oder Interaktion übersteigt bei Verwendung von Vektorgrafiken kaum 150 kB. Damit ist auch der „Web-Transport" mittels 56k-Modem zufriedenstellend möglich.

Um eine ansprechende Interaktion programmieren zu können, bietet das Programm auch eine an den ECMA-262 (http://www.ecma-international.org) angelehnte Scriptsprache, genannt Actionscript (Cibula, Kägi, & Michel, 2002). Damit ist es möglich, durchaus auch komplexere mathematische Modelle umzusetzen (Tuncyürek, 2002) und so eine userabhängige Steuerung dieser durchzuführen.

3.2 Didaktische Umsetzung

Der inhaltliche Aufbau einer interaktiven Übung unterteilt sich gemäß dem 3-2-1 Modell in 5 Einheiten.

3.2.1 Element 3 – Basiselemente

Lerninformation

Die Lerninformation soll zur Orientierung des Lernenden dienen (Abb. 4). Entspricht das Material überhaupt dem gewünschten Lernziel? Welche Vorkenntnisse werden benötigt? Wie lange wird man in etwa zur Bearbeitung brauchen? Wie ist der grundsätzliche Aufbau der Übung?

All diese „Metainformationen“ werden in einer eigenen Sequenz dargestellt und können vom Lernenden zu Beginn über einen Button „i“ aufgerufen werden. Damit ist es dem Lernenden möglich, seine Lerneinheit sorgfältig zu planen.

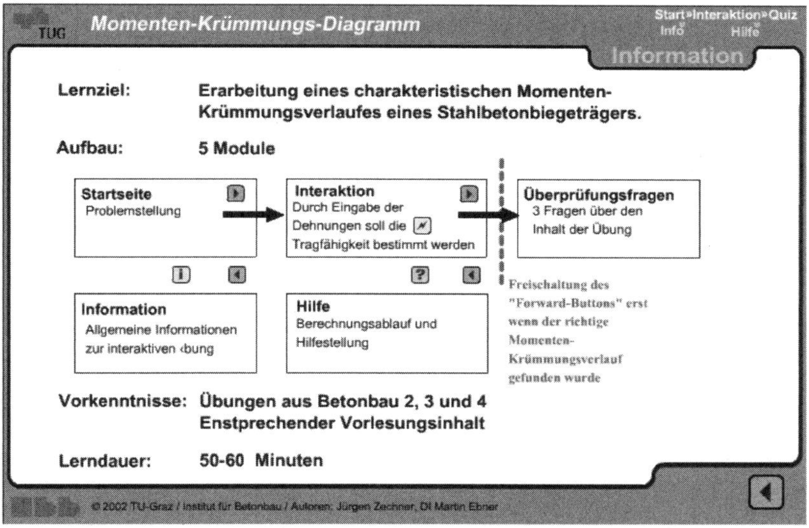

Abb. 4: Metainformation

Lernaufgabe

Die Beschreibung der Lernaufgabe erfolgt auf der Startseite (Abb. 5). Damit wird versucht den Lernprozess zu aktivieren, das Ziel zu verdeutlichen und die Rahmenbedingungen festzulegen. Der Lernende soll auf die Aufgabe eingestimmt werden, da bekanntlich kognitive und/oder emotionale Prozesse notwendig sind, damit ein Lernerfolg tatsächlich eintreten kann (Holzinger, 2001).

Unter „GEG:“ wird ein reales Beispiel beschrieben, sodass der Lernende nicht nur den Bezug zur Praxis herstellen kann, sondern auch dieses Problem mittels Handrechnung lösen und so sein angeeignetes Wissen selbst überprüfen könnte.

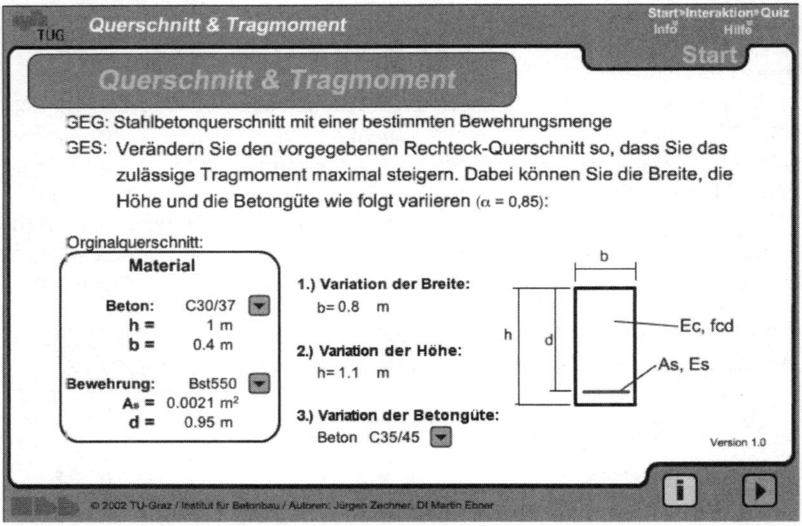

Abb. 5: Aufgabenstellung

Lernmaterial

Der eigentliche Hauptteil der Übung ist die Präsentation des Lernmaterials (Abb. 6). Hier kann der Lernende selbst durch Eingabe der verschiedenen Werte überprüfen, wie sich dies am „realen Objekt" auswirkt.

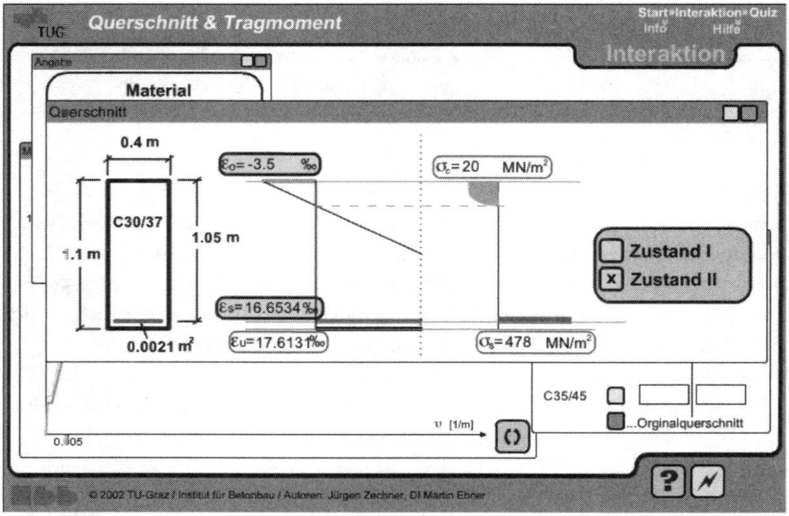

Abb. 6: Interaktive Übung – Main screen

Es soll erkannt werden, wie sich der Querschnitt unter Belastung bis zum Bruch verhält. Bei falschen Eingaben öffnet sich ein Hinweisfenster mit einer Fehlermeldung. Weiter wird der Vorwärts-Button zum Element 1 (siehe Abschnitt 3.2.3) erst bei erfolgreicher Lösung aktiviert, um einen „Browsing-Effekt“ (Kerres, 2001) durch die Übung zu verhindern.

Wesentlich hierbei erscheint die Interaktion Mensch-Computer und die damit verbundene Möglichkeit die Auswirkungen der eigenen Annahmen unmittelbar zu verfolgen. Entscheidend ist auch ein entsprechendes Design des graphischen Interface und der userabhängigen Animationen (Weiss, Knowlton, Morrison & Gary, 2002).

3.2.2 Element 2 – Unterstützung

Unmittelbare Hilfe

Es wurde eine Hilfe unmittelbar in die interaktive Übung eingebaut, welche versucht einen Überblick über die im Hintergrund laufenden Berechnungen zu geben (Abb. 7). Das Problem wird hier mathematisch nachvollziehbar erläutert. Diese Sequenz kann jederzeit aufgerufen werden und soll die Lernprozesse „on demand“ unterstützen. Es wird aber bewusst darauf geachtet, dass die Informationen nicht zu detailliert sind, da ja nicht der Lernprozess vorweggenommen, sondern lediglich aktiviert werden soll.

Darüber hinaus können natürlich auch die in der Lehrveranstaltung ausgeteilten Unterlagen (Sparowitz, L. 2001; Ebner, Freytag, Hartl, Stebernjak, 2001) als weiterführende Literatur verwendet werden.

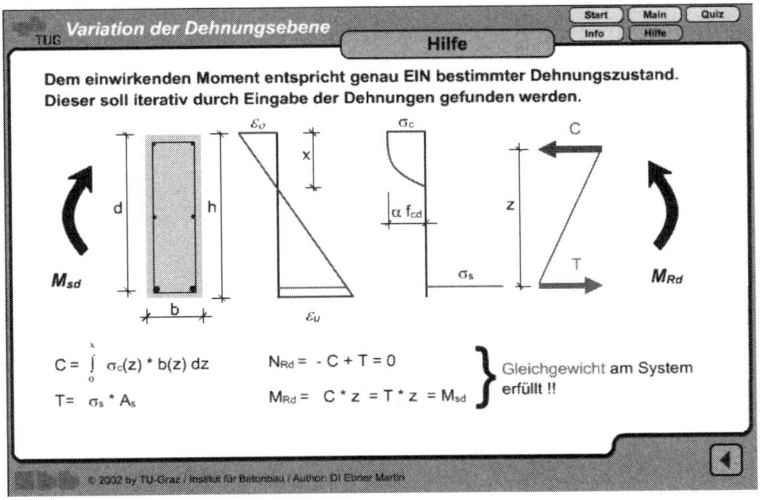

Abb. 7: Hilfe

Online-Hilfe
Eine tutorielle Betreuung wird durch die Einbettung dieser Übung in eine Lernplattform (Multimediales Lernen im Web, 2001) vorgenommen, wodurch alle Möglichkeiten der Internetkommunikation zum Tragen kommen können. Sowohl asynchrone (Diskussionsforen, Abb. 8), als auch synchrone (Chats, virtuelle Sprechstunden) Kommunikation sind damit möglich. Feedback über eigene Ansichten und Praxisversuche mit Gelerntem ist der größte Nutzen für Lernende. Deshalb ist große Sorgfalt darauf zu legen, dass Lernende ihre Erfahrungen schildern und auch gegenseitig Rückmeldung geben können (Busch & Mayer, 2002).

Aufgrund dieser Diskussionen werden weitere kognitive Prozesse ausgelöst und die komplexen Zusammenhänge der Ingenieurwissenschaften leichter verständlich. Ein Diskurs könnte das bloße Faktenwissen in ein Konzeptwissen überführen und dadurch auch zu einem besseren globalen Verständnis führen.

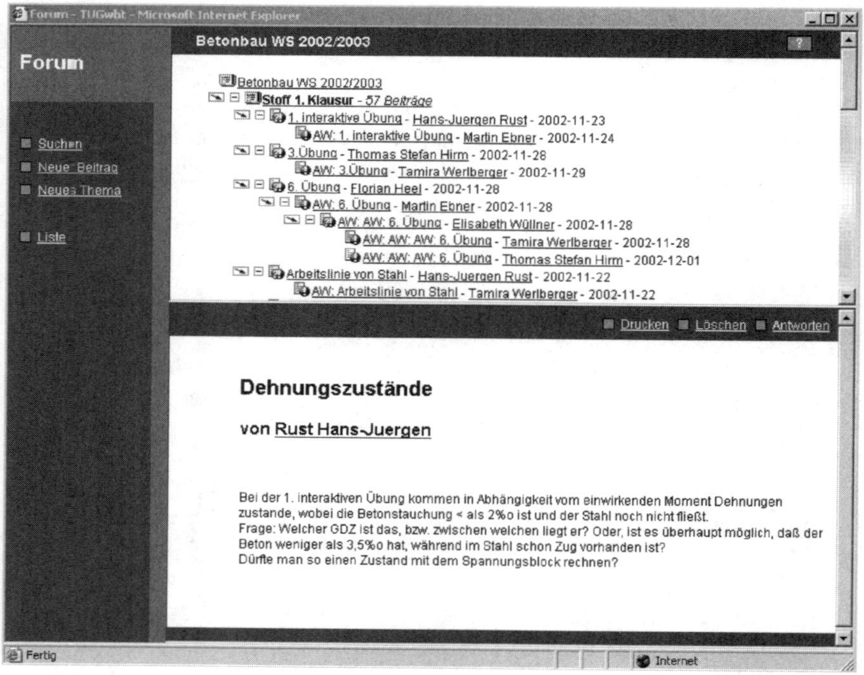

Abb. 8 Online-Forum

3.2.3 Element 1 – Überprüfung

Als Abschluss der Übung werden 3 Fragen über den erarbeiteten Lernstoff gestellt (Abb. 9). Diese Multiple-choice-Abfrage stellt eine Zusammenfassung über das behandelte Thema dar.

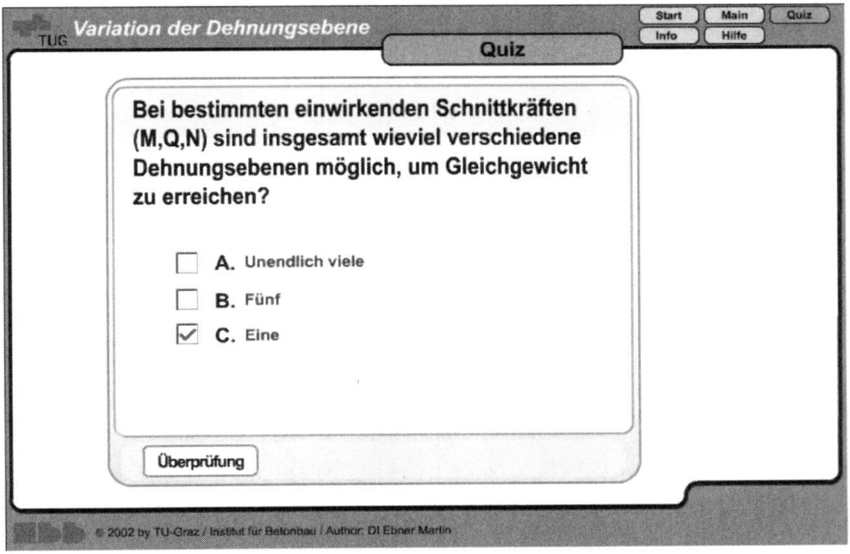

Abb. 9: Überprüfungsfragen

Damit wird versucht die Frage: „Was sollte ich jetzt in dieser Einheit gelernt haben?“ dem Lerner nochmals vor Augen zu führen. Das Ziel der interaktiven Übungen ist es, dass genau diese kurzen „Hinweise“ beherrscht werden, damit bei weiteren Übungen auf dem bestehenden Wissen aufgebaut werden kann.

Auch wenn der Ansatz kognitivistischen Lernens die Relevanz von Lerntests in Frage stellt, ergibt sich hier die Notwendigkeit aus der Zielgruppe, welche sich aus Lernenden mit vorwiegend extrinsischer Motivation zusammensetzt (Holzinger, 2001). Der Nutzen im Zuge der Vorbereitung auf die Prüfung soll mit diesen Fragen dargestellt werden, indem sie wesentliche Skills des Lehrstoffes repräsentieren.

4 Einbindung in die Hochschullehre

Die Integration der ILOs erfolgt im Zuge der Hauptvorlesung Betonbau (Sparowitz, 2001). Diese Lehrveranstaltung ist ein Pflichtfach für Studenten der Studienrichtung Bauingenieurwesen und Wirtschaftswesen-Bauwesen und findet jährlich geblockt im Wintersemester statt.

Seit November 2001 erfolgt die Nutzung der von der TU Graz [im Zuge des Projektes MML (Multimediales Lernen im Web, 2001)] zur Verfügung gestellten Lernplattform (els – Fa. Hyperwave) und damit die Erweiterung des herkömmlichen Präsenzunterrichtes zu einer Blended Learning Veranstaltung.

Neben der administrativen und organisatorischen Betreuung, sowie der Bereitstellung sämtlicher VO-Unterlagen werden Diskussionsforen und virtuelle Sprechstunden zur intensiveren Lernunterstützung angeboten. Die Hauptbestandteile des Online-Kurses sind vor allem Animationen und die hier besprochenen ILOs.

Die gewonnenen Erfahrung werden in den von der TU Graz eingerichteten Arbeitsgruppen besprochen und verbessert, um damit einen zukünftigen Einsatz in anderen Lehrveranstaltungen zu ermöglichen.

5 Schlussbemerkung, Ausblick und Diskussion

Das Ziel der interaktiven Übungen ist es, die Nachbereitung des Unterrichts wesentlich effizienter zu gestalten (Kerres, 2001). Dadurch können die in der Präsenzveranstaltung erklärten Inhalte geübt und vor allem vertieft werden.

Als konkretes Beispiel ist das Lernziel der ersten interaktiven Übung das Finden des Gleichgewichtszustandes eines Stahlbetonquerschnittes unter Momentenbelastung. Dies ist ein grundsätzliches Problem des Stahlbetonbaus, welches wesentlich zum Verständnis des Tragverhaltens des Baustoffes beiträgt. Durch diese konkrete Fragestellung und die Möglichkeit die Visualisierung zu beeinflussen erfolgt eine intensivere Beschäftigung mit dem Stoffgebiet als z.B. bei einer reinen Animation ohne Interaktionsmöglichkeit.

Durch den Einsatz der Neuen Medien soll die Motivation gesteigert und durch die Interaktion Lernprozesse angeregt werden. Hierbei soll der Lernende bestmöglich durch verschiedenste Formen der Kommunikation unterstützt werden.

Die interaktiven Übungen wurden erstmals im Wintersemester 2002/2003 als Zusatzangebot zur konventionellen Lehrveranstaltung eingesetzt. Weiter ist eine fünfstufige Evaluation vom Institut für Psychologie der Universität Wien im Rahmen einer Diplomarbeit durchgeführt worden. Die Ergebnisse dieser Untersuchungen werden in die Weiterentwicklung dieser Lernobjekte einfließen.

Mündliche Befragungen und E-Mail-Rückmeldungen zeigten uns, dass diese Entwicklung jedenfalls Zukunft hat. Aber nicht nur die Studierenden bestätigten eine Verbesserung der Verständlichkeit des teilweise hochkomplexen Unterrichtsinhaltes. Die Verständlichkeit wurde auch aufgrund von Aussagen der prüfenden Professoren wesentlich verbessert.

Das Endziel dieser Objekte ist, dass eine Effizienzsteigerung möglich wird, indem bei gleich bleibendem Lernerfolg die Lernzeit durch Anwendung dieser Interaktionen verkürzt werden kann. Hierzu wird überlegt, eine Evaluation mit Hilfe zweier Gruppen (mit / ohne der Verwendung der ILOs) durchzuführen. Durch die Protokollierung der benötigten Lernzeit könnten Rückschlüsse über eine eventuelle Effizienzsteigerung erhalten werden.

Abschließend sei erwähnt, dass Interaktion und Kommunikation, als Schlagworte des modernen Zeitalters, den konventionellen Unterricht nicht verdrängen werden, sondern im Gegenteil die „Magie der Präsenz" in einem neuen Licht erstrahlen lassen und den Kontakt aufgrund der neuen zusätzlichen Kommunikationselemente zwischen Lehrenden und Lernenden wesentlich verbessern.

Literatur

Back, A. (2002). *E-Learning durch Wissensmanagement bereichern: Impulse von einem umfassenden E-Learning-Verständnis für mediendidaktische Ausbildungen.* Abruf am 20. Mai 2003; http://www.medienpaed.com/02-2/back1.pdf

Briggs, L.J., Gagné R., & Wager, W.W (1992, 4. Aufl.). *Principles of instructional design*, Orlando: Harcourt, Brace & Javanovich

Baumgartner, P., Payr, S. (1994). *Lernen mit Software.* Österreichischer Studienverlag, Innsbruck

Busch, F., Mayer, T.B. (2002). *Der Online-Coach – wie Trainer virtuelles Lernen optimal fördern können.* Beltz Verlag – Weinheim und Basel

Carroll, J.M. (1987). *Interfacing Thought: Cognitive Aspects of Human-Computer Interaction.* Boston (MA): MIT

Cibula, J.P., Kägi, S., Michel, S. (2002). *Flash MX – Professionelles WebDesign und ActionScripting.* Smartbooks Publishing AG

Ebner, M, Holzinger A. (2002). e-Learning in Civil Engineering: The experience applied to a lecture course in Structural Concrete. *Journal on Applied Information Technology (JAPIT),* Vol. 1, Iss.1, 2002, S. 1-9. Abruf am 20. Mai 2003; http://www.japit.org

Ebner, M., Freytag, B., Hartl, H., Stebernjak, B., (2001). *Übungen aus Betonbau. Lehrveranstaltungsunterlagen an der Technischen Universität Graz.* Abruf am 20. Mai 2003; http://www.bau.tugraz.at/ibb

els – Hyperwave eLearning Suite. Abruf am 20. Mai 2003; http://www.hyperwave.com

European Standard Norm. *Design of concrete structures – General rules for buildings.* 1992-1 (2nd draft)

Gagné, R.M. (1965). *The Conditions of Learning.* New York. Holt, Rinehart and Winston.

Gorny, P., Daldrup, U., & Guenther-Arndt, H. (2002). How to Teach Teachers to Teach with New Media – Initial and Further Teacher Education in a web-based Collaborative Distant Learning Environment. In G. Bachmann, O. Haefeli, M.

Kindt (Hrsg.) Campus 2002: *Die virtuelle Hochschule in der Konsolidierungsphase,* Münster: Waxmann, 137-142.

Kanngiesser, M. (2002). *Action Script, Das Praxisbuch.* Franzis' Verlag

Kerres, M. (2001). *Multimediale und telemediale Lernumgebungen. Konzeption und Entwicklung,* München: R.Oldenburg

Kerres, M. (2002). Online- und Präsenzelemente in hybriden Lernarrangements kombinieren. In: *Handbuch E-Learning,* Fachverlag Deutscher Wirtschaftsdienst

Holzinger, A. (2001). *Basiswissen Multimedia – Band 1-3: Technik.* Würzburg: Vogel Buchverlag

Holzinger, A. (2000). Effektivität von Multimedia – Motivation, Aufmerksamkeit und Arousal. *GMW FORUM, Zeitschrift der Gesellschaft für Medien in der Wissenschaft,* 1(00), 10-13.

Holzinger, A. (1997). Computer-aided Mathematics Instruction with Mathematica 3.0 *Mathematica in Education and Research,* 6(4), 37-40.

Jean-Richard, P. (2001). *Flash 5.0, Interaktivität mit ActionScript.* SmartBooks Publishing AG

Macromedia Inc. 200. *Flash 5.0.* Abruf am 20. Mai 2003; http://www.macromedia.com

Multimediales Lernen im Web, 2001. Project of the University of Technology of Graz. Abruf am 20. Mai 2003; http://mml.tugraz.at/

Motschnig, R., & Holzinger, A. (2002). Student-Centered Teaching Meets New Media: Concept and Case Study. *IEEE Journal of Educational Technology & Society, 5,* 4, 160-172

Niegemann, H.M. (2001). *Neue Lernmedien – Konzipieren, Entwickeln, Einsetzen.* Göttingen, Bern: Hans Huber.

Sauter, W., & Sauter, A. (2002). *Blended Learning. Effiziente Integration von E-Learning und Präsenztraining.* München: Luchterhand

Schulmeister, R. (2001). *Virtuelle Universität, Virtuelles Lernen.* München: R. Oldenburg

Sparowitz, L. (2001). *Betonbau.* Lehrveranstaltungsunterlagen an der Technischen Universität Graz. Abruf am 20. Mai 2003; http://www.bau.tugraz.at/ibb

Sparowitz, L. (1995). *Konstruktionsbeton.* Lehrveranstaltungsunterlagen an der Technischen Universität Graz. Abruf am 20. Mai 2003; http://www.bau.tugraz.at/ ibb

Tuncyürek, G. (2002). *Flash MX. Action Script Professional Studio.* DATA Becker

Weiss, Renee E., Knwolton, Dave, S. Morrison, Gary R. (2002). Principles for using animation in computer-based instruction: theoretical heuristics for effective design *Computers in Human Behaviour* 18 (2002) S. 465-477

Peter Grübl, Nils Schnittker, Bernd Schmidt

Gibt es den „elektronischen Nürnberger Trichter"?

Das Konzept des Blended Learning, dargestellt am Lernnetz WiBA-Net

Zusammenfassung

WiBA-Net ist ein Lernnetzwerk zum Thema „Werkstoffe im Bauwesen" und wird in der universitären Ausbildung von Bauingenieuren und Architekten verwendet. Dieser Aufsatz soll das Konzept von WiBA-Net vorstellen und zeigen, wie neue Technologien und didaktische Konzepte überzeugend angewendet werden können, um „Blended Learning" umzusetzen und damit den Hochschulalltag sowohl von Studierenden als auch von Professoren zu erleichtern.

1 Einleitung

Ohne Übertreibung kann man von einem Boom beim E-Learning sprechen. Nur schwer überschaubar sind die Lösungen und Konzepte, die heute zur Virtualisierung der Lehre angeboten werden. Das zeigt deutlich das große Potenzial, das die neuen Medien in Verbindung mit dem Internet zu bieten haben. Zunehmend kommt jetzt eine neue Dimension dadurch in die Diskussion, dass sich immer mehr Autoren an diesem spannenden Entwicklungsprozess beteiligen. Dabei geht es um nicht mehr als um die schlichte aber immerwährende Frage: Wie schafft man es, schneller und nachhaltiger zu lernen?

Gibt es also einen „elektronischen Nürnberger Trichter"? Auch wenn es enttäuschend klingen mag, die Antwort wird bis auf weiteres „Nein" lauten. Denn Erfolge im Lernen sind das Ergebnis einer Wechselwirkung. Auf der einen Seite steht der Rezipient, auf der anderen Seite das Angebot. Was für Optimierungsprozesse im Allgemeinen gilt, gilt im Besonderen natürlich auch für den Lernprozess: Das Optimum wird erst dann erreicht, wenn auf beiden Seiten Veränderungen mit ins Spiel kommen.

Man wird niemanden zu Nahe treten, wenn man davon ausgeht, dass die allgemeine Fähigkeit des Menschen, Neues aufzunehmen, sich nicht annähernd so schnell verändert wie die technische Entwicklung auf der Angebotsseite. Damit wird der eine Partner im Optimierungsprozess, zumindest in dem begrenzten Zeitabschnitt, indem diese Entwicklung betrachtet wird, als konstant anzusetzen sein. Unter dieser Randbedingung wird die Optimierung zu einem Anpassungsprozess, will heißen, bei quasi statischen „Empfängerpotenzial" muss das „Senderpotenzial" variiert werden, wenn man besser werden will. Die Komplexität in diesem Teilprozess wird dadurch bedingt, dass die Eigenschaften des Empfängerpotenzials in einer außerordentlichen Vielfältigkeit vorhanden sind, wobei man ehrlicherweise zugestehen muss, dass man die vorhandene Bandbreite bisher nur ungenügend abbilden kann.

Aus unserer Sicht der Dinge befinden wir uns momentan in diesem Anpassungsprozess, der geprägt ist von der Frage, wie das Angebot aussehen muss, um einen Beschleunigungsprozess im Empfangsbereich zu bewirken. Diese Frage hat erst einmal nichts mit der Virtualisierung des Wissens zu tun. Bemüht man die Erfahrungen und Erkenntnisse in Sachen Lernen, dann kommt man zu dem Schluss, dass es für den Erfolg zwingend notwendig ist, die „vorhandenen Empfangskanäle" maximal zu bedienen, unabhängig von den technischen Möglichkeiten.

Das telemediale Angebot muss die gleiche Vielfalt und Methodik aufweisen, die man heute aus pädagogischer und didaktischer Sicht allgemein für den Lehr- und Lernvorgang für erforderlich hält. Die multimediale Aufbereitung des Wissens ist, auch wenn das nicht so unheimlich fortschrittlich klingt, nur eine Komponente in diesem „Angebotsstrauß". Und als Hochschullehrer muss ich ehrlicherweise zugeben, dass die durchaus bekannten Randbedingungen hinsichtlich einer guten Lehre nicht immer auch konsequent eingehalten werden.

Das Telelearning schafft nun die Möglichkeit, dass sich die auf die Gestaltung des Lernprozesses abzielenden Forderungen in einem größeren Umfang durchsetzen können als das bei einem individuellen Vorgang der Fall wäre. Der zurzeit aufkommende Trend ist also dadurch gekennzeichnet, das „Bekannte" mit dem „Neuen" zu kombinieren, unter Einbeziehung der didaktischen und pädagogischen Forderungen. Für ein solches Konzept wird auch der Begriff „Blended Learning" gebraucht. Dieses Konzept liegt dem WiBA-Net zu Grunde, über das hier berichtet wird.

2 Lehrinhalt des WiBA-Net

Hinter WiBA-Net verbirgt sich das „Multimediale Netzwerk zur Wissensvermittlung im Fach ‚Werkstoffe im Bauwesen' für die Aus- und Weiterbildung von Bauingenieuren und Architekten".

Das Lehrfach „Werkstoffe im Bauwesen" ist an allen Universitäten in Deutschland in den Studiengängen Bauingenieurwesen und Architektur Pflichtfach, und wird in aller Regel in Rahmen der Diplomvorprüfung abgeprüft.

Der Lehrinhalt des Faches „Werkstoffe im Bauwesen" umfasst den im Hochschullehrermemorandum (Reinhardt, 2000) niedergelegten Stoff. Dieser wurde von den deutschsprachigen Hochschullehrern, die dieses Fach lehren, gemeinsam beschlossen. Er behandelt die Eigenschaften und die Anwendung von Baustoffen, wie z.B. Beton, Stahl, Holz etc.

3 Konzept des WiBA-Net

Die heute übliche Form der Vorlesung besteht aus dem Vortrag des Lehrenden, der mehr oder weniger intensiv unterstützt wird durch technische Hilfsmittel, wie Diaprojektor, Overhead, Datenprojektor (Beamer) und Videos. Da die allgemeine technische Ausrüstung der Universitäten in den meisten Fällen aus finanziellen Gründen den neuen technischen Möglichkeiten noch hinterher hinkt, ist eine individuelle Nutzung dieser technisch möglichen Potenziale für den jeweiligen Vortragenden mit einem nicht unerheblichen Aufwand verbunden. Das WiBA-Net löst diesen zurzeit noch bestehenden Konflikt dadurch auf, dass es eine Fülle von Lehrmitteln anbietet, die mit gewissen Einschränkungen hinsichtlich der Angebotsvielfalt auch mit den heute bestehenden üblichen technischen Möglichkeiten genutzt werden können. Am einen Ende der Skala der Nutzungsmöglichkeiten des WiBA-Net steht deshalb die übliche Ausstattung der Unterrichtsäume mit Diaprojektor, Overhead und Tafel, ggf. Beamer. Steht im Unterrichtsraum keine Internetverbindung zur Verfügung, können die im WiBA-Net vorhandenen Lehrmittel auf Folien ausgedruckt oder auf dem Laptop vorher gespeichert und während der Veranstaltung präsentiert werden. Bei dieser Form der Nutzung besteht die Unterstützung in der Bereitstellung der umfangreichen Informationen für die Präsentation. Der Hochschullehrer tritt auf in der Rolle des Vermittlers des Wissens. Der Studierende hat über das Netz Zugriff auf die gleichen Inhalte wie der Hochschullehrer. Die Stoffauswahl für die Lehre ergibt sich aus der Zielsetzung der Veranstaltung, der Zielgruppe der Teilnehmer, dem vorgegebenen Umfang des zu behandelnden Wissens und der verfügbaren Zeit.

Die bisherige, klassische Vorlesung (Apel, 1999) wird durch die Einbeziehung telemedialer Elemente zur Präsenzveranstaltung.

4 Darstellung der Inhalte

Als Inhalte sind alle Elemente zugelassen, die von den gängigen Webbrowsern angezeigt werden können. Die Darstellung erfolgt in einem gemeinsamen Layout, so dass die von den verschiedenen Universitäten erzeugten Inhalte einheitlich aussehen und für die Studierenden kein Bruch erkennbar ist. Die Inhalte werden nach vier Prinzipien erstellt.

Prinzip 1: Eine Seite – Ein Inhalt – Eine Wisseneinheit

Der Inhalt der Seiten besteht aus Informationsbausteinen, so genannten „Assets“. Die Informationsbausteine sind die kleinsten „handelbaren“ Einheiten und als solche in einer zentralen Datenbank kontextfrei niedergelegt. Durch die gezielte Zusammenfügung bestimmter Informationsbausteine auf der Seite entsteht die Aussage dieser Seite. Die Summe der Informationsbestände zu einem bestimmten Themengebiet bildet das Wissen zu diesem Gebiet. Deswegen wird eine Seite auch als „Wissenseinheit“ bezeichnet.

Der Informationsgehalt, der auf einer Seite dargestellt wird, ist so begrenzt, dass er leicht erfassbar ist und auch für sich gemerkt werden kann. Bei der Formulierung wird davon ausgegangen, dass dem Leser alle Begriffe bekannt sind, die auf der Seite erwähnt werden. Bei einem Lerner ist das grundsätzlich aber erst einmal nicht der Fall. Je nach Herkunft des Lerners weist er eine unterschiedliche Dichte des Vorwissens auf. Deswegen hat der Lerner einen unmittelbaren Zugriff zu den verwendeten Begriffen oder Sachverhalten durch eine Verlinkung auf Seiten, die die fehlenden Sachverhalte oder die fehlende Erklärung zum Gegenstand haben. Diese Verlinkung ist natürlich nicht fest in die Seite kodiert, sondern wird aus den Metainformationen je nach Kontext dynamisch erzeugt. Auch auf den über die Verlinkung erreichten Seiten gilt wieder das gleiche Prinzip. Die anzustrebende Erklärungstiefe ist abhängig von dem Vorwissen, welches für den Lerner vorauszusetzen ist. Das ist abhängig von der Zielgruppe, für die das Lehrangebot gelten soll (Hochschulausbildung, Berufsausbildung usw.). Will der Lerner nicht der Verlinkung folgen, hat er auch die Möglichkeit, auf ein Glossar zuzugreifen, das Begriffe kurz (in einem Satz) erklärt.

Prinzip 2: Information – Wissen – Kompetenz
Dieses Prinzip hängt eng mit dem Prinzip 1 zusammen. Die Gesamtheit der Informationen wird durch die Summe der Informationsbausteine (Texte, Bilder etc.) gebildet und stellt damit das im System vorhandene Wissen dar. Für die einzelnen Lehreinheiten (z.B. Lehrpfade), die den Studierenden angeboten werden, wurden von den Autoren Lehrziele angegeben. Die Studierenden erfahren so, was sie nach dem Durcharbeiten der Lehreinheit können sollten, also welche Kompetenz sie erworben haben sollten. Die zu erwerbenden Kompetenzen lassen sich in die Stufen „Kennen", „Verstehen und Begreifen" sowie „Handeln können" gliedern. Die Lehrpfade sind so konzipiert, dass sie die Kompetenzbildung beim Lerner jeweils auf einer dieser Stufen unterstützen.

Prinzip 3: Selbsterklärend
Selbsterklärend bedeutet in diesem Zusammenhang, dass sich beim Lerner nicht das Bedürfnis einstellen soll, dass er noch andere Quellen benötigt, um die angebotene Kompetenz zu erwerben.

Prinzip 4: Kombinierbarkeit
Die Kombinierbarkeit bedeutet, dass die Inhalte der Seiten so gestaltet sind, dass die Seiten auch in verschiedenen Kontexten miteinander verknüpft werden können. Die Verknüpfung orientiert sich an bestimmten Zielen, die erreicht werden sollen. Es werden dabei vier Ebenen unterschieden, in denen das angebotene Wissen organisiert wird. Diese Organisationsebenen sind Lehrgebiet, Kurs, Lehrgang und Lehrpfad. Kurs, Lehrgang und Lehrpfad werden auch als kompetenzvermittelnde Komponenten zu einem Fach bezeichnet, in Abgrenzung zu den kompetenzvertiefenden Komponenten wie Übungen oder Tests.

5 Ordnungsebenen des Wissens

Seite

Die Seite ist das Basiselement für die Ordnung des Wissens.

Lehrpfad

Der Lehrpfad ist die niederste Ordnungsebene des Wissens. Die Zusammenstellung der Seiten zu einem Lehrpfad erfolgt mit dem Ziel, zu einem begrenzten Sachverhalt Wissen anzubieten. Der Lehrpfad hat in der Regel Hauptseiten und zugehörige Seiten. Die Hauptseiten bieten dem Lerner den wesentlichen Inhalt in komprimierter Form an. Die zugehörigen Seiten geben vertiefende Informationen im Sinne des Prinzips 1. Zur Lehrpfaderstellung wird bei WiBA-Net die Software „Lifelong Learning" (L^3) von SAP verwendet.

Zu Beginn des Lehrpfades wird das Lehrziel definiert und angegeben, was der Lerner nach dem Bearbeiten können soll, also welche Kompetenz er sich aneignen kann. Am Ende des Lehrpfades steht ein Test, mit dem der Lerner selbst überprüfen kann, ob er die angebotenen Lehrinhalte verstanden hat.

Lehrgang

Der Lehrgang ist die Zusammenstellung von mehreren zusammengehörigen Lehrpfaden zu einem übergeordneten Sachverhalt, der einen abgegrenzten Bereich des Wissens umfasst, und zu dem die Lehrpfade einen Beitrag liefern.

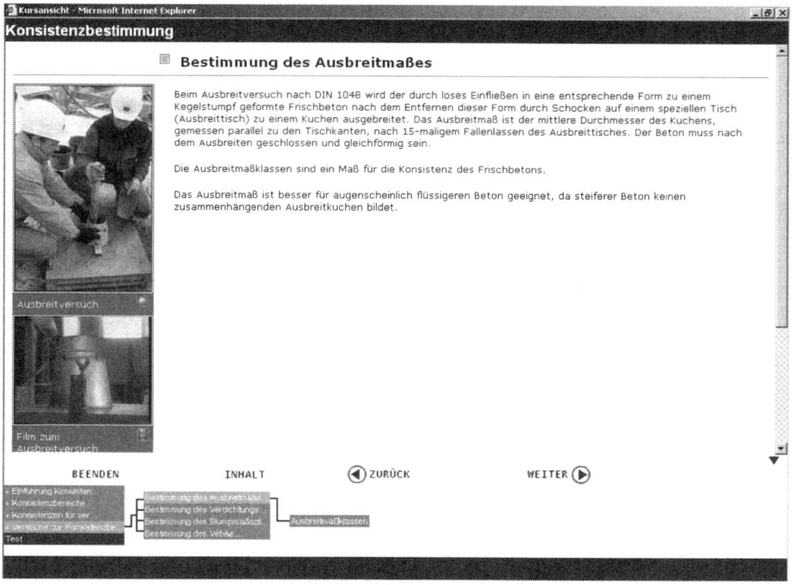

Abb. 1: Ansicht einer Seite aus einem WiBA-Net Lehrpfad

Kurs
Mehrere Lehrgänge werden zu einem Kurs zusammengefasst. Dieser umfasst bei WiBA-Net jeweils einen Werkstoff, z.B. gibt es Kurse zu den Themen „Stahl" oder „Beton".

Lehrgebiet
Mehrere Kurse bilden ein Lehrgebiet. Das Lehrgebiet ist stofflich abgegrenzt und bildet eine geschlossene Einheit, traditionell in der Lehre auch als Fach bezeichnet. Ein Beispiel für ein universitäres Lehrgebiet ist das Fach „Werkstoffe im Bauwesen". Der Inhalt des WiBA-Net umfasst dieses Fach. Es ist möglich, die Inhalte von anderen Fächern auch auf diese Weise darzustellen.

6 Komponenten im Lernnetz

Kompetenzvermittelnde Komponenten – E-Learning-Funktion
Mit Hilfe einer geeigneten Plattform können die kompetenzvermittelnden Komponenten Lehrpfade, Lehrgänge und Kurse als E-Learning angeboten werden. Die Lerner bekommen auf ihre Person abgestimmte und zeitlich begrenzte Zugangsberechtigungen zu dem E-Learning-System und werden für den Zeitraum der Nutzung einem Monitoring unterzogen. Am Ende steht eine kontrollierte Prüfung mit Vergabe von Noten. Dieser Vorgang wird in Ermangelung eines geeigneten Werkzeugs und wegen Vorgaben durch die Diplomprüfungsordnung noch schriftlich und unter Aufsicht durchgeführt.

Die Plattform ist eine Weiterentwicklung auf der Basis von MTS, einer vom Fraunhofer Institut entwickelten Lernplattform.

Kompetenzvertiefende Einheiten
Einmal erworbene Kompetenzen müssen vom Studierenden eingeübt und vertieft werden, wenn Sie langfristig verankert werden sollen. Auch der Bezug zur Praxis ist wichtig. Dieser ergibt sich durch Fallbeispiele. Dazu zählt aber auch das Lösen einer Rechenaufgabe.
Die kompetenzvertiefenden Komponenten sind:

- Ein Aufgabenpool, der eine Sammlung von Klausuraufgaben aus den beteiligten Hochschulen enthält und durch die zu den Lehrpfaden gehörigen Tests ergänzt wird. Die Aufgaben können von den Studierenden nach verschiedenen Kriterien sortiert werden, z.B. Autor (Hochschule), Thema, Punktzahl in der Klausur usw. Eine automatische Kontrolle der Ergebnisse der Bearbeitung ist nicht vorgesehen. Jedoch haben die Studierenden die Möglichkeit, Aufgaben mit elektronischen „Post-its" zu versehen, um ihren Kommilitonen Hinweise auf Lehrpfade zu geben, in denen Informationen, die zum Lösen der Aufgabe notwendig sind, enthalten sind.
- Ein Übungsmodul, das den Lerner beim Lösen komplexer Aufgaben unterstützt. Benötigte Materialien können z.B. an geeigneter Stelle beim Bearbeiten

der Übung aufgerufen werden. Eine Kontrolle der Rechenergebnisse findet hier statt.

- Das virtuelle Praktikum, das verschiedene Animationen und Simulationen enthält, die den Studierenden praktische Fähigkeiten vermitteln können. Das virtuelle Praktikum wird zur Vorbereitung und Ergänzung des an der Universität angebotenen Labor-Praktikums verwendet. Die Studierenden können sich so einerseits optimal auf die durchzuführenden Versuche vorbereiten, andererseits kann das Präsenzpraktikum interessanter gestaltet werden, wenn z.B. sehr einfache Zusammenhänge nur noch virtuell vermittelt werden und so im Labor mehr Zeit für komplexe Versuche bleibt.
- Das Digitale Wissensbündel, ein Konzept, das es den Studierenden erlaubt, Inhalte des Systems in einen privaten Bereich zu kopieren und mit eigenen Anmerkungen zu versehen. Diese Komponente ist noch nicht implementiert.

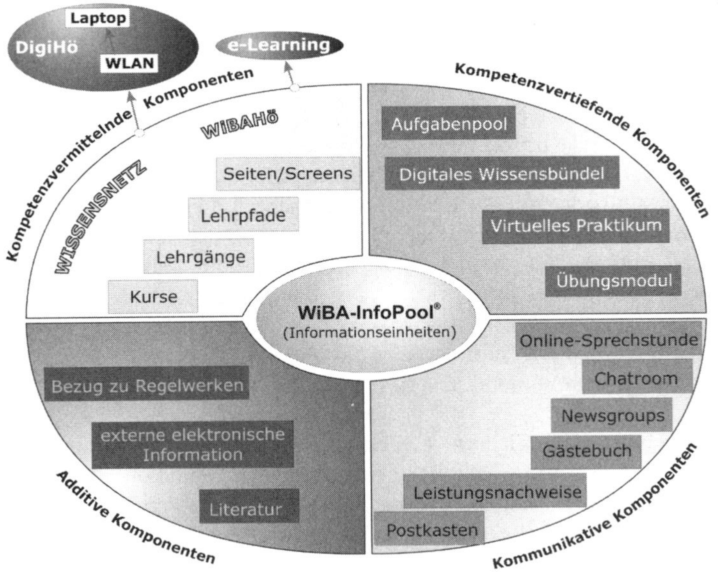

Abb. 2: Die Komponenten des Lernnetzwerks „WiBA-Net“

Kommunikative Komponenten

In WiBA-Net wird eine Reihe von Kommunikationselementen angeboten, die einen hohen Interaktionsgrad zwischen den Lernern und den Hochschullehrern sowie den Lernern bzw. Hochschullehrern jeweils untereinander ermöglichen. In diesem Zusammenhang sind Online-Sprechstunde, Gästebuch, Newsgroups, Chaträume, eine persönliche WiBA-Net Emailadresse, ein Schwarzes Brett u.a. zu nennen.

Die Unterstützung der Kommunikation der Studierenden untereinander ist wichtig für die Akzeptanz des Netzwerks bei dieser Hauptzielgruppe. So gibt es z.B. einen Chatroom mit Whiteboard, der es ermöglicht, dass die Studierenden bei Fragen untereinander Skizzen austauschen, eine Vorgehensweise, die besonders in den Ingenieurwissenschaften sehr wichtig ist.

Additive Komponenten
Mit den additiven Komponenten wird dem Lerner ein Zugang zu weiteren Informationen ermöglicht, welche einen Bezug zum Lehrgebiet haben und von Quellen stammen und von Anbietern bereitgestellt werden, welche nicht direkt Bestandteile des Lernnetzes sind. Zu nennen sind hier die Anbindung der für das Bauwesen relevanten Normenwerke und insbesondere die Anbindung der Literaturdatenbank des Fraunhofer IRB, die den Studierenden kostenlos zur Verfügung steht.

7 Hochschullehrerfunktionen

Das WiBA-Net geht davon aus, dass Präsenzveranstaltungen zumindest auch in der nahen Zukunft weiter fortbestehen werden und der Hochschullehrer im Rahmen der universitären Ausbildung dabei weiterhin eine wichtige Rolle bei der Wissensvermittlung behält. Deshalb ist das WiBA-Net so konzipiert, dass es auch im laufenden Ausbildungsbetrieb an der Hochschule eingesetzt werden kann.
Der Hochschullehrer wird vom WiBA-Net dabei in zwei Phasen seiner Tätigkeit unterstützt:

- bei der Vorbereitung der Präsenzveranstaltung und
- bei der Durchführung der Präsenzveranstaltung.

Das Programmmodul „Elsbeth" („Elektronische Lernelementsortierung und -beschriftung – Erstellung teilautomatischer Hörsaalpräsentationen") ermöglicht es dem Hochschullehrer, auf alle Wissensinhalte des Systems zuzugreifen und in einer Präsenzveranstaltung oder für einen Vortrag zu nutzen. Grundlage hierfür sind die einzeln abgelegten Informationsbausteine – Texte, Bilder, Diagramme, Tabellen, Animationen, Filme etc. Es kann entweder direkt auf diese Bausteine zugegriffen werden, oder auf aus ihnen aufgebaute komplexere Strukturen, z.B. HTML-Seiten, die aus Texten und Bildern bestehen. Alle im System abgelegten Informationsbausteine und Wissenseinheiten verfügen über Metadaten nach dem SCORM-Standard (Dodds, 2001). Dieser Umstand macht es leicht, benötigte Materialien zusammenzustellen. Neben einer Volltextsuche kann nach Titel und Beschreibung einer Datei gesucht werden, auch nach ihrem Autor, ihrer Lage in der Hierarchie des Hochschullehrermemorandums (Reinhardt, 2000), nach Stichworten und nach Seiten, die mit einer anderen Seite thematisch verwandt sind.

Vorbereitung der Vorlesung
Zur Vorbereitung der Vorlesung steht dem Hochschullehrer der WiBA-InfoPool zur Verfügung. Diese Datenbank enthält alle Informationsbausteine und daraus aufgebaute Seiten. Zur Vorbereitung der Vorlesung kann der Hochschullehrer auf alle Einträge zugreifen und sich die gewünschten Elemente gezielt auswählen. Diese Elemente stellt er sich in einem individuellen „Vorlesungskoffer" zusammen, den er auf dem Server ablegt oder sich herunterladen kann. Der Vorlesungskoffer steht ihm zum Zeitpunkt seiner Vorlesung im Hörsaal zur Verfügung, im Regelfall über das Internet, wenn kein Netzanschluss vorhanden ist, kann jedoch auch die heruntergeladene, lokale Version verwendet werden.

Durchführung der Vorlesung
Zur Durchführung der Vorlesung steht dem Hochschullehrer im Idealfall ein Präsentationsequipment zur Verfügung, das aus einem PC mit Touchscreen, z.B. einem Tablet-PC, und mindestens zwei Beamern besteht. Jedoch ist die Software so angelegt, das auch mit weniger Hörsaalausstattung gearbeitet werden kann. Man braucht als Mindestvoraussetzung einen Laptop, einen Beamer und ein Eingabegerät für Notizen, z.B. ein preiswertes grafisches Tablett.

Zu Beginn der Vorlesung wird der Vorlesungskoffer geöffnet. Auf dem Touchscreen wird die Navigationsansicht des Inhalts angezeigt. Der Hochschullehrer bestimmt, über welchen Beamer der jeweilige Inhalt projiziert wird. Außerdem wählt er aus, welches Beamerbild aktuell auf dem Touchscreen in größerer Darstellung erscheint. Der Touchscreen bietet die Möglichkeit, in das aktuelle Bild einzuzeichnen oder diese zu beschriften. Dieser Vorgang wird synchron über den Beamer projiziert.

Die Auswahl der Reihenfolge der Bilder kann direkt vor Ort individuell bestimmt werden. Bei Online-Anschluss lassen sich auch Bilder aufrufen, die bei der Zusammenstellung des Vorlesungskoffers nicht berücksichtigt worden sind, aber aus aktuellem Anlass gewünscht werden (z.B. Bezug auf Tagesereignisse o.ä.) So kann auch individuell auf Fragen von Studierenden eingegangen werden.

An jeder Stelle der Präsentation können auch leere Folien eingefügt werden. Auf diesen kann ebenso wie bei Benutzung eines Overhead geschrieben und gezeichnet werden.

Nach Abschluss der Bearbeitung eines Bildes oder einer Folie werden die handschriftlich gemachten Ableitungen, Aufzeichnungen und Erklärungen gespeichert. Der Inhalt der gesamten Präsenzveranstaltung steht den Lernern zum nachträglichen Zugriff zur Verfügung. Wurde während der Präsentation eine audiovisuelle Aufzeichnung vorgenommen, steht auch diese im Netz. Zusammen mit allen präsentierten Inhalten, die sich im WiBA-Net abrufen lassen, können Informationen eingestellt werden, die sich auf die Lehrpfade beziehen. So kann der Hochschullehrer verschiedene Lehrpfade zur Vor- und Nachbereitung einer Vorlesung empfehlen. Diese Funktion verschafft dem Hochschullehrer einen großen Freiraum. Er kann für die Präsenzveranstaltung Vorleistungen verlangen und dann darüber diskutieren. Die Präsenzveranstaltung erfährt dadurch eine neue Dimension.

Die Entwicklung der Präsentationstechnologie erfolgt in Zusammenarbeit mit dem Fachbereich Telekooperation der TU Darmstadt im Rahmen der Entwicklung des „Digitalen Hörsaals“. (Mühlhäuser & Trompler, 2002)

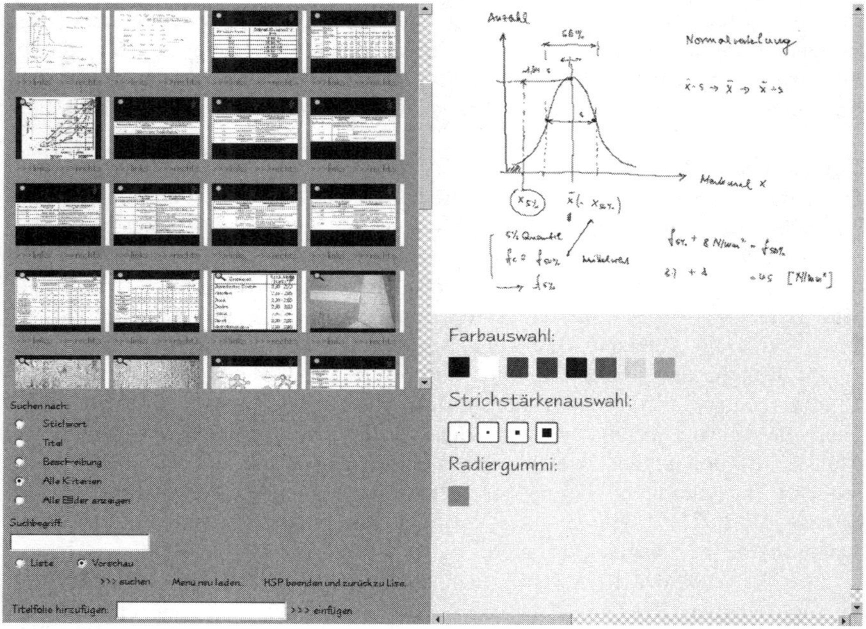

Abb. 3: Ansicht der Navigationselemente von „Elsbeth“. Die rechts oben dargestellte, handschriftliche Folie sehen die Studierenden auf der Projektionsfläche.

Technik zur Darstellung der Inhalte

Zur Darstellung der Folien und der Navigationselemente von „Elsbeth“ wird der neue Grafikstandard SVG („Scalable Vector Graphics“) (Ferraiolo, 2001) angewendet. Er erlaubt die einfache Einbindung von Schaltelementen, Bildern und auch das Zeichnen sowie Schreiben in den Folien. Da es sich um Vektorgrafiken handelt, ist die Dateigröße der für die Studierenden bereitgestellten Inhalte bei gleichzeitig ansprechender Optik relativ klein. Außerdem können Tabellen und Diagramme im SVG-Format direkt nach enthaltenen Worten durchsucht werden.

8 Wissensnetz

Im Rahmen eines Lehrpfades ist der Zugriff auf zugehörige Seiten begrenzt. Der Grund dafür ist, dass der Lerner im Lehrpfad geführt werden soll.

Wird die Begrenzung des Zugriffs aufgehoben, so steht dem Lerner der Zugang zu allen zugehörigen Seiten offen. Weiterhin werden dem Lerner auf den Seiten Hinweise zu weiterführenden Seiten gegeben. Dabei handelt es sich um Seiten mit Informationen, welche die Informationen auf der aufgerufenen Seite erweitern und ergänzen, jedoch im Rahmen des Lehrpfades nicht zum Prüfungsstoff gehören.

Mit dem Wegfall der lehrpfadbedingten Begrenzung des Seitenzugriffs ist es möglich, sich im gesamten Wissen zu bewegen (zu „surfen"). Hierbei handelt es sich um das offene Wissensnetz. Zur Orientierung wird der Pfad aufgezeigt, der zurückgelegt worden ist.

9 Erfahrungen

WiBA-Net wurde im Wintersemester 2002/03 erstmals in der universitären Lehre eingesetzt. Hierbei stand nur eine eingeschränkte Funktionalität für die Studierenden zur Verfügung. Parallel zu dieser ersten Nutzung wurde eine Logfileanalyse durchgeführt, um das Nutzerverhalten der Lerner beobachten zu können. Eine abschließende Evaluierung der Ergebnisse steht noch aus, jedoch kann man bereits erste Schlüsse aus den Analysen für Studierende der TU Darmstadt ziehen:

- den Studierenden wurden als Vorbereitung auf Übungen und Praktikum verschiedene Lehrpfade empfohlen, die nach der Analyse dann auch verstärkt genutzt wurden. In den jeweils folgenden Veranstaltungen kam von den Studierenden durchweg positive Resonanz zu diesen Lehrpfaden.
- für einen Test, der als Prüfungsvorleistung zu bestehen ist, wurden neben den in der Vorlesung behandelten Inhalten zwei Lehrpfade in den Prüfungsstoff aufgenommen, deren Themen nicht in der Vorlesung behandelt wurden. Für diese Lehrpfade gab es zusätzliche Punkte. Das Testergebnis für diese Zusatzpunkte fiel deutlich besser aus als für den übrigen Test, also die „normalen" Punkte.

Literatur

Apel, J.H. (1999). *Die Vorlesung – Einführung in eine akademische Lehrform*, Köln.

Dodds, P. (Hrsg.) (2001). *Sharable Content Objects Reference Model Version 1.2 – The SCORM Overview.* http://www.adlnet.org/ADLDOCS/Documents/ SCORM_1.2_Overview.pdf, Alexandria.

Grübl, P., Encarnação, J., Franke, L., Hillemeier, B., König, G., Mühlhäuser, M., Reinhardt, H.-W., Sesink, W., Setzer, M.J. (2003). *Multimediales Netzwerk zur Wissensvermittlung im Fach „Werkstoffe im Bauwesen" für die Aus- und Weiterbildung von Bauingenieuren und Architekten,* http://www.wiba-net.de, Darmstadt.

Ferraiolo, J. (Hrsg.) (2001). *Scalable Vector Graphics (SVG) 1.0 Specification.* http://www.w3.org/TR/SVG/, Cambridge.

Mühlhäuser, M., Trompler, C. (2002). Digital Lecture Halls Keep Teachers in the Mood and Learners in the Loop. Association for the Advancement of Computing in Education (AACE) (Hrsg.). *Proc. E-Learn* 2002, 714-721

Reinhardt, H.-W. (Hrsg.) (2000). Hochschullehrermemorandum: Werkstoffe im Bauwesen – Universitäre Lehre und Forschung. In: *Bauingenieur 75* (11), 723-729.

Marion Hartung, Wilfried Hesser, Karola Koch

Aufbau von Blended Learning mit der open source E-Lernplattform ILIAS an einer Campus-Universität

Was motiviert zum Einsatz im Lehr- und Lernalltag?

Zusammenfassung

In diesem Beitrag geht es um das Projekt E-Lernen auf der ILIAS-Plattform an der Universität der Bundeswehr Hamburg (E-L I-P UniBwH). Ziel des Projekts ist es, die Präsenzlehre mit dem Einsatz elektronischer Medien zu unterstützen. Im Beitrag werden Ansatzpunkte dargestellt, die die Lehrenden zum Gebrauch der E-Lernplattform motivieren. Es werden Bedarfsmöglichkeiten aufgezeigt, für die eine E-Lernplattform eine mögliche Lösung sein kann, sowie die Rahmenbedingungen benannt, unter denen sie eingesetzt wird. Ziel ist es, die Nachhaltigkeit des E-Lernens an der UniBwH zu fördern.

1 Das Projekt E-Lernen auf der ILIAS-Plattform (E-L I-P)

An der Universität der Bundeswehr Hamburg (UniBwH) steht die web-basierte E-Lernplattform ILIAS seit Beginn des Jahres 2002 allen Fachbereichen und zentralen Einrichtungen zur Verfügung.[1] Ziel ist es, die E-Lernplattform universitätsweit zur Unterstützung und Modernisierung der Präsenzlehre wie auch – perspektivisch – für die Entwicklung von Fernlehrangeboten im Sinne wissenschaftlicher Weiterbildung einzusetzen.

Aufgabe des E-L I-P-Projekts ist es, Lehrende der Universität darin zu unterstützen, die E-Lernplattform erfolgreich in der Lehre einzusetzen. Die Projektmitarbeiterinnen informieren die Angehörigen der Universität zielgruppenspezifisch über die E-Lernplattform und führen themenspezifische Workshops und Schulungen durch. Grundlage dafür ist die Bereitstellung, Sicherung und Weiterentwicklung der E-Lernplattform durch das im Projekt geleistete IT-Management.

Mit der open source E-Lernplattform ILIAS steht eine technische Infrastruktur zur Verfügung,[2] die eine große Bandbreite von Realisierungsformen des E-Lernens erlaubt. Welches sind aber die Bedingungen und Ansatzpunkte, die einen sinnvollen Einsatz der E-Lernplattform ermöglichen? Welche Voraussetzungen braucht es zum Aufbau nachhaltiger Angebote?

---

1 Siehe unter http://ilias.unibw-hamburg.de

2 Nähere Informationen unter http://www.ilias.uni-koeln.de

Bei der Diskussion dieser Fragen soll folgende These zugrunde gelegt werden: Wer an einer (Campus-)Universität ohne den Anreiz von Projektgeldern die technische Infrastruktur einer E-Lernplattform anbietet, um diese zur Verbesserung der Lehre einsetzen zu lassen, vollzieht indirekt auch einen Praxistest. In diesem Praxistest wird die Frage untersucht, welche der Möglichkeiten, die die neuen Medien bieten, gewünscht werden und unter welchen Umständen ihr Einsatz den Hochschullehrenden wie auch Studierenden so sinnvoll erscheint, dass sie bereit sind, in ihrem Lehr- und Studienalltag die notwendige Energie und (Mehr-)Arbeit zum Aufbau von Lehr-/Lernangeboten auf der E-Lernplattform aufzubringen.

2 Blended Learning

Das Ziel an der UniBwH, die E-Lernplattform universitätsweit zur Unterstützung der Präsenzlehre einzusetzen, geht konform mit einem Trend, der bei der Learntec 2002 weithin unter dem Begriff „Blended Learning" diskutiert wurde. Dieser zunächst im Hinblick auf innerbetriebliche Weiterbildung geprägte Begriff beschreibt den gezielten Einsatz verschiedener Medien unter Einbeziehung der neuen Medien. Anders ausgedrückt werden beim Blended Learning Online- und Präsenzelemente in hybriden Lernarrangements kombiniert (vgl. Kerres, 2001). Bachmann, Dittler, Lehmann, Glatz & Rösel (2002, S. 94-95) bieten eine begriffliche Differenzierung, mit der Blended Learning an einer Präsenzuniversität näher gefasst werden kann; sie unterscheiden ein „Anreicherungskonzept", ein „Integratives Konzept" und ein „Konzept Virtueller Lehre".[3]

Beim *Anreicherungskonzept* werden Präsenzveranstaltungen mit multimedialen Elementen angereichert, „um den Zugang der Lernenden zu Informationen zu unterstützen oder das Behalten von Informationen zu fördern."

Mit dem *Integrativen Konzept* sind Veranstaltungsformen angesprochen, „in denen Präsenz- und Distanzanteile spezifische, aufeinander abgestimmte Aufgaben übernehmen." Mit „Distanzanteilen" kann z.B. eine Form von Online-Betreuung gemeint sein oder auch der Umstand, dass die präsentierten Materialien im Selbststudium zu erarbeiten sind.

Das Anreicherungskonzept wie auch das Integrative Konzept schließen einander nicht aus. Dieser Umstand wird daran deutlich, dass Bachmann et al. (2002) die Unterscheidung auch im Hinblick auf verschiedene Ebenen treffen: Während die „didaktische Dimension" des Anreicherungskonzepts in der „Mikro-Ebene" und damit in der Konzeption einer einzelnen Vorlesungs- bzw. Seminareinheit liegt, ist beim integrativen Konzept die „Meso-Ebene" und damit die Semesterveranstaltung als ganze in den Blick genommen.

Auch das *Konzept Virtueller Lehre* ist bei Bachmann et al. (2002) vom Verständnis her ein „gemischtes", was dem englischen Begriff von „to blend" entspricht. Sie schreiben: „Hier handelt es sich um virtuelle Veranstaltungen. Diese werden in der Regel durch Präsenzphasen abgesichert (meist zu Beginn und am

3 Bachmann et al. (2002) operieren selbst nicht mit dem Begriff Blended Learning.

Ende). Die Durchführung einer rein virtuellen Veranstaltung wird nur dann angeraten, wenn aufgrund der räumlichen Verteilung der Studierenden/Teilnehmer keine Präsenzveranstaltungen zustande kommen können oder wenn es aus anderen Gründen von Vorteil ist (z.B. Televorlesungen bei großer Anzahl von Studierenden ...).“ (S. 94)

Im Fazit lässt sich über die Konzeption von Hochschullehre gemäß dem Ansatz des Blended Learning sagen, dass dieses einen den jeweiligen Umständen gemäßen Einsatz der Medien in der Lehre unter Berücksichtigung der jeweiligen Lehr- und Lernziele sowie der Zielgruppe meint.

2.1 Ansätze von Blended Learning an der UniBwH

Alle vier Fachbereiche der UniBwH sowie Bibliothek und Sprachenzentrum haben Lehr- und Lernangebote auf der E-Lernplattform ILIAS entwickelt. Die im Folgenden genannten Beispiele stellen eine Auswahl von Angeboten dar, die bereits in der Lehre eingesetzt werden.

2.1.1 Beispiele für das Anreicherungskonzept

In der Professur für Regelungstechnik (Fachbereich Elektrotechnik) wie auch in der Professur für Maschinenelemente und Förderwesen (Fachbereich Maschinenbau) werden begleitend zu Vorlesungen und Übungen bzw. Praktika Lehrmaterialien in der E-Lernplattform zur Verfügung gestellt.[4] In beiden Professuren nutzt man dabei in ausgewählten Fällen die Möglichkeit, durch Animationen technische Sachverhalte anschaulicher vermitteln zu können als es mit herkömmlichen Medien möglich ist.[5]

4 Ein Beispiel für eine komplexe multimediale Anwendung findet sich in der Professur für Regelungstechnik (FB ET) unter „Elementare Übertragungsglieder“, dort unter „5. Verzögerungsglied 2. Ordnung“ im „Fall II“: „Sprungantwort bzw. Frequenzgang für verschiedene d“.

5 So ist zum Beispiel im Bereich der Fördertechnik die Kinematik der verschiedenen Hubgerüsttypen eines Flurförderzeugs bisher nur schwer und nur mit zahlreichen statischen Einzelbildern zu erklären bzw. zu verstehen. In einer Animation können dynamische Bewegungsabläufe dagegen bei Bedarf und zur besseren Erklärung angehalten werden. Es kann zwischen statischen Einzelbildern, Zeitlupe und flüssiger Gesamtbewegung gewechselt werden, um den maximalen Lernerfolg zu erzielen. Entsprechende Beispiele der Professur für Maschinenelemente und Förderwesen (FB MB) finden sich auf der ILIAS-Plattform unter 2.1.1-Vorlesung -> Logistik. Materialflusstechnik. Vorlesung. LE-Hubgerüste -> Die Bauformen eines Hubgerüstes.

2.1.2 Beispiele für das Integrative Konzept

In der Professur für Quantitative Methoden (Fachbereich Pädagogik) wird die Statistik-Ausbildung der Studierenden seit Herbsttrimester 2002 durch die Bereitstellung von Zusatzmaterialien und Informationen in der E-Lernplattform unterstützt. Im Einzelnen sind dies Vorab-Informationen zu den Anforderungen in der Veranstaltung sowie Tipps zur Vorbereitung, die an die zukünftigen Studenten gerichtet sind. Für die Durchführung der Statistikveranstaltung werden in der E-Lernplattform sowohl Antworten auf häufig gestellte Fragen (FAQs) zur Veranstaltung als auch zusätzliche Übungsaufgaben bereitgestellt. Die Initiative dazu geht auf den studentischen Tutor zurück, der die mit dem Hochschulassistenten erarbeiteten Übungsaufgaben in die E-Lernplattform einpflegt, um den Studierenden zusätzliche Übungsmöglichkeiten für ihr Selbststudium und die Arbeit im Präsenz-Tutorium zu bieten. Die Motivation des Tutors liegt u.a. in der Erfahrung, dass solche Übungsaufgaben – als Kopiervorlage in Papierform verteilt – häufig nicht alle Studierenden erreichen. Dank der E-Lernplattform kann er zudem flexibel auf Anforderungen reagieren, die sich erst im Laufe der Veranstaltung ergeben und entsprechende Hilfen nachreichen. So sollen die Chancen der Pädagogikstudierenden erhöht werden, die Hürde der für alle obligatorischen Prüfung in Statistik erfolgreich zu nehmen.[6]

In der Professur für Erziehungssoziologie unter besonderer Berücksichtigung der Sozialisationstheorie (Fachbereich Pädagogik) wurde das Seminar *Soziologische Aspekte der Internetkommunikation* im Frühjahrstrimester 2002 mit ILIAS unterstützt. Die Verfügbarkeit der E-Lernplattform ermöglichte es, das Thema nicht als ‚Trockenübung', sondern in Form von internetgestützter Kommunikation zu lehren, und somit Form und Inhalt der Veranstaltung zur Deckung zu bringen. Den Studierenden wurden die Seminarmaterialien (Themenplan, Literaturliste) über die E-Lernplattform zugänglich gemacht. Es bestand die Möglichkeit, in einem geschlossenen Forum Verständnisfragen an die Seminarleitung und an die Kommilitonen zu stellen. Das Kernstück der Arbeit mit der E-Lernplattform war die Erarbeitung themenrelevanter Texte und deren Aufbereitung mit Illustrationen, die sodann von der Seminarleitung als Kurzkapitel in die Lerneinheit eingepflegt wurden.[7] Die Studierenden übernahmen in ihrem Lernprozess also die Rolle von Autoren. Sie waren gehalten, die zu erarbeitenden Inhalte in adäquate Schriftform zu bringen und multimedial aufzubereiten.

In der Professur für Mathematik (Fachbereich Maschinenbau) ist das Integrative Konzept bei der Erarbeitung eines Mathematik-Vorkurses realisiert worden. Die E-Lehreinheiten dieses Vorkurses sind für das Selbststudium geeignet und nutzen ebenfalls die besonderen Möglichkeiten von Animationen zur

6 Vgl. unter FB Pädagogik -> Professur für Quantitative Methoden -> Übungsaufgaben zur deskriptiven Statistik und zur Inferenzstatistik.

7 Vgl. unter FB Pädagogik -> Professur für Erziehungssoziologie unter besonderer Berücksichtigung der Sozialisationstheorie ->Soziologische Aspekte der Internetkommunikation.

Veranschaulichung mathematischer Sachverhalte.[8] Der mathematische Vorkurs in der E-Lernplattform steht im Zusammenhang mit den Lehrveranstaltungen, die durch die Professur für Mathematik seit Jahren als Präsenzveranstaltung in Truppenschulen der Bundeswehr zur Vorbereitung der künftigen Studierenden angeboten werden. Die digitale Aufbereitung von E-Lehrmaterialien für den Vorkurs wird von der Professur aber auch als Experiment hinsichtlich der Frage aufgefasst, ob E-Lerninhalte in der Mathematik sinnvoll sind und mit einem akzeptablen Aufwand realisiert werden können. Nach den Arbeiten am Vorkurs wird derzeit ein Katalog mathematischer Aufgaben in der E-Lernplattform vorbereitet, der die Präsenzlehre an der UniBwH sinnvoll ergänzen soll. All dies soll dazu beitragen, die für ein erfolgreiches Ingenieurstudium notwendigen mathematischen Kenntnisse zu sichern.

2.1.3 Beispiele für Ansätze zum Konzept Virtueller Lehre

Begreift man die Nutzung von Werkzeugen der virtuellen Kommunikation, also von Diskussionsforen, E-Mail, Chat u.a., als einen ersten Schritt hin zum Konzept Virtueller Lehre im Sinne von Bachmann et al. (2002), so ist diese mit den technischen Möglichkeiten der E-Lernplattform für jeden Lehrenden an der UniBwH ohne größeren Aufwand realisierbar.

In der Professur für Normenwesen und Maschinenzeichnen (Fachbereich Maschinenbau) werden die kommunikativen Werkzeuge in der E-Lernplattform konsequent zur Durchführung aller Lehrveranstaltungen genutzt. So übernehmen Diskussionsforen die Organisations- und Ankündigungsfunktion von schwarzen Brettern, werden aber von den Studierenden auch genutzt, um inhaltliche Fragen im Zusammenhang der Übungen untereinander und auch mit dem Hochschulassistenten zu klären. Letzteres wird von den Hochschulassistenten ausdrücklich auch in der Zeit der Prüfungsvorbereitung angeboten. Neben der Möglichkeit einer zeitnahen Beantwortung von Fragen bietet diese Form, ein Diskussionsforum für die Lehre zu nutzen, den positiven Nebeneffekt, dass die Studierenden ihre Verständnisschwierigkeiten schriftlich formulieren und dabei nicht nur den Dozenten, sondern auch die Kommilitonen adressieren. Sie üben somit, technische Sachverhalte nachvollziehbar auszudrücken, eine Anforderung, die im Ingenieurstudium ansonsten erst spät anlässlich der Abfassung von Studien- und Diplomarbeiten gestellt und vielfach mangels Übung nicht befriedigend gemeistert wird.

In der Übung zur Vorlesung *Standardisierung in Unternehmen und Märkten* wird zudem von der Möglichkeit Gebrauch gemacht, unter den Mitgliedern der Gruppe über die E-Lernplattform Dokumente verschiedener Art auszutauschen, z.B. Übungsblätter und ausgefertigte Lösungsvorschläge sowie Referate, in Form von Power-Point-Folien usw. Werden diese Dokumente rechtzeitig vor der fraglichen Übung bereitgestellt, und sind die grundlegenden inhaltlichen Fragen vorab

---

8 Visualisierungen durch Animationen finden sich bspw. unter FB Maschinenbau -> Professur für Mathematik -> Differentialrechnung I -> 2. Der Differenzenquotient.

im Forum geklärt, so kann die Präsenzveranstaltung ganz der vertieften Diskussion des Lehrstoffs dienen, und es kann damit ihre Effektivität erhöht werden.

Unabhängig von der Art der entwickelten Lehr- und Lernangebote auf der E-Lernplattform ist zu vermerken, dass deren Existenz zu einem verstärkten Austausch der Lehrenden untereinander beiträgt. Konsequenterweise hat in einem Fachbereich ein Austausch zwischen Professuren stattgefunden, in dessen Folge der Lehrstoff und die Lehr- und Prüfungsprinzipien in aufeinander aufbauenden Veranstaltungen zukünftig stärker koordiniert werden. Prozesse wie diese tragen wesentlich zur Verbesserung der Lehre bei.

3 Aspekte der Didaktik

Zu den Angeboten des E-L I-P Projekts gehören verschiedene didaktische Workshops (vgl. Hartung & Hesser, 2002). Als Weiterbildungsangebote, die sich an die Hochschullehrenden richten, berücksichtigen sie die institutionellen Rahmenbedingungen der Universität. Zu diesen zählt das per Grundgesetz verbriefte Recht der Freiheit von Forschung und Lehre ebenso wie der Umstand, dass sich in verschiedenen Fächern und Fachbereichen unterschiedliche Lehrkulturen ausgebildet haben (vgl. Schaeper, 1997), denen unterschiedliche Lernkulturen entsprechen. Aus beiden Rahmenbedingungen folgt, dass dem E-L I-P Projekt nicht *ein* didaktisches Modell zugrunde liegt bzw. vermittelt wird, das für alle Projektpartner Geltung beanspruchen könnte. Vielmehr betrachten wir es als unsere Aufgabe, das notwendige Orientierungswissen bezüglich didaktischer Ansätze, Theorien und Fragestellungen zu vermitteln, das es den Vertretern aller Fachbereiche erlaubt, eine ihrer Lehr- und Lernkultur und ihren Zielen entsprechende Konzeption zu entwickeln. Das Ziel der entsprechenden Beratungen ist es, mit den Fachvertretern denjenigen Bereich zu identifizieren, in dem der Einsatz der E-Lernplattform den oben postulierten Mehrwert im Vergleich zur herkömmlichen Form der Lehre schaffen kann.

3.1 Didaktische Probleme motivieren den Einsatz der E-Lernplattform

Allen Projektpartnern soll ermöglicht werden, für das didaktische Problem, das sie mit dem Einsatz der E-Lernplattform ILIAS lösen wollen, den passenden didaktischen Ansatz zu finden und umsetzen zu können. Kerres (2001) postuliert, dass die Lösung eines „didaktischen Problems“ Zielpunkt jeder Konzeption von Lehr-/Lernangeboten im Sinne von Blended Learning sein soll. Die Erfahrungen im E-L I-P Projekt bestätigen diesen Ansatz insofern, als diejenigen, die die E-Lernplattform über ein Kennenlernen und Probieren hinaus verbindlich einsetzen, in der Regel ein didaktisches Problem als ihren vorrangigen Beweggrund nennen.

Auf der Basis der oben dargestellten Beispiele lassen sich u.a. folgende Typen identifizieren:

Typ 1: Herkömmliche Formen der Lehre bieten keine ausreichenden Möglichkeiten der Veranschaulichung technischer Sachverhalte. Bei den Studierenden kommt es erfahrungsgemäß zu Verständnisschwierigkeiten (Lernbarrieren), die durch den Einsatz eigens konzipierter multimedialer Elemente behoben werden sollen.

Typ 2: Für studienerfolgentscheidende Prüfungen, wie zum Beispiel die Statistik-Prüfung in Pädagogik, benötigen alle Studierenden ausreichend Gelegenheit, sich mit Übungsaufgaben und dazugehörigen Lösungen vorbereiten zu können. Die Präsentation der Übungsaufgaben in der E-Lernplattform schafft gleiche Voraussetzungen für alle.

Typ 3: Die schriftsprachliche Kompetenz der Studierenden aller Fachbereiche wird durch die Hochschullehrenden als vielfach nicht befriedigend bezeichnet (vgl. Bonnemann & Hartung, 2003). Der Einsatz insbesondere der Diskussionsforen in der Lehre bietet Gelegenheit für die Studierenden, den schriftlichen Ausdruck unter der Maßgabe einer ‚Publikation' im Internet zu üben (vgl. Marshall, 1999).

3.2 Werkzeuge zur Lösung didaktischer Probleme

Eine Bedingung dafür, die E-Lernplattform zur Lösung didaktischer Probleme einzusetzen, ist, dass sie mit ihren technischen Möglichkeiten adäquate und attraktive Werkzeuge bietet. Deshalb wurde zu Beginn des E-L I-P Projekts eine Arbeitsgruppe von Hochschulassistenten und wissenschaftlichen Mitarbeitern bzw. Hilfskräften gebildet, diejenigen software-technischen Werkzeuge zu konzipieren, die für eine größtmögliche Anzahl von Professuren einen Mehrwert bei der Lösung ihrer didaktischen Probleme versprechen und somit den Aufwand von Software-Neuentwicklung rechtfertigen (vgl. Koch 2002). Inzwischen stehen die von der Arbeitsgruppe mit hoher Priorität benannten Werkzeuge, ein Formel-Editor sowie ein JAVA-Applet zur Gestaltung interaktiver Übungen, zur Verfügung.

4 Organisations- und Personalentwicklung

Der Wunsch, mit dem Einsatz der E-Lernplattform didaktische Probleme lösen zu wollen, setzt zu seiner Realisierung eine Vielzahl von Bedingungen im organisatorischen sowie personellen Bereich voraus. Neben der personellen Kapazität betrifft dies insbesondere auch die entsprechende Qualifikation. Im E-L I-P Projekt wird deshalb eine Reihe von Maßnahmen zur Mitarbeiterqualifizierung und auch -rekrutierung ergriffen.

Erfordernisse der Organisations- und Personalentwicklung, die mit der Einführung einer neuen Technologie an Hochschulen einhergehen, werden vergleichsweise selten thematisiert, so auch Kandzia (2002), sind unserer Erfahrung nach jedoch entscheidend (Hartung, 2002 und Hesser, 2002).

So wurden Workshops konzipiert und durchgeführt, in denen die optimale Aufbereitung von Daten in den in ILIAS einsetzbaren Multimedia-Formaten vermittelt wird.[9] Teilnehmer sind insbesondere auch Mitarbeiterinnen und Mitarbeiter aus den zentralen Einrichtungen, d.h. aus dem Fotolabor, dem Konstruktions- und Zeichenbüro sowie dem Medienzentrum der UniBwH. Da diese mittlerweile in der Mehrzahl in der ILIAS-Software geschult sind, kann die Erstellung, Bearbeitung und Implementierung multimedialer Objekte von ihnen übernommen bzw. unterstützt werden und ist nicht notwendig von Mitarbeiter(-innen) der einzelnen Professur zu leisten, die sich somit auf die fachliche Seite konzentrieren können. Zudem wurde eine Kooperation mit einer *Berufsfachschule für Screendesign* eingegangen. Praktikanten, deren Einsatz das E-L I-P Team koordiniert, unterstützen in den Professuren und Einrichtungen den Aufbau des multimedialen Lehrangebots und tragen mit ihren speziellen Programmkenntnissen dazu bei, dass die Attraktivität dieses Angebots gesteigert wird.

Zudem können studentische Hilfskräfte entscheidende Unterstützung bieten, weil sie über Studienerfahrung sowie Fachkenntnisse verfügen.

Wir bauen in dieser Hinsicht zunehmend auf das Interesse von Studierenden der UniBwH, sich in einem auch für die Bundeswehr zukünftig immer wichtiger werdenden Bereich, dem des E-Learnings (vgl. Schulz & Katzky, 2003), durch eine Projektmitarbeit zu qualifizieren. Die Studierenden, die sich – teilweise sogar eigeninitiativ – für den Aufbau von Lernangeboten engagieren, wirken als Motor der Entwicklung in einzelnen Professuren und Fachbereichen.

5 Fazit und Ausblick

Im ersten Jahr des E-L I-P Projekts konnte an der Universität der Bundeswehr Hamburg eine Reihe von wichtigen Aufbauleistungen zur Unterstützung und Modernisierung der Lehre im Sinne von Blended Learning erbracht werden. Es wurde deutlich, dass der entscheidende Ansatzpunkt für den Einsatz der E-Lernplattform didaktische Probleme im Sinne von Kerres (2001) sind. Bisher realisierte Beispiele zur Anwendung der E-Lernplattform führen dazu, dass der Wunsch und die Bereitschaft, weitere Angebote zu schaffen, bei Dozierenden wie Studierenden geweckt sind. Nicht zuletzt Studierende entwickeln Engagement beim Aufbau von Angeboten, die verbesserte Prüfungsleistungen sichern sollen.

Jegliches Engagement von Mitgliedern der Universität ist jedoch erfahrungsgemäß nur dann erfolgreich, wenn es nachhaltig mit Unterstützungs- und Koordi-

---

9 Informationen zu Multimedia-Formaten (Grafik, Animation, Sound, Video, 3D, Interaktive Objekte und andere) finden sich auf der ILIAS-Plattform unter „Projekte E-L I-P“ -> „Multimedia-Anwendungen“.

nationsmaßnahmen begleitet wird. Allein das Bereitstellen der technischen Infrastruktur reicht nicht aus. Es bedarf der stetigen Ansprache aller Beteiligten durch das Projektteam, um zu erreichen, dass ein einmal begonnenes Vorhaben trotz der sonstigen alltäglichen Aufgaben und Belastungen erfolgreich durchgeführt wird und in einem Angebot auf der E-Lernplattform mündet. Der Wert eines solchen Angebots bemisst sich dann auch daran, inwiefern es geeignet ist, die im Beitrag beschriebenen didaktischen Probleme lösen zu helfen.

Literatur

Bachmann, Gudrun, Dittler, Martina, Lehmann, Thomas, Glatz, Dieter & Rösel, Fritz (2002). Das Internetportal „LearnTechNet" an der Universität Basel: Ein Online-Supportsystem für Hochschuldozierende im Rahmen der Integration von E-Learning in die Präsenzuniversität. In: Bachmann, Gudrun, Haefeli, Odette & Kindt, Michael (Hrsg.). *Campus 2002 – Die Virtuelle Hochschule in der Konsolidierungsphase,* Münster: Waxmann, 87-97.

Bonnemann, Arwed & Hartung, Marion (2003). Wissenschaftliches Schreiben. Ein Pilotprojekt an der Universität der Bundeswehr. In: *Uniforschung. Forschungsmagazin der Universität der Bundeswehr Hamburg 13*/2003, 30-37.

Hartung, Marion (2002). *Introducing ILIAS in a campus university requires change management,* Vortrag vom 05.09.02 bei der First International ILIAS Conference an der Universität der Bundeswehr Hamburg, siehe http://www.ilias.uni-koeln.de/ios/conf2002/conference.html.

Hartung, Marion & Hesser, Wilfried (2002). *Leitfaden für Entwickler von E-Lehr- und Lernangeboten auf der ILIAS-Plattform ILIAS an der Universität der Bundeswehr,* Version 2, Universität der Bundeswehr Hamburg: Professur für Normenwesen und Maschinenzeichnen.

Hesser, Wilfried (2002). *Überlegungen zur Implementierung einer E-Lernstruktur an einer Präsenz-Universität – Das Ende des Elfenbeinturms?* Vortragsmanuskript zur First International ILIAS Conference, Universität der Bundeswehr Hamburg: Koordinationsstelle E-Lernen.

Kandzia, Paul Thomas (2002). Von E-Learning an Hochschulen – Von Innovation und Frustration. In: Bachmann, Gudrun, Haefeli, Odette & Kindt, Michael (Hrsg.). *Campus 2002 – Die Virtuelle Hochschule in der Konsolidierungsphase,* Münster: Waxmann, 50-58.

Kerres, Michael (2002). Online- und Präsenzelemente in Lernarrangements kombinieren, Grundwerk Dezember 2001, Kapitel 4.5. In: Hohenstein, Andreas & Wilbers, Karl (Hrsg.). *Handbuch E-Learning: Expertenwissen aus Wissenschaft und Praxis,* Loseblattsammlung, Köln: Deutscher Wirtschaftsdienst.

Koch, Karola (2002). *Konzeption interaktiver Softwaremodule zur didaktischen Unterstützung im ingenieurwissenschaftlichen Bereich,* Vortragsmanuskript zur First International ILIAS Conference, Universität der Bundeswehr Hamburg: Koordinationsstelle E-Lernen.

Marshall, Lauren (1999). *Teaching and Learning Beyond the Classroom Walls: Columbia Courses Enhanced and Extended by Web-based Tools,* Artikel vom 07. Dezember 1999. In: Columbia News: http://www.columbia.edu/cu/news/99/12/ccnmtl.html.

Schaeper, Hildgard (1997). *Lehrkulturen, Lehrhabitus und die Struktur der Universität – Eine empirische Untersuchung fach- und geschlechtsspezifischer Lehrkulturen,* Weinheim: Deutscher Studien Verlag.

Schulz, Manuel & Katzky, Uwe (2003). Innovative Lernformen in der Bundeswehr – Didaktisch-methodische Konzeption und Realisierung der Ausbildung zum „Teletutor Bundeswehr". In: Beck, Uwe & Sommer, Winfried (Hrsg.). *Learntec 2003 – 11. Europäischer Kongress und Fachmesse für Bildungs- und Informationstechnologie, Tagungsband,* Karlsruhe: Karlsruher Kongress- und Ausstellungs-GmbH.

Uwe Hoppe, Corinna Haas

Curriculare Integration elektronischer Lehr-Lernmodule in die traditionelle Präsenzlehre – dargestellt am Beispiel des Projektes IMPULS^{EC}

Zusammenfassung

Im Rahmen universitärer Projekte entwickelte E-Learning-Angebote werden nach ihrer Fertigstellung in der Regel nicht isoliert in der Lehre eingesetzt. Vielmehr sollen sie in bereits bestehende Curricula und traditionelle Präsenzveranstaltungen integriert werden. Der vorliegende Beitrag beschäftigt sich mit der Frage, wie eine solche Integration zu leisten ist und welche Aspekte dabei zu beachten, welche Aufgaben zu übernehmen sind. Am Beispiel des Projektes IMPULS^{EC} wird gezeigt, wie und unter welchen Voraussetzungen am Entwicklungsstandort Osnabrück Lerninhalte und -ziele, Medien und Methoden sowie Sozial- und Organisationsformen von E-Learning-Angeboten mit denen der traditionellen Präsenzlehre zusammengeführt werden.

1 Einleitung

IMPULS^{EC} (http://www.impuls-ec.de/) steht für *Interdisziplinäres multimediales Programm für universitäre Lehre und selbstorganisiertes Lernen: Electronic Commerce*. Ziel des Projektes ist es, einen modularen, multimedialen Lehrgang für den Bereich Electronic Commerce zu entwickeln.[1] Jedes Modul wird nach der Fertigstellung über das Internet bereitgestellt und in die universitäre Lehre der beteiligten Hochschulen integriert. Das Lehrkonzept wird Phasen selbstorganisierten computergestützten Lernens mit Präsenzveranstaltungen in der Hochschule kombinieren, um so die Vorzüge der jeweiligen Lernformen effektiv nutzen zu können (Bogaschewsky et al. 2002). Primäre Zielgruppe des Lehrgangs sind Studierende wirtschaftswissenschaftlicher Studiengänge. Eine Anpassung der Module an die Bedürfnisse anderer Fachrichtungen und weiterer Bildungsbereiche, zum Beispiel an die berufliche und universitäre Weiterbildung, ist geplant.

Das auf drei Jahre angelegte Verbundprojekt, an dem sich die Universitäten Dresden, Karlsruhe, Leipzig, Osnabrück (Koordinator) und Würzburg beteiligen, wird seit April 2001 durch das Bundesministerium für Bildung und Forschung (BMBF) gefördert. Eingebunden ist das Projekt in das Programm *Neue Medien in der Bildung*.

---

1 Für eine ausführliche Darstellung der Lehrgangsinhalte vgl. Hoppe & Haas 2003, S. 49ff.

2 Die curriculare Integration des Lehrgangs

2.1 Begriffsbestimmung

Im pädagogischen Kontext bezeichnet ein ‚Curriculum'[2] eine umfassende Vorgabe zur Planung, Durchführung und Kontrolle komplexer Lehr-Lern-Einheiten. Es macht detaillierte Angaben darüber, welche Lernziele mit welchen Lerninhalten verbunden sind, macht Aussagen über die Lehr-Lern-Methoden, den Medieneinsatz und die Lernerfolgskontrolle (Klafki 1985, S. 41f.; Schelten 1991, S. 136f.; Ott 1997, S. 145ff.; Huisinga & Lisop 1999, S. 235ff.). Gemäß der Definition der Bund-Länder-Kommission (BLK 1973) bildet ein Curriculum ein System für den Vollzug von Lernvorgängen im Unterricht ab. Dieses System umfasst Lernziele, also Qualifikationen, die angestrebt werden sollen, Inhalte (Gegenstände, die für das Erreichen der Lernziele von Bedeutung sind), Methoden (Mittel und Wege, die Lernziele zu erreichen), Situationen (Arrangements von Inhalten und Methoden), Strategien (Situationsplanung) und Evaluationen (Analyse der Ausgangslage, Messung des Lehr- und Lernerfolges).

Der Begriff ‚Integration' bedeutet laut Brockhaus soviel wie Zusammenschluss bzw. Bildung übergeordneter Einheiten. Er fokussiert dabei den Prozesscharakter, also den Vorgang des Zusammenschließens.

Die Wortkombination ‚curriculare Integration' steht demzufolge ganz allgemein für den Prozess des Zusammenschließens mehrerer curriculumbildender Bausteine (Lernziele, Qualifikationen usw.) zu einer übergeordneten Einheit.

Im vorliegenden Beitrag wird der Begriff ‚curriculare Integration' verwendet, um den Abstimmungsprozess zu beschreiben, der sich daraus ergibt, dass elektronische Lehr-Lernangebote in der universitären Lehre i.d.R. nicht isoliert, sondern im Sinne eines Blended Learning eingebettet in vorhandene Angebote eingesetzt werden.

2.2 Dimensionen der curricularen Integration

Das skizzierte Begriffsverständnis des Curriculums bzw. der curricularen Integration verdeutlicht, dass es sich bei dem Vorhaben, ein elektronisches Lehr-Lernangebot in einen Kanon bereits bestehender Lehrveranstaltungen zu integrieren, wie häufig in der Curriculumentwicklung um eine (komplexe) Curriculumrevision handelt (vgl. hierzu auch Frey 1973). Eine Totalrevision des Curriculums, wie sie von Robinsohn in seinem Programm der „Bildungsreform als Revision des Curriculum" postuliert worden ist, liegt im beschriebenen Fall nicht vor. Vielmehr

2 In der Vergangenheit wurde der Begriff *Curriculum* lange synonym mit dem Begriff *Lehrplan* verwendet. Stark beeinflusst von Robinsohns (1967) Schrift „Bildungsreform als Revision des Curriculum" dominiert bereits seit Ende der 1960er/Anfang der 1970er Jahre der Ausdruck *Curriculum* den pädagogischen Sprachgebrauch (vgl. hierzu auch Frey 1973).

werden hier die drei folgenden Dimensionen der curricularen Integration unterschieden:[3]

- Lerninhalte und -ziele,
- Medien und Methoden,
- Sozial- und Organisationsformen.

Die curriculare Integration vollzieht sich dabei in einem Rahmen, der durch das jeweilige Bezugssystem, in welches das elektronische Lehr-Lernangebot integriert werden soll, abgegrenzt wird.

Das Bezugssystem[4] des Projektes IMPULS^{EC} stellt sich am Standort Osnabrück wie folgt dar:

- Der Lehrgang soll in der universitären Ausbildung an der Universität Osnabrück in den Studiengängen Wirtschaftsinformatik (Information Systems) und Betriebswirtschaftslehre eingesetzt werden,
- Electronic Commerce wird im Hauptstudium unterrichtet,
- der Lehrstoff wurde ursprünglich in einer Vorlesung mit in der Regel 35 bis 60 TeilnehmerInnen vermittelt,
- eine nachfolgende Vertiefung des Lehrstoffs erfolgt bisher in Projektseminaren, in denen die Teilnehmer im Zeitraum eines Semesters weitgehend selbstständig in Kleingruppen prototypische Systeme des Electronic Commerce (z.B. kleinere Börsensysteme, datenbankgestützte Webauftritte) realisieren.
- Eine bedeutende Nebenbedingung ist weiterhin die am Standort vorhandene Rechnerausstattung (z.B. in Computerräumen). Aber auch die Ausstattung der Privat-PCs der Studierenden, einschließlich der zur Verfügung stehenden Bandbreite zum Internet ist aufgrund der räumlichen Flexibilität, mit der E-Learning erfolgen kann, relevant.
- Videokonferenzsysteme in Hörsälen, wie sie derzeit an niedersächsischen Hochschulen flächendeckend eingerichtet werden, sind eine Voraussetzung für Veranstaltungen, die zeitgleich standortübergreifend übertragen werden.
- Auch die vorhandenen Betreuungskapazitäten, d.h. die Lernhelfer, die die Studierenden als Teletutoren unterstützen sollen, sind als zentrale Ressource zu nennen.

Integration von Lerninhalten und Lernzielen

Lerninhalte beschreiben die zu vermittelnde Thematik. *Lernziele* sind geeignet, die Qualifikationen, die in einem Lehr-Lernprozess erworben werden sollen, in einer frühen Planungsphase zu modellieren. Taxonomien von Lernzielen stehen zur Verfügung (vgl. z.B. Gagné et al. 1992, S. 43-49; S. 54-56; Bloom 1972;

---

3 Im Rahmen der Abstimmung von traditionellen Veranstaltungsformen und elektronischem Lehr-Lernangebotangebot in den drei genannten Dimensionen wird im Wesentlichen auch den von Frey (1973, S. 10) skizzierten Curriculum-Entwicklungsschritten *Analyse des aktuellen Systems*, *Innovationsanalyse und -prognose* sowie *Bedürfnisanalyse* entsprochen. Die von ihm angeführten Prinzipienziele (anthropologisch-soziologische Theorien) kommen an dieser Stelle nicht bzw. nur unwesentlich zum Tragen.

4 Für Grundlagen zur Analyse des Bezugssystems siehe bspw. Hoppe 2000, S. 221 ff.; Frey 1973, S. 8

Krathwohl et al. 1975). Die Erfahrung in IMPULS^{EC} hat gezeigt, dass in einem Projekt einheitliche Lernzieltaxonomien, ggf. nach Anpassung, zugrunde gelegt werden sollten.

Liegen sowohl für die vorhandenen, traditionellen Lehrangebote als auch für die neu entwickelten, elektronischen Systeme Lernzielformulierungen vor, lassen sich aus deren Gegenüberstellung Maßnahmen der curricularen Integration ableiten.

In dem Fall, dass sich die Lernziele und -inhalte nicht überschneiden, sich die Angebote also ergänzen, muss über eine geeignete Reihenfolge, in welcher der Lehrstoff den Lernenden dargeboten wird, nachgedacht werden. Liegt eine Überschneidung der Inhalte und Ziele vor, muss geklärt werden, welche Lehr-Lernziele in der Präsenzlehre erreicht werden sollen und was Ziel und Inhalt der E-Learning-Phasen sein soll.

Der Vergleich der Lehr-Lernziele des IMPULS^{EC}-Lehrgangs mit den Zielen der traditionellen Lehrveranstaltungen hat am Standort Osnabrück zu der Entscheidung geführt, die Vermittlung der kognitiven Lernziele in Zukunft soweit wie möglich auf die in der Entwicklung befindlichen elektronischen Kurse zu verlagern. Die durchgehend problembasierte Ausrichtung des Lehrgangs geht mit einer Erhöhung des Niveaus der bisher im Curriculum beschriebenen Lernziele einher

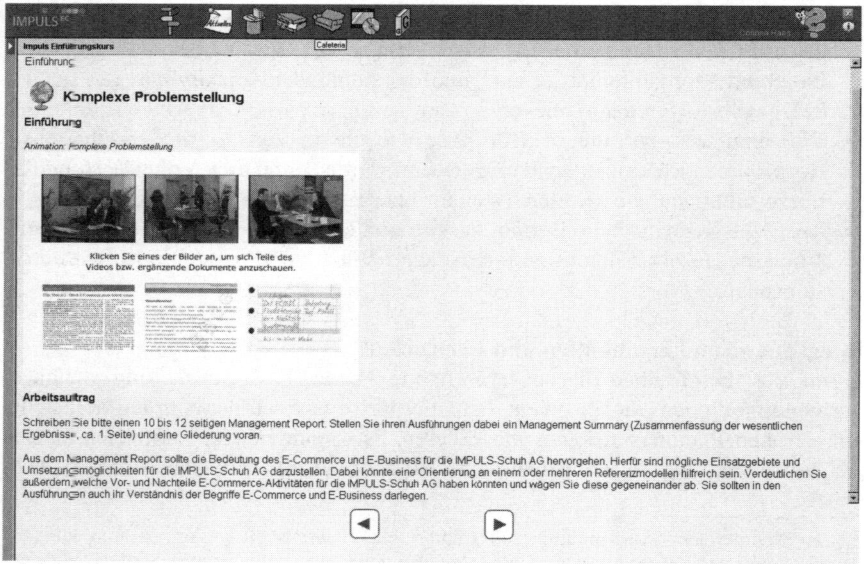

Abb. 1 Komplexe Problemstellung zum ‚Einführungskurs‘

Für den Kurs ‚E-Commerce als komplexes Wissensgebiet – Eine Einführung‘ bspw. stellt sich die Komplexe Problemstellung bzw. der Arbeitsauftrag wie in

Abbildung 1 gezeigt dar. Entwickelt wird der Arbeitsauftrag im Rahmen einer ca. 7-minütigen Filmsequenz.[5]

Mit Hinblick auf Lernziele und -inhalte ergibt sich somit am Standort Osnabrück auf den ersten Blick keine Notwendigkeit, Lehrstoff in traditioneller Form ergänzend zu den elektronischen Angeboten aus IMPULS^{EC} bereitzustellen. Wenn die elektronischen Systeme dennoch mit Präsenzveranstaltungen kombiniert werden, so hat dies zum einen organisatorische Gründe. Zum anderen verbessert die Möglichkeiten einer face to face-Interaktion die Kommunikation mit den Studierenden.

Im Sommersemester 2002 wurde erstmals der *Einführungskurs* des Lehrgangs in die traditionelle Vorlesung eingebunden: Die ansonsten zweistündige Veranstaltung wurde durch eine dreiwöchige flexible Selbstlernphase ersetzt.

Im Sommersemester 2003 wurde die Selbstlernphase noch einmal erweitert. Neben den Inhalten des Einführungskurses wurden in einer zweiten E-Learning-Phase nun auch die Themen (jeweils ein Kurs aus IMPULS^{EC}) *Business to Machine Communication* und *Technik des EC* zum Selbststudium angeboten.

Integration von Medien und Methoden

Die Integration neuer *Medien* vollzieht sich in IMPULS^{EC} vor dem Hintergrund, dass internetbasierte, multimedial aufbereitete Lernmodule in traditionelle Lehrveranstaltungen eingebunden werden sollen. Sie ergänzen nun die für den klassischen Frontalunterricht (Vortrag durch den Lehrenden, Dozentenzentrierter und -gesteuerter Unterricht) traditionellen Unterrichtsmedien wie Tafel oder Folien, die via Overheadprojektor oder Beamer auf eine Leinwand projiziert werden.

Mit Blick auf die *Methode* ergeben sich bei einer curricularen Integration von elektronischen und traditionellen Lehr-Lernangeboten vielfältige Kombinationsmöglichkeiten.[6] In den daraus resultierenden hybriden Lernarrangements sollte allerdings nicht die Überlegenheit eines bestimmten Mediums oder einer bestimmten Methode im Vordergrund stehen, sondern vielmehr deren Zusammenspiel. Es geht darum, „die Vorteile möglicher Varianten so zu verknüpfen, dass pädagogische Zielvorstellungen ebenso wie Effizienzkriterien so weit wie möglich erreicht werden können“ (Kerres 2001, S. 278).

Eine Abstimmung der unterschiedlichen Lehr-Lernmethoden kann sich generell an Vorstellungen ‚idealtypischer‘ Lehr-Lernprozesse orientieren. Ein solcher idealtypischer Prozess wurde von Gagné mit den ‚events of instruction‘ vorgestellt (Gagné 1985; Gagné & Briggs 1992, S. 190). Diese können nach Hoppe (2000, S. 156ff., S. 236f.) auch sinnvoll genutzt werden, um eine Strategie im Sinne eines generellen Ablaufplans der Lerneinheiten eines elektronischen Angebotes zu entwerfen. Kerres (Kerres 2002) orientiert sich bei der von ihm vorgeschlagenen didaktischen Analyse ebenfalls an den Ereignissen Gagnés und weist auf die

5 Zur filmischen Aufbereitung der komplexen Problemstellungen sowie zum Modellunternehmen IMPULS Schuh AG, in dem die authentischen realitätsnahen Problemstellungen entwickelt werden vgl. u.a. Hoppe & Haas 2002; Klauser et al. 2002).

6 Für eine Aufstellung von Elementen sog. Hybrider Lernarrangements vgl. Kerres 2001, S. 279.

Notwendigkeit hin, die Reihenfolge der einzelnen Ereignisse (er spricht von „Elementen") flexibel, abhängig von den Lernzielen und -inhalten, den Eigenschaften der Zielgruppe sowie der jeweiligen Lernsituation zu gestalten.[7]

Rekapituliert man die Navigationsstruktur der elektronischen Angebote aus IMPULS^{EC} (vgl. Hoppe & Haas 2003, Klauser et al. 2002), so wird deutlich, dass die Strukturelemente des Lehrgangs als Bestandteile eines solchen Lernprozesses interpretiert werden können. Teilweise können die Elemente unmittelbar zu den Lernereignissen Gagnés in Beziehung gesetzt werden. Dies sind z.B. die *Verdeutlichung der Lernziele* (Lernziele) oder die *Aktivierung des Vorwissens* (Vorwissen). Bei weiteren Strukturelementen ist die Zuordnung nicht so deutlich. So wird bspw. über die komplexe Problemstellung, welche auf Kursebene in Form eines Kurzfilms und auf Modul- und Lektionsebene meist in textueller Form präsentiert wird, *Aufmerksamkeit* geweckt und ein Mindestmaß an Betroffenheit geschaffen. Sie unterstützt die Behaltensleistung der Lernenden aufgrund ihres Realitätsbezuges und fördert so spätere *Transfer*leistungen des Gelernten.

Aufgrund der systemtechnisch realisierten Navigationsstruktur übt der Lernende in IMPULS^{EC} die Kontrolle über seinen Lernprozess aus. In einem weitgehend als Netzwerk organisierten Hypermedium kann er über die Reihenfolge der Bearbeitung der einzelnen Elemente frei entscheiden. Flexibles und selbstgesteuertes Lernen wird hierdurch, anders als in der traditionellen Vorlesung, ermöglicht und gefördert.

Integration von Sozial- und Organisationsformen

Eine curriculare Integration muss auch berücksichtigen, dass die unterschiedlichen Lehr-Lernangebote in verschiedenen Sozial- und Organisationsformen des Lehrens und Lernens angeboten werden. Letztendlich geht es um den Entwurf eines abgeschlossenen Lehr-Lernarrangements, d.h. eines Zusammenspiels von Medien und Methoden in ihrem zeitlichen Ablauf in unterschiedlichen Organisationsformen und Sozialformen des Lehrens und Lernens (Hoppe 2000, S. 47-49; vgl. auch Achtenhagen 1992).

IMPULS^{EC} plant die Entwicklung einer Reihe einzelner Lehr-Lernarrangements, die in ihrem Einsatz untereinander, vor allem aber auch mit traditionellen Formen des Lehrens und Lernens abzustimmen sind:

- Komplexe, problembasierte Systeme mit vernetzten, hypermedialen Strukturen und Webbased Trainings (WBTs)
- Simulationen von elektronischen Marktplätzen und Content Management Systemen

---

7 Dies zielt auf eine der wesentlichen Kritiken an den Arbeiten Gagnés, denen eine zu starke behavioristische Orientierung vorgeworfen wird. Obwohl Gagné und seine Co-Autoren in ihrem Lehrbuch zum Instruktionsdesign durchaus unterschiedliche Sequenzierungsprinzipien propagieren, dominiert eine Reihenfolge des Lehrstoffs ‚vom Einfachen zum Komplexen', mit zunehmendem Schwierigkeitsgrad, auf der Basis analysierter Vorwissensstrukturen. Dies widerspricht den Grundprinzipien eines problembasierten Lernens und den Gestaltungsempfehlungen situierter Lernumgebungen, wie sie in dem IMPULSEC-Lehrgang durchgehend realisiert sind.

- ‚Virtuelle' synchrone Vorlesungen und Seminare (Videoübertragungen von Vorlesungen und Seminaren zur selben Zeit an verschiedene Orte)
- ‚Virtuelle' asynchrone Seminare
- Wissensportal, mit Zugang zu Ressourcen und Informationen mit Bezug zum Electronic Commerce/Electronic Business

Die genannten Arrangements sind durch unterschiedliche Lernorte und Lernzeiterfordernisse gekennzeichnet. Die Sozialformen des Lernens (Klafki 1970, S. 143) umfassen ein Spektrum von einem Einzellernen zu Hause, ergänzt durch zeitlich synchrone oder asynchrone elektronische Kommunikation mit Lernhelfern (Dozenten, Fachexperten, Teletutoren), über ein betreutes Lernen in Kleingruppen bis hin zu Lehr-Lernprozessen in Großgruppen, wie sie beispielsweise durch den Aufbau von Learning Communities geschaffen werden können. Diese elektronisch unterstützten Arrangements sind für das Projekt mit den traditionellen Formen der universitären Lehre (Vorlesungen, Übungen, Tutorien, Seminare, Projektpraktika) zu verbinden.

Da IMPULS^{EC} ein Verbundprojekt ist, für das die Entwicklung und der Einsatz des Lehrgangs standortübergreifend geplant ist, können mehrere Stufen der Integration des elektronischen Lehrgangs unterschieden werden. Diese berühren Fragen der räumlichen und zeitlichen Koordination und damit der Organisation:

Stufe I: Integration der jeweils eigenen Kurse und Module in den Präsenzveranstaltungen aller Standorte,

Stufe II: Integration ‚fremder' Kurse und Module in eigene Präsenzveranstaltungen; standortübergreifende Veranstaltungen,

Stufe III: Angebot gemeinsamer Weiterbildungsangebote, überwiegend telemedial.

Bei dem aktuellen Entwicklungsstand des Lehrgangs befindet sich das Projekt in Stufe I, mit teilweisem Übergang zu Stufe II. Stufe II ist durch höhere Anforderungen an die Organisation gekennzeichnet, da die Betreuung der Studierenden i.d.R. nur durch den Lehrstuhl des jeweiligen kursentwickelnden Dozenten (Experte) und damit standortübergreifend sinnvoll angeboten werden sollte. Auf persönliche, häufig auch ungeplante Gespräche, wie sie bspw. bei der Ausgabe eines Kopfhörers für die Benutzung im Computerraum zwischen MitarbeiterIn und StudentIn entstehen, muss hierbei verzichtet werden. An deren Stelle treten die bekannten Formen elektronischer Kommunikation (Mail, Chat, Diskussionsgruppe, Instant Messaging) sowie das Telefonieren. Stufe III der kostenpflichtigen Weiterbildungsangebote zielt auf die Sicherung der Nachhaltigkeit des Lehrgangs, da bei den aktuellen rechtlich-administrativen Rahmenbedingungen für die Angebote in der universitären Präsenzlehre kaum Erlöse erzielt werden können, eine Finanzierung nach Abschluss des Fördervorhabens nicht in Aussicht steht und die Möglichkeiten der Universitäten, derartige kostenträchtige Systeme aus eigenen Mitteln am Leben zu erhalten, gering sind.

WAS	FUNKTION	LEHRZIELE	WO	WANN	SOZIAL-FORM	DOZENT/ LERN-HELFER
Orientierungs-veranstaltung	Überblick über das Gesamtarrangement, Gruppenbildung, ...	Motivation, Soziale Kompetenzen (Teambildung)	Hörsaal	Beginn des Gesamtzeitraums	Großgruppe (100 Lerner)	Dozent
Einweisung	Bedienung der Rechner, der Software (LMS), Navigation und Orientierung in den elektronischen Angeboten	Computer Literacy	Computerräume	Beginn	Großgruppen (Klassenstärke)	Tutoren
Selbstlernphasen mit dem elektronischen Lehrgang	Auseinandersetzung mit dem Lehrstoff (Komplexe Problemstellungen mit WBTs, Portal für Recherchen etc.)	kognitive / motivationale Ziele zum Fachgebiet Electronic Commerce Soziale Kompetenzen (Teamarbeit, Konfliktlösen)	Computerräume / zu Hause	flexibel innerhalb des Zeitraums	Einzellernen, Kleingruppen	(Tele-) Tutoren (Mail, Chat, Diskussionsboard)
Abschluss-veranstaltung	Feedback, formative Evaluation, Fragen zum weiteren Lernprozess	Motivation	Hörsaal	Ende	Großgruppe	Dozent

Tabelle 1: Stufe I der curricularen Integration (vgl. Hoppe & Haas 2003)

Tabelle 1 verdeutlicht im Überblick die räumlichen und zeitlichen Aspekte sowie das Verhältnis von Dozenten und Lernhelfern einerseits sowie Lernenden andererseits im Zusammenspiel von elektronischen Angeboten und traditionellen Veranstaltungsformen in Stufe I am Standort Osnabrück. Sie zeigt, dass der skizzierte Wechsel der Präsenzveranstaltungen mit zeitlich/örtlich flexiblen Phasen des elektronischen Lernens primär organisatorische und soziale Gründe hat. Die Orientierungsveranstaltung dient dem Kennenlernen, der Gruppenbildung u.ä. Eine face-to-face-Kommunikation erscheint hierfür äußerst zweckmäßig. Der Umgang mit dem elektronischen Lehrgang, der über das Lern-Management-System Lotus LearningSpace zur Verfügung gestellt wird, setzt voraus, dass jeder Studierende die entsprechenden Fähigkeiten und Fertigkeiten im Sinne einer ‚computer literacy' erwirbt. Hierfür werden Tutorien angeboten. Die Abschlussveranstaltung rundet den Lernprozess ab. Während der Projektlaufzeit bietet sie weiterhin Raum für die formative Evaluation: Um von den Studierenden Feedback zu den entwickelten Kursen zu erhalten, werden Fragebögen ausgefüllt. Gruppendiskussionen zu den Erfahrungen der Studierenden ergänzen das gewonnene Feedback. In den Präsenzveranstaltungen stehen demzufolge vielfältige Kommunikationsaktivitäten im Vordergrund. Es geht nicht mehr nur um die rein fachbezogene Inhaltevermittung (vgl. hierzu auch Kerres 2001, S. 280).

Abhängig von der kumulierten Dauer der Lernphasen in Tabelle 1 kann eine Zwischenveranstaltung geplant werden. Weiterhin unterscheidet sich bspw. die zweite Stufe der Integration dadurch, dass der Lehrgang standortübergreifend eingesetzt wird und die Dozenten der Kurse teilweise nicht am Standort verfügbar sind. Vielmehr können sie über Videokonferenzsysteme in der Orientierungs-, Zwischen- und Abschlussveranstaltung ‚zugeschaltet' werden (vgl. Tabelle 2).

WAS	FUNKTION	LEHRZIELE	WO	WANN	SOZIALFORM	DOZENT/ LERNHELFER
Orientierungsveranstaltung	Überblick über das Gesamtarrangement, Gruppenbildung, ...	Motivation, Soziale Kompetenzen (Teambildung)	Hörsaal	Beginn	Großgruppe (100 Lerner)	Dozent, **Teledozent (Videokonferenz)**
Einweisung	Rechnerbedienung, Softwarekenntnisse (LMS), Navigation und Orientierung in elektr. Angeboten	Computer Literacy	Computerräume	Beginn	Großgruppen (Klassenstärke)	Tutoren
Komplexe Problemstellungen mit WBTs (KP)	Lehrstoffvermittlung	kognitive/motivationale Ziele zum Fachgebiet EC; Soziale Kompetenzen	Computerräume / zu Hause	flexibel innerhalb eines Zeitraumes	Einzellernen, Kleingruppen	(Tele-) Tutoren (Mail, Chat, Diskussionsboard)
Zwischenveranstaltung	Feedback, formative Evaluation, Fragen zum weiteren Lernprozess	Motivation	Hörsaal	Mitte des Zeitraums	Großgruppe (100 Lerner)	Dozent, **Teledozent (Videokonferenz)**
KP	s.o.	s.o.	s.o.	s.o.	s.o.	s.o.
Abschlussveranstaltung	Feedback, formative Evaluation, Fragen zum weiteren Lernprozess	Motivation	Hörsaal	Ende	Großgruppe	Dozent, **Teledozent (Videokonferenz)**

Tabelle 2: Stufe II der curricularen Integration (vgl. Hoppe & Haas 2003)

3 Zusammenfassung und Ausblick

Im vorliegenden Beitrag wurde am Beispiel des Projektes IMPULS^{EC} gezeigt, wie Kurse und Module eines in einem Verbundprojekt entwickelten E-Commerce-Lehrganges in das bestehende Curriculum des Standortes Osnabrück integriert werden bzw. werden können. Es wurden drei Dimensionen der curricularen Integration herausgearbeitet, die Lerninhalte und Lernziele, Medien und Methoden sowie Sozial- und Organisationsformen. Für jede Dimension wurden Aufgaben, Voraussetzungen und Formen der Integration erarbeitet und an Umsetzungsbeispielen aus IMPULS^{EC} verdeutlicht.

Literatur

Achtenhagen, F. (1992). Mehrdimensionale Lehr-Lern-Arrangements – Innovationen in der kaufmännischen Aus- und Weiterbildung. In Achtenhagen, F. & John, E.G. (Hrsg.), *Mehrdimensionale Lehr-Lern-Arrangements. Innovationen in der kaufmännischen Aus- und Weiterbildung*. Wiesbaden: Gabler Verlag, 3-11.

BLK Bund-Länder-Kommission (1973). *Bildungsgesamtplan*. Bonn.

Bloom, B.S. (Hrsg.) (1972). *Taxonomie von Lernzielen im kognitiven Bereich*. Weinheim: Beltz Verlag.

Bogaschewsky, R. & Hoppe, U. & Klauser, F. & Schoop, E. & Weinhardt, Ch. (2002). *IMPULS^{EC}: Entwicklung eines multimedialen Lehrgangs zum Thema Electronic Commerce*. (Reihe: IMPULS^{EC} Research Reports, Nr. 1, Bogaschewsky, R. & Hoppe, U. & Klauser, F. & Schoop, E. & Weinhardt, Ch. (Hrsg.)), Osnabrück: Selbstverlag.

Frey, K. (1973). Das Curriculum im Rahmen der Bildungsplanung und Unterrichtsvorbereitung. In Roth, H. & Blumenthal, A. (Hrsg.), *Grundlegende Aufsätze aus der Zeitschrift Die Deutsche Schule*. Hannover: Schroedel Verlag. (Erstmals erschienen in *Die Deutsche Schule* Heft 5/1969).

Gagné, R.M. & Briggs, L.J. & Wagner, W.W. (1992). *Principles of Instructional Design*. Fort Worth: Harcourt Brace Jovanovich.

Gagné, R.M. (1985). *The conditions of learning and theory of instruction*. New York: Rinehart and Winston.

Hoppe, U. & Haas, C. (2003). IMPULS^{EC}: Ein elektronischer Lehrgang zum Electronic Commerce. Lehrstoff, Einsatzszenarien und curriculare Integration. Erscheint im *Tagungsband des Workshops E-Learning der GOR*, Paderborn 47–80 (im Druck).

Hoppe, U. (2000). *Teachware für Finanzdienstleister: Entwicklung, Integration, Einsatz*. Wiesbaden: Gabler Verlag.

Huisinga, R. & Lisop, I. (1999). *Wirtschaftspädagogik*. München: Vahlen Verlag.

Klauser, F. & Schoop, F. & Gersdorf, R. & Jungmann, B. & Wirth, K. (2002). *Die Konstruktion komplexer internetbasierter Lernumgebungen im Spannungsfeld von pädagogischer und technischer Rationalität*. (Reihe: IMPULS^{EC} Research Report, Nr. 3, Bogaschewsky, R. & Hoppe, U. & Klauser, F. & Schoop, E. & Weinhardt, Ch. (Hrsg.)), Osnabrück: Selbstverlag.

Kerres, M. (2002). Online und Präsenzelemente in hybriden Lernarrangements kombinieren. In Hohenstein, A. & Wilbers, K (Hrsg.), *Handbuch E-Learning*. Köln: Deutscher Wirtschaftsdienst, 4.5/1-20.

Kerres, M. (2001). *Multimediale und telemediale Lernumgebungen: Konzeption und Entwicklung*. München: Oldenbourg Verlag.

Klafki, W. (1985). *Neue Studien zur Bildungstheorie und Didaktik*. Weinheim: Beltz Verlag.

Klafki, W. (1970). Allgemeine Probleme der Unterrichtsmethodik. In Klafki, W. (Hrsg.), *Erziehungswissenschaft 2: Eine Einführung*. Band 2, Frankfurt: Fischer Taschenbuchverlag, 131-166.

Krathwohl, D.R. & Bloom, B.S. & Masia, B.B. (1975). *Taxonomie von Lernzielen im affektiven Bereich*. Weinheim: Beltz Verlag.

o.A. (2003). Integration. In Bibliographisches Institut & F.A. Brockhaus AG (Hrsg.), *Brockhaus*. Abruf am 6. Juni 2003 http://www.brockhaus.de/.

Ott, B. (1997). *Grundlagen des beruflichen Lehrens und Lernens: Ganzheitliches Lernen in der beruflichen Bildung*. Berlin: Cornelsen Verlag.

Robinsohn, S.B. (1967). *Bildungsreform als Revision des Curriculum*. Neuwied: Luchterhand Verlag.

Schelten, A. (1991). *Einführung in die Berufspädagogik*. Stuttgart: Steiner Verlag.

Anja Osiander

@_I-T-A: Rechnereinsatz im klassischen Seminar

Zusammenfassung

Am Ostasienzentrum der Technischen Universität Dresden wurden Fördermittel aus dem BMBF-Programm „Neue Medien in der Bildung" dazu genutzt, E-Learning im Rahmen der klassischen Seminar-Situation zu erproben. Eingesetzt wurden Kurswebseiten, Nachrichtenforen und Selbstlernmodule. Gesucht wurde eine Antwort auf die Frage, ob sich die klassischen geisteswissenschaftlichen Lernziele damit besser erreichen lassen als ohne den Einsatz der technischen Hilfsmittel. Herausgekommen ist das ITA-Konzept. Es empfiehlt den Einsatz von Rechnern in geisteswissenschaftlichen Lehrveranstaltungen vor allem in drei Bereichen: Information, Training und Austausch.

1 Einleitung

„E-Learning" – darunter werden im Folgenden alle technischen Möglichkeiten verstanden, die auf dem Einsatz von Rechnern und auf ihrer Vernetzung beruhen.[1] Bisher konzentriert sich das Gros von E-Learning-Angeboten auf anwendungsorientierte Lehrgebiete. Wie aber sieht es aus, wenn wir versuchen, Rechner in einem klassischen Szenario geisteswissenschaftlicher Lehre einzusetzen? Von dieser Fragestellung ausgehend, wird seit dem Frühjahr 2001 am Ostasienzentrum der Technischen Universität Dresden E-Learning in der Regionalausbildung zu Japan eingesetzt.

Das Unterrichtsszenario ist ganz herkömmlich angelegt, sowohl vom Ablauf als auch von der Zielsetzung her. Nach wie vor trifft sich die Seminargruppe wöchentlich in der Hochschule. In den Seminaren sollen sich die Studierenden Wissen über Japan aneignen und zugleich in die Lage versetzt werden, dieses Wissen kritisch zu reflektieren. Sie üben sich dazu in den klassischen Techniken des geisteswissenschaftlichen Arbeitens, als da wären: Recherchieren, Lesen, Schreiben, Vortragen und Diskutieren.

---

1 Dieser Beitrag wurde ermöglicht durch eine Finanzierung im Rahmen des BMBF-Programms „Neue Medien in der Bildung" für das Projekt „Multimediales und vernetztes Lernen – Studierplatz Sprachen" an der TU Dresden, 2001-2003. Eine frühere Fassung wurde im Februar 2003 in der Vortragsreihe des Media Design Center an der TU Dresden vorgestellt. Für Hinweise zur Überarbeitung danke ich den Zuhörerinnen und Zuhörern in Dresden sowie Antje Neuhoff, Susanne Narciss, Birgit Haese und zwei anonymen GutachterInnen.

Neu daran sind zunächst lediglich die Arbeitsmittel, nämlich Rechner, genauer gesagt: vernetzte Rechner. Mit ihnen ziehen neue Arbeitsformen in das Seminar ein. Konkret wurden folgende Einsatzweisen erprobt:

- kursbegleitende Webseiten
- Selbstlernmodule
- Nachrichtenforen

Ziel der Erprobung war es herauszufinden, wie diese E-Learning-Elemente gestaltet sein sollten, damit die Studierenden die Lernziele nachhaltiger erreichen als ohne den Einsatz der technischen Hilfsmittel. Die Studierenden sollen sich also durch den Einsatz von vernetzten Rechnern ...

- *mehr* Wissen aneignen,
- es *besser* behalten, und
- sich *gezielter* in den geisteswissenschaftlichen Techniken üben.

Die Steigerung der Fähigkeit zur Reflexion gehört *nicht* zu den unmittelbaren Zielen des Rechnereinsatzes. Kritisch zu denken heißt, originär zu denken, also Sinnzusammenhänge überhaupt erst zu „er-finden“. Das läßt sich durch einen Rechner nicht vorprogrammieren. Eher entscheiden eine sinnvolle didaktische Gestaltung des Seminars und auch das Charisma der Lehrenden darüber, ob die Studierenden am Ende des Seminars ihre Fähigkeit zur Reflexion verbessert haben oder nicht. Aber die Arbeit mit vernetzten Rechnern kann diese Fähigkeit mittelbar fördern, indem sie dazu beiträgt, daß die Studierenden sich intensiver in den geisteswissenschaftlichen Techniken üben. Diese Techniken bilden nämlich die Grundlage für eine systematische Reflexion.

Wie können nun die technischen Möglichkeiten eingesetzt werden, um die genannten Ziele zu erreichen? Das war die Frage. Eine (vorläufige) Antwort darauf finden Sie in diesem Beitrag. Zunächst werden die Rahmenbedingungen für den E-Learning-Einsatz am Ostasienzentrum in Dresden erläutert. Dann wird der Lösungsvorschlag vorgestellt, nämlich das so genannte „ITA-Konzept“. Der Beitrag schließt mit Überlegungen zur Evaluierung und zur Weiterentwicklung des Konzepts.

2 Die Rahmenbedingungen

Das Ostasienzentrum an der Technischen Universität Dresden ist eine relativ junge Einrichtung, deren Auftrag vor allem in der Weiterbildung besteht. Das Zentrum wurde 1998 gegründet. Es bildet mit drei anderen Einrichtungen zusammen das Lehrzentrum Sprachen und Kulturen, eine zentrale Einrichtung, deren Angebote sich an Studierende aller Fakultäten richten. Am Ostasienzentrum wird also kein eigenständiger Studienabschluss vergeben, und es ist im Rahmen des regulären Budgets auch nicht als Forschungseinrichtung konzipiert. Die personellen Ressourcen konzentrieren sich auf Verwaltung und Lehre. Das Lehrangebot umfasst Sprachkurse, in denen Grundkenntnisse in Chinesisch und Japanisch vermittelt werden, und Kurse, die in die Geschichte und Gesellschaft im Großraum China und in Japan einführen.

Für die Regionalausbildung zu Japan in Dresden, in deren Kursen die E-Learning-Elemente erprobt werden, gelten damit die folgenden Rahmenbedingungen:

- *Gruppengröße*: Die Kurse sind klein. Die Teilnehmerzahl schwankt zwischen sechs und achtzehn.
- *Heterogenität*: Die Kurse sind sehr vielfältig zusammengesetzt. Die teilnehmenden Studierenden wechseln in jedem Semester, und sie kommen aus den verschiedensten Fachrichtungen; Erstsemester sitzen hier neben Examenskandidaten. Dementsprechend werden keinerlei Vorkenntnisse vorausgesetzt, weder an Inhalten noch an Methoden.
- *Motivation*: Die Studierenden bringen eine hohe intrinsische Motivation mit. In den Vorstellungsrunden lautet die häufigste Begründung für die Teilnahme: „Ich bin ein ‚Japan-Freak' und will mehr über das Land wissen!" Viele planen einen Japan-Aufenthalt oder sind schon dort gewesen.
- *Inhalte*: Es wird keine Fachausbildung angestrebt, sondern das Ziel besteht ganz allgemein darin, den Studierenden Wissen über Japan zu vermitteln. Deshalb ist das Spektrum möglicher Themen sehr weit gefasst. In der Regel wechseln allgemeine Einführungen und eher als Projekte angelegte Kurse einander ab.

Insgesamt entsprechen diese Rahmenbedingungen nicht der klassischen Situation, für die sich E-Learning empfiehlt. Es geht hier nicht um Massenausbildung, die Zielgruppe läßt sich nur unscharf abgrenzen, und die Inhalte sind wenig standardisiert. Die Erprobung konzentrierte sich unter diesen Umständen weniger darauf, die E-Learning-Elemente für bestimmte Inhalte zu optimieren. Vielmehr ging es darum, unabhängig vom Inhalt mit unterschiedlichen Unterrichtssituationen zu experimentieren.

3 Das ITA-Konzept

Elemente des E-Learning werden seit dem Sommersemester 2001 in der Regionalausbildung zu Japan in Dresden erprobt. Nach vier Semestern hat sich folgendes Schema für die Organisation der Seminare herausgeschält:

- *Handapparat*: Ein Kanon von Lehrmaterialien wird nach wie vor im klassischen Handapparat angeboten. Dazu gehören Originaldokumente in Übersetzung und Auszüge aus der Sekundärliteratur.
- *Selbstlernmodule*: Die Studierenden erarbeiten sich die Texte aus dem Handapparat zumindest teilweise selbständig. Dafür nutzen sie Selbstlernmodule. Die Aufgaben darin sind nach einer bestimmten lernpsychologischen Matrix erstellt.

- *Beiträge der Studierenden*: Neben der Arbeit mit den Selbstlernmodulen werden Arbeitsaufträge zur Vorbereitung der Sitzungen erteilt. Die Ergebnisse schicken die Studierenden an das Nachrichtenforum zum Kurs. Was in den Beiträgen zu leisten ist, gibt die Dozentin mit Hilfe von Anleitungen vor. Damit gestalten die Studierenden die Sitzungen wesentlich mit.
- *Multimedia-Archiv*: Zu den Arbeitsaufträgen gehören auch Recherchen im Netz sowie in der Fachliteratur. Gesammelt werden Bilder sowie Graphiken und Tabellen. Die Ergebnisse werden in einem so genannten Multimedia-Archiv auf den Kurswebseiten gespeichert.
- *Seminarsitzungen*: In den Sitzungen werden Fragen und Missverständnisse geklärt, und hier findet auf verschiedene Weise ein Transfer des soeben Gelernten statt. So diskutieren die Studierenden die Zusammenfassung der letzten Sitzung, erklären sich gegenseitig die Originaltexte, vergleichen unterschiedliche Interpretationen in der Forschungsliteratur oder dramatisieren den Stoff in Rollenspielen.

Der Rechnereinsatz konzentriert sich damit auf drei Funktionen: Information, Training und Austausch. Aus ihren Anfangsbuchstaben setzt sich der Name „ITA-Konzept“ zusammen. Ursprünglich stammt diese Bezeichnung von Dr. Rudi Piwko, Berlin, der sie verwendet, um den Aufbau seiner Seminare über die Organisationsentwicklung von Nichtregierungsorganisationen zu beschreiben. Mit seiner freundlichen Genehmigung wird der Begriff hier auf den Bereich des E-Learning übertragen, das heißt, jeder Funktion wird ein bestimmtes technisches Element zugeordnet.

Die Funktion der Information wird dabei vor allem von den Kurswebseiten übernommen. Sie dienen als Pforte für den Zugang zum Nachrichtenforum und zu den Selbstlernmodulen. Die Kurswebseiten zeigen auch den Fortschritt im Stoff an, und sie dokumentieren die Ergebnisse der Sitzungen. Training durch den Rechner erfahren die Studierenden im Selbstlernmodul. Sie trainieren auch mit Hilfe des Rechners, indem sie nach Anleitungen Beiträge für das Forum verfassen. Für den Austausch zwischen den Sitzungen bildet das Nachrichtenforum als „schwarzes Brett“ den zentralen Angelpunkt. Wie die Funktionen und die technischen Elemente zusammenhängen, zeigt Abbildung 1.

Funktion im Lernprozess	**E-Learning-Element**	**Veränderungen im Lernprozess**
I wie Information	Kurswebseiten	Aktualisierungen möglich Angebot wächst mit dem Lernfortschritt
T wie Training	Selbstlernmodule Beiträge ans Forum	gezielte selbständige Vorbereitung
A wie Austausch	Forum	Austausch auch zwischen den Sitzungen Studierende gestalten die Sitzungen mit

Abb. 1: Das ITA-Konzept

4 I wie Information: Kurswebseiten

Die Kurswebseiten dienen dazu, die Studierenden allgemein über den Kurs zu informieren, ihnen Hilfsmittel für die Arbeit zwischen den Sitzungen zur Verfügung zu stellen und den Fortschritt der gemeinsamen Arbeit zu dokumentieren. Außerdem werden hier Bilder und gegebenenfalls auch Graphiken und Tabellen bereitgehalten. Über vier Semester hinweg sind verschiedene Funktionsangebote und Gestaltungsweisen erprobt worden. Inzwischen schält sich ein Satz von zehn Gliederungspunkten als Standard heraus, wobei die Einteilung teilweise den didaktischen Funktionen folgt und teilweise am Service für die Studierenden orientiert ist (Abb. 2).

Selbständig lernen	Multimedia-Archiv	Forum	Unsere Ergebnisse	@
	Neu ...			
	Über den Kurs			
	Zum Herunterladen			
			OAZ	TUD

Abb. 2: Standardelemente für Kurswebseiten

Die fünf Rubriken in der Kopfzeile bilden den Arbeitsbereich für den Kurs. Er wächst im Laufe des Semesters kontinuierlich an. Unter „Selbständig lernen" werden nach und nach die passenden Selbstlernmodule eingefügt. Das Multimedia-Archiv wird mit Hilfe der Studierenden angelegt beziehungsweise ausgebaut. Im Forum sammeln sich die Beiträge, mit denen sich die Studierenden an der Gestaltung der Sitzungen beteiligen. Ein weiterer Bereich dient dazu, die Ergebnisse der Sitzungen zu dokumentieren; auch diese Ergebnisse werden in der Regel von Studierenden formuliert. Schließlich können die Studierenden von allen Unterseiten aus auf die Kontakt-Seite gelangen, um eine Nachricht an die Dozentin zu schicken.

Die übrigen fünf Rubriken sind nur von der Index-Seite aus zu erreichen. Der Verweis „Über diesen Kurs" führt die Studierenden zu einer Unterseite mit Informationen zur Konzeption des Kurses (z.B. Kurzbeschreibung, Literaturliste, Seminarplan, Anforderungen). In der Zelle mit dem Titel „Neu ..." werden Datum und Gegenstand der jüngsten Aktualisierung der Kurswebseiten angezeigt. Hinter der Überschrift „Zum Herunterladen" verbirgt sich eine Unterseite mit Anleitungen, Literaturangaben und Informationen zum Kurs im Textformat (rtf oder pdf), die sie für das selbständige Arbeiten oder einfach zum allfälligen Nachschlagen auf dem eigenen Rechner bereithalten oder ausdrucken können. Schließlich fehlen auch Verweise zu den Webseiten der Mutterinstitutionen des Kursangebotes nicht.

5 T wie Training: Selbstlernmodule

Die Selbstlernmodule sollen den Studierenden dabei helfen, sich Texte aus dem Handapparat selbständig zu erarbeiten. Die Module selbst enthalten also keinen Lernstoff, auch wenn das technisch ohne Weiteres möglich wäre. Die Kurse sind damit ausdrücklich hybrid angelegt, was die Nutzung „neuer“ und „alter“ Medien betrifft.

Erstellt werden die Module mit Hilfe des Programms *study2000*, das unter der Leitung von Professor Hermann Körndle in Dresden entwickelt worden ist.[2] *study2000* besteht aus einem Konvertierungsprogramm und einem Aufgabeneditor. Das Konvertierungsprogramm wandelt Texte und Medien in HTML-Seiten mit einer einheitlichen Oberfläche um. Die ursprüngliche Datei liegt als Text vor (Word-for-Windows im HTML-Format). Das Programm erkennt unterschiedliche Gliederungsebenen und erstellt daraus ein Inhaltsverzeichnis. Abbildungen, Filme, Folien aus einer Präsentation, Tonaufnahmen und andere Medien können in die Darstellung fließend eingebunden werden. *study2000* bietet aber auch die Möglichkeit, systematisch zwischen verschiedenen Medien zu unterscheiden. Dazu legt das Konvertierungsprogramm auf Wunsch frei definierbare Kategorien in einer eigenen Navigationsleiste und entsprechende Unterverzeichnisse an.

Die *study2000*-Oberfläche bietet den NutzerInnen des Lernprogramms verschiedene interaktive Funktionen. Sie können Unterkapitel, Medien und Aufgaben in Sammelmappen speichern und sich damit eigene Lernpfade anlegen. Sie können Teile des Lernstoffes markieren und mit Notizen versehen. Das Programm registriert, welche Unterkapitel, Medien oder Aufgaben aufgerufen wurden und wie lange sie aufgerufen blieben. Es registriert auch die Erfolge beim Lösen der Aufgaben. Die NutzerInnen können diese Daten als graphisch aufbereiteten Bericht abrufen. Sie können sich also ihr Lernverhalten und ihren Lernerfolg vorführen lassen. Dieser Einblick ist auch den Lehrenden möglich, wenn das Modul über das Netz angeboten wird und der bereitstellende Rechner entsprechend programmiert worden ist.

Auch die Aufgaben in *study2000* sind mit verschiedenen interaktiven Funktionen versehen. Im Verzeichnis der Aufgaben wird angezeigt, welche schon bearbeitet worden sind und mit welchem Erfolg. Bei einem fehlerhaften Lösungsversuch wird nicht gleich die Lösung angezeigt, sondern die Studierenden werden mit gestaffelten Signalen (in Worten und durch farbliche Kennzeichnungen der richtig und der falsch gelösten Teile) zu weiteren Lösungsversuchen aufgefordert. Die Lehrenden, welche die Aufgaben formulieren, können festlegen, wieviele Lösungsversuche den Studierenden offenstehen. Es lassen sich auch Rückmeldungen eingeben, die nur bei bestimmten, typischen Fehlern angezeigt werden. Um die Studierenden schrittweise an die richtige Lösung heranzuführen, können die Lehrenden beliebig viele Hinweise formulieren. Auf diese Weise treten die Studierenden bei der Bearbeitung der Aufgaben in eine Art automatisiertes Zwie-

2 Für einen Überblick über das Konzept von *study2000* siehe Körndle, Narciss & Proske, 2003.

gespräch mit dem Rechner. Die Hinweise lassen sich in der Aufgabe beliebig plazieren. Sie können allgemein für die gesamte Aufgabe gegeben oder speziell für bestimmte Angaben in der Aufgabenstellung eingefügt werden.

Die Aufgaben in *study2000* werden mit einem eigenen Editor erstellt. Er bietet den AutorInnen zur Zeit neunzehn verschiedene Formate für die Gestaltung der Aufgaben, die sich zudem beliebig kombinieren lassen. Dadurch wird es möglich, das Wissen, das die Studierenden sich aneignen sollen, in viele kleine Einheiten und damit verbundene Anforderungen zu zerlegen, ohne dass für die Studierenden die Arbeit mit den Aufgaben eintönig würde.[3] Der Aufgabeneditor wird immer noch weiterentwickelt. Es geht darum, die Prozesse zu erfassen, die bei spontanem Lernen ablaufen, und daraus eine systematische Lernstrategie abzuleiten. Wie „behalten" wir etwas? Wie zerlegen wir neue Informationen, wie ordnen wir sie ein? Als Antwort auf diese Fragen haben Susanne Narciss und Antje Proske eine zweidimensionale Matrix entworfen. Darin unterscheiden sie zwischen bestimmten kognitiven Operationen einerseits und bestimmten Wisseneinheiten andererseits. Die Matrix dient den AutorInnen der Selbstlernmodule als Leitfaden für die Formulierung von Aufgaben. Ziel ist es, das Wissen, das vermittelt werden soll, sinnvoll auf eine Kette von Aufgaben zu verteilen. Die Studierenden sollen sich von einfachen zu komplexen Denkschritten und von konkreten zu abstrakten Wissenseinheiten voranarbeiten (siehe Abbildung 3).

6 A wie Austausch: Forum

In die Kurswebseiten eingebunden ist auch ein Nachrichtenforum. Es wird allerdings nicht als Freiraum für zwanglose Kommentare zum Seminarthema genutzt. Vielmehr dient das Forum dazu, die Studierenden an der Vorbereitung und der Gestaltung der Seminarsitzungen zu beteiligen. Wie an einem „schwarzen Brett" veröffentlichen die Studierenden hier zum Beispiel das Protokoll der vorangegangenen Sitzung, das Drehbuch für das nächste Rollenspiel, die Interpretation einer Tabelle, die Zusammenfassung eines Textes, Rechercheergebnisse oder auch Kommentare zu den Arbeiten ihrer Kommilitonen. Diese Beiträge werden in der folgenden Sitzung aufgegriffen und diskutiert oder weiterverwendet. Das Forum übernimmt zugleich die Funktion eines Archivs für alle Beiträge dieser Art über das ganze Semester hinweg. Die Studierenden können die Entwicklung der Themen kontinuierlich nachvollziehen.

3 Siehe dazu Narciss & Proske, 2001, und Proske, Narciss & Körndle, 2003.

	kognitive Operationen										
	Erinnern		Umwandeln			Einordnen			Schlußfolgern		
Wissens-einheiten	mit Hinweis (recognize)	ohne (recall)	wieder-geben	in eigenen Worten	Beispiele finden	Unter-scheiden	Gemeinsamkeiten finden	Kreuz-klassifizieren	exrapolieren (vorhersagen)	interpolieren (Rückschlüsse auf Lösung)	deuten & bewerten
Daten, Fakten, Ereignisse											
Grundbegriffe (Fachtermini)											
Oberbegriffe											
Grundregeln											
Ansatz (Hypothesen)											
Klassen von Modellen oder Theorien											

Ziel: Anordnung der Aufgaben nach wachsendem Schwierigkeitsgrad

Abb. 3: Matrix für Aufgaben im Selbstlernprogramm *study2000*; zusammengestellt nach Narciss & Proske, 2001, S. 6-9.

7 Evaluation

Das ITA-Konzept ist noch zu jung, als dass schon aussagekräftige Ergebnisse einer Evaluation vorliegen könnten. Im Grunde ist es als Nebenprodukt im Rahmen des Projektes „Multimediales und vernetztes Lernen – Studierplatz Sprachen" entstanden, das vom BMBF gefördert wird und bei dem die Entwicklung von Selbstlernmodulen auf der Basis von *study2000* im Mittelpunkt steht. Die Erfahrungen der Studierenden mit den Modulen werden mithilfe von Fragebögen ermittelt, wobei die Befragung formativ ausgerichtet ist, d.h., im Mittelpunkt stehen Anregungen für die inhaltliche und technische Weiterentwicklung der Module. Die bisher vorliegenden Ergebnisse lassen sich nur schwer verallgemeinern, weil die Kursstärken weit unter einer statistisch relevanten Größenordnung bleiben und weil die Module selbst noch immer von Kurs zu Kurs verändert werden. Bisher bestätigen die Studierenden pauschal, dass die Arbeit mit den Modulen ihnen größere Wissensfortschritte beschere als ein Lernen ohne sie. Allerdings geht aus den Nutzerprofilen hervor, dass die Studierenden bisher nur über wenig Erfahrung mit Selbstlernprogrammen verfügen.

Die bislang detaillierteste Bewertung des ITA-Konzeptes bildet ein Erfahrungsbericht der Dozentin zu den vier Kursen, die im Rahmen der Erprobung bisher stattgefunden haben. Der Bericht zeichnet die Suche nach den besten Einsatzmöglichkeiten von E-Learning-Elementen nach, indem das Konzept jedes einzelnen Kurses und die Erfahrungen damit ausführlich beschrieben werden (Osiander 2003).

8 Schlussbemerkungen

Die größte Veränderung durch das „ITA-Konzept" gegenüber Seminaren ohne E-Learning besteht darin, dass die Wissensvermittlung nicht mehr in den Sitzungen stattfindet. Studierende, die mehr oder weniger unvorbereitet erscheinen und darauf warten, dass Vorträge der Lehrenden oder Referate ihrer Kommilitonen ihnen Erkenntnisse verschaffen, werden ins Leere laufen. In Seminaren, die nach dem ITA-Konzept angelegt sind, können die Studierenden nur mithalten, wenn sie sich zwischen den Sitzungen selbständig Wissen aneignen, nämlich durch die Arbeit mit den Texten im Handapparat und mit den Selbstlernmodulen, durch Recherchen und durch die Aufträge zur Vorbereitung der Sitzungen.

Das ITA-Konzept greift damit weit über rein technische Fragen hinaus. Es umzusetzen, bedeutet, dass die didaktische Konzeption, die für die herkömmlichen Seminare gilt, überdacht werden muss. Durch das vermehrte selbständige Arbeiten aller Teilnehmenden entsteht in den Sitzungen ein Freiraum für innovative und kreative Formen des Wissenstransfers – auch ohne Rechner. Zugleich kreisen die Seminare insgesamt weniger um die Person des Dozenten oder der Dozentin. Die Lehrenden übernehmen stattdessen stärker die folgenden Aufgaben:

- den Lernprozess schon in der Konzeption des Seminars zu strukturieren (durch die Selbstlernmodule und die Arbeitsaufträge an die Studierenden),
- den Austausch der Studierenden untereinander zu moderieren (im Forum und in den Sitzungen) und
- die Beiträge der Studierenden inhaltlich und methodisch zu kommentieren.

Das ITA-Konzept zu übernehmen, bedeutet auch, dass der Lehre insgesamt ein größerer Stellenwert an den Hochschulen eingeräumt werden muss. Denn der Aufwand für die Lehre nach dem ITA-Konzept steigt gegenüber dem herkömmlichen Seminarkonzept erheblich an. Es genügt nicht mehr, vorher Referatsthemen festzulegen und eine Literaturliste zu erstellen und hinterher die Hausarbeiten zu korrigieren. Die Arbeit mit Selbstlernmodulen verlangt von den Lehrenden, dass sie die Texte besonders sorgfältig auswählen und lange vor der entsprechenden Sitzung in Form von Aufgaben aufbereiten. Und je stärker die Studierenden durch Recherchen und Arbeitsaufträge inhaltlich zu den Sitzungen beitragen, desto intensiver müssen sie betreut werden. Nach den bisherigen Erfahrungen in Dresden zu urteilen, zahlt dieser zusätzliche Aufwand sich vielfach aus. Aber die Steigerung der Qualität kommt nicht als Gratispackung.

Literatur

Körndle, H., Narciss, S. & Proske, A. (2003). Promoting Self-Regulated Learning in Web-Based Learning Environments. In H. Niegemann & R. Moreno (Hrsg.), *Instructional Design for Multimedia Learning*, Münster: Waxmann, im Druck.

Narciss, S. & Proske, A. (2001). Analyse und Beschreibung von Lehr- und Studieraufgaben für die universitäre Lehre (Handout für die Projektgruppe „Studierplatz Sprachen"), Dresden.

Osiander, A. (2003). Das ITA-Konzept: Erfahrungen mit e-learning im Bereich Regionalausbildung Japan, Vortrag in der Reihe Offene Projektworkshops, Media Design Center, TU Dresden, 11. Februar 2003. Abruf am 10. Juno http://call.tu-dresden.de/projekt/publikationen.htm.

Proske, A., Narciss, S. & Körndle, H. (2003). The Exercise Format Editor: A Multimedia Tool for the Design of Multiple Learning Tasks. In H. Niegemann & R. Moreno (Hrsg.), *Instructional Design for Multimedia Learning*, Münster: Waxmann, im Druck.

http://call.tu-dresden.de/	Informationen über das SPS-Projekt
http://studierplatz2000.tu-dresden.de/	Informationen über *study2000*
http://www.tu-dresden.de/lsk/oaz/	Informationen über das Ostasienzentrum der TU Dresden

Cornelia Rizek-Pfister

Präsenzunterricht, Fernunterricht

Die Suche nach dem optimalen Mix

Zusammenfassung

Bei der Beurteilung von Projekten des Swiss Virtual Campus (SVC; Virtueller Campus Schweiz, Campus Virtuel Suisse, Campus Virtuale Svizzero), eines Programms des Bundes zur Förderung der neuen Informations- und Kommunikationstechnologien in der Hochschullehre, gilt es auch auf den optimalen Mix von Präsenzunterricht und Fernunterricht zu achten. Welche Arten von Szenarien sind vorstellbar, und wie beeinflusst die Art des Szenarios die optimale Verteilung von Präsenz- und Fernunterricht? Welche technischen Hilfsmittel sind für welches Szenario sinnvoll? Der Swiss Virtual Campus ist grundsätzlich nicht als Online-Universität geplant und nicht auf Fernstudien ausgerichtet. Es ist jedoch denkbar, dass manche Projekte des Swiss Virtual Campus künftig den Weg in Fernstudienangebote finden werden, obwohl sie nicht dafür konzipiert wurden. Einige Projekte von Fachhochschulen wurden bereits als Fernstudium konzipiert. In gewissen Aspekten funktionieren sie nach anderen Regeln als für Präsenzunterricht konzipierte Kurse.

1 Einige Beurteilungskriterien für E-Learning in Präsenz- und Fernunterricht

Die Ausdrücke „Präsenzunterricht“ und „Fernunterricht“ wirken in Zeiten, in denen meist nur noch vom Lernen – vorzüglich als „Learning“, oder eben „E-Learning“ – die Rede ist, etwas antiquiert. Ich habe sie bewusst gewählt, weil es im Folgenden eben um Unterricht gehen soll: um das Zusammenwirken von Lehrenden und Lernenden, „face-to-face“ im Präsenzunterricht oder „at a distance“ im Fernunterricht. Die Begriffe bedürfen weiterer Klärung: In welche Kategorie gehört ein Video einer Vorlesung? Es vermittelt die Illusion von Präsenzunterricht im Fernunterricht. Es ist das, was am Fernunterricht noch am meisten mit Präsenzunterricht zu tun zu haben scheint – und doch ist es gerade das, was beim Einsatz im Präsenzunterricht am wenigsten Sinn macht, denn die reale Vorlesung wird per definitionem immer einen Vorsprung haben vor ihrem Abbild. Im besten Fall wirkt das Video (bzw. das Videoconferencing-System) genauso gut wie der Präsenzunterricht. Das scheint tatsächlich der Fall zu sein. Es macht einfach weniger Spaß, weil man nicht nach der Vorlesung mit den Kommilitoninnen einen Kaffee trinken geht.

Andererseits ist der Einsatz von Video im Fernunterricht äußerst sinnvoll: Wenn man ohnehin nicht zur selben Zeit am selben Ort sein kann, gibt einem der Einsatz von Video die Möglichkeit, die Distanz zumindest teilweise zu überbrücken. Sobald die Überwindung von Distanz zeitlicher oder örtlicher Art zum wichtigen Kriterium wird, werden rein abbildende Systeme äußerst nützlich – und dies umso mehr, je automatisierter und vielseitiger die Aufnahme der Präsenzunterrichtssituation geschehen kann. Systeme wie der Speakers Corner (ETH Zürich, Prof. Dr. Markus Meier) ermöglichen die vollautomatisierte Produktion von digitalen Vortrags-Videos inklusive via Touchscreen digitalisierte Handzeichnungen auf Powerpoint-Folien, die sich in Echtzeit entfalten, während man Worten und Gestik des Vortragenden im Nebenfenster folgen kann. An Kosteneffizienz sind derartige Systeme zur automatischen Multimedia-Herstellung kaum zu überbieten. Sie werden wohl sehr bald für die Erstellung von Fernstudien-Lehrgängen unverzichtbar werden – aber eben, sie sind dazu verdammt, nie besser als das Original, nie besser als Präsenzunterricht werden zu können. Als Ersatz für an sich möglichen Präsenzunterricht werden sie immer unbefriedigend erscheinen. Für erfolgreiches E-Learning an Präsenzuniversitäten braucht es mehr.

Es ist bekannt, dass viele Schweizer Studierende sich selbständig in Gruppen organisieren und z.B. untereinander abmachen, dass sie abwechselnd jeweils nur zu zweit in die Vorlesung gehen: Einer schreibt, der oder die andere zeichnet – dann wird kopiert und an die Gruppe verteilt. Würden diese üblichen Anstrengungen ernst genommen, gewürdigt und etwas vertieft, könnten so Studierende ohne den Weg über ein ausgefeiltes offizielles Skript zur sinnvollen Erstellung neuer Lernressourcen für alle Studierenden beitragen. Ein Blick in den Bereich der Studierenden bei http://www.uninettuno.it zeigt, welche Kreativität auf diese Weise unter Umständen ausbrechen kann.

Stellt man nun aber diesen Sachverhalt – eine an Schweizer Universitäten vorkommende Selbsthilfe unter Studierenden – dem oben Gesagten gegenüber, drängen sich Relativierungen auf: Bei völlig überfüllten Hörsälen an Präsenzuniversitäten verringern sich die Vorteile der Präsenz; Regeln des Distance Learning beginnen zu wirken. Wenn effizientes Arbeiten an der Hochschule wegen Übervölkerung nicht mehr möglich ist, wird das Studium am heimischen Küchentisch zur Erlösung. Und Vorlesungsvideos wirken schlagartig segensreich für Hunderte von frustrierten Studierenden so genannter „Massenfächer". Die Trennung von Präsenzunterricht und Fernunterricht ist also in der Praxis weniger einfach als in der Theorie.

Zusammenfassend ist bei der Beurteilung von E-Learning im Präsenzunterricht besonders zu beachten:

1. Art der Veranstaltung, Anzahl Studierende pro Veranstaltung (je nachdem gelten Regeln für Fernunterricht);

2. Art der Haupt-Aktivitäten, die das Studium eines bestimmten Fachbereichs beinhaltet, Nutzen von technischen Hilfsmitteln (E-Learning-Elementen) für diese Aktivitäten;
3. Mehrwert der eingesetzten E-Learning-Elemente gegenüber Präsenzunterricht ohne E-Learning (bzw. gegenüber dessen Abbildung z.B. in Videos).

Bei Fernunterricht gilt es dem gegenüber besonders zu beachten:
1. Besondere Bedürfnisse der verschiedenen Zielgruppen; Anzahl Studierende pro Kurs (kritische Masse für Kosten), Herkunft, Kaufkraft und zeitliche Verfügbarkeit der Studierenden (je nachdem kann mehr Präsenzunterricht mit Meetings eingebaut werden);
2. Gibt es Elemente, z.B. Praktika, die für den Fernunterricht eine besondere Herausforderung bedeuten, weil sie Präsenzunterricht zu fordern scheinen?
3. Welche Teile des Online-Kurses überbrücken nur die Distanz, welche Teile bringen Mehrwert gegenüber dem Präsenzunterricht?

Im Unterricht regulärer Präsenzuniversitäten müsste die Beliebtheit von Elementen, die nur der Distanzüberbrückung dienen, der Qualitätssicherung negativ auffallen. Ein Markt für solches entsteht an diesen Institutionen ja nur durch einen Mangel an Qualität der Präsenzveranstaltung, bzw. von deren Rahmenbedingungen.

Insgesamt lässt sich jedoch auch festhalten, dass es neben Qualitäts- auch Effizienzkriterien zu beachten gilt: Der optimale Mix kann auch bedeuten, dass bei gleichbleibender Qualität geringere Kosten anfallen, etwa wenn Professoren mehrerer Hochschulen denselben Kurs in ihren Studiengängen akzeptieren, so dass der Erstellungsaufwand nur einmal anfällt. Wenn drei Professoren sich einen Kurs teilen, darf die Erstellung doppelt so viel kosten als normal, es bleibt ein Spareffekt. Solche Überlegungen zur Effizienz und zur kritischen Masse für den Einsatz von E-Learning sind für das längerfristige Überleben dieser neuen Lernformen entscheidend (zur kritischen Masse s. z.B. Hülsmann, 1999, S. 81; Gröhbiel, 2002, S. 110). Insgesamt teurere Lehre werden sich Hochschulen (und Schulen überhaupt) nur leisten können, wenn ein sehr wesentlicher Qualitätssprung damit verbunden ist – und auch dann nicht immer, wie das Schicksal verschiedener pädagogischer Reformen, die mit vermehrtem Betreuungsaufwand verbunden waren, in der Vergangenheit gezeigt hat. Mit dem ökonomischen Bewusstsein der Konzeptoren der neuen Lernformen steht und fällt der längerfristige Erfolg. Es ist sehr wesentlich, die Kurse so zu organisieren und zu gestalten, dass trotz Qualitätssteigerung nicht insgesamt vermehrter Aufwand resultiert. Dies ist ein Balanceakt, den viele nur zu gern mit dem Ruf nach vermehrter Finanzierung und der resignierten Feststellung, E-Learning sei eben teuer, umgehen würden. Wer ihm jedoch ausweicht, trägt längerfristig dazu bei, dass die Chance eines effizienten Einsatzes von E-Learning an den Hochschulen verpasst wird – denn wenn sich E-Learning von vornherein nicht rechnet, wird man es sich irgendwann ganz sicher nicht mehr leisten können. E-Learning kann sich sehr wohl rechnen, wenn man Einsatzszenarien von vornherein daraufhin auslegt, dass sie sich längerfristig rechnen müssen.

2 Szenarien für den Einsatz von E-Learning in Präsenz- und Fernunterricht

In meinem Vortrag an der GMW-Tagung 2002 in Basel wies ich bereits darauf hin, dass sowohl Präsenz- wie auch Fernstudien zunehmend vor allem „Blended Learning", also einen Mix von Fern- und Präsenzunterricht, einsetzen (Rizek-Pfister, 2002, S. 177): „Nicht zu verwechseln mit E-Learning ist das Telelearning, oder Distance Learning, auf Deutsch Fernstudium. Fernstudien sind auch mittels Post, E-Mail, Telefon, Radio und Fernsehen möglich. Es ist jedoch gar nicht verwunderlich, dass auf Fernstudium spezialisierte Institutionen zu Pionieren im Bereich E-Learning geworden sind, insbesondere auch was die Organisation und die Einbindung in den regulären Studienbetrieb betrifft. Es hat sich gezeigt, dass auch bei reinen Online-Kursen und Fernstudien generell der (mindestens gelegentliche) persönliche Kontakt unentbehrlich bleibt. So verfügen auch die Fernuniversitäten über durchaus unvirtuelle Studienzentren. Die FernUniversität Hagen unterhält beispielsweise in der Schweiz solche Zentren in Pfäffikon SZ und in Brig. Der häufigste Ansatz im Bereich E-Learning ist heute „Blended Learning", die Kombination von Präsenz- und Online-Unterricht, wobei der Präsenzunterricht allenfalls zum Teil durch Teleconferencing gewährleistet werden kann."

Welche Arten von Szenarien sind vorstellbar, und wie beeinflusst die Art des Szenarios die optimale Verteilung von Präsenz- und Fernunterricht? Welche technischen Hilfsmittel sind für welches Szenario sinnvoll? Statt einer nie vollständigen und nie vollständig überzeugenden Tabelle von Zuordnungen beschränke ich mich auf einige Beispiele anhand der oben angeführten Kriterien für Präsenzunterricht. Eine Erweiterung dieser kommentierten Liste konkreter Beispielszenarien könnte unter Umständen durchaus einmal sinnvoll sein, am ehesten als Gemeinschaftswerk einer Gruppe von E-Learning-Verantwortlichen verschiedener Hochschulen, oder auf einer Website für E-Learning-Spezialistinnen und -Spezialisten wie http://www.wissensplanet.com. Ausführliche Überlegungen zu den generellen Vor- und Nachteilen von technischen Hilfsmitteln gibt es jedoch bereits zuhauf (überzeugend z.B. Mason, 1999, S. 32 - 47; oder Scheuermann, 2000).

Kriterium 1: Art der Veranstaltung, Anzahl Studierende pro Veranstaltung;

- Szenario A: Einführungskurs erstes Semester, 700 Studierende – Online-Organisation in Kleingruppen, die sich selbständig (und leibhaftig) im Umkreis der Universität treffen, gegenseitige Lernhilfe in Foren, Tutorierende greifen nur punktuell ein, um ein brennendes Problem zu klären. Kosteneffizient und qualitätssteigernd, da relativ wenige Tutorierende effektvoll wirken: (Fast) alle ihre Äußerungen kommen online der ganzen Gruppe zugute. Solche Kurse tendieren jedoch leicht zur Gängelung der Studierenden. Das Tutorieren braucht viel Disziplin und Fingerspitzengefühl. Organisationsformen des Fernunterrichts unterstützen hier den Präsenzunterricht.

- Szenario B: Gemeinsames reines Online-Seminar von sechs Professorinnen und Professoren von überall auf dem Globus, mit ca. drei Studierenden pro Professor, in einem „Orchideenfach" – großartige Erweiterung des Horizonts, eigentlich erst Ermöglichung eines regen fachlichen Gedankenaustauschs durch genügende Gruppengröße. Bringt mehr und kostet weniger als Reisen zu Kongressen, daher ebenfalls kosteneffizient und qualitätssteigernd! Die „kritische Masse" kann jedoch natürlich nur dann als erreicht angesehen werden, wenn die Existenz des „Orchideenfachs" an sich nicht in Frage gestellt wird. Organisationsformen des Fernunterrichts erweitern hier den Präsenzunterricht und steigern dessen Qualität.

Kriterium 2: Unterstützung der Haupt-Aktivitäten, die das Studium eines bestimmten Fachbereichs beinhaltet, Nutzen von technischen Hilfsmitteln (E-Learning-Elementen) für diese Aktivitäten;

- Szenario A: Vorbereitung von Medizinern auf den Einsatz am Krankenbett – Online-Übungen durchsetzt mit einzelnen Präsenz-Elementen, z.T. für Übungen mit Puppen und Gerätschaften (halbvirtuelle Lernsequenzen). Relativ teure Kursherstellung, relativ intensive Betreuung, relativ geringe Studierendenzahlen, jedoch großer Effekt: Schonung der Patienten, bessere Ausbildung in einem Kernbereich des Fachs dank der Möglichkeit, beliebig lange zu üben. Fernunterricht korrigiert hier Mängel des Präsenzunterrichts.
- Szenario B: Geisteswissenschaftliches Seminar mit 200 Studierenden – rege genutzte Foren erlauben strukturierte Fachdiskussionen (ein Kernbereich des Studiums: Texte kritisch zu analysieren und darüber zu argumentieren) auch unter Beteiligung der Schüchternen, die niemals spontan vor 200 Leuten das Wort ergreifen würden. Fernunterricht korrigiert hier Mängel des Präsenzunterrichts.

Kriterium 3: Mehrwert der eingesetzten E-Learning-Elemente gegenüber Präsenzunterricht ohne E-Learning (bzw. gegenüber dessen Abbildung z.B. in Videos);

- Szenario A: Die Darstellung eines Entwicklungsprozesses als Animation mit der Möglichkeit, den Zeitablauf jeweils nach einer Etappe wieder zu stoppen und Beschriftungen und Erklärungen abzurufen (durch Klick auf die interessierende Bildstelle), oder selbst die Beschriftungen auf dem Bild zu platzieren (als Drag-And-Drop-Übung) – der Aufwand für die Erstellung einer solchen Animation ist groß, ihr Mehrwert und ihre Wiederverwendbarkeit auch, und sie könnte zum beliebten Tauschgut werden. Als Bereicherung für Fern- wie Präsenzunterricht wertvoll.
- Szenario B: Kollaborationstools erlauben Studierenden, eigene Texte zur Diskussion zu stellen und dazu viel mehr konstruktives Feedback zu erhalten

(auch von Mitstudierenden), als dies im Präsenzunterricht zu erwarten wäre. Als Bereicherung für Fern- wie Präsenzunterricht wertvoll.

3 Könnte das Achten auf den optimalen Mix Präsenz- und Fernstudien parallel ermöglichen?

Einige Swiss-Virtual-Campus-Projekte von Fachhochschulen wurden bereits als Fernstudium konzipiert (s. http://www.swissvirtualcampus.ch). In gewissen Aspekten funktionieren sie nach anderen Regeln als für Präsenzunterricht konzipierte Kurse, und sie sind, wie oben ausgeführt, auch zum Teil nach anderen Kriterien zu beurteilen. Es ist denkbar, dass auch weitere Projekte des Swiss Virtual Campus künftig den Weg in Fernstudienangebote finden werden, obwohl sie nicht dafür konzipiert wurden. Videoconferencing-Systeme als Ersatz für Seminare und Videos als Ersatz für Vorlesungen könnten sie später ergänzen. Sollte eines Tages das „Umbrella-Model" gemäss Robin Mason (Mason, 2001, S. 278: „existing institutions pull together (instead of competing with each other) under the aegis of a slim superstructure, to provide new courses in new ways") für die Schweizer Hochschulen in Kraft treten, trotz der Schwierigkeiten, die bereits Mason gut beobachtet hat (Mason, 2001, S. 280: „There is little to dislike about this model except the difficulties of carying it off. Institutional politics, market protection, collaboration hostilities can only be overcome by near life-threatening crises, which command people to work together against a common threat"), dann könnte der optimale Mix von Fern- und Präsenzunterricht wohl in vielen Lernumgebungen neu überdacht werden. Vielleicht gäbe es in vielen Kursen die Möglichkeit, dieselben Themen je nach Zielgruppe („normale" Studierende, Fernstudierende) mit einem unterschiedlichen Mix von Fern- und Präsenzunterricht anzubieten. Es könnte für „normale" Studierende eine Bereicherung sein, fallweise mit Fernstudierenden, die vielleicht bereits ein Studium absolviert haben und mitten im Berufsleben stehen (wie rund 30% der Studierenden der FernUniversität Hagen), gemeinsam eine Lernsequenz zu erleben. Und Fernstudierende wären in „gemischten" Kursen weit intensiver in die „Academia" einbezogen, als dies bisher üblich war. Aber dies ist noch Zukunftsmusik.

4 Zusammenfassung

Für den sinnvollen Einsatz von E-Learning im Präsenzunterricht besonders zu beachten sind die Anzahl Studierende pro Veranstaltung (aus finanz-ökonomischen Gründen), der Nutzen von E-Learning-Elementen für die Hauptaktivitäten des Studiums eines bestimmten Fachbereichs (aus lern-ökonomischen Gründen), sowie der Mehrwert der eingesetzten E-Learning-Elemente gegenüber herkömmlichem Präsenzunterricht. Dies sind allerdings nur einige der relevanten Kriterien.

Bei Fernunterricht gilt es dem gegenüber besonders zu beachten, dass auf die besonderen Bedürfnisse der möglicherweise unterschiedlichen Zielgruppen eingegangen wird. Gerade bei Elementen, die für den Fernunterricht eine besondere Herausforderung bedeuten, weil sie Präsenzunterricht zu fordern scheinen, wie z.B. Praktika, kann durch den geschickten Einsatz von E-Learning-Szenarien ein wesentlicher Gewinn in mehrfacher Hinsicht resultieren: Virtuelle Labors bieten z.B. weit mehr situative Lernhilfen als echte Labors. Sie helfen Kosten sparen und Risiken mindern, weil die Studierenden viele Fehler, Missverständnisse und Missgeschicke bereits in der virtuellen Welt erleben und daraus fürs echte Praktikum lernen können. Insbesondere beim Fernunterricht gilt es zu fragen: Welche Teile eines Online-Kurses überbrücken nur die Distanz, welche Teile bringen Mehrwert gegenüber dem Präsenzunterricht?

Bei der Beurteilung von E-Learning sind sowohl Qualitäts- als auch Effizienzkriterien zu beachten, wenn man nicht riskieren will, dass E-Learning längerfristig Sparmassnahmen zum Opfer fällt. E-Learning wird besser und billiger oder es wird nicht sein – es hilft nicht, sich dem zu verweigern. Und es sind viele Szenarien denkbar, mit denen dies zu erreichen ist. Wenn bei Kostenneutralität eine bessere Qualität der Lehre resultiert, ist die Strategie der Rektorenkonferenz der Schweizer Universitäten (http://www.crus.ch) im Grunde bereits aufgegangen: E-Learning soll zur Erneuerung der Lehre beitragen. Ohne Kostenneutralität wird die Akzeptanz jedoch bald sinken. Ein Weg dorthin könnte auch über das Angebot von Fernstudien und Weiterbildungen führen, um eine neue Einnahmequelle für die Weiterentwicklung eines E-Learning-Angebots zu erschliessen. Es sind viele erfolgreiche Szenarien denkbar.

Links

http://www.swissvirtualcampus.ch
http://www.crus.ch
http://www.uninettuno.it
http://www.wissensplanet.com
Die Links wurden am 13. Juni 2003 überprüft.

Literatur

Bachmann, G., Haefeli, O., Kindt, M. (Hrsg.) (2002). *Campus 2002. Die Virtuelle Hochschule in der Konsolidierungsphase,* Münster. (Medien in der Wissenschaft, Band 18)

Dillinger, Michael L. (2001) Learning Environments: The Virtual University and beyond. In: Tschang, F.T., Della Senta, T. (Hrsg.) *Access to Knowledge. New*

Information Technologies and The Emergence of the Virtual University, Amsterdam, 53-91.

Gröhbiel, U. (2002), E-Learning auf strategische Ziele ausrichten: Von der Pionierphase zum systematischen Einsatz von E-Learning. In: Bachmann, G., Haefeli, O., Kindt, M. (Hrsg.) *Campus 2002. Die Virtuelle Hochschule in der Konsolidierungsphase,* Münster, 98-111.

Hülsmann, Th. (1999), The costs of distance education. In: Harry, K. (Hrsg.) *Higher education through open and distance learning,* London, 72-90.

Kerres, M. (2001). Zur (In-)Kompatibilität von mediengestützter Lehre und Hochschulstrukturen. In E. Wagner & M. Kindt (Hrsg.), *Virtueller Campus. Szenarien – Strategien – Studium* (Reihe: Medien in der Wissenschaft, Bd. 13, S. 293-302). Münster: Waxmann.

Mason, R. (1999), The impact of telecommunications. In: Harry, K. (Hrsg.) *Higher education through open and distance learning,* London, 32-47.

Mason, R. (2001), Institutional Models for Virtual Universities. In: Tschang, F.T., Della Senta, T. (Hrsg.) *Access to Knowledge. New Information Technologies and The Emergence of the Virtual University,* Amsterdam, 267-288.

Rizek-Pfister, Cornelia (2002), Der Swiss Virtual Campus im internationalen Vergleich: Versuch einer Positionierung. In: Bachmann, G., Haefeli, O., Kindt, M. (Hrsg.). *Campus 2002. Die Virtuelle Hochschule in der Konsolidierungsphase,* Münster, 176-186

Scheuermann, F. (Hrsg.) (2000) *Campus 2000: Lernen in neuen Organisationsformen,* Münster. (Medien in der Wissenschaft, Band 10)

Schulmeister, R. (2001). *Virtuelle Universität. Virtuelles Lernen.* München: Oldenbourg Verlag.

Tschang, F.T., Della Senta, T. (Hrsg.) (2001). *Access to Knowledge. New Information Technologies and The Emergence of the Virtual University,* Amsterdam.

Christa Stocker

Induktiv und intuitiv: Chancen einer phänomengeleiteten Beschäftigung mit Linguistik

Zusammenfassung

Ungeachtet der Tatsache, dass Sprache – der Gegenstand der Sprachwissenschaft – ein genuin lebenspraktisches Phänomen ist, erfolgt die Einführung in die Sprachwissenschaft in der universitären Lehre und in Einführungsbüchern weitgehend theoriegeleitet. Dem steht entgegen, dass viele Studierende leichter einen Zugang zu linguistischen Problemen entwickeln, wenn sie mit sprachlichen Phänomenen konfrontiert werden. Mit ihrem phänomengeleiteten Ansatz setzt die „Studien-CD Linguistik" genau an diesem Punkt an.

Im folgenden Artikel wird an zwei Beispielen aus dem Projekt „Studien-CD Linguistik" aufgezeigt, welche Möglichkeiten und Vorteile phänomenzentrierte Einführungen, indem sie am alltagssprachlichen Wissen der Studierenden anknüpfen und reale fachwissenschaftliche Prozesse simulieren, für die Vermittlung von Sprachwissenschaft bieten.

1 Einleitung

Der Einsatz neuer Medien in der Lehre hat in den letzten Jahren an den Hochschulen kontinuierlich zugenommen. Dies sollte eigentlich ein Grund zur Freude sein, denn die neuen Medien bieten zahlreiche Möglichkeiten, die Lehre in Zukunft individueller zu gestalten und zu verbessern. Zu oft werden die neuen Medien jedoch als Allheilmittel gegen die Probleme der Massenuniversitäten angepriesen. Der Präsenzunterricht soll durch E-Learning-Angebote ergänzt bzw. ersetzt werden, was dazu führt, dass viele der Angebote textlastig sind. Texte sind für das Selbststudium zwar notwendig, doch ist die Rezeption am Bildschirm nicht geeignet, einen nachhaltigen Lernerfolg zu erzielen. Studierende drucken sich die Texte denn auch für gewöhnlich aus, zumal bisher auch noch kaum befriedigende Möglichkeiten zur Verfügung stehen, solche Skripten am Bildschirm in befriedigender Weise durch Notizen, Markierungen etc. zu ergänzen und damit zu personalisieren.

Überdies orientieren sich noch immer viele E-Learning-Angebote – der Empfehlung von Hochschuldidaktikern folgend – an der sachlogischen Struktur der zu vermittelnden Inhalte und verharren in den Rastern existierender Fachsystematiken, da diese „für die Orientierung des Lernenden in der Lernumgebung" entscheidend seien (vgl. z.B. Albrecht, 1999). Schulmeister (z.B. 2000a oder

2000b) hat diese Ausrichtung in den letzten Jahren wiederholt kritisiert. Die neuen Medien fordern andere didaktische Qualitäten und bieten mehr an didaktischen Möglichkeiten als Lehrbücher mit ihrer weitgehenden Beschränkung auf die Linearität und auf „unbelebte" bildliche Darstellungen. Um die Vorteile multimedialen Lernens nutzen zu können, muss man in virtuellen Lehr-Lernangeboten anderen didaktischen Qualitätsstandards folgen als in der herkömmlichen Lehre. Schulmeister (2000b, S. 156-158) schlägt sechs Kriterien vor, mit denen die didaktische Qualität virtueller Lehr-Lernangebote verbessert werden könnte.[1] Aus diesem Katalog soll ein Kriterium herausgegriffen werden, das auf die Form der Darstellung von Lerninhalten zielt und anstelle der herkömmlichen systematischen eine vermehrt induktive Darstellung der Inhalte in den elektronischen Medien fordert:

> „Die systematische Form der Repräsentation fachwissenschaftlicher Inhalte in Lehrbüchern sollte zugunsten einer induktiven Darstellungsweise aufgegeben werden, die der multimedialen Umgebung und dem Hypertextprinzip eher angemessen ist." (Schulmeister, 2000b, S. 157)

Wie sich diese Forderung in der Praxis umsetzen lässt, soll nach einigen theoretischen Vorüberlegungen am Beispiel zweier Lerneinheiten erläutert werden.

2 Anwendungsorientierung in der linguistischen Wissensvermittlung

2.1 Ausgangslage

Die Sprachwissenschaft, wie die Linguistik auch genannt wird, beschäftigt sich mit Sprache in all ihren Facetten und unter verschiedensten Perspektiven (formal, funktional und sozial). Sprache spielt aber auch im Alltag eine wichtige Rolle. Im Alltag mit Sprache umgehen heißt visuell (Schrift), auditiv (z.B. Telefongespräch) oder audio-visuell (z.B. face-to-face-Gespräch) kommunizieren. Der Gegenstand der Sprachwissenschaft ist damit ein genuin lebenspraktischer. Studierende haben zu Beginn ihres Linguistikstudiums also ein umfangreiches intuitives sprachliches Wissen. Zugleich müssen FachanfängerInnen den fachwissenschaftlichen Umgang mit Sprache erst noch lernen; d.h. sie wissen vieles und wissen doch nichts. Diese Diskrepanz führt häufig zu Irritationen. In der praktischen linguistischen Analyse vermischen Studierende nicht selten linguistisches Fach- und sprachliches Alltagswissen; sie können nicht unterscheiden, was fachwissenschaftliche Analyse

---

1 Die Kriterien zielen auf folgende Punkte: 1. Eignung der Inhalte, 2. didaktischer Mehrwert der virtuellen Umsetzung gegenüber herkömmlichen Vermittlungsmöglichkeiten, 3. systematische versus induktive Darstellungsweise, 4. adäquate didaktisch-methodische Umsetzbarkeit, 5. Kongruenz im Anspruchsniveau von Lernzielen und Übungsformen, 6. Möglichkeit zur Interaktion mit Peers (Schulmeister, 2000b, S. 156-158).

und was nur gut gedachte Alltagslogik ist. Überdies ist die linguistische Grundausbildung meist sehr theorielastig, d.h. die Anwendung der Theorien kommt oft zu kurz und der Praxisbezug wird nur ungenügend hergestellt. An diesen Punkten setzt der phänomengeleitete Ansatz an.

2.2 Phänomengeleiteter Umgang mit linguistischen Problemen

In herkömmlichen Einführungswerken werden linguistische Theorien und Modelle meist systematisch und unter sachlogischer Perspektive bzw. deduktiv vermittelt. Der Bezug zur sprachlichen Realität beschränkt sich dabei meist auf einige wenige illustrierende Beispiele. Zudem werden die vermittelten linguistischen Konzepte und Theorien als fachwissenschaftliche Grundlagen oft kaum motiviert. Auf diese Weise wird Studierenden zwar linguistisches Grundwissen vermittelt, doch wird dabei die Verbindung zur Anwendung, zur sprachlichen Realität oft nur ungenügend hergestellt.

Phänomenzentrierte Einführungen setzen demgegenüber – wie der Name sagt – beim sprachlichen Phänomen an. Am Anfang der Auseinandersetzung steht hier nicht die linguistische Theorie, sondern das sprachliche Phänomen, mit dem sich eine Theorie beschäftigt. Dieses wird in seinem realen Kontext vorgeführt und dient so als Ausgangspunkt für die fachlinguistische Beschäftigung, die daraus induktiv abgeleitet wird. Anhand von zwei Beispielen aus dem Kapitel „Gesprächsanalyse“ aus dem Projekt „Studien-CD Linguistik“ soll im Folgenden gezeigt werden, wie sich der phänomengeleitete Umgang mit Linguistik in der konkreten Umsetzung gestaltet.

Kurz zum Projekt: Die „Studien-CD Linguistik“ ist als interaktives Lehrmittel für die Grundausbildung in germanistischer Linguistik konzipiert, das in Ergänzung zu gängigen, eher theoriegeleiteten Einführungsbüchern Übungen, audio-visuell unterstützte Anwendungsbeispiele, illustrierende Animationen, Grafiken und authentisches Sprachmaterial zur Vertiefung ausgewählter Themen und Probleme aus den Kernbereichen der Linguistik anbietet. Die „Studien-CD Linguistik“ ist modular aufgebaut und zielt im Unterschied zu herkömmlichen Einführungen auf die Anwendung linguistischer Theorien und auf die Aktivierung der Studierenden zur Eigenarbeit. Vor diesem Hintergrund werden in den Lerneinheiten keine vollständigen Theoriedarstellungen angestrebt – dazu wird auf entsprechende Einführungsbücher verwiesen, was gegenüber anderen elektronischen Einführungen eine Entlastung von großen Textmengen bringt, ohne dass auf Problematisierungen und auf eine fundierte theoretische Abstützung verzichtet werden muss.

Beispiel 1: Simulation einer gesprächslinguistischen Problematik

Im Lernmodul „Umgang mit Gesprächen“ sollen die Studierenden lernen, dass und wie Gespräche für die gesprächslinguistische Analyse aufbereitet werden. Dieses Ziel könnte eigentlich sehr einfach durch die Auflistung der notwendigen Maßnahmen erfolgen. Aus darstellerischer Sicht wäre dies bestimmt die effizienteste Methode. Jedoch entwickeln viele Studierende leichter ein Bewusstsein für linguistische Probleme, wenn sie mit sprachlichen Phänomenen konfrontiert werden. Deshalb wurde ein sprachliches Phänomen – ein Ausschnitt aus einer Fernsehdiskussion – als Ausgangspunkt der Auseinandersetzung gewählt, aus dem die Theoretisierungen abgeleitet werden können.

Zum Aufbau der Lerneinheit:
Auf der ersten Seite wird oben links an prominenter Stelle ein Video präsentiert (vgl. Abb. 1). Zudem enthält die Seite einen erklärenden Text, das Lernziel sowie Literaturhinweise. Beim ersten Aufstarten stehen diese Elemente jedoch nicht gleichwertig nebeneinander, denn sobald die Datei aufgerufen wird, startet das Video und lenkt so die Aufmerksamkeit auf sich.

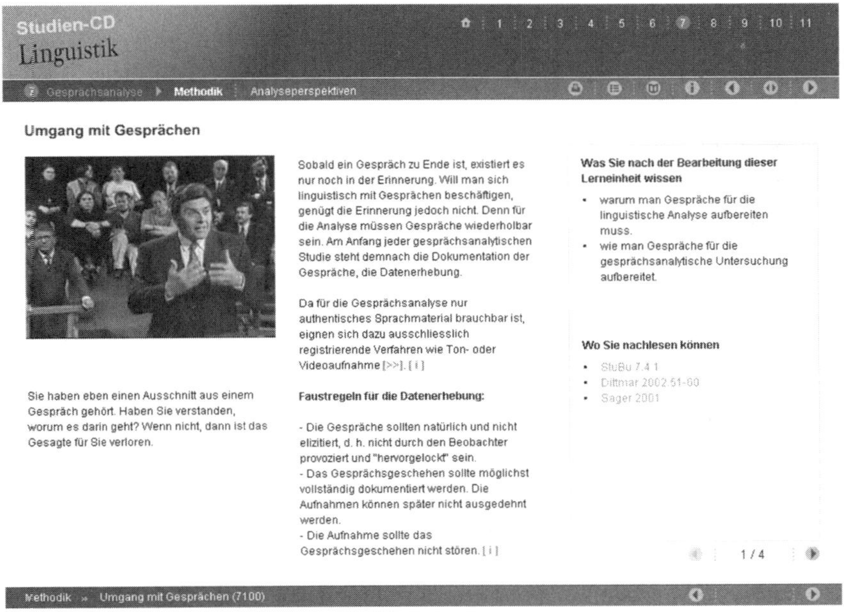

Abb. 1: „Umgang mit Gesprächen“ (Startseite)

Auf diese Weise wird der Lerner (bzw. die Lernerin) mit einer Gesprächsrealität konfrontiert. Er wird von einem Gespräch überrascht und muss dieses – ohne Möglichkeit, das Video zu steuern – „über sich ergehen lassen“. Es wird also eine

Situation simuliert, die der Lerner im Alltag häufig erlebt: Er wird unvorbereitet mit einem Gespräch konfrontiert, das bereits in vollem Gang ist. Zugleich ziehen weitere „Dinge“ – die präsentierten Texte, seine Umgebung etc. – die Aufmerksamkeit auf sich und lenken ihn vom Gespräch ab, so dass er diesem vermutlich nur bedingt folgen kann. Damit wird auf einer vorlinguistischen Stufe an die Erfahrungen des Lerners angeknüpft.

In einem zweiten Schritt geht der Text – nun theoretisierend – auf die simulierte Problematik ein. Als Heranführung an die Problematik nimmt er einerseits die eben gemachten Erfahrungen mit dem automatischen Videostart auf. Andererseits wird im Text der nächste Schritt im Modul motiviert:

Seite zwei des Moduls zeigt wiederum dasselbe Video, nun aber mit Videosteuerung, so dass das Gespräch jetzt wie eine „richtige“ Gesprächsaufnahme technisch verfügbar ist (vgl. Abb.2):

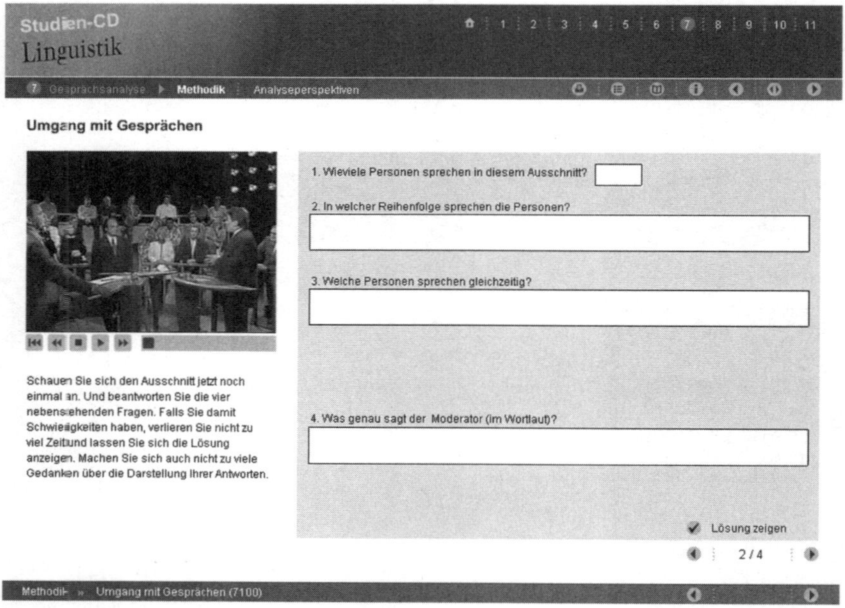

Abb. 2: „Umgang mit Gesprächen“ (Seite 2)

Anhand einer Aufgabe mit exemplarischen gesprächsanalytischen Fragen zum Gesprächsgeschehen wird nun verdeutlicht, dass allein die Konservierung eines Gesprächs für die gesprächslinguistische Analyse nicht genügt. Denn die Fragen lassen sich zwar grundsätzlich beantworten, doch verursacht dies allein auf der Basis einer Videoaufnahme und ohne eine Verschriftlichung, eine Transkription des Gesprächs, große Schwierigkeiten. Auf diese Weise erfahren die Studierenden „am eigenen Leib“ die Notwendigkeit einer weiteren Aufbereitung des Gesprächs. Im Kommentar zur Lösung, die der Lerner jederzeit über einen Button einblenden kann, werden die aufgetretenen Probleme als Motivation für das weitere Vorgehen, das auf der nächsten Seite illustriert wird, erläutert.

Nachdem vorerst eher intuitiv den naiven Konzepten vom Umgang mit Gesprächen nachgespürt wird, folgt im Schlussbild der Lerneinheit (Abb. 3) – sozusagen als Zusammenfassung – die Theoretisierung der am Phänomen aufgezeigten Phasen der gesprächsanalytischen Datenerhebung.

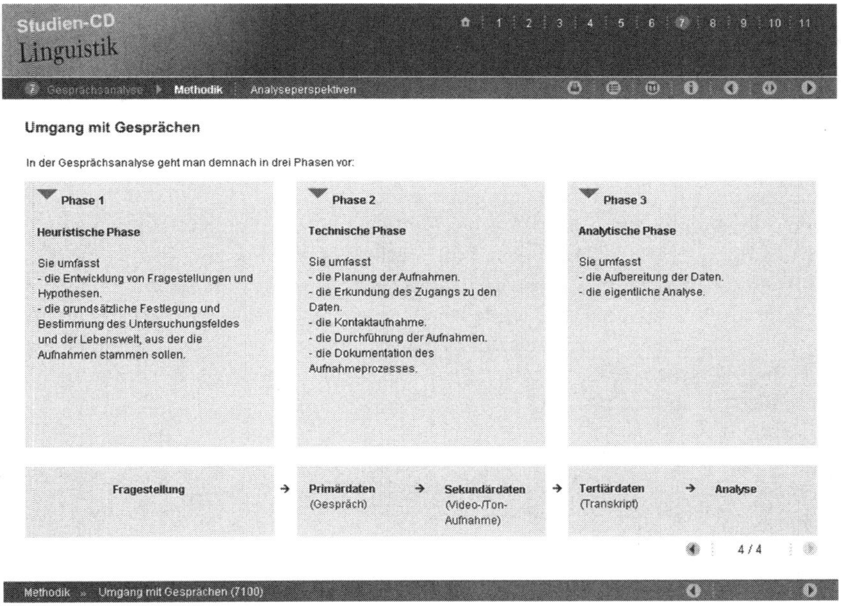

Abb. 3: „Umgang mit Gesprächen“ (Schlussbild)

Die Darstellung gliedert sich wiederum in Theoriebeschreibung (oben) und Konkretisierung (unten), so dass der Phänomenaspekt auch hier nicht außer Acht gelassen wird.

„Umgang mit Gesprächen“ ist grundsätzlich linear aufgebaut, wobei die Linearität für diese Lerneinheit ein wichtiges Strukturprinzip darstellt. Geht man davon aus, dass der Lerner, der bisher mit Gesprächen nur im Alltag umgegangen ist, die Notwendigkeit und Abfolge der einzelnen Bearbeitungsschritte im Umgang mit einem Gespräch selbst erfahren soll, kann die Lerneinheit nur linear aufgebaut sein. Die Linearität ist dabei aber nur ein Strukturprinzip neben anderen, denn nebst dem Video, das ab der zweiten Seite zur freien Arbeit zur Verfügung steht, werden dem Lerner durch Links zu weiterführenden Informationen (gekennzeichnet durch [i]), auf Glossareinträge sowie Verweise auf andere Lerneinheiten auch immer wieder Möglichkeiten geboten, die Linearität zu verlassen und sich entsprechend seinen Bedürfnissen zu informieren. Angepasst an das Zielpublikum (FachanfängerInnen) ist die Hypertextstruktur aber bewusst einfach gehalten. Der

Aufbau der Lerneinheit steht also keineswegs im Widerspruch zu Schulmeisters Forderung (2000b, S. 157), Lerner im E-Learning möglichst vom Zwang zu sequenziellem Lesen zu befreien.

Beispiel 2: Entdeckendes Lernen am sprachlichen Phänomen

In der Lerneinheit „Rückmeldeverhalten: formal und funktional“ soll der Lerner bzw. die Lernerin eine Vorstellung davon bekommen, welche Äußerungen in einem Gespräch zum Rückmeldeverhalten zählen sowie die Formen und Funktionen von Rückmeldeverhalten kennen lernen. Dieses Lernziel wird wiederum nicht über einen theoretischen Zugang, sondern motiviert durch das sprachliche Phänomen verfolgt.

Die erste Seite der Lerneinheit dient dabei vor allem der Orientierung: Hier werden die wichtigsten Begriffe (mit Verweisen aufs Glossar) kurz umrissen sowie das Lernziel, Lesehinweise und die sachlichen Voraussetzungen genannt.

Auf der zweiten Seite werden ihm für die Arbeit am realen Sprachmaterial ein voll steuerbares Video und das zugehörige Gesprächstranskript zur Verfügung gestellt (Abb. 4). Diese Anordnung entspricht derjenigen, wie sie in der realen gesprächslinguistischen Arbeit verwendet wird, wenn es um die Bestimmung von Rückmeldeverhalten geht.

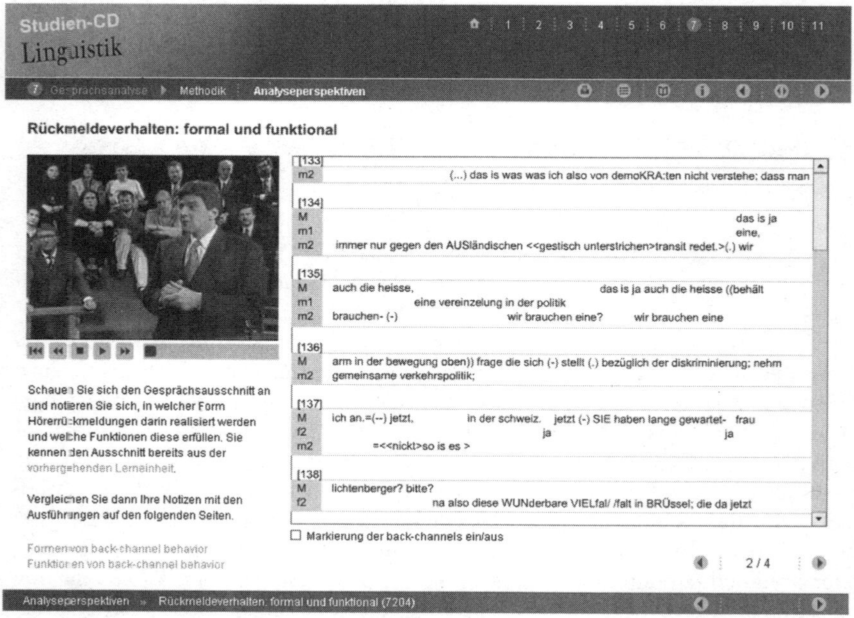

Abb. 4: „Rückmeldeverhalten: formal und funktional“ (Seite 2)

Der Lerner wird hier zur Eigenarbeit mit Video und Transkript angeleitet, wobei er sich als Hilfestellung je nach Bedarf im Transkript die relevanten Stellen anzeigen lassen kann. Er entscheidet dabei selber, wie lange und intensiv er sich mit dem Transkript beschäftigen will. Betrachtet er die Aufgabe als gelöst, kann er entweder linear oder thematisch zur Theorie fortschreiten.
Wählt der Lerner „Formen von Rückmeldeverhalten", kommt er zu einer systematischen Auflistung der relevanten formalen Elemente, die er am Gesprächstranskript überprüfen kann.

Wählt er „Funktionen von Rückmeldeverhalten", wird er noch einmal mit derselben Anordnung konfrontiert, nun jedoch ergänzt um eine Theoretisierung in Form einer intuitiv verständlichen funktionalen Klassifikation (rechts neben dem Transkript; Abb. 5), die denn auch nicht eigentlich eingeführt wird. Informationen zu den einzelnen Klassen sowie zu problematischen Äußerungen im Transkript (gekennzeichnet durch [i] bzw. ⓘ) können jedoch bei Bedarf abgefragt werden.

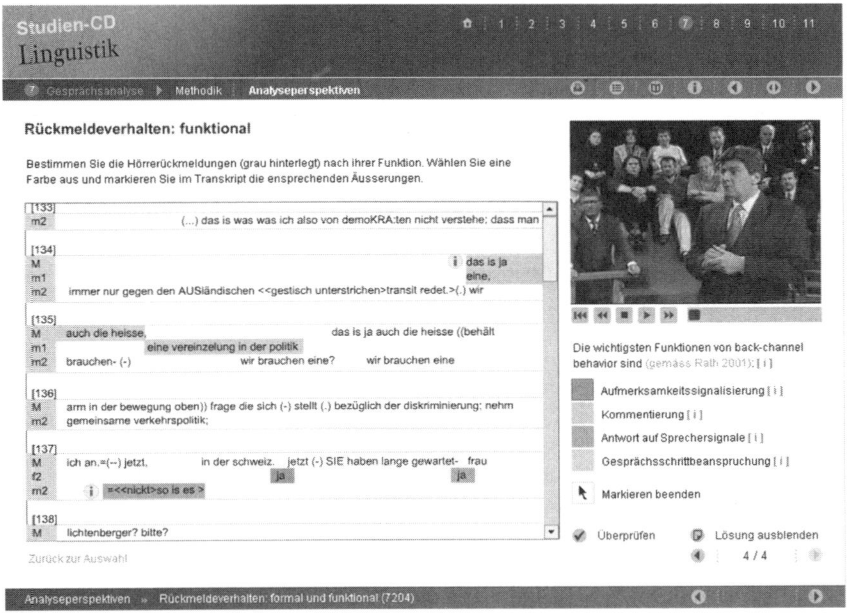

Abb. 5: „Rückmeldeverhalten: formal und funktional" (Seite 4)

Darüber hinaus bietet die Seite dem Lerner die Möglichkeit, sein Verständnis der funktionalen Klassen mit einer integrierten Bestimmungsübung an einem konkreten Gespräch interaktiv zu überprüfen und so sein Wissen zu vertiefen. Dazu markiert er die einzelnen Hörerrückmeldungen mit der entsprechenden Farbe (vgl. Abb. 5). Dabei kann er seine Markierungen jederzeit überprüfen. Er muss die relativ lange, zeitaufwändige Übung also nicht vollständig lösen, sondern kann sie jederzeit abbrechen, ohne auf ein Feedback verzichten zu müssen. Außerdem ermöglicht diese Funktionalität dem Lerner, seine Hypothesen unverzüglich zu überprüfen und nötigenfalls zu revidieren, was verhindert, dass sich falsche Hypothesen einprägen.

Überdies lässt sich die Lösung jederzeit ein- und ausblenden, was dem Lerner die Möglichkeit gibt, sich vorweg mit der Lösung zu beschäftigen, um über die Beschäftigung mit konkreten Ausprägungen die Zuordnungskategorien besser zu verstehen und einen Anstoß für die Bearbeitung der Übung zu erhalten.

3 Schlussbemerkungen

Wie die Beispiele zeigen, steht in phänomenzentrierten Einführungen nicht das Neue (die Theorie), sondern das Bekannte (das sprachliche Phänomen) am Anfang der Auseinandersetzung. Auf diese Weise knüpfen sie – den Forderungen konstruktivistischer Ansätze folgend (vgl. z.B. Mandl & Gräsel 2000, S. 19f. oder Schulmeister 2000a, S. 6 bzw. 2000b, S. 155) – direkt am Vorwissen bzw. an naiven Konzepten der Lerner an und sprechen, da sie eigene Erfahrungen aktivieren und generieren (vgl. Beispiel 1), die Motivation der Lernenden an. Durch die Beschäftigung mit sprachlichen Phänomenen werden die Studierenden zur selbstständigen Hypothesenbildung angeregt, ohne bereits durch fachwissenschaftliche Kenntnisse in ihrer Wahrnehmung eingeschränkt und auf eine bestimmte Ausdeutung festgelegt zu sein. Dies ermöglicht ihnen, auch Verbindungen herzustellen, die in einer Lerneinheit nicht thematisiert werden, was die Motivation der Lerner fördert, sich eigenaktiv mit schwierigen linguistischen Themen zu beschäftigen.

Ein weiterer Vorteil dieser Zugangsweise besteht darin, dass den Studierenden beim selbstständigen Arbeiten an konkreten Beispielen einerseits Verständnislücken, andererseits Stärken oder Schwächen einer Theorie eher bewusst werden. Dadurch wird der kritische Zugang zur Theorie gefördert, was für die Linguistik mit ihren zahlreichen, oft divergierenden Modellen besonders wichtig ist.

Und schließlich kann durch die Orientierung am Phänomen das Vorgehen bei der empirischen Forschung nachgezeichnet werden, so dass die Studierenden über phänomenzentrierte Einführungen einen direkten Einblick in die reale linguistische Arbeit erhalten.

Der phänomengeleitete Zugang zur Linguistik ermöglicht also einen intuitiven Einstieg auch in komplexe Themen und motiviert den fachlinguistischen Umgang mit Sprache. Durch die interaktive Auseinandersetzung mit authentischem Sprachmaterial wird das intuitive sprachliche Wissen der Studierenden für die fachwissenschaftliche Auseinandersetzung mit Sprache produktiv nutzbar gemacht: Der sprachliche Alltag wird zum Anknüpfungspunkt für die linguistische Theoretisierung. Dabei werden die Bezüge zwischen Sprachalltag und Sprachwissenschaft explizit hergestellt, was den Studierenden zugleich deren Unterscheidung erleichtert.

Da in phänomenzentrierten Einführungen linguistische Theorien und Modelle nicht nur beschrieben, sondern am authentischen (Sprach-)Material in der Anwendung vorgeführt bzw. vom Lerner angewandt werden, erleichtern sie den Studierenden den Zugang zu linguistischen Themen und führen zu einer Intensivierung des studentischen Lernens, indem über den Einbezug von Audio- und Videomaterial vermehrt auch visuelle und auditive Lernkanäle integriert werden.

Literatur

Albrecht, R. (1999). Einsatz elektronischer Medien im realen und virtuellen Campus. Arbeitsstelle für Hochschuldidaktik. Abruf am 28. Mai 2003; http://www.tu-bs.de/afh/albrecht/lu_kon.htm

Mandl, H., & Gräsel, C. (2000). Instruktionale Ansätze zum problemorientierten multimedialen Lernen in der Medizin. In K.-H. Bichler & W. Mattauch (Hrsg.), *Multimediales Lernen in der medizinischen Ausbildung.* Heidelberg: Springer, 19-28. Abruf am 28. Mai 2003; http://link.springer.de/link/service/books/3/540/148981/fpapers/mmlern_mandl.pdf

Schulmeister, R. (2000a). Didaktische Aspekte hypermedialer Lernsysteme. Lernvoraussetzungen, kognitive Re-Interpretation und Interaktion. In R. Kammerl (Hrsg.), *Computerunterstütztes Lernen.* Abruf am 28. Mai 2003; http://www.izhd.uni-hamburg.de/pdfs/DidAspekte.pdf

Schulmeister, R. (2000b). Zukunftsperspektiven multimedialen Lernens. In K.-H. Bichler & W. Mattauch (Hrsg.), *Multimediales Lernen in der medizinischen Ausbildung.* Heidelberg: Springer, 144-159. Abruf am 28. Mai 2003; http://link.springer.de/link/service/books/3/540/148981/fpapers/mmlern_schulmeister.pdf

Innovative didaktische Lernszenarien

Claudia Bremer

Lessons learned: Moderation und Gestaltung netzbasierter Diskussionsprozesse in Foren

Zusammenfassung

Der Einsatz netzbasierter Diskussionsforen ist in vielen E-Learning-Szenarien zu finden: In ‚blended learning'-Arrangements wird beispielsweise versucht, zwischen Präsenzsitzungen durch den Einsatz von Foren netzbasierte Diskussionsprozesse zu initiieren. Foren werden auch begleitend zur traditionellen Präsenzlehre eingesetzt, um z.B. der Besprechung von solchen Themen Raum und Zeit einzuräumen, welche in den wöchentlichen Präsenzsitzungen zu kurz kommen würden. Doch vor allem in rein virtuellen Lernszenarien spielen netzbasierte Foren eine besondere Rolle: Hier dienen sie als virtuelles Plenum der Kommunikation zwischen allen Teilnehmenden und bilden damit eine wichtige Funktion im Rahmen der Veranstaltung ab. Doch trotz dieser vielfältigen Einsatzmöglichkeiten lässt sich im Alltag der Hochschullehre immer wieder das Problem beobachten, dass Studierende die Option Foren zu nutzen nicht ausreichend aufgreifen. Oftmals werden Rolle und Aufgabe der Foren im Rahmen der gesamten Veranstaltung nicht transparent. Viele Hochschullehrende stellen sich die Frage, wie sie den Einsatz von Foren und damit die zusätzlichen Kommunikationsmöglichkeiten attraktiv gestalten können. Dieser Beitrag widmet sich diesem Problem, indem Einsatzszenarien netzbasierter Foren vorgestellt und aus den Erfahrungen mit mehreren virtuellen Konferenzen Gestaltungsoptionen und Moderationsstrategien für Foren abgeleitet werden.

1 Einleitung

Netzbasierte Foren haben sich zu einem sehr wichtigen Kommunikationsmedium im E-Learning entwickelt: Sie unterstützen die plenare Kommunikation zwischen allen Beteiligten wie auch die Arbeit von Kleingruppen. Verfolgt man die von Bachmann und anderen aufgestellte Unterscheidung in drei unterschiedliche E-Learning-Szenarien, so können entlang dieser Szenarien unterschiedliche Aufgaben für Foren identifiziert werden (Bachmann, Dittler, Lehman, Glatz, & Rösel, 2002): Zur Unterstützung der Präsenzlehre (Anreicherungskonzept) werden Foren neben den wöchentlichen stattfindenden, zeitlich begrenzten Präsenzsitzungen zur Diskussion von Themen eingesetzt, die in der Präsenzsitzung keinen Raum finden. In den so genannten „blended learning"-Arrangements (bei Bachmann et al., 2002 als „Integrationskonzept" bezeichnet) kommt dem netzbasierten Anteil eine weitaus größere Bedeutung zu: Hier übernehmen die online-Phasen eine wesentliche Aufgabe der Gesamtveranstaltung. In diesem Kontext kommen auch den Foren oftmals eine tragende Rolle zu: Netzbasierte Diskussionsprozesse sind nicht mehr optional, begleitend zur Präsenzlehre zu sehen, sondern werden zum unabdingbaren Anteil des Gesamtkonzeptes. Noch mehr erweitert sich diese Rolle in reinen E-Learning-Szenarien. Hier kommt den Foren eine herausragende Rolle im Rahmen des Gesamtkonzeptes zu, sie werden zum eigentlichen Kommunikationsmedium plenarer Veranstaltungseinheiten. Bevor wir uns den möglichen Anwendungsszenarien von Foren zuwenden, sei vorerst ein Blick auf ihre Eigenschaften geworfen, aus denen sich einige ihrer Einsatzmöglichkeiten ableiten lassen.

2 Eigenschaften und Funktionalitäten von Foren

Neben der Eigenschaft der textbasierten Kommunikation unterscheiden sich Foren von Kommunikationsmedien wie Chat oder Videokonferenzen vor allem durch ihre Asynchronizität, d.h. die Teilnehmenden geben ihre Beiträge zeitversetzt ein und können ihre Beteiligung damit entlang der eigenen zeitlichen Präferenzen gestalten. Aufgrund dieser Asynchronizität und der Parallelität der Diskussionsstränge eignen sich Foren laut der Theory of Media Synchronicity von Dennis und Valacich (1999) vor allem für divergente Kommunikationsprozesse (Filk, 2002), in denen die inhaltlichen Stränge auseinander divergieren, Teilnehmende unterschiedliche Schwerpunkte setzen und mehrere inhaltliche Themenstränge parallel bearbeiten. Daraus leiten sich für Foren bestimmte Einsatzszenarien ab: Sie eignen sich damit weniger für die Vereinbarung und Verhandlung eines gemeinsamen Ergebnisses als vielmehr für die Eröffnung einer Debatte und unterstützen die Divergenz von Themen und das Einbringen und Entwickeln unterschiedlicher Standpunkte. Entlang eines Gruppenarbeitsprozesses, der auf ein gemeinsames Ergebnis abzielt, würden Foren aufgrund dieser Eigenschaften eher am Beginn der Gruppenarbeit denn gegen Ende eingesetzt werden. In späteren Phasen bedarf es ggf. vermehrt unterstützender Abstimmungstools oder kurzfristiger Einigungsprozesse in Chats. In plenaren Szenarien, in denen möglichst alle Teilnehmenden miteinander kommunizieren sollten, eignen sich Foren besonders für Vorstellrunden, zum Einbringen vieler verschiedener Meinungen aus den Reihen der Teilnehmenden usw. Gruppenarbeitsprozesse bedürfen zudem noch einer Erweiterung der Funktionalitäten von Foren: neben der Verknüpfung mit dem Profil und ggf. einem Bild der Autoren der Beiträge (Hesse, Garsoffky & Hron; 1997) sollte auch das Ablegen von Dokumenten zur gemeinsamen Nutzung und eine entsprechende Zugriffsverwaltung möglich sein. Dies erweitert die Funktion von Foren um Anwendungen wie Dokumentenmanagement und Groupware Funktionalitäten. Für Diskussionsprozesse in Kleingruppen sollte zudem die Einrichtung „geschlossener Räume“ möglich sein (Kim, 2000; Mandl & Winkler, 2002), da Studierende oft gehemmt sind, ihre Beiträge in einem allgemein zugänglichen, virtuellen Raum öffentlich zu machen. Für Gruppenarbeitsprozesse sollten daher

„geschlossene virtuelle Räume“ verfügbar sein und den Kleingruppen sollte zugesichert werden, dass ihre netzbasierten Arbeitsprozesse nicht öffentlich zugänglich gemacht werden. Vorteilhaft ist auch, wenn Gruppen „Räume“ (Foren) selbstverantwortlich öffnen und verwalten können. Auch plenare Kommunikationsszenarien sollten nur für die an der Veranstaltung beteiligten Studierenden zugreifbar sein. Dies sichert die Geschlossenheit der Gruppe und senkt die Hemmschwellen in der netzbasierten Kommunikation. Funktionen, welche die Moderation von Foren unterstützen, dienen dem Editieren von Beiträgen, der Verwaltung von Zugriffsrechten, dem Öffnen und Schließen von Foren (s. die untenstehenden Ausführungen zur Moderation von Foren). Bevor wir uns den Gestaltungsoptionen und Einsatzmöglichkeiten von Foren in der online Lehre zuwenden, sei ein Blick auf die Erfahrungen aus virtuellen Konferenzen geworfen, in denen die Nutzung von Foren im Mittelpunkt stand und die daher wertvolle Hinweise für den Einsatz von Foren im E-Learning-Szenarien geben können.

3 Erfahrungen aus virtuellen Konferenzen

Virtuelle Konferenzen – wie sie in diesem Kontext hier verstanden werden – dienen dem textbasierten Austausch zwischen Teilnehmenden zu vorher festgesetzten Themengebieten (vgl. www.edupolis.de und Bremer, 1999 und 2002). Sie sind zeitlich befristet, d.h. die Foren sind nur für eine bestimmte Zeitspanne geöffnet und dienen der textbasierten Kommunikation, in der die Teilnehmenden eigene Beiträge einbringen, Meinungen austauschen oder die vorher eingebrachte Thesen von Experten diskutieren. Solche Expertentexte werden möglichst als kurze, textbasierte, prägnante Thesen eingebracht (möglichst kurze Thesenpapiere erwiesen sich in den bisherigen Konferenzen als diskussionsförderlich (Bremer 2002)). Im Unterschied zu den E-Learning-Szenarien können die Teilnehmenden im Rahmen der hier untersuchten virtuellen Konferenzen weder ein Zertifikat erwerben, noch wird ihre Teilnahme in anderer Form bestätigt. Dadurch liegt die Motivation zur Teilnahme weniger in dem Erwerb eines Zertifikats als vielmehr darin, sich im Austausch eine eigene Meinung zu bilden, mit anderen zu debattieren und in der Möglichkeit, mit Experten Kontakt aufzunehmen. In der hier vorgestellten edupolis Konferenz wurden 2002 die eingeladenen Fachleute zur Teilnahme an den Foren verpflichtet, da dies ausdrücklicher Wunsch der Teilnehmenden in den beiden vorangegangenen Konferenzen war.

Betrachtet man die Diskussionsprozesse in den 3 aufeinander folgenden Konferenzen, so lässt sich folgende Beobachtung ableiten: In den vier Foren der 2002 durchgeführten virtuellen Konferenz kommt es zu einer Auffälligkeit bei der Beteiligung von Experten in Bezug auf die Aktivität der Teilnehmenden: Das Forum mit der absolut (und prozentual) höchsten Anzahl an Teilnehmerbeiträgen weist die geringste Anzahl an Expertenbeiträgen und eine geringe Anzahl beteiligter Experten aus. Diese Beobachtung stützt eine These, die 1999 schon von Friedrich, Hesse, Ferber und Heins bei der Beobachtung unterschiedlicher Moderationsstile im Rahmen des Funkkollegs gemacht wurde: Moderatoren, die ausgewiesene Fachexperten waren, erzeugten weniger Teilnehmerbeiträge als derjenige Moderator, der explizite Moderationskompetenzen nachweisen konnte (Friedrich, Hesse, Ferber & Heins, 1999). Das edupolis Forum mit der höchsten Beitragsquote je Experte und der höchsten Gesamtzahl an Expertenbeiträgen konnte dagegen nur eine geringe Teilnehmeraktivierung hervorbringen. Daraus lässt sich als erste Beobachtung ableiten, dass eine intensive Beteiligung externer Experten nicht unbedingt zu einer erhöhten Teilnehmeraktivität führt. Dagegen weist das Forum mit einer sehr hohen Beteiligung von Teilnehmenden zugleich die zweithöchste Anzahl an Moderationsbeiträgen aus. Dies lässt die Vermutung zu, dass nicht die Beteiligung von Fachexperten, sondern eine explizite Moderationstätigkeit sich positiv auf die Teilnehmeraktivität auswirkt. Betrachten wir daher in einem nächsten Schritt die Moderationstätigkeit im Rahmen dieser virtuellen Konferenzen.

4 E-Moderation: Moderationsmethoden in Foren

Moderationstätigkeit umfasst im Rahmen virtueller Konferenzen und der Gestaltung von Diskussionsprozessen in online-Foren folgende Aufgaben:

- Eröffnung der Diskussion,
- Setzen neuer Impulse, um die Diskussion am laufen zu halten,
- Zusammenfassen von Diskussionsverläufen und -ständen und das Verschicken der Zwischenstände an die Teilnehmenden bzw. Bereitstellen der Zusammenfassungen im Forum oder einem dafür ausgewiesenen Bereich,
- Verfolgen des Diskussionsverlaufes und Auffordern der Teilnehmenden durch Emails und Forenbeiträge zur aktiven Partizipation,
- Wahrung und Einhaltung der Kommunikationsregeln.

Die Entwicklung und Einhaltung von Kommunikationsregeln ist ein wichtiger Aspekt der netzbasierten Kommunikation und vor allem der Kooperation (Kim, 2000; Palloff & Pratt 1999). Ob die Kommunikationsregeln vorher bekannt gegeben oder im Rahmen des Diskussionsverlaufes entwickelt werden sollten, ist eine zweischneidige Frage. Einerseits trägt die Vereinbarung von Regeln wesentlich zur Gruppenbildung bei (Hesse, Garsoffky & Hron, 1997). Andererseits lässt sich in kürzeren Diskussionsprozessen nicht ausreichend Zeit auf die Entwicklung von Regeln verwenden (Bremer, 2002). Daher hilft es häufig, Regeln zur Orientierung bekannt zugeben, auf die sich Moderatoren bei Störungen und Zuwiderhandlungen berufen können. Solche Regeln können das Verhalten gegenüber anderen Teilnehmenden, die Länge und Form der Beiträge, die inhaltliche Ausrichtung usw. betreffen. In den virtuellen edupolis Foren wurde beispielsweise vereinbart, dass Teilnehmende, die einen Beitrag inhaltlich falsch platzieren, aufgefordert werden, ihre Eintragung zu korrigieren. Die Beiträge wurden jedoch nicht von der Moderation editiert oder verschoben. Teilnehmende bekamen daher immer die Gelegenheit, entsprechende Korrekturen selbst vorzunehmen. In E-Learning-Szenarien, die mehreren Sozialformen vorsehen (Kleingruppe, Plenum), können auf verschiedene Ebenen unterschiedliche Regeln angewendet werden. So können sozial-basierte Interaktionsregeln für Verhaltensweisen innerhalb der Gruppen entwickelt werden (Hesse, Garsoffky, Hron, 1997), während Regeln aufgrund technischer Rahmenbedingungen und Anforderungen durch den Veranstalter zentral vorgeben werden.

Als Dienstleitung kann die Moderation durch das regelmäßige Bereitstellen von Zwischenzusammenfassungen den Teilnehmenden helfen, den Anschluss zu finden, wenn sie erst spät in die Diskussion einsteigen oder länger offline waren. In zeitlich langen und intensiven Diskussionsphasen ist es mitunter hilfreich, ältere Diskussionsstränge zu schließen und die Aufmerksamkeit der Beteiligten auf neuere Themen zu lenken, so dass eine gewisse Taktung der inhaltlichen Entwicklung in der Debatte erreicht wird.

Hauptaufgabe der Moderation ist es, neue Impulse zu setzen und die Diskussion am laufen zu halten (Salmon, 1999). Schon in der Eröffnung der Diskussion spiegelt sich diese Aufgabe wieder. Die edupolis Konferenzen zeigten, dass es vorteilhaft ist:

- Je Beitrag nur *einen* Themenschwerpunkt aufzugreifen, statt mehrere Fragen und Unterpunkte darin unterzubringen, so dass sich Reaktionen und Stränge explizit auf einen Punkt des Beitrags beziehen können.
- Experten punktuell einzubinden und dies als Anreiz für Teilnehmenden anzubieten, an der Diskussion teilzunehmen. Jedoch sollte sich die Teilnahme der Experten auf bestimmte Zeitfenster, Räume oder Phasen der Debatte reduzieren, um den Teilnehmenden Gelegenheit zu geben, auch „unter sich“ zu diskutieren. Nur so war eine hohe Teilnehmeraktivierung zum Verfassen eigener Beiträge sicherzustellen (Wichtig: Aktivität von Teilnehmenden kann sich auch im Lesen von Beiträgen niederschlagen. In diesem Fall wurde jedoch explizit die Aktivierung von Teilnehmenden zum Verfassen von Beiträgen angestrebt.)
- Debatten durch kurze, prägnante und gut strukturierte Eröffnungsthesen zu eröffnen und nicht durch überlange Texte zu überfrachten. Nur durch die Strukturierung von Eingangstexten kann in der späteren Diskussion darauf Bezug genommen werden. Die Moderation hat zudem die Aufgabe, die Diskussion durch einfache, aber kontrovers diskutierbare Fragestellungen zu eröffnen. Dabei sollte ein „dramaturgischer“ Ablauf der Diskussion im Auge behalten werden. Anders als in Präsenzsitzungen, synchronen Chats und Videokonferenzen können gerade in Foren parallele Stränge entwickelt werden. Auch wenn dies oftmals erwünscht ist, so kann dies doch den Aufmerksamkeitsfokus der Teilnehmenden zu sehr aufteilen.

Daher ist zu beachten, dass in regelmäßigen Abständen Zwischenzusammenfassungen, neue Impulse und ein gemeinsamer Fokus für die Teilnehmenden geschaffen wird. Zudem muss die Moderation auf Abschlussphasen hinleiten, indem gegen Ende der Debatte eine Runde für Abschlussstatements, Umfragen (Blitzlichter) oder Abstimmungen usw. eröffnet wird. Bei gemeinsam zu verfassenden Endergebnissen ist ggf. ein Medienwechsel in ein eher konvergentes Medium (Chat, Shared Application, usw.) zu überlegen (Denis & Valacich 1999; Filk, 2001).

Aufgrund der bisherigen Erfahrungen mit virtuellen Konferenzen wurde die Rolle eines inhaltlichen Verantwortlichen oder der eines Fachexperten von der Moderationsaufgabe getrennt. Die Moderationsaufgabe wird von einer Person übernommen, die nur diese Aufgabe inne hat und sich nicht um die inhaltliche Schwerpunktsetzung und die fachliche Beantwortung von Fragen kümmern muss. Dadurch können sich die Fachexperten genau dieser letztgenannten Aufgabe widmen und müssen keine Moderationsaufgaben übernehmen. Im Kontext von E-Learning lässt sich eine solche Aufgabenteilung durch ausgewiesene E-Moderatoren oder durch Szenarien wie die weiter unten beschriebenen Moderationszirkel umsetzen.

5 Foren im Wechsel mit anderen Anwendungen

Der Einsatz von Foren geht oftmals in einer Medienkombination mit anderen Kommunikations- und Informationsmedien einher. Sinnvoll ist oftmals eine Kombination mit synchronen Anwendungen, wenn bspw. Dokumente gemeinsam erarbeitet werden sollen. Auch E-Mail-Kontakte und Mailinglisten sind wertvolle Ergänzungen zu den Foren: In den virtuellen Konferenzen hat sich gezeigt, dass nur durch die regelmäßige Aufforderung über ein Push-Medium, die Teilnehmenden angeregt wurden, die virtuelle Debatte aufzusuchen und sich zu beteiligen. Dazu wurden regelmäßig E-Mails verschickt, die Hinweise zum Stand der Diskussion, neue Fragestellungen, kontroverse Statements und Hinweise auf die aktuelle Expertenbeteiligung enthielten. Diese Push/Pull-Medienkombination wird auch durch die automatische E-Mail-Benachrichtigung aus Foren heraus unterstützt, bei der die Verfasser eines Beitrags eine E-Mail erhalten, wenn eine Reaktion auf ihren Text ins Forum gestellt wurde. Dabei sollte jedoch in der E-Mail nur ein Hinweis auf den neuen Beitrag erfolgen und nicht der gesamte Text der Nachricht enthalten sein, um dem Empfänger einen Anreiz zu bieten, das Forum aufzurufen und dort die gesamte Diskussion zu verfolgen. Neben Standard-Anwendungen wie E-Mail und Chat bieten sich besondere Tools wie Umfragen (Voting Tools (Hesse, Garsoffky & Hron, 1997; Palme, 1992)), usw. zur Anreicherung von Forendebatten an. „Blitzlichter“ wurden bei edupolis in so genannten „Meinungsbrettern“ durchgeführt. Dabei handelt es sich um eine Umfrage, die nicht durch ein Abstimmungstool, sondern durch eine Freitexteingabe erfolgt. Ziel ist dabei, ein Meinungsbild zu erzeugen, ohne dass die Teilnehmenden direkt auf die Beiträge anderer reagieren können. Daher findet ein Blitzlicht außerhalb des Forums z.B. über ein Formular statt. Teilnehmende können die Beiträge anderer lesen, nachdem sie eine eigene Meinung eingetragen haben. Diskussionen zu den abgegeben Meinungen können wiederum nur im Forum erfolgen. Umfragen, die durch das Anklicken von Auswahloptionen durchgeführt werden, können die Debatte in einem Forum punktuell anreichern und versuchen auch diejenigen Teilnehmenden zu aktivieren, die keine ausführlichen schriftlichen Statements abgegeben wollen. Abstimmungen können z.B. genutzt werden, um den weiteren Diskussionsverlauf, die thematische Schwerpunktsetzung, usw. zu bestimmen und kurzfristig und effizient Meinungsbilder zu erheben. Mit dem E-Manifest wurde ein komplexes Abstimmungstool entwickelt, das der kooperativen Weiterentwicklung eines vorgegebenen Manifestes diente. Beteiligte konnten Textvorschläge einbringen, die über ein Vorschlags- und Abstimmungsverfahren an die Stelle der Originaltexte treten, bis sich aus den Meinungen von 80 Teilnehmenden ein neuer Text entwickelt hatte.

Der Einsatz von Foren in Kombination mit anderen Medien wird letztendlich vor allem von dem jeweiligen Anwendungsszenario bestimmt. Daher sei ein Blick auf mögliche Gestaltungsfragen und Einsatzszenarien für Foren im E-Learning geworfen, wobei die bisher dargestellten Erfahrungen aus den virtuellen Konferenzen berücksichtigt werden.

6 Anwendungsszenarien für den Einsatz von Foren

Wie eingangs erwähnt können Foren einerseits genutzt werden, um die knapp bemessene Zeit von Präsenzsitzungen durch netzbasierte Diskussionsprozesse zu erweitern. Hierbei lässt sich jedoch oft beobachten, dass Studierende das Angebot zur netzbasierten Diskussion nicht aufgreifen und die zusätzlichen Kommunikationsmöglichkeiten ungenutzt bleiben. Abhilfe leistet hier nur eine deutliche Vernetzung und Verkettung von online Phasen und Präsenzsitzungen: Den online-Foren muss eine eindeutige Aufgabe im Rahmen der Gesamtveranstaltung zukommen! Es darf nicht ein Forum bereitgestellt und auf die Bereitschaft der Studierenden gehofft werden, dort Fragen und Themen einzubringen. Dies wird nur geschehen, wenn ihnen die Funktion des Forums transparent und das Forum zu einer unabdingbaren Größe im Rahmen der Gesamtveranstaltung wird. Eine solche Zielsetzung wird erreicht, wenn dem Forum eine Funktion zukommt, ohne die z.B. die nächste Präsenzsitzung nicht stattfinden kann. Beispiel für eine solche Funktion ist das *„Agenda Setting“*: Studierende erhalten die Möglichkeit, die Themensetzung der nächsten Präsenzsitzung zu beeinflussen, indem sie vorher über das Forum Vorschläge einbringen. Dazu müssen sie die Themen ausformulieren und Fragestellungen einbringen (d.h. bei dem Beitrag darf es sich nicht nur um eine einfache Frage handeln). In der nächsten Sitzung werden nur die Themen aufgegriffen, die im Forum auch vorab eingereicht wurden. Solch ein Verfahren eignet sich z.B. zur Vorbreitung von Klausuren und zum Abschluss von Vorlesungen kurz vor der Klausurphase. Dieses Verfahren kann auch angewandt werden, um Fragen zu Vorlesungen und Seminaren entgegenzunehmen: Auch in diesem Fall werden in Präsenzsitzungen nur die Fragen beantwortet und behandelt, die Studierende vorab in dem Forum eingereicht haben. Dabei müssen die

Studierenden durch die Ausformulierung der Fragestellung nachweisen, dass sie sich schon eigene Gedanken zu deren Bearbeitung und Beantwortung gemacht haben. In einem nächsten Schritt kann die Beantwortung der Fragen auch ganz in das Forum verlegt werden. Um eine konsequente Nutzung des Forums voranzutreiben können auch Fragen, die per E-Mail eingehen, anonymisiert und im Forum beantwortet werden. So wird dem Forum eine zentrale Stellung im Kontext einer Präsenzveranstaltung zugewiesen und die Aufmerksamkeit der Studierenden dort hingelenkt. Wichtig ist dabei, dass Lehrende solche Ankündigungen auch tatsächlich durchhalten und so eine neue Lernkultur etablieren. Das heißt, sie müssen ihre didaktischen Angaben auch konsequent einhalten und dürfen nicht Fragen in den Präsenzsitzungen zulassen, nachdem sie Studierenden angekündigt haben, nur online eingereichte Fragen und Themen zu behandeln.

Der erfolgreiche Einsatz von Foren gelingt vor allem dann, wenn sie zu einem wesentlichen Element der Gesamtveranstaltung werden. Im Forum können dann Diskussionsprozesse in strukturierter Forum stattfinden, denen eine wichtige Bedeutung im Rahmen des gesamten Lern-/Lehrprozesses zukommt. Solche Diskussionsprozesse können als „Englische Debatte", „Pro-Kontra-Diskusisonen", Feedback- und Moderationszirkel oder Expertenbefragungen gestaltet werden. In der *Pro-Kontra-Diskussion* nehmen Studierende kontroverse Positionen ein. Jede Kleingruppe oder einzelne Teilnehmende erhalten die Aufgabe, im Forum Statements zu verfassen, die entweder für oder gegen eine bestimmte Aussage gerichtet sind. Im Verlauf der Diskussion sollten sich die Teilnehmenden auf die Beiträge der anderen Gruppe beziehen und darauf reagieren, d.h. ihre Positionen verteidigen. Dieses Verfahren lässt sich mit Positionen von Parteien, Experten, usw. durchführen. Ziel ist die Anwendung von Wissen auf konkrete Szenarien und das argumentative Vertreten von Positionen. In der „*Englischen Debatte*" tauschen die Beteiligten ihre Rollen nach der Hälfte der Zeit, d.h. Pro-Vertreter verfassen Kontra-Argumente und umgekehrt.

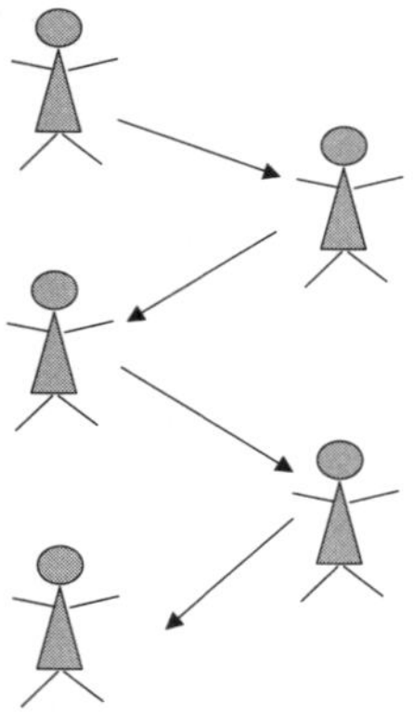

Abb. 1: Pro-Kontra-Diskussion

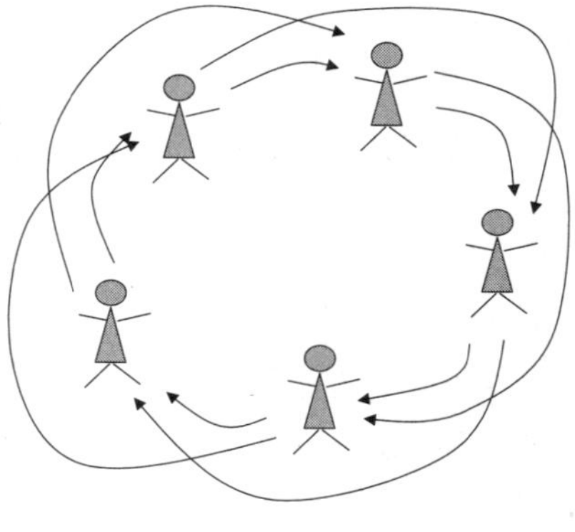

Abb. 2: Feedbackzirkel

Moderations- und Feedbackzirkel sind ein Instrument, mit dem die Reaktion der Teilnehmenden aufeinander intensiviert werden kann. Eingereichte Projektarbeiten und Ausarbeitungen werden durchnumeriert und im Netz bereitgestellt. Jede/r Teilnehmende/r oder Kleingruppe erhält die Aufgabe, für ein oder zwei Ausarbeitungen anderer Teilnehmender ein Feedback zu verfassen. Eine solche Zirkelbildung erzeugt einen gewissen moralischen Druck, selbst ein Feedback zu verfassen, da man Feedback von ein oder zwei anderen Gruppen oder Personen erhalten hat. Auch das Feedback wird über das Internet – hier im Forum – verteilt. Eine weitere Variante dieses Veranstaltungsszenarios ist der Moderationszirkel: Teilnehmende bereiten sich auf die Moderation einer Präsenzsitzung oder online-Phase vor, in der die Arbeit einer anderen Gruppe vorgestellt wird. Dazu bereiten sie mehrere Fragen oder kurze Co-Referate vor. Auch diese werden über das Forum verteilt und dienen als Ausgangspunkt für die weitere Diskussion. So wird zudem die Verantwortlichkeit für die Gestaltung der Sitzung an Studierenden gegeben, die rotierend netzbasierte oder in Präsenz durchgeführte Sitzungen moderieren. In einem komplexen Szenario können zwei Gruppen (Gruppen 2 und 3) Feedback zu der Ausarbeitung einer Gruppe 1 verfassen, während eine weitere Gruppe (4) die Sitzung moderiert und Fragen verfasst, welche die anderen Teilnehmenden zu aktiven Mitarbeit motiviert. Gruppe 1 muss die Fragen nur beantworten und ihre eigene Ausarbeitung vorstellen. Die Gruppen 2 und 3 verteidigen dabei ihr Feedback und haben sich durch ihre Vorbereitung schon mit der Arbeit von Gruppe 1 auseinandergesetzt. Gruppe 4 moderiert die gesamte Sitzung und aktiviert die anderen Teilnehmenden zu Fragen und Anmerkungen. Diese Arbeitsaufteilung rotiert, so dass sich alle Gruppen mindestens einmal in einer der Rollen befinden. Das Forum dient dabei zur Vorbereitung der jeweiligen Präsenzsitzung durch das Einstellen der Fragen, Kommentare und des Feedback oder gar der Durchführung der gesamten Sitzung.

Ausdrücklich erwünscht ist die Beteiligung von Experten bei den *Expertenbefragungen*: Hier bereiten Studierende in Kleingruppen die netzbasierte Befragung von Experten vor. Aufgrund ihrer Vorarbeiten sammeln sie Fragen und kontroverse Statements, mit denen sie die Experten konfrontieren. Eine Gruppe übernimmt die Moderation der Sitzung, in denen die Experten von allen teilnehmenden Studierenden befragt werden können. Die moderierende Gruppe sammelt vorher die Fragen der Teilnehmenden ein und erstellt einen „Befragungsfahrplan“, der die inhaltliche Debatte vorstrukturiert. Die anderen Teilnehmenden können ihre Fragen dann nach diesem Fahrplan im Rahmen der einzelnen inhaltlichen Phasen einbringen. Neben dem fachlichen Wissen erwirbt die moderierende Gruppe zudem E-Moderations-Kompetenzen. Durch eine Befragung von Lehrenden lässt sich so auch der Wissenserwerb aufgrund aktiven Handels seitens der Studierenden gestalten.

7 Zusammenfassung

Durch Methoden wie Feedbackzirkel, Agenda Setting und eine geeignete Moderation durch qualifizierte E-ModeratorInnen, lässt sich der Einsatz von Foren im Rahmen der Präsenzlehre und in „blended learning"-Szenarien sinnvoll gestalten. Anders als in der vorlesungsbegleitenden Nutzung von Foren, in denen Studierenden deren Einsatz oftmals nicht klar wird, dienen diese Verfahren einer Verkettung von Präsenz- und online-Sitzungen, in denen den Foren eine explizite Stellung im Rahmen der Veranstaltung zugewiesen wird. Das weitere Experimentierfeld der Autorin wird im Rahmen der edupolis Konferenzen und netzbasierter E-Learning-Szenarien die Verknüpfung von Online- und Präsenzphasen und die Umsetzung und Untersuchung unterschiedlicher Moderationsstile, Methoden der Teilnehmeraktivierung und Medienkombinationen zum Ziel haben.

Literatur

Bachmann, G.; Dittler, M.; Lehman, T.; Glatz, D.; Rösel, F. (2002): Das Internetportal LearnTechNet der Uni Basel. In: O. Haefeli, G. Bachmann, M. Kindt (Hrsg.): *Campus 2002 – Die Virtuelle Hochschule in der Konsolidierungsphase.* (Reihe: Medien in der Wissenschaft, Bd. 18, S. 66-75). Münster: Waxmann Verlag.

Bremer, C. (1999): Virtuelle Konferenzen. In: C. Bremer & M. Fechter (Hrsg.): *Die Virtuelle Konferenz – Neue Möglichkeiten für die politische Kommunikation.* S. 19-55. Essen: Klartext Verlag.

Bremer, C. (2002): Virtuelle Konferenzen. In: *Virtuelle Organisation und Neue Medien 2002*, Tagungsband des GeNeMe Workshops 2002. S. 553-576. Lohmar: Josef Eul Verlag.

Dennis, A.R. & Valacich, J.S. (1999): Rethinking Media Richness. In: R.H. Sprague Jr. (Hrsg.): *Proceedings of the 32nd Hawaii International Conference of System Science.* Los Alamitos,: IEEE Computer Society.

Filk, C. (2001): Synchronizitätsgrade beim kollaborativen e-Learning: Einige Hypothesen und Perspektiven. In: E. Wagner & M. Kindt (Hrsg.): *Virtueller Campus, Szenarien – Strategien – Studium* (Reihe: Medien in der Wissenschaft, Bd. 13, S. 66-75). Münster: Waxmann Verlag.

Friedrich, H.; Hesse, F. W.; Ferber, S. & Heins, J. (1999): Partizipation im virtuellen Seminar in Abhängigkeit von der Moderationsmethode – eine empirische Untersuchung. In: C. Bremer & M. Fechter (Hrsg.): *Die Virtuelle Konferenz – Neue Möglichkeiten für die politische Kommunikation.* S. 119-140. Essen: Klartext Verlag.

Friedrich, W.H.; Garsoffky, B. & Hron, A.: Interface-Design für computergestütztes kooperatives Lernen. S. 254-367. In: L.J. Issing & P. Klimsa (Hrsg.): *Information und Lernen mit Multimedia.* Weinheim: Beltz.

Kim, Amy Jo (2000): *Community Building on the Web. Secet Strategies for Successful Online Communities.* Berkeley: Peachpit Press.

Mandl, H. & Winkler, K. (2002): Vernetztes Lernen in der Hochschule. In: B. Lehmann & E. Bloh (Hrsg.): *Online Pädagogik.* S. 284-298. Hohengehren: Schneider Verlag.

Palme, J. (1992): Computer Conferencing functions and standards. In: A.R. Kaye (Hrsg.): *Collacorative Learning through Computer Conferencing. The Najaden Papers.* (S. 225-245). Berlin: Springer Verlag.

Palloff, R.M. & Pratt, K. (1999): *Building Communities in Cyberspace: effective strategies for the online classroom.* San Fransciso: Jossey-Bass.

Salmon, G. (2000): *E-Moderating. The Key to Teaching and Learning Online.* London: Kogan Press.

Jörg Caumanns, Matthias Rohs, Markus Stübing

Fallbasiertes E-Learning durch dynamische Verknüpfung von Fallstudien und Fachinhalten

Neue Diskussionsansätze zu einem vernachlässigten Konzept

Zusammenfassung

Der Einsatz von Fallstudien kann als wichtiges Bindeglied zur Verknüpfung von Theorie und Praxis betrachtet werden. Fallstudien ermöglichen die Anwendung theoretischen Grundlagenwissens und die Entwicklung überfachlicher Kompetenzen. Damit können sie einen wichtigen Beitrag zur beruflichen Handlungskompetenz genau dort leisten, wo praktische Erfahrungen im Rahmen der Aus- und Weiterbildung nicht möglich sind.

Der Einsatz von Fallstudien sollte aus diesem Grund nicht nur den „klassischen" Anwendungsdisziplinen wie den Rechtswissenschaften, der Betriebswirtschaftslehre oder der Psychologie vorbehalten sein. Auch im Bereich der Informatik können sie eine wichtige Ergänzung zu den bisher eingesetzten Methoden darstellen.

Das im Kontext des Projekts New Economy[1] entwickelte und hier vorgestellte Konzept zur didaktischen und technischen Aufbereitung von Fallstudien am Beispiel der IT-Aus- und Weiterbildung soll diese Diskussion anregen. Mit Hilfe des vorgestellten Ansatzes ist es möglich, unterschiedliche methodische Zugänge zu einer Fallstudie für eine computerbasierte Präsentation automatisch zu generieren und mit fachlichen Inhalten zu verknüpfen. Damit ist ein entscheidender Mehrwert gegenüber den bisherigen statischen und in sich geschlossenen Darstellungen gegeben.

Der damit zu erreichende Qualitätssprung im Einsatz von Fallstudien in der universitären und betrieblichen Aus- und Weiterbildung stellt einen wichtigen Beitrag zur praxisorientierten Gestaltung von Blended Learning-Ansätzen dar.

---

1 New Economy-Entwicklung und Einsatz eines fachübergreifenden Online Curriculums zur New Economy für Wirtschaftswissenschaftler, Medien- und Kommunikationswissenschaftler, Informatiker und MBA-Studenten (Gefördert durch das Bundesministerium für Bildung und Forschung-BMBF).

1 Fallbasiertes E-Learning als „Missing Link" zwischen Theorie und Praxis

Entsprechend einer aktuellen E-Learning-Studie, in der 10.000 Unternehmen europaweit befragt wurden, liegen die Wachstumspotenziale von E-Learning vor allem in den Branchen, die bereits jetzt große Affinität dazu zeigen (Köllinger & Ross 2003). Hierzu gehören vor allem die Telekommunikations- und EDV-Dienstleister.

Die Begründung dafür scheint auf der Hand zu liegen, dient gerade dieser Branche der Computer nicht nur als Arbeitsmittel, sondern angesichts der geforderten fachlichen Aktualität der Arbeitsergebnisse auch oft als Hauptinformationsmedium – sei dies nun im Rahmen von Personalentwicklung und Weiterbildung gezielt geplant oder wohlwollend geduldet.

Autodidaktisches Lernen „on the job" war und ist in der IT-Branche weit verbreitet. Insgesamt macht das Lernen in Arbeitssituationen und das selbstgesteuerte Lernen fast die Hälfte des geschätzten Stundenvolumens der Weiterbildung aus (Weiß 2000, S. 22). Angesichts der wachsenden Qualitätsanforderungen, des zunehmenden Dienstleistungscharakters der Branche und der geforderten Flexibilität kann dieses problemorientierte Lernen jedoch ebenso wenig als einzige Qualifizierungsbasis dienen wie die Vermittlung theoretischen Vorratswissens. Vielmehr ist es gerade in der IT-Aus- und Weiterbildung notwendig, Rahmenbedingungen zu schaffen, die formelles und informelles Lernen miteinander verbinden. Tendenzen dazu wurden bereits Ende der 90er Jahre sichtbar (Grünewald et al. 1996) und mit dem „neuen" IT-Weiterbildungssystem gezielt und systematisch umgesetzt (Rohs 2002).

Während IT-basierte Lernumgebungen für die individualisierte Bereitstellung von Lerninhalten geradezu prädestiniert sind, können die Ansätze zur Entwicklung von Sozial- und Methodenkompetenz kaum überzeugen. Dies scheint auch nur zu selbstverständlich, wenn davon ausgegangen wird, dass die Entwicklung dieser Kompetenzen eng an die Praxis gebunden ist und sich erst aus der Anwendung der erworbenen Kenntnisse ergibt.

Damit ist die IT-Branche auf der einen Seite ein interessantes Anwendungsfeld für E-Learning, auf der anderen Seite zeigen sich aber auch hier die Defizite klassischer Ansätze.

Eine mögliche Lösung stellen E-Learning-Szenarien dar, die eine enge Verschmelzung mit der Praxis eingehen und eine individuelle Unterstützung der Lernprozesse gewährleisten (Caumanns 2002). Dieses Verständnis von Praxisorientierung ist jedoch nicht damit gleichzusetzen, klassisches E-Learning mit Präsenzseminaren zu verbinden, was weithin unter Blended Learning verstanden wird. So definiert das Learning Lab Lower Saxony in seinem Lexikon Blended Learning als „Mischform von Lernangeboten mit Neuen Medien und herkömmlichen Lehrveranstaltungen"[2]. Verbleibt Blended Learning aber in diesem

2 http://www.learninglab.de/elan/kb3/lexikon/formen/blended.htm

lehr(er)zentrierten Paradigma, führt es zwangsläufig in eine Sackgasse, da es weder den beruflichen Qualifikationsanforderungen noch einer wirklichen Verbindung von Theorie und beruflicher Praxis zuträglich ist.

Da angesichts der immer weniger werdenden Arbeit davon ausgegangen werden muss, dass die Möglichkeiten praktische Erfahrungen zu machen nicht für jeden möglich sein wird, sind alternative Konzepte notwendig, die eine bestmögliche Vorbereitung auf berufliche Herausforderungen darstellen. Dies bedeutet insbesondere sich auf den Umgang mit typischen Herausforderungen der Arbeit vorzubereiten und den individuellen Weg zur Organisation des arbeitsbegleitenden Lernens zu finden und zu verbessern.

In dieser Situation können Fallstudien eine wichtige Brückenfunktion darstellen, da sie reale oder realitätsnahe Anforderungen an die Lernenden stellen. Darüber hinaus zeigen empirische Untersuchungen über multimediale Fallstudien in der Lehre starke Akzeptanzwerte bei den Lernenden (zusammenfassend Bolz 2002, S. 91). Damit liegen gute Gründe für den Einsatz von Fallstudien im Rahmen von E-Learning-Angeboten vor. Eine breite Auseinandersetzung zu diesem Thema hat in der bundesrepublikanischen Diskussion bisher aber leider noch nicht stattgefunden.

2 Fallbasiertes E-Learning in der IT-Aus- und Weiterbildung

In der Medizin und den Rechtswissenschaften hat der Einsatz von Fallstudien zu Lehr-Lernzwecken einen festen Stellenwert und auch in den Wirtschafts-Studiengängen haben sie ihre Bedeutung. Fallstudien werden in der Regel dort eingesetzt, wo die berufliche Handlungskompetenz einen Umgang mit einem hohen Maß an Komplexität erfordert und eine Verallgemeinerung des Vorgehens schwierig erscheint oder/und besonders überfachliche Lernziele erreicht werden sollen.

In der Informatik-Aus- und Weiterbildung sind hingegen kaum Anwendungen bekannt. Ausnahmen bilden hier nur wenige Universitäten, wie z.B. die Uni Würzburg[3], TU München oder verschiedene Wirtschaftsinformatik-Studiengänge[4]. Eine multimediale Darstellung von Fallstudien oder sogar eine Integration in E-Learning-Szenarien für den IT-Bereich sind erst gar nicht zu finden.

Einen wirklichen Grund dafür zu finden fällt schwer. Die Ursache könnten neben dem Mangel an IT-relevanten Fallstudien auch an den nicht darauf abgestimmten Unterrichtskonzepten liegen, die entweder Theorie oder Anwendungsprogramme in den Mittelpunkt rücken, den Informatiker jedoch weniger auf sein dominierendes Arbeitsfeld vorbereiten: als Dienstleister mit unausgereiften Programmen, in hoch komplexen Zusammenhängen intuitiv erfassbare, stabile, sichere, nicht nur aktuelle sondern auch zukunftsfähige Anwendungen in einem

3 http://www-info1.informatik.uni-wuerzburg.de/de/lehre/2001_ss/standort.html

4 Projekt Busines-Linc, Uni Köln, Lehrstuhl für Wirtschaftsinformatik (http://www.wi-im.uni-koeln.de/b-linc)

interdisziplinären Team zu erarbeiten und Laien verständlich zu machen. In diesem Kontext fehlte bisher ganz einfach der Bedarf. Angesichts der sich verändernden Arbeitsorganisation und Qualifikationsanforderungen werden sich hier jedoch Veränderungen einstellen müssen. Fallstudien können hier in verschiedenen Ausbildungsbereichen eine wichtige Brückenfunktion darstellen. Insbesondere dann, wenn sie auch die Vorteile des E-Learnings nutzen.

In der Regel werden die Fallstudien online wie offline als Textdokumentationen mit einem durchschnittlichen Umfang von ca. 15 Seiten angeboten. In der Medizin sind in vielen Fällen notwendige Abbildungen (Fotos, Röntgenaufnahmen etc.) zusätzlich verfügbar. Im Allgemeinen besteht der einzige Vorteil der digitalen internettauglichen Aufbereitung in der orts- und zeitunabhängigen Verfügbarkeit.

An dieser Stelle ist jedoch zu fragen, ob sich E-Learning darin erschöpft oder ob der Mehrwert einer digitalen Aufbereitung nicht größer sein könnte. Dies betrifft beispielsweise die Darstellung einer Fallstudie entsprechend unterschiedlicher Aufgabenstellungen oder Methoden.

3 Projekthintergrund der Entwicklungsarbeit

Hintergrund der Arbeiten bildet das Projekt „New Economy – Entwicklung und Einsatz eines fachübergreifenden Online Curriculums zur New Economy für Wirtschaftswissenschaftler, Medien- und Kommunikationswissenschaftler, Informatiker und MBA-Studenten“[5].

Innerhalb dieses BMBF-Projekts werden durch die Projektpartner Lernmodule erstellt, die sowohl in der universitären Lehre als auch in der betrieblichen Weiterbildung eingesetzt werden können. Als Folge dieser unterschiedlichen Einsatzszenarien, Lernervoraussetzungen und Lernzielen mussten verschiedene Zugangsmöglichkeiten zu den Inhalten geplant und realisiert werden. Die eingangs beschriebene Notwendigkeit der Entwicklung überfachlicher Qualifikationen für die berufliche Handlungskompetenz führte zu der Realisierung eines Zugangs über Fallstudien.

Die Entwicklung der Fallstudie erfolgte unter der Zielsetzung, sowohl betriebswirtschaftliche Aspekte als auch IT-Inhalte des entwickelten New Economy-Curriculums abzudecken. Auf der Grundlage der identifizierten Anforderungen konnte ein Unternehmen gefunden werden, in dessen Entwicklungsgeschichte der letzten 13 Jahre alle Inhalte verankert werden konnten. Die Dokumentation des Unternehmens sowie des Marktumfeldes erfolgte sehr umfassend durch schriftliche Dokumentationen, Interviews, Fotos, Videos, Geschäftsdokumente etc.

---

5 http://cis.cs.tu-berlin.de/Forschung/Projekte/neweconomy/neco.htm

Das Ziel bestand in der umfassenden Erfassung der Entwicklung des Unternehmens, um

a) einen breiten Entscheidungshintergrund bereitzustellen und
b) unterschiedliche methodische Zugänge zu ermöglichen.

Besondere Beachtung wurde dabei der Einführung von IT-Systemen gewidmet, um die Anbindung der entsprechenden Inhalte zu realisieren. Damit wurde zunächst ein Informations-Pool geschaffen, der die Grundlage für die technische Aufbereitung und die damit mögliche problembezogene Präsentation der Inhalte bildet. Voraussetzung dafür ist zunächst jedoch, dass die vorhandenen Materialien strukturiert werden. Dazu wurde ein Konzept entwickelt, das eine modulare Verwendung der Fallkomponenten sowie die Integration relevanter Fachinhalte ermöglicht (vgl. Abb. 1). Das Vorgehen wird im Kap. 5 näher beschrieben. Damit unterscheidet sich das Vorgehen erheblich von konventionellen Methoden zur Entwicklung von Fallstudien, die von vorneherein bestimmte Schwerpunkte und Zielsetzungen verfolgen und im methodischen Zugang in der Regel sehr eingeschränkt sind (vgl. Belz 2001).

4 Einsatzmöglichkeiten und -szenarien

4.1 Einsatzmöglichkeiten

Die umfassende Erhebung eines Falls und die entsprechende technische Aufbereitung ermöglichen es, sowohl Fallstudien individueller auf die Bedürfnisse der Lehrinhalte und -ziele als auch der Lerner selbst anzupassen.

Ein Vorteil liegt darin, dass der Dozent frei über den methodischen Zugang zur Fallstudie entscheiden kann. Abhängig von den Zielen sowie den zur Verfügung gestellten Inhalten können vier Fallstudien-Methoden im Rahmen von Lehr-Lernszenarien unterschieden werden (vgl. Kaiser 1983, S. 21f):

- Entscheidungsfall (case method)
- Informationsfall (incident method)
- Problemfindungsfall (case study method)
- Beurteilungsfall (case problem method)

Jede dieser Fallstudienmethoden fördert nicht nur unterschiedliche Fähigkeiten, sondern unterscheidet sich auch in den Anforderungsdimensionen. Damit ist auch eine Aufbereitung der Fallstudie entsprechend der Zielgruppe möglich. Der Schwierigkeitsgrad kann darüber hinaus durch den Umfang der zur Verfügung gestellten Informationen und den Umfang der für die Lösung relevanten Theorien, Modelle und Konzepte bestimmt werden (vgl. Leeders, Maufette-Leeders & Erksine 2001, S. 17-24).

Durch die umfassende Dokumentation des Falls ist es darüber hinaus möglich, nicht nur Fallstudien entsprechend einzelner fachlicher Inhalte aufzubereiten, sondern auch umfassende Stoffgebiete in einem Fall zu verankern. Dieses Vorgehen bietet nicht nur die Möglichkeit die Inhalte eines Stoffgebiets sukzessive miteinander zu verbinden, sondern auch die Komplexität des Entscheidungshintergrunds zu erweitern. Umfangreich dokumentierte Fälle bieten im Gegensatz zu zielorientiert aufbereiteten Fallstudien den Vorteil, dass sie die Komplexität der Informationen in Entscheidungssituationen besser widerspiegeln und damit den wichtigen Umgang mit dem Informationsüberfluss schulen können. Darüber hinaus weisen sie damit eine größere Realitätsnähe auf.

Durch die Möglichkeiten der individuellen Gestaltung von Fallstudien sind zahlreiche Einsatzmöglichkeiten gegeben, die sich nicht nur auf unterschiedliche Ausbildungsniveaus, sondern auch auf mögliche Einsatzszenarien anwenden lassen.

Die in Abb. 1 dargestellte Grafik verdeutlicht den Prozess der Fallstudienaufbereitung. Nach der Sammlung der Daten entsprechend der unterschiedlichen Inhaltsbereiche (Domäne, Prozesse und Unternehmen) werden die einzelnen Daten technisch/inhaltlich beschrieben und in einer Datenbank abgelegt. In einem zweiten Schritt werden die Fallstudieninhalte mit Fachinhalten einer anderen Datenbank verknüpft. Durch diese Aufbereitung, die im Kapitel 5 näher beschrieben wird, ist es möglich Fallstudien entsprechend der oben beschriebenen Dimensionen aufzubereiten.

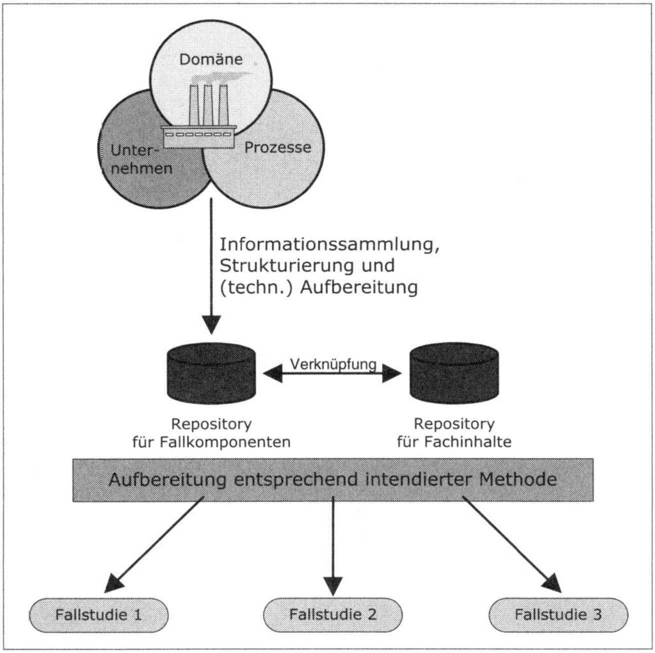

Abb. 1: Vom Roh-Fall zur methodisch aufbereiteten Fall-Präsentation

4.2 Einsatzszenarien

Entsprechend den Rahmenbedingungen des Lernens, den Zielsetzungen, den Inhalten und Zielgruppen lassen sich unterschiedliche Einsatzszenarien unterscheiden. Beispielhaft sollten zwei näher beschrieben werden.

Universität
In der universitären Lehre ist der Einsatz von Fallstudien eng an die Lehrform gebunden. Im Rahmen von Vorlesungen können Fallstudien als Informationsfall mit geringer Komplexität zur Veranschaulichung von allgemeinen Zusammenhängen herangezogen werden. In den dazugehörigen Übungen besteht darüber hinaus die Möglichkeit, die Fälle (unter Veränderung der Ausgangsbedingungen neu) zu diskutieren.

Im Rahmen von Seminaren, in denen die aktive Gestaltung durch die Studenten im Vordergrund steht, werden die Entscheidungs-, Problem- oder Beurteilungsfälle eingesetzt, die eine Bearbeitung in Einzel- oder Gruppenarbeit zulassen. Die Präsentation und Diskussion der Ergebnisse vor bzw. in der Gruppe ermöglichen dann zusätzlich die Entwicklung überfachlicher Qualifikationen.

Eine Aufbereitung von Fallstudien nach dem vorgeschlagenen Muster würde dies ermöglichen. Darüber hinaus ist der Dozent in der Lage, seine eigenen Inhalte an die Fallstudie anzubinden. Ein wesentlicher Vorteil fallstudienbasierten E-Learnings im Kontext universitärer Lehre besteht darüber hinaus darin, dass die Studenten im Informations-Pool selbständig weitere Informationen recherchieren, Audio- und Videodokumente eingebunden und die Informationen zeit- und ortsunabhängig zur Verfügung gestellt werden können.

Im diesem Rahmen agiert der Dozent als Coach oder Lernbegleiter, d.h., er begleitet Diskussionen und gibt Hilfestellungen bei Anfragen.

In Projektarbeit oder Seminaren können mit den Studenten zudem neue Fallstudien erarbeitet werden. Die Informationsrecherche und die Verbindung einzelner Problemstellungen mit Elementen der Fallstudie schulen fachliche und überfachliche Kompetenzen und können als gute Vorbereitung auf die Arbeitspraxis gewertet werden.

Betriebliche Aus- und Weiterbildung
In der betrieblichen Weiterbildung spielt die Vermittlung von Fachinhalten anhand von Fallstudien eine geringere Rolle. Durch das bereits bestehende Basiswissen und die vorhandenen Erfahrungen sind Fallstudien jedoch interessante Anschauungsbeispiele, um den Erfahrungsschatz zu erweitern und sich in neue Aufgabenbereiche einzuarbeiten, in denen direkte Erfahrungen (noch) nicht möglich sind oder eine Vorbereitung notwendig erscheint. Außerdem können Fallbeispiele aus anderen Firmen im Sinne eines Best Practice wichtige Anregungen für Veränderungs- und Innovationsprozesse im eigenen Unternehmen geben. Ein besonderer Nutzen könnte sich darüber hinaus dadurch ergeben, dass die Verbreitung unternehmensinterner Best-Practice-Beispiele die Motivation der

Mitarbeiter erhöht. Die Anbindung von Fachinhalten könnte dann von Bedeutung sein, wenn neue Ansätze oder Technologien eingesetzt werden sollen.

Der Vorteil fallbasierten E-Learnings in der betrieblichen Weiterbildung kann in der Anbindung zum Wissensmanagement gesehen werden, sofern die Fallstudien aus dem eigenen Unternehmen stammen. So könnten sich gerade neue Mitarbeiter gut in das spezifische Wissen des Unternehmens einarbeiten und an den tatsächlich getroffenen Entscheidungen ihre eigenen Ergebnisse bewerten.

5 Metadatenbasierte Integration von Fallstudien und Fachinhalten

5.1 Strukturelles Konzept

Ziel unseres Ansatzes ist zum einen der eingangs erwähnte flexible Einsatz IT-basierter Fallstudien hinsichtlich des gewünschten didaktischen Ansatzes und zum anderen die dynamische Anbindung modularer, in Form von IMS[6] Content Packages, vorliegender Fachinhalte (s. Abb. 2).

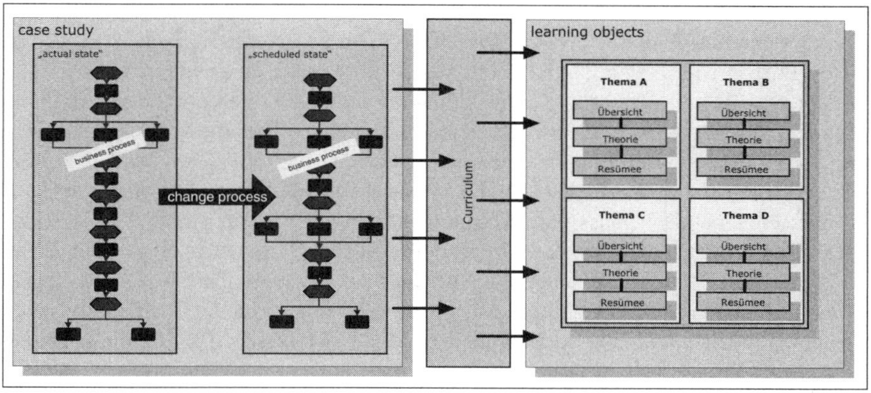

Abb. 2: Verknüpfung von Fallstudie und Fachinhalten

Um dieses Ziel erreichen zu können, ist es notwendig, Fallstudien analog der Lernmodule modular zu strukturieren und mit Metadaten zu beschreiben. Fokussiert auf die Fachdomäne „Wirtschaftsinformatik" wurde ein grobes Modell entwickelt, dass eine einfache Strukturierung einer Fallstudie zulässt (siehe Abb. 3).

6 http://www.imsglobal.org

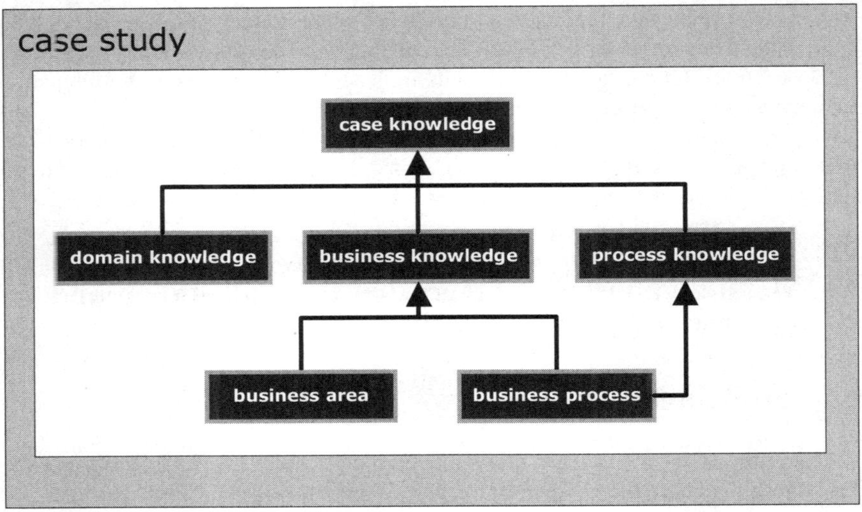

Abb. 3: Fallstudien-Komponente

Unterschieden wird innerhalb der Fallstudie Wissen über die Domäne, über das Unternehmen allgemein, Wissen über Unternehmensprozesse sowie unterschiedliche Problemstellungen.[7] Bei Informationen über das Unternehmen kann es sich beispielsweise um Bilanzen, Kennzahlen oder auch die Unternehmensentwicklung handeln. Prozesswissen können Informationen über Informationsflüsse oder auch wertschöpfende Geschäftsprozesse sein. Grundsätzlich unterscheiden wir zusätzlich die Informationen hinsichtlich ihrer temporalen Einbettung innerhalb der Fallstudie. Dies bedeutet, dass jede Komponente über ein Attribut dem IST-Zustand, dem SOLL-Konzept oder dem Veränderungsprozess zugeordnet werden kann. Eine weitere Eigenschaft einer Fallstudienkomponente beschreibt, auf welchem Granularitätsniveau das Wissen vorliegt. So kann unterschieden werden zwischen grundlegenden und vertiefenden Inhalten oder Ergebnissen. Bereits diese beiden Eigenschaften lassen eine erste Kategorisierung hinsichtlich der eingesetzten Fallstudienmethode zu. So erhält der Lernende bei der Beurteilungsfall-Methode alle verfügbaren Informationen, inklusive der Lösung, die er bewerten muss. Ebenfalls wäre es möglich, Informationen unvollständig, d.h. beispielsweise nur die grundlegenden Informationen bereitzustellen oder identifizierte Problemstellungen nicht anzubieten, sondern durch den Lernenden erarbeiten zu lassen.

Falls zum Verständnis einer Information oder zur Bearbeitung eines Problems spezifisches Fachwissen erforderlich sein sollte, wird auch dieses einer Fallstudienkomponente zugeordnet, so dass über dieses Metadatum eine dynamische Referenzierung relevanter IT-gestützter Lernmodule möglich ist, d.h. das System

7 Diese Einteilung entspricht der konzeptionell-analytischen Strukturierung von Fallstudien, wie sie bei Bolz (S. 118) vorgeschlagen wird.

muss aus einer definierten Quelle die relevanten Lerninhalte extrahieren und dem Lernenden zur Verfügung stellen. Das folgende kleine Beispiel soll die Funktionsweise unseres Ansatzes und die technischen Ideen allgemein verdeutlichen.

5.2 Einsatz am Beispiel einer konkreten Fallstudie

Im beruflichen Alltag treffen die Mitarbeiter selten auf isoliert zu betrachtende Teilprobleme. Meist sind diese eingebettet in komplexere Gebilde, die aus einem Konglomerat aus Organisationen, Kompetenz- und Entscheidungsträgern sowie inhaltlichen und technischen Herausforderungen bestehen. Folglich muss der Mitarbeiter unter Berücksichtigung multipler Kontextfaktoren anhand der ihm zur Verfügung stehenden Informationen und Kompetenzen zu einer möglichst hochwertigen Entscheidung oder Bewertung in der Lage sein.

Entsprechende Problemlagen wurden auch in der dokumentierten Fallstudie identifiziert.

Ein Berliner Blumengroßhandelsunternehmen, das hier WebFlowers genannt wird, vollzieht seit seiner Gründung vor 13 Jahren einen Wandelprozess, der sowohl die Organisationsstrukturen als auch die Geschäftsprozessabläufe betrifft.

WebFlowers begann nach der Gründung im Jahre 1990 als ein kleines Blumenfachgeschäft in Berlin. Der Geschäftsprozess des Blumenverkaufs, vom Einkauf der Ware bis zur Auslieferung an den Endkunden, fand zu Beginn durch den Einsatz von „Papier und Bleistift“ statt. Aufgrund zunehmender Nachfrage zeigten sich bei diesem Vorgehen jedoch größere Effizienzprobleme. Als Lösung wurde eine elektronisch gestützte, integrierte Datenverarbeitung gefunden, die den Geschäftsprozess effizienter und kundenorientierter gestalten sollte.

Dieses schemenhaft angedeutete Praxisszenario lässt sich nun entsprechend unseres Ansatzes in verschiedene Informationsteile bzgl. des Unternehmens, der das Unternehmen umschließenden Domäne und der Prozessabläufe gliedern.

Soll dieser Prozess nun aus dem Blickwinkel einer besonderen Fragestellung betrachtet werden, können die Informationen, die für dieses Problem notwendig sind, aus dem Informations-Pool der Fallstudie zusammengeführt und dem Lernen präsentiert werden.

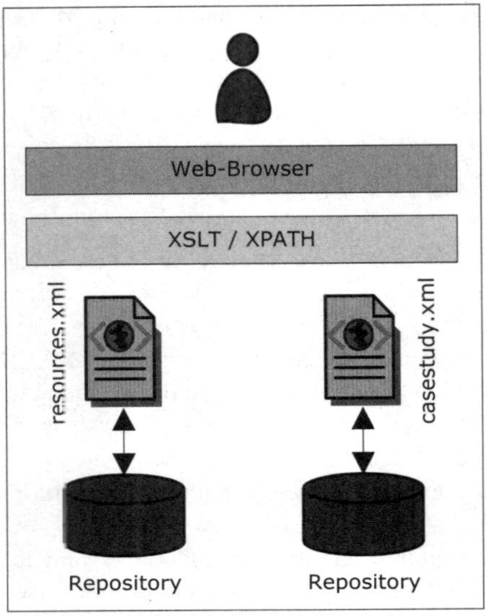

Abb. 4: Dynamische Verknüpfung der Fallstudienkomponenten mit Fachinhalten

Beispiel-Ausschnitt aus *casestudy.xml*

```
<casestudy>
        <case_knowledge>
            <casecomponent>
                <lom>
                    <general>
                     <Identifier>dom1</Identifier>
                     <Title>Blumenversteigerung Klok</Title>
                    </general>
                    <educational>
                     <Self.LearningStuffRef>http://www.google.de</Self.LearningStuffRef>
        <Self.LearningStuffRef>http://www.test.de</Self.LearningStuffRef>
                     <Self.LearningStuff keyword="Geschaeftsprozesse"/>
                     <LearningResourceType Type="basic"/>
                     <Self.state Type="actual"/>
                     <Self.ComponentType Type="domain_knowledge"/>
                    </educational>
                    <technical>
                     <Format Type="text"/>
                     <Location>http://.../casestudy/resources/2.1.html</Location>
                    </technical>
                    <relation>
                     <Resource>dom2</Resource>
                    </relation>
                </lom>
            </casecomponent>
...
```

Bei der Präsentation wird nun die „resources.xml“ nach Lerninhalten zum Thema „Ereignisgesteuerte Prozessketten“ durchsucht und diese gemeinsam mit der Fallinformation dem Lernenden angeboten.

So kann ein fallorientierter Zugang zu den Lerninhalten angeboten werden, bei dem der Autor flexibel vorhandene oder eigene Lernmodule verwenden kann.

Um diese Verknüpfungen vornehmen zu können, empfiehlt es sich, Standards wie beispielsweise IMS Content Packages sowie LOM einzusetzen, um den flexiblen Einsatz unterschiedlich strukturierter Curricula oder Lernmodulbeschreibungen zu gewährleisten.

6 Desiderate und Ausblick

Ob Fallstudien im Rahmen von E-Learning-Angeboten wirklich eingesetzt werden, hängt davon ab, ob sich für die Lerner und Dozenten daraus ein Mehrwert und nicht (nur) ein Mehraufwand ergibt.

Um dies zu erreichen, muss sich die Weiterentwicklung vorhandener und die Entwicklung neuer Ansätze zum fallstudienbasierten E-Learning an den Interessen der Lehrenden und Lernenden orientieren. Dies bedeutet aber auch, die konkreten Qualifikationsanforderungen im Blickfeld zu behalten. Handlungskompetenzen sind immer eng an praktische Erfahrungen gebunden, die durch Fallstudien nicht vollständig simuliert werden können. Aus diesem Grund sollte die Orientierung bei der Weiterentwicklung auf die engere Verknüpfung mit der Berufspraxis gerichtet sein.

Darüber hinaus besteht weiterhin ein großer Forschungsbedarf zur Präsentation von Fallstudien. Der hier vorgestellte Ansatz liefert nur die technisch-strukturellen Voraussetzungen, auf denen ein (adaptierbares) Benutzer-Interface aufbauen könnte. Die Darstellungsmöglichkeiten sind dabei eng an die zur Verfügung stehenden Informationen gebunden, was bei der Erhebung beachtet werden sollte und ebenfalls für eine umfangreiche Dokumentation eines Falls spricht.

Ziel muss es sein, die noch bestehende Lücke zwischen einem lehrerzentrierten und/oder theorieorientierten auf der einen Seite und einem problem- und lernerzentrierten E-Learning auf der anderen Seite zu schließen. Das verbreitete Verständnis eines Blended Learning als theorieorientierte und lehrerzentrierte Mischung aus Präsenzveranstaltung und E-Learning-Komponenten muss sich diesem Blickwinkel verstärkt öffnen um die Chancen und Möglichkeiten des E-Learnings besser zu nutzen.

Literatur

Belz, F.-M. (2001). *Entwicklung von Fallstudien für die Lehre.* Hochschuldidaktische Schriften Band 2. IWP-HSG: St. Gallen.

Bolz, A. (2002). *Multimedia-Fallstudien in der betriebswirtschaftlichen Aus- und Weiterbildung.* Lohmar & Köln: Josef Eul Verlag.

Caumanns, J. (2002). E-Learning im Kontext arbeitsprozessorientierter Weiterbildung. In W. Mattauch & J. Caumanns (Hrsg.), *Innovationen der IT-Weiterbildung* (S. 141-147). Bielefeld. Bertelsmann.

Grünewald, U. et al. (1998). *Formen arbeitsintegrierten Lernens. Möglichkeiten und Grenzen der Erfassbarkeit.* QUEM-report, Heft 53. Berlin.

Kaiser, F.-J. (1983). Grundlagen der Fallstudiendidaktik: Historische Entwicklung, Theoretische Grundlagen, Unterrichtliche Praxis. In F.-J. Kaiser (Hrsg.), *Die Fallstudie. Theorie und Praxis der Fallstudiendidaktik* (S. 9-34). Bad Heilbrunn: Klinkhardt.

Köllinger, P. & Ross, A. (2003). *Marktstudie E-Learning: Nachfragen, Anbieter, empirische Ergebnisse.* Düsseldorf: Symposion Publishing.

Leeders, M.R. , Mauffette-Leeders, L.A. & Erskine (2001). *Writing Cases* (4th ed.). London/Ontario. Ivey Publishing.

Rohs, M. (2002). Arbeitsgebundenes Lernen in der IT-Weiterbildung. Zur Synthese formeller und informeller Lernprozesse. In P. Dehnbostel & P. Gonon (Hrsg.), *Informelles Lernen – eine Herausforderung für die berufliche Aus- und Weiterbildung* (S. 87-94). Bielefeld: Bertelsmann.

Stübing, M. (2003). *Metadaten-gestützte Integration von Fallstudien in IT-gestützte Lehre.* noch unveröffentlichte Diplomarbeit. Technische Universität Berlin. Lehrstuhl für Computergestützte Informationssysteme.

Weiß, R. (2000). *Wettbewerbsfaktor Weiterbildung: Ergebnisse der Weiterbildungserhebung der Wirtschaft.* Köln: Deutscher Instituts-Verlag.

Manfred Heydthausen, Ulrike Günther

Die Verknüpfung von systematischem und fallorientiertem Lernen in Lern-Informationssystemen

Zusammenfassung

Der vorliegende Aufsatz beschäftigt sich mit der Konzeption von Lern-Informationssystemen (LIS) unter besonderer Berücksichtigung der Verknüpfung von systematischem und fallorientiertem Lernen. Lern-Informationssysteme heben sich strukturell und funktional deutlich von den Lern-Managementsystemen (LMS) ab. Während ein LMS die administrativen Funktionalitäten stark betont, sehen die LIS ihren Schwerpunkt in der flexiblen und größtenteils dynamischen Bereitstellung von unterschiedlichen Anwendungsszenarien für den Lernenden. Erreicht wird die Dynamik und Flexibilität durch die Grundkonstrukte des LIS, die so genannten Module. Module enthalten neben dem zu vermittelnden Wissen Vor- und Nachbedingungen als logische Beschreibungen ihrer Inhalte bzw. der Voraussetzung ihrer Anwendbarkeit. Der Aufbau eines LIS wird anhand eines bestehenden und eingesetzten Lernsystems zum Thema der koronaren Herzkrankheit erklärt. Neben einer kurzen Einführung in die Theorie der LIS werden Anwendungsszenarien für systematisches Lernen und die Darstellung von Fällen und deren Verbindung zu Wisseneinheiten dargestellt. Für die Repräsentation der Daten eines Falles wird zurück gegriffen auf das an der Universität Regensburg entwickelte Fall-Schema MedicCaseML.

1 Einleitung

Im Rahmen des BMBF-Förderprogrammes „Neue Medien in der Bildung" wurde von den Universitäten Düsseldorf, Köln, Hamburg und Dresden ein Lernsystem zum Thema der koronaren Herzkrankheit entwickelt. Dieses Lernsystem besteht aus zwei Anteilen, der Systemhülle und den fachspezifischen Inhalten. Während die Inhalte primär für Benutzer aus dem Bereich der Kardiologie produziert werden, lässt sich die Systemhülle auch in anderen Wissensbereichen innerhalb und außerhalb der Medizin anwenden.

Diese Systemhülle wird „Lern-Informationssystem" genannt. Der vorliegende Aufsatz beschäftigt sich, neben einer Einführung in die Grundkonzepte eines LIS, vor allem mit diesen Anwendungsszenarien, wobei die systemische und inhaltliche Verknüpfung von fallorientiertem und systematischem Lernen im Vordergrund stehen soll. Unter systematischem Lernen wollen wir im vorliegenden Kontext die systematische Aufarbeitung und Darstellung einer Wissensentität verstehen. Systematisches Lernen zeigt deshalb von seiner Struktur her, ungeachtet der möglicherweise intensiven multimedialen und interaktiven Ausgestaltung, am ehesten Ähnlichkeiten mit tradierten Lehrbuchformen. Daneben ist – insbesondere in der Medizin – das problem- und fallorientierte Lernen von großer Wichtigkeit (siehe z.B. Donner, 1993, Goos, 1995, Reinhardt, 1997). Alleine die Begriffsdifferenzierung macht deutlich, dass das so genannte systematische und das fallorientierte Lernen unterschiedlichen didaktischen Strömungen entstammen. Die Differenzierung setzt sich fort in der Unterschiedlichkeit der Lernsysteme und Lernumgebungen, in denen die verschiedenen Ansätze ablaufen: Systematische Lernumgebungen vernachlässigen in aller Regel den fallorientierten Ansatz, Systeme mit stark fallorientierter Ausrichtung lassen zumeist die systematische Aufarbeitung des Wissens vermissen, das den bearbeiteten Fällen zu Grunde liegt.

2 Lern-Informationssysteme – Theorie und Konzepte

2.1 Der theoretische Ansatz

Der theoretische Ansatz für das Lern-Informationssystem basiert auf einem Konzept aus der theoretischen Informatik zur Definition der Semantik von Programmiersprachen. Die Bedeutung einer Operation s (z.B. als Anweisung einer Programmiersprache) erklärt man durch eine Abbildung der Form $f[s](z_1) = z_2$. Diese formale Notation besagt, dass s einen Ausgangszustand z_1 in einen Folgezustand z_2 transformiert. In der Notation von Hoare schreibt man {P} s {Q}, wobei s die Operation benennt, während P und Q Eigenschaften des Anfangs- bzw. Endzustandes sind. P nennt man Vorbedingung und Q Nachbedingung der Operation s. Bedeutung wird verstanden als Transformation von Zuständen. Details zu den Definitionen von Hoare finden sich beispielsweise in Alber, 1988.

Diesen Grundgedanken macht sich auch das vorgestellte Lern-Informationssystem zu eigen und benutzt zur Aufschreibung seiner wesentlichen Bestandteile, der sog. Module, in einer leicht veränderten Form die Notation von Hoare: $\{w_1\}$ s $\{w_2\}$. s bezeichnet einen Lerninhalt, w_1 und w_2 sind Bedingungen an Zustände. Ein Zustand z_1 kann durch $\{w_1\}$ s $\{w_2\}$ in einen Folgezustand z_2 transformiert werden, wenn z_1 die Bedingung $\{w_1\}$ erfüllt. z_2 erfüllt nach der Transformation die Bedingung $\{w_2\}$. Das Konstrukt einer einzelnen Zustandstransformation z_1 (s)-> z_2 mittels eines Lerninhaltes/Operation s kann nun systematisch fortgesetzt werden zu einer Folge von Operationen oder zu einem Prozess: z_1 (s_1)-> z_2 (s_2)-> z_3 (s_3)-> z_4 (s_4)-> z_5 ... z_{n-1} (s_{n-1})-> z_n. Der Zustand z_1 wird durch die Folge von Operationen $s_1s_2s_3s_4$ ... s_{n-1} in den Zustand z_n überführt. Von einem Prozess sprechen wir, wenn der Endzustand definierten Eigenschaften genügt.

Den theoretischen Ansatz können wir so zusammenfassen: (1) Module $\{w_1\}$ s $\{w_2\}$ als elementare Objekte von Lern-Informationssystemen transformieren den durch w_1 beschriebenen Wissenszustand eines Lerners in den durch w_2 beschriebenen Zustand. Mehr noch: Damit der Lerner den Lerninhalt s aufnehmen kann, muss er sich in einem Wissenszustand befinden, der mit w_1 beschrieben wird. $\{w_1\}$ s $\{w_2\}$ ist Element einer formalen Basisdidaktik: Der Verfasser von s muss sich nicht nur Gedanken darüber machen, welchen Stoff er vermittelt, sondern auch darüber „wo er den Lerner (wissensmäßig) abholt". (2) Lerninformationssysteme betonen den Prozesscharakter des Lernens. Die Transformationen innerhalb des LIS sind ein (rudimentäres und vereinfachtes) Abbild der Transformationen des Systems „Lerner". Über die Transformationen sind zudem zielgerichtete Prozesse (z.B. Falllösung) definierbar und steuerbar.

2.2 Die Komponenten des Lern-Informationssystems

Wissens- und Fragemodule

Man unterscheidet zwei Arten von Modulen: (1) **Wissensmodule** bestehen neben dem multimedial aufbereiteten Hauptteil aus der Vorbedingung und der Nachbedingung. Die Vorbedingung erklärt, über welches Wissen der Lernende verfügen muss, um die Darbietung des Hauptteils zu verstehen. In der Nachbedingung wird beschrieben, welches Wissen durch den Hauptteil vermittelt wird. Die Nachbedingung definiert damit den Zuwachs an Wissen.

Auf ähnliche Weise können **Fragemodule** strukturiert und so mit den Wissensmodulen verbunden werden. Die Vorbedingung eines Fragemoduls beschreibt das Wissen, das durch den Hauptteil der Frage überprüft wird, die Nachbedingung setzt der Lernende dynamisch durch die Beantwortung der Frage und das so offenbarte Wissen bzw. Nichtwissen.

Präsentationsschemata

Der Hauptteil von Wissens- bzw. Fragemodulen repräsentiert eine Darstellung des zu vermittelnden Wissens. Hierbei können alle Medien verwendet werden, die über das Inter- bzw. Intranet distribuiert werden können. Damit aber die Präsentation der Inhalte in einem didaktisch vernünftigen Rahmen erfolgen kann, ist die Einbindung von Präsentationsschemata vorgesehen, die den hohen Freiheitsgrad der insgesamt möglichen Darstellungsarten auf ein akzeptables (aber frei definierbares Maß) reduzieren. Präsentationsschemata stellen somit die Oberflächen-Kohärenz der Module bei verschiedenen Autoren sicher.

Die Präsentationsschemata sind in XML definiert. Die XML-immanente Trennung von Inhalt und Darstellung (siehe auch Bray & Bickley, 1993 und Koper, 1998) erlaubt den Autoren, sich auf die Präsentation des Inhaltes zu konzentrieren, während reine Darstellungsfragen vom System zu einem späteren Zeitpunkt erledigt werden. Die nachstehende Abbildung macht dies deutlich: Der Hauptteil jedes Moduls wird durch eine XML-Datei repräsentiert. Diese wird in einem zweiten Schritt in ein darstellbares Format transformiert.

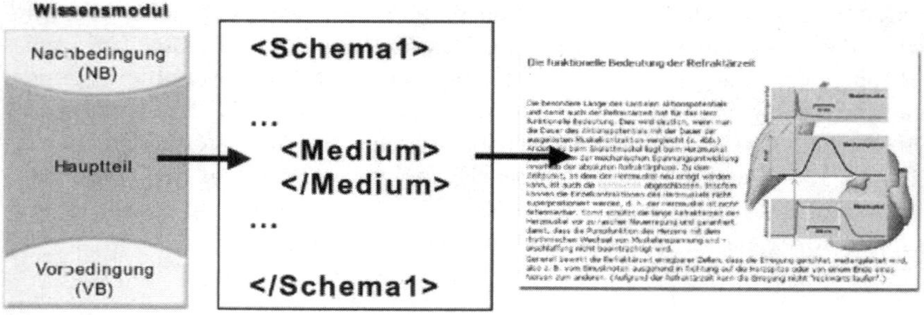

Abb. 1: Dem Hauptteil des Moduls wird ein XML-Präsentationsschema zugeordnet

Vor- und Nachbedingungen
Über die konkrete Ausgestaltung der Vor- und Nachbedingungen wurde bislang keine Aussagen gemacht. Nach der grundsätzlichen Konzeption des Systems besteht größtmögliche Freiheit. Für die nachstehenden Betrachtungen gehen wir jedoch davon aus, dass Vor- und Nachbedingungen jeweils aus Stichwortmengen bestehen, die einem offenen oder geschlossenen Thesaurus entnommen sind. Dieser Thesaurus hat funktional normativen Nomenklaturcharakter. Seine Wohldefiniertheit ist für die einwandfreie Funktion des Systems von ausschlaggebender Bedeutung.

Speicherung des lernerbezogenen Wissens
Das lernerbezogene Wissen wird hinterlegt in Form der Einträge aus den Nachbedingungen von Wissensmodulen, die der Lerner durchgearbeitet hat. Nach inkorrekter Beantwortung einer Frage wird das Wissensdefizit aus dem lernerbezogenen Wissen entfernt.

2.3 Vernetzung der Module

Über die Koinzidenz von Vor- und Nachbedingungen können sich die Module zu einem Netzwerk anordnen. Innerhalb dieses Netzwerkes sind zwei Module miteinander verbunden, wenn die Nachbedingung des einen und die Vorbedingung des anderen Moduls gemeinsame Beschreibungselemente enthalten. Zwei Aspekte dieser Art der Vernetzung seien nochmals besonders herausgestellt: (1) Die Vernetzung ist **implizit**. Kein Autor muss einen expliziten Verweis auf eine andere Wissensentität vergeben und pflegen. Wird eine Wissensentität gelöscht, steht sie auch für Vernetzungen nicht mehr zur Verfügung, es gibt auch keinen „Verweis", der trotz der Löschung noch auf sie zeigen könnte. Ändert ein Autor die logische Beschreibung seines Moduls, so kann er damit das Modul innerhalb des Netzes neu einordnen. (2) Die Vernetzung ist **symmetrisch**. Somit besteht nicht nur die Möglichkeit, auf eine Wissensentität (implizit) zu verweisen, jeder Autor hat auch die Möglichkeit, sein Modul aktiv in das Netzwerk der Module einzubauen, mit anderen Worten: auf sein Modul (implizit) verweisen zu lassen. Die Technik der impliziten Verweise grenzt die Lern-Informationssysteme auch sehr bewusst von den so genannten hypertextbasierten Systemen (siehe etwa Spreckelsen, Günes, Houben, Saß & Spitzer, 1997) ab.

3 Anwendungsszenarien

Die wesentlichen **Anwendungsszenarien** ergeben sich aus den möglichen Resolutions- und Transformationsprozessen, die auf der Basis der eingeführten Grundkonstrukte möglich sind. In der nachfolgenden Aufstellung erweisen sich diejenigen Szenarien als besonders interessant, die auf der Ergänzung der Wissenslücke zwischen dem individuellen Vorwissen des Lerners und einem Lernziel beruhen.

Szenario 1: Extraktion und Bereitstellung von Lernsequenzen
Die Konzeption des Lern-Informationssystems ermöglicht die Generierung von Lernsequenzen, die sich an den individuellen Lernzielen und Voraussetzungen des Lernenden orientieren. Lernsequenzen können fachspezifisch sein (im Beispiel des Lernsystems zur koronaren Herzkrankheit also nur die Kardiologie betreffen) oder auch ein Spektrum von Fächern umfassen (im Beispiel etwa die Aspekte der Physiologie, Pharmakologie und/oder Kardiochirurgie). Bei Lernsequenzen soll man nicht nur primär an Studierende, sondern ebenfalls, im Sinne der Aus- und Weiterbildung, an Assistenzärzte oder niedergelassene Ärzte denken.

Algorithmisch geschieht die Bereitstellung der Lernsequenz durch die Suche nach einer Struktur von Wissensmodulen, die sich einerseits an den spezifizierten Lernzielen und andererseits an den im Lern-Informationssystem hinterlegten Vorkenntnissen eines Lernenden orientiert. Lernziele und Vorkenntnisse werden über die Einträge in den Thesaurus spezifiziert. Die gefundene Struktur von Wissensmodulen kann auf geeignete Weise zu einem Prozess sequenziert werden.

Szenario 2: Überprüfungs- und Erklärungssystem
Das Lern-Informationssystem kann als wissensbasiertes Abfrage- und Erklärungssystem genutzt werden. Durch die falsche Beantwortung einer Frage offenbart der Lernende Nichtwissen und definiert so den Erklärungsbedarf. Nun kann ein Netzwerk von Wissensmodulen durch das System bereit gestellt werden, das die Lücke zwischen individuellem Vorwissen und individuellem Erklärungsbedarf schließt. So entsteht ein Nutzungsszenario für das Lernsystem, das von Fragen und Überprüfungen ausgeht. Bei Studenten dürfte dies die Motivation erhöhen mit Lernsystemen umzugehen, da Fragen unmittelbar mit der Klausur- bzw. Examenssituation verbunden sind.

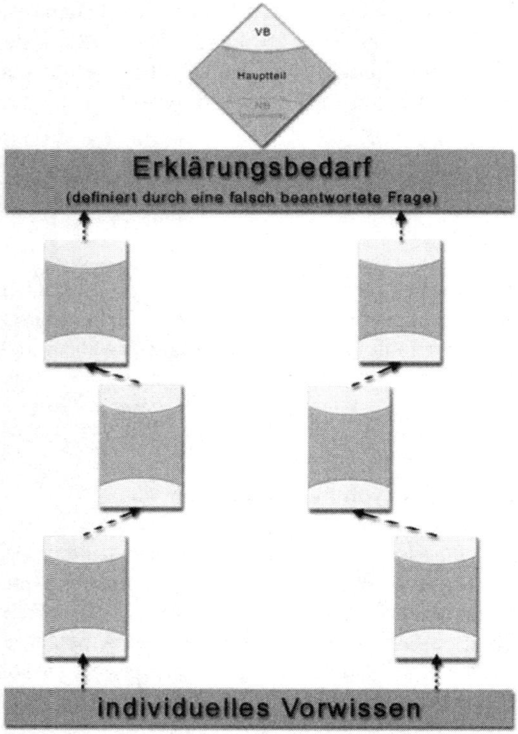

Abb. 2: Aufgrund einer falsch beantworteten Frage wird ein Geflecht von erklärenden Wissensmodulen bereit gestellt

Szenario 3: Kurse

Die so genannten „Kurse" sind eine Möglichkeit, Wissens- und Fragemodule ungeachtet ihrer Beschreibung durch Vor- und Nachbedingungen in eine zusätzliche Struktur einzubetten. Verbindende Relation ist die Beziehung „muss gelernt (durchgearbeitet) werden vor". Die Kursstruktur ist nicht linear, wie das Beispiel aus Abbildung 3 zeigt. Sind Fragemodule in einem Kurs enthalten, wird die Kursstruktur bei falsch beantworteten Fragen verlassen. Dann tritt die Funktionalität des Szenario 2 in Kraft und leitet den Lernenden auf die Erklärungsmodule. Nach der Abarbeitung dieser Module kehrt das System zur definierten Kursstruktur zurück.

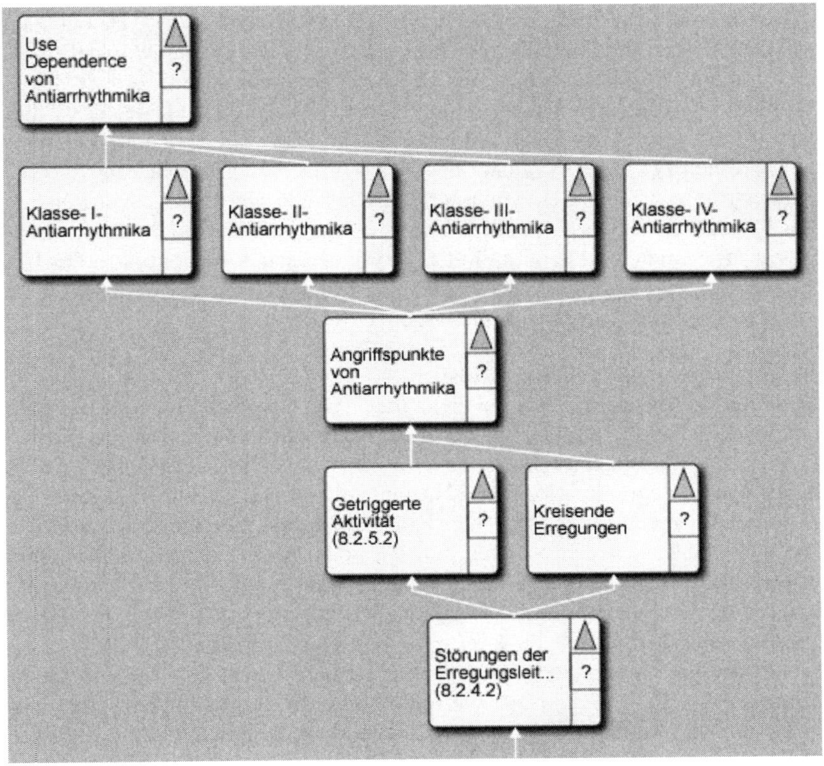

Abb. 3: Ausschnitt aus der Struktur eines Kurses

4 Realisierung von Fällen in Lern-Informationssystemen

Das Konzept der Visualisierungsschemata für Module als kleinste Einheiten der Wissensdarstellung in Lern-Informationssystemen bedingt die Notwendigkeit der Existenz eines Fall-Schemas. Ein solches Schema wurde an der Universität Regensburg entwickelt (Merz, Rockmann, Schwarz & Reng, 2002). MedicCase-ML ist in XML formuliert und dient speziell der Darstellung medizinischer Lernfälle in der medizinischen Aus- und Weiterbildung. Intention der Verfasser ist, die Daten von Fällen zwischen (fallbasierten) Systemen auszutauschen, die Verarbeitungslogik der Fälle wird im MedicCaseML-Schema weder dargestellt noch implizit abgebildet, sondern muss vom einlesenden System ergänzt werden.

An dieser Stelle kommt die Kombination mit den Lern-Informationssystemen zum Tragen. Den Wissensmodulen im Lern-Informationssystem werden wohldefinierte Teile des MedicCaseML-Schemas als Visualisierungsschema zugeordnet. Diese Anteile sind die so genannten <caseUnit>-Elemente, in denen die Daten des Falles wohlstrukturiert und klassifiziert dargestellt sind. Diese <caseUnit>-Elemente können Modulen des Lern-Informationssystems direkt als Visualisierungsschema zugeordnet werden. Dann stehen alle strukturellen und algorithmischen Leistungen des Lern-Informationssystems zur Realisierung von Fällen und – noch wichtiger – zur effizienten Verknüpfung mit den systematischen Lernentitäten des LIS zur Verfügung. Nachfolgend skizzieren wir drei Möglichkeiten der Falldarstellung und -steuerung in Lern-Informationssystemen.

Ein Fall entspricht einem Wissensmodul

Das gesamte MedicCaseML-Schema dient als Visualisierungsschema für das Fall-Wissensmodul. Die Funktionalität der Falllösung ist integriert in die Transformation des Visualisierungsschemas in ein darstellbares Format. Diese Methodik der Fallrepräsentation ist leicht und schnell realisierbar und garantiert damit eine sofortige Verfügbarkeit von Fällen im Lern-Informationssystem. Die Lösung weist aber auch den Nachteil auf, dass der Dozent, der den Fall in sein Modulkontingent übernehmen möchte, keinen Einfluss auf die Abarbeitung der Fälle durch den Lerner hat. Diese Funktionalität ist, im Rahmen der Visualisierung, ausschließlich durch das Lern-Informationssystem vorgegeben.

Für die Verknüpfung zum systematischen Lernen stehen die Vor- und Nachbedingungen des Fall-Moduls zur Verfügung. In der Vorbedingung des Fall-Moduls kann in gewohnter Weise das für die Falllösung benötigte Vorwissen spezifiziert werden. Bei auftauchenden Schwierigkeiten während der Falllösung kann dieses Vorwissen als Lernziel in Szenario 1 oder 3 (aus Abschnitt 3) eingesetzt werden. So wird der Fall mit den Wissensentitäten des systematischen Wissens in Bezug gesetzt.

Ein Fall entspricht einem Kurs

Bei dieser Variante der Fallrepräsentation wird jede <caseUnit> des MedicCaseML-Schemas als eigenes Visualisierungsschema einem Wissensmodul zugeordnet. Alle Module werden vom übernehmenden Autor in einen Kurs integriert (siehe Szenario 3 in Abschnitt 3). Dieser Kurs definiert die (optimale) Abarbeitung des Falles und der Autor kann zusätzlich didaktisch gewünschte Ergänzungen aus eigener Sicht, z.B. durch ergänzende Frage- oder Wissensmodule einarbeiten. Damit geht der Fall des Lern-Informationssystems inhaltlich und strukturell über den MedicCaseML-Fall hinaus. Zudem hat der Dozent und Autor, der den Fall übernehmen möchte, die Möglichkeit, seine didaktischen Vorlieben der Falllösung auszudrücken. Mehr noch: Unterschiedliche übernehmende Autoren können ein und denselben MedicCaseML-Fall in unterschiedlichen Kursen mit unterschiedlichen Schwerpunkten darstellen.

Zusammenfassend bietet diese Alternative der Falldarstellung folgende Vorteile:
- Übernahme von Fällen aus Fremdsystemen,
- schnelle und sicherere Realisierung,
- didaktische Anleitung zur Fallabarbeitung bei grundsätzlich freier Navigation durch den Fall,
- ergänzbar um Wissens- und Fragemodule,
- differenzierte Verknüpfung mit systematischen Wissensanteilen.

Ein Fall wird dargestellt durch eine Menge von Modulen
In Lern-Informationssystemen sind die Wissensmodule durch die logische Beschreibung über Vor- und Nachbedingungen implizit miteinander vernetzt. Die semantische Vernetzung erlaubt insbesondere Verknüpfungen des „wenn/dann"-Typs und der zeitlichen Folge und Hierarchisierung. Da individuelle Zustände des Lerners mit einbezogen werden, lassen sich individuelle Prozesse der Fallbearbeitung auf der Basis der Falldatendarstellung über MedicCaseML darstellen.

Im Grunde ähnelt diese Art der Fallrepräsentation der zuletzt vorgestellten Methodik. Allerdings werden die Module nun nicht über das Konstrukt „Kurs" miteinander und mit anderen Frage- und Wissensmodulen verknüpft, sondern ausschließlich über die systemimmanente implizite Vernetzung. Die Steuerung der Fallabarbeitung wird als Prozess gesehen, dessen Endzustand als Lösung des Falles definiert ist. Vor- und Nachbedingungen der Module müssen bei dieser Art der Fallrepräsentation gleichzeitig zwei Aufgaben erfüllen: (1) die Verknüpfung mit dem systematischen Wissen und (2) die Aspekte der Prozesssteuerung.

5 Evaluationsstrategien

Die Evaluation des Lern-Informationssystems, so wie es im Projekt „Koronare Herzkrankheit" verwendet wird, vollzieht sich in mehreren Schritten. Im Wintersemester 2002/2003 wurde der pharmakologische und ein Teil des physiologischen Lerninhaltes in den Universitäten Hamburg und Köln evaluiert. Im Vordergrund dieser Untersuchung stand die Qualität des Content und seine Valenz im Lernprozess. Von den Funktionalitäten des Lern-Informationssystems waren nur wenige freigeschaltet (Auswahl von Modulen und Kursen). Die Teilnehmer der Evaluation wurden randomisiert auf zwei Gruppen aufgeteilt. Die Testgruppe durfte das Lern-Informationssystem als zusätzliches Arbeitsmedium verwenden, der Kontrollgruppe war die Nutzung verwehrt. Signifikante Unterschiede zwischen den beiden Gruppen konnten anhand des Bewertungskriteriums „Ergebnis der Semesterabschlussklausur in Pharmakologie" nicht festgestellt werden, jedoch zeigte die Nutzungsdauer des Systems in der Testgruppe einen signifikant positiven Einfluss auf das Prüfungsergebnis.

Im Sommersemester 2003 wird gegenwärtig eine weitere Evaluation an der Heinrich-Heine-Universität Düsseldorf durchgeführt. Bei dieser Evaluation stehen die Funktionalitäten des Lern-Informationssystems vollumfänglich zur Verfügung.

Eine der wesentlichen Fragestellungen ist die Analyse des Nutzerverhaltens: Werden die stark individualisierten Anwendungsszenarien des LIS von den Studentinnen und Studenten angenommen und genutzt? Eine abschließende Befragung der Evaluationsteilnehmer soll klären, ob die Medienkompetenz der Studierenden für die Nutzung dieser Szenarien ausreicht.

Für das Wintersemester 2003/2004 sind weitere Evaluationsschritte in der inneren Medizin, die insbesondere die in diesem Aufsatz vorgestellten Aspekte des fallorientierten Lernens berücksichtigen, geplant.

6 Zusammenfassung und Ausblick

Lern-Informationssysteme haben durch ihre klare theoretische Konzeption einen sehr einfachen Aufbau. Hinsichtlich ihrer Möglichkeit der Definition von hauptsächlich dynamischen Anwendungsszenarien für Lerner weisen sie, trotz ihrer einfachen Struktur, ein großes Potenzial auf. Die in den vorstehenden Abschnitten beschriebenen Konzepte wurden im Rahmen des Projektes „Lern- und Erklärungssystem zur Koronaren Herzkrankheit“ in Zusammenarbeit mit der Fa. Link und Link aus Dortmund realisiert. Neben diesem Einsatz in der kardiologisch orientierten Medizin gibt es weitere Anwendungsbereiche, in denen sich die Flexibilität des Ansatzes erwiesen hat: Geographie, Zahnmedizin, physikalische Chemie und Physiologie. Die genannten Fächer sind gegenwärtig mit dem Aufbau eigener Lernsysteme beschäftigt, die alle das vorgestellte LIS nutzen. Auch im Rahmen des Aufbaus der so genannten Notebook University an der Heinrich-Heine-Universität wird das LIS eingesetzt.

Für zukünftige Entwicklungen und Anwendungen insbesondere im medizinischen Kontext sind die Anforderungen der neuen Approbationsordnung wesentlich. E-Learning-Systeme, die in der Medizin Einsatz finden wollen, müssen den Anforderungen, die die neue Approbationsordnung (implizit) an e-Learning Systeme stellt, in besonderer Weise gerecht werden. Lern-Informationssysteme mit ihrem Potenzial der Integration von medizinischen Fällen sind nach Ansicht der Verfasser den rein fallbasierten Systemen überlegen. So können einerseits Übungen an den Anforderungen der ärztlichen Praxis ausgerichtet werden, wobei die Techniken der fallbasierten Arbeit heranzuziehen sind, andererseits können die Studenten fächerübergreifende Probleme und Beziehungen zwischen medizinischen Grundlagen und klinischen Anwendungen durch die effiziente Verknüpfung von fallorientiertem und systematischem Arbeiten erlernen.

Literatur

Alber, K.; Struckmann, W. (1988). *Einführung in die Semantik von Programmiersprachen.* BI Wissenschaftsverlag.

Bray, T.; Paoli, J.; Sperberg-McQueen, C. (1998). *Extensible Markup Language (XML) 1.0.* World Wide Web Consortium (W3C).

Donner, R.S.; Bickley, H. (1993). Problem-based learning in American medical education: an overview. *Bull Med Libr Assoc 81* (3) July 1993, S. 294-298.

Goos, K. (1995). Fallbasiertes Schließen. DISKI, 1995.

Koper, E.J.R. (1998). Modelling educational content with XML. In B. Collis & R. Oliver (Eds.), *Ed-Media 1999.* S. 1545-1547. Charlottesville, USA.

Merz, A.-K; Rockmann, F.; Schwarz, C.; Reng, M. (2002). XML-Austauschformat für CBT Systeme in der medizinischen Aus- und Weiterbildung. In Bernauer, J.; Fischer, M. R. (Hrsg.): *Rechnergestützte Lehr- und Lernsysteme in der Medizin,* 2002.

Reinhardt T.; Puppe F. (1997). Didaktische Aspekte in fallorientierten intelligenten Trainingssystemen. In Conradi H., Kreutz R., Spitzer K. (Hrsg.): *CBT in der Medizin – Methoden, Techniken, Anwendungen, Proc. GMDS-Workshop in Aachen on Computer Based Training*, Verlag der Augustinus-Buchhandlung, 157-168, 1997.

Spreckelsen, C.; Günes, M.; Houben, I.; Saß, H.; Spitzer, K. (1997). Wissensbasierte Navigation in einem hypertextbasierten Assistenzsystem für die Psychiatrie. In Conradi H., Kreutz R., Spitzer K. (Hrsg.): *CBT in der Medizin – Methoden, Techniken, Anwendungen, Proc. GMDS-Workshop in Aachen on Computer Based Training*, Verlag der Augustinus-Buchhandlung, 157-168, 1997.

Horst O. Mayer

Verringerung von trägem Wissen durch E-Learning
– Am Beispiel einer Akustik-Lern-CD

Zusammenfassung

Die Entwicklung der Akustik-Lern-CD hatte das Ziel, den Anwendungsbezug von theoretischem Wissen bei Regelverstärkern zu fördern. Die Studenten konnten nach dem theoretischen Unterricht zwar Hüllkurven zeichnen und Kompressionsraten berechnen, hatten aber Probleme, in konkreten Situationen wie z.B. beim Übersteuern von Instrumenten den korrekten Regelverstärker auszuwählen.

Um einen besseren Wissenstransfer zu erreichen, werden bei der Lern-CD dem Lerner Situationen angeboten, in denen eigene Konstruktionsleistungen möglich sind und in denen kontextgebunden, interaktiv gelernt werden kann.

Die Akustik-Lern-CD erfüllt in Kombination mit einem theoretischen Unterricht die an sie gestellten Erwartungen. Praxisorientierte Fragestellungen werden von der Gruppe mit Lern-CD kombiniert mit theoretischem Unterricht signifikant häufiger richtig gelöst als von der Gruppe mit rein theoretischem Unterricht. Die Lern-CD verringert offensichtlich den Anteil an trägem Wissen, es sind jedoch Defizite bei der Vermittlung von theoretischem Wissen über Regelverstärker vorhanden. Beim weiteren Einsatz der Lern-CD gilt es daher, dies durch den theoretischen Unterricht gezielt abzudecken. Bei weiteren Untersuchungen sollte die Tauglichkeit der Akustik-Lern-CD auf diesem Gebiet genauer überprüft werden. Eventuell ist es durch verschiedene Hinweise seitens der Lehrenden möglich, auch das theoretische Wissen mit Hilfe der Lern-CD zu erhöhen.

Die konsequente Orientierung an theoretischen Konzepten hat sich bei der Entwicklung der Akustik-Lern-CD als sehr fruchtbar erwiesen. Diese Orientierung ermöglichte es u.a., dass die praktische Umsetzung der Lerninhalte gezielt erfolgen konnte. So wurde beispielsweise darauf geachtet, dass der Wissenserwerb im unmittelbaren Kontext seiner Anwendung stattfindet, Eigenaktivitäten und Erfahrungsmöglichkeiten im Vordergrund standen, Informationen zur Problemlösung vom Lerner aufgefunden werden müssen, das neue Wissen in multiplen Perspektiven angeboten wird etc. (vgl. Schulmeister 1997, Kohler 1998 u. Blumstengel 1998). Zusätzlich wurden wahrnehmungspsychologische Erkenntnisse der Lernforschung, wie z.B. hinsichtlich des Einsatzes von Animationen, die multimodale Präsentation verschiedener Lerninhalte etc. berücksichtigt (vgl. Mayer 2001, Mayer 2000, Klimsa 1997, Weidenmann 1997). Die Orientierung an einem theoretischen Ansatz ermöglichte es auch, diese Erkenntnisse aus der Lernpsychologie in ein Gesamtkonzept zu integrieren und verhinderte deren wahllosen, beliebigen und letztendlich ineffizienteren Einsatz.

1 Einleitung

Immer wieder wird beobachtet, dass gelerntes theoretisches Wissen später in der Praxis nicht genutzt werden kann. Das theoretische Wissen bleibt träges Wissen,[1] da dem Wissen der notwendige Anwendungsbezug fehlt. Um träges Wissen zu verhindern sowie den Anwendungsbezug des theoretischen Wissens zu fördern, ist es u.a. notwendig Lernumgebungen zu entwickeln, die es dem Lerner ermöglichen die Transfersituation von der theoretischen Situation in die Anwendungssituation v.a. aus dessen Perspektive zu betrachten und ihn in die Lage zu versetzen, Probleme eigenständig zu erkennen und zu lösen (vgl. Schulmeister 1997, Kohler 1998 u. Blumstengel 1998).

Das Problem des Wissenstransfers von theoretischem Wissen zu Anwendungswissen war auch der Anstoß für die Entwicklung der Lern-CD für Regelverstärker. Nach einem theoretisch orientierten Unterricht und der Vorführung von Funktion und Wirkungsweise von Regelverstärkern waren die Studenten des Fachhochschulstudienganges InterMedia[2] zwar fähig, theoretisches Wissen wie z.B. die Berechnung der Kompressionsrate oder der Ansprechzeiten, das Zeichnen von Hüllkurven etc. zu reproduzieren, scheiterten aber an konkreten, praxisnahen Problemstellungen wie z.B. beim Übersprechen von diversen Instrumenten, bei der Übersteuerung eines Instrumentes etc. Ein zweites Problem bestand darin, dass es für die Studenten nach dem theoretischen Grundlagenunterricht zu Regelverstärkern vielfach nicht möglich war, das gelernte Wissen an einem in der Praxis verwendeten, komplexen Programm bzw. konkreten Regelverstärkern umzusetzen.

2 Das Konzept der Lern-CD

Die Akustik-Lern-CD soll die Studenten der ersten beiden Semester des Studienganges InterMedia befähigen, praxisrelevante Probleme zu lösen und sie besser auf die Anwendung komplexer Programme für Regelverstärker sowie die Einstellung von konkreten Regelverstärkern vorzubereiten. Es war jedoch nicht das Ziel, den Theorieunterricht vollständig zu ersetzen oder auf den Einsatz komplexer, praxisrelevanter Programme bzw. konkreter Regelverstärker im Präsenzunterricht zu verzichten. Vielmehr soll die Lern-CD als Ergänzung und Unterstützung zum Präsenzlernen eingesetzt werden (Blended Learning). Der kombinierte Einsatz von E-Learning und konventionellem Unterricht zeigt v.a. bei Erwachsenen eine hohe Effektivität (vgl. Kerres 1998, S. 108).

---

1 Darunter wird jenes Wissen verstanden, das beim Lerner zwar vorhanden, in relevanten Problem- und Anwendungssituationen jedoch nicht abrufbar ist.

2 Es handelt sich dabei um ein Studium für Kommunikationsdesign mit interaktiven Medien. Das Studium ist eine Kombination aus Gestaltung, Medieninformatik, Management und Kommunikation. Den Schwerpunkt bildet die Gestaltung von interaktiven Medien und Kommunikationsprozessen. (vgl. http://www.fh-vorarlberg.ac.at/edu/im/)

Soll die Entwicklung von E-Learning Lehr-/Lerneinheiten nicht in die Beliebigkeit absinken, ist es notwendig sich an Lerntheorien zu orientieren (vgl. Mayer 2001). Dies hat auch ein Mehr an Kohärenz, Qualität und Überprüfbarkeit zur Folge (vgl. Dubs 1995). Die Forderungen an die Gestaltung der zu entwickelnden Lernumgebung bei der Akustik-Lern-CD wie z.B. multiple Kontexte und Perspektiven, authentische Situationen sowie die Ermöglichung eigener Wissenskonstruktionen führten zur Entscheidung für einen konstruktivistischen Ansatz (vgl. Schulmeister 1997, Blumstengel 1998, Kohler 1998). Nach Ansicht des radikalen Konstruktivismus sind Lernprozesse jedoch individuell und nicht vorhersagbar. Die Möglichkeit der Planung von Lernen wird daher verneint. Hier wird ausschließlich ein vollkommen selbstgesteuertes und kollektives Lernen propagiert.

Die radikal konstruktivistischen Annahmen und Forderungen sind meist nicht haltbar. Für eine erfolgreiche Lebens- und Berufsbewältigung kann sehr wohl objektiv aufbereitetes Wissen verständlich vermittelt werden, da es eine Fülle von gesicherten Wissensbeständen gibt, die sich effizient vermitteln lassen. Auch genügt es nicht, Lerninhalte ausschließlich an den Interessen der Lerner auszurichten, da später vielfach im Moment für die Lerner Uninteressantes benötigt und das oft geforderte vernetzte Denken nur verwirklicht werden kann, wenn ein dafür gut strukturiertes Orientierungswissen vorliegt. (vgl. Riedl u. Schelten 2001)

Gemäßigte konstruktivistische Ansätze hingegen erachten Instruktion als Vermittlung von Wissen als möglich. Vor dem Hintergrund eines gemäßigten Konstruktivismus wird Lernen als ein Prozess betrachtet, der nicht nur intern, sondern auch extern initiiert werden kann (vgl. Lowyck u. Elen 1991).

Ein Ansatz zur Gestaltung von Lernumgebungen auf Grundlage gemäßigter konstruktivistischer Überlegungen ist der Anchored Instruction Ansatz (vgl. Gerstenmaier u. Mandel 1995, S. 875 ff. sowie Schaper u.a. 2000, S. 210). Es handelt sich dabei um ein von der Cognition and Technology Group at Vanderbilt unter Leitung von J. D. Bransford entwickeltes und erprobtes Modell. Um träges Wissen zu verhindern, wird hier mit einem narrativen Anker (anchor) in Form einer Aufgabenstellung oder Problemsituation gearbeitet, der am Beginn der Instruktion steht. Er soll für möglichst viele Lerner intrinsisch motivierend wirken und die Wahrnehmung sowie das Verständnis des Lerners lenken. Der Anker soll vermeiden, dass Inhalte der Lernumgebung lediglich als Ansammlung von Fakten gesehen werden, die auswendig gelernt werden müssen (vgl. Blumstengel 1998, S. 121). Zudem sollte er einen hohen Grad an Authentizität aufweisen und möglichst realitätsnah sein. Für den Anker wird ein narratives Format (narrative format) gewählt, um dem Lerner eine Möglichkeit zu bieten, neues Wissen so in bedeutungsvolle Kontexte zu verankern, damit dieses später auch genutzt werden kann (vgl. Kohler 1998, S. 39).

Im Gegensatz zu Lehrmethoden, bei denen das Problem in kleine, überschaubare Einheiten aufgeteilt wird, fordert dieser Ansatz eine Annäherung an die Komplexität und Struktur von Alltagsproblemen (problem complexity). Auch sind hier die zur Problemlösung notwendigen Daten nicht sauber aufgelistet, sondern müssen vom Lerner aufgefunden werden (embedded data design). Wird neues Wissen nur innerhalb eines einzigen Kontextes erworben, so kann es nur schwer aus diesem herausgelöst werden. Deshalb gilt es, multiple Perspektiven anzubieten. Ein weiteres Ziel dieses Ansatzes ist es, die Lerner anzuregen, sich mit den dargestellten Inhalten intensiver zu beschäftigen, wobei dies interdisziplinär geschehen soll. (vgl. Kohler 1998, S. 40)

Die Akustik-Lern-CD wurde zwar in Anlehnung an den Anchored Instruction Ansatz entwickelt, jedoch ohne die Absicht, die diesem Modell zugrunde liegenden Leitlinien für die Gestaltung von Lernumgebungen eins zu eins umzusetzen. Der Anchored Instruction Ansatz diente vielmehr als Orientierung bei der Umsetzung der Akustikinhalte. Es erschien uns beispielsweise nicht sinnvoll, den narrativen Anker in Form von längeren Videopassagen zu gestalten. Auch wurde darauf verzichtet, die Problemstellungen so zu gestalten, dass sie in Subprobleme aufgelöst werden müssen, da dies im vorliegenden Fall nicht als authentisch und realitätsnah erachtet wurde. (vgl. Kohler 1998, S. 38 ff.)

Bei der Umsetzung der Lerninhalte wurde weiters darauf geachtet, diese gezielt auf auditive und visuelle Sinnesmodalitäten zu verteilen (bimodal) sowie die Lerninhalte multikodal zu präsentieren (vgl. Weidenmann 1997 u. Mayer 2001). So wurde bei komplexen Bildern die entsprechende Erläuterung auditiv angeboten und Texte vielfach visuell und auditiv zur Verfügung gestellt (vgl. Weidenmann 1997 sowie Paechter 1997). Wesentliche Informationen in Grafiken wurden hervorgehoben, Animationen gezielt eingesetzt und zahlreiche Hörbeispiele mit grafischer Unterstützung zur Verfügung gestellt (vgl. Schanda 1994 sowie Weidenmann 1994). Der Lerner kann den Ablauf seiner Lerngeschwindigkeit anpassen, auf den verschiedenen Ebenen entsprechende Zusatzinformationen abrufen, jede gewünschte Stelle rasch auffinden sowie Querverbindungen nachgehen (vgl. Weidenmann 1997, S. 202 f.). Durch die Aufgabenstellung wird eine lineare Abarbeitung des Lernprogramms erschwert, da der Lerner zur Problemlösung in verschiedenen Querverzweigungen nach Informationen suchen muss (vgl. Schanda 1994, S.133).

3 Praktische Umsetzung

Die Akustik-Lern-CD behandelt die vier Regelverstärker Limiter, Kompressor, Expander und Noise Gate. Vier Musiker entdecken beim Soundcheck, dass die Regelverstärker nicht korrekt eingestellt sind und dadurch der Erfolg des abendlichen Auftritts in Frage gestellt ist (Narrativer Anker). Der Lerner hat nun die Möglichkeit, den Sound der vier Musiker zu verbessern, indem er den richtigen Regelverstärker auswählt und die entsprechenden Parameter korrekt einstellt (problem complexity). Dem Lerner werden nicht die Funktionen der Regelverstärker und deren korrekte Einstellung vorgestellt, er hat die Aufgabe, den Musikern zu einem korrekten Sound zu verhelfen, wobei er die dazu notwendigen Informationen selbst aufsuchen muss (embedded data design).

Zuerst erklärt der ausgewählte Musiker ausführlich sein jeweiliges Problem (bimodal u. bikodal). So übersteuert die Gitarre, der Schlagzeuger hat das Problem des Übersprechens, der Sänger empfindet seine Stimme als zu flach und der Bassist hat das Problem einer zu großen Dynamik.

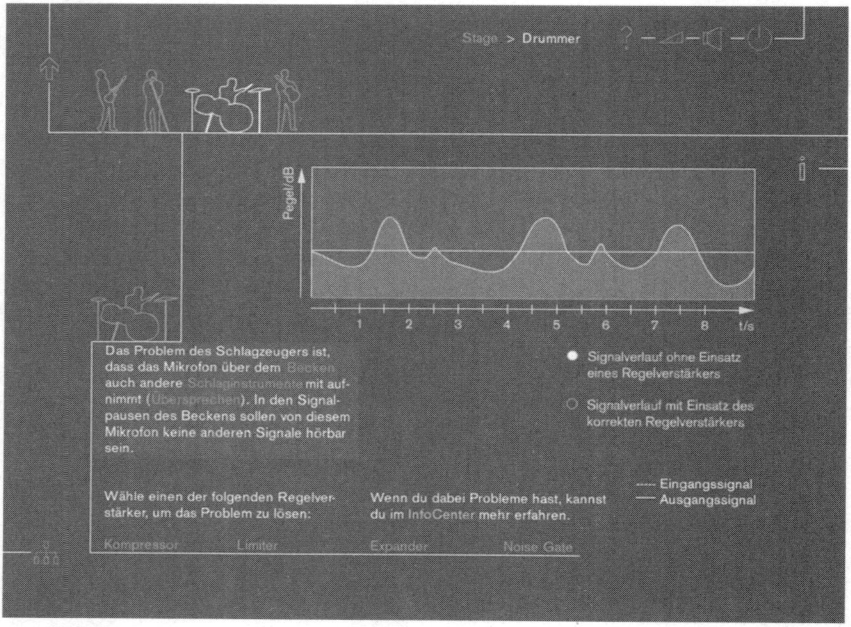

Abb. 1: Auswahl eines der vier Musiker

Die Problembeschreibung wird durch Grafiken, Soundbeispiele und Animationen unterstützt. Zusätzliche Informationen bietet ein InfoCenter. Die einzelnen Probleme werden dabei aus verschiedenen Perspektiven betrachtet, indem das Problem z.B. in akustischer Form und visuell angeboten wird. Auch der richtig eingestellte Sound ist sowohl hörbar als auch grafisch dargestellt (bimodal). Fachbegriffe werden erläutert, wenn der Lerner mit der Mouse darüber fährt. Eine ausführliche Erklärung ist im Glossar enthalten, das über das InfoCenter erreicht wird. Um den Lerner bei der richtigen Wahl des Regelverstärkers – Limiter, Kompressor, Expander, Noise Gate – zu unterstützen, werden diese kurz erklärt. Der Lerner erhält diese Information, wenn er wie bei den anderen Fachbegriffen mit der Mouse darüber fährt.

Nach der Auswahl eines Regelverstärkers erfährt der Lerner Weiteres zu dessen Funktion (bimodal) und es werden Abbildungen von konkreten Regelverstärkern oder die Eingabemaske eines in der Praxis häufig verwendeten Programms für Regelverstärker gezeigt. Zudem werden die Auswirkungen des ausgewählten Regelverstärkers auf den Signalverlauf sowohl akustisch wie grafisch dargestellt (bimodal). Um die unterschiedliche Wirkungsweise der verschiedenen Regelverstärker zu verdeutlichen, werden auch Vergleiche der Regelverstärker untereinander angestellt und auf Besonderheiten verwiesen. Der Einsatz unterschiedlicher Perspektiven soll träges Wissen verhindern und den Anwendungsbezug von theoretischem Wissen fördern.

Bei der Wahl eines falschen Regelverstärkers werden dessen Funktion sowie die im konkreten Fall benötigte Funktion einander gegenübergestellt. Auch dies geschieht mit grafischer und zum Teil mit akustischer Unterstützung.

Nachdem der korrekte Regelverstärker ausgewählt wurde, kann mit dem Einstellen der Parameter begonnen werden. Jeder Parameter wird mit grafischer Unterstützung erklärt. Auch auf dieser Ebene ist es möglich, sich Soundbeispiele anzuhören und über das InfoCenter weitere Unterstützung zu erhalten.

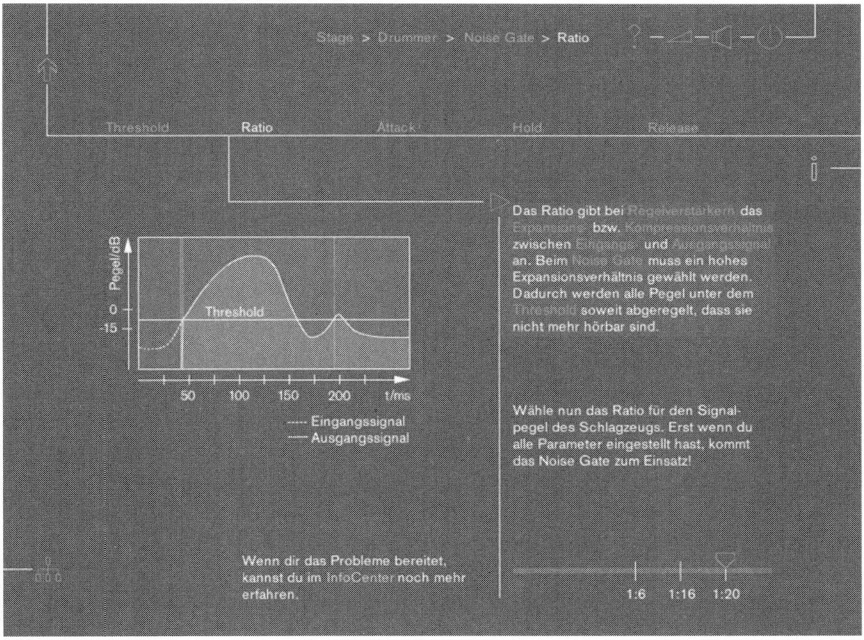

Abb. 2: Einstellung der Parameter

Im InfoCenter findet der Lerner hilfreiche Informationen für die Einstellungen der Parameter. Es beinhaltet Tipps von Experten, Grafiken, Soundbeispiele und Animationen. Der Lerner kann hier das jeweilige Problem aus verschiedenen Perspektiven betrachten.

In der Übersicht erhält der Lerner jederzeit Informationen zu seiner gegenwärtigen Position sowie über die bereits eingestellten Parameter. Ihm wird hier auch mitgeteilt, ob die Parameter richtig oder falsch eingestellt wurden.

Damit der Lerner auf dieser Ebene nicht zum ständigen Wechseln der Regelverstärker verleitet wird und die verschiedenen Regelverstärker zumindest einmal durchgehend behandelt, ist hier nur ein Wechsel auf bereits besuchte Regelverstärker und Parameter möglich. Sobald der Lerner die Regelverstärker und die entsprechenden Parameter einmal besucht hat, ist auch auf dieser Ebene jeder beliebige Wechsel möglich.

4 Evaluation

Evaluation wurde bei der Entwicklung der Akustik-Lern-CD als ein permanenter Prozess betrachtet und nicht erst am Ende der Entwicklung eingesetzt. Die während der Entwicklung durchgeführten Evaluationen in Form von offenen Interviews und standardisierten Befragungen führten zu verschiedenen Modifikationen. Die Evaluation der Akustik-Lern-CD nach deren Fertigstellung bestand aus einer subjektiven Beurteilung durch die Studenten sowie aus einem Test, der u.a. die Bereiche „Theoretische Fragen zu den Regelverstärkern“ sowie „Praxisfragen zu den Regelverstärkern“ enthielt.

4.1 Der Test

Die Studenten wurden in drei Gruppen eingeteilt, wobei eine Gruppe die Lern-CD mit einem unterstützenden theoretischen Unterricht erhielt (n = 18), eine weitere Gruppe arbeitete nur mit der Lern-CD ohne theoretischen Unterricht (n = 21) und eine dritte Gruppe hatte nur einen theoretischen Unterricht ohne Lern-CD (n =18). Die Lernzeit war bei allen drei Gruppen gleich lang. Auch stand die Lern-CD nur im Rahmen der Lernzeit zur Verfügung. Damit sollte einmal verhindert werden, dass die Gruppe mit reinem theoretischem Unterricht die Gelegenheit erhält, mit der Lern-CD zu arbeiten. Zum anderen sollte der Einfluss unterschiedlicher Lernzeiten auf die Lernergebnisse vermieden werden.

Sehr signifikante Unterschiede sind im Bereich „Theoretische Fragen zu Regelverstärkern“ (z.B. Berechnung der Kompressionsrate, Angabe üblicher Einstellzeiten bei verschiedenen Regelverstärkern etc.) zu beobachten (u-Test[3]).

Die Gruppe mit rein theoretischem Unterricht schnitt deutlich besser ab als die beiden anderen Gruppen ($\alpha \leq 1\%$). Dies ist nicht verwunderlich, da solche Fragen im rein theoretischen Unterricht zentral behandelt wurden. Der theoretische Teil des kombinierten Unterrichts (CD und theoretischer Unterricht) beschränkte sich auf eine allgemeine Übersicht zu Regelverstärkern und zur Lern-CD.

---

3 Da die quantitativen Daten nicht normalverteilt sind, wurde der u-Test nach Mann-Whitney durchgeführt.

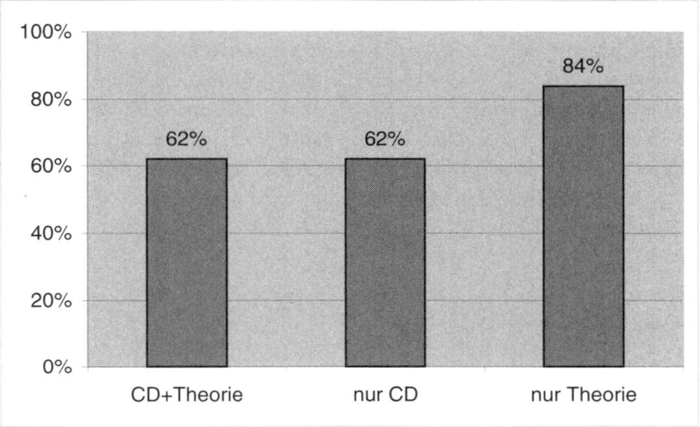

Abb. 3: Theoretische Fragen zu den Regelverstärkern
(Anteil an möglichen Punkten)

Bei den Praxisfragen ging es um Problemstellungen in konkreten Situationen. Wie in der Praxis auch, stand der Lerner vor dem Problem, dass diverse Instrumente übersteuerten, oder es galt den richtigen Regelverstärker beim Übersprechen von Instrumenten auszuwählen. Hier schnitt die Gruppe „theoretischer Unterricht in Kombination mit Lern-CD" signifikant besser ab ($\alpha < 5\%$) als die rein theoretische Gruppe (u-Test). Der Unterschied zwischen der Gruppe „nur Lern-CD" und der Gruppe „nur Theorie" ist nicht signifikant.

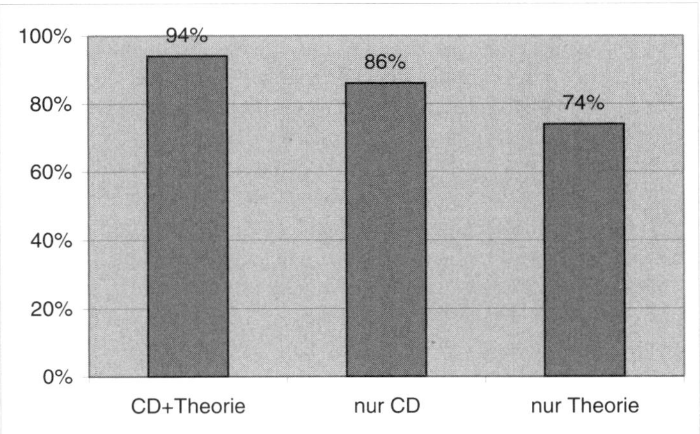

Abb. 4: Praxisfragen
(Anteil an möglichen Punkten)

Die Akustik-Lern-CD erfüllt in Kombination mit einem theoretischen Unterricht die an sie gestellten Erwartungen. Praxisorientierte Fragestellungen werden häufiger richtig gelöst als bei einem rein theoretischen Unterricht.

Wichtig beim Einsatz von E-Learning-Produkten sind jedoch nicht nur ihre Auswirkungen auf die Leistungssteigerung der Lerner, sondern auch die Akzeptanz. Um dies zu überprüfen, wurden die beiden Gruppen, die die Akustik-Lern-CD einsetzten mittels eines standardisierten Fragebogens befragt. In die Befragung wurden auch sechs Musiklehrer einbezogen, die im Rahmen ihrer Ausbildung an einer anderen Institution ebenfalls die Lern-CD verwendeten.

4.2 Beurteilung der Akustik-Lern-CD

Der Fragebogen zur Beurteilung der Akustik-Lern-CD enthielt drei Bereiche: eine Frage zum allgemeinen Eindruck mit einer sechsstufigen Antwortvorgabe und mehrere Fragen zu den Bereichen Grafik und Didaktik. Die Fragen zu den letzten beiden Bereichen, wo es um konkrete Fragestellungen wie z.B. „Unterstützung der Grafiken zur Problemlösung“ ging, enthielten eine fünfstufige Antwortvorgabe. Eine fünfstufige Ratingskala wurde gewählt, da diese den Befragten von den Schulnoten her vertraut ist. Bei der Frage nach dem allgemeinen Eindruck wurde jedoch eine sechsstufige Ausprägung gewählt, da hier (allgemeine Fragestellung) bei einer ungeraden Skala eine Flucht in die Mittelkategorie (Fluchtkategorie) befürchtet wurde.

Der allgemeine Eindruck von der Akustik-Lern-CD war bis auf einen Studenten bei allen Befragten zwischen sehr gut und eher gut.[4] Die Anzahl der Befragten bei der Gruppe „Theorie und Lern-CD“ betrug hier 18 und bei der Gruppe „nur CD“ 20. 97 Prozent der befragten Studenten (n = 38) beurteilten den „allgemeinen Eindruck“ der Lern-CD zwischen sehr gut und eher gut. Alle Musiklehrer bewerteten die Lern-CD sogar zwischen sehr gut und gut. Bei den Studenten fällt auf, dass von der Gruppe mit theoretischer Unterstützung die Lern-CD etwas besser beurteilt wurde. Offenbar wirkt sich ein etwas besseres Verständnis der Regelverstärker durch eine allgemeine theoretische Einführung positiv auf den Eindruck der Lern-CD aus.

Die Beurteilung der gestalterischen Aspekte betraf die Benutzerführung (1 = hilfreich bis 5 = verwirrend), das Design (1 = übersichtlich bis 5 = überladen), die Typografie (1 = gut lesbar bis 5 = schlecht lesbar) sowie die Grafiken (1 = übersichtlich bis 5 = unübersichtlich). Werden die beiden Ausprägungen eins und zwei auf der fünfstufigen Skala zusammengefasst, so findet man dort bei der Benutzerführung 62 Prozent, beim Design 89 Prozent, bei der Typografie 91 Prozent und bei den Grafiken 84 Prozent der Befragten.

---

4 Bei dieser und den folgenden Auswertungen ist jedoch zu beachten, dass lediglich sechs Musiklehrer befragt wurden.

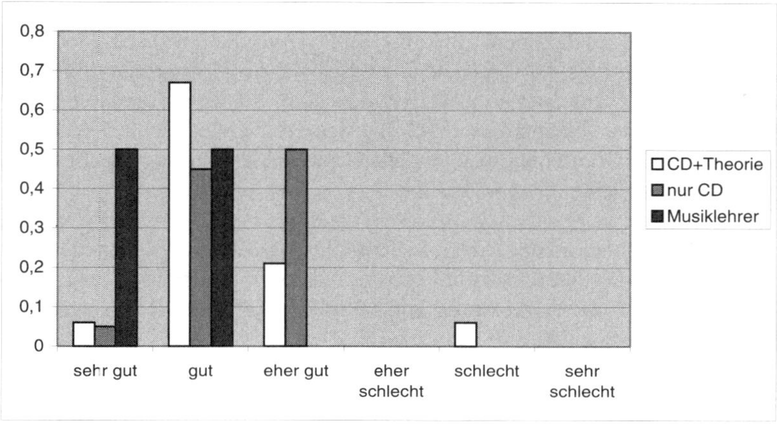

Abb. 5: Allgemeiner Eindruck

Werden bei den didaktischen Aspekten ebenfalls die Bewertungen eins und zwei auf der fünfstufigen Skala zusammengefasst, so sind es bei der Motivation 69 Prozent der Befragten, bei der Übersichtlichkeit des Stoffaufbaus 67 Prozent, bei der Hilfe der Texte zur Problemlösung 64 Prozent, bei der Hilfe der Grafiken zur Problemlösung 69 Prozent und bei der Förderung des Verständnisses von Regelverstärkern gar 84 Prozent. Lediglich die Hilfe der Soundbeispiele fällt mit lediglich 38 Prozent in diesen beiden Ausprägungen deutlich ab. Dies ist auf teilweise schwierig hörbare Unterschiede zurückzuführen, wobei der Akustikexperte dafür eintrat, die Soundbeispiele so beizubehalten, da die Studenten bei solchen Beispielen ihr Gehör schulen können.

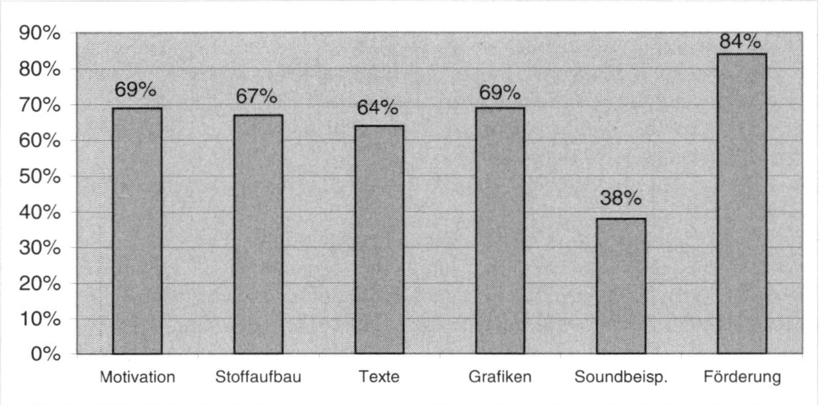

Abb. 6: Didaktische Aspekte
(Ausprägungen 1 und 2 auf einer fünfstufigen Skala)

Die Studenten mit zusätzlichem theoretischen Unterricht sehen eher eine Förderung des Verständnisses durch die Lern-CD als die Gruppe nur mit Lern-CD. Eine theoretische Unterstützung fördert also nicht nur den allgemeinen Eindruck, sondern auch das Verständnis. Auch hier hatten die Musiklehrer einen besseren Eindruck als die Studenten, was eventuell auf die längere Benutzungsdauer zurückgeführt werden kann.

Im Rahmen der Evaluation der Akustik-Lern-CD wurden hier neben der subjektiven Beurteilung das theoretische und das praxisorientierte Wissen untersucht. Die Auswirkungen auf die Anwendung von komplexen Programmen sowie konkreten Regelverstärkern soll in einer weiteren Evaluation erfolgen.

Literatur

Blumstengel, A.(1998). *Entwicklung hypermedialer Lernsysteme.* Berlin: Wissenschaftlicher Verlag Berlin

Dubs, R. (1995). Konstruktivismus: Einige Überlegungen aus der Sicht der Unterrichtsgestaltung. *Zeitschrift für Pädagogik, 41,* 889-904

Gerstenmaier, J., & Mandl, H. (1995). Wissenserwerb unter konstruktivistischer Perspektive. *Zeitschrift für Pädagogik, 6,* 867-888

Kerres, M. (1998): *Multimediale und telemediale Lernumgebungen.* München: Oldenbourg

Klimsa, P. (1997). Multimedia aus psychologischer und didaktischer Sicht. In: Issing, L. J., & Klimsa, P. (Hrsg.): *Information und Lernen mit Multimedia, 7-24,* Weinheim: Psychologische Verlags Union

Kohler, B. (1998). *Problemorientierte Gestaltung von Lernumgebungen.* Weinheim: Deutscher Studienverlag

Lowyck, J., & Elen, J. (1991). Wandel in der theoretischen Fundierung des Instruktionsdesigns. *Unterrichtswissenschaft, 19,* 218-237

Mayer, H.O. (2001). Lernpsychologie des multimedialen Lernens. *Neue Perspektiven, Zeitschrift für berufliche Bildung und Weiterbildung, 2,* 36-52

Mayer, H.O. (2000). *Einführung in die Wahrnehmungs-, Lern- und Werbepsychologie.* München: Oldenbourg Verlag

Paechter, M. (1997). Auditive und visuelle Texte in Lernsoftware. *Unterrichtswissenschaft, 3,* 197-206

Riedl, A., & Schelten, A. (2001). Handlungsorientiertes Lernen. Aktuelle Entwicklung aus der Lehr-Lern-Forschung und deren Anwendung im Unterricht. Abruf 18. März 2003; http://www.paed.ws.tum.de/downloads/hu-rie-sche.pdf

Scharda, F. (1994). Multimedia und Lernen. In: Beck, U., & Sommer, W. (Hrsg.): *Learntec 93 – Europäischer Kongress für Bildungstechnologie und betriebliche Bildung,* 129-135, Berlin

Schaper, N., Sonntag, K., Zink, T., & Spenke, H. (2000). Authentizität und kognitive Modellierung als Gestaltungsprinzipien eines Diagnose-CBT. *Zeitschrift für Arbeits- u. Organisationspsychologie, 4,* 209-220

Schulmeister, R. (1997). *Grundlagen hypermedialer Lernsysteme.* München: Oldenbourg Verlag

Weidenmann, B. (1997). „Multimedia“: Mehrere Medien, mehrere Codes, mehrere Sinneskanäle? *Unterrichtswissenschaft, 3,* 197-206

Weidenmann, B. (Hrsg.) (1994). *Wissenserwerb mit Bildern.* Bern: Verlag Hans Huber

Ursula Nothhelfer

Kooperatives handlungsorientiertes Lernen im Netz
Valenz webbasierter universitärer Entwurfs- und Planungsausbildung

Zusammenfassung

Landschaftsarchitekturstudiengänge haben sich aus der praktischen Berufsausbildung entwickelt und setzen auch heute bewusst auf das handlungsorientierte Lernen. Sie unterscheiden sich von vielen textorientierten seminaristischen Studienformen durch das besondere Gewicht des räumlichen Gestaltens, Darstellens und des visuellen Kommunizierens zwischen Lerner und Lehrer sowie zwischen Studenten untereinander. Inwiefern diese Gestaltungs- und Kommunikationsprozesse online über größere Distanzen stattfinden können, wurde im Rahmen eines gemeinsamen Studienprojektes zweier entfernt operierender Master of Landscape Architecture (MLA) Studiengänge an der Harvard Graduate School of Design, Cambridge und an der Hochschule Anhalt, Bernburg untersucht. Wie Befragungen und Interviews der involvierten Studenten und Lehrenden zeigten, sind marktübliche Kommunikationstechniken durchaus geeignet, den kreativen Entwurfsprozess zu unterstützen, wenn auch weiterhin bei graphischen Darstellungen Bottleneck-Probleme die Effektivität verringern. Auch bleibt Skepsis im Bezug auf die Qualität der Lehre auf die Distanz, besonders hinsichtlich der sozialen Komponenten des Studiums. Darüber hinaus zeigte sich, dass Multimediatechniken, die im Zusammenhang der Fernlehre eingesetzt wurden, ebenso für die Präsenzlehre wichtige Impulse liefern können.

1 Einleitung

An der Hochschule Anhalt (FH) wurde im Wintersemester 2002/03 für den Studiengang Landschaftsarchitektur ein zweijähriges englischsprachiges Weiterqualifizierungsangebot (MLA) geschaffen. Um Interessenten aus In- und Ausland den Erwerb des Graduiertenabschlusses berufsbegleitend und flexibel zu ermöglichen, wurde frühzeitig ein Ausbau zu einem internetbasierten Fernstudium avisiert. Da gestalterische Studiengänge von fallbasierten Projekten leben, in denen neben der Aneignung von theoretischem Hintergrundwissen Gespür für Design, kommunikative Fähigkeiten, problemorientiertes kollaboratives Lernen und motorische Fähigkeiten geübt werden sollen, kamen Bedenken auf, inwiefern diese Kompetenzen auf die Entfernung vermittelt werden können. Es liegen bereits einige Untersuchungen zu Televorlesungen und telematischen Seminaren vor (vgl. Wulf & Schinzel 1997, Schulmeister 2001), die z.T. auch kollaboratives

Lernen untersuchen, jedoch nehmen visuelle Darstellungen und intuitive kreative Prozesse dabei höchstens eine untergeordnete Rolle ein. Mehrjährige Versuche zu webgestützten gestalterischen Projekten wurden mit den so genannten „Netzentwürfen" unternommen, initiiert von der Universität Karlsruhe (vgl. Elger und Russell, 2000). Sie lassen vor allem im gestalterischen Bereich Parallelen zu Landschaftsarchitekturprojekten zu, sind jedoch nicht auf die unten beschriebene Konstellation weit komplexerer Planungsprojekte mit vielschichtigen geographischen Ausgangsdaten, verschiedenen Planungsebenen und stark arbeitsteiliger und zu gleich integrativer Gruppenarbeit übertragbar.

Dozenten aus Bernburg und Harvard hatten bereits zuvor internationale Studienprojekte im Raum Deutschland gemeinsam bearbeitet. Nun sollten in einem weiteren internationalen Projekt erstmals digitale Kommunikationstechniken auf ihre Tauglichkeit zur Unterstützung des Kooperationsprozesses auf die Distanz erprobt werden. Inhaltliche Zielstellung des gemeinsamen Studienprojektes war es, für die Tagebau- und Kulturlandschaftsregion Weiswasser und Muskauer Faltenbogen verschiedene Zukunftsszenarien mit Schwerpunkten nachhaltige Nutzung, Tourismus und Naturschutz zu entwickeln. In einer zweiten Stufe wurden historische, wirtschaftliche oder naturschützerische Brennpunktgebiete auf einer detaillierteren Planungsebene ausgestaltet und schließlich wieder in die verschiedenen Gesamtkonzepte eingearbeitet. Über diese komplexen Problemlösungs- und Gestaltungsansätze hinaus sollte das Projekt vor allem dem Erwerb von kommunikativen Kompetenzen, Kritikfähigkeit, Teamfähigkeit und zweitrangig dem Erwerb von Medienkompetenz dienen.

2 Ausgangsbedingungen

2.1 Organisatorische Rahmenbedingungen

In der Projektorganisation und für den Untersuchungsrahmen wurde zwischen drei Kommunikationsszenarien unterschieden, die an typische Abläufe in Studienprojekten angelehnt sind:

- Kommunikation in studentischen Kleingruppen (Szenario 1)
- Konsultationen und Kritiken zwischen Student(en) und Dozent (Szenario 2)
- Großgruppensitzungen mit Präsentationen und Diskussionen (Szenario 3)

Wöchentlich wurde eine synchrone Großgruppensitzung abgehalten. Diese wurde zu Beginn überwiegend vom Dozenten in Harvard moderiert. Im weiteren Verlauf übernahmen Studenten aus Harvard im Wechsel das Teammanagement in synchronen Sitzungen und darüber hinaus. In Bernburg oblag die Projektleitung fortwährend dem Dozenten oder assistentischen Vertretern. Eigenständige synchrone und asynchrone Kleingruppenarbeit über die Distanz wurde angeregt und bei Bedarf begleitet, konnte jedoch nur aus der Initiative der Studenten selbst Erfolg haben. Einzelkritiken (desk critics) zwischen Dozenten und Studenten der verschiedenen Standorte ergaben sich entweder aus den Großgruppenpräsentationen oder wurden zu einem zweiten Termin in der Woche arrangiert. Auf Grund des unterschiedlichen Semesterverlaufes an den Studienstandorten und der Zeitverschiebung waren die Ausgangsbedingungen für Studenten in Bernburg nicht ideal. Harvard hatte das Projekt mit einer Exkursion ins deutsche Untersuchungsgebiet bereits einen Monat zuvor begonnen. Während der weitere Projektverlauf dort relativ streng organisiert war, unterlag die Semesterplanung in Bernburg einigen Änderungen. Die Zusammenarbeit in Kleingruppen wurde dadurch negativ beeinflusst. Erschwerend kam der späte Beginn der Videokonferenzsitzungen durch die Zeitverschiebung in Deutschland um 20.00 Uhr hinzu.

2.2 Technisch Konstellation

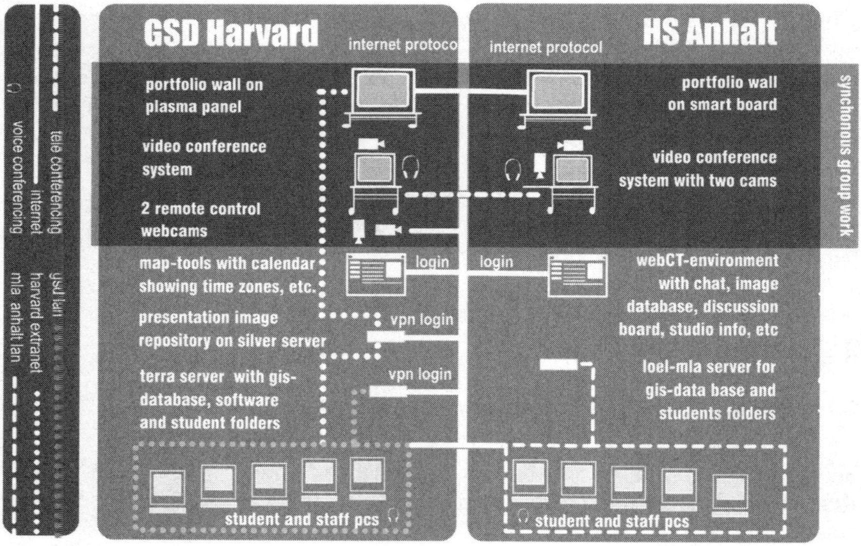

Abb. 1: Technische Konstellation

Arbeitsräume der Hochschulen sollten mit vergleichbaren Kommunikationstechniken ausgestattet werden, um die drei Kooperationsszenarien zu arrangieren. Videokonferenzsysteme (=VCS) ermöglichten dabei in der Anfangsphase des gemeinsamen Projektes das Kennenlernen der Studenten untereinander ohne physische Präsenz. Um herkömmliche Arbeitsmaterialien und -techniken wie Skizzenpapier und die Überlagerung von Folien gegenseitig präsentieren zu können, wurden Webkameras oder Dokumentenkameras in die digitale Lernumgebung eingebunden. Im weiteren Projektverlauf wurden überwiegend digitale Pläne und Bilder von den Studenten erarbeitet, die über eine interaktive datenbankgestützte Präsentationssoftware Portfolio Wall (=PW) und Desktop Sharing synchron auf beiden Seiten des Ozeans auf einem großen Touchscreen (Smart Board) dargestellt und gemeinsam weiter bearbeitet werden konnten. Diese synchronen Techniken stellten das Hauptgerüst für die drei verschiedenen Szenarien dar. Wie die erste Abbildung zeigt, standen den Studenten im Hintergrund eine Reihe weiterer Werkzeuge zur Verfügung. Dazu zählt die Einbindung zweier Server in Harvard über einen Virtual Private Network (VPN) Client, der vollen Zugriff auf gemeinsame Projektdaten, auf Geographische Informationssysteme (GIS) und Software gewährte. Kartenmaterialien, Analysedaten, weitere studentische Ausarbeitungen und digitale Daten standen so beiden Seiten gleichermaßen zur Verfügung. Die in die WebCT – Lernumgebung eingebundenen Diskussionsforen und Emailverteiler, sowie Hintergrundinformationen, Bilddatenbanken, etc. ergänzten die asynchronen Austauschmöglichkeiten. Zum gegenseitigen Kennenlernen und zur Kontaktaufnahme waren ferner die vom Computer Design Institute der Harvard University entwickelten Map Tools mit Zeitzonenkalender, Chat, Kurzdarstellung und Kontakten der Studenten und der Technik konzipiert.

2.3 Personelle Ausgangsbedingungen

Während bei der technischen Ausstattung weitgehend gleiche Bedingungen geschaffen werden konnten, muss im Bezug auf die personelle Besetzung des Projektes in Harvard und Bernburg von Unterschieden auf Seiten der Lernenden und Lehrenden ausgegangen werden. Zwar handelt es sich auf beiden Seiten gleichermaßen um Graduiertenstudiengänge, jedoch herrschen in Bernburg leichtere Zugangsbedingungen und Lehrende wie Studenten sprechen Englisch selten als Muttersprache. Selbst innerhalb der Studentengruppe in Bernburg divergieren die Vorkenntnisse und Motivationen stark aufgrund unterschiedlichster kultureller Hintergründe und Ausbildungsstandards der global verteilten Heimatländer. Für die Begleitstudie wurden Studenten über ihre Lernmotivation befragt. Die Ergebnisse zeigten, dass Harvard Studenten tief intrinsisch motiviert sind, während einige Studenten aus Bernburg zu extrinsischer Motivation neigen, meist einhergehend mit einer oberflächlicheren Herangehensweise (vgl. Entwistle, 1981). Beobachtungen während des Projektverlaufs bestätigten diese Ergebnisse. Daraus kann z. T. abgeleitet werden, warum Studenten in Harvard im Schnitt verantwortungsbewusster und verlässlicher im Team arbeiteten. Darauf hat im Weiteren auch die unterschiedliche Projektleitung Einfluss genommen. Während in Harvard die strukturierte und strenge Projektleitung Studenten zu schnellem Fortschreiten „zwang“, beklagten Studenten in Bernburg die Laissez-faire Haltung der Betreuer. Fachliche Kompetenz und organisatorisch-pädagogisches Geschick des Lehrpersonals auf amerikanischer Seite wurde von Studenten beider Seiten höher eingestuft. Bezüglich der Medienkompetenz standen Studenten in Bernburg denen in Harvard nicht wesentlich nach. Ältere Professoren waren den eingesetzten Techniken weniger offen gegenüber eingestellt als die Mehrzahl der Studenten und verwendeten diese wesentlich zurückhaltender und „passiver“ in bereits aufgebauten Verbindungen.

3 Auswertung

Die Autorin betreute das Projekt vor allem technisch. Darüber hinaus analysierte sie technische und didaktische Stärken und Schwächen des Projektes, um Rückschlüsse auf Verbesserungen in mediendidaktischer Sicht für weitere Projekte ziehen zu können. Dabei kamen quantitative Methoden insbesondere aber qualitative Methoden wie Leitfadengespräche und teilnehmende Beobachtung zum Einsatz. Fragebögen wurden an alle 25 Studenten verteilt mit einem Rücklauf von 20 Antworten beim „Midtermsurvey" (Bernburg = 10, Harvard = 10) und 14 beim „Endsurvey" (Bernburg = 8, Harvard = 6). Aus dem Umfang der Ergebnisse kann hier nur ein Teilbereich dargestellt werden.

3.1 Zweckmäßigkeit der Techniken für verschiedene Aufgabenbereiche

In Bezug auf die drei verschiedenen Szenarien bewerteten die Studenten die Nützlichkeit der verfügbaren Techniken (s. Abb. 2). Generell ist festzustellen, dass die synchronen Kommunikationsmittel VCS und PW in allen Einsatzgebieten als wertvoll beurteilt wurden. Darüber hinaus wird für die erfolgreiche Gruppenarbeit Datenaustausch durch Zugriff auf gemeinsame Server hervorgehoben. Asynchrone

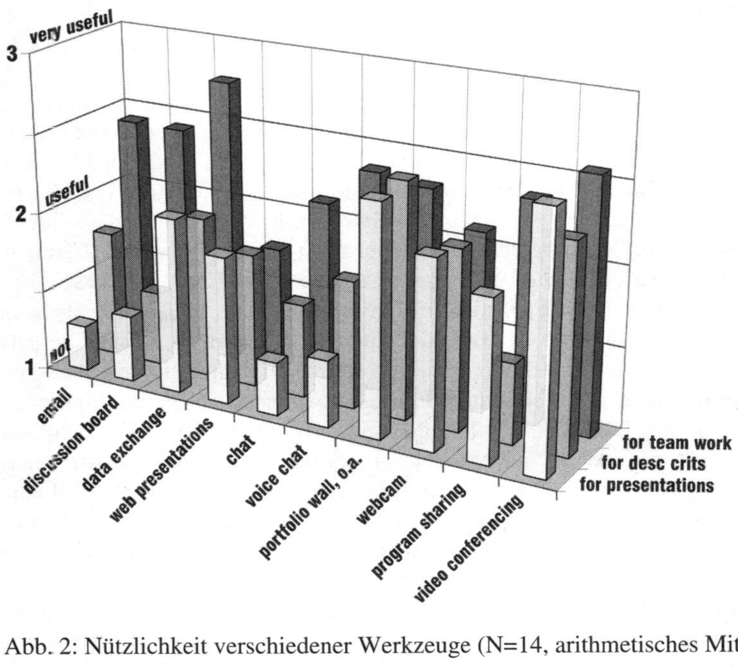

Abb. 2: Nützlichkeit verschiedener Werkzeuge (N=14, arithmetisches Mittel)

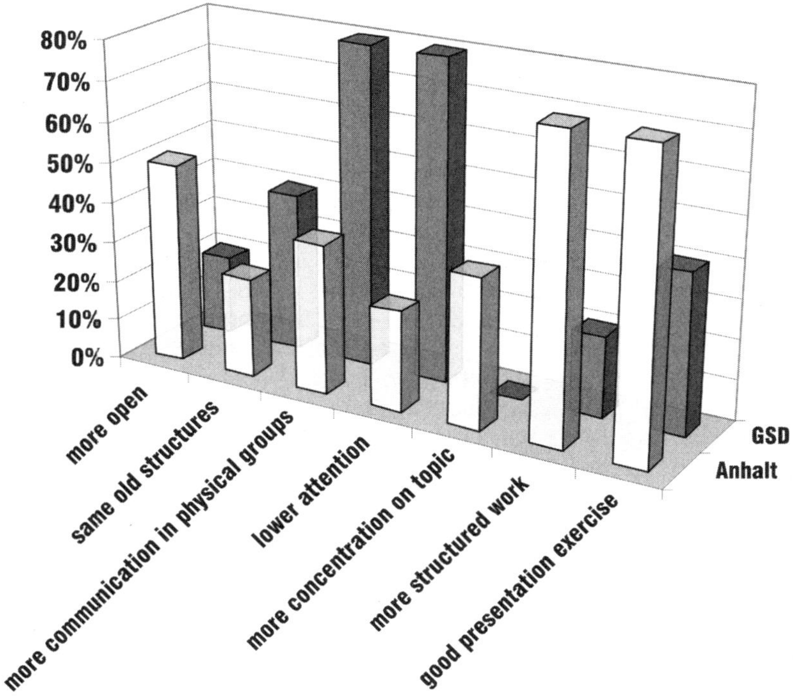

Abb. 3: Kommunikation in Chats und Videokonferenzen (N=14)

Kommunikation via Diskussionsforen und Emails war wegen der Zeitverschiebung in der Gruppenarbeit besonders bedeutend. Trotzdem wurden diese Kommunikationsformen für Präsentation und Konsultation mit Betreuern (desk crits) als weniger geeignet erachtet. Auf Seiten des Betreuers in Harvard wurde asynchroner Austausch, abgesehen von direkten Emails, als zu unverbindlich beurteilt. In Interviews mit Studenten wurden Realitätsnähe, höhere Interaktivität und Flexibilität als wichtige Argumente für die effektive Zusammenarbeit auf die Distanz betont. Asynchrone Kommunikation würde leichter zu Missverständnissen führen, während in der direkten Konfrontation Modulationen in Stimme und Gesichtsausdruck erkannt werden könnten. Die beiden Werkzeuge PW und VCS sollen deswegen im Folgenden näher betrachtet werden.

3.2 Beurteilung von Portfolio Wall im Entwurfsprojekt

Als hemmend oder störend stellte sich zu Beginn die mangelnde Benutzerfreundlichkeit von PW heraus. Sie ist der ungewohnten Arbeitsweise bei der Auswahl der Werkzeuge mit rechter Maustaste bzw. unterschiedlichen Sensibilitäten auf dem Touchscreen zuzuschreiben. Als sehr positiv herausgestellt wurden die vielfältigen Möglichkeiten, den Präsentations- und Kommunikationsprozess auf die Entfernung effektiv gestalten zu können. So erlaubte die Software in Verbindung mit einem Plasma Panel oder Smart Board, Zeichnungen und Entwürfe für beide Gruppen deutlich sichtbar linear oder explorativ den Anforderung entsprechend präsentieren zu können. Studenten mussten sich vor der digitalen Präsentation weniger Gedanken über Lesbarkeit von Details machen als in traditionellen Posterpräsentationen, da sie ohne Qualitätsverlust flexibel ein- und auszoomen konnten und Details am Touchscreen spontan skizzenhaft weiter entwickeln konnten. Für die Kleingruppenarbeit oder Entwurfskritiken über die Ferne stellte die Touchscreentechnik den direktesten Weg dar, mit Dozenten und Partnern visuell am Entwurf zu interagieren. Ein Grund, dass das PWS auch in der Präsenzlehre großen Erfolg hatte, ist nach Aussagen der Studenten den interaktiven Zeichen- und Annotationswerkzeugen zuzuordnen, ferner der Möglichkeit, Überarbeitungen und Anmerkungen der Partner oder des Betreuers verknüpft mit der Originalgraphik speichern und später jederzeit wieder abrufen zu können. Beim Erklären von Details in den vorgestellten Entwürfen lernten die Studenten schnell, dass sie nicht nur auf Teilbereiche deuten, sondern diese mit den Zeichenwerkzeugen am Bildschirm markieren mussten, damit sie für den entfernten Partner sichtbar wurden. Dies wurde jedoch nicht als Mangel aufgefasst, sondern als Potenzial erkannt. Gedanken und Vorstellungen könnten so noch viel präziser als rein verbal direkt am Bild erklären werden, Änderungen und Alternativen könnten visuell verständlicher festgehalten werden.

3.3 Beurteilung der Videokonferenztechnik im Projekt

Unzureichende Übertragungsraten und Unzuverlässigkeit der IP-Verbindung in VC-Sitzungen erforderten mehr Geduld und Zeitaufwand als Face to Face Treffen. Als weiteres großes Manko wurde bei synchroner Zusammenarbeit über VC die Zeitverschiebung gesehen. Die Zusammenarbeit in VC leide ferner darunter, dass es zwar einfach sei, Ideen zu kommunizieren, aber schwierig, in der Großgruppe eine flüssige Konversation im Wechsel zu führen, auch wenn es dazu technisch nicht erforderlich war, Rederechte zu erteilen (wie etwa bei Wulf und Schinzel, 1997). Jede Kurzvorstellung würde dadurch zu einer eher formalen Präsentation stilisiert. Ein weiterer Student merkte an, es sei schwierig, Online Präsentationen aufmerksam mitzuverfolgen, wenn Vortragende nicht im gleichen Raum stünden. Diese geschilderten Phänomene in den Großgruppensitzungen könnten durch geeignete Moderation, die mehr Freiraum für Diskussionen und Interaktion zulässt, gemildert werden. Als Vorraussetzung müsste die inhaltliche Auseinandersetzung mit den Entwurfsständen der Partner bereits asynchron einige Stunden vor der Sitzung erfolgen. Die Präsentationsinhalte müssten dazu frühzeitig auf dem gemeinsamen Server abgelegt werden oder als „digitale Tischvorlagen“ vorbereitet werden. Ein unerwartet positiver Nebeneffekt durch die Beschränkung der VC-Sitzungen auf je zwei Stunden entstand dadurch, dass Teilnehmer sich dazu angehalten sahen, besser auf die Treffen vorbereitet zu sein, Ideen früh genug zu präzisieren und damit zu versuchen, mehr Gewinn aus den Treffen zu ziehen.

3.4 Qualität der Online Diskussionen

Zur Untersuchung der Qualität von Online-Sitzungen wurden Studenten befragt, ob solche genauso anregend seien wie Treffen von Angesicht zu Angesicht. Bei den Antworten schwankten die durchschnittlichen Werte zwischen „weniger anregend“ und „genauso anregend“, wobei Bernburger Studenten etwas positiver eingestellt waren. Dies wurde in den Antworten auf die nächste Frage bestätigt: „Did you participate more or less in class discussions for this course than you would have with traditional face-to-face discussion?“ Beurteilungen von deutscher Seite, die zu „the same“ tendierten, klaffen von denen auf Amerikanischer Seite („less“) dabei noch weiter auseinander. Hierzu muss eingeschoben werden, dass Diskussionen während der Gesamtgruppentreffen vor allem durch raumgreifende Präsentationen verkürzt wurden. Die Beurteilung technischer Einflüsse ist hier nicht mehr klar zu trennen von inhaltlichen Kriterien und der Leitung der VC-Sitzungen. Die Studenten in Bernburg profitierten nach eigenen Aussagen weit mehr vom Feedback in VC-Sitzungen als Studenten in Harvard. Dies lassen auch die in Abbildung drei dargestellten Fragen erahnen. Dabei kam das Charisma und die starke Persönlichkeit des Harvard Professors zum Tragen. Es verwundert daher nicht, dass Studenten aus Bernburg die Möglichkeit über Kommunikationstechniken mit renommierten Professoren in Kontakt treten zu können, weit positiver für ihr Fortkommen einschätzten. Harvard-Studenten waren insgesamt kritischer eingestellt und ließen in den Interviews eher Zweifel an der Qualität von Fernlehre verlauten. Da sich das Projektgebiet sowohl in einer reichhaltigen Kulturlandschaft als auch in einem krisengebeutelten deutschen Braunkohlerevier befand, war es für die amerikanische Seite dennoch bedeutend, sich über Trends, wirtschaftliche Situation und Einstellungen aus deutscher Sicht informieren zu können.

3.5 Soziale Dimension im Online-Studio

Eine wichtige Fragestellung lautete, inwiefern sich ein Teamgeist auf die Distanz entwickeln könne. Der Dozent in Harvard bemerkte dazu, dass Szenario eins und zwei in intimeren Gruppen wesentlich besser gelungen sei als Kommunikation über die VC-Technik im Großgruppenszenario. Dennoch zeigten die Umfragen, dass sich in Harvard 100% und in Bernburg 70% der Studenten, während der Gruppensitzungen der Anwesenheit der jeweils anderen Seite bewusst waren. Auf die Frage, ob sie in den VC-Sitzungen das Gefühl hatten, die entfernten Studenten seien Teil ihres Projektes, antworteten nur noch 60% der Amerikaner und interessanterweise nun 80 % der Bernburger mit „ja". Für die geringere Zustimmung bei Harvard Studenten ist mitunter die spezifische Rollenverteilung verantwortlich. Studenten aus Bernburg wurden durch den späteren Semesterbeginn in der Anfangsphase zu „Zuschauern" des Projektes. Neben sozialen und organisatorischen Aspekten und dem gemeinsamen Arbeiten an gleichen Themen kommen auch technische Aspekte in Betracht. Das In-Szene-Setzen der Sitzungen, das Zoomen auf verschiedene Vortragende und Teilnehmer sowie auf die Gruppe als Ganzes spielten eine große Rolle bei der Entwicklung eines Gemeinschaftsgefühls, wie der Vergleich mit einem anderen Online-Seminar in Harvard zeigte (vgl. Tan, 2002).[1]

Durch die Erfahrung in der Kleingruppenarbeit hatten Studenten Zuversicht gewonnen, über die Distanz gemeinsam an Projekten wie an einem Tisch arbeiten zu können. Sie hatten sich sogar mehr grenzübergreifende Kooperation gewünscht. Hindernisse für konkrete Zusammenarbeit führten Studenten nicht auf die Technik, sondern auf den stark verschobenen Semesterverlauf zurück. Die unterschiedlichen Zielvorstellungen der Projektleitung erschwerten die Kooperation zwischen den Studenten der beiden Standorte zusätzlich. Dies zeigte, dass die Kommunikationstechniken alleine keinen Rahmen für eine Kollaboration bilden können.[2] Im Interview mit dem amerikanischen Projektleiter wurde dieses Problem angesprochen. Er sieht gerade in schwierigen sozialen Situationen die Feuerprobe der Kommunikationstechniken. „Intakte Partnerschaften" brachten über die Distanz überraschende Ergebnisse hervor. Neben der Übertragung von Inhalten, konnte durch VC zum gewissen Grade auch die Atmosphäre als wichtiger Bestandteil des Prozesses übertragen werden. Nuancen gehen auf dem technischen Weg jedoch verloren. In schwierigen Fällen, in denen sich ein Projektpartner als unzuverlässig oder unkooperativ erweist, so Prof. Steinitz, käme es dann leichter zu einer abrupten „Scheidung" oder zu einem Papierkrieg. Er hält es für leichter, Konflikte vor Ort zu klären und zweifelt an, zwischenmenschliche Probleme auf die Entfernung rechtzeitig erkennen und beheben zu können. Insgesamt sei es schwierig, über die relativ unflexible Technik intime Situationen, nicht-grafische und verbale Kommunikation zu meistern. Gerade in kreativen Atelierumgebungen sei es jedoch prägend, spontan und flexibel miteinander zu

1 Im Erfahrungsbericht zu einer Teleübung von Wulf und Schinzel (1997) wird auf die „emotionale Distanz" zwischen den Teilnehmenden hingewiesen, die durch Anonymität der Redebeiträge entstand, da nicht erkennbar war, wer jeweils das Wort ergriff.

2 Auch Wulf und Schinzel (1997) und Zimmer et al (2000) berichten, dass Emaillisten an keinem der Standorte für die vorgesehene Gruppenbildung genutzt wurde, letztere sogar völlig ausfiel. Angesichts des großen Technikaufwands der beschriebenen telematischen Veranstaltungen verwundert es, dass die synchronen Kommunikationsmittel den Studenten nicht zur Gruppenarbeit zur Verfügung gestellt wurden.

interagieren, Zufallsgelegenheiten und Augenblicke zu nutzen. Konversationen im Netz seien dagegen viel zielgerichteter, „sauberer“, weniger inspirativ. Ein weiterer Hemmschuh, so Prof. Steinitz, könne der technische Aufwand werden sowie die Tatsache, mit kompatibler Technik umgehen zu müssen.

4 Zusammenfassung und Ausblick

Ist es nun möglich ein Projekt im Fernstudium zu konzipieren? Studenten, die die Erfahrung sammeln konnten, über die Entfernung an einzelnen Teilprojekten zu arbeiten, bejahten dies prinzipiell, wenn sie sich auch gewisser Einschränkungen auf der Beziehungsebene bewusst waren. Das Campusleben eröffnet über die konkrete Projektarbeit hinaus Möglichkeiten, täglich voneinander zu lernen, Persönlichkeiten aus der Profession real kennen zu lernen und Freunde zu gewinnen. Studenten zeigten sich erstaunt, dass dies zu einem gewissen Grad auch über das Netz möglich war. Eine Studentin bemerkte, hätte sie durch ein Fernstudium an ihrer Arbeitsstelle bleiben können, hätte sie nicht nur Zugriff auf Kollegen mit professionellen Background vor Ort, sondern zusätzlich Bekannte über die Arbeit im Internet hinzugewonnen. Diese Bemerkung verdeutlicht die besondere Eignung webbasierter Fernlehre für berufstätige graduierte Studenten. Die Hälfte der Studenten schränkte ihre Zustimmung auf das so genannte „Blended learning“ ein, da Lernsituationen wie Exkursionen oder Begehung von Projektgebieten mit vielfältigeren Eindrücken als rein visuell- verbalen über das Internet nicht generierbar sind. Für die Erfassung des Genius loci können solche Eindrücke im kreativen Umgang mit Landschaft jedoch wesentlich sein. Besonders wichtig für eine effektive Gruppenarbeit sei es, so ein Student, sich anfangs virtuell oder reell kennen zu lernen, um sich fachlich einschätzen zu können. Manche Studenten hielten es für wichtiger, in heißen Projektphasen in physischer Präsenz zusammen zu arbeiten oder sich zumindest in Endpräsentationen gegenüberzutreten. Auch ein Betreuer des „Netzentwurfs“ weist auf die positiven Energien hin, die durch soziale Events und reelle Treffen frei würden (Russel, P. 2003, mündlich). In weiteren Versuchen sollte näher untersucht werden, in welchen Phasen ein Zusammentreffen am effektivsten oder wichtigsten für das Fortkommen erscheint. Vor Beginn des Projektes wären ohnehin Termine vor Ort hilfreich, um technisch weniger versierte Studenten mit Techniken und Lernumgebung vertraut zu machen und Hilfestellungen zu Hardwarelösungen zu geben. Anstelle des Smart Boards im genannten Beispiel wären digitale Grafiktabletts oder Tablett-Notebooks, die ohnehin in der intuitiven digitalen Darstellung zunehmend Verwendung finden, sowie eine Webkamera ausreichend.

Das Projekt, in dem die Arbeit mit Bilddaten den Mittelpunkt der Arbeit bildete, zeigte, dass ein schnellerer Bildaufbau im „zeitgleichen“ Austausch über noch leistungsfähigere Netzwerke wünschenswert ist. Diese müssen jedoch auch für Privatnutzer zugänglich und bezahlbar sein (Breitbandanschluss über Powerline/Grid-Projekt). Manche Teilnehmer wünschten sich mehr Funktionen zum

Skizzieren und Präsentieren oder verschiedene Modi für Präsentation und Entwurfskritiken. Solche erweiterten Funktionen bieten bereits andere Programme wie Architectural Studio. Optimal wäre jedoch eine Integration solcher Werkzeuge in eine plattformunabhängige browserbasierte Lernplattform. Auch die Arbeit mit geographischen Informationsytemen sollte für Studenten ohne Lizenzierung bestimmter GIS-Softwarepakete oder über Open-Source-Produkte möglich sein. Interessante Ansätze dazu werden im Rahmen des GIMOLUS-Projektes der Universität Stuttgart erarbeitet (Müller 2003).

Die Erfahrungen mit den genannten Techniken können über die Ermöglichung der Online – Planungslehre hinaus förderlich für die Entwicklung der Profession insgesamt sein. Wie in der Beurteilung von PW oben dargestellt, sind Studenten wie Dozenten gezwungen, ihre Aussagen während der Präsentation oder Kritik visuell zu konkretisieren und verbindlich darzustellen. Sekundärtugenden wie rhetorische Fähigkeiten werden nicht in dem Maße betont wie in Präsenzveranstaltungen, die gestatten Ungenauigkeiten der bildlichen Darstellung zu kaschieren und durch rein verbale Ausschmückungen unverbindlich zu halten. Jedoch bleiben weiterhin Zweifel an der Verlässlichkeit und dem Renommee eines über die Entfernung erworbenen Abschlusses. Manche Studenten befürchten Massenabfertigung und Geschäftemacherei, obwohl sie im Beispielprojekt erlebt hatten, wie intensiv die Betreuung selbst über das Netz sein kann. Da bisher kaum Erfahrungen der Online Lehre in Landschaftsarchitekturstudiengängen vorliegen, wird sich erst nach weiteren Untersuchungen zeigen, ob diese Vorbehalte ausgeräumt werden können. Wie auch die Präsenzlehre hängt dies in großem Maße vom Einsatz der Lehrenden und von zugrunde liegenden pädagogischen Konzepten ab. Um die Qualität der Online-Entwurfslehre zu verbessern sind weitere auf die Bedürfnisse zugeschnittene technische und pädagogische Entwicklungen notwendig. Dazu ist der interdisziplinäre Erfahrungsaustausch in einer relativ jungen Forschungsrichtung der web-basierten Fernlehre umso wichtiger. Entwurfstudiengänge mit traditionell handlungsorientiertem Studium können dabei sicher auch für andere Disziplinen wertvolle Erkenntnisse liefern.

Literatur

Elger, D. & Russell, P. (2000). Using the World Wide Web as a Communication and Presentation Forum for Students of Architecture. *Proceedings of the 18th Annual eCAADe Conference*, Weimar 2000.

Entwistle, N.J. (1981). *Styles of Learning and Teaching: An Integrated Outline of Educational Psychology*. Chichester: John Wiley.

Müller, M. (2003). Internetplattform GIMOLUS. *arcaktuell*, 1/2003, 46f.

Schön, D. A. (1983). *The Reflective Practitioner, How Professionals Think in Action*. New York: Basic Books.

Schulmeister, R. (2001): *Virtuelle Universität, Virtuelles Lernen*, München: Oldenbourg Verlag.

Tan, B.-K. (2002). *Findings from observing a multiple location remote learning class – Conducted live simultaneously at four different locations using videoconference.* Cambridge: unv. Manuskript.

Wulf, V. & Schinzel, B. (1997). Erfahrungsbericht zur Televorlesung und Teleübung „Informatik und Gesellschaft“, IIG-Bericht 3/97, Freiburg.

Zimmer, C.; Meyer, L.; Pipek, V.; Schinzel, B.; Wegerle, A.; Won, M.; Wulf, V. (2000). Erfahrungsbericht zur Telelehrveranstaltung „Informatik und Gesellschaft“ im Sommersemester 1999, IIG-Bericht 1/2000, Freiburg.

Robert Gücker, Klaus Nuyken, Burkhard Vollmers

Entdeckendes Lernen als didaktisches Konzept in einem interdisziplinären Lehr-Lernprogramm zur Statistik

Zusammenfassung

Der Methodenlehre-Baukasten[1] ist ein interaktives Lehrprogramm für Methodenlehre und Statistik, das versucht, mithilfe didaktischer Interventionen die Problematik des Phänomens „Statistikangst", das unter Studierenden der Geistes- und Sozialwissenschaften identifiziert wurde, entgegenzuwirken.

Auf dem Konzept des Entdeckenden Lernens basierend, bietet das Lernprogramm den Studierenden die Möglichkeit, anhand realer Forschungsdaten und fachspezifischer Zugänge zu aktuellen wissenschaftlichen Fragestellungen, ihr Verständnis der Statistik und Methodenlehre ausgehend von ihren naiven Konzepten in kleinen kognitiven Schritten hin zu einem wissenschaftlichen Verständnis zu erweitern.

Der vorliegende Beitrag stellt zunächst kurz die Struktur des Lernprogramms dar, um im Folgenden auf die didaktischen Konzepte einzugehen, mit denen diesen motivationalen Problemen begegnet wird. Das Beispiel einer Übung konkretisiert die Anwendung des didaktischen Konzepts im Methodenlehre-Baukasten.

1 Einleitung

Der Methodenlehre-Baukasten (MLBK) ist ein interdisziplinäres Projekt des Verbunds Norddeutscher Universitäten, das ein modulares Lehr-Lernsystem für den Themenbereich „Statistik und Methodenlehre" für den Geistes- und Sozialwissenschaftlichen Bereich entwickelt. Es sind die Universitäten Bremen, Greifswald, Hamburg und Rostock mit den dort vertretenen Fächern Psychologie, Soziologie, Medizin, Erziehungswissenschaft und Wirtschaftswissenschaft beteiligt.

Der Baukasten besteht aus mehreren „Bausteinen", die thematisch einen Großteil der Methodenlehre im Grundstudium der beteiligten Studiengänge abdecken. Zu ihnen gehören als Bestandteile das Modul „Von der Realität zu den Daten", die „Datenerhebungsverfahren", die „Deskriptive Statistik" sowie die „Inferenzstatistik". In einem Modul „Spezielle Methoden" werden Verfahren dargestellt, die entweder fachspezifisch sind oder in keinem der anderen Module einzuordnen sind. Das „Empirische Praktikum" ist ein Bereich, in dem die Studierenden das

1 Der Methodenlehre-Baukasten, ein Projekt des Verbundes Norddeutscher Universitäten und Teil des Förderprogramms „Neue Medien in der Bildung, Lehr- und Lernsoftware" des Bundesministeriums für Bildung und Forschung (Förderkennzeichen: 08 NM 108A).

zuvor Erlernte in Form von Planung und Durchführung eigener Untersuchungen anwenden können (vgl. Abb. 1).

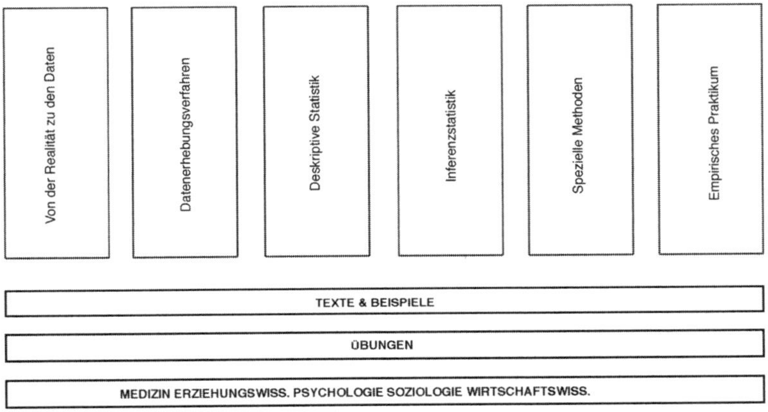

Abb. 1: Bausteine und Modulstruktur des Methodenlehre-Baukastens

Innerhalb dieser Module gibt es wiederum mehrere Schichten in Form von Texten, Medien, Übungen und Beispielen, wobei in jeder dieser Schichten die fachspezifischen Inhalte variieren können. Daraus ergibt sich die in Abbildung 2 dargestellte interne Struktur der Module:

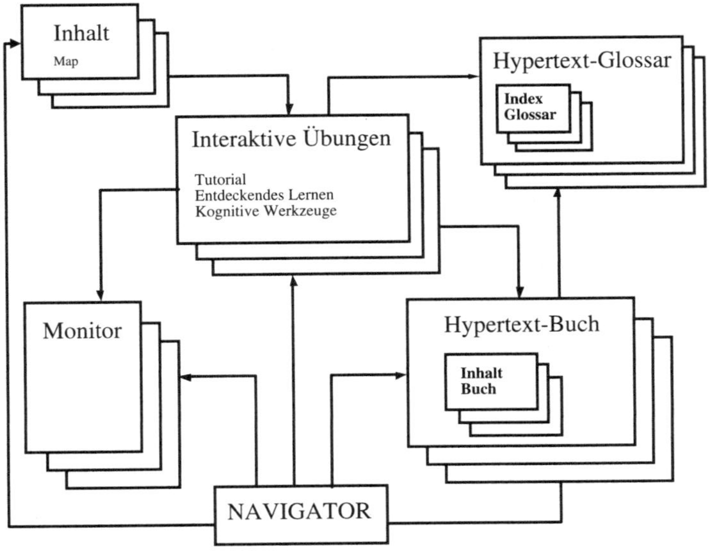

Abb. 2: Interne Struktur der Module

Im Zentrum des Methodenlehre-Baukastens stehen interaktive Übungen zum Selbstlernen nach dem Konzept des Entdeckenden Lernens, die auf einer kognitiven Analyse der Lernprozesse Studierender beruhen und geeignet sind, Lernschwierigkeiten auf diesem Gebiet abzubauen. Übungen werden mit Hypertext-Lehrbüchern und Hypertext-Glossaren verknüpft. Eine zentrale Navigation erlaubt den Zugang zu den Inhalten über eine beliebige Komponente des Systems. Die Nutzer werden durch ein „Monitoring" unterstützt, das sie bei Bedarf über absolvierte Inhalte in Kenntnis setzt, bzw. einen Wiedereinstieg in das Lernprogramm an der Stelle ermöglicht, an der die letzte „Sitzung" beendet wurde.

2 Zielsetzung

Das Projekt „Methodenlehre-Baukasten„ entwickelt ein Programmpaket für die Zielgruppe der Studierenden der Geistes- und Sozialwissenschaften, die erfahrungsgemäß eine starke Abneigung zeigen, Statistik zu lernen. In verschiedenen Untersuchungen (Schulmeister, 1983; Hunsley, 1987; Renkl, 1994; Stark & Mandl, 2000) wurde dieses motivationale Konstrukt als „Statistik-Angst" identifiziert. Weitere Untersuchungen zu diesem Phänomen werden derzeit im Rahmen der Evaluation des Projekts unternommen.

Ein hoher Anteil der Studierenden in sozialwissenschaftlichen Fächern ist von diesen kognitiv-emotionalen Faktoren betroffen. Diese problematische Ausgangssituation für die Methodenlehre verstärkt sich durch ungeeignete traditionelle Lehrmethoden, die oftmals schon auf formalen Denkniveaus ansetzen, dabei die auf Anschauung beruhenden Kognitionen außer acht lassen und damit den Lernenden die Möglichkeit der Eigenstrukturierung im Bezug auf den Wissenserwerb nehmen.

Versuche in einem von der DFG geförderten Projekt „Evaluation von Lernprozessen beim Lernen der Statistik" (Schulmeister, 1983) haben gezeigt, dass man durch gezielte didaktische Interventionen – auf die im Folgenden näher eingegangen wird – erfolgreich zum Abbau von Statistikangst beitragen kann, wie die neuste Untersuchung von Stark & Mandl (Stark & Mandl, 2000) bestätigt.

Der Methodenlehre-Baukasten versucht, diesem motivationalen Konstrukt entsprechend der Auseinandersetzung mit der Thematik der Statistik und Methodenlehre mit speziellen didaktischen Interventionen entgegenzuwirken. Den Studierenden wird ein fachspezifischer Zugang zu Fragestellungen der Statistik ermöglicht, da das Programm fächerspezifische Schichten beinhaltet, die – anders als in anderen Lehr-/Lernprogrammen – Forschungsfragen des eigenen Studienfachs aufgreift. Dabei wird nicht nur über die Hypertexte und Fragestellungen dieser Bezug erreicht, sondern auch durch die Möglichkeit, eigene Fragestellungen anhand realer Datensätze aus der Forschung bearbeiten zu können.

Im Folgenden wird das didaktische Konzept in seinen Details dargestellt und anhand eines Beispiels einer Übung illustriert.

3 Didaktisches Konzept

Das didaktische Konzept des MLBK unterscheidet sich bewusst von linearen Lehr-Lernprogrammen. Diese beruhen auf der Annahme, dass so gelernt wird, wie auch gelehrt wird: sie vermitteln den Stoff in genau vorgegeben Schritten, die von den Lernenden nachvollzogen werden. Dieses starre Festhalten an der Lehrerperspektive bezeichnet Holzkamp (1993) als Lehrlernkurzschluss, da die Lernenden im allgemeinen auf andere Art und Anderes lernen als die Lehrenden beabsichtigen. Es ist eben nicht ratsam, den Weg, den ein Lernender kognitiv zu gehen hat, vorzuschreiben, da auf diese Weise die eigenständige Verarbeitung und die subjektive Aneignung erschwert oder gar verhindert wird.

Der grundsätzliche didaktische Aufbau der Lektionen des MLBK orientiert sich dagegen an kognitionspsychologischen Erkenntnissen, die bei den naiven Konzepten der Studierenden ansetzen, um in kleinen kognitiven Schritten den Weg zum wissenschaftlichen Verständnis zu begleiten, wobei dem Konzept des „Entdeckenden Lernen" eine besondere Bedeutung zukommt. Den Studierenden wird nach einer motivierenden Einführung in die Forschungsthematik und -fragestellung die Möglichkeit gegeben, ihre naiven Konzepte und Hypothesen in einem lernzielangemessenen Suchraum in Form interaktiver Übungen schrittweise zu wissenschaftlichen Konzepten zu erweitern.

Entdeckendes Lernen geht auf kognitionspsychologische Ideen von Bruner in den frühen 1960er Jahren zurück. Bruner (1961) versuchte, die Problemlösefähigkeiten von Schülern zu unterstützen, indem er diese selbstständig Lösungen entdecken ließ. Die eigene Entdeckung stellt nach Bruner (1961) einen Lernprozess dar, in dem die Lernenden ihr Wissen durch eigene Aktivitäten aufbauen. Der Lernende benutzt seine Vorkenntnisse, um neue Fakten und Zusammenhänge zu suchen und im Hinblick auf eine Lösung zu organisieren. Dabei geht der Lernende in kleinen kognitiven Schritten vor. Er beginnt häufig mit reinen „Trial-and-error-Handlungen" und, sofern diese zu keinem annehmbaren Ziel führen, geht er allmählich zu hypothesentestendem Verhalten über. Der Lernende findet für sich selbst einen Weg von seinen Vorkenntnissen (naiven Konzepten) zu den möglichen Lösungen (wissenschaftlichen Konzepten) (vgl. Abb. 3). Entdecken bezieht sich somit auf Aktivitäten und begleitende kognitive Prozesse des Lernenden, welche zu subjektiv neuen Erkenntnissen führen (Neber, 1975).

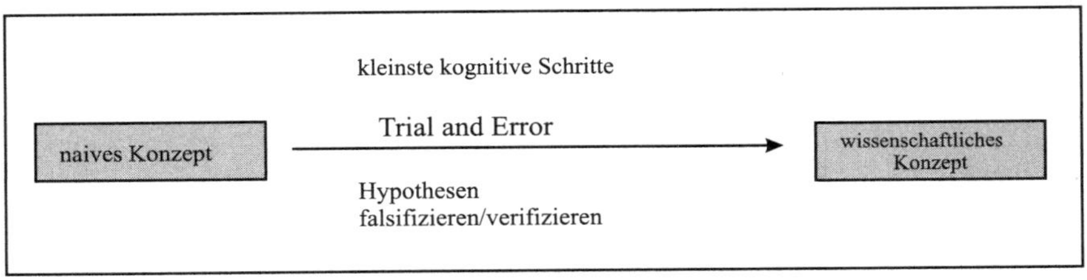

Abb. 3: Konstruktion des wissenschaftlichen Konzepts

Damit werden die internen Voraussetzungen, die jemand für Entdeckendes Lernen braucht, dargestellt: Der Lernende muss über Vorwissen und Problemlösefähigkeiten verfügen und imstande sein, selbstorganisiert zu lernen.

Welche Bedingungen findet ein Lernender, der über solche Kompetenzen verfügt, innerhalb des Methodenlehre-Baukastens vor, damit Entdeckendes Lernen stattfinden kann? Die zentralen Vorüberlegungen zur Gestaltung der Übungen und Lektionen waren einerseits, dass die Lernenden durch die Bearbeitung von Einzelproblemen allgemeine Gesetzmäßigkeiten und Zusammenhänge entdecken können und andererseits auch, dass sie allgemeine Gesetzmäßigkeiten auf Einzelphänomene beziehen können. Dazu müssen die Übungen und Lektionen Problemvorgaben, prozess- und ergebnisorientierte Lernhilfen und Rückmeldungen enthalten (vgl. Abb. 4). Durch einen Lernanlass wird ein Problem für die Lernenden aufgeworfen, dessen Lösung für sie unbekannt ist. Mit der Aufgabenstellung wird gleichzeitig ein geschlossener Suchraum aufgespannt, in dem die Lernenden mit vorhandenen Lernhilfen nach neuen Informationen suchen können und diese dann lösungsrelevant organisieren können. Sie erhalten zu ihren Vorschlägen Feedback, welches sie über ihren eigenen Lösungsfortschritt informiert. Dabei wird kein klassisches Feedback rückgemeldet, sondern die Lernenden probieren selber, interaktiv Lösungsansätze zu gestalten. Aus der grafischen Anordnung können sie Rückschlüsse über ihre Lösungsbildung ziehen. Die ganze Übung findet in einem bestimmten statistischen Kontext, bspw. einer Forschungsfrage statt, die als Rahmen bzw. Szenario dient.

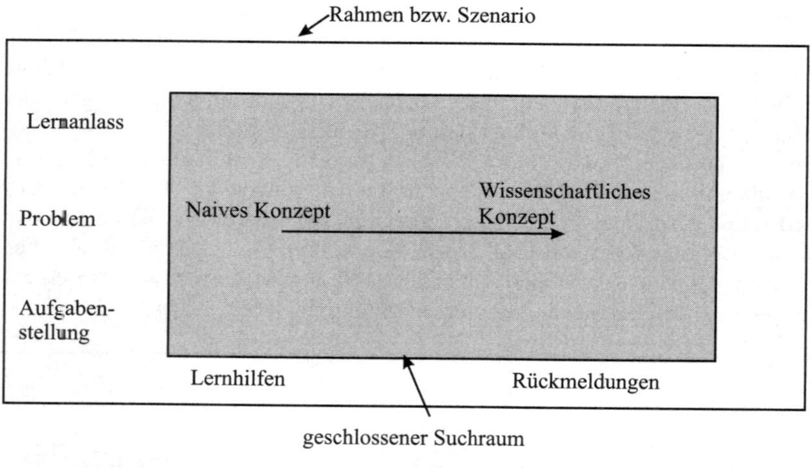

Abb. 4: Muster des Entdeckenden Lernens beim MLBK

Das Entdeckende Lernen fördert zusätzlich die intrinsische Motivation (Heller, 1990). Der Lernende kann die Probleme und die möglichen Lösungen selber erkunden und manipulieren. Dadurch, dass der Lerner selbst eigene Lösungen findet, gewinnt er an Selbstvertrauen und wagt sich an andere statistische Probleme heran. Diese Art zu lernen benötigt interaktive Übungen höherer Interaktionsniveaus, wie sie bei Schulmeister (2002; 2003) beschrieben werden. Außerdem entsteht durch die erfolgreiche selbstständige Entdeckung ein verstärktes Kompetenzgefühl. Beim entdeckenden Lernen lösen die Lerner nicht nur selbstständig die gestellten Probleme, sondern sie lernen darüber hinaus selbstgesteuert Probleme zu lösen (Neber, 1975). Der MLBK setzt Entdeckendes Lernen deshalb sowohl als Methode als auch als Lernziel ein.

Im Folgenden wird anhand eines Übungsbeispiels der Einsatz von Entdeckendem Lernen im MLBK verdeutlicht.

4 Schritte des Entdeckenden Lernens an einem Beispiel

Bei dieser Aufgabe, es handelt sich um die erste Übung aus der Lektion zur Multiplen Regression, geht es für den Lernenden darum, einen Entscheidungsalgorithmus dafür zu entwickeln, nach welchen Kriterien zusätzliche Variablen als Prädiktoren in die multiple Regression aufzunehmen sind.

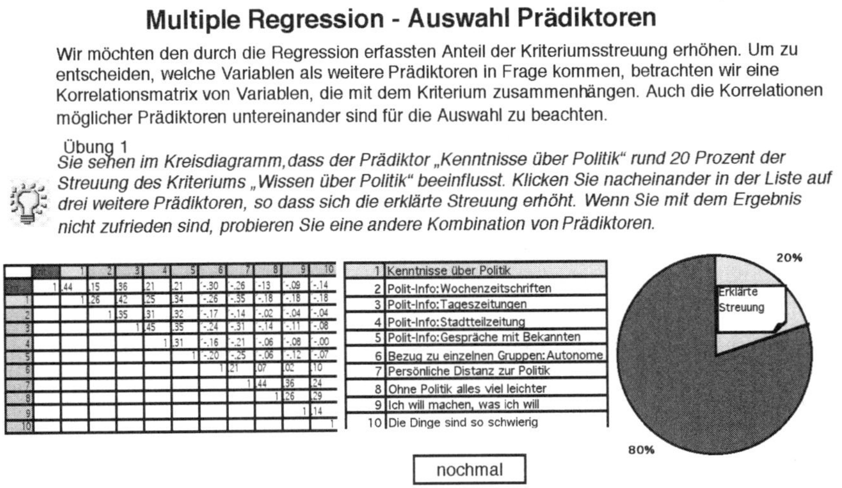

Abb. 5: Übungsbeispiel im MLBK

Die Abbildung zeigt den Entwurf der Übung in einem Grafikprogramm. Das Design aller Übungen im Methodenlehrebaukasten ist einheitlich: Die Übung beginnt mit einem einleitenden Text, der die Forschungsfrage enthält. In der

Übungsanweisung (kursiver Text) wird dem Lernenden erklärt, welche Teile des Bildschirms zur Lösung der Aufgabe manipulierbar sind. Außerdem kann die Anweisung Hinweise enthalten, wie die Lösung zu finden ist.

Anknüpfen an Vorwissen des Lernenden

Die Forschungsfrage, mit der die Übung beginnt, hat motivierende Funktion. In diesem Beispiel wird bewusst an die letzte Übung der vorangegangenen Lektion zur einfachen linearen Regression angeknüpft, sowohl inhaltlich als auch konzeptionell. Inhaltlich soll der Lernende mit den gleichen, ihm vertrauten, Variablen weiterarbeiten. Konzeptionell greift die Übung auf die Kenntnis des Determinationskoeffizienten zurück. Der Lernende weiß aus der letzten Übung der vorherigen Lektion, dass dieser Koeffizient ein Maß für den Anteil an erklärter Streuung des Kriteriums ist. Im Kreis wird ihm dieser Anteil dargestellt.

Bekannt ist, neben dem Determinationskoeffizienten, für den Anwender zu diesem Zeitpunkt aus den Lektionen Korrelation und Regression der Zusammenhang zwischen bivariater Korrelation und einfacher linearer Regression. In der Lektion zur einfachen linearen Regression hat er gelernt, dass es grundsätzlich sinnvoll ist, Variablen mit hoher Korrelation mit dem Kriterium als Prädiktoren auszuwählen, um eine Regressionsanalyse durchzuführen.

Lernziele

Der Lernende soll die optimale Kombination dreier neuer Prädiktoren finden, um einen möglichst hohen Anteil der erklärten Streuung (Kreisausschnitt) an der Gesamtstreuung abzudecken. Die erste, schon aus der Übung zur linearen Regression bekannte, Variable „Kenntnisse über Politik" bleibt immer als Prädiktor erhalten.

Die beiden zentralen Lernziele dieser Übung, eine optimale Auswahl an Prädiktoren zu treffen und dafür eine Strategie zu entwickeln, sind offene Lernziele, für deren Erreichen keine eindeutigen Kriterien existieren. Damit unterscheidet sich diese Übung von zahlreichen anderen Übungen des Methodenlehrebaukastens, an deren Ende das prüfbare Wissen einer Definition, einer Formel oder eines statistischen Kennwertes steht. Innerhalb der Statistik bzw. der sozialwissenschaftlichen Methodenlehre gibt es jedoch kein Kriterium dafür, welches Niveau des Determinationskoeffizienten „genug" Streuung des Kriteriums erklärt oder wie hoch die Zunahme der Streuung sein sollte, damit sich die Hereinnahme einer neuen Variable in die Prädiktorenliste lohnt. Außerdem gibt es auch keinen definierten Entscheidungsalgorithmus für die Zusammenstellung einer Liste von Prädiktoren. In der Praxis ist für Sozialwissenschaftler wohl der multiple Korrelationskoeffizient mehrerer Variablen mit dem Kriterium der wichtigste Anhaltspunkt. Über den Vergleich verschiedener multipler Korrelationskoeffizienten diverser Variablenkombinationen trifft der Sozialwissenschaftler eine Auswahlentscheidung. Daneben werden in der Praxis auch inhaltliche Gesichtspunkte und bereits berechnete Partialkorrelationen berücksichtigt.

Erweiterung des Vorwissens und Einschränkung des Suchraumes

Optimal wäre also eine Auswahl der Variablen anhand der Höhe der Multiplen Korrelation, die mittels Beta-Gewichten, die Interkorrelationen zwischen den Prädiktoren herausfiltern, berechnet wird. Die Bedeutung der Beta-Gewichte und die Formel des multiplen Korrelationskoeffizienten kennt der Lernende bei Durchführung dieser Übung noch nicht. Sie werden erst in den nachfolgenden Übungen eingeführt.

Bei der Bearbeitung und Lösung der Übung sollte er jedoch den Grundgedanken der multiplen Korrelation (und damit die Verbesserung der Auswahlentscheidung der Prädiktoren) erkennen: Berücksichtigung der Interkorrelation zwischen den Prädiktoren.

Der Suchraum zur Lösung des Problems wird durch das Design der Übung eingeschränkt, lässt dem Anwender aber bewusst Freiheitsgrade bei der kognitiven Bearbeitung der Übung. Damit der Lernende nicht nur die drei Variablen mit den drei höchsten Korrelationen mit dem Kriterium aus der linken Korrelationsmatrix wählt und dann die Übung ohne vertiefte Reflexion verlässt, steht am Ende des einleitenden Textes der Hinweis: „Auch die Korrelationen möglicher Prädiktoren untereinander sind zu beachten“. Der Anwender erhält so die Möglichkeit, sein naives, auf den bisherigen Lernerfahrungen basierendes Konzept, dass allein große Korrelationen mit dem Kriterium für die Auswahl eines Prädiktors zu berücksichtigen sind, zu erweitern. Der Hinweis lenkt die Aufmerksamkeit des Lernenden auf die Interkorrelationen der von ihm ausgewählten Variablen, ohne ihm aber den entscheidenden Tipp zu geben, gezielt zu prüfen, ob eine hohe Korrelation einer Variablen mit dem Kriterium auf der gemeinsamen Streuung mit anderen Prädiktorvariablen beruht. Auf das für die Lösung des Problems hilfreiche Konzept der Partialkorrelation, das in einer vorherigen Lektion behandelt wurde, wird nicht ausdrücklich verwiesen.

Eine zweite Einschränkung des Suchraums stellt in der Übungsanweisung der Hinweis auf den Kreis mit dem Anteil der bei der augenblicklichen Variablenauswahl erklärten Streuung dar. Durch Hinzufügen weiterer Variablen erkennt der Lernende, dass sich der Anteil der erklärten Streuung nicht linear mit der Höhe der Korrelation zwischen ausgewählter Variable und Kriterium erhöht, und dass unter Umständen auch geringe Korrelationen für eine deutliche Zunahme der erklärten Streuung sorgen.

Lernverlauf der interaktiven Übung als Entdeckendes Lernen

Der genaue Denk- und Lernweg ist nicht vorhersehbar und wird mit dem Design nicht vorweg genommen. Eine Übung muss so gestaltet sein, dass sie mit der Formulierung der Aufgabe an das naive Vorwissen und die bisherigen Lernerfahrungen des Anwenders mit dem Programm anknüpft. Das didaktische Konzept des Entdeckenden Lernens gibt den Rahmen vor, damit durch selbstständiges Probieren und eigenständiger Hypothesenentwicklung der Lernende sein anfangs verkürztes Konzept der Prädiktorenauswahl in Hinsicht auf das wissenschaftliche Konzept, der Auswahl anhand multipler Korrelationen, annähert.

Für den Lernenden besteht der erste wichtige kognitive Schritt darin, die Korrelationen der Prädiktoren untereinander „irgendwie" zu berücksichtigen und die in der Matrix stehenden Korrelationen jedes Prädiktors mit dem Kriterium unter diesem Gesichtspunkt zu relativieren. Die nach jeder Auswahl einer Variablen sichtbare Veränderung des Kreisausschnitts hilft ihm dabei.

Das Grundproblem der Übung ist erfasst, wenn dem Anwender beim Ausprobieren verschiedener Variablen der Gedanke kommt: „Wenn ich zwei Variable mit jeweils hoher Korrelation mit dem Kriterium auswähle, muss ich die gemeinsame Streuung bzw. die Korrelation untereinander bedenken." Das In-Rechnung-Stellen der Interkorrelation kann auf verschiedene Art und Weise geschehen: Möglicherweise zieht der Lernende gedanklich Korrelationen voneinander ab, teilt sie durcheinander, besinnt sich auf das Konzept der Partialkorrelation oder ähnliches.

Hypothesen entwickeln und falsifizieren

Das Entdeckende Lernen strebt an, dass der Lernende kognitiv selbstständig Hypothesen über die Lösung oder Quintessenz einer Aufgabe entwickelt. Es ist daher wünschenswert, aber nicht zwingend, dass der Lernende in dieser Übung über ein reines Ausprobieren bei der Variablenauswahl hinausgeht und selbst eine Auswahlstrategie gedanklich formuliert und deren Erfolg anhand neuer Variablenkombinationen überprüft.

Vorausgesetzt, das Grundprinzip, die Korrelationen eines möglichen Prädiktors mit dem Kriterium um die Interkorrelation mit anderen Prädiktoren zu relativieren, wurde vom Lernenden erfasst, so könnte er im Fortgang der Übung eine oder mehrere der folgenden Hypothesen und Strategien entwickeln:

Hypothese: Geringe bivariate Korrelationen untereinander sind der wichtigste Anhaltspunkt:

„Ich muss eine Kombination dreier mit dem Kriterium hoch korrelierender Variablen finden, deren gesamte bivariate Interkorrelationen untereinander gegen Null gehen."

Gleiche Hypothese:

„Ich suche / probiere alle Variablen durch, bis ich diejenige gefunden habe, die den Anteil der erklärten Streuung im Kreisdiagramm um den größten Betrag erhöht. Dann nehme ich die Variable hinzu, die mit dieser am wenigsten korreliert."

Hypothese: Die Partialkorrelationen sind entscheidend

„Ich suche die Variable mit der höchsten Korrelation mit dem Kriterium als zweiten Prädiktor und berechne dann die Partialkorrelation des ersten und zweiten Prädiktors untereinander und mit dem Kriterium. Diese vergleiche ich dann mit den Partialkorrelationen der Variablen, die sich bei der Auswahl der Variable mit dem zweithöchsten Korrelationskoeffizienten mit dem Kriterium

ergibt. Gleiches mache ich dann für die Variable mit der dritthöchsten Korrelation mit dem Kriterium usw ...“

5 Ausblick

Durch den Einsatz des Entdeckenden Lernens als Konzept erhoffen wir uns eine erfolgreiche Konstruktion eines interaktiven Lehr-Lernprogramms zur Statistik. Bisherige Erfahrungen sprechen für die Überlegenheit und Nachhaltigkeit des Entdeckenden Lernens. Das Entdeckende Lernen bietet zudem eine breite Grundlage für eine innovative Gestaltung von Übungen. Eine endgültige Bewertung wird durch die summative Evaluation des Gesamtprojekts erfolgen.

Literatur

Bruner, J.S. (1961). The Act of Discovery. In: *Harvard Educational Review 31*, 21-32

Heller, R.S. (1990). The Role of Hypermedia in Education: A Look at the Research Issues. In: *Journal of Research on Computing in Education 4* (22), 431-441

Holzkamp, K. (1993). *Lernen. Subjektwissenschaftliche Grundlegung.* Frankfurt

Hunsley, J. (1987). Cognitive Processes in Mathematics Anxiety and Test Anxiety: The Role of Appraisals, Internal Dialogue, and Attributions. In: *Journal of Educational Psychology 79,* 388-392

Neber, H. (Hg.) (1975). *Entdeckendes Lernen.* (2. Aufl.). Weinheim

Renkl, A. (1994). Wer hat Angst vorm Methodenkurs? Eine empirische Studie zum Streßerleben von Pädagogikstudenten in der Methodenausbildung. In: R. Olechowski & B. Rollett (Hg.). *Theorie und Praxis. Aspekte empirisch-pädagogischer Forschung – quantitative und qualitative Methoden.* Frankfurt/M., 178-183

Schulmeister, R. (Hg.) (1983). *Angst vor Statistik. Empirische Untersuchungen zum Problem des Statistik-Lehrens und -Lernens.* Hamburg: Arbeitsgemeinschaft für Hochschuldidaktik

Schulmeister, R. (2002). Taxonomie der Interaktivität von Multimedia – Ein Beitrag zur aktuellen Metadaten-Diskussion. In: *it+ti 4*/2002, 193-199

Schulmeister, R. (2003). *Lernplattformen für das virtuelle Lernen. Evaluation und Didaktik.* München

Stark, R. & Mandl, H. (2000). *Probleme in der Methodenausbildung: Analyse und Intervention aus motivationspsychologischer Perspektive.* (Forschungsberichte Ludwig Maximilians Universität München; 116)

Ursula Piontkowski, Wolfgang Keil, Yongwu Miao, Margarete Boos & Marcus Plach

Rezeptions- und produktionsorientiertes Lernen in mediengestützten kollaborativen Szenarien[1]

Zusammenfassung

Jede Lernumgebung muss ein Gleichgewicht von drei Anforderungen sicherstellen: Inhaltsvermittlung, Förderung von Aktivitäten der Studierenden und Unterstützung von lern- und arbeitsbezogenen Interaktionen. Auf dem Hintergrund von Ansätzen zu Task-Technology-Fit und zu Prozessverlusten bei Gruppenleistung wird ein Workflow-basiertes Modell einer Lern- und Arbeitsumgebung für kooperatives und kollaboratives Lernen und Arbeiten in der Psychologie und den empirischen Sozialwissenschaften zur Erreichung dieser Ziele vorgelegt. Es wird gezeigt, wie rezeptionsorientierte Lernvorgänge, die durch Lernprogramme angeregt werden, durch Funktionalitäten von Kooperation ergänzt werden können. Ferner wird gezeigt, wie produktionsorientierte Lernvorgänge durch kollaborative Lernprojekte gefördert werden können, welche die Lern- und Arbeitsschritte in einer studentischen Arbeitsgruppe unterstützen. Die Nutzung eines geteilten Arbeitsbereichs sowohl für Aktivitäten im Lernprogramm als auch im Lernprojekt werden diskutiert.

1 Task-Technology-Fit und Prozessgewinne/-verluste beim kollaborativen Lernen mit neuen Medien

Die Benutzung neuer Technologien und neuer Kommunikationsformen führt Faktoren in die Organisation der Lern- und Arbeitsprozesse ein, welche die Leistungen verbessern, und Faktoren, welche die Leistungen behindern können. Sozialer Kontakt in einer Einzel-Lernsituation kann dazu führen, dass Wissen durch Artikulation stabilisiert wird; der Kontakt kann aber auch Leistungsminderungen durch unerwünschte Ablenkungen bewirken. Auch bei Aufgaben, die offensichtlich besser durch Gruppenarbeit gelöst werden können, ist zu sehen, dass die potenzielle Leistung der Gruppe oft nicht erreicht wird. Gründe hierfür liegen in Koordinations- und Motivationsverlusten. Die Abhängigkeit solcher Prozessverluste von der Art der Aufgabe hat schon früh Steiner (1972) systematisiert. Nunamaker, Dennis, Valacich, Vogel und George (1991) haben diesen Ansatz

1 Die Studie ist Teil des durch das BMBF geförderten Projekts „Virtuelle Sozialpsychologie mit Compile“ (http://psycho.uni-muenster.de).

aufgegriffen und für den Einsatz von Gruppen-Unterstützungs-Systemen entfaltet. Sie sehen Möglichkeiten zu Prozessgewinnen vor allem aufgrund solcher Merkmale wie parallele Kommunikation oder Gruppengedächtnis.

In verschiedenen Konzepten wird angenommen, dass die Medien konstante Eigenschaften haben, die beim Einsatz für den richtigen Lernbereich aktives und tiefes Lernen induzieren. Sowohl in den Ansätzen zur didaktischen Medienselektion (Reiser & Gagné, 1983; Laurillard, 1993) als auch im Aufgaben-Technologie-Passungsansatz geht es darum, eine Zuordnung von Attributen des Mediums und Anforderungen der Lern- oder Arbeitsprozesse vorzunehmen. Im Task-Technology-Fit Ansatz von McGrath und Hollingshead (1994) wird eine Zuordnung derart vorgenommen, dass einfache Aufgaben einfache Medien und komplexe Aufgaben komplexe Medien erfordern. Ein Medium kann zu einer Aufgabe passen oder unter- bzw. überdimensioniert und damit suboptimal sein. Kies, Williges und Rosson (1998) folgern, dass der erfolgreiche Einsatz von computergestützten Kooperationswerkzeugen von dem Zusammenspiel von Kommunikationsmodus (Audio-, Video- und Textmodus), Aufgabenmerkmalen (Ideengenerierungs-, Diskussions-, Entscheidungs- und Problemlöseaufgaben) und sozio-technischen Faktoren (Synchronizität, Individualisierbarkeit, Nutzbarkeit, Belastung des Netzwerks, Speichermöglichkeiten, modalitätsspezifische Faktoren) abhängt.

Eine noch weitergreifende Integration von Aufgabe, Technik und soziotechnischen Faktoren liefert das Aneignungsmodell von Dennis, Wixom und Vandenberg (2001): Die Leistungswerte bei der Arbeit mit einem multimedialen Kollaborationswerkzeug hängen (neben habitualisierten Routinen) von dem Aneignungsgrad ab, der wiederum bestimmt ist durch die Aneignungsunterstützung und die Passung von Aufgabe und Ausstattung der eingesetzten Technologien. Einfache Medien-Aufgaben-Zuordnungen sind unmöglich. Zudem können informationstechnische Medien die klassischen Strukturen der Einteilung von Unterrichtsformen (etwa Frontalunterricht, Gruppenlernen, Einzelarbeit) unterlaufen. So ist es möglich, die eigentlich asynchrone Einzelarbeit mit synchronen Elementen zu koppeln, wenn sich Teilnehmer/-innen einer Lerneinheit in virtuellen Räumen begegnen können. Durch neue Medien und sozio-technische Arrangements können neue Sozialformen des Lernens entworfen werden, die von der Konzeption her aktives und tiefes Lernen bahnen und unterstützen können.

2 Rezeptions- und produktionsorientiertes Lernen

Durch rezeptives Lernen wird die Inkorporation von theoretischen und methodischen Konzepten und Propositionen in die kognitive Struktur der Lernenden ermöglicht (Ausubel, 2000). Förderung und Optimierung besteht in der Schaffung von bedeutungshaltigen Assimilationskontexten zur Integration des Lernmaterials. Durch produktionsorientiertes Lernen wird die Internalisierung von materiellen Handlungen in mentale Handlungsschemata gefördert (Engeström, 1987). Produktionsorientiertes Lernen besteht darin, dass durch den Gebrauch von

Werkzeugen und Verfahren ein Arbeitsprodukt – ein Dokument, eine Präsentation ein Datensatz – erzeugt und/oder vorgeführt wird. Durch produktionsorientiertes Lernen- und Arbeiten sollen zugleich Kompetenzen der Planung und Realisierung von Arbeitsprojekten trainiert werden.

Rezeptives und produktives Lernen kann durch Assistenz beim Leistungsvollzug gefördert werden (Tharp & Gallimore, 1988). Die Assistenz kann durch Lehrer, Tutoren, Gleichaltrige, Lehrsysteme, aber auch durch die eigene Person erfolgen. Sowohl rezeptives als auch produktives Lernen kann nach den Annahmen der Interdependenz-Theorie (Johnson & Johnson, 1994) durch kooperatives und kollaboratives Lernen unterstützt werden. In kooperativen und kollaborativen Lernkontexten ist dabei mit den Mitteln der multimedialen Informationstechnologie eine flüchtige oder stabile Kopplung mit anderen Lernenden möglich. Die elektronischen Medien können hierbei als Werkzeuge zur Bearbeitung der Lernaufträge, als Kommunikationsmedium und als Mediator der Arbeitsteilung dienen. Kooperatives und kollaboratives Lernen zwingt zum Aussprechen der Gedanken. Das Wissen muss explizit gemacht werden, und es muss verständlich vorgetragen werden. Durch Koorientierungen und soziale Vergleiche wird Ungewissheit reduziert und realistische Selbsteinschätzung und Diagnosefähigkeit beim Lernen unterstützt. Die Auseinandersetzung mit unterschiedlichen kognitiven Strukturen fördert kognitiven Konflikt.

Mittels neuer Medien und Informationstechnologien können sich Lernende in virtuellen Räumen begegnen (Wessner & Pfister, 2001). Die CSCL-Informationstechnologien erlauben, neue Formen des computergestützten kooperativen Lernens zu entwickeln, indem neue Kopplungsformen konzipiert werden; so kann die asynchrone Lernsituation des Rezipierens von Lernmaterial zu Hause ergänzt werden durch die Möglichkeit, an digitalen Plätzen Kommunikationspartner mit gleichen Interessen und gleicher Arbeitslage zu finden. Im rezeptiven Lernen ist der Kontakt mit anderen Lernenden nur dann lernförderlich, wenn die anderen den gleichen Focus haben; die Interaktion mit Personen, die im Lernprozess weit weg liegen, erzeugt Prozessverluste.

In den didaktischen Konzeptionen des „critical inquiry in science“, wie sie sich bei Suthers (1998) oder White & Frederiksen (1998) darstellen, steht der empiriegestützte Forschungszirkel im Vordergrund. Studierende lernen in der Psychologie noch viele andere Arbeitszirkel kennen: Sammeln von Untersuchungen für qualitative und quantitative Meta-Analysen, Aktivitäten wie Anwendung von Theorien und Messungen auf Einzelfalldiagnose und Prognose, Entwerfen von Plänen für Interventionen und soziale Arrangements, nichtexperimentelle Messungen und Beobachtungen.

3 Kollaborative Settings in der Lernumgebung Compile

Die Unterstützung rezeptions- und produktionsorientierten Lernens in individuellen und in Gruppenkontexten durch kollaborative Settings haben wir in der Lernumgebung Compile realisiert. Compile (Cooperative Open Multimedia-based Process-centered Integrated Learning Environment) ist ein inhalts- und prozessorientiertes System, das ermöglicht, unterschiedliche Lernkontexte zu definieren und die Erarbeitung verschiedenster multimedialer Lernmaterialien durch individuelle und kollaborative Werkzeuge zu unterstützen. Es kann zur individuellen wie zur Gruppenarbeit in virtuellen wie in Präsenzveranstaltungen eingesetzt werden.

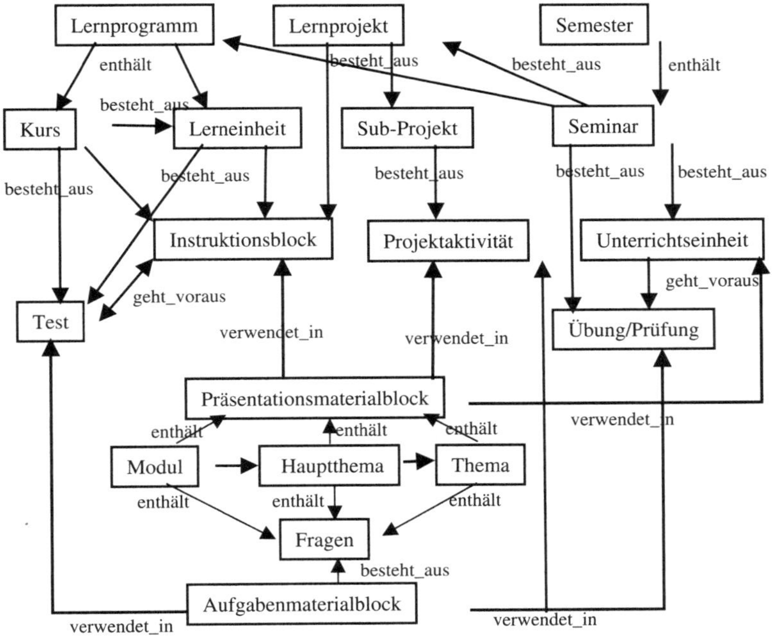

Abb. 1: Architektur der Lernumgebung Compile

Compile basiert auf folgenden Grundfunktionalitäten:

- Rollen- und gruppenbezogene Benutzerverwaltung mit Bereitstellung eines korrespondierenden individuellen oder geteilten Arbeitsspeichers
- Bereitstellung multimedialen Arbeitsmaterials in individuellen Lernprogrammen und individuellen wie gruppenbezogenen Lernprojekten
- Bereitstellung von Kollaborations- und Kooperationswerkzeugen

Sowohl Lernprogramm als auch Lernprojekt sind nach einem Workflow-Modell konzipiert, für das die Process Definition Language der Workflow Management Coalition verwendet wurde.[2] In einem Workflow-Modell kann abgebildet werden, welche Dokumente, Informationen und Aufgaben von einem Teilnehmer an dem Prozess weitergegeben werden. In Erweiterung dieser Definition muss für die Zwecke der Unterstützung von kollaborativem Lernen und Arbeiten noch abgebildet werden, welche Koordinationsform in der Arbeitsgruppe in einem bestimmten Aufgabenstadium verwendet werden soll. Zum Beispiel muss dargestellt werden können, ob parallel die gleiche Arbeit verrichtet wird (z.B. Befragungen durchführen) oder ob bestimmte andere Schritte sequentiell arbeitsteilig organisiert werden (z.B. Eingeben von Daten, danach Kontrollauswertungen zur Fehlerkontrolle). Mit einer Workflow-Modellierung ist es möglich, sowohl die Abfolge der Aktivitäten als auch den Dokumentenfluss abzubilden. Die Ergebnisse einer Aktivität können miteinander gekoppelt und die Art der Arbeitsteilung und Arbeitskoordinierung als Split-Join-Verhalten modelliert werden.

3.1 Lernprogramm

Ein Lernprogramm ist ein durch ein Netzwerk von Aktivitäten definierter strukturierter Prozess. Es werden Lern-, Test- und Bewertungsaktivitäten unterschieden. Eine Lernaktivität umfasst dabei das Bearbeiten von ausgewähltem Lernmaterial, eine Testaktivität und eine dazu gehörende Überprüfung. Eine Bewertung der Ergebnisse kann in Abhängigkeit von der Qualität des Tests entweder automatisiert (bei standardisierten Antworten) oder durch einen Evaluator (Dozent/-in, Tutor/-in) erfolgen. Im Rahmen der Bearbeitung von Lernprogrammen bilden die Aktivitäten die einzelnen Schritte des Ablaufs. Nach dem Durcharbeiten des Lernmaterials einer Aktivität durch den Lernenden entscheidet ein aktivitätsbezogener Test über den weiteren Ablauf des Lernprogramms. Die Sequenz, in der die Aktivitäten bearbeitet werden, wird von den jeweiligen Lernvoraussetzungen des benutzten Materials sowie von Vorgaben des Dozenten bestimmt. Im Programmentwurf werden zunächst die einzelnen Lernaktivitäten auf der Basis von Lernmaterial bestimmt und im Anschluss daran festgelegt, welchen weiteren Weg der/die Lernende gehen kann oder muss, wenn er/sie eine Aktivität erfolgreich abgeschlossen hat. Ein Lernprogramm nimmt eine Themenauswahl vor und bestimmt einen Lernweg.

Lernprogramme können für einzelne Lernende aber auch für Gruppen von Lernenden definiert werden. Trotzdem realisieren sie individuelle Lern- und Arbeitsabläufe, denn sämtliche für die Sequenzierung des Lernprogramms relevanten Daten werden für jeden Benutzer individuell verwaltet. Während der Zugang zu einem Lernprogramm über die Zugehörigkeit zu einer Gruppe gesteuert werden kann, entscheiden individuelle Tests oder Navigationsentscheidungen über

2 Das verwendete Workflow Referenz-Modell findet sich unter http://www.wfmc.org/; vgl. Hollingsworth, 1995.

den Fortgang eines Programms. Für die individuellen Benutzer/-innen bedeutet die Protokollierung ihres Lernwegs laufende Rückmeldung über den Stand ihrer Lernprozesse und ihrer Leistungen und damit bessere Kontrolle der individuellen Arbeitsplanung. Über den möglichen Zugang größerer Benutzergruppen zu Lernprogrammen kann die individuelle Wissensaneignung kollaborativ unterstützt werden. Die Studierenden können sich anzeigen lassen, wer parallel zu ihnen das gleiche Lernprogramm bearbeitet, wer mit gleichen Lernaktivitäten beschäftigt ist oder wer es schon erfolgreich durchlaufen hat. Durch die Bereitstellung von Kommunikationswerkzeugen (chat tool, shared whiteboard, bulletin board, shared annotation tool) können die Lernenden in einen ihren Bedürfnissen und ihrem Stand angemessenen Austausch treten. So können sie wählen, sofern die Lernpartner sich für diese Optionen zur Verfügung gestellt haben, ob sie gemeinsam ein Problem innerhalb einer Aktivität bearbeiten wollen oder ob sie den (fortgeschrittenen) Lernpartner quasi als Tutor zu Rate ziehen.

3.2 Lernprojekt

Wie Lernprogramme sind auch Lernprojekte definiert als Netzwerk von Aktivitäten. Während das Lernprogramm jedoch von einem Autor vorgegeben wird, organisieren Lernprojekte Eigenaktivitäten der Studierenden zur Erzeugung eines Produkts. Grundlage für ein Lernprojekt ist ein vorgegebenes Template, das die wesentlichen Anforderungen und grundlegenden Aktivitäten des Projekts abstrakt definiert. Diese Anforderungen sind als Teil-Aufgaben beschrieben, die im Laufe der Durchführung des Projekts zu bearbeiten sind. Nimmt man die Planung und Durchführung einer Interview-Befragung als Anwendungsbeispiel für ein Lernprojekt, ließen sich z.B. die Erstellung eines Leitfadens, die Einübung des Interviewens, die Datenerhebung und -auswertung sowie das Verfassen eines Abschlussberichts als grobe Bestandteile eines Templates verstehen. Mit dem Start eines Lernprojekts wird auf der Basis eines solchen abstrakten Templates ein konkreter Plan für eine konkrete Gruppe gemacht. Ein Plan gibt vor, in welchem zeitlichen, aber auch organisatorischen Rahmen die Anforderungen des Templates bearbeitet werden sollen. Aus den im Template vorgegebenen Aufgaben werden so zeitlich wie organisatorisch bestimmte Aktivitäten.

Lernaktivitäten im Rahmen von Lernprogrammen sind durch die Rezeption von Lernmaterial bestimmt; Lernprojekte sind dagegen von Eigenaktivität der Studierenden geprägt, nicht von passiver Rezeption. Entsprechend ist es Sinn der Lernaktivität im Lernprojekt, Material, Daten oder multimediale Dokumente zu produzieren und nicht nur zu rezipieren. Auch Aktivitäten eines Lernprojekts können durch Rückgriff auf Lernprogramminhalte rezeptiver Art sein.

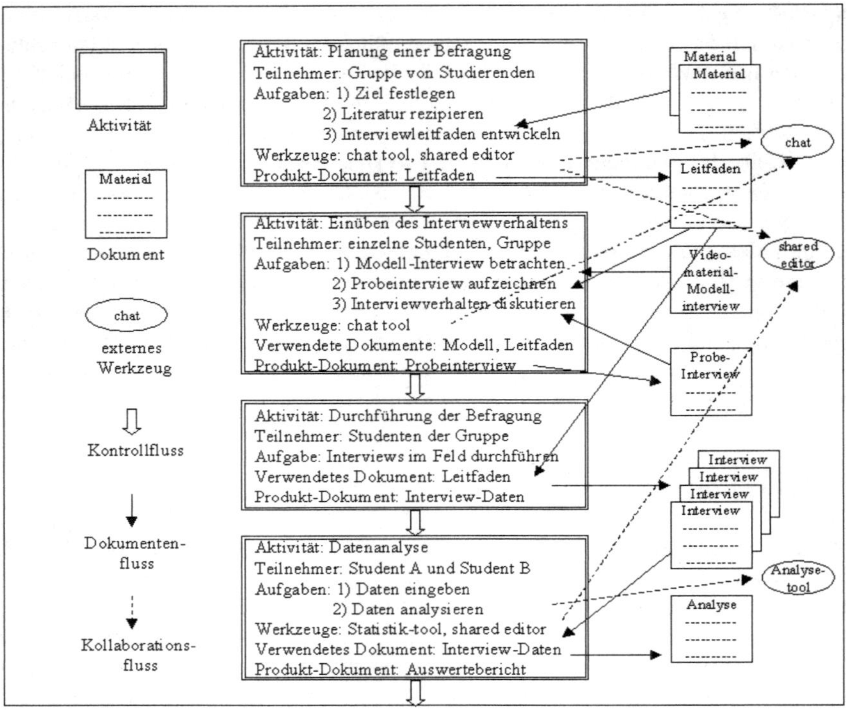

Abb. 2: Beispiel eines Lernprojektes in Compile

Lernprogramme können selbst eine Aktivität in einem Lernprojekt sein. Aktivitäten eines Lernprojekts müssen nicht unbedingt am Computer ausgeführt werden. Es ist möglich, notwendige Arbeitsschritte in der Herstellung oder Modifikation eines Produktes auf verschiedenem Wege zu realisieren; wichtig ist, dass das Produkt dem in der Projektkonzeption definierten Dokumenttyp entspricht. Die Aktivitäten eines Lernprojekts sind nicht notwendigerweise sequentiell durchzuführen. Es können parallele Aktivitäten, aber auch Alternativen vorgesehen werden. Dies entspricht der Arbeit in nicht-virtuellen Kooperationen, bei denen die Gruppenmitglieder parallel an unterschiedlichen Teilaufgaben ihres Projekts arbeiten. Die im Projektplan vorgegebenen Aktivitäten geben einen minimalen Rahmen für die Projektarbeit, kein festes Ablaufschema. Dies bedeutet vor allem, dass innerhalb des vom Template vorgegebenen Rahmens die Studierenden den Projektplan anpassen und modifizieren können. Die Realisierung eines Lernprojektes erfordert die Unterstützung kollaborativer Aktivitäten an vielen Stellen und durch verschiedene Werkzeuge. Neben grundlegenden von der Lernumgebung Compile zur Verfügung gestellten Kommunikationswerkzeugen (wie z.B. chat tool, gemeinsamer Editor, shared whiteboard, mailing-Liste) können projektspezifische kollaborative Werkzeuge zur Anwendung kommen. So kann etwa wie oben im

Beispiel erwähnt im Rahmen einer Beobachtungsaktivität kollaborativ eine Kodierschulung mit anschließender Reliabilitätsprüfung und Fehlerquellensuche durchgeführt werden.

3.3 Geteilter Arbeitsbereich in Lernprogrammen und Lernprojekten

Lernprogramm und Lernprojekt ist gemeinsam, dass sie einen Arbeitsbereich zur Verfügung stellen, der den Studierenden jeweils Informationen über den aktuellen Arbeitsschritt, die erledigten und die noch anstehenden Schritte gibt, die nach Erledigung der Voraussetzungen aktiviert werden können.

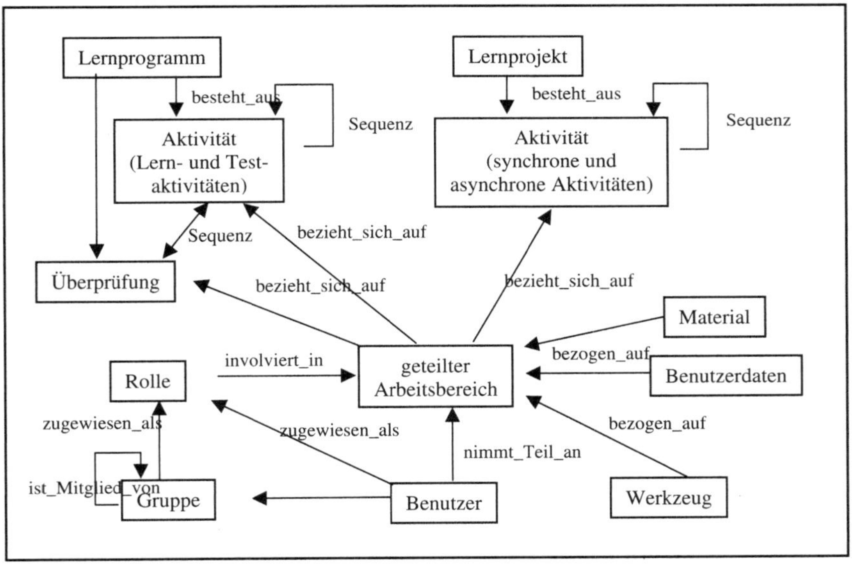

Abb. 3: Modell des geteilten Arbeitsbereichs im Lernprogramm und Lernprojekt

Der Arbeitsbereich ist zugleich geteilter Arbeitsbereich: es werden Informationen über die Ko-Lernenden in dem Programm und Projekt gegeben, die Präsenz anderer Lernenden wird angezeigt, so dass eine Interaktion im virtuellen Raum stattfinden kann. Im Lernprogramm ist die soziale Kontaktaufnahme optional: Es ist eine freiwillige Kooperation. Studierende können – nach dem Konzept des „assistierten Leistungsvollzugs" – Unterstützung von anderen holen, können Unterstützung geben, können Unterstützung aus dem Programm ziehen oder sich selbst stützen. Ihren Lernmodus können sie somit selbst konfigurieren. Im Lernprojekt ist die soziale Kontaktaufnahme dagegen verpflichtend, da die Studierenden kollaborativ ein Produkt erzeugen sollen.

4 Ausblick: Kopplung von Lern- und Arbeitsformen

Im Lernprogramm von Compile ist der Lernweg durch das Programm definiert. Kann durch geeignete Maßnahmen erreicht werden, daß dennoch selbstkontrolliertes Lernen stattfinden kann? Die Maßnahmen liegen zum ersten im Interface-Design. Die Benutzer/-innen müssen andere als vom Programm vorgegebene Navigationen wählen können. Der Kurs im Lernprogramm ist ein Weg durch die Inhalte, der als empfehlenswert angesehen wird. Such- und Orientierungsfunktionen im Präsentations- und Aufgabenmaterial können andere Lernwege eröffnen, wobei die Verbindlichkeit der Aufgaben präsent bleiben muss. Selbstgesteuertes Lernen kann zudem dadurch gefördert werden, dass in der Kommunikation mit den Ko-Lernenden strukturierte Kommunikationsmuster angeboten werden, die dazu auffordern, den strikten Nachvollzug der vorstrukturierten Abläufe im Programm zu verlassen: Es kann eine kooperative Aufgabe sein, den Programmablauf zu verlassen und die Ergebnisse von Exkursionen im Lernmaterial mitzuteilen; dies kann die Entwicklung eigener Pfade fördern.

Das Lernen und Arbeiten mit einem geteilten Arbeitsbereich bietet viele Möglichkeiten zur Erhöhung der Qualität des Lernens, es können jedoch auch Prozessverluste durch Ablenkungen und irrelevante Kommunikationen auftreten. Die Optionen des geteilten Arbeitsbereichs müssen nach dem Ansatz des Lehrens als assistierter Leistungsunterstützung (Tharp & Gallimore, 1988) zum richtigen Zeitpunkt im richtigen Maß zur Verfügung stehen. Wenn die Werkzeuge nicht bedarfsgerecht angeboten werden, müssen wir damit rechnen, dass die Lernprozesse eher behindert als gefördert werden. Die Möglichkeit einer Kontaktaufnahme zu anderen Lernenden auch im Einzellernen ist nicht für sich eine Förderung des Lernens, sondern nur bei einer angemessenen Einbettung. Durch die Einbettung des rezeptionsorientierten Lernens in ein Lernprogramm mit Kooperationsoptionen und durch die Einbettung von Lern- und Arbeitsaktivitäten in ein Lernprojekt kann das metakognitive Niveau des Lernens und Arbeitens erhöht werden. Wittenbaum, Vaughan und Stasser (1998) haben gezeigt, dass die Koordinierung in Gruppen häufig auf der Basis von stillschweigenden Festlegungen erfolgt. Für Lerngruppen kann eine solche implizite Aufgabenverteilung schädlich sein, da in der Interaktion das individuelle Wissen nicht peer-tutoriell weitergegeben, sondern nur rollenverteilt genutzt wird. In einem Lernprojekt kann die Weitergabe des Wissens in einem expliziten Schritt abgebildet werden, der Plan kann das zu schnelle Durchführen durch die schon kompetenten Teilnehmer ausbremsen. In der netzbasierten Kommunikation ist es möglich, mit Verfahren wie „scripted dialogues" bestimmte Ablaufmuster zu erzwingen, die lernförderlich sind (vgl. Hron, Hesse, Reinhard & Picard, 1997). In der informationstechnisch unterstützten Kollaboration können mit den vorgeschlagenen Maßnahmen die Bedingungen für wechselseitige Unterstützung zwischen den Mitgliedern einer Lerngruppe implementiert werden.

Literatur

Ausubel, D. P. (2000). *The acquisition and retention of knowledge.* Dordrecht: Kluwer.

Dennis, A. R., Wixom, B.H. & J. Vandenberg, R.J. (2001). Understanding Fit and Appropriation Effects in Group Support Systems via Meta-Analysis. *MIS Quarterly, 25,* 167-192.

Engeström, Y. (1987). *Learning by Expanding. An Activity Theoretical Approach to Developmental Research.* Helsinki: Orienta Konsultit.

Hollingsworth, D. (1995). Workflow Management Coalition. The Workflow Reference Model Document Number TC00-1003. Abruf am 1.9.2001. http://www.wfmc.org

Hron, A., Hesse, F. W., Reinhard, P., & Picard, E. (1997). Strukturierte Interaktion beim computerunterstützten kollaborativen Lernen. *Unterrichtswissenschaft, 25,* 56-69.

Johnson, D.W. & Johnson, R. (1994). *Joining together: group theory and skills.* Englewood Cliffs, New Jersey: Prentice Hall.

Kies, J.K., Williges, R.C. & Rosson, M.B. (1998). Coordinating Computer-Supported Cooperative Work: A Review of Research Issues and Strategies. *Journal of the American Society for Information Science. 49,* 776-791.

Laurillard, D. (1993). *Rethinking University Teaching: A Framework for the Effective Use of Educational Technology.* London: Routledge.

McGrath, J.E. & Hollingshead, A.B. (1994). *Groups interacting with technology.* Thousand Oaks, CA: Sage.

Nunamaker, J. F., Dennis, A.R., Valacich, J.S. D. Vogel, D.R. & George, J. (1991). Electronic Meeting Systems to Support Group Work. *Communications of the ACM, 34(7),* 40-61.

Reiser, R.A. & Gagné , R.M. (1983). *Selecting Media for Instruction.* Educational Technology Publications, Englewood Cliffs, N.J.

Steiner, I. D. (1972). *Group process and productivity.* San Diego, CA: Academic Press.

Suthers, D. (1998). CAETI Final Report: Advanced Cognitive Tools for Learning. Computer Aided Education and Training. Technical Report. Abruf am 30.11.2001; http://advlearn.lrdc.pitt.edu/advlearn/papers/FINALREP.html

Tharp, R. G. & Gallimore, R. (1988). *Rousing minds to life.* Cambridge: Cambridge University Press.

Wessner, M. & Pfister, H.-R. (2001). Kooperatives Lehren und Lernen. In: Schwabe, G., Streitz, N. & Unland, R. (Hrsg.). *„CSCW-Kompendium“.* Berlin: Springer, S. 251-263.

White, B.Y. & Frederiksen, J.R. (1998). Inquiry, Modeling, and Metacognition: Making Science Accessible to All Students. *Cognition and Instruction, 16,* 3-99.

Wittenbaum, G.M., Vaughan, S.I. & Stasser, G. (1998). Coordination in Task-Performing Groups. In: R.S. Tindale, L. Heath, J. Edwards, E.J. Posavac, F.B. Bryant, Y. Suarez-Balcazar, E. Henderson-King, & J. Myers (Eds.), *Theory and research on small groups.* New York: Plenum, S. 177-204.

Robert Stein

E-Bau: Aktives Lernen und Arbeiten in der Baubranche

Das Konzept „UNITRACC" – eine zeitgemäße Lern- und Arbeitsumgebung am Beispiel des Fachbereichs Leitungsbau und Leitungsinstandhaltung

Zusammenfassung

UNITRACC, Underground Infrastructure Training and Competence Center, ist eine moderne E-Learning-Lösung mit dem Schwerpunkt Leitungsbau und Leitungsinstandhaltung. Die Zielgruppe stellt die gesamte Breite der in diesem Bereich des Tiefbaus tätigen Personenkreise dar: Facharbeiter, Techniker, Ingenieure in Ingenieurbüros und öffentlichen Verwaltungen, Studierende in Universitäten und Fachhochschulen, Teilnehmer in Aus- und Weiterbildungsinstituten sowie Auszubildende in Berufsschulen.

Momentan erfolgen Berufsausbildung, Umschulung und Weiterbildung in der Bauindustrie im Rahmen der Präsenzlehre noch in speziell dafür eingerichteten Ausbildungszentren, Berufsförderungswerken und Berufsschulen. Eine der Zielsetzungen von UNITRACC ist die Entwicklung eines komplementären Angebots, das flexibel und individuell einsetzbar ist und im Hinblick auf Zeit und Kosten die Präsenzausbildung optimiert und ergänzt. Die Möglichkeit der Dezentralisierung des Lernens unterstützt die Bildung von neuen Ausbildungswegen und eine Verselbständigung des Lernens, da eine Integration in den aktiven Arbeits- und Entscheidungsprozess realisiert wird. In jeder Phase des Arbeitslebens wird UNITRACC als Informationszentrale für den Praktiker ein Arbeits- und Hilfswerkzeug sein: in der Ausbildung wie im Studium und in der Fortbildung, so auch in der Berufsausübung und als Kommunikationsplattform zwischen Unternehmen, Universitäten, Schulen und Institutionen.

Die Architektur dieser Plattform umfasst drei Bereiche:

- Informieren/Recherchieren im „Competence Center",
- Lehren/Lernen in der „Akademie",
- Arbeiten mit Softwaretools (ASP).

Die Ziele des Projekts sind:

- Die Schaffung von Handlungskompetenz durch Bereitstellung von internationalen, den aktuellen Stand der Technik repräsentierenden Fachinformationen und wirtschaftlichen Daten.

- Die Harmonisierung der Aus- und Weiterbildung durch Bereitstellung von Lehrmaterialien für Berufsschulen, Ausbildungszentren, Fachhochschulen und Universitäten.
- Die Bereitstellung von Softwaretools für Ingenieurdienstleistungen und im Projektraum Möglichkeiten zur Koordinierung und Abwicklung von Bau- und Forschungsprojekten.

Mit diesem Konzept wird einerseits eine zeitgemäße, betriebliche Kompetenzentwicklung gewährleistet, die den ständig wachsenden Qualifikationsanforderungen und der daraus resultierenden Notwendigkeit zu kontinuierlicher Weiterbildung entspricht. Andererseits helfen die Fachinformationen zur wirtschaftlichen, ökologischen und dem Stand der Technik entsprechenden Lösung aktueller Probleme und Aufgaben.

Seit April 2001 arbeitet das Ingenieurbüro Prof. Dr.-Ing. Stein & Partner GmbH, Bochum in Zusammenarbeit mit Ingenieuren und Wissenschaftlern des Spezialtiefbaus, Mediendidaktikern, Software-, Animations- und Weiterbildungsspezialisten an der Umsetzung dieser Lehr-, Lern und Arbeitsplattform. UNITRACC startet die Online-Aktivitäten für Testanwender Mitte 2003 im deutschsprachigen Raum. Der Anfang der internationalen Tätigkeiten ist ab Ende des Jahres 2003 geplant.

1 Einleitung

Der unmittelbare Zugang sowohl zu Grundlagenwissen als auch zu aktuellsten Informationen wird in der Informationsgesellschaft immer wichtiger, so auch im Bereich Tiefbau. In diesem Baubereich werden die nächsten Jahre von herausfordernden Aufgaben und enormen Investitionen geprägt, allein für die Kanalinstandhaltung in der Bundesrepublik wird mit einem Gesamtinvestitionsvolumen von ca. 100 Mrd. Euro gerechnet. Infolgedessen ist dieser Bereich – auch international gesehen – einer der Wachstumsmärkte im Bauwesen.

Urbanisation, Stadt- und Regionalentwicklung sind untrennbar mit der weit verzweigten Infrastruktur verbunden. Mit der Planung, Erstellung und Wartung der unterirdischen Systeme sind weite Bereiche und vielfältige Institutionen des Bauwesens systematisch befasst. Von der hoheitlich verankerten Wahrnehmung der Planung und Unterhaltung durch kommunale Ämter, der Planung und Überwachung von Neubau- und Sanierungsarbeiten durch Ingenieurbüros, der baulichen Ausführung durch spezialisierte Unternehmen des Kanal- und Tiefbaus über die Erstellung und Überwachung von Richtlinien und Gütekriterien durch Verbände bis hin zur Forschung an Hochschulen spannt sich ein weites Netz von Fachleuten.

Für bauliche und betriebliche Eingriffe sind eine unüberschaubare Vielzahl an Faktoren wie Bebauung, Bewuchs, Verkehr sowie eine Vielzahl leitungsspezifischer, geologischer und hydrogeologischer Randbedingungen wie z.B. Rohrgeometrie und –werkstoff, Dichtungswerkstoff, Bodenart, Grundwasser- und

Bodenchemismus etc. als auch Hunderte von Verfahren für Inspektion, Reinigung, Sanierung und Neubau und damit eine enorme Daten- und Informationsmenge zu berücksichtigen.

Die in den vergangenen Jahren durchgeführten Untersuchungen haben einen erheblichen Schädigungsgrad der Abwasserleitungsnetze erkennbar werden lassen, die öffentliche Kanalisation ist zu einem Anteil von etwa 15% sanierungsbedürftig. Die unterirdischen Kanalisationen werden in Deutschland seit 1842 planmäßig errichtet und bilden das größte Anlagevermögen im Besitz der Städte und Kommunen. Insgesamt existieren ca. 445.000 km öffentlicher Kanäle, hinzu kommen etwa 900.000 km privater Grundstücksentwässerungsleitungen (Berger, Lohaus, Wittner, Schäfer, 2001). Die Verwaltung der Kanäle ist ein komplexer und kostenintensiver Prozess, wie das o.g. Investitionsvolumen schon zeigt.

2 Die Ausgangssituation

Der zunehmende Wettbewerbsdruck und die immer schneller werdende Innovationsspirale bei der Weiter- und Fortentwicklung von Verfahren und Produkten erfordern in allen Wirtschaftsbereichen Effizienzsteigerungen und den unmittelbaren Zugang sowohl zu Grundlagenwissen als auch zu aktuellsten Informationen.

Diese ständige Wettbewerbsverschärfung setzt Kreativität, Innovation, Organisation und unternehmerische Ideen voraus. Bei der Abwägung der erforderlichen Maßnahmen und ihrer Folgeerscheinungen müssen alle wesentlichen Teilaspekte wie Betrieb und Unterhalt, Inspektion und Sanierung aus planerischer, konstruktiver aber auch ökonomischer und ökologischer Sicht gebührend berücksichtigt werden. Beispielsweise im Bereich Umweltverträglichkeit werden die Auswirkungen der Sanierungsverfahren auf Schutzgüter Boden, Wasser, Flora, Fauna und der Ressourcenverbrauch berücksichtigt (Stein 1998, S.734f.; vgl. auch Daten zur Umwelt 2000, www.umweltbundesamt.org/dzu/default.html). Aus all diesen Gründen kommt der Verfügbarkeit fachspezifischer Informationen und Entscheidungshilfen als Grundlage des verantwortungsbewussten, wirkungsoptimierten Einsatzes der verfügbaren Mittel eine besondere Bedeutung zu.

Das bedeutet auch für alle Personengruppen im Beruf die Notwendigkeit einer permanenten Weiterbildung, um die erforderlichen Fachkenntnisse und Handlungskompetenzen auf dem aktuellsten Stand zu halten. Andererseits werden durch den anhaltenden Zeit- und Kostendruck dort Grenzen gesetzt. Zusätzliche Qualifizierungsangebote, welche die Präsenzlehre unterstützen und von Zeit und Ort unabhängig sind, werden daher dringend benötigt.

Der Stellenwert innovativer internetbasierter Lösungen für das Lehren, Lernen und Arbeiten in der beruflichen Aus- und Weiterbildung gewinnt hier zunehmend an Bedeutung. Neben der Unabhängigkeit des Lern- und Arbeitsortes sowie des jeweiligen Zeitpunktes gegenüber konventionellen Möglichkeiten, liegt ein Vorteil solcher Angebote in der medienspezifischen Gestaltung. Multimedialität, Interaktivität und Internationalität, d.h. unmittelbare weltweite Verfügbarkeit von

Informationen, eröffnen hier vollkommen neue Horizonte. Bisher waren zum Teil fehlende Kenntnisse der interkulturellen Kommunikation bzw. des interkulturellen Marketings Grund dafür, dass dieser Aspekt schon bei der digitalen Präsentation der Unternehmen vernachlässigt wurde. Dies widerspricht wiederum der Zielstellung, an der weltweiten Kommunikation teilzunehmen (vgl. Wazel, G. 2001 und 1998).

Der Kommunikationsbedarf ist auch verbunden mit der Notwendigkeit des lebenslangen Lernens (vgl. Making a European Area of Lifelong Learning a Reality, http://europa.eu.int/comm/education/life/).

Abb. 1: Competence Center für fachliche Inhalte

3 Das UNITRACC-Konzept

Die Integration der daten- und informationsverarbeitenden Arbeitsmittel in Ausbildungsinhalte und der effiziente Einsatz multimedialer Lernangebote ist die Herausforderung für eine webbasierte E-Learning und E-Working – Multifunktionsplattform wie UNITRACC.

UNITRACC ist das Training und Competence Center für unterirdische Infrastruktur. Am Beispiel des Leitungsbaus und der Leitungsinstandhaltung wird hier eine webbasierte Plattform als zentrale Informationsstelle für Facharbeiter, Techniker und Ingenieure in Unternehmen, Ingenieurbüros und öffentlichen Verwaltungen, und für Studierende und Auszubildende geschaffen.

Die Plattform bietet eine Qualifizierungsinfrastruktur, um zunächst die Informationen, die in der Ausbildung vorrangig sind, zu koordinieren und zu harmonisieren. Das Konzept geht über das Angebot einer passiven Informationsaufnahme hinaus: Durch handlungsbezogenes, entdeckendes und selbstständiges Lernen werden eigenständige Orientierung und eigene Fragestellungen ermöglicht und somit die Möglichkeit zum Erwerb einer Lernkompetenz geboten.

Als lerntheoretische Grundlagen für die Plattform dienen vor allem konstruktivistische Theorien. Ihnen zufolge kann Wissen nicht quasi-objektiv von Lehrenden auf Lernende übertragen werden, sondern Lernen wird als eingebunden in konkrete Lebenssituationen verstanden, in denen es auf der Grundlage eigener Erfahrungen aufgebaut und konstruiert wird. Es wird sowohl extrinsische als auch intrinsische Motivation ermöglicht. Intrinsisch, also Selbstmotivation, z.B. bei Ingenieuren, die ein eigenes Interesse haben sich fortzubilden; extrinsisch, von außen, z.B. durch die Möglichkeit des Erwerbs von Zertifikaten.

Die größte Bedeutung bei der Schaffung von Handlungskompetenzen besitzen die Medien in Form von Normen und Regelwerken, Fachbüchern und – zeitschriften, Nachschlage- und Tabellenwerken, Dokumentationen, Firmeninformationen, Fachinformations- und Entscheidungshilfesysteme, denen sich der planende oder mit einer speziellen Aufgabe befasste Ingenieur in der Praxis zur Lösung eines Problems bedient.

Das Konzept von UNITRACC basiert auf der Bereitstellung einer zeitlich und räumlich unabhängigen Dienstleistungsplattform, die zielgruppen- und problemsensitiv eine „all in one hand"-Lösung zur Unterstützung des Arbeits- und Lernprozesses liefert.

Zielgruppensensitiv, weil Inhalte und Applikationen individuell auf Lern- und Qualifizierungsniveau des Nutzers angepasst werden. Dies ist wegen der Breite der Zielgruppe erforderlich, in der alle Instanzen von Berufsschulen bis zu Universitäten, Unternehmen und öffentlichen Verwaltungen enthalten sind.

Problemsensitiv, weil Applikationen individuell zur Aufgabenstellung bereitgestellt werden.

„All in one hand", weil UNITRACC Lernen und Arbeiten verbindet, die erforderlichen Informationen, Daten und Applikationen an einer zentralen Stelle zur Verfügung stellt und damit folgende Ziele verknüpft:

- Informieren und Recherchieren im Competence Center: Schaffung von Handlungskompetenz durch Bereitstellung von internationalen, den aktuellen Stand der Technik repräsentierenden Fachinformationen und wirtschaftlichen Daten,
- Lehren und Lernen in der Akademie: Harmonisierung der Aus- und Weiterbildung durch Bereitstellung von Lehrmaterialien für Berufsschulen, Ausbildungszentren, Fachhochschulen und Universitäten,
- Programme und Dienstleistungen im Bereich Arbeiten: Praktische Arbeitshilfen durch Bereitstellung von Softwaretools als Application Service Providing für Ingenieurdienstleistungen.

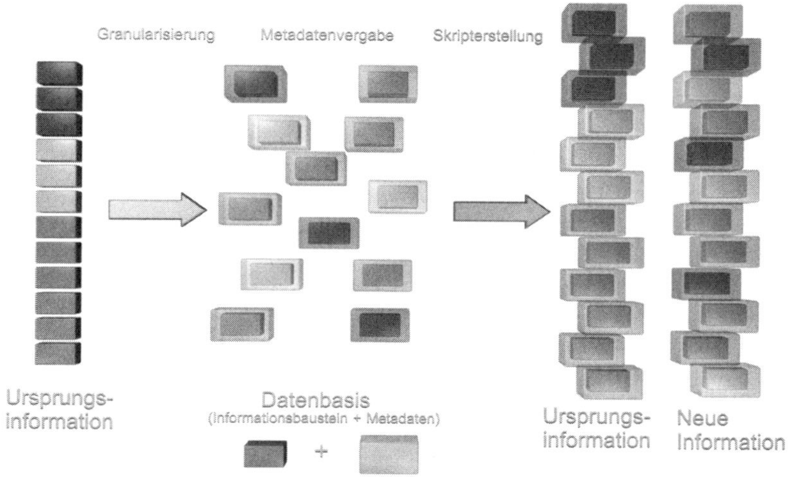

Abb. 2: Prinzip der Granularisierung, Metadatenvergabe und Neukombination von Informationsbausteinen

Alle Bereiche und Dienste werden mit Hilfe einer komplett webbasierten Unternehmens- und Projektmanagementsoftware betrieben und verwaltet. Für die Kommunikation zwischen allen Beteiligten stehen alle bekannten Kommunikationsmedien, wie E-Mail, Chat, Foren, etc. zur Verfügung.

Die fachlichen Informationen und Applikationen liegen nicht als monolithische Blöcke vor, sondern werden in einem sog. Granularisierungsverfahren in kleinste Datenfragmente (Informationsbausteine) zerteilt. Diese werden zur fachlichen und zielgruppenspezifischen Zuordnung mit Metadaten versehen und in der UNITRACC-Datenbank abgelegt. Anschließend werden die Informationsbausteine über Skripte der Datenbank bedarfsgerecht zu den verschiedensten Informations-, Lehr- und Lernmodulen sowie Applikationen zusammengesetzt und so dem Nutzer auf der Plattform zur Verfügung gestellt.

Ein webbasiertes Content Management System bietet den Nutzern von UNITRACC zusätzlich die Möglichkeit, eigene Inhalte in die Plattform zu integrieren.

3.1 Vielseitige Handlungskompetenzen im Competence Center: Theorie und Praxis werden online kombiniert

Den Kern dieses Centers bildet eine umfassende, multimedial aufbereitete Datenbasis, die sich u.a. aus folgenden Modulen zusammensetzt, deren Inhalte in granularisierter Form die Basis für die UNITARCC-Datenbank bilden:

- multimediale Fachinformationssysteme,
- Dokumentationen,

- Handlungsanweisungen,
- Bautabellen etc.

Multimediale Fachinformationssysteme stellen das Fachwissen didaktisch aufbereitet mit Hilfe multimedialer Elemente wie Videos, Computeranimationen und -simulationen dar. Durch diese Darstellungsformen bieten sie einen großen Spielraum für die Präsentation der Informationen.

Beispielsweise werden die multimedial aufbereiteten Bilder als technische und als fotorealistische Darstellung präsentiert (Abb. 3).

Die Fachinformationssysteme basieren auf den aktuellen Auflagen der Fachbücher von Prof. Dr.-Ing. Dietrich Stein. **Instandhaltung von Kanalisationen** (1998), 941 Buchseiten, ist eine umfassende Bestandsaufnahme über die technische Entwicklung und Normung auf dem Gebiet der Instandhaltung von Kanalisationen mit den Schwerpunkten Wartung, Reinigung, Inspektion und Sanierung. Das Fachinformationssystem zu diesem Buch (2000) enthält 2800 Bildschirmseiten, 162 Tabellen, 59 Animationen, 1.523 Einzelbilder und 15 „virtuelle Baustellen".

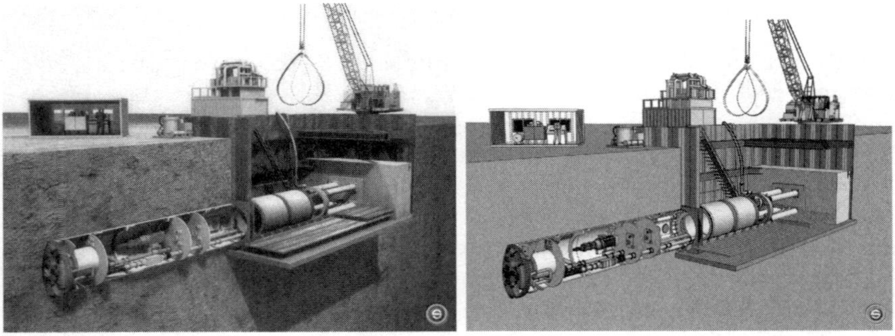

Abb. 3: Prinzip der Bilddarstellung (links: fotorealistisch, rechts: technisch)

Grabenloser Leitungsbau (2003), 1000 Buchseiten, 1500 Einzelabbildungen und 329 Tabellen. Ziel dieses Buches ist es, die Durchsetzung des grabenlosen Leitungsbaus durch eine fachlich fundierte und auf dem neuesten Stand der Technik basierende Wissensvermittlung zu unterstützen. Angesichts der zahlreichen Nachteile, welche durch die Verlegung in offener Bauweise verursacht werden, und des wachsenden Umweltbewusstseins der Bevölkerung ist es zwingend notwendig, in Zukunft viel stärker als bisher den grabenlosen Leitungsbau als Alternative bei der Planung und Bauausführung von Leitungen und Leitungsnetzen bzw. -netzbereichen zu berücksichtigen.

Der begehbare Leitungsgang (2002), 497 Buchseiten, 292 Abbildungen und 97 Tabellen: Dieses Buch behandelt den begehbaren Leitungsgang aus bautechnischer, sicherheitstechnischer, ökologischer, ökonomischer und juristischer Sicht unter Nutzung internationaler Erfahrung der Praxis.

Durch Aufbau von Partnerschaften, national wie international, wird die Bildung von Kompetenznetzwerken mit Instituten und Weiterbildungseinrichtungen mit dem gemeinsamen Ziel der Bildungsförderung angestrebt.

Die englischen Übersetzungen dieser anerkannten Standardwerke bilden die Grundlage für die Wissensbasis der internationalen Plattform.

Die theoretischen Kenntnisse werden mit praxisnahen **Dokumentationen** und Handlungsanweisungen ergänzt. Die Dokumentationen beschreiben detailliert die praktische Realisierung konkreter Bauaufgaben einschließlich der erforderlichen Vor- und Nacharbeiten.

Handlungsanweisungen leiten den Anwender Schritt für Schritt schnell und zielgerichtet durch die zu lösenden Bauaufgaben unter Berücksichtigung potenzieller Baustellensituationen. Das Spektrum der Handlungsanweisungen deckt alle Maßnahmen des Unterhaltes, der Inspektion, der Sanierung von Leitungsnetzen einschließlich der Maßnahmen zur Qualitätssicherung ab.

Abb. 4: Arbeiten auf der Baustelle

Bautabellen helfen bei der täglichen Arbeit im Zusammenhang mit Aufgaben von Planung, Bau, Betrieb und Unterhalt durch Bereitstellung aller relevanten Parameter, Kenngrößen und Berechnungs-/Bemessungsformeln.

Weitere Dienste im Bereich **Marktplatz** bieten aktuelle Informationen über die Marktsituation, neueste Verfahrens- und Maschinenentwicklungen und wichtige ausgeführte Projekte. Dieser Bereich beinhaltet u.a. das Branchenbuch, Jobs, Praktika, Maschinen- und Bodenbörse.

Im Bereich **Aktuelles** werden News, Fachartikel und Termine veröffentlicht. Über ein Kundenredaktionssystem können auch eigene Veröffentlichungen,

Pressemitteilungen, aber auch Einträge in das Branchenbuch realisiert werden. Darüber hinaus ist auch das eigenständige und aktive Recherchieren neben der professionellen Suchmaschine auch mit einer genauen und strukturierten Beschreibung der Anfrage an Lernagent Bau über den gesamten Datenbestand möglich.

3.2 Lehren und Lernen in der Online-Akademie: Authentizität der Daten steht im Vordergrund

Der Bereich Akademie mit der Bezeichnung „Go2Learning" ist zunächst konzipiert für das Berufsausbildungs- und Fortbildungsprogramm des Hauptverbandes der Deutschen Bauindustrie für die Berufsgruppen Kanal- und Rohrleitungsbauer. Darüber hinaus richtet sich Go2Learning an Studenten in Universitäten und Fachhochschulen sowie Ingenieure in Verwaltungen und Industrie.

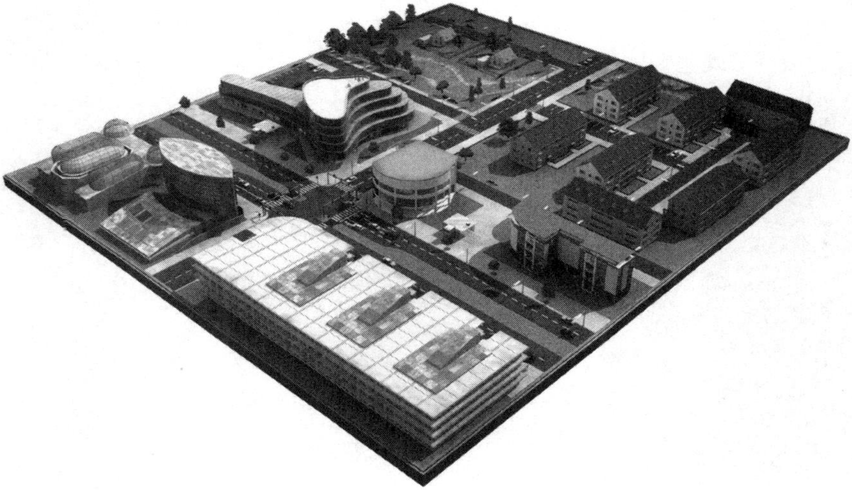

Abb. 5 Grafische Darstellung einer 3D-Stadt

Alle Lehrinhalte für die Zielgruppen werden in Abhängigkeit des Nutzerprofils, d.h. von Lernniveau, Lernzielen, Lernstrategien, dynamisch aus der Datenbank generiert und können mit Hilfe eines Redaktionssystems je nach Bedarf vom Lehrenden an die aktuelle Lernsituation angepasst und ergänzt werden. Damit wird nicht nur die Wissensvermittlung, sondern auch die Wissensdokumentation für den Lehrenden erleichtert.

Für die Lernmodule werden Skripte, dokumentierte Foliensammlungen sowie Übungen und Tests zur Verfügung gestellt. Virtuelle Vorlesungen und E-Seminare sind weitere Modelle zur Veranschaulichung der Lerninhalte und zur Aktivierung der Lernenden. Aktiviert werden die Lernenden auch mit den Übungen dieses Bereichs, die aufgrund ihrer aufwendigen, praxisnahen Gestaltung einen besonderen Stellenwert haben. Im Bereich der Sanierung von Leitungen werden beginnend bei der Inspektion bis zur Sanierung alle Grundlagen vermittelt. Die Übungen orientieren sich ausschließlich an Praxisbeispielen und basieren auf derselben Datenbasis, die im Bereich Arbeiten von der Ingenieursoftware (Hydraulikprogramme, Entscheidungshilfesysteme, etc.) genutzt wird. Damit wird die Authentizität der Daten gewährleistet.

In einer dreidimensionalen Stadt – **webcity** – werden viele bauliche Situationen und leitungsspezifische Randbedingungen anschaulich dargestellt. Darin kann der Anwender u.a. zu den virtuellen und simulierten interaktiven Baustellen sowie zu den wesentlichen Inhaltsbereichen navigieren.

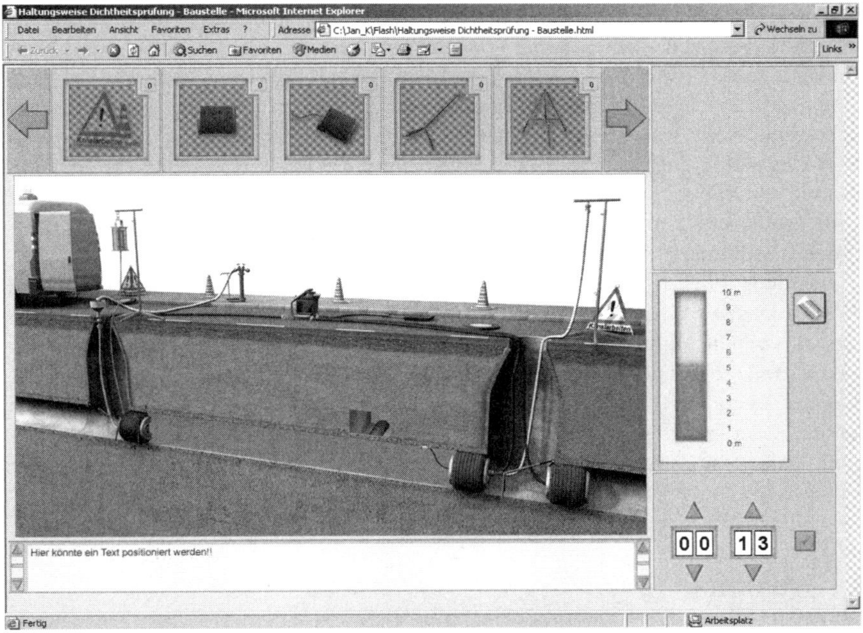

Abb. 6: Beispielscreen einer interaktiven Baustelle zum Thema „Dichtheitsprüfung von Abwasserkanälen“

Die „**Virtuellen Baustellen**“ stellen mit hohem Animationsgrad und realitätsnah Verfahrensabläufe vom Aufbau einer Baustelle bis zu deren Räumung dar.

Die „**Interaktiven Baustellen**“ stellen mit Hilfe umfangreicher 3D-Szenarien Praxissituationen nach und gewähren dem Anwender virtuelle Übungsräume. Durch den hohen Freiheitsgrad der Interaktion wird vom Anwender ein hohes Maß an Entscheidungskompetenz gefordert bzw. geschult. Falsche Entscheidungen führen wie in der Praxis oft erst später zu Fehlern. Die „Interaktiven Baustellen" sind modular aufgebaut, so dass neben der Variation von Parametern (z.B. Durchmesser der Leitung, Tiefenlage, Grundwasserstand) auch die Anzahl und Reihenfolge der Module durch den Ausbilder bestimmt werden kann.

3.3 Arbeiten mit Programmen und Dienstleistungen: praktische Planungs- und Ingenieuraufgaben lösen

Das moderne Bauingenieurwesen wird von vielseitigen und anspruchsvollen Aufgaben geprägt. Die qualifizierten, hochwertigen Arbeitstools, die in diesem Bereich dem Anwender zur Verfügung stehen, reichen von einfachen aber praktischen Minitools und Assistenten bis zu professionellen und komplexen Profitools. Geeignete Arbeitswerkzeuge ermöglichen dem planenden Ingenieur eine effektive und qualitativ hochwertige Bearbeitung. Minitools unterstützen z.B. bei der hydraulischen Bemessung von Kanälen oder Ermittlung der erforderlichen Grabenbreite. Profitools, wie ein Entscheidungshilfesystem unterstützen den Ingenieur bei der Auswahl des optimalen Sanierungsverfahrens unter Berücksichtigung von relevanten verfahrenstechnischen, rechtlichen und Umwelt-Aspekten sowie direkter und indirekter Kosten. Die Tools werden als Application Service Providing (ASP) bereitgestellt. Der Anwender braucht dadurch keine Software herunterzuladen bzw. auf seinem Rechner zu installieren. Alle Anwendungen sind innerhalb des Browsers sofort lauffähig.

Darüber hinaus zählt die 100 prozentig webbasierte Unternehmens- und Projektmanagementsoftware „Projectile-Construction" zu den Profitools. Hierbei handelt es sich um ein speziell an die Bedürfnisse der Baubranche angepasstes System mit Zeit- und Kostenerfassung bzw. -kontrolle, Statistiken, Kapazitätenplanung sowie Angebots- und Rechnungsstellung. Bei der Konzeption und Umsetzung wird sehr viel Wert auf die einheitliche, einfache und komfortable Bedienung gelegt, um die schnelle Einarbeitung und Akzeptanz der Anwender zu ermöglichen.

4 Ausblick

Die strategischen Partnerschaften sind eine wichtige Grundlage zur Bildung von Kompetenznetzwerken. Zurzeit kooperiert S&P u.a. in den Bereichen Ausbildung und Forschung mit dem Hauptverband der deutschen Bauindustrie – Bundesfachabteilung Brunnen-, Kanal- und Rohrleitungsbau, der Deutschen Vereinigung für Wasserwirtschaft, Abwasser und Abfall (ATV-DVWK), der Deutschen Gesellschaft für Grabenloses Bauen und Instandhalten von Leitungen e.V. (GSTT), der International Society for Trenchless Technology (ISTT) und dem Berufsförderungswerk e.V. der Wirtschaftsvereinigung Bauindustrie NRW. Der Aufbau von landesweiten Städtepartnerschaften, Bildungsnetzwerken mit Institutionen und Weiterbildungseinrichtungen sowie die Vertiefung der internationalen Kontakte bilden die Basiskonstellation für die weitere Entwicklung der Plattform.

Das Projekt UNITRACC befindet sich zurzeit in einer ersten Test- und Evaluationsphase. Bis zum Ende der Projektlaufzeit im März 2004 werden alle Inhalte und Applikationen der Plattform fertiggestellt sein. Im Competence Center werden die Fachinformationssysteme multimedial zur Verfügung gestellt, außerdem eine Vielzahl von praktischen Dokumentationen und Handlungsanweisungen. In der Akademie wird der Kursbereich erheblich erweitert und mit Hilfe des Kursmanagers wird die Steuerung von Kursinhalten und Kursteilnehmern erleichtert. Hilfetools ermöglichen zum Teil automatisierte Prozessabschnitte, wie z.B. ein Folienassistent bei der Vortragserstellung. Im Arbeitsbereich ist das langfristige Ziel die Entwicklung einer ganzheitlichen Kanalmanagementumgebung zur vorausschauenden Steuerung betrieblicher Prozesse sowie zum Aufbau individueller Investitionsstrategien. Die Plattform wird zurzeit in der deutschen Version aufgebaut und parallel in englischer Sprache vorbereitet.

Literatur

Berger, C., Lohaus, J., Wittner, A., Schäfer, R. (2002). Zustand der Kanalisation in Deutschland – Ergebnis der ATV-DVWK-Umfrage 2001, *KA-Wasserwirtschaft, Abwasser, Abfall 49* (2002), H.3, S.302-311.

Daten zur Umwelt 2000 (2003). www.umweltbundesamt.org/dzu/default.html, Stand 31.03.2003.

Digitales Marketing in Bildungsunternehmen (1998). In: Schröder, H. & Wazel, G. (Hrsg.): *Fremdsprachenlernen und interaktive Medien,* Frankfurt.

Europäische Kommission: Lebenslanges Lernen (2003). http://europa.eu.int/comm/education/life/, Stand 31.03.2003.

Stein, D. (1998). *Instandhaltung von Kanalisationen,* Ernst & Sohn Verlag, Berlin.

Stein, D. (2001). *Rehabilitation and Maintenance of Drains and Sewers,* Ernst & Sohn Verlag, Berlin.

Stein, D. & Stein, R. (2000). *Fachinformationssystem – Instandhaltung von Kanalisationen* (CD-Rom), Ernst & Sohn Verlag, Berlin.

Stein, D. & Stein, R. (2001). *Technical Information System – Rehabilitation and Maintenance of Drains and Sewers,* Ernst & Sohn Verlag, Berlin.

Stein, D. (2003). *Grabenloser Leitungsbau,* Ernst & Sohn Verlag, Berlin.

Stein, D. (2002). *Der begehbare Leitungsgang,* Ernst & Sohn Verlag, Berlin.

Wazel, G. (2001). Interkulturelle Online-Marketing-Kommunikation von Unternehmen – Anspruch und Wirklichkeit, In: Hahn, M. & Ylönen, S. (Hrsg.): *Werbekommunikation im Wandel,* Frankfurt.

Gert Zülch, Hashem Badra, Peter Steininger

LIVE-Fab – CNC-Programmierung und Montageplanung in einer virtuellen Lernfabrik

Konzepte, Grundlagen, Technik, Anwendung

Zusammenfassung

Am Institut für Arbeitswissenschaft und Betriebsorganisation (ifab) Universität Karlsruhe wird zurzeit das Projekt LIVE-Fab (**L**ernen **i**n der **v**irtu**e**llen **Fab**rik) gemeinsam mit der Fachhochschule Landshut, Fachbereich Maschinenbau, durchgeführt. Dieses Projekt wird vom Bundesministerium für Bildung und Forschung (BMBF) im Rahmen des Programms „Neue Medien in der Bildung" gefördert. Das Ziel des Projektes ist die Entwicklung eines anschaulichen Lehr- und Lernmodells für eine Fabrik als funktionierendes Ganzes. Dazu soll im Rechner eine Modellfabrik mit den Bereichen Wareneingang, Fertigung, Montage und Qualitätssicherung abgebildet werden. Die Fabrik mit ihren Anlagen (Maschinen, Transportsysteme etc.) und Materialflüsse soll in einem 3D-Modell visuell erfassbar sein.

Die Grundlagen zur Schaffung einer virtuell funktionierenden Produktion einschließlich Anlagenplanung, Arbeitsvorbereitung, die Mechanismen, Kundenbestellungen und Qualitätsmanagement sollen in einzelnen Fallstudien den Studierenden vermittelt werden.

Den Studierenden aus den Fachbereichen Maschinenbau, Wirtschaftsingenieurwesen, Elektrotechnik und Betriebswirtschaft mit technischer Ausrichtung soll mit der virtuellen Fabrik ein Werkzeug an die Hand gegeben werden, mit dem sie die komplexen, ineinander verzahnten Vorgänge eines Produktionsprozesses besser verstehen lernen. Dies bedeutet, dass in der virtuellen Fabrik die inhaltlichen Aspekte mehrerer vorgelagerter Vorlesungen kombiniert werden und dadurch ein Verbund zum Verständnis der Produktionsprozesse geschaffen wird.

1 Einleitung

Moderne Produktionsunternehmen zeichnen sich heute durch einen vielfältigen Einsatz rechnerunterstützter Organisations- und Fertigungstechnologien aus. War es zunächst die numerische Steuerung von Werkzeugmaschinen (CNC-Programmierung), über die Rechner in die Produktion Einzug hielten, so ist heute eine Produktentwicklung ohne rechnerunterstützte Verfahren der Konstruktion und Arbeitsplanung (CAD- und CAP-Verfahren) kaum mehr denkbar.

Aber auch die Auftragsabwicklung vollzieht sich heute in weiten Bereichen nur noch rechnerunterstützt. Hier waren Verfahren der Produktionsplanung und -steuerung (PPS) für die Abwicklung von Kundenaufträgen die Vorreiter, denen bald Leitstandsysteme zur Steuerung von Werkstätten folgten. Im Verbund mit Systemen des Direct Numerical Control (DNC) und der Betriebsdatenerfassung (BDE) führten die PPS die prozessbezogenen Kunden- und Erzeugnisdaten zu einer rechnerunterstützten Fertigung (CAM) zusammen.

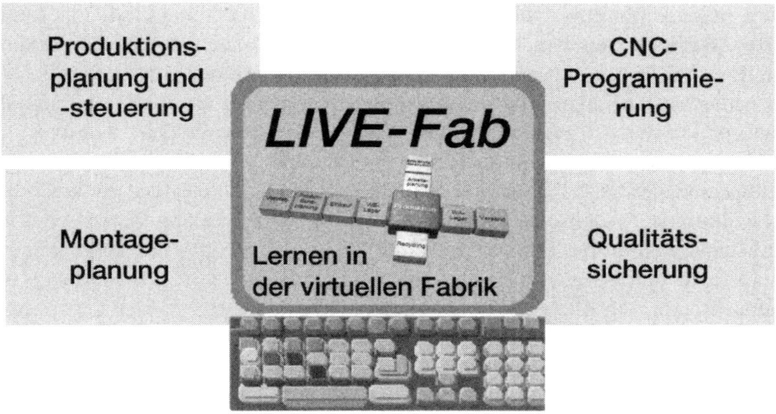

Abb. 1: Bereiche der Modellfabrik

Dies wird gegenwärtig durch den Austausch von Daten über Unternehmensgrenzen hinweg ergänzt. Hierbei spielt das Internet eine immer größere Rolle für das Zusammenwirken in komplexen Kunden-Lieferanten-Netzwerken, während unternehmensintern durch Intranetlösungen der Informationsfluss im Sinne eines Workflow-Managements beschleunigt wird.

Diese in der betrieblichen Praxis bereits vielfach angewandten Technologien sollen nun auch in der Hochschulausbildung in geeigneter Weise vermittelt werden. Über das Verständnis der funktionalen Zusammenhänge und der hinter den Lösungsverfahren für unterschiedlichste Problemstellungen stehenden Modelle hinaus sollen Studierende lernen, mit diesen neuen Technologien umzugehen. Dazu ist es einerseits erforderlich, die Abläufe in den rechnerunterstützten Verfahren verschiedenster betrieblicher Funktionen zu verstehen, andererseits sollen die Studierenden auch lernen, mit derartigen Werkzeugen umzugehen.

Waren es bisher Praktika in Produktionsunternehmen, in denen dieses praxisbezogene Wissen vermittelt wurde, so bieten die neuen Informations- und Kommunikationstechnologien Möglichkeiten an, nicht nur den Umgang mit diesen Technologien zu erlernen, sondern auch praxisbezogenes Wissen zu erwerben. Über Vorlesungen, Labore, Seminare und Praktika hinaus ermöglichen diese Technologien auch ein neues Lernen: Internet- bzw. Intranetunterstützte Lernmodule an Hochschulen schaffen die Möglichkeiten zu einem zeitlich ungebundenen, individuellen Erlernen modernen betriebsorganisatorischen Wissens.

Im Rahmen des Projektes LIVE-Fab werden mehrere Lernmodule erstellt, die unterschiedliche betriebsorganisatorische Fragestellungen den Studenten innerhalb einer virtuellen Fabrik näher bringen. Diese Lernmodule ergänzen die zugehörigen Lehrveranstaltungen (vgl. Abb. 1) und veranschaulichen einzelne Funktionen und ihr komplexes Zusammenspiel in einem industriellen Betrieb u.a. mit Mitteln der Simulation und Animation. Die virtuelle Fabrik wird dazu modellhaft mit ihren wichtigsten Betriebsbereichen im Rechner abgebildet. Neben einem 3D-Modell der virtuellen Fabrik wird zu diesem Zweck ein Rechnermodell mit eigener Datenbasis hinterlegt. Alle produktionsrelevanten Daten sind in dieser Datenbank hinterlegt und können für Fallstudien genutzt bzw. verändert werden.

In der virtuellen Fabrik können die Studierenden die Abwicklung eines Produktionsauftrages verfolgen, wozu neben textuellen Erläuterungen auch Schaubilder, Diagramme, Videosequenzen sowie 3D-Animationen angeboten werden. Darüber hinaus werden die Studierenden zur Lösung von Aufgaben aufgefordert, z.B. im Bereich der Programmierung von CNC-Maschinen, der Steuerung von Werkstattaufträgen, der Planung von Teilefertigungswerkstätten, der Gestaltung von Montagesystemen usw. Diese Aufgaben dienen zum einen der Einordnung des Kenntnisstandes des Studierenden für die Einstufung innerhalb der Ausbildungseinheiten der virtuellen Fabrik und zum anderen der Adaption von Ausbildungsinhalten bzw. Simulationen an den jeweiligen Kenntnisstand und Lernfortschritt des Studierenden.

2 Didaktisches Konzept und Methodik

Zur Verbesserung der Fachkompetenz zielt die virtuelle Fabrik darauf ab, bislang einzeln abgehandelte Lehrinhalte zu vereinen. Dadurch sollen die Ganzheitlichkeit des Produktionsprozesses und die Verzahnung seiner einzelnen Abschnitte veranschaulicht werden.

Neben der zentralen Frage danach, wie das Wissen vermittelt werden soll, schließt sich auch die Frage nach den zu verwendenden Mitteln an, vor allem die Frage nach dem Medium für den Wissenstransport. Selbstständiges Planen, Durchführen und Kontrollieren einer Handlung sind wesentlich für die Ausbildung. Zum Vermitteln dieses Aspektes eignen sich handlungsorientierte Methoden. Sie unterscheiden sich von den traditionellen Unterrichtsformen durch eine Kombination im Ziel-, Inhalts-, Methoden- und Medienbereich, weshalb man von mehrdimensionalen Lehr-Lern-Arrangements oder von Komplexmethoden spricht. Im Folgenden wird die Handlungsorientierung als methodischer Ansatz näher erläutert.

Handlungsregulation

Der Begriff Handlung impliziert zunächst eine körperliche Aktivität. Die Ganzheitlichkeit einer Handlung in Anlehnung an die Handlungsregulationstheorie von HACKER (HACKER 1998) ist dann gegeben, wenn die Schleife „Vorbereiten der Aufgabe (vertraut machen), Planen, Durchführen, Kontrollieren (Bewerten)" vollständig und sequenziell richtig durchlaufen wird.

HACKER bezeichnet demnach diese Handlung dann auch als lernförderlich. Überträgt man diesen arbeitspsychologischen Ansatz auf den Lehr- und Lernprozess lässt sich die Handlungsorientierung nach MEYER (1969, S. 402) wie folgt beschreiben: „Handlungsorientierter Unterricht ist ein ganzheitlicher und schüleraktiver Unterricht, sodass Kopf- und Handarbeit der Schüler ein ausgewogenes Verhältnis zueinander bilden."

Bereits hier zeigen sich Einschränkungen der multimedialen Ausbildung. Handarbeit wird nämlich, abgesehen von den Eingabe-Prozessen in den Computer, nicht geleistet. Dennoch wird im Sinne der Handlungsorientierung ein Handlungsprodukt, wenn auch nur ein virtuelles, erstellt. Das Gewährleisten einer vollständigen und ganzheitlichen Handlung im Sinne der Handlungsregulationstheorie ist ein wesentlicher Ansatz bei der Gestaltung von LIVE-Fab.

3 Lehrinhalte

Das ifab beteiligt sich mit der Entwicklung von zwei Modulen an LIVE-Fab. Zum einen ist dies der Bereich CNC-Programmierung und zum anderen der Bereich Montagearbeitsplatzgestaltung. Für beide Module werden Lerninhalte didaktisch reduziert, digital aufbereitet und innerhalb der Lernumgebung des Projektes implementiert. Zur Selektion der dem Studierenden angebotenen Lerninhalte ist am ifab ein Rechnerunterstütztes und in LIVE-Fab integriertes Fragesystem entwickelt worden. Dieses Fragesystem ermittelt, ähnlich einer schriftlichen Prüfung, den Kenntnisstand des Benutzers auf Basis eines Fragenkataloges (vgl. Kapitel 4 Methode zur Festlegung des Kenntnisstandes).

3.1 CNC-Programmierung

Im diesem Modul sollen die Studierenden das Thema CNC-Technik für die Fertigungstechnologien Fräsen und Drehen erlernen; beginnend beim CNC-Maschinenaufbau und der Funktion der NC-Steuerung endet dies mit der Simulation der Fertigung eines Bauteils (vgl. Abb. 3). Lernziel dieses Moduls ist es den Studierenden in die Lage zu versetzen, anhand einer technischen Zeichnung ein Bauteil virtuell zu fertigen. Das Modul vermittelt das Thema CNC-Technik innerhalb eines theoretischen und eines praktischen Blockes. Im theoretischen Block werden dem Studierenden Informationen in Form von Texten, Grafiken, Bildern, Animationen, Videosequenzen usw. angeboten. Es handelt sich um faktisches Wissen, welches in einer Anwendung nicht vermittelbar ist. Im praktischen Block soll der Studierende anhand einer technischen Zeichnung ein Bauteil fertigen (Bsp. Antriebswelle). Dafür hat er einen Arbeitsplan und ein NC-Programm zu schreiben (vgl. Abb. 2), welches nach seiner Erstellung simuliert wird.

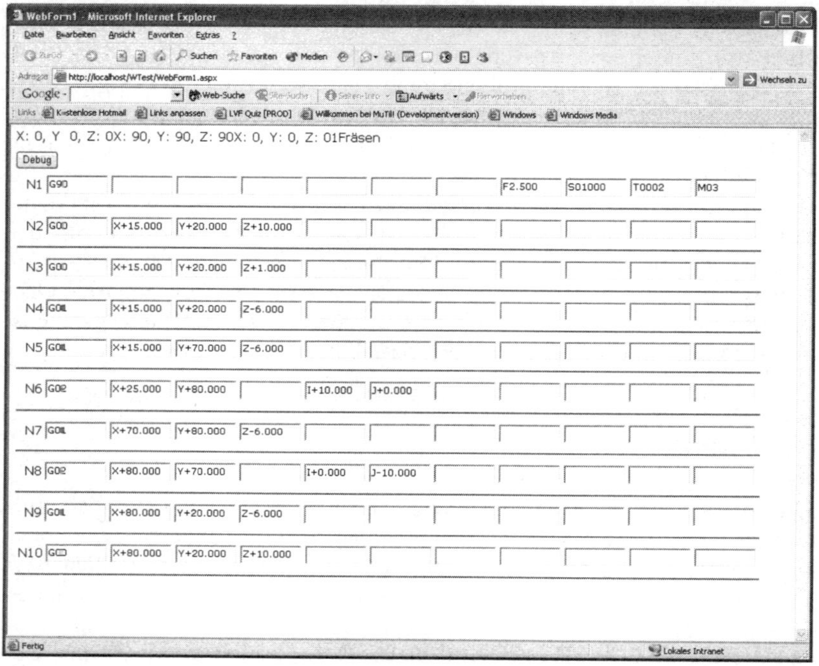

Abb. 2: LIVE-Fab NC-Editor

3.2 Montagearbeitsplatzgestaltung

In diesem Modul sollen dem Studierenden die Grundlagen zur Gestaltung von ergonomischen Montagearbeitsplätzen vermittelt werden. Schwerpunkt ist hierbei die Gestaltung des Arbeitsablaufs und der Arbeitsplatzausrüstung nach anthropomethrischen und bewegungstechnischen Gesichtpunkten. Fragen der Umgebungsgestaltung (Beleuchtung, Lärm, Klima) werden textuell behandelt, das heißt, der Benutzer kann auf wichtige Richt- und Grenzwerte zurückgreifen.

Der Studierende kann innerhalb eines Glossar auf wichtige Richt- und Grenzwerte zurückgreifen. Am Beispiel eines zu montierenden Teils durchläuft der Studierende die verschiedenen Phasen der Arbeitsplatzgestaltung: Analyse, Gestaltung, Bewertung und Realisierung (vgl. Abb. 4), wobei Lern- und Anwendungsphasen abwechselnd durchlaufen werden.

Abb. 3: LIVE-Fab CNC-Simulation

4 Methode zur Festlegung des Kenntnisstandes

Für die Zusammenstellung des Lernangebotes innerhalb von LIVE-Fab wurde ein Konzept zur dynamischen Erstellung und Auswertung eines Fragebogens entwickelt.

Für diesen Fragebogen eignen sich, da die Auswertung „maschinell" erfolgen soll, Fragen mit „Single-Choice" Auswahl (vgl. Abb. 5) oder „Multiple-Choice". Die Fragetypen wurden so festgelegt, dass unterschiedliche Inhalte, auch Inhalte, die mit LIVE-Fab in keinem Zusammenhang stehen, dargestellt werden können. Die Fragen werden in einem Fragenpool (Relationen in der Datenbank) gespeichert und nach einem Zufallsprinzip dem Studierenden angeboten, dabei gibt es keinerlei Fragenpräferenzen. Der Anwender des Fragesystems hat lediglich die Gesamtzahl und Zahl der Fragen pro Teilgebiet festzulegen und Fragen in den Fragenpool einzustellen.

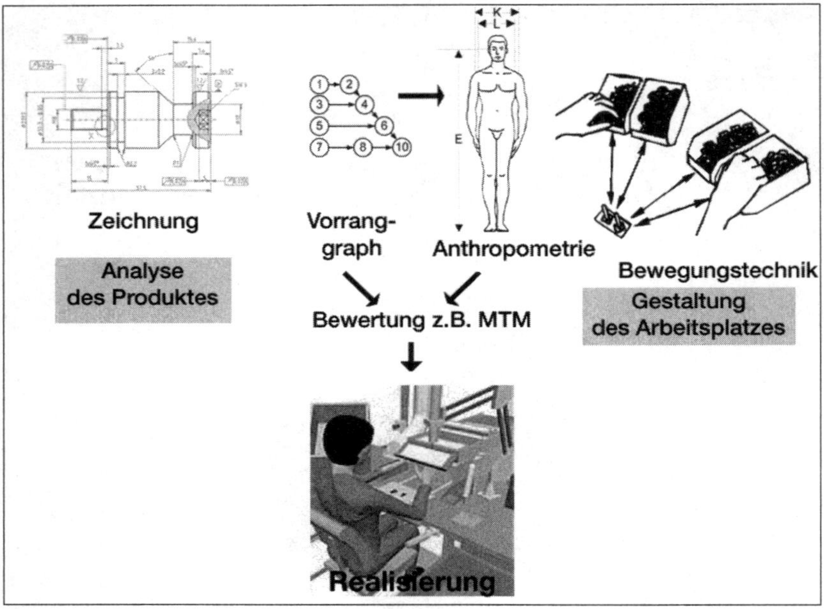

Abb. 4: Phasen der Montagearbeitsplatzgestaltung

5 Implementierung

LIVE-Fab wird auf der Plattform Microsoft Windows (32-Bit Plattform) implementiert. Vorzugsweise sollte Windows 2000/XP eingesetzt werden. Das Programmsystem basiert auf einer Client/Server-Architektur, die wiederum auf Basis von Internettechniken implementiert wird (s. Abb. 6). Dadurch besteht die Möglichkeit einer weitestgehenden Medienintegration, da keine integrierte Entwicklungsumgebung derart mit Medientypen arbeiten kann wie ein Browser. Um allerdings die Schwierigkeiten verschiedener Programmiermodelle unterschiedlicher Browser, d.h. deren Eigenarten wie HTML-Tags interpretiert und das Document Object Modell (DOM) aufgebaut werden, zu umgehen, wird der Microsoft Internetexplorer (ab Version 6.0) vorausgesetzt.

Seitens des Servers wird der Microsoft Internet Information Server 5.x auf der Plattform Windows 2000 Server eingesetzt. Dies hat den Vorteil, dass die notwendigen Softwareprodukte für Video- oder Soundstreaming schon im Lieferumfang des Betriebssystems enthalten sind.

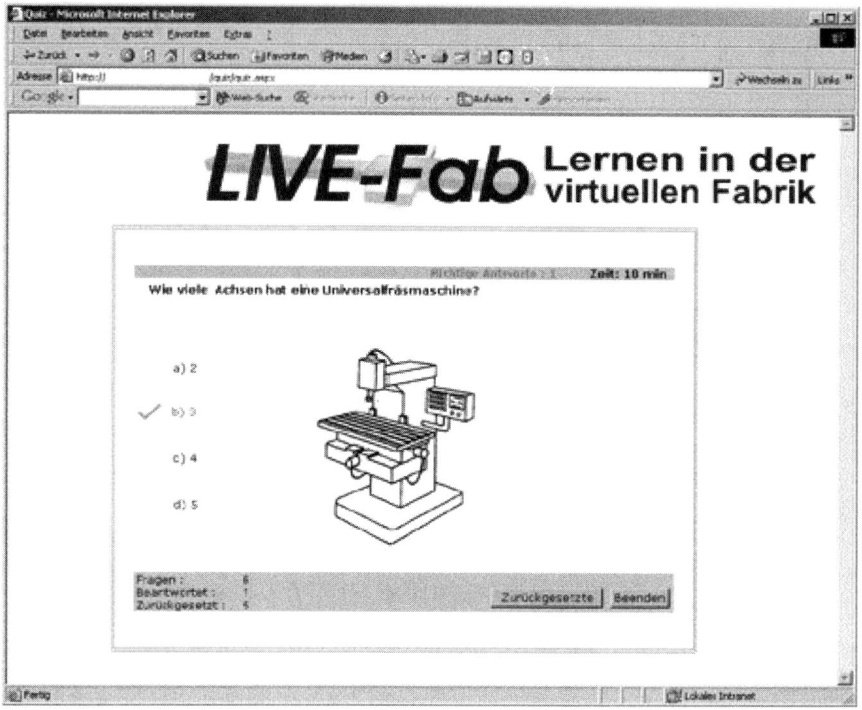

Abb. 5: LIVE-Fab Quizsystem

Die Datenbank ist auf Basis des Microsoft SQL Server 2000 implementiert und steht den Anwendungen über ODBC/ADO zur Verfügung. Der Datentransfer zwischen Datenbank und den Programmmodulen von LIVE-Fab erfolgt dabei mittels XML. Innerhalb der Programmmodule erfolgt je nach Inhaltsanforderung des Benutzers eine Transformation der XML-Daten durch XSLT. Dadurch besteht für zukünftige Entwicklungen die Möglichkeit nicht nur PC-Systeme als Plattform zu unterstützen, sondern auch Tablet-PC, PDA usw.

Die Lerninhalte setzen sich aus HTML (HTML4, DHTML, XML etc.), Scripting (VBScript, JScript etc.), Embedded Objects (Flash, Director, Authorware, Virtools etc.) und Video/Audio (Streaming) zusammen. Alle Lerninhalte werden als Objekte in der Content-Datenbank gespeichert (SQL Server).

Die Studierenden setzen das System mit dem Starten des Browsers und dem Verbinden mit dem Server in Gang (s. Abb. 6). Jeder Lernende wird durch eine eindeutige ID referenziert, die diesen nach seinem Anmelden an das System während seiner gesamten Nutzung des Systems repräsentiert und für zukünftige Interaktionen mit dem System weiter zur Verfügung steht. Dadurch besteht auch über längere Zeit hin die Möglichkeit einer Lernfortschrittskontrolle.

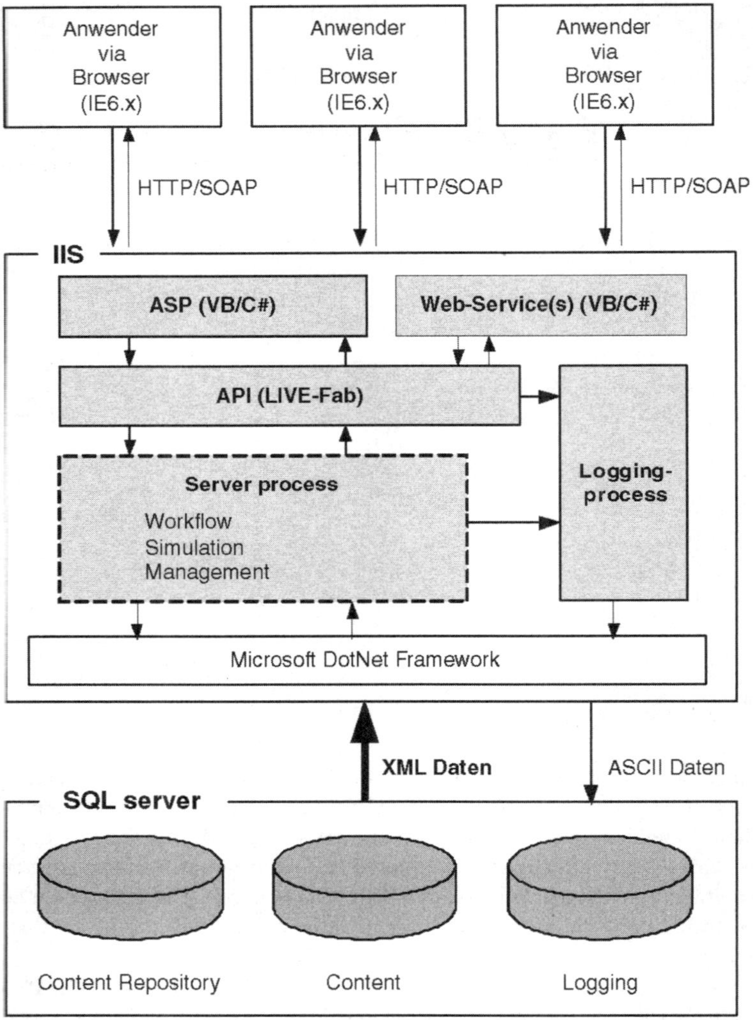

Abb. 6: LIVE-Fab Systemdesign

Auf der Seite des Servers werden dynamische Web-Seiten auf Basis Active Server Pages (ASP bzw. ASPX) mit Visual Basic (VB/C#) eingesetzt. Diese Web-Seiten stehen über ein Application Programmers Interface (API) mit dem Serverprozess für Workflow, Simulation und Management in Verbindung. Auf allen Prozessebenen besteht die Möglichkeit, einen Loggingprozess zu nutzen. Die ASP/ASPX-Seiten basieren systemtechnisch auf dem DotNet Framework der Firma Microsoft.

Serverprozesse und ASP/ASPX-Web-Seiten senden Anfragen und erhalten Antworten aus der Content Repository bzw. Content Datenbank mittels XML. Lediglich der Loggingprozess arbeitet aus Vereinfachungsgründen mit reinen ASCII Daten.

6 Ausblick

Über die bisherigen Ansätze hinaus sollen zukünftige Forschungsarbeiten weitere Themengebiete in LIVE-Fab integrieren und LIVE-Fab soll in verstärktem Maße in der Lehre an der Universität Karlsruhe eingesetzt werden. Dies ist insbesondere im Hinblick auf eine Erweiterung der dynamischen Simulationsansätze interessant. Mithilfe der Koppelung verschiedener Modelle kann eine gesamte Lieferkette oder ein Lieferantennetzwerk modellhaft nachgebildet und somit der Simulation zugänglich gemacht werden. Dies ermöglicht den Studierenden Einblicke in die Verkettung und Verzahnung von industriellen Abläufen.

Literatur

Hacker, Winfried: *Allgemeine Arbeitspsychologie.* Bern, Göttingen, Toronto, Seattle: Verlag Hans Huber, 1998.

Kief, Hans: NC/CNC *Handbuch.* München Wien: Carl Hanser Verlag, 2001.

Meyer, Hilbert: *Unterrichtsmethoden II: Praxisband.* Frankfurt/M.: Cornelson, 1989.

Ott, Bernd: *Grundlagen des beruflichen Lernens und Lehrens.* Frankfurt/M.: Cornelson, 1997.

Zülch, Gert; Steininger, Peter: MuTil – A Computer Based Training System for Apprentice. In: *Interactive Computer aided Learning, Experiences and Visions.* Hrsg.: Auer, M.; Auer, U. Kassel: University Press, 2001.

Zülch, Gert; Kiparski, Rainer von: *Messen, Beurteilen und Gestalten von Arbeitsbedingungen.* Heidelberg: Dr. Curt Haefner Verlag, 2. Auflage 1999. (Schriftenreihe Ergomed, Band 4).

Mobiles Lernen und neue Werkzeuge

Lars Bollen, Niels Pinkwart, Markus Kuhn, H. Ulrich Hoppe

Interaktives Präsentieren und kooperatives Modellieren

Szenarien akademischen Lehrens und Lernens in Informatik und Naturwissenschaften

Zusammenfassung

Ausgehend von einem handlungsorientierten Medienbegriff werden in diesem Artikel neue Einsatzformen digitaler Medien in der Lehre thematisiert. Dabei spielen Hardware-Voraussetzungen wie berührungsempfindliche Bildschirme oder Funknetzwerke ebenso eine Rolle wie eine Reihe innovativer Softwarewerkzeuge, die insbesondere interaktiv-kooperative Szenarien unterstützen. Praktische Erfahrungen mit diesen Werkzeugen wurden in der akademischen Lehre an der Universität Duisburg-Essen sowie im schulischen Einsatz im Umfeld eines EU-Projektes gesammelt.

1 Einbettung neuer Medien in Lehr-/Lern-Szenarien

In nicht wenigen unter dem Modebegriff „E-Learning" subsummierten Ansätzen werden neue Lehr- und Lernszenarien propagiert, welche sich deutlich von den bisherigen Formen akademischen und schulischen Lernens abheben (z.B. „anytime – anywhere" oder „virtuelle" Lernszenarien). „Blended learning" zielt auf die Integration derartiger neuartiger Szenarien mit herkömmlichen speziell präsenzbasierten Lernformen. Die zukünftige Ausgestaltung akademischen und schulischen Lernens ist jedoch auch weiterhin nicht klar vorgezeichnet – ob wirklich eine „revolutionäre" Veränderung stattfinden wird, ist offen. Wir verfolgen einen evolutionären Ansatz, in dem herkömmliche Lernszenarien (Vorlesung mit Übung, Seminar, schulischer Unterricht im Klassenraum mit wechselnden Interaktions- und Kooperationsformen) mit modernen digitalen Medien angereichert werden. Wesentliche Medienfunktionen sind dabei die Unterstützung konstruktiv-kreativer Prozesse wie etwa der Modellbildung sowie des kooperativen Lernens in Gruppenszenarien, von der Arbeit in der Kleingruppe bis zum asynchronen Austausch in einer „learning community".

Nicht zuletzt durch die thematische Dominanz des Internet (speziell des WWW) als ein neues Lernmediums wurde in der aktuellen Diskussion der Medienbegriff in Richtung der Kodierung und Repräsentation von Lerninhalten (als „content"-Orientierung) sowie der flexiblen Informationsübertragung und -verteilung durch Telekommunikationstechniken akzentuiert. Dem entspricht jenseits aller konstruktivistischen Rhetorik ein primär rezeptives Lernmodell. Wir halten es für angezeigt, hier auch begrifflich gegenzusteuern:

Moderne digitale Medien sind nicht zuletzt neue intellektuelle Ausdrucksmittel. Ein entsprechender Medienbegriff findet sich bereits bei Dewey (1934) (vgl. auch Gaßner, Hoppe, Lingnau & Pinkwart, 2003). Der Computer hat in so verschiedenen Fachgebieten wie Mathematik oder Literatur qualitativ neue Arbeitsformen konstituiert. Jedes moderne Bildungskonzept muss dies zur Kenntnis nehmen und die entsprechenden neuen Gestaltungsprozesse mit interaktiven digitalen Medien in die fachspezifischen Lehr- und Lernangebote einbeziehen.

Im Folgenden werden nun Szenarien beschrieben, in denen versucht wird, Hard- und Software im Sinne dieses Medienbegriffs, also im Sinne einer konstruktiven Handlungsorientierung, zu nutzen. Dabei werden existierende Lern- und Unterrichtsformen mit neuen technischen Hilfsmitteln angereichert.

Neue Technologien bringen jedoch nicht automatisch neues und besseres Lernen. Vielmehr müssen vorerst einige typische Fragestellungen geklärt werden, wie z.B.:

- In welcher Form können die verfügbaren Geräte sinnvoll zur Verbesserung der Lernvoraussetzungen oder des Unterrichtsablaufs beitragen?
- Welche Vorteile kann die Nutzung von elektronischen Tafeln in Schul- und Hochschulszenarien bringen?
- Können dauerhaft verfügbare Funknetzwerke in Verbindung mit tragbaren Computern die Zusammenarbeit in Gruppen verbessern?
- Welche Kriterien muss für diese Anwendungsbereiche geeignete Software erfüllen?

Zur Beantwortung dieser Fragen bietet es sich an, die betreffenden Lernszenarien hinsichtlich ihrer aktuellen Interaktionscharakteristika und Mediennutzung zu beschreiben.

In der etablierten Form einer Vorlesung beispielsweise findet typischerweise relativ wenig Interaktion zwischen Dozent und Zuhörerschaft statt, auch innerhalb der Gruppe der Zuhörer ist in der Regel nur wenig Interaktion gewollt. Es werden vorwiegend Präsentationsmedien verwendet, zumeist unter Nutzung von Tafel bzw. Projektor. Unterstützungspotenzial liegt in der Vor- und Nachbereitung der Veranstaltung, welche von den Studierenden üblicherweise in Heimarbeit erwartet wird. Durch den Einsatz neuer Medien wäre auch eine Erhöhung der Interaktion in Vorlesungen denkbar – Studierende könnten zur Erläuterung ihrer Fragen direkt das elektronisch verfügbare Skript des Dozenten benutzen und ihre Verständnisprobleme mittels der elektronischen Tafel der gesamten Hörerschaft darlegen.

Übungsgruppen und Praktika zeichnen sich durch relativ hohe Interaktion zwischen den Teilnehmern aus – hier ist demzufolge auch der Einsatz von kommunikations- und kooperationsunterstützender Technologie vielversprechend. Im Falle von vorlesungsbegleitenden Übungsgruppen ist weiterhin eine Integration der Veranstaltungen durch digitale Mittel möglich. Praktika, vor allem in naturwissenschaftlichen Studiengängen, bestehen zu großen Teilen aus Vorbereitung und Dokumentation von Experimenten und der Gewinnung von Messdaten: Ein aus mehreren Phasen bestehender Arbeitsablauf, der durch geeignete CSCL-Anwendungen unter Integration von multimedialen Dokumenten (z.B. mit Fotos von Versuchsaufbauten) unterstützt werden kann. Je nach Mächtigkeit der Softwaretools ist hier eine kollaborative, computerunterstützte Analyse von Messergebnissen, Simulation von Experimenten und eine Diskussion über den Verlauf des Versuchs vorstellbar.

Ein Seminar ist strukturell die Arbeitsform mit der höchsten Kommunikations- und Interaktionsintensität. Gespräche über den vorgetragenen Stoff sind insbesondere in Geisteswissenschaften nicht nur gewollt; sie sind sogar ein essentieller Bestandteil. Hier kann diskussionsunterstützende Software eingesetzt werden.

Schulunterricht zeichnet sich in dieser Kategorisierung dadurch aus, dass viele der oben in verschiedenen Szenarien genannten Eigenschaften gleichzeitig zutreffen. Schulunterricht kann zwischenzeitlich den Charakter einer Vorlesung, einer Übung oder eines Seminars annehmen. Das Szenarium kann (und sollte) sogar während einer Schulstunde wechseln. Deshalb ist hier ein Universalwerkzeug wünschenswert, welches möglichst viele Szenarien abdeckt. Vorstellbar wäre hier der Einsatz des Programms „Cool Modes“ (siehe 2.2).

2 Szenarien an der Universität Duisburg-Essen

An der Universität Duisburg-Essen wurden die im vorangegangenen Kapitel erwähnten neuen Medien bereits mehrfach und erfolgreich in verschiedenen Szenarien der Lehre eingesetzt. Bisher fanden sie ihren Einsatz in Veranstaltungen diverser Studiengänge, welche thematisch in Bezug zur Informatik stehen. Durch Austausch im eCampus-Projekt[1] findet unsere Software in der letzten Zeit jedoch auch immer häufiger Anwendung in informatik-fremden Veranstaltungen, wie z.B. in Pädagogik-Seminaren. Einige dieser Szenarien sollen nun in diesem Kapitel im Einzelnen dargestellt werden.

2.1 Szenarium der Vorlesung „Informationstechnische Grundlagen neuer Medien und Kommunikationstechniken“

Eine zentrale Veranstaltung im Grundstudium des Studiengangs „Angewandte Kommunikations- und Medienwissenschaft“ stellt die Vorlesung „Informationstechnische Grundlagen neuer Medien und Kommunikationstechniken“ dar (kurz: InfoN). In dieser Veranstaltung soll den Studierenden die Grundlagen wesentlicher Themen der Informatik vermittelt werden. Einige der oben beschriebenen

1 Projekt des Bundesministerium für Bildung und Forschung, Informationen unter http://www.uni-duisburg.de/eCampus/ – Stand 13.06.2003

Einsatzmöglichkeiten neuer Medien finden in dieser Veranstaltung schon seit einigen Semestern Anwendung.

Diese Vorlesung findet üblicherweise in einem der zwei Hörsäle statt, welche in Zusammenarbeit mit dem Audiovisuellen Medienzentrum der Universität Duisburg zu interaktiven, elektronischen Hörsälen umgebaut wurden (Hoppe, Luther, Mühlenbrock, Otten & Tewissen, 1999). Zur Ausstattung dieser Hörsäle gehören Videoprojektoren, großflächige berührungsempfindliche Bildschirme und die Verfügbarkeit eines WLANs (Funknetzwerk, siehe 2.3).

Diese Hörsaal-Ausstattung ermöglicht den Einsatz von Softwaretools, wie zum Beispiel NoteIt! oder Cool Modes, welche in den folgenden Abschnitten näher beschrieben werden.

NoteIt! wird schon seit mehreren Semestern durchgängig in einigen Vorlesungen eingesetzt und hat dort die Kreidetafel vollständig ersetzt. Eine der wichtigsten Funktionen dieses Tools ist die Erstellung handschriftlicher Notizen in digitaler Form. Die erstellten Dokumente werden seitenweise verwaltet und lassen sich mit einfachen Bedienelementen durchblättern. Zusätzlich kann NoteIt! pro Seite bis zu drei separate Zeichenebenen verwalten, die nach Belieben ein- und ausgeblendet werden können. Durch die Verwendung mehrerer dieser Ebenen und aufeinanderfolgender Seiten ist eine inkrementelle Strukturierung der Inhalte möglich, deren Entstehung somit auch im Nachhinein noch gut nachvollziehbar ist.

Mit diesen Funktionen eignet sich NoteIt! zum Annotieren einer Vorlesung auf mehreren verschieden Arten. Notizen können beispielsweise „on the fly" während der Vorlesung erstellt werden; hierbei erstellt der Dozent Notizen als Ergänzung zum (elektronischen) Skript.

Vorstellbar ist auch die Verwendung von NoteIt! im Sinne eines Präsentationstools durch die Verwendung vorgefertigter Folien. Diese Folien wurden vom Dozenten als Vorbereitung auf die Vorlesung erstellt und können dort wieder gezeigt werden. Selbst eine Kombination beider Möglichkeiten ist möglich: Vorgefertigten Folien können während der Vorlesung annotiert werden. Hierdurch ergibt sich ein deutlicher Vorteil gegenüber herkömmlichen Präsentationsmethoden wie z.B. MS Powerpoint oder HTML-Seiten.

NoteIt! besitzt zudem noch eine Schnappschuss-Funktion, mit der ein Bildschirmausschnitt einer anderen Applikation – beispielsweise eines Web-Browsers – kopiert und in NoteIt! eingefügt werden kann. In der Vorlesung wurden mit Hilfe dieser Funktion beispielsweise Teile des Skripts kopiert und mit Annotationen versehen (siehe Abbildung 1).

Eine weitere nützliche Funktion ist das Versenden der Notizen per E-Mail. Hierdurch können sie sofort allen interessierten Teilnehmern zugänglich gemacht werden oder bequem im Internet veröffentlich werden.

Eine weitere wichtige Eigenschaft der NoteIt!-Anwendung, die sie aus der Masse der Präsentations- und Zeichentools hebt, ist ihre Kopplungsfähigkeit. Mit Hilfe des MatchMakers (Jansen, Pinkwart & Tewissen, 2001) ist es beliebig vielen Benutzern möglich, gemeinsam und gleichzeitig zu arbeiten. Dabei wird eine so genannte „replizierte Architektur" verwendet, d.h. neben der Synchronisation der

Anwendung verfügt jeder Anwender jederzeit über die kompletten Daten auf seinem Rechner und ist somit vor Netzausfällen sicher.

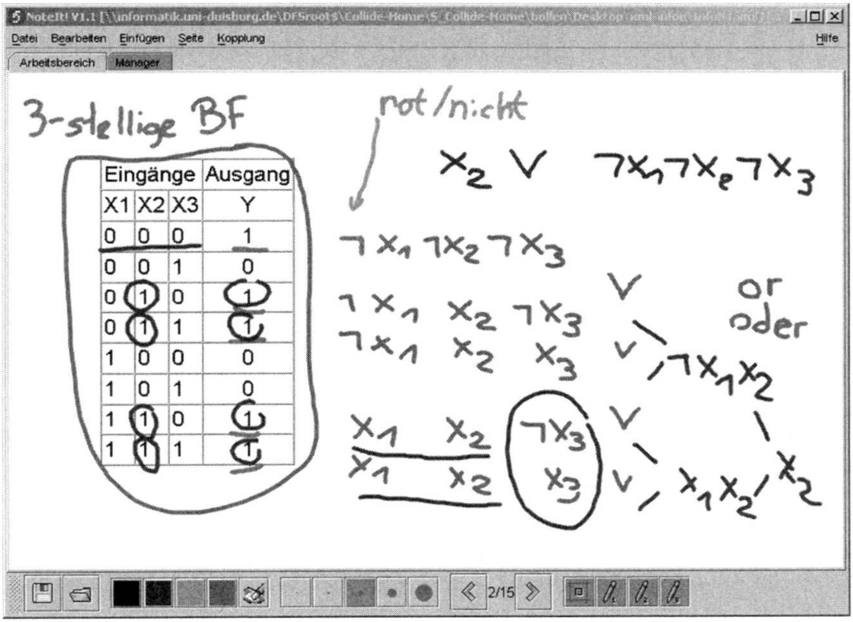

Abb. 1: NoteIt! in der Vorlesung

Der Lehrbetrieb um diese Vorlesung (Übungen, Tutorien, Klausur) wurde ebenfalls weitgehend rechner- und internetgestützt gestaltet. Die Notizen, Simulationsmodelle, etc., welche während der Vorlesung angefertigt wurden, sind im Internet verfügbar; ebenso gibt es ein elektronisches Skript, welches oftmals im Laufe des Semesters ergänzt wird, um kurzfristig geänderten Anforderungen gerecht zu werden.

Weitere Informationen zu Klausuren, Punktelisten und Hinweise auf weiteres Material wie Literatur, Internetlinks oder die verwendeten Programme sind den Studierenden jederzeit zugänglich. Die Bearbeitung der wöchentlichen Aufgaben kann auf Studierendenseite seit einigen Semestern vollständigen elektronisch abgewickelt werden.

2.2 Cool Modes in verschiedenen Szenarien

Ein weiteres Szenarium an der Universität Duisburg-Essen beschäftigt sich mit der Unterstützung von Übungsgruppen und Praktika im Fach Informatik. Ein wichtiger Lerninhalt ist hier das Modellieren komplexer Systeme, z.B. von Softwarearchitekturen oder Prozessabläufen. Wir setzen hierzu die Software Cool Modes (Collaborative Open Learning and MODEling System) ein (Pinkwart, Hoppe, Bollen & Fuhlrott, 2002). Ein Ziel dieses Systems ist die Erleichterung des kooperativ-konstruktiven Arbeitens. Dies wird durch eine „shared workspace"-Umgebung realisiert, in der die Lerner graphbasierte Repräsentationen durch einfache Drag&Drop-Operationen erstellen können. Das System ist dabei hinsichtlich der für die Repräsentation verwendbaren Elemente erweiter- und parametrisierbar; so lassen sich etwa Petri Netze, UML-Diagramme oder Argumentationsgraphen konstruieren. Für diejenigen Darstellungsformen, denen eine formale Semantik zugeordnet werden kann, können im Programm auch Simulationsfunktionen integriert werden. Da gleichzeitig umfangreiche und flexible Kooperationsfunktionen (über die Synchronisation von Arbeitsbereichen) zur Verfügung stehen, ist das Programm zum kooperativen Modellieren geeignet. Im Rahmen des Übungsbetriebes zu Grundstudiumsvorlesungen wurden mit dem System bereits das Thema „Petri Netze" sowie eine Kurzeinführung in die Java-Programmierung mit Hilfe von „Turtle-Geometrie" unterstützt.

Ein Vorteil von Cool Modes ist dessen Nutzbarkeit sowohl als Präsentations- und Annotationstool wie auch als Anwendung zum kooperativen Modellieren: sowohl präsentationsorientierte Funktionen (z.B. Möglichkeit der handschriftlichen Annotation von vorbereiteten Modellen, direkter Upload zum Web-Server nach Vorlesungsende) wie auch kooperationsunterstützende und modellierungsspezifische Faktoren sind vorhanden. Durch diese Integration kennen die Studierenden die Anwendung, mit der sie in den Übungen arbeiten sollen, bereits aus der Vorlesung. Dadurch kann Einarbeitungszeit gespart werden, die dann für inhaltliche Arbeit zur Verfügung steht.

Das Programm Cool Modes soll zukünftig auch in Seminaren eingesetzt werden. Die typische Arbeit eines Vortragenden kann hierbei in vielen Phasen unterstützt werden. Die Literaturrecherche kann durch den Einsatz von Scannerstiften wie etwa des C-PEN auf digitale Verarbeitung umgestellt werden; die gefundenen Zitate lassen sich in vielen späteren Arbeitsphasen wesentlich leichter wiederverwenden als in der gegenwärtig fast ausschließlich papierbasierten Recherche. (Milrad, Perez & Hoppe, 2002)

Die Themenstrukturierung und die intensive Auseinandersetzung mit dem Thema kann elektronisch durch Concept Mapping-Verfahren (Hoppe & Gaßner, 2002) unterstützt werden. Im Falle von Gruppenarbeit kann hierdurch auch der Aufbau eines „Gruppengedächtnisses" sowie eine Verbesserung des Informationsflusses erreicht werden.

Ist die Präsentation im Seminar mediengestützt, z.B. mittels eines Projektors mit angeschlossenem Notebook, so lassen sich Ergebnisse aus den Gruppenarchiven und Concept Mapping-Sitzungen sowie die eingescannten Textstellen aus der Literatur als Basis für die Präsentation verwenden.

Eine anschließende Diskussion kann ebenfalls durch Cool Modes unterstützt und festgehalten werden – die Ergebnisse sind dann für alle Teilnehmer jederzeit einsehbar oder können sogar per E-Mail verschickt werden.

Für das Schreiben der abschließenden Hausarbeit sind Textverarbeitungsprogramme zweifellos geeigneter als grafische Modellierungstools. Jedoch ist in dem von uns beschriebenen Szenarium ein wesentlicher Vorteil die digitale Verfügbarkeit der Daten aus vorhergehenden Arbeits- bzw. Lernphasen. So sind für die Seminarausarbeitung etwa die gescannten Literaturreferenzen und -zitate ebenso verfügbar wie die Details der (evtl. kommentierten) Präsentation und die Ergebnisse der Diskussion des Vortrags.

2.3 eCampus und wireless LAN

Im Jahr 2000 / 2001 wurde an der Universität Duisburg eine Infrastruktur für den Zugang auf das Rechnernetz per Funknetz (WLAN) aufgebaut. Im eCampus-Projekt werden nun sinnvolle Anwendungsszenarien geschaffen, welche das neue WLAN (sowie das „alte" Kabel-LAN) nutzen. Das eCampus-Projekt ermöglichte es gewissen Studierendengruppen, Notebooks mit WLAN-Karten zu günstigen Konditionen zu erwerben. Der Vorteil des Einsatzes des WLANs liegt in der Einfachheit der Bedienung und der permanenten Vernetzung der Lernenden und Lehrenden auf dem gesamten Campus. Die Zusammenarbeit der Studierenden beschränkt sich dadurch nicht auf die Zeit der Veranstaltung, sondern kann auch in der Bibliothek, in Aufenthaltsräumen oder sogar in der Caféteria fortgeführt werden.

Dadurch ist es nun vorstellbar, dass ein Dozent NoteIt! in Verbindung mit MatchMaker in seinen Veranstaltungen benutzt, um seine Notizen während der Veranstaltung öffentlich zu machen. Jeder Lerner mit Netzwerkzugang hat nun die Möglichkeit, die Notizen des Dozenten auf seinem Bildschirm zu sehen und kann zusätzlich seine eigenen Notizen hinzufügen. Diese bleiben privat und erscheinen nicht in der Anwendung des Dozenten.

In einem anderen Szenarium kann ein Übungs- oder Praktikumsleiter mit Hilfe von Cool Modes und MatchMaker die Studierenden dazu auffordern, zusammen in Gruppen zu arbeiten um beispielsweise ein Programmierproblem zu lösen (siehe 2.2). Die Lösungen der verschiedenen Gruppen können dann problemlos auf der elektronischen Tafel vorgeführt und erläutert werden. Jede Studierende kann die Ergebnisse ihrer Gruppe abspeichern oder – falls sie kein eigenes Notebook besitzt – per E-Mail (an sich selbst) versenden.

In einem Seminar kann Cool Modes dazu benutzt werden, den Verlauf einer Diskussion zu visualisieren und zu protokollieren. Es ist sehr einfach, einen öffentlichen Arbeitsbereich zu benutzen, welcher für alle sichtbar auf eine elektronische Tafel oder auf eine Fläche im Seminarraum projiziert wird. Jeder Teilnehmer des Seminars kann so seinen Beitrag – wenn nötig auch anonym – der Diskussion zuführen. Mit Hilfe einer Replay-Funktion des MatchMakers kann sogar der Verlauf der Diskussion nachträglich rekonstruiert und in visueller Form wiederholt oder auch analysiert werden.

3 Szenarien in Schulen

Im Rahmen des EU-Projektes SEED[2] wurden am Elsa-Brändström-Gymnasium in Oberhausen verschiedene Unterrichtsversuche unter Benutzung Cool Modes' durchgeführt. Während dieser Unterrichtsversuche wurde ein Arbeitsraum mit sechs vernetzten Rechnern und einer interaktiven Tafel benutzt. Neben gemeinsamen Modellierungen an dieser Tafel arbeiteten die Schülerinnen und Schüler gruppenweise mit den Softwarewerkzeugen, wobei deren kooperative Möglichkeiten teilweise genutzt wurden.

Die Stochastik-Umgebung wurde zur Untersuchung von klassischen, stochastischen Experimenten entwickelt und wurde im Mathematikunterricht einer 9. Klasse erprobt. Die Schülerinnen und Schüler lernten die Modellierungsumgebung an vorbereiteten Modellen wie in Abbildung 2 kennen, in denen sie selbst das Würfeln oder das Ziehen farbiger Kugeln simulierten. Dabei wurden die Begriffe und Grundkenntnisse zur Berechnung von Wahrscheinlichkeiten bei Laplace-Experimenten aufgefrischt und vertieft.

Die Schüler lernen dabei Experimente selber zu modellieren, zu simulieren und die Ergebnisse mit Hilfe von Ergebnistabellen zu visualisieren und zu interpretieren. Diese Beobachtungen bilden die Grundlage, um Gesetzmäßigkeiten herauszufinden und zu formalisieren.

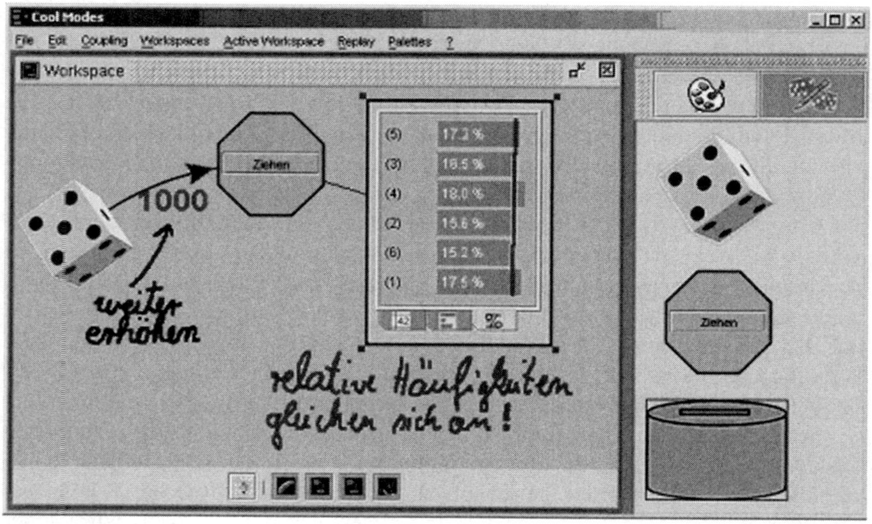

Abb. 2: Würfelexperiment mit Annotationen

2 SEED, EU-gefördertes Projekt. Nr: IST-2000-25214. Informationen unter http://ilios.cti.gr/seed/ – Stand: 13.06.2003

Die Vorgehensweise im Unterricht wird an der Behandlung des „Geburtstagsexperimentes“ deutlich. Die Schüler bekommen die Aufgabe zu ermitteln, mit welcher Wahrscheinlichkeit in einer Gruppe von 24 Personen wenigstens ein Geburtstag mehrfach auftritt. Ihre Vermutungen werden an der interaktiven Tafel festgehalten. Anschließend wird gemeinsam modelliert, wobei das ursprüngliche, auf eine Menschengruppe bezogen Problem dabei in ein Urnenmodell übertragen wird. Anhand dieses Modells werden gruppenweise Experimente simuliert und ausgewertet. Abschließend werden die Ergebnisse an der interaktiven Tafel gesammelt, die Häufigkeit des Ereignisses „mehrfacher Geburtstag“ ermittelt und mit den Vermutungen verglichen.

Darauf aufbauend erfordert die Variation des Problems, wie groß die Gruppe sein muss, damit die Wahrscheinlichkeit für mehrfache Geburtstage bei 50 % liegt, von den Schülern das bekannte Modell zu variieren. Zusätzlich kommt während der nun kooperativen Gruppenarbeit eine besondere Tabelle zum Einsatz die den Austausch von Zwischenergebnissen untereinander ermöglicht. Jede Gruppe kann während dieses kooperativen Experimentes die Ergebnisse der anderen analysieren und so die eigene Vorgehensweise ändern, um schnell zu einem Ergebnis zu kommen.

Abschließend wird an der interaktiven Tafel die Wahrscheinlichkeit des Gegenereignisses „kein gemeinsamer Geburtstag“ bestimmt, mit dem empirischen Ergebnis verglichen und die Unterrichtsergebnisse per Email den Schülern zur Verfügung gestellt.

Zur Behandlung weiterer Experimente (z.B. aus dem Kontext Zahlen-Lotto) sind Weiterentwicklungen vorgenommen worden, die das automatische Filtern und Auswerten bei einer Vielzahl von durchgeführten Einzelexperimenten ermöglichen. Durch Erweiterungen der Ergebnistabellen sind nun alle vier abstrakten Urnenmodelle modellierbar. Zur Erprobung sind weitere Unterrichtsreihen geplant.

4 Erste Erfahrungen und Ausblick

Gegen Ende der Wintersemester 2000 / 2001 und 2001 / 2002 wurde ein Fragebogen ausgeteilt, dessen Ziel eine anonyme Beurteilung der neuen Form der InfoN-Vorlesung durch Studierende war. Die Beantwortung der Frage „Wie beurteilen Sie die Form der Vorlesung mit der Präsentation an der Großbildprojektion und handschriftlichen Notizen an einer elektronischen Tafel“ fiel sehr positiv aus. Auf 37 von 38 abgegebenen Fragebögen wurde die neue Form der Vorlesung „rundum positiv“ oder „positiv mit Einschränkungen“ bewertet; nur ein Studierender lehnte diese Form der Vorlesung ab. Zu den genannten Einschränken gehörten eine schlechte Lesbarkeit der handschriftlichen Notizen und dass die Seiten des Tools zu klein seien und weniger Inhalt als eine herkömmliche Kreidetafel fassen könnten. Genannte positive Bemerkungen waren eine gute Nachvollziehbarkeit der Vorlesung durch die im Internet veröffentlichten Notizen und eine gute Strukturierung des Inhaltes durch die Farbwahl und Ebenen-Technologie.

Die Unterrichtsreihen in den Schulen waren besonders erfolgreich in Bezug auf Rückmeldungen und Verbesserungsvorschläge. Gerade in Sachen Benutzbarkeit und Bedienbarkeit stellen Schuleinsätze unsere Software in geeignete Weise auf die Probe.

In zukünftigen Arbeiten wird die Anzahl der möglichen Eingabegeräte unserer Tools erweitert:

Momentan wird an eine Integration des C-PENs, einem Scan-Stift, gearbeitet, und in einem Praxisprojekt für Kommedia-Studierende im Sommersemester 2003 wird an einer Eingabemöglichkeit per SMS oder PDA gearbeitet. Vorstellbar sind dann Szenarien, in denen Textstellen aus beliebiger Literatur per Scan-Stift direkt als Text in Cool Modes eingebunden werden oder dass ein Seminarteilnehmer sich mit seinem Mobiltelefon oder PDA auch ohne WLAN-Notebook in die computerunterstützte Diskussion einbringen kann.

Literatur

Dewey, J. (1934). *Art as experience,* Neuauflage 1980, New York.

Gaßner, K., Hoppe, H.U., Lingnau, A. & Pinkwart, N. (2003). Handlungsorientierte Kommunikationsmedien als „mind tools“. In: *Künstliche Intelligenz 2 / 03*, Bremen, 42-47.

Hoppe, H.U. & Gaßner, K. (2002). Integrating Collaborative Concept Mapping Tools with Group Memory and Retrieval Functions. In G. Stahl (Hrsg.). *Computer Support for Collaborative Learning: Foundations for a CSCL Community (Proceedings of CSCL-2002),* Boulder (USA), 716-725.

Hoppe, H.U. u.a. (1999). Interactive Presentation Support for an Electronic Lecture Hall – a practice report –. In: G. Gumming u.a. (Hrsg.). *Advanced Research in Computers and Communications in Education,* Amsterdam, 923-930.

Jansen, M., Pinkwart, N. & Tewissen, F. (2001). MatchMaker – Flexible Synchronisation von Java-Anwendungen. In R. Klinkenberg, u.a. (Hrsg.) *LLWA 01 – Tagungsband der GI-Workshopwoche „Lernen-Lehren-Wissen-Adaptivität“ Forschungsbericht 763,* Oktober 2001. Universität Dortmund.

Milrad, M., Perez, J. & Hoppe, H. U. (2002). C-Notes: Designing a Mobile and Wireless Application to Support Collaborative Knowledge Building. In *Proceedings of IEEE International Workshop on Wireless and Mobile Technologies in Education,* WMTE 2002, Danvers (USA), 117-120.

Pinkwart, N., Hoppe, H. U., Bollen, L., Fuhlrott, E. (2002). Group-oriented Modelling Tools with Heterogeous Semantics. In S. A. Cerri, G. Gouardères & F. Paraguacu (Hrsg.). *Lecture Notes in Computer Science 2363, Intelligent Tutoring Systems,* Berlin, 21-30.

Gerd Kaiser, Trong-Nghia Nguyen-Dobinsky

Multimediale, interaktive und patientennahe Lehrszenarien in der medizinischen Ausbildung

Zusammenfassung

MeduMobile ist ein im Rahmen der Ausschreibung „Notebook-University" vom bmb+f gefördertes Projekt. Ziel des Projektes ist es, die Ausbildung am Krankenbett im Medizinstudium zu verbessern, indem bestimmte Lehrveranstaltungen mit Hilfe von WLAN und Notebook ubiquitär auf dem Campus verfügbar gemacht werden. Hierzu werden neue, so genannte OnCall-Lehrszenarien entwickelt und erprobt, bei denen die auf Abruf bereit stehenden Medizinstudierenden alarmiert und zur Teilnahme gebeten werden, wenn akute und/oder seltene Fälle in die Klinik eingeliefert werden. Die Studierenden nehmen aktiv an den vielfach interdisziplinären Lehrveranstaltungen teil. Der Unterricht findet vor, während und nach der Live-Session statt. Der Hochschullehrer und die Studierenden können den Fall gemeinsam besprechen und die Diagnose bzw. Therapie u.a. an Hand bildgebender Verfahren (CT, Mikroskop, Röntgen, Ultraschall, ...) erarbeiten. Parallel dazu können die Studierenden Lehrmaterialen aus multimedialen Datenbanken, Medline und Internet nutzen sowie eigene Videokonferenzen für die Gruppenarbeit einsetzen. Eine solche Lehrveranstaltung kann somit mehrere didaktische Elemente beinhalten: instruktives, konstruktives, kognitives und kooperatives Lernen. An der Erprobung nehmen etwa 80 Studierende an Veranstaltungen aus 8 Fachgebieten teil. Es werden Studien zur Evaluation des didaktischen Mehrwerts sowie technischer und organisatorischer Qualität durchgeführt. Endgültige Ergebnisse werden Ende 2003 vorliegen.

1 Vorbemerkung

In der klassischen medizinischen Ausbildung ist es notwendig, dass die Studierenden in der klinischen Ausbildung durch den direkten Kontakt zum Patienten fallbasiert zum einen Krankheitsbilder und zum anderen den Umgang mit den Kranken lernen. Dieser Form der Ausbildung sind jedoch Grenzen gesetzt, wenn z.B. die Zahl der auszubildenden Studierenden eine große Belastung für Patienten darstellt, oder wenn es darum geht, akute aber seltene Krankheitsbilder zu vermitteln. Dazu kommt, dass heute die Verweilzeit der Patienten in den Kliniken abnimmt.

Auf der anderen Seite entwickeln sich die mobilen Rechner zunehmend zu einem selbstverständlichen Arbeits- und Hilfsmittel, das eine Neugestaltung der Hochschulausbildung fördert (vgl. Tavangarian, 2002).

An der medizinischen Fakultät Charité der Humboldt-Universität zu Berlin wird in der Zeit vom 1.12.2002 bis zum 31.12.2003 ein bmb+f-gefördertes Projekt zur Einführung und Evaluierung von multimedialen, interaktiven und patientennahen Lehrszenarien durchgeführt. Strategisches Ziel des Projektes ist es, die medizinische Ausbildung am Krankenbett, das so genannte Bedside-Teaching, multimedial zu ergänzen und stellenweise zu verbessern.

2 Das Projekt MeduMobile

Im Rahmen des Projektes wird dazu ein Lehr- und Lernsystem auf der Basis eines Videokonferenzsystems aufgebaut, mit dem die Lehrveranstaltungen multimedial übertragen werden (siehe Abbildung 1). Die Studierenden befinden sich auf dem Campus und nehmen – nach der vorausgehenden Alarmierung durch den Hochschullehrer – mit ihren Notebooks über das WLAN-Netz der Charité live an den übertragenen Lehrveranstaltungen teil. Die Studierenden können direkt interaktiv in die Lehrveranstaltung einbezogen werden und z.B. Fragen an den Patienten oder an den Hochschullehrer stellen. Vor, während und nach der Lehrveranstaltung kann der Hochschullehrer die Studierenden unterrichten, Fragen stellen und Aufgaben verteilen. Neben der Bildübertragung vom Patienten bzw. von Handlungen am Patienten, werden die Bilder medizinischer Geräte (Röntgen, Ultraschall etc.) ergänzend übertragen und Lehrmaterialen aus multimedialen Datenbanken eingespielt. Die Studierenden haben zusätzlich die Möglichkeit, jederzeit im Internet und in den hauseigenen medizinischen Datenbanken zu recherchieren und eigene Videokonferenzen zur gemeinsamen Bearbeitung von Aufgabenstellungen aufzubauen.

Die Lehrveranstaltungen werden während der Evaluierungsphase von mindestens vier Personen durchgeführt. Im Regelbetrieb wir diese Zahl an Teilnehmern reduziert werden können. Neben dem Hochschullehrer gibt es ein Übertragungs- bzw. Drehteam, das so genannte MeduOnCall-Team.

Im Folgenden wird bei der Beschreibung der Rollen zur leichteren Lesbarkeit nur eine Geschlechtsform verwendet. Natürlich sind an dem Projekt auch Hochschullehrerinnen, Tutorinnen und Informatikerinnen beteiligt. Das MeduOnCall-Team besteht aus:

- Dem Tutor: In der Regel ein Arzt, der die Moderation der Veranstaltung übernimmt und der den Ablauf steuert. Er befreit den Hochschullehrer von der Betreuung des Systems und unterstützt den Hochschullehrer in der Betreuung der Studierenden, sodass sich der Hochschullehrer vollständig seinem Patienten und der Lehre widmen kann. Der Tutor ist u.a. auch für die Einhaltung der Datenschutzbestimmungen zuständig.

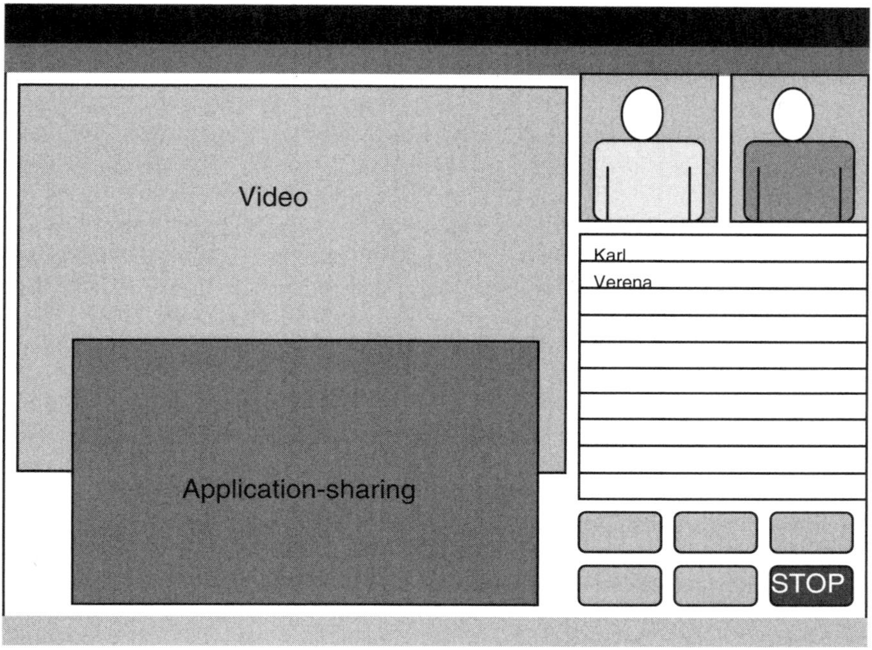

Abb. 1: Schematischer Aufbau der MeduMobile-Software

- Dem Multimedia-Assistenten: Dies ist in der Evaluierungsphase ein Informatiker, der an der Systementwicklung mitgewirkt hat. Der Multimedia-Assistent ist für den technischen Ablauf der Lehrveranstaltung zuständig, bedient die Kameras, das Mischpult usw.
- Der studentischen Hilfskraft: Während der Tutor und der Multimedia-Assistent mobil für Veranstaltungen in mehreren Kliniken zuständig sind, ist die studentische Hilfskraft in einer Klinik stationiert, kennt dort alle Räumlichkeiten, alle Ansprechpartner und geht dem MeduOnCall-Team bei der Übertragung zur Hand.

Zusätzlich zu den beschriebenen Rollen können noch Assistenzärzte und Pflegepersonal hinzukommen.

Sowohl das MeduOnCall-Team als auch die Studierenden sehen das in Abbildung 1 schematisch dargestellte Bild auf ihrem Notebook. An dieser Stelle ist zu bemerken, dass das Vorhandensein eines Notebooks, einer WLAN-Karte und eines Headsets für die teilnehmenden Studenten Voraussetzung waren. Die WLAN-Karten wurden von Seiten der Fakultät zur Verfügung gestellt. Für Bezugsmöglichkeiten von verbilligten Notebooks, standardmäßig mit einem Headset ausgestattet, wurde vom Projekt gesorgt.

Der Unterschied zwischen der Client-Version der Software der Studierenden und der Server-Version des MeduOnCall-Teams besteht in den Schaltflächen für die Steuerung, rechts unten in der Abbildung angedeutet. Darüber ist eine Liste der „virtuell anwesenden“ Studierenden und darüber wiederum die Videobilder von Teilnehmern zu sehen, denen gerade das Rederecht eingeräumt wurde. Voraussetzung für die visuelle Teilnahme ist das optionale Vorhandensein einer WebCam.

Der linke Teil des Bildschirms ist ganz der Videodarstellung und einem Application-sharing-Bereich vorbehalten. Der Videobereich kann alternativ Bilder vom Patienten, vom Hochschullehrer oder von einem bildgebenden Gerät darstellen. Das Bild kann in der Größe variiert werden. Bei der Benutzung eines Videomischpultes eröffnet sich die Möglichkeit, mehrere Videoquellen, ggf. als Bild-in-Bild-Darstellung zu zeigen.

Zusätzlich zum Videobild können auf der linken Seite in einem oder mehreren Application-sharing-Fenstern normale Applikationen aufgerufen werden. Hier können vorbereitete Bilder von Röntgenaufnahmen, Folien-Präsentationen oder sonstige Lehrmaterialien (z.B. Patientenfotos) gezeigt werden. Wichtig ist, dass es in diesen Fenstern auch möglich ist, über den Web-Browser auf Datenbanken im Lehrnetz oder im Internet zuzugreifen. Damit können die multimedialen medizinischen Inhaltsdatenbanken der Fakultät in die Lehre einbezogen werden. Der Tutor kann einzelnen Studierenden das Recht zur Fernbedienung einer gemeinsam benutzten Applikation geben, damit die Studierenden diese Software z.B. zur Recherche bestimmter Daten zur Untermauerung von Diagnosevorschlägen oder einfach nur zum Zeigen auf bestimmte Regionen eines Bildes verwenden können.

Zur Zeit existiert noch keine allgemeingültige Theorie des multimedialen Lernens. Nach den neuesten lernpsychologischen Erkenntnissen zum multimedialen Lernen hat die Kombination von auditivem Text und einem dabei erläuterten Bild die höchste Stufe an Lerneffektivität (vgl. Schnotz, 2003). Nach (Fellbaum, 2003) wird eine schlechte visuelle Qualität eher akzeptiert. Eine schlechte auditive Qualität wird auf keinen Fall akzeptiert. Das Konzept des MeduOnCall-Systems entspricht genau diesen Erkenntnissen, indem auf eine hochwertige Audioübertragung in beide Richtungen ein besonderer Wert gelegt wird.

Der Zusatznutzen für die Studierenden ist vielfältig. Sie können das MeduOnCall-System für eigene (Video-)Konferenzen zur Gruppenarbeit als Nachbearbeitung oder Vorbereitung von Lehrveranstaltungen nutzen. Die Studierenden haben auf dem Campus die Möglichkeit, jederzeit das Internet oder die fakultätseigenen Datenbanken mit medizinischen Falldaten, systematischen Lehrstoff und die Recherche-Datenbanken der Bibliothek zu nutzen.

3 OnCall-Lehr- und Lernszenarien

Aufgrund der Vielzahl von unterschiedlichen Fachgebieten und Aufgabenstellungen waren diverse Lehrszenarien mit unterschiedlichen Anforderungen zu entwickeln. Die Live-Übertragung der Lehrveranstaltungen stellt ganz besonders hohe Anforderungen an die Entwicklung dieser Szenarien.

3.1 Anforderungen an interaktive, multimediale, patientennahe Lehrveranstaltungen

Die MeduOnCall-Lehrveranstaltungen werden live ohne die Möglichkeit der nachträglichen Bearbeitung übertragen. Um eine lebendige, den besonderen Datenschutzanforderungen genügende und trotzdem qualitativ hochwertige Übertragung zu erhalten, müssen alle Szenarien sorgfältig vorbereitet, beschrieben und erprobt werden. Für jedes Lehrszenario, bzw. für jede Ausprägung eines Szenarios mussten zusätzliche Drehbücher entwickelt werden. Dabei waren die Anforderungen der Lehrenden, der Lernenden, der Klinik und der Patienten zu berücksichtigen:

- Jede Lehrveranstaltung stellt eine neue Situation für das Drehteam dar. Als Erschwernis kommt hinzu, dass die MeduOnCall-Teams jeweils für mehrere Kliniken zuständig sind und sich untereinander vertreten müssen.
- Die Zeit, die für eine MeduOnCall-Lehrveranstaltung zur Verfügung steht, ist eng begrenzt. Zum einen kann der Lehrpatient nicht zu lange belastet werden, zum anderen musste der Krankenhausbetrieb reibungslos weiter laufen können.
- Die Studierenden erwarten eine kompetent durchgeführte Lehrveranstaltung und wegen der medialen Übertragung auch einen didaktischen und inhaltlichen Mehrwert. Aus diesem Grund muss die Veranstaltung interessant, flüssig und – mit gewissen Einschränkungen – perfekt gestaltet werden.

3.2 Entwicklung der Szenarienbeschreibungen

Der erste Schritt zur Entwicklung von Lehrszenarien bestand darin, geeignete Lehrsituation zu identifizieren. Kriterien für die Auswahl geeigneter OnCall-Lehrszenarien sind:

- Die Lehrveranstaltung ist Bestandteil des Curriculums.
- Das Krankheitsbild des potenziellen Lehrpatienten erfordert eine ärztliche Handlung, die aber nicht zeitkritisch ist und/oder einer gewissen Vorbereitung bedarf (akuter Fall). Notfälle, die eine sofortige Handlung erfordern sind für MeduOnCall-Lehrszenarien nicht geeignet.
- Es treten Krankheiten auf, die den Studierenden nur selten oder gar nicht im normalen Seminarbetrieb gezeigt werden können.

- Die Lehre belastet die Patienten zu stark.
- Einer geringen Zahl von Patienten in einem Fachgebiet steht eine große Zahl an Studierenden gegenüber.
- Patienten werden in Bereichen behandelt, die Studierende während ihres Studiums nicht erreichen, z.B. die Intensivstation, Herzkathederlabor etc.
- Und last but not least: Das Szenario muss erkennen lassen, dass ein didaktischer Mehrwert zu erwarten ist.

Für jedes mögliche und sinnvolle Szenario wurde nun eine Szenarienbeschreibung angefertigt. In dieser Szenarienbeschreibung sind neben den Inhalten die organisatorischen und technischen Randbedingungen ebenso wie didaktische Ziele und das didaktische Konzept der zukünftigen Lehrveranstaltung definiert.

3.3 Entwicklung der Drehbücher

Zur Erfüllung der Anforderungen aus Kapitel 3.1 wurden auf der Basis der Szenarienbeschreibung detaillierte Drehbücher für jede Veranstaltung bzw. für jeden Typ von Veranstaltung entwickelt. Diese „Drehbücher" sind streng genommen keine Drehbücher sondern Ablaufpläne, Checklisten und Verlaufsprotokolle in einem. Die Abbildung 2 zeigt eine typische Seite aus einem Drehbuch mit der Beschreibung einer Einstellung mit detaillierten Anweisungen für den Ablauf.

Eine Lehrveranstaltung besteht im Minimum aus drei Einstellungen, der Begrüßung, dem Hauptteil und der Nachbesprechung. Je nach Komplexität des Themas kann der Hauptteil auch bis zu sechs Einstellungen haben.

Während aller Phasen der Lehrveranstaltung kann der Hochschullehrer Fragen an die Teilnehmer richten oder Aufgaben stellen. Je nach Situation werden auch Fragen der Studierenden zugelassen. Der Seminarcharakter wird auf jeden Fall in der Nachbesprechung erreicht, wenn i. d. R. ohne Anwesenheit des Patienten die Ergebnisse erläutert und diskutiert werden. In jeder Phase ist es zudem möglich, zusätzliche Lehrmaterialen aus den Inhaltsdatenbanken, von vorbereiteten Folien oder zusätzliche Bilder für die Diagnosefindung einzuspielen. Auch diese Teile der Lehrveranstaltung werden soweit wie möglich geplant und in den Drehbüchern vorgegeben.

Begrüßung und Erläuterung des Veranstaltungsverlaufs

Dauer: ca. 10´

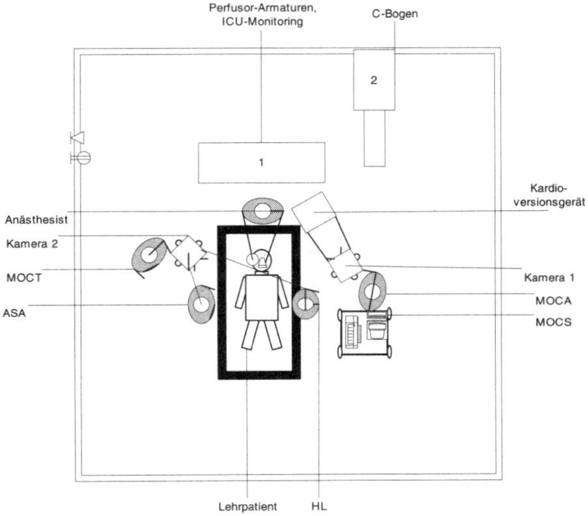

Zweck dieser Einstellung ist die Begrüßung der Teilnehmer sowie die Vorstellung des Patienten. Dabei erläutert der HL die Darstellung auf dem Kardioversionsgerät. Der Patient wird parallel dazu vom Anästhesisten anästhesiert.

ACHTUNG: Kamera 2 für die Einstellung 02 so vorbereiten, dass das Gesicht des Patienten nicht zu sehen ist. Höhe des Stativs etwa 1,50 m.

Einstellung 01

HL befindet sich stehend an der Patientenliege zur Kamera 2 gewandt.

Kamera 1 zeigt den Monitor des Kardioversionsgerät.

Kamera 2 zeigt zuerst während der Begrüßung den HL.

Zur Begrüßung wird zum Beginn der Veranstaltung die Kamera 2 gezeigt. Anschließend an die Begrüßung erläutert der HL den Bildschirm des Kardioversionsgerätes. **ACHTUNG: Umschalten auf Kamera 1 wenn sich HL dem Kardioversionsgerät zuwendet.** Während der Erläuterung des Kardioversionsgerätes wird die Kamera 2 für die nächste Einstellung vorbereitet. Sie steht dann in geeigneter Höhe auf einem Stativ und filmt das Setting einschließlich des Patienten von oben. Damit kann das Arbeitsfeld optimal erfasst werden.

Bild des Settings

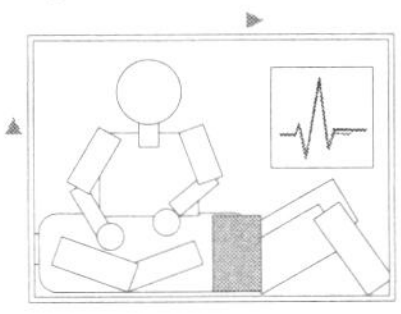

Abb. 2: Typische Seite eines Drehbuchs, hier zur Kardioversion

4 Evaluierungsziele

Aus der Vorhabensbeschreibung des Projektes (vgl. Nguyen-Dobinsky, 2002) ergeben sich die Projektziele, die – in verkürzter Form wiedergegeben – wie folgt lauten:

- Integration praxisnaher Lehrszenarien und moderner Formen der Wissensvermittlung zur Erhöhung der Lerneffektivität
- Erhöhung der multimedialen Kompetenz der Lehrenden und der Lerner
- Nutzbarmachung der multimedialen Lehr- und Lerninhalte über das Funknetz der Charité
- Entwicklung, Erprobung und Einführung neuer mobiler Lernszenarien
- Entwicklung und Erprobung didaktisch wertvoller und daher besonders attraktiver Lernarrangements mit der patientennahen Ausbildung in Echtzeit (MeduOnCall-Modell)

Die Haupt-Evaluierungsphase des gesamten Systems ist das Sommersemester 2003. Da dieser Beitrag bereits frühzeitig für den Druck des Tagungsbandes vorliegen musste, bleibt es dem mündlichen Vortrag vorbehalten, die ersten Ergebnisse zu präsentieren. Aus diesem Grund werden hier nur einige Fragestellungen der Evaluierungsphase aufgeführt:

- Ein wichtiges Evaluierungsziel ist der didaktische Mehrwert des Systems, die Effektivität des Lernens. Lernen die Studierenden mit dem System mehr oder besser?
- Wie hat sich die Medienkompetenz der Studierenden und der Lehrenden verändert?
- Akzeptieren die Studierenden, die Hochschullehrer und vor allem die Patienten das neue System?
- Wie sind die praktischen Systemeigenschaften, wie ergonomisch, wie praktikabel ist das System?
- Ob und wie nutzen die Studierenden die Notebooks außerhalb der Lehrveranstaltungen?
- Wie bewerten die Nutzer den Gesamtwert des Systems?
- Vermindert die Nutzung des Systems die Belastung der Patienten?
- Konnten die MeduOnCall-Lehrveranstaltungen problemlos in das Studium und in den Klinikbetrieb integrierte werden?
- Wie ist die Bereitschaft der Studierenden zur Beschaffung der notwendigen Hardware für die Veranstaltungen?
- Wie sind die Erwartungen an eine Notebook-Uni bei den Studierenden?

5 Abschlussbemerkungen, Ausblick

Im Rahmen des Zukunftsinvestitionsprogramms der Bundesregierung werden und wurden vom bmb+f 25 Notebook-University-Projekte an deutschen Hochschulen gefördert. Das Projekt MeduMobile ist darunter das einzige Projekt, welches sich mit der Entwicklung und Einführung von interaktiven, multimedialen und patientennahen Lehrszenarien in der medizinischen Ausbildung beschäftigt. Dabei unterscheidet sich der Projektgegenstand von vielen anderen Multimedia-Projekten. MeduMobile bringt eine lebendige Variante in die Notebook-University ein. Da mit diesem Projekt Neuland betreten wurde, basierten viele Gestaltungsentscheidungen, bei der Entwicklung der Software aber auch bei der Entwicklung der Lehrszenarien, auf Erfahrungen aus anderen Bereichen. Es ist nun die Aufgabe der Evaluation, diese Gestaltungsentscheidungen zu untersuchen und zu bewerten.

Ohne den Ergebnissen der Evaluation vorweg zu greifen, ist doch schon in den frühen Phasen ein großes Interesse von allen Seiten an diesem Projekt festzustellen gewesen. Diese Art der multimedialen Ausbildung kann einige bestehende Probleme lösen, der Lehre neue Wege eröffnen und durch bisher nicht vermittelte bzw. vermittelbare Lehrinhalte die Qualität der Ausbildung verbessern.

In welche Richtung kann sich diese Form des Notebook-Einsatzes entwickeln? Welche Ideen existieren dazu?

Derzeit ist die Nutzung des Systems auf die Campi der Charité beschränkt. Denkbar, wünschenswert und sicherlich der nächste logische Schritt wird es sein, die Lehrveranstaltungen auch über das Internet verfügbar zu machen. Dadurch könnten Fernstudiengänge aufgewertet und Fahrwege und -zeiten der Studierenden minimiert werden.

Wenn die Lehrveranstaltungen dann im Internet zur Verfügung stehen, ist zu fragen, warum nicht auch die Studierenden an medizinischen Hochschulen in Paris, London, Lissabon oder Warschau an diesen Lehrformen teilnehmen sollten? Daraus folgt unweigerlich das Problem der Sprache. Hier könnten zukünftig automatische Übersetzungssysteme eine wichtige, allerdings mit viel Forschungs- und Entwicklungsaufwand voranzutreibende, Rolle übernehmen.

Medizinstudierende können nicht nur audiovisuell lernen. Ein wichtiger Teil der medizinischen Ausbildung ist das Erlernen von Tastbefunden. Hier gibt es Ansätze zu haptischen Displays (siehe hierzu Jungmann & Schlaak, 2002 sowie HASASEM) die, zukünftig das Notebook ergänzend, diesen Teil der Ausbildung virtuell ermöglichen.

In Tavangarian (2001) wird die Notebook-Universität wie folgt definiert: „eine Form der Hochschulorganisation, in der der Einsatz mobiler Rechner (...) sowie die verstärkte Ausnutzung moderner Kommunikationstechniken und -möglichkeiten sowohl auf der Seite der Lehrenden als auch auf der Seite der Studierenden ein integrativer Bestandteil der alltäglichen Ausbildung ist."

Ziel der Entwicklungen, auch im vorgestellten Projekt, sollte es sein, der tatsächlichen Notebook-Universität mit all ihren Vorteilen näher zu kommen.

Literatur

Fellbaum, K. (2003). Zur Bedeutung akustischer Informationen bei multimedialen Präsentationen. In Schwill, A. (Hrsg.), *GML2003 – Grundfragen multimedialer Lehre,* 1. Workshop, Potsdam

HASASEM. Verbundprojekt Haptisches Sensor-Aktor-System, Fraunhofer-Institut für Silikatforschung. Abruf am 11. Juni 2003; www.hasasem.de.

Jungmann, M. & Schlaak, H. F. (2002). *Taktiles Display mit elektrostatischen Polymer-Aktoren. 47.* Internationales Wissenschaftliches Kolloquium, Technische Universität Ilmenau

Nguyen-Dobinsky, TN. et al. (2002). *MeduMobile, Mobiler Campus Charité,* Vorhabensbeschreibung zum Förderprogramm Neue Medien in der Bildung, Förderbereich Hochschule, Humboldt-Universität zu Berlin

Tavangarian, D. et al. (2001). *Untersuchung der Einsatzmöglichkeiten von Notebooks in Lehre und Ausbildung an Hochschulen.* Konzeption zur Realisierung zukünftiger Notebook-Hochschulen in Deutschland, Uni Rostock, FHG Projektträger Neue Medien+Fachinformation, BMBF

Tavangarian, D. (2002). Notebook-Hochschule, Synthese aus Präsenz- und virtueller Universität. (*Informatik Spektrum, Band 25,* Heft 5, 10/2002)

Schnotz, W. (2003). Lernen mit Neuen Medien: Pädagogische Verheißungen und empirische Befunde. In Schwill, A. (Hrsg.): *GML2003 – Grundfragen multimedialer Lehre,* 1. Workshop, Potsdam

Die Darstellung der Abbildung 2 stammt aus dem MeduMobile-Drehbuch KARDIOLOGIE01 von Dr. Parwis Fotuhi und Stefan Radolf, bei denen wir uns für die Überlassung der Seite herzlich bedanken.

Marc Krüger, Klaus Jobmann, Kyandoghere Kyamakya

M-Learning im Notebook-Seminar

Zusammenfassung

Das Notebook-Seminar stellte ein M-Learning-Szenario dar, welches durch die Integration des Notebooks in die Lehre eine Verbesserung derselben erwirken soll. Methodischer Schwerpunkt ist das projektorientierte Lernen, welches neben der Vermittlung von Fachinhalten zum Ziel hat, auch fachübergreifende Kompetenzen zu vermitteln. Auf Basis einer ein Semester umfassenden Projektaufgabe werden bestimmte Lernhandlungen von den Studierenden absolviert. Diese Lernhandlungen fassen bestimmte Lernziele, die in Fach-, Methoden und Sozialkompetenz aufgeteilt sind. Das Paper beleuchtet Aspekte des M-Learnings und konzipiert vor diesem Hintergrund das Notebook-Seminar. Danach wird das in die Praxis umgesetzte Konzept vorgestellt und die gemachten Erfahrungen, sowie die Ergebnisse der Evaluation diskutiert.

Einleitung

Das Notebook-Seminar ist ein Lernszenario, dass durch die Einbindung der Notebooks in die Hochschullehre eine Verbesserung derselben erwirken soll. Es ist im Projektverbund (Universität Hannover/MHH) eines von vier entwickelten Lernszenarien. Finanziell getragen wird das Projekt von der BMBF-Förderung „Notebook-University". Hiermit beabsichtigt das BMBF im Rahmen des Förderprogramms „Neue Medien in der Bildung" den Einsatz von Notebooks in der universitären Ausbildung zu entwickeln, zu erproben und zu etablieren.

Das erste Notebook-Seminar wurde von Oktober 2002 bis Februar 2003 durchgeführt. Zur Zeit läuft das zweite Notebook-Seminar (15.5.2003).

Konzeption des Notebook-Seminars

Beschäftigt man sich mit dem mobilen Lernen (M-Learning), fällt auf, dass die Vorstellungen sich mehr an den technischen Möglichkeiten orientieren als an den Nutzen für das Lernen. Die geläufigste Vorstellung ist, dass „Anytime, Anywhere und Anyway" gelernt werden kann. Die geführte Debatte diskutiert die elektronischen Errungenschaften PDA und Laptop als Instrumente, um z.B. während einer Bahnfahrt oder im Park das computerunterstützte Lernen zu ermöglichen. Handy und WLAN bieten in diesen Szenarien eine drahtlose Vernetzung der

Geräte. Die Begeisterung über die technisch geschaffenen Möglichkeiten lenkt dabei von den Fragestellungen ab, was für ein Mehrwert sich für das Lernen einstellt. Vor diesem Hintergrund fordert der Projektträger: „Auf Basis ausgearbeiteter Multimedia-Konzepte [...] sind ‚Lehr/Lern-Szenarien‘ zu entwickeln und umzusetzen, deren Integration in die Lehre zu einem tatsächlichen Mehrwert durch die mobile Nutzung führen“ (BMBF, 2002). An die Konzeption des Notebook-Seminars formuliert sich somit die folgende Anforderung: „Verbesserung der Lehre durch die Integration des Notebooks in den Lernprozess.“

Da das Notebook ein Produkt der zeitgeschichtlichen Veränderungen ist, wird die Konzeption des Notebook-Seminars mit einer entsprechenden Betrachtung begonnen. Die Verbesserung der Lehre wird jedoch nicht eingleisig durch das Einbinden der Notebooks geleistet. Die Konzeption des Lernszenarios berücksichtigt auch die veränderten beruflichen Anforderungen an die zukünftigen Arbeitnehmer. Ziel ist es, die Studierenden optimal auf ihren Beruf vorzubereiten. Der berufliche Fokus richtet sich dabei auf die Ingenieursausbildung.

Zeitgeschichtliche Betrachtung

Als wichtigste zeitgeschichtliche Änderung erachten wir den Wandel von der Industrie- zur Wissensgesellschaft. Dieser steht „für die Verschiebung von materiellen zu informationsgesellschaftlichen und intellektuellen Ressourcen als Grundlage des Wirtschaftens und der Gesellschaft“ (Schneider, 2002, S. 3), welche damit auch nachhaltige Veränderungen in der Arbeitswelt hervorruft. Besonders die sich reduzierende Halbwertzeit des Wissens (Stock, 1998, S. 67), der Wegfall von Routinetätigkeiten (Europäische Kommission, 1995, S. 10) infolge der Automatisierung und die Etablierung der Informationstechnologien (Enquete-Kommission, 1998, S. 63) stellen veränderte Anforderungen an die Ingenieure. Eine gute Ausbildung sollte sich an diesen Anforderungen orientieren, deshalb wurde untersucht, welche Kompetenzen im einzelnen gefordert werden. Die Literaturarbeit (Krüger, 2002) brachte eine Vielzahl von zu fördernden Kompetenzen hervor, die meist genanntesten sind: (Selbst-)Lernkompetenz, Medienkompetenz, Team- und Kommunikationskompetenz, Management- und Projektmanagementkompetenz, Betriebswirtschaftliche Kompetenz, Juristische Kompetenz, Interkulturelle Kompetenz.

Berufliche Handlungskompetenz

Beschäftigt man sich mit den Curricula der Ingenieursausbildung, fällt auf, dass gerade der Förderung dieser Kompetenzen nur sehr bedingt nachgegangen wird. Um diesem Defizit zu begegnen, wurde bei der Konzeption des Notebook-Seminars nach einer Lernmethodik gesucht, welche innerhalb einer fachlich orientierten Ausbildung eine begleitende übergreifende Kompetenzvermittlung ermöglicht. Fündig wurden wir in der deutschen Berufspädagogik, welche mit dem handlungsorientierten Unterrichtskonzept dieses Ziel verfolgt.

Entgegen den üblich fachsystematisch artikulierten Lernzielen (z.B. ohmschen Gesetz), formuliert das handlungsorientierte Unterrichtskonzept das Erreichen der

„beruflichen Handlungsfähigkeit" (Bunk, 1994, S. 9) als übergreifendes Lernziel. Dabei gilt als beruflich handlungsfähig, wer „über die erforderlichen Kompetenzen, Fertigkeiten und Fähigkeiten eines Berufs verfügt, Arbeitsaufgaben flexibel lösen kann, sowie fähig und bereit ist, dispositiv in seinem Berufsfeld und innerhalb der Arbeitsorganisation mitzuwirken" (Bunk, 1994, S. 10).

Die beruflichen Kompetenzen werden dabei in Kategorien aufgeteilt. Die am häufigsten verwendete Sortierung ist die Teilung in Fach-, Methoden und Sozialkompetenz (Ott, 1997, S. 185):

a) „**Fachkompetenz** besitzt derjenige, der zuständig und sachverständig über Aufgaben und Inhalte seines Arbeitsbereichs verfügt und die dafür notwendigen Kenntnisse und Fertigkeiten beherrscht.
b) **Methodenkompetenz** besitzt derjenige, der bei gestellten Arbeitsaufgaben und auftretenden Abweichungen verfahrensmäßig angemessen reagieren kann, selbständig Lösungswege findet, sowie gemachte Erfahrungen sinnvoll auf andere Arbeitsprobleme überträgt.
c) **Sozialkompetenz** besitzt derjenige, der mit anderen Menschen kommunikativ und kooperativ zusammenarbeiten kann, gruppenorientiertes Verhalten und zwischenmenschliches Verständnis zeigt" (Ott, 1997, S. 185).

Die Abgrenzung ist nicht absolut und die Kompetenzen überschneiden sich. Ein exemplarisches Beispiel für die Überschneidung ist die Medienkompetenz. Sie fasst sowohl fachliche (z.B. Wissen über die Bedienung eines Computers), methodische (z.B. wie arbeitet man sich in neue Software ein) als auch soziale Aspekte (z.B. wann schreibe ich eine eMail und wann ist ein Telefonat wichtiger). Diese Differenzierung ermöglicht die Bestimmung der Lerninhalte, durch die erfolgreiches berufliches Handeln zu erlernen ist. Die fachsystematische Betrachtung der Lerninhalte wird um die für erfolgreiches berufliches Handeln erweitert.

Methodik

Methodisches Postulat des handlungsorientierten Lehrens ist, das Lernen anhand der vollständigen beruflichen Handlung zu strukturieren. Hierunter versteht man all jene Handlungen, die zum Bewältigen einer beruflichen Aufgabe gehören. Dies beinhaltet somit das Bearbeiten realer beruflicher Aufgaben (Rahmenlehrplan für den Ausbildungsberuf Informations- und Telekommunikations-Elektroniker, 1997, S. 4) und erhält den Charakter einer projektorientierten Ausbildung (Eckert, 1992, S. 59). Damit ist handlungsorientiertes Lernen ein aktiv entdeckendes, selbstorganisiertes und kooperatives Lernen (Pätzold, 1992, S. 9), welches den Lerner in den Mittelpunkt der pädagogischen Bemühungen rückt. Als positive Effekte werden dieser Methode eine bessere Transfer- und Behaltensleistung zugesprochen (Pätzold, 1992, S. 9).

Um die Handlung entsprechend zu strukturieren, sind die Lernziele in vollständige Handlungsphasen einzubetten. Aus einem ursprünglich dreiphasigen Modell (Planen, Durchführen und Kontrollieren) hat sich inzwischen ein sechsphasiges entwickelt. Dieses beinhaltet (Ott, 1997, S. 185): Informieren, Planen, Entscheiden, Ausführen, Kontrollieren und Bewerten (Rohs & Mattauch, 2001, S. 37). Anhand dieser Handlungsphasen wird das Notebook-Seminar strukturiert und leitet die Studierenden an, bewusst und systematisch, komplexe Aufgabestellungen zu bearbeiten.

Die Integration des Notebooks

Die Integration des Notebooks sollte innerhalb der aufgezeigten Methodik nicht zur fremdbestimmten Steuerung eines Lernprozesses verwendet werden, sondern als „Informations- und Werkzeugangebot für selbstgestaltete Lernprozesse“ (Holzinger, 2001, S. 163), wobei das zu taxomierende Lernziel die Medienkompetenz ist. Unter dem übergreifenden Lernziel, eine berufliche Handlungskompetenz zu vermitteln, wird damit das Notebook als typisches „Ingenieurswerkzeug“ in den Lernprozess eingebunden. Durch diesen Einsatz werden die (Medien-) Kompetenzen und Fertigkeiten gefördert, die für den beruflichen Alltag eines Ingenieurs von Bedeutung sind.

Wozu setzt der Ingenieur jedoch ein Notebook als „Werkzeug“ ein? Hierzu werden im Folgenden ingenieurstypische Handlungen aufgezählt: Dokumentieren (z.B. Textverarbeitung), Kalkulieren (z.B. Kostenrechnung), Verwalten (z.B. Ersatzteillager), Präsentieren (z.B. Forschungsergebnisse), Planen (z.B. Projektplanung), Konfigurieren (z.B. Installation, Parametrierung und Fehleranalyse von Geräten und Anlagen), Kommunizieren (z.B. E-Mail), Informieren (z.B. WWW, Newsgroups), Simulieren (z.B. elektr. Schaltungen), Archivieren (z.B. Schaltpläne, Lagepläne). Betrachtet man diese vielen Funktionen, wird das Notebook für den Ingenieur zu einem Allround-Werkzeug. Abbildung 1 verdeutlicht dieses sinnbildlich.

Abb. 1: Das Notebook als Allround-Werkzeug

Der Einsatz des Notebooks in der universitären Lehre sollte also in Anlehnung an die berufliche Praxis geschehen. Die Praxis zeigt, dass sich das Notebook im Ingenieursberuf fest etabliert hat.

Im Sinne des handlungsorientierten Lernens sind die aufgezeigten ingenieurtypischen Handlungen in den Lernprozess aufzunehmen. Beispiele sind das Präsentieren von Projektergebnissen mittels entsprechender Software, die Simulation von Schaltungen oder die Organisation der Gruppenarbeit über einen Online-Kalendern.

Mehrwert durch M-Learning?

Ausgehend von der anfänglich durchgeführten Betrachtung zu M-Learning fällt auf, dass nicht die unmittelbaren technischen Möglichkeiten im Vordergrund stehen (Anytime, Anywhere, Anyway), sondern die Funktion des Notebooks im beruflichen Alltag. Es wurde also ein anderer Ansatz gewählt, um das Notebook in den Lernprozess einzubinden. Stellt das Notebook nun einen Mehrwert im Lernprozess dar?

Durch das Einbinden des Notebooks als Lernträger in den handlungsorientierten Lernprozess, werden durch den Umgang mit ihm, neben der Medienkompetenz, im Besonderen ingenieurstypische Arbeitsmethoden und Fertigkeiten erworben. Unter der Voraussetzung praxisorientierter Aufgabestellungen bildet dies einen pädagogischen Mehrwert, der die Studierenden authentisch auf die beruflichen Anforderungen vorbereitet.

Im Lernprozess liegt der Vorteil zu einem stationären Computer in der räumlich unabhängigen Verfügbarkeit der Notebooks. Die Studierenden können auf die entsprechenden Anwendungen jederzeit zugreifen, z.B. wenn sie während eines Seminartermins ihre Projektplanung vornehmen, eine Präsentation vorführen oder sich Informationen beschaffen. Die ständige Verfügbarkeit dürfte eine wesentlich intensivere Benutzung erwirken als bei stationären Computern. Durch diesen intensiven Einsatz werden die angestrebten Lernziele nachhaltiger verinnerlicht.

Ein weiterer Vorteil der räumlichen Unabhängigkeit ist, dass seitens der Hochschule keine kostenintensiven Rechnerpools zur Verfügung gestellt werden müssen. Das Seminar kann in jedem für Lehrveranstaltungen geeigneten Raum stattfinden. Dies ist im Hinblick auf die breite Einführung eines solchen Seminars in den Hochschulbetrieb ein wichtiger Aspekt. Auf Basis eines WLAN-Netzes, wie es an der Universität Hannover ausgebaut wird, kann so dem „Anywhere" des mLearnings innerhalb der Hochschule Rechnung getragen werden.

Die Diskussion der Evaluation am Ende dieses Papers wird diese Thematik noch einmal aufgreifen und zeigen, ob die hier formulierten Erwartungen sich erfüllt haben.

Realisierung des Notebook-Seminars

Um die Realisierung des Notebook-Seminars nicht im konstruktiven Abstraktum verschwinden zu lassen, werden wir ein praktisches Beispiel darstellen. Da das Notebook-Seminar im Studium der Kommunikationsnetze durchgeführt wurde, ist dieses Beispiel entsprechend ausgerichtet.

Taxomierung der Lernziele und -handlungen

Erste zu treffende Vorbereitung ist die Taxonomierung der Lernziele. Diese richten sich nach dem Studienplan. Darüber hinaus wurden von uns die fachübergreifenden Kompetenzen eingebracht. Es zeigte sich, dass der in unserem Studienplan vorgesehene zeitliche Rahmen von vier Semesterwochenstunden nur einen Bruchteil der fachübergreifenden Kompetenzen tragen kann. Wir haben uns dabei auf die für uns am wichtigsten erscheinenden beschränkt.

Zu den taxonomierten Lernzielen haben wir die entsprechenden Lernhandlungen bestimmt, anhand denen diese zu erlernen sind. Diese müssen Bestandteil der zu erstellenden Projektaufgabe sein.

Im Folgenden ist zu jeder Kompetenz (Fach-, Methoden-, Sozial- und Medienkompetenz) ein Beispiel dargestellt. Die differenzierte Darstellung der Medienkompetenz wurde gewählt, da das Notebook im Rahmen dieses Forschungsprojektes eine besondere Stellung erfährt.

- **Fachkompetenz:** Die Vermittlung der Fachkompetenz richtet sich inhaltlich an die Bluetooth-Technologie. Hierzu ist eine Projektaufgabe zu erstellen, die die Technologie „Bluetooth" entsprechend thematisiert. Lernziel sind die technologiebezogenen Strukturen und Funktionen. Darüber hinaus sollen durch das exemplarische Behandeln dieser Technologie, die in den Grundlagenvorlesungen der Kommunikationsnetze erlernten Inhalte angewendet und gefestigt werden. Dazu werden am Anfang des Seminars den Studierenden ausgewählte Materialien zum Thema „Bluetooth" zur Verfügung gestellt. Dies soll ihnen den selbständigen Einstieg in die Thematik und die Durchführung der Projektarbeit erleichtern.
- **Projektmanagementkompetenz (Methodenkompetenz):** Hierzu müssen die Studierenden einen Projektplan erstellen. Dabei sind die Arbeitsschritte offen zu legen und in einen zeitlichen Rahmen zu fassen. Der Projektplan ist mit dem Tutor durchzusprechen und auf seine Einhaltung hin zu kontrollieren. Abweichungen sind seitens der Studierenden zu dokumentieren und zu diskutieren.
- **Teamkompetenz (Sozialkompetenz):** Die Teamkompetenz wird durch das Arbeiten in Gruppen von vier bis sechs Teilnehmern gefördert. Den Gruppen werden Teamregeln vorgeschlagen, nach denen sie ihren Umgang miteinander regulieren können. Darüber hinaus steht es der Gruppe frei, weitere Regeln zu definieren. Auch soll sich jede Gruppe einen Gruppennamen geben, damit das Gemeinschaftsgefühl gefördert wird. Der Tutor einer Gruppe beobachtet die Zusammenarbeit und greift bei Problemen regulierend ein (z.B. wenn ein Teilnehmer sich aus der Gruppenarbeit ausklinkt).
- **Neue Formen des medialen Arbeitens (Medienkompetenz)**: Das Einbinden des Notebooks in die Präsenzphasen ist durch entsprechende Handlungsvorgaben zu fördern. So müssen die Studierenden z.B. mit einer Präsentationssoftware ihre Projektergebnisse vorstellen. Über eine Lernplattform haben sie die Möglichkeit, ihre Projektergebnisse auszutauschen – ergänzend bietet ein

Dokumentenarchiv und ein eigenes Diskussionsforum weitere Interaktionsmöglichkeiten.

Organisation

Die Organisation des Notebook-Seminars ist für eine gute Zusammenarbeit der am Lerngeschehen beteiligten sehr wichtig. Ein Seminarplan gibt feste Zeitvorgaben, bis wann welcher Meilenstein der Projektarbeit zu absolvieren ist. Dieser sollte sich nach den sechs vollständigen Handlungsphasen (Informieren, Planen, Entscheiden, Ausführen, Kontrollieren und Bewerten) richten. Das folgende Beispiel soll dies erläutern:

a) Informieren (1.-2. Woche): Einarbeiten in die Bluetooth-Technologie
b) Planen (3. Woche): Erstellen eines Projektplans
c) Entscheiden (Termin X): Abgabe des Projektplans
d) Ausführen (4.-10. Woche): Durchführen des Projektes
e) Kontrollieren (Termin Y): Abgabe der Projektdokumentation und Korrektur durch den Tutor.
f) Bewerten (12. Woche): Durchführen der Abschlusspräsentation. Abschließende Bewertung der Projektergebnisse. Hier steht eine schriftliche und mündliche Bewertung im Vordergrund, um den Studierenden eine Rückmeldung zu geben.

Ein abgesteckter Zeitplan hat für die Studierenden den Vorteil, dass sie zu einem festen Termin mit ihrem Projekt fertig sind. Dies ist wichtig für die Studienplanung. Des Weiteren kommen sie so nicht in Verlegenheit, ihre Projektaufgaben aufzuschieben. Dies führt vielmals zum Abbruch der Projektarbeit.

Unsere Erfahrungen haben gezeigt, dass die Studierenden einer intensiven Betreuung bedürfen. Dies liegt in der Tatsache begründet, dass sie in einem unbekannten Lernszenario agieren und sich viele Sachen aneignen müssen. Beispiel ist das Erstellen von Projektplänen oder die Organisation der Projektarbeit in der Gruppe. Um hier eine optimale Unterstützung zu bieten, müssen die Studierenden einmal in der Woche in der Hochschule erscheinen und sich mit ihrem Tutor treffen. Oft dauert solch ein Treffen nur eine Viertelstunde, hilft den Studierenden jedoch bei der Bewältigung der Projektarbeit nachhaltig weiter. Im Anschluss an diese Treffen arbeiten die Gruppen fast immer zusammen an ihrem Projekt weiter. Das Notebook ist hierbei fast immer präsent.

Erfahrungen, Ergebnisse & Resümee

Die Durchführung des Notebook-Seminars wurde von einer qualitativen Evaluation begleitet. Diese basiert einerseits auf der Dokumentation der Beobachtungen der Tutoren, andererseits werden mit einem Fragebogen die Empfindungen und Erfahrungen bei den Studierenden abgefragt. Im Folgenden sind ausgewählte

Ergebnisse im Bezug auf die unterschiedlichen Datenerhebungsmethoden zusammenhängend dargestellt.

Haben die Studierenden ihre Notebooks benutzt?

Diese Frage lässt sich eindeutig mit Ja beantworten. 8 von 14 Studierenden geben an, ihr Notebook „immer“ im Notebook-Seminar eingesetzt zu haben, 5 geben „oft“ an. Die Integration des Notebooks in das konzipierte Lernszenario ist damit als erfolgreich zu bewerten.

Sehr durchwachsen hingegen sind die Antworten bezüglich der Fragestellung, ob die Studierenden ihre Notebooks auch in anderen Lehrveranstaltungen eingesetzt haben (1 mal „immer“, 3 mal „oft“, 2 mal „manchmal“, 5 mal „selten“, 3 mal „nie“). Besonders die Angabe „5 mal selten“ lässt darauf schließen, dass die Studierenden dies zwar ausprobiert haben, sich für sie jedoch kein nennenswerter Mehrwert eingestellt hat. Dies bestätigte sich in persönlichen Gesprächen mit den Studierenden und es deckt sich mit den Erfahrungen anderer Projekte (z.B. Universität Bremen), dass die Etablierung der Notebooks in der Hochschullehre nur dann stattfindet, wenn diese sinnvoll in den Lernprozess eingebunden werden.

Die Ergebnisse bezüglich der Frage, wofür die Notebooks eingesetzt wurden, stellen sich ebenfalls positiv dar. So geben die Studierenden für die Handlungen Dokumentieren, Präsentieren und Recherchieren „oft“ bis „immer“ an. Dieses Ergebnis ist nicht verwunderlich, da die Handlungen in der Projektarbeit explizit gefordert wurden. Dafür stellte sich jedoch schon während der Projektarbeit heraus, dass die Studierenden ihre Notebooks auch dazu verwendet haben, um entsprechende Abschnitte ihrer Aufgabestellung zu simulieren. Die Befragung zur Simulation ergab 3 mal „immer“, 3 mal „oft“, 4 mal „manchmal“, 2 mal „selten“ und 2 mal „nie“. Sicherlich ein durchwachsenes Ergebnis, jedoch bemerkenswert, da die Projektaufgabe keinerlei Handlungsvorgaben diesbezüglich machte. Während Simulieren in Laboren und Übungen bei den Studierenden sehr unbeliebt ist, wählten sie innerhalb der Projektarbeit diese Form der Ergebnisabsicherung freiwillig. Dies wirft die Frage auf, ob Labore sich nicht auch in eine entsprechende Projektarbeit „verpacken“ lassen.

Auch setzen die Studierenden das Notebook „oft“ zum Kommunizieren ein. Da sie ihre Projektarbeit immer (50%), bzw. meistens (43%) präsent durchgeführt haben, nutzen sie diese Funktionen eher zur Abstimmung von Terminen.

Die Studierenden wurden darüber hinaus bezüglich ihrer persönlichen Empfindung zur Nützlichkeit des Notebooks befragt. Auf die Frage „Ich meine: Das Notebook hat mir während des Notebook-Seminars ... geholfen die Projektaufgabe zu bearbeiten.“ setzen 7 Studierende „sehr gut“ und 6 Studierende „gut“ in den Platzhalter ein. Weitergehend wurde ermittelt, wo die Studierenden ihr Notebook eingesetzt haben. So geben sie an, dass sie zu 43% in der Universität mit ihrem Notebook gearbeitet haben und zu 54% Zuhause. Die verbleibenden 3% fallen auf sonstige Orte wie z.B. unterwegs oder auf der Arbeit. Somit wird mit einem Anteil von 46% der mobile Mehrwert eines Notebooks gegenüber einem stationären PC genutzt.

Damit bilden die Aspekte des „Anytime, Anywhere und Anyway“ keine absoluten Eigenschaften des Notebook-Seminars. Jeder der drei „Any-Aspekte“ erfährt eine Beschränkung. Anywhere beschränkt sich auf die Universität und Zuhause, Anytime beschränkt sich auf die Arbeiten außerhalb der Gruppentreffen und Anyway auf die zur Bewältigung der Projektaufgabe erforderlichen Lernhandlungen.

Besonders auffällig fanden die Tutoren, dass sich neue Formen des medialen Arbeitens herausgebildet haben. Die Erfahrungen des Notebook-Seminars zeigen, dass das Einbinden des Notebooks in die Präsenzphasen dieses handlungsorientierten Lernszenarios nicht ausschließlich spezieller Handlungsvorgaben bedürfen. Durch die Verfügbarkeit der Notebooks entwickelten die Studierenden neue Formen des medialen Arbeitens, so werden z.B. Produktspezifikationen am Bildschirm gelesen und nicht mehr ausgedruckt oder Gruppenprotokolle direkt auf dem Notebook mitgeschrieben. Der drahtlose Internetzugang und die Lernplattform fördern diesen Prozess.

Abb. 2: Studierende mit ihrem Tutor

Resümee

Die Ergebnisse zeigen, dass die Mobilität der Notebooks ein intensives Einbinden des Notebooks in das Lernszenario ermöglicht. Hierdurch wird die Medienkompetenz in Bezug auf ingenieurstypische Arbeitsmethodiken explizit gefördert.

Die Studierenden empfinden das Notebook-Seminar als willkommene Abwechslung und führten ihre Projektaufgaben mit einem hohen Engagement durch.

Die fachlichen und die fachübergreifenden Ergebnisse waren sehr zufriedenstellend. Ein deutliches Defizit ergab sich jedoch im taxonomierten Lernziel Projektmanagementkompetenz. Dort haperte es an einer gruppenübergreifende Abstimmung der Ergebnisse auf die Gesamtprojektaufgabe. Diesem Defizit soll durch ein Bündel von Maßnahmen begegnet werden.

Die Zufriedenheit aller am Notebook-Seminar beteiligten Personengruppen (Studenten, Professoren und Tutoren) verpflichten uns gerade zu, das Notebook-Seminar über die Projektlaufzeit hinaus fortzuführen.

Die Implementierung des handlungsorientierten Unterrichtskonzeptes in die Hochschulausbildung ist als erfolgreich zu bewerten.

Literatur

Stock, J. (1998). Delphi-Befragung 1996/98. Potentiale und Dimensionen der Wissensgesellschaft. Auswirkungen auf Bildungsprozesse und Bildungsstrukturen. Integrierter Abschlussbericht. Zusammenfassung von Delphi I „Wissensdelphi" und Delphi II „Bildungsdelphi" durchgeführt im Auftr. des Bundesministerium für Bildung, Wissenschaft, Forschung und Technologie. München/Basel.

BMBF (2002). Bekanntmachung des Förderprogramms „Notebook-University". In: http://www.bmbf.de/677_3513.html (15.02.2002).

Bunk, G. (1994). Kompetenzvermittlung in der beruflichen Aus- und Weiterbildung in Deutschland. In: CEDEFOP (Hrsg.), *Europäische Zeitung für Berufsbildung,* 1/94.

Eckert, M (1992). Handlungsorientiertes Lernen in der beruflichen Bildung. Theoretische Bezüge und praktische Konsequenzen. In Pätzold, G. (1992). *Handlungsorientierung in der beruflichen Bildung.* 4. Aufl. Frankfurt a.M.

Enquete-Kommission Zukunft der Medien in Wirtschaft und Gesellschaft. Deutscher Bundestag (Hrsg.) (1998). *Schlussbericht der Enquete-Kommission. Deutschlands Weg in die Informationsgesellschaft.* Bonn [Drucksache 13/11004].

Holzinger, A. (2001). *Basiswissen Multimedia. Lernen. Band 2,* Vogel Verlag, Würzburg.

Kommission der Europäischen Gemeinschaften (Hrsg.) (1995). *Lehren und Lernen. Auf dem Weg zur kognitiven Gesellschaft. Weißbuch zur allgemeinen und beruflichen Bildung.*

Krüger, M. (2002). *Konzeption eines handlungsorientierten Notebook-Seminars für die Hochschulausbildung.* Hausarbeit im Rahmen der Ersten Staatsprüfung für das Lehramt an berufsbildenden Schulen im Land Niedersachsen, Hannover.

Niedersächsisches Kultusministerium (Hrsg.) (1997). Rahmenlehrplan für den Ausbildungsberuf Informations- und Telekommunikations-Elektroniker. Beschluss der Kultusministerkonferenz vom 25. April 1997.

Ott, B. (1997). *Grundlagen des beruflichen Lernens und Lehrens. Ganzheitliches Lernen in der beruflichen Bildung.* Cornelsen Verlag, Berlin.

Pätzold, G. (1992). Handlungsorientierung in der beruflichen Bildung. Zur Begründung und Realisierung. In: Pätzold, G. (Hrsg.). *Handlungsorientierung in der beruflichen Bildung.* 4. Aufl. Frankfurt a.M. S. 9-29.

Rohs, M. & Mattauch, W. (2001). Konzeptionelle Grundlagen der arbeitsprozess-orientierten Weiterbildung in der IT-Branche. Berlin, ISST (ISST-Berichte 59)
Schneider, S. (2002). Medienkompetenz und Medienberufe. (KIQ-Materialien Band 12). http://www.uni-koeln.de/inter-fak/kiq/materialien/band12.htm

Claus-Dieter Munz, Michael Dumbser, Sabine Roller

Über den Einsatz von Notebooks in der Ingenieursausbildung am Beispiel der Vorlesung „Numerische Gasdynamik“

Zusammenfassung

Die numerische Simulation ingenieurwissenschaftlicher Probleme erfordert nicht nur ein fundiertes Grundlagenwissen in Bezug auf numerische Verfahren, sondern auch Erfahrung in der Umsetzung und Anwendung der erlernten Methoden. In diesem Projekt wurde ein Konzept entwickelt, wie die beiden Aspekte Theorie und Erfahrung in der numerischen Simulation gemeinsam in Lehrveranstaltungen vermittelt werden können. Ziel ist es, anhand einfacher, aber praxisbezogener Probleme möglichst schnell eigene Erfahrungen mit numerischen Simulationen machen zu können, um spielerisch die unterschiedlichen Methoden kennen zu lernen. Die Komplexität der Aufgaben wird dann mit wachsenden Kenntnissen gesteigert bis hin zur eigenständigen Umsetzung in ein vollständiges Computerprogramm.

Bei der im Folgenden beschriebenen Lehrveranstaltung handelt es sich um die Vertiefungsvorlesung Numerische Gasdynamik mit integriertem Rechnerpraktikum, das für die Studierenden der Fachrichtung Luft- und Raumfahrttechnik an der Universität Stuttgart angeboten wird. Die Simulation dreidimensionaler Strömungsvorgänge stellt eine große Herausforderung dar und verlangt den massiven Einsatz leistungsfähiger Rechner. Nötig sind fundierte Kenntnisse aus den Ingenieurwissenschaften, der numerischen Mathematik und der Informatik, aber auch zu einem wesentlichen Teil Erfahrung. Diese Erfahrung zu vermitteln, stellt eine große Herausforderung an die Lehrveranstaltung dar.

Das Besondere und Neuartige an diesem Rechnerpraktikum ist, dass es vollständig auf Notebooks durchgeführt wird, die allen Studierenden während des gesamten Semesters von der Universität Stuttgart im Rahmen des Projekts Notebook University Stuttgart (NUSS) leihweise zur Verfügung gestellt werden. Die Aufgaben werden zunächst unter Anleitung begonnen und können anschließend selbständig zu Hause oder an einem beliebigen anderen Arbeitsplatz zu Ende geführt werden. Durch dieses Konzept können wesentlich komplexere und damit anwendungsorientiertere Aufgabenstellungen bearbeitet werden, als es in einer an einen Hörsaal oder CIP-Pool gebundenen Veranstaltung möglich wäre. Die Studierenden erleben außerdem durch die vernetzten Notebooks und die Art der verwendeten Software eine komplexe Arbeitsumgebung, wie sie auch in der Industrie eingesetzt wird. Insgesamt fördert das Projekt die praxisnahe Ausbildung der Studierenden.

1 Einleitung

Die in der Realität auftretenden Phänomene werden durch physikalische Modelle beschrieben, die durch abstrakte mathematische Gleichungen ausgedrückt werden. Die enorme Komplexität dieser Modelle macht im Allgemeinen eine exakte Lösung der Gleichungen unmöglich, deshalb werden sie durch Simulationen näherungsweise gelöst. Die Entwicklung geeigneter Verfahren zur Berechnung von Näherungslösungen ist Aufgabe der numerischen Mathematik. Zur Durchführung der Berechnungen ist der Einsatz leistungsfähiger Computer unabdingbar, was grundlegende Kenntnisse aus der Informatik erforderlich macht, insbesondere in Bezug auf Datenorganisation und Optimierung. Den gesamten Prozess von der ingenieurwissenschaftlichen Modellierung des Ausgangsproblems bis hin zum Computerprogramm und dessen Anwendung nennt man numerische Simulation (vgl. Abb. 1). Die kritische Auswertung und Interpretation der Simulationsergebnisse in Bezug auf die ursprüngliche technische Problemstellung erfordert Erfahrung mit dem Gesamtprozess, die ohne den direkten Einsatz von Computern in der Lehrveranstaltung nicht vermittelt werden kann. Die rechte Spalte von Abb. 1 skizziert einen Ausschnitt der an der Universität Stuttgart angebotenen Vorlesungen, die auf die Simulation technischer Probleme hinführen. Dabei ist es von essentieller Wichtigkeit, dass die universitäre Ausbildung der Ingenieure nicht ausschließlich bei den theoretischen Grundlagen verweilt, sondern dass der Zugang zu modernen Simulationsverfahren in entsprechenden Vorlesungen zur numerischen Mathematik ermöglicht wird.

2 Konzepte

2.1 Konzeption der Lehrveranstaltung

Im Rahmen des vom Bundesministerium für Bildung und Forschung (BMBF) geförderten Projekts Notebook University Stuttgart (NUSS), wurde ein Konzept entwickelt, wie die beiden Aspekte Theorie und Erfahrung in der numerischen Simulation gemeinsam in Lehrveranstaltungen vermittelt werden können. Es sieht eine erste Phase der Lehrveranstaltung vor, in der die Studierenden möglichst schnell eigene Erfahrungen mit numerischen Simulationen anhand konkreter Probleme, welche mit dem Thema des Studiums eng zusammenhängen, machen. Damit werden zum einen Fertigkeiten in der numerischen Simulation erworben, zum anderen die Wichtigkeit und Nützlichkeit der Mathematik dokumentiert und damit die Motivation der Studierenden erhöht im Vergleich zu einer Veranstaltung ohne praktische Anwendungsbeispiele. In der zweiten Phase werden die Studierenden an das Schreiben eigener Simulationssoftware herangeführt, was das Verständnis der in der Vorlesung vermittelten Techniken der numerischen Mathematik vertieft.

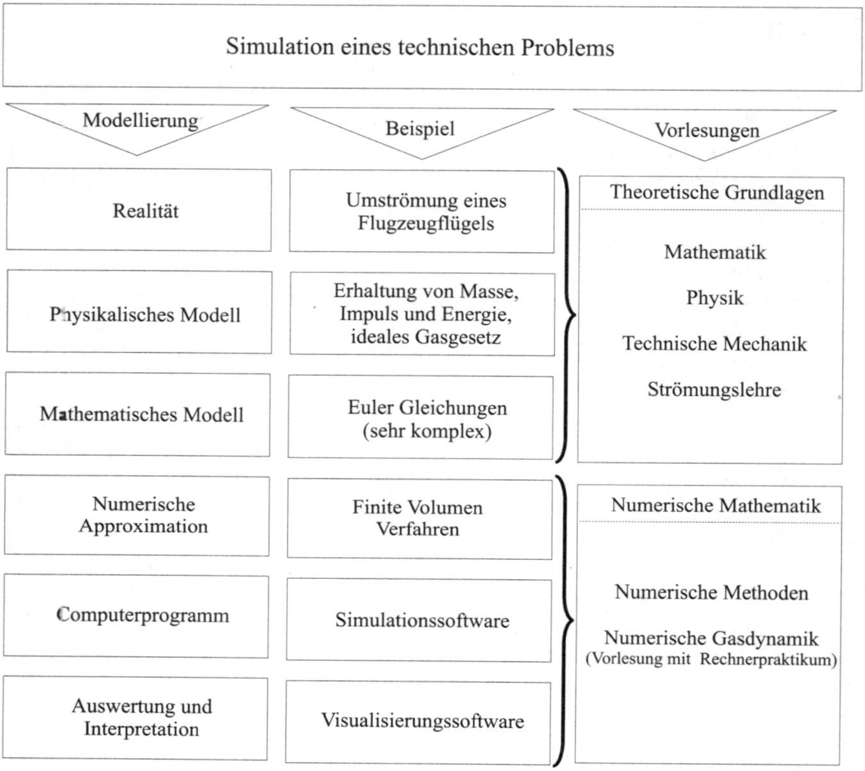

Abb. 1: Simulation eines technischen Problems

Die Vorlesung Numerische Gasdynamik ist in der Vertiefungsrichtung Strömungslehre im Studiengang Luft- und Raumfahrttechnik an der Universität Stuttgart angesiedelt, sie hat ca. 15-20 Hörer. In dieser Vorlesung werden die Theorie und Anwendung spezieller numerischer Verfahren für die Simulation von Gasströmungen gelehrt. Die Erfahrung hiermit wird den Studierenden in einem betreuten Praktikum vermittelt, wobei den Studierenden in einer ersten Phase ein schneller Zugang zu praxisorientierten Problemen ermöglicht wird, indem sie zunächst eine fertige Simulationssoftware anwenden. Der Einfluss unterschiedlicher Parameter auf das Simulationsergebnis wird im praktischen Teil der Vorlesung direkt erlebt, ohne das Computerprogramm im Detail zu kennen oder selbst erstellt zu haben. Insbesondere Studierenden mit geringen Programmierkenntnissen wird dadurch der Zugang zu numerischen Verfahren erleichtert. Sind diese Erfahrungen verfestigt, setzen die Studierenden den Vorlesungsstoff dann auch in komplexe Computerprogramme um, die in der höheren Programmiersprache Fortran 95 realisiert werden. Diese selbsterstellten Programme werden an Anwendungsbeispielen getestet, anschließend werden die Ergebnisse vorgestellt und anhand theoretischer Vergleichslösungen kritisch interpretiert. Dadurch wird ein intensiver Umgang mit dem Vorlesungsstoff erreicht und die Studierenden entwickeln ein Gefühl für die Eigenschaften der unterschiedlichen numerischen Methoden. Vor dem Hintergrund der eigenen Erfahrungen der Studierenden werden die Ergebnisse dann zusammen mit dem Dozenten in der Vorlesung diskutiert und die Unterschiede der einzelnen Verfahren herausgearbeitet. Die Verbindung von Verfahrenstheorie, konkreter Umsetzung und selbständiger Präsentation der Ergebnisse in ein und derselben Vorlesung bewirkt eine wesentlich engere Vernetzung von Theorie und Praxis, als dies in früheren, getrennten Veranstaltungen möglich war.

2.2 Über den Nutzen der Notebooks

In einer reinen Vorlesung ohne praktische Umsetzung am Rechner bleiben die theoretischen Kenntnisse über numerische Simulationsverfahren eher oberflächlich weil sie aufgrund mangelnder Anschaulichkeit leicht vergessen werden. Der Nutzen des Erlernten und die Unterschiede der vermittelten Methoden erschließen sich erst in der praktischen Anwendung. Die Möglichkeiten, diese Erkenntnis umzusetzen, sind im universitären Alltag aber oft eingeschränkt. Unterschiede zwischen verschiedenen Verfahren werden an einfachen Beispielen oft nicht sichtbar, komplexe Aufgaben benötigen aber Rechenzeiten von 10-14 Stunden und erzeugen mehrere hundert Megabyte an Daten. Die Rechnungen müssen daher auf ein und demselben Rechner begonnen und beendet werden. Die Komplexität der Aufgabenstellungen erfordert von den Studierenden aber auch die Einarbeitung in eine Vielzahl von Softwaretools, die zur Vor- und Nachbereitung der eigentlichen Rechnungen notwendig sind. Eine ausführliche Betreuung und Anleitung an Beispielen ist daher zwingend erforderlich, wofür die vorhandenen Rechnerpools aber in der Regel nicht ausgestattet sind. Sie sind zum Unterrichten/Vorführen für größere Gruppen nicht geeignet (kein Beamer, zu große Störung für Studien- und Diplomarbeiter).

Das Rechnerpraktikum zur Numerischen Gasdynamik wird daher auf Laptops durchgeführt, die den Studierenden von der Universität zur Verfügung gestellt werden. Durch den Einsatz von Laptops ist es erstmals möglich, aufwändige praxisbezogene Rechnungen im Rahmen einer universitären Lehrveranstaltung durchzuführen. Die Aufgaben werden in der Vorlesung unter Anleitung begonnen und können anschließend selbständig zu Hause oder an einem beliebigen anderen Arbeitsplatz zu Ende geführt werden. Um die gemeinsame Bearbeitung der umfangreichen Aufgabenstellungen in einzelnen Teilgruppen zu ermöglichen, sind die Notebooks mit einer Verbindung zum Funknetz (WLAN) der Universität Stuttgart ausgestattet, so dass die Studierenden Daten und Programmcode untereinander austauschen können. Die Studierenden erleben durch die vernetzten Notebooks und die Art der verwendeten Software eine komplexe Arbeitsumgebung, wie sie auch in der Industrie eingesetzt wird. Auch für die Dozenten ergibt sich ein Vorteil, da durch die Notebooks eine einheitliche Soft- und Hardware-Plattform geschaffen wird, die die Betreuung deutlich erleichtert. Die Laptops sind daher für den Erfolg des didaktischen Konzeptes unverzichtbar.

2.3 Didaktisches Konzept

In diesem Projekt wurde ein Konzept entwickelt, mit dem die beiden Aspekte Theorie und Erfahrung in der numerischen Simulation gemeinsam in Lehrveranstaltungen vermittelt werden können. Es sieht eine erste Phase der Lehrveranstaltung vor, in der die Studierenden möglichst schnell eigene Erfahrungen mit numerischen Simulationen machen, anhand konkreter Probleme, welche mit dem Thema des Studiums eng zusammenhängen. Ohne besondere Programmierkenntnisse vorauszusetzen, wird eine fertige Software angewandt, um den Einfluss unterschiedlicher Parameter und Verfahren auf das Simulationsergebnis zu erleben. Damit werden zum einen Fertigkeiten in der numerischen Simulation erworben, zum anderen die Wichtigkeit und Nützlichkeit der Mathematik dokumentiert und damit die Motivation der Studierenden erhöht im Vergleich zu einer Veranstaltung ohne praktische Anwendungsbeispiele. In der zweiten Phase werden die Studierenden dann an das Schreiben eigener Simulationssoftware herangeführt, was das Verständnis der in der Vorlesung vermittelten Techniken vertieft. In Bezug auf das didaktische Dreieck, bestehend aus den Eckpunkten **Inhalt – Dozent – Student** und den zwischen ihnen bestehenden Verbindungen, lassen sich die Eigenschaften des Konzeptes wie folgt charakterisieren:

Der **Inhalt** kann aufgrund der Unterstützung durch den Computer deutlich anschaulicher und greifbarer vermittelt werden als mit klassischen Unterrichtsmaterialien. Das Notebook ist in der hier diskutierten Vorlesung unabdingbares Arbeitsmittel, wie z.B. der Taschenrechner im Physikunterricht oder das Wörterbuch in einem Sprachkurs, wobei das Verständnis des Vorlesungsinhalts primär durch dessen selbständige Umsetzung in ein Computerprogramm vertieft wird. Durch die zur Verfügung stehende Rechenleistung und die Mobilität des Arbeitsgerätes können komplexe und praxisnahe Inhalte vermittelt werden, wie es ohne den Einsatz von Notebooks nicht möglich wäre.

Der **Student** erlebt die erlernten Methoden im direkten Einsatz in der Praxis, wo er das in der Vorlesung vermittelte Wissen unmittelbar anwenden und am konkreten Beispiel überprüfen kann. Sowohl die behandelten Beispiele an sich als auch die moderne Arbeitsumgebung sind ein wichtiger Schritt in Richtung Berufsvorbereitung. Die projektbegleitende Evaluation hat für die oben beschriebenen Lehrveranstaltungen eine überwältigende Zustimmung seitens der Studierenden nachgewiesen. Die hohe Motivation der Studierenden zeigte sich nicht nur in einer aktiven Teilnahme am Unterricht, sondern auch in der freiwilligen Fortsetzung des Praktikums in der vorlesungsfreien Zeit mit über den Vorlesungsstoff hinausgehenden Beispielaufgaben.

Der **Dozent** hat zunächst zur erstmaligen Konzeption der Veranstaltung einen höheren Aufwand im Vergleich zum Einsatz herkömmlicher Methoden, wobei auch entsprechende Kenntnisse im Bereich der Informatik vorliegen müssen. Dann aber reduziert die Möglichkeit der ausführlichen Anleitung im Hörsaal den Betreuungsaufwand in den Sprechstunden erheblich. Dadurch, dass die Studierenden durch das einfache Ausprobieren und den spielerischen Umgang mit den einfach zugänglichen elektronischen Medien die in der Vorlesung vermittelten theoretischen Zusammenhänge anhand der zur Verfügung gestellten Beispiele leichter erkennen, wird auch ein effizienteres Lernen erreicht und die Vorbereitung der Vorlesung erleichtert.

Die Beziehung von **Dozent** und **Student** wird in unseren Lehrveranstaltungen dahingehend verbessert, dass die im Rechnerpraktikum erzielten Ergebnisse über einen Beamer direkt in der Vorlesung diskutiert werden können und somit ein direktes Feedback gegeben ist, ob und wie gut der Vorlesungsstoff verstanden wurde. Die direkte Betreuung im Praktikum verbessert den persönlichen Kontakt, die Hemmungen mancher Studenten, Fragen zu stellen, sinken. Dies lässt sich natürlich in einer Veranstaltung für 15-20 Studierende wesentlich intensiver und persönlicher gestalten, als z.B. in einer Vorlesung des Grundstudiums mit 300 Hörern.

Für die Beziehung **Inhalt** und **Student** sehen wir vor allem positive Auswirkungen aufgrund der eigenen Programmiertätigkeit. Die numerischen Verfahren werden erst dann richtig verstanden, wenn sie eigenhändig in Computerprogramme umgesetzt werden müssen bzw. wenn sie spielerisch an praktischen Anwendungen erkundet werden können. Dadurch erschließen sich die Inhalte fassbarer, anschaulicher und praxisnäher. Es erschließen sich vor allem auch komplexere Inhalte, die ohne diese Art der Gestaltung überhaupt nicht vermittelbar wären. Die Inhalte werden von den Studierenden auch als attraktiver und interessanter wahrgenommen, da sie einen direkten Bezug zu ingenieurmäßigen Problemstellungen haben und damit die Nützlichkeit des Vorlesungsinhaltes demonstrieren.

2.4 Technisches Konzept

Das technische Konzept für die Lehrveranstaltung Numerische Gasdynamik wird im Folgenden nach den Gesichtspunkten Hardware und Software unterteilt.

Hardware:
Jeder Studierende erhält für die gesamte Dauer der einsemestrigen Veranstaltung ein Laptop zur Verfügung gestellt, das mit nach Hause genommen werden kann. Die Fördermittel hierfür wurden vom BMBF im Rahmen des Projekts Notebook University Stuttgart (NUSS) zur Verfügung gestellt. Die Universität Stuttgart verfügt zudem über ein Funknetz (WLAN), mit dem weite Teile des Campus und der Studentenwohnheime abgedeckt sind, so dass die Studierenden auch außerhalb des

Hörsaals Daten und Programmteile austauschen können. Zur Präsentation werden die Laptops mit einem Beamer vernetzt.

Software:
- Betriebssystem Linux
- Computeralgebrasystem MAPLE
- Intel Fortran 90 Compiler
- Strömungssimulationssoftware Hydsol
- Visualisierungssoftware IBM Data Explorer

Wir verwenden Linux deshalb, weil sowohl an Universitäten wie auch in der Industrie im Bereich Forschung und Entwicklung überwiegend Unix-Betriebssysteme eingesetzt werden. Damit wird den Studierenden eine Arbeitsumgebung geschaffen, wie sie sie auch im Berufsleben vorfinden werden. Ein weiterer essentieller Vorteil ist, dass unter Linux sehr viel freie, kostenlose Software zur Verfügung steht, von der wir Gebrauch machen können. Anders wäre ein solch softwareintensives Projekt nicht finanzierbar, die Übertragbarkeit wäre nicht mehr gewährleistet.

3 Anwendungsbeispiele

3.1 Anwendung einer fertigen Simulationssoftware

3.1.1 Aufgabenstellung

Im folgenden Anwendungsbeispiel sollen die Studierenden ein Keilprofil in einer Überschallströmung mit einer Anströmmachzahl von $M_0 = 3.0$ bei verschiedenen Anstellwinkeln von 0 bis 20° simulieren. Den Studierenden wird der am IAG entwickelte Finite-Volumen Code Hydsol zur Verfügung gestellt, so dass sie gleich zu Beginn der Lehrveranstaltung das Leistungspotenzial der dort vorgestellten Verfahren erkennen und damit motiviert werden, sich mit dem Inhalt der Vorlesung eingehend zu beschäftigen. Zu untersuchen sind die qualitativen Strömungsverläufe (Stöße, Verdünnungen und Entropietrennflächen), wie auch quantitative Aussagen über den Auftrieb und den Widerstand, die am Ende der Übung von den einzelnen Gruppen zu einem Polarendiagramm zusammengesetzt werden. Da bei diesem Beispiel eine theoretische Vergleichslösung der Strömung mit Hilfe der Stoss-Expansions-Theorie vorliegt, leiten die Studierenden zunächst diese analytische Lösung mit Hilfe des Computeralgebrasystems Maple her. Danach sind die mit Hydsol gewonnenen numerischen Ergebnisse mit der Theorie zu vergleichen.

3.1.2 Lehrziele

- Verständnis der grundlegenden Phänomene einer Überschallströmung
- Anwendung eines Finite-Volumen-Codes auf unstrukturierten Gittern
- Herleiten einer Vergleichslösung mit dem Computeralgebrasystem Maple
- Einführung in die Visualisierungssoftware IBM Data Explorer
- Teamarbeit

3.1.3 Simulation und Auswertung der Ergebnisse

Für die in Abb. 2 gezeigte Strömung ist es möglich, eine exakte mathematische Lösung anzugeben, die allerdings eine sehr komplizierte Gestalt annimmt. Mit Hilfe des Computeralgebrasystems Maple ist es dennoch möglich, diese theoretische Vergleichslösung zu bestimmen. Die numerische Simulationsrechnung wird anschließend mit dem Simulationscode Hydsol durchgeführt. Verwendet wird dabei ein so genanntes Finite-Volumen-Verfahren auf unstrukturierten Gittern, wie es in der Vorlesung behandelt wird. Abbildung 2 zeigt den numerisch simulierten Dichteverlauf für einen Anstellwinkel von 4°. Die qualitative Übereinstimmung mit dem erwarteten Strömungsverlauf ist gut, was den Studierenden die Leistungsfähigkeit der eingesetzten Verfahren zeigt.

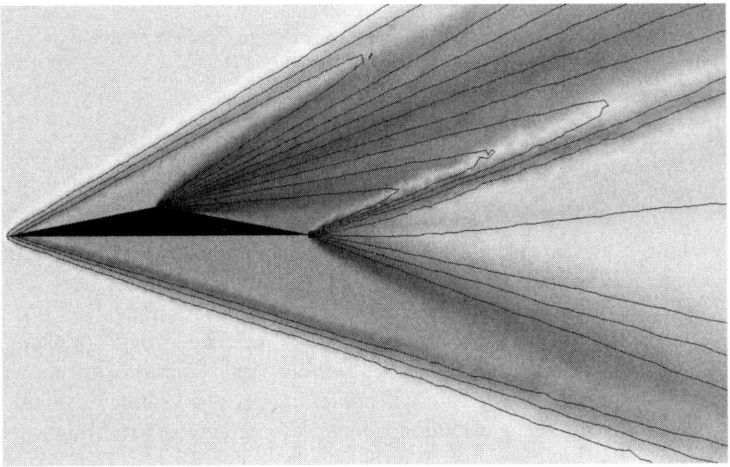

Abb. 2: Ergebnis der numerischen Simulation (Dichteverlauf)

Jeder Studierende errechnet auf seinem Notebook den Auftrieb und den Widerstand für einen einzigen Anstellwinkel und tauscht dieses Zwischenergebnis dann mit seinen Kommilitonen aus. Im Bereich des Flugzeugentwurfs ist eine geschlossene analytische Darstellung dieses Zusammenhangs zwischen Widerstand und

Auftrieb (Polare) von großem Interesse. Anhand der Simulationsergebnisse ermitteln die Studierenden die Polare in Form einer Interpolationsparabel, die die gefundenen Werte für Auftrieb und Widerstand verbindet.

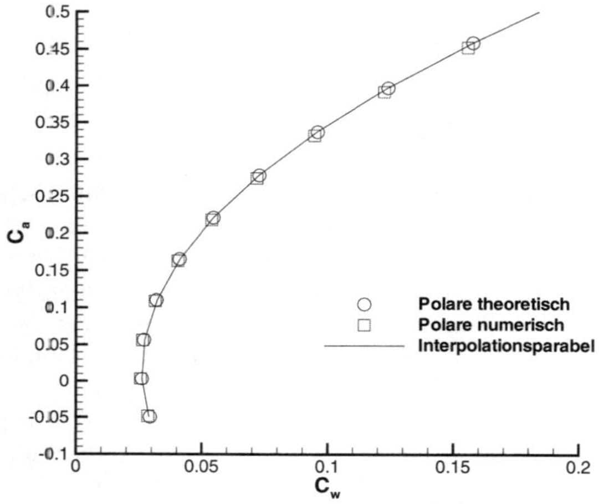

Abb. 3: Gesamtergebnis für Auftrieb und Widerstand (Polare), zusammengesetzt aus den einzelnen Teilergebnissen der Studierenden

3.2 Entwicklung eigener Software durch die Studierenden

3.2.1 Aufgabenstellung

Die am Anwendungsbeispiel aus Kapitel 3.1 erlernten Fähigkeiten im Umgang mit der notwendigen Software zur Vor- und Nachbereitung der Simulation sind Grundvoraussetzung für das Schreiben eigener Computerprogramme. Die Aufgabe ist es, in diesem weiterführenden Anwendungsbeispiel, die in der Vorlesung erlernten numerischen Verfahren selbständig, mittels der Programmiersprache Fortran 95 umzusetzen. Dies eröffnet die Chance eines tiefergehenden Verständnisses für die in der Vorlesung vermittelten Inhalte, da die eigene Erfahrung unmittelbar bereichert wird.

3.2.2 Konzeption

Da Programmieren unmittelbar mit der Entstehung von Fehlern im Programmtext verknüpft ist, die erst gefunden und behoben werden müssen, bevor das implementierte numerische Verfahren einsatzbereit ist, wird der Lernprozess damit nicht mehr explizit vorhersehbar. Um den Lernprozess jedoch in gewissen vorgegebenen Bahnen zu halten und besser kontrollieren zu können, wird die zu entwickelnde Software zunächst von den Betreuern des Praktikums selbst entwickelt und getestet. Das gesamte Programmpaket ist modular aufgebaut, d.h. in einzelne Elemente zerlegt, die über Schnittstellen miteinander kommunizieren (vgl. Abb. 4). Jedes Element beinhaltet neben der Schnittstelle den eigentlichen Numerikkern, der das jeweilige in der Vorlesung vorgestellte mathematische Verfahren beinhaltet. Da nur der Numerikkern eigentlicher Gegenstand der Vorlesung ist, wird die Kommunikationsschnittstelle zwischen den einzelnen Modulen fest vorgegeben und den Studierenden zur Verfügung gestellt. Der essentielle Numerikkern wird hingegen vor Ausgabe der Aufgabe entfernt und ist von den Studierenden selbst zu programmieren. Somit wird erreicht, dass sich der Lernprozess auf die in der Vorlesung vermittelten Inhalte konzentriert und nicht auf rein formale Gestaltungsmerkmale der Programmiersprache Fortran. Das verfügbare WLAN dient in diesem Beispiel dem Austausch von Programmcode, da sich die Studierenden selbständig in Gruppen organisieren und die jeweiligen Programmmodule entwickeln.

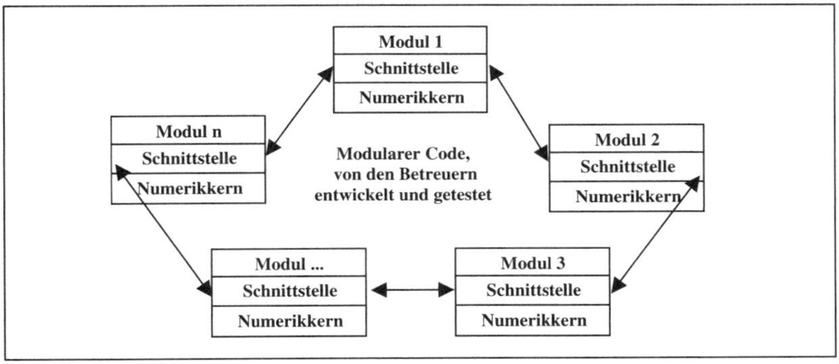

Abb. 4: Aufbau des Praktikumscodes

3.2.3 Ergebnisse

Die von den Studierenden auf diese Weise geschriebene Simulationssoftware wird dann auf ein komplexes strömungsmechanisches Phänomen angewandt, nämlich die so genannte Richtmyer-Meshkov-Instabilität. Für dieses Problem gibt es keine exakte Lösung der strömungsmechanischen Grundgleichungen mehr, sondern man ist auf Experimente und numerische Simulationen angewiesen. Die in Experimenten beobachteten pilzförmigen Strukturen werden von der Rechnung sehr gut wiedergegeben (vgl. Abb. 5), was den Studierenden wiederum die Leistungsfähigkeit und Nützlichkeit der in der Vorlesung gelehrten Verfahren der numerischen Mathematik demonstriert.

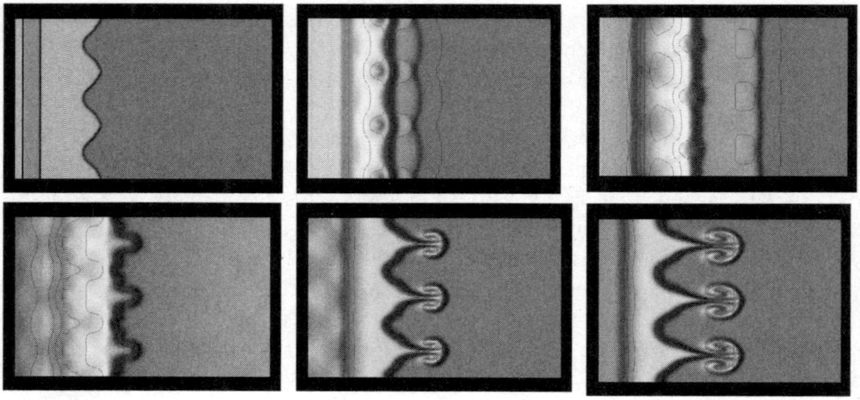

Abb. 5: Simulation einer Richtmyer – Meshkov Instabilität

4 Zusammenfassung und Ausblick

Die Vorlesung Numerische Gasdynamik mit dem Notebook-gebundenen Rechnerpraktikum hat im Wintersemester 2002/03 erstmals in dieser Form stattgefunden. Evaluation seitens der Abteilung für Pädagogik des Instituts für Erziehungswissenschaft und Psychologie der Universität Stuttgart ergab einen überwältigenden Erfolg des Konzeptes und seiner Umsetzung. Eine Erweiterung zu einem einwöchigen Kompaktseminar für Doktoranden und Entwickler in den Forschungsabteilungen in der Industrie ist momentan in Vorbereitung.

Das Notebook wird in Zukunft genauso selbstverständlich Einzug in die akademische Ausbildung halten wie seinerzeit der Taschenrechner. Die Ingenieurwissenschaften können und wollen hier eine Vorreiterrolle übernehmen, da sich die Notwenigkeit praxisbezogener Aufgabenstellungen und die Bereitschaft der Studierenden zu technischen Neuerungen optimal ergänzen.

Literatur

Richtmyer, R.D. (1960). Taylor instability in shock acceleration of compressible fluids, *Comm. Pure Appl. Math.* Bd. 13, S. 297-319

Meshkov, E.E. (1969). Instability of a shock wave accelerated interface between two gases, *Izv. Akad. Nauk SSSR, Mekh. Zhidk.* Gaza 5, p. 151

Roller, S., Dumbser, M., Schneider, M., Joos, R. (2003). SCIENCE, Projekt und Evaluation, Projektwebsite. Abruf am 22. Mai 2003; http://www.iag.uni-stuttgart.de/NUSS/projekt_und_evaluation.htm

Schneider, M., Joos, R. (2003). NUSS-Teilprojekt Evaluation und Didaktik, Kurzbericht IAG: Vorlesung und Rechnerpraktikum „Numerische Gasdynamik“. Abruf am 22. Mai 2003; http://www.iag.uni-stuttgart.de/NUSS/Files/Stichpunkte Evaluation.pdf

Heike Ollesch, Edgar Heineken, Frank P. Schulte

Das Labor im Rucksack – mobile computing in der psychologischen Grundlagenausbildung

Zusammenfassung

Mobile Notebooks, die einen campusweiten Zugriff auf das Hochschulnetzwerk erlauben, eröffnen neue Möglichkeiten der Integration netzbasierter Ressourcen in die reguläre Lehre. Es wird über Entwicklung und gebündelten Einsatz netzbasierter Tools in der psychologischen Grundlagenausbildung berichtet. Spezifische Funktionalitäten mobiler Notebooks wurden in vielfältigen Anwendungen – von Online-Feedback-Instrumenten bis zum virtuellen Experimentallabor – zur Förderung von Lehr-Lern-Prozessen nutzbar gemacht. Sie fördern die individuelle Wissenskonstruktion, indem sie selbstreguliertes und kooperatives Lernen vernetzen, unmittelbares Feedback gewährleisten sowie darüber hinaus die Entwicklung sozialer Bezugsnormen unterstützen. So schaffen sie einen Rahmen, in dem die Studierenden – dem Cognitive Apprenticeship Ansatz folgend – auf ihrem Weg in die wissenschaftliche Community experimentell arbeitender Psychologen von Mitlernenden und Lehrenden unterstützt werden. Innerhalb nur eines Semesters konnten mobile Notebooks und netzbasierte Tools erfolgreich in die reguläre Lehre integriert werden. Die kognitiven und affektiven Grundlagen einer nachhaltigen Verbesserung der Lehr-Lern-Qualität durch den Einsatz derartiger Instrumente werden diskutiert.

1 Drahtloser Netzwerkzugang – eine hochschuldidaktische Chance?

Neue Technologien bieten neue Möglichkeiten. Einen wirklichen Mehrwert schaffen sie aber nur, wenn ihr spezifisches Leistungsprofil offene Bedürfnisse der Anwender erfüllt.

Im universitären Lehrbetrieb sind weder Notebooks noch stationäre Rechner ungewohnt. Neu dagegen ist der Einsatz von so genannten „mobilen“ Notebooks, die über eine WLAN-Karte mit dem Hochschulnetzwerk verbunden sind. Durch ein weites Netz von Access-Points können Studierende mit einem mobilen Notebook an verschiedensten Orten auf dem Campus online arbeiten – außerhalb des Campus durch eine Einwahl über das Telefonnetz.

Bislang beschränkt sich der Einsatz netzbasierter Ressourcen auf kleine Seminargruppen in speziell ausgestatteten Computerräumen oder auf ergänzende Angebote außerhalb der regulären Lehrveranstaltungen. Da mit mobilen Notebooks das Netzwerk auf dem gesamten Campus und damit auch in den Hörsälen zur Verfügung steht, eröffnen sich neue Möglichkeiten der Integration netzbasierter Ressourcen in die reguläre Lehre. Wenn es gelingt, geeignete netzbasierte Tools für die Hochschullehre zu entwickeln und zu implementieren, dann ist mit dem überall verfügbaren drahtlosen Netzwerkzugang eine echte hochschuldidaktische Chance verbunden, Bedingungen für kooperatives Lernen herzustellen, die dem Lernenden gleichzeitig einen hinreichenden Freiraum für selbstreguliertes Lernen lassen (vgl. Boekaerts, Pintrich, & Zeidner, 2000).

2 Mobile WLAN-Notebooks in der psychologischen Grundlagenausbildung

Angestoßen durch das vom BMBF geförderte Programm *eCampus* (vgl. Kalz, Stratmann & Kerres, 2003) verfügen an der Universität Duisburg-Essen seit Juli 2002 fast alle Studierende und Hochschullehrer im interdisziplinären Studiengang „Angewandte Kommunikations- und Medienwissenschaft" (KOMMEDIA) über Notebooks mit WLAN-Karte. Mit ihren mobilen Notebooks nutzen Lehrende und Lernende unabhängig von Ort und Zeit u.a. folgende Funktionalitäten:

- Zugriff auf Informationsressourcen
- Modifizierbarkeit geteilter Informationsressourcen
- Monitoring von Prozessen und Aktivitäten
- Austausch von Informationen in einer variablen Kommunikationsnetzstruktur
- Steuerung interaktiver Prozesse

Die Entwicklung zahlreicher Tools für das mobile computing und ihre Verflechtung bei der Implementation in der psychologischen Grundlagenausbildung im Kommedia-Studiengang zeigt, wie eine gebündelte Umsetzung der genannten Funktionalitäten die Hochschuldidaktik zukünftig verändern kann.

Ein Ziel der psychologischen Grundausbildung ist darin zu sehen, die Studierenden Schritt für Schritt Mitglieder einer experimentell arbeitenden Psychologen-Community werden zu lassen, die über eine gemeinsame Terminologie, eine gemeinsame wissenschaftstheoretische Attitüde, über gemeinsame Methodenvorstellungen und über gemeinsame Leistungsnormen verfügt. Es wird im folgenden dargestellt, wie sich dieses in Anlehnung an den Cognitive Apprenticeship-Ansatz von Collins, Brown & Newman (1998) formulierte Ziel durch Einbindung dieser Funktionalitäten des mobile computings in traditionelle Lehrveranstaltungen auch bei großen Teilnehmerzahlen erreichen lässt. In mehreren psychologischen Grundlagenveranstaltungen mit jeweils 60 bis 180 Studierenden wurden folgende miteinander vernetzte Anwendungen mobiler Notebooks erprobt:

- Just-in-Time-Angebot von Informationsressourcen zu Lehrveranstaltungen
- Interaktive, webbasierte Demonstrationen und Experimente
- Wechselseitiges Feedback von Lernenden und Lehrenden

- Kommunikation und Kollaboration zwischen Lehrenden und Studierenden im virtuellen Labor

3 Just-in-Time-Angebot von Informationsressourcen zu Lehrveranstaltungen

Ergänzend zu den Grundlagenvorlesungen wurden anstelle eines begleitenden Skriptes jeweils die PowerPoint-Folien der Dozenten zu den einzelnen Sitzungen im Netz zur Verfügung gestellt. Diese just-in-Time online verfügbaren Informationsressourcen entlasteten die Studierenden mit mobilen Notebooks während der Veranstaltung vom „Mitschreiben“ und regten die individuelle und kollaborative Arbeit mit dem Lernstoff an: Die Studierenden konnten ihre individuellen Annotationen den dargebotenen Folien zufügen und diese später gemeinsam mit ihren Kommilitonen weiterbearbeiten (vgl. Abbildung 1). In netzbasierten, selbstorganisierten Learning Communities diskutierten die Studierenden online über die in den Veranstaltungen angesprochenen Problemzusammenhänge, klärten offene Fragen mit den Lehrenden und entwickelten gemeinsam Fragenkataloge und Ausarbeitungen, die sie sich gegenseitig im Netz zur Verfügung stellten. Hierdurch wurde die Entwicklung einer gemeinsamen Wissensbasis unterstützt und die Prozeduralisierung der gemeinsamen wissenschaftlichen Terminologie gefördert.

Abb. 1: Hörsaal online: Das mobile Notebook in der Vorlesung

4 Interaktive, webbasierte Demonstrationen und Experimente

Bei der Vermittlung psychologischen Grundlagenwissens spielen Demonstrationen einschlägiger Phänomene und Effekte eine wichtige Rolle. Damit die Studierenden erkennen, dass die Phänomene und Effekte eine allgemeinpsychologische, für alle Personen gültige Grundlage haben, müssen neben individuellen Wahrnehmungsfassungen und Reaktionsweisen auch die jeweiligen Phänogramme und Reaktionen der Gruppe dem Auditorium veranschaulicht werden.

Hierzu wurden zahlreiche interaktive webbasierte Demonstrationen entwickelt und erfolgreich eingesetzt – unter anderem zur Müller-Lyer-Täuschung, Ponzo-Täuschung, Parallelogrammtäuschung, Kreissektorentäuschung, Simultankontrast, Sukzessivkontrast und Helligkeitskonstanz. Hinzu kamen Online-Demonstrationsexperimente zu verschiedenen gedächtnispsychologischen Effekten wie LOP-Effekt, Restorff-Effekt, Systemstellen- und Serienpositionseffekte.

Die interaktiven, webbasierten Demonstrationen erlauben es, auch in Veranstaltungen mit vielen Teilnehmern sehr schnell Daten zu erheben, diese unmittelbar auszuwerten und rückzumelden. Durch den mit der unmittelbaren Rückmeldung geschaffenen Selbstbezug erhalten die Demonstrationen eine hohe Authentizität und Glaubwürdigkeit. Die wissenschaftliche Neugier, die hinter den realisierten Phänomenen und erlebten Effekten stehenden theoretischen Zusammenhänge zu erfahren, wird hierdurch deutlich erhöht. Aus gedächtnispsychologischer Sicht unterstützt diese Art von episodischer Wissensvermittlung die spätere Verfügbarkeit des Wissens in hohem Maße.

5 Wechselseitiges Feedback von Lehrenden und Lernenden

In allen Veranstaltungen wurde ein datenbankgestützter, webbasierter Fragebogen eingesetzt, um Lehrenden und Lernenden die Möglichkeit der gegenseitigen Rückmeldung zu geben. Hierzu wurde ein Fragebogen-Tool entwickelt, mit dem die Lehrenden Fragen und Antwortalternativen eingeben können.

Über ihre WLAN-Notebooks greifen die Studierenden in der Veranstaltung auf den Fragebogen zu und beantworten die Fragen. Anschließend erhält jeder Studierende eine individuelle Rückmeldung über seinen Wissensstand. Wie Abbildung 2 zeigt, sind die Antworten des Studierenden den richtigen Antworten gegenübergestellt. Antworten auf Multiple-Choice-Fragen werden sofort online ausgewertet, offene Fragen später gesondert.

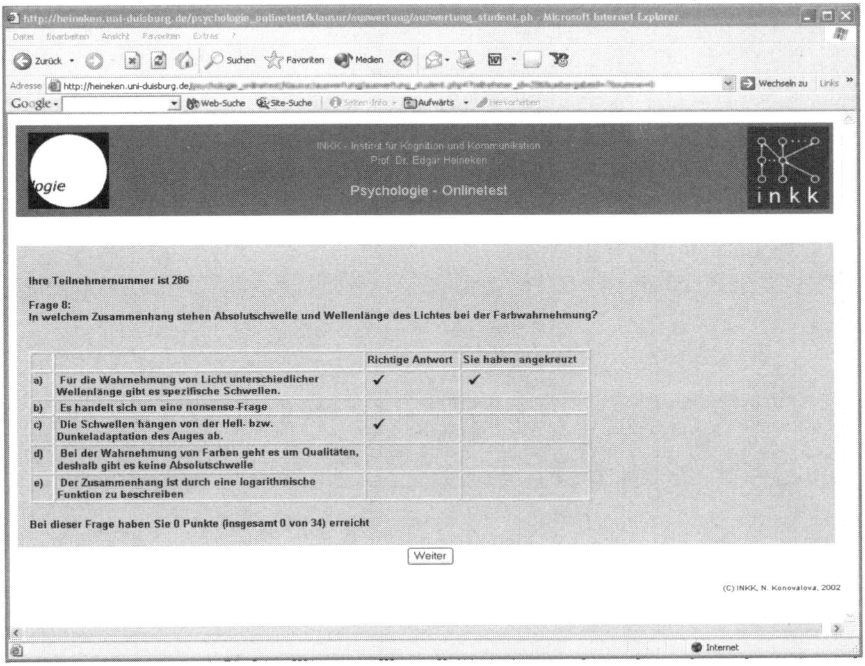

Abb. 2: Screenshot der individuellen Rückmeldung zu einer Frage des Online Wissenstests

Neben der Korrektheit der individuellen Antworten läßt sich das Antwortverhalten des gesamten Auditoriums rückmelden. Abbildung 3 veranschaulicht dies am Beispiel einer Multiple-Choice-Frage: Für jede Antwortalternative wird der prozentuale Anteil der Teilnehmer angezeigt, die die betreffende Option gewählt haben. Die Farbe der Balken zeigt an, ob diese Antwortalternative richtig oder falsch war.

Gerade in Lehrveranstaltungen mit vielen Teilnehmern bietet die unmittelbare Rückmeldung des individuellen wie kollektiven Wissenstands der Studierenden einen deutlichen Mehrwert gegenüber herkömmlichen Feedbackinstrumenten. Feedback ist die Voraussetzung für selbstreguliertes Lernen. Es ist auch die Voraussetzung dafür, dass Lernen von Emotionen begleitet wird: positiver Affekt wird erlebt, wenn die Diskrepanz zwischen dem gesetzten Ziel schneller als erwartet reduziert werden kann und negativer Affekt, wenn der Lernprozess weniger schnell vonstatten geht (Carver & Scheier, 1990). Es ist bekannt, dass negativer Affekt die Aufmerksamkeit stärker auf das Ziel richtet und zu einer tieferen Verarbeitung der für die Erreichung des Ziels erforderlichen Information führt (Ashby, Isen & Turken, 1999). Durch unmittelbares Feedback wird Lernen lebendiger und dynamischer, nicht nur das semantische, sondern auch das episodische Gedächtnis der Studierenden wird in Anspruch genommen. Das unmittelbare Feedback nicht nur zu ihren eigenen Leistungen, sondern auch zu den

Leistungen der Kommilitonen als Vergleichsgruppe hilft den Studierenden ihr individuelles Anspruchsniveau und ihre Anstrengungsbereitschaft zu regulieren (Festinger, 1954).

Neben der Entwicklung gemeinsamer Leistungsnormen hilft die Rückmeldung Studierenden und Lehrenden darüber hinaus bei der Steuerung des Lehr-Lern-Prozesses: Jene können leichter auf Verständnisschwierigkeiten hinweisen („Aha, nicht nur ich hatte mit dieser Frage Probleme...“), diese können die Rückmeldung nutzen, um didaktisch unmittelbar darauf zu reagieren.

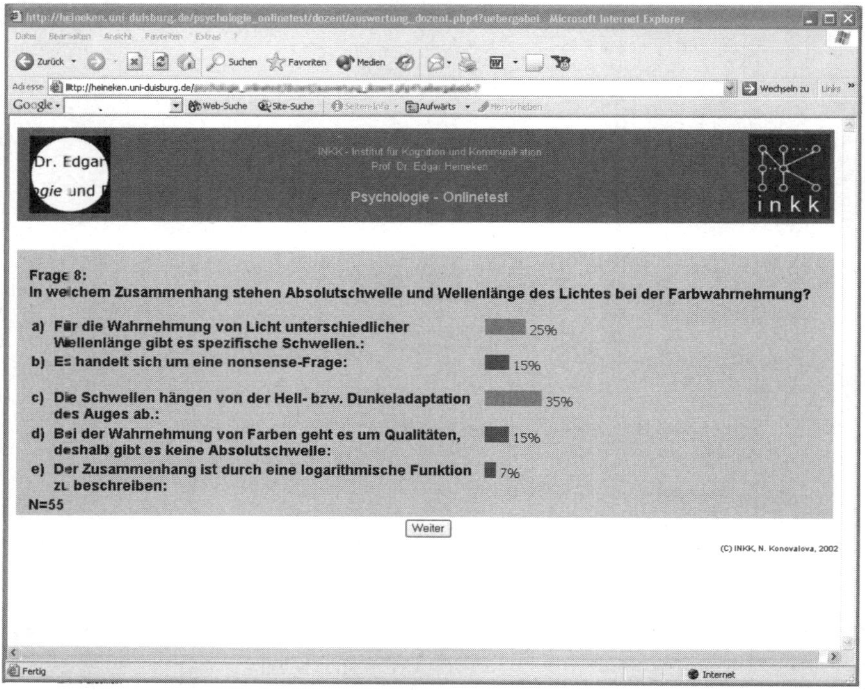

Abb. 3: Screenshot des unmittelbaren Feedbacks der Antworten der gesamten Gruppe im Online-Wissenstest

6 Kommunikation und Kollaboration zwischen Lehrenden und Studierenden im virtuellen Lab.OR

Seit Mitte der 90er Jahre wird der Computer auch in der Forschung eingesetzt, um Experimente im weltumspannenden World-Wide-Web (WWW) durchzuführen (vgl. Reips, 2003). Die Online-Forschung – besonders das Online-Experimentieren – hat methodologische Besonderheiten und Vorteile, die diese Methode als wissenschaftlich vielversprechend charakterisieren. So wird die Arbeit im virtuellen Labor wichtiger Bestandteil einer innovativen experimentalpsychologischen Ausbildung, wie sich im Einsatz des von Heineken, Schulte & Ollesch (2003) entwickelten *Laboratorium für Online-Research (Lab.OR)* bestätigt. Die Lab.OR-Umgebung unterstützt trotz räumlicher und zeitlicher Trennung die Zusammenarbeit der verschiedenen am experimentalpsychologischen Forschungsprozess beteiligten Personengruppen (Studierende, Dozenten, Versuchsteilnehmer) beim Experimentieren und ermöglicht ein kooperatives Arbeiten und Lernen.

Studierenden wird in diesem Online-Laboratorium der experimentelle Forschungsprozess nahe gebracht: Wie im klassischen Laboratorium lernen sie, experimentelle Anordnungen zu gestalten, Instruktionen und Explorationsfragen abzufassen, erhobene Daten auszuwerten und Forschungsberichte zu erstellen. Die einzelnen Schritte können Studierende als Gruppe an permanent verfügbaren Informationsressourcen – Versuchsanordnungen, Instruktions- und Explorationstexte, Versuchsdaten und Versuchsberichte – vollziehen. Dieser kollaborative Arbeitsprozess wird gleichzeitig von den Betreuern im Netz verfolgt und unterstützt.

Die Kommunikation zwischen Betreuern, Praktikumsteilnehmern und Versuchsteilnehmern erfolgt über eine an die Lab.OR-Umgebung angebundene Groupware. Dieses Tool erlaubt den Betreuern, Kommunikationsnetze mit definierter Struktur bedarfsgerecht zu gestalten und auf diese Weise interaktive Prozesse zu initiieren und zu steuern. Die Unterstützung einzelner Studierendengruppen bei der Gestaltung webbasierter Experiment erfolgt beispielsweise über ein Betreuermenü. In die Lab.OR-Umgebung eingebaute Kommentar- und Kommunikationsfunktionen ermöglichen gezielte Hilfestellungen. Sobald ein Versuch von den Versuchsleitern fertiggestellt ist, kann der Betreuer ihn über das Menü zur Durchführung im Netz freigeben.

Bei der Durchführung von Praktikumsversuchen im virtuellen Labor sind Studierende nicht mehr ausschließlich auf Kommilitonen als Versuchsteilnehmer angewiesen: An den Versuchen können Personen zu beliebiger Zeit und von einem beliebigen Ort aus über das Netz als Versuchspersonen teilnehmen. Die Versuchsdaten sind für Versuchsleiter und Betreuer ebenfalls jederzeit online abrufbar. Für die Berichterstattung nutzen die Versuchsleiter die Groupware-Funktionen der Lab.OR-Umgebung, nach Freigabe durch die Betreuer werden die Versuchsberichte in die virtuelle Bibliothek der Lab.OR-Umgebung eingestellt und sind dort auch den Versuchsteilnehmern zugänglich.

In der Lab.OR-Umgebung arbeiten die Studierenden an einer Aufgabe – Entwicklung, Durchführung, Auswertung und Darstellung einer eigenen Online-Untersuchung – die für Mitglieder der Community experimentell arbeitender Psychologen typisch ist. In der begleitenden Methodenvorlesung werden mit Hilfe mobiler Notebooks die einzelnen Schritte des Forschungsprozesses anhand der sukzessiven Entwicklung der Versuchsanordnungen der Teilnehmer verdeutlicht. Probleme psychologischer Forschung erscheinen dabei in vielen unterschiedlichen Gestalten. Mehr oder weniger gelungene Umsetzungen der individuellen Aufgaben werden sichtbar, so dass die Studierenden voneinander lernen und angemessene Zielvorstellungen und Leistungsstandards ausbilden können. Die Kommunikations- und Kollaborationsfunktionen unterstützen die individuelle Wissenskonstruktion und schaffen neue Formen der Zusammenarbeit. Diese erleichtern es, dem Anspruch des Cognitive-Apprenticeship-Ansatzes gerecht zu werden: Unterstützt von Kommilitonen und Lehrenden erwerben die Studierenden ein vertieftes Verständnis psychologischer Forschungsmethoden, üben die fachspezifischen Skills der experimentellen Psychologie ein, wachsen in die fachwissenschaftliche Kommunikation mit ihrer spezifischen Terminologie hinein und entwickeln eine gemeinsame wissenschaftliche Attitüde.

In der Methodenausbildung löst die orts- und zeitunabhängige Verfügbarkeit des virtuellen Laboratoriums Lab.OR zudem bekannte Schwierigkeiten bei der Organisation von Laborpraktika: räumliche, zeitliche und personelle Restriktionen sind weitgehend aufgehoben. Das Lab.OR erlaubt auch bei hohen Studierendenzahlen eine qualitativ hochwertige und innovative Ausbildung in experimenteller Methodologie, die mit traditionellen Laborpraktika nicht zu leisten ist (vgl. Heineken, Schulte & Ollesch, 2002).

7 Mehrwert des Einsatzes mobiler vernetzter Notebooks in hybriden Lernumgebungen

Bisher war der Einsatz computergestützter Lehr-Lern-Arrangements, die Interaktion und Kollaboration ermöglichen, in Veranstaltungen mit vielen Teilnehmern problematisch. Mittels mobiler Notebooks und entsprechender didaktisch konzipierter netzbasierter Tools lassen sich derartige Angebote jedoch effizient und erfolgreich in die reguläre Lehre integrieren.

Wie unsere Erfahrungen beim Einsatz der dargestellten Tools zeigen, lassen sich mobile Notebooks im Rahmen einer sinnvollen didaktischen Konzeption in der regulären Lehre so verankern, dass die Lehr-Lern-Qualität nachhaltig verbessert wird. Die Vielfalt der implementierten Tools erfüllt zahlreiche Desiderate, und schafft in ihrem Zusammenwirken einen echten Mehrwert. Das didaktische Ziel, die Studierenden schrittweise in die Community experimentell arbeitender Psychologen zu integrieren, wurde durch die Tools wesentlich erleichtert, wenn auch der Betreuungsaufwand für die Lehrenden beträchtlich blieb. Selbst in Lehrveranstaltungen mit 80 Studienanfängern konnte eine experimentalpsychologische Grundlagenausbildung mit Praktikumscharakter erfolgreich realisiert werden, die die Studierenden zu selbständigen Forschungsarbeiten befähigt. Dies haben die Ergebnisse der Abschlussklausur sowie die hohe Qualität der eingereichten experimentellen Abschlußberichte deutlich gemacht. Auch aus Sicht der Studierenden tragen die Tools zum Studienerfolg bei, wie die positiven Einschätzungen in einer Online-Evaluationsbefragung zeigten.

Wie unsere Erfahrungen innerhalb nur eines Semesters zeigen, lässt die Vernetzung der unterschiedlichen Funktionalitäten bei den Beteiligten eine wahre

„Notebook-Kultur“ entstehen: Auf dem Weg zum Experten führen die Studierenden ihr Labor, ihre Bibliothek und ihre Arbeits- und Besprechungsräume „im Rucksack“ mit sich. Für Lehrende und Studierende sind die mobilen Notebooks und ihre vielfältigen Anwendungen keine exotischen Additiva, sondern integrierter Bestandteil des universitären Alltags. Es lohnt sich für alle Beteiligten, diese erfolgreiche, vielversprechende Entwicklung zum „funkvernetzten Campus“ in den folgenden Jahren gemeinsam weiterzuführen und auszubauen.

Literatur

Ashby, F.G., Isen, A.M. & Turken, A.U. (1999). A neuropsychological theory of positive affect and its influence on cognition. *Psychological Review*, 106 (3), S. 529-550.

Boekaerts, M., Pintrich, P.R. & Zeidner, M.H. (Hrsg.) (2000). *Handbook of Self-regulation*. San Diego, CA.

Carver, C.S. & Scheier, M.F. (1990). Origins and functions of positive and negative affect: A control-process view. *Psychological Review*, 97, S. 19-35.

Collins, A., Brown, J.S. &, Newman, S.E. (1989). Cognitive aprenticeship: Teaching the crafts of reading, writing and mathematics. In: Resnick, L.B. (Hrsg.), *Knowing, learning, and instruction*, S. 453-494, Hillsdale, NJ.

Festinger, L. (1954). A theory of social comparison processes. *Human Relations*, 7, S. 117-140.

Heineken, E., Schulte, F.P. & Ollesch, H. (2002). A learning environment for teaching experimental psychology in a virtual laboratory. In Karandashev, V. (Hrsg.), *Proceedings of the International Conference on Psychology Education: Curriculum and Teaching of Psychology*, 15th -19th June 2002.

Heineken, E., Schulte, F.P. & Ollesch, H. (2003). Experimentalpsychologische Ausbildung im virtuellen Labor: Das Laboratorium für Online-Research (Lab.OR). In Krampen, G. & Zayer, H. (Hrsg.), *Psychologiedidaktik und Evaluation IV*, Bonn, S. 7-22.

Kalz, M., Stratmann, J. & Kerres, M. (2003). Notebooks in der Hochschullehre. Didaktische und strukturelle Implikationen. *DGfE-Kommission für Medienpädagogik*, Nürnberg, 14. März 2003.

Reips, U.-D. (2002). Standards for Internet-Based Experimenting. *Experimental Psychology*, 49(4), S. 243-256.

Tobias Schubert, Bernd Becker

Das Mobile Hardware-Praktikum

Zusammenfassung

Im Rahmen der wissenschaftlichen Ausbildung sind Praktika vielerorts ein wichtiger Bestandteil der Lehre. Sie zeichnen sich im Regelfall dadurch aus, dass die Studierenden die gestellten Versuche an speziell ausgestatteten Laborplätzen durchführen, was neben extrem hohen Kosten zu einer Begrenzung der maximalen Teilnehmerzahl führt. In diesem Zusammenhang scheint es auf den ersten Blick nicht möglich, Konzepte einer *Virtuellen Universität* umzusetzen, da die Studierenden „vor Ort" sein müssen.

In diesem Dokument stellen wir das so genannte *Mobile Hardware-Praktikum* vor, das den Studierenden die Teilnahme zu jeder Zeit und von jedem beliebigen Ort aus erlaubt und dennoch ein Gefühl der Präsenz im Labor vermittelt. Gleichzeitig kann weit mehr als 100 Studierenden die Teilnahme ermöglicht werden.

Erreicht wird dies durch ein speziell für diesen Zweck entwickeltes webbasiertes *Learning Management System* in Kombination mit Hardware-Komponenten, die einem voll ausgestatteten Labor-Arbeitsplatz entsprechen und den Teilnehmern für die Zeit des Praktikums auf Leihbasis zur Verfügung gestellt werden. Die Experimente werden von den teilnehmenden Gruppen in Eigenregie gelöst und elektronisch abgegeben. Die Bewertung erfolgt ebenfalls elektronisch.

1 Einleitung

Bei dem am Institut für Informatik der Albert-Ludwigs-Universität Freiburg angebotenen Hardware-Praktikum handelt es sich um eine Einführungsveranstaltung für Studierende mit Hauptfach Informatik im vierten Semester. In praktischen Versuchen werden hierbei die in den Grundstudiums-Vorlesungen *Technische Informatik I/II* erworbenen Kenntnisse vertieft. Das Praktikum gliedert sich thematisch in drei Schwerpunkte:

Mikroprozessor-Programmierung
Zu Beginn des Praktikums werden die in der Vorlesung *Technische Informatik II* bei der Entwicklung und Analyse eines 32-Bit RISC-Prozessors gemachten Erfahrungen aufgegriffen. Mit dem PIC16F84 der Firma Microchip wird ein kommerzieller Mikroprozessor programmiert und getestet. Der Prozessor ist Teil des so genannten *PICee++-Entwicklungssystems* (siehe PICee++ System, PICee - Single Board µComputer), das als Grundlage aller Versuche dient und neben dem eigentlichen Prozessor zudem über diverse Taster, Schalter und ein zweizeiliges LCD-

Display verfügt. Hauptaugenmerk des ersten Themenschwerpunktes liegt auf dem Einsatz der frei verfügbaren Entwicklungswerkzeuge wie Compiler, Simulator oder Programmer.

Zu den gestellten Aufgaben gehören neben einfachen Programmen – der Realisierung eines Lauflichts – auch die Implementierung einer Stoppuhr und die Entwicklung eines Taschenrechners, der die Grundrechenarten beherrscht.

Aufbau kombinatorischer und sequentieller Schaltkreise

In der zweiten Versuchsreihe werden Teile des systematischen Rechnerentwurfs in die Praxis umgesetzt: neben Grundschaltkreisen wie Dekodierer, Multiplexer, Zähler, Register und einem elektronischen Würfel wird auch ein einfaches Rechenwerk realisiert, das die Grundrechenarten Addition, Subtraktion und Multiplikation beherrscht. Wie im modernen Rechnerentwurf üblich, werden die Schaltungen nicht aus diskreten Logikgattern aufgebaut, sondern vollständig am PC entwickelt und simuliert. Danach werden sie mit programmierbaren Bausteinen (FPGAs der Altera MAX7000 Serie) und entsprechender Zusatzhardware ebenfalls in das *PICee++-Entwicklungssystem* eingebunden.

Neben der direkten Eingabe der Schaltkreise mit Hilfe vorgefertigter Bibliotheksmodule wird dabei auch der in der Industrie geläufige Entwurf von Schaltkreisen mit der Hardware-Beschreibungssprache *VHDL* vorgestellt.

Grundlagen der Analog- und Digitaltechnik

Zum Abschluss des Praktikums werden im dritten Themenblock einfache analoge und digitale Schaltungen, beispielsweise ein Widerstands- und Kondensatormessgerät sowie logische Grundschaltungen, mit den Grundelementen der Elektronik wie Widerständen, Kondensatoren und Transistoren aufgebaut und mit dem *PICee++-Entwicklungssystem* gesteuert und ausgewertet.

Die weiteren Abschnitte sind wie folgt gegliedert: Abschnitt 2 stellt den *klassischen* Ablauf eines Praktikums dar und zeigt die von uns vorgenommenen Änderungen auf, um eine derartige Präsenzveranstaltung *webbasiert* und *mobil* durchführen zu können. In Abschnitt 3 wird die jeder teilnehmenden Gruppe zur Verfügung stehende Hardware eingeführt. Die sich durch die besondere Struktur des *Mobilen Hardware-Praktikums* ergebenden Konsequenzen werden in Abschnitt 4 erörtert, gefolgt von einem Vergleich mit anderen virtuell durchgeführten Praktika. Abschließend erfolgt eine Zusammenfassung der bisher geleisteten Arbeiten.

2 Ablauf

Die bis zum Sommersemester 2002 am Lehrstuhl für Rechnerarchitektur durchgeführten Praktika waren reine Präsenzpraktika, wie sie auch an vielen anderen Universitäten Teil der wissenschaftlichen Ausbildung sind. Zu Beginn des

Semesters wurden Kleingruppen zu je drei Studierenden gebildet, die im wöchentlichen Turnus nachfolgend aufgeführte Aufgaben zu bewältigen hatten:

- **Versuchsvorbereitung:** Die Studierenden erhalten die jeweilige nächste Aufgabenstellung, deren Lösung bzw. Lösungsansatz bis zum nächsten Praktikumstermin vorzubereiten und schriftlich festzuhalten ist.
- **Versuchsdurchführung:** Die erarbeiteten Lösungsvorschläge werden an speziellen Arbeitsplätzen von den Teilnehmern bzw. Gruppen vorgeführt.
- **Versuchsnachbereitung:** Die in Punkt 2 gewonnenen Kenntnisse werden wiederum schriftlich in einem so genannten Versuchsprotokoll niedergeschrieben und von den Veranstaltern begutachtet.

Die Versuchsdurchführung wurde dabei an speziell ausgestatteten Arbeitsplätzen innerhalb der Universität vorgenommen, von denen jeder neben Rechner, Oszilloskop und Frequenzgenerator noch über diverse weitere Mess- und Steuergeräte verfügt. Die Kosten für einen derartigen Arbeitsplatz betragen dabei mehrere 1000 Euro, so dass aus Platz- und Kostengründen nur insgesamt 10 Arbeitsplätze (insgesamt maximal 30 Teilnehmer) auf diese Weise ausgestattet wurden.

Um die Veranstaltung jedoch einem weiteren Kreis an Interessierten zugänglich zu machen (insbesondere Studierende externer Universitäten), sind seit dem Sommersemester 2002 folgende Änderungen vorgenommen worden: das Praktikum als Präsenzveranstaltung wird abgelöst durch eine *webbasierte*, *mobile* Form auf Basis eines speziell auf die Anforderungen des Hardware-Praktikums zugeschnittenen *Learning Management Systems* in Verbindung mit entsprechenden Hardware-Komponenten.

Bei der mit CGI/PERL und HTML entwickelten und in Abbildung 1 skizzierten Internetpräsenz handelt es sich um eine Variante, die in ähnlicher Form bereits seit mehreren Semestern in den Vorlesungen *Technische Informatik I/II* ebenfalls am Lehrstuhl für Rechnerarchitektur eingesetzt wird, so dass die dort erworbenen Erfahrungen in ein einfach zu bedienendes und stabiles Tool mündeten. Den Teilnehmern bietet sich die Möglichkeit, auf alle Versuchsaufgaben, Software, Dokumentationen, Datenblätter sowie auf die erzielten Punkte, Korrekturen und Musterlösungen elektronisch zu zugreifen. Zusätzlich sind diverse Multimedia-Vorträge mit einem *Presentation Recording Tool* (siehe Techsmith) aufgenommen worden. Sie bieten hilfreiche Informationen zur Bedienung der verschiedenen Entwicklungsumgebungen. Beispielsweise ist von den Veranstaltern ein VHDL-Kurs aus insgesamt vier multimedialen Vorträgen erstellt worden.

Die Lösungen der gestellten Aufgaben werden von den gebildeten Kleingruppen in Eigenregie erstellt und zu festgelegten Terminen ebenfalls über das *Learning Management System* elektronisch abgegeben. Die Bewertung durch die Korrektoren erfolgt ebenfalls elektronisch. Dazu werden die erstellten Programme von den Korrektoren ausgeführt und ggf. Änderungen und Hinweise direkt im Programmcode annotiert, bevor dieser als Korrektur(-Datei) zusammen mit der

Notengebung und einer Musterlösung wieder in das *Learning Management System* integriert wird. Der Zugriff erfolgt jeweils über passwortgeschützte Sichten.

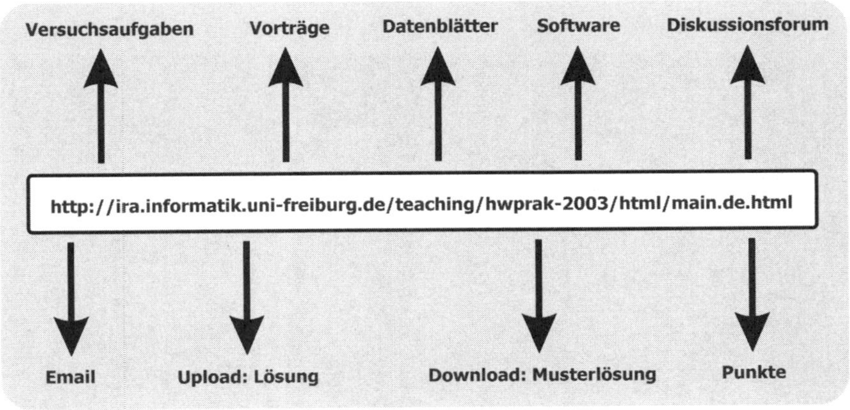

Abb. 1: Learning Management System

Um den Kontakt zwischen Veranstaltern und Teilnehmern zu gewährleisten und zudem den Veranstaltern die Möglichkeit zu geben, sich ein „reales" Bild von den Gruppen bilden zu können, sind neben einer freiwilligen einstündigen Übungsstunde noch die so genannten *Präsentationen* eingeführt worden: nach jedem Abgabetermin werden mehrere Gruppen bestimmt, die – anstelle einer elektronischen Bewertung – in der darauf folgenden Woche ihre Lösungen dem jeweiligen Tutor präsentieren und erläutern.

Externen Teilnehmern anderer Universitäten werden anstelle von Präsentationen *Video-Protokolle* angeboten, die von den Studierenden mit dem bereits oben genannten *Presentation Recording Tool* aufgenommen werden und den Veranstaltern ebenfalls einen guten Überblick über das Potenztial der Gruppe geben.

Zusätzlich wird ein fachgebundenes, moderiertes Diskussionsforum angeboten, das als eine Art *Wissenspeicher* dient und den Austausch von Fragen, Lösungsansätzen und Hinweisen ermöglicht.

3 Das PICee++-Entwicklungssystem

Im vorliegenden Abschnitt wird ein Überblick über das *PICee-Entwicklungssystem* gegeben, das als Basis aller Weiterentwicklungen dient (siehe Elektor, PICee++ System, PICee – Single Board µComputer, Hardware Lab 2002/2003). Wie in Abbildung 2 dargestellt und bereits mehrfach erwähnt, basiert dieser so genannte Einplatinencomputer auf dem PIC16F84-Prozessor der Firma Microchip. Er wurde um einige Elemente einer Ein- bzw. Ausgabeeinheit wie Taster,

Schalter, LEDs sowie einem zweizeiligen LCD-Display ergänzt, die alle direkt mit entsprechenden I/O-Ports des Mikroprozessors verbunden sind. Aufgrund seiner einfachen Architektur eignet sich das System hervorragend für ein Praktikum im Grundstudium.

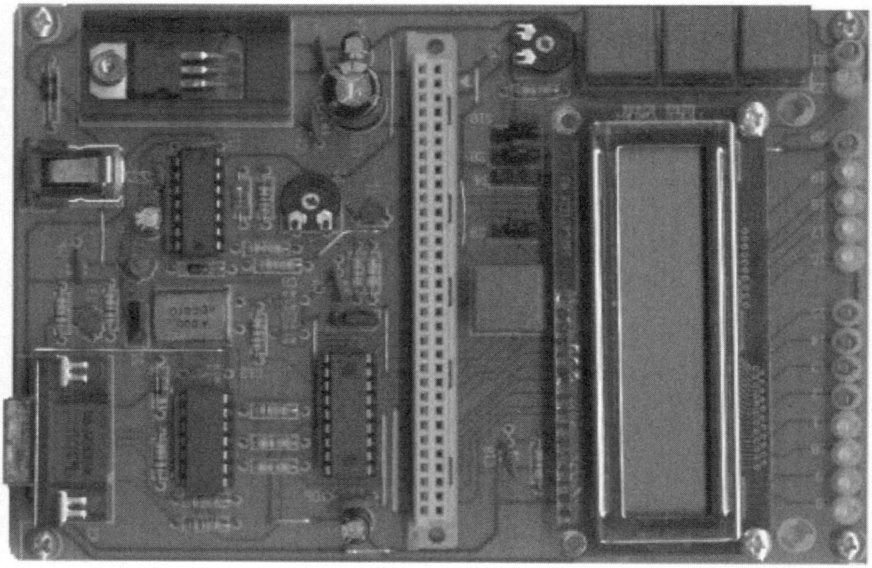

Abb. 2: Das PICee-Entwicklungssystem

Die Programmentwicklung, Kompilierung und Simulation erfolgt mit der frei verfügbaren Software *MPLAB* von Microchip bzw. *MAX+PLUS II Baseline* von Altera, der eigentliche Programmiervorgang mit Hilfe der ebenfalls kostenfreien Software *IC Programmer* über die auf der Platine integrierte serielle Schnittstelle.

Durch die direkte Anbindung der Ein- und Ausgabeelemente (Taster, Display, etc.) sind für den Themenblock *Mikroprozessor-Programmierung* somit selbst komplexe Aufgabenstellungen denkbar und in kurzer Zeit realisier- und testbar.

Um das komplette Aufgabenspektrum eines klassischen Hardware-Praktikums abzudecken, wurde das System mit Hilfe zweier am Lehrstuhl für Rechnerarchitektur entwickelter Zusatzplatinen (Abbildung 3) zum so genannten *PICee++ -Entwicklungssystem* erweitert (siehe PICee++ System), die sich beide auf die in Abbildung 2 in der Mitte zu erkennende Steckerleiste aufstecken lassen. Beide Platinen verfügen damit an den jeweils unten angebrachten Anschluss-Pins über alle wichtigen Signale des PIC16F84-Prozessors, wie beispielsweise I/O-Ports, Takt- und Reset-Signal sowie die Versorgungsspannung.

Abb. 3: Die beiden Erweiterungsmodule „FPGA“ und „Experimentierfeld“

Die in obiger Abbildung links dargestellte Erweiterung „FPGA“ verfügt über ein FPGA EPM7128SLC84-15 der Firma Altera, das sich über die ebenfalls auf der Platine angebrachte parallele Schnittstelle direkt mit der Software *MAX+PLUS II Baseline* konfigurieren lässt. Wie in der Abbildung zu erkennen ist, kann auf alle I/O-Ports des FPGAs über Anschluss-Pins zugegriffen werden. Mit Kabeln lässt sich somit eine Verbindung zu oben erwähnter Steckerleiste des PICee-Entwicklungssystems und damit zu allen dort vorhandenen Komponenten herstellen. Dadurch lassen sich alle im Themenblock *Aufbau kombinatorischer und sequentieller Schaltkreise* entwickelten Schaltungen in eine „reale“ Entwicklungsumgebung einbetten.

Das in Abbildung 3 rechts dargestellte Zusatzmodul entspricht einem frei konfigurierbaren Experimentierfeld, wie es in den meisten Hardware-Praktika genutzt wird, um (komplexe) Schaltungen aufzubauen und mit den entsprechenden Steuer- und Mess-Instrumenten (Oszilloskop, Taktgenerator) zu analysieren. Das gleiche gilt auch für die hier vorgestellte Platine mit dem Unterschied, dass über die ebenfalls vorhandenen I/O-Ports des PIC16F84-Prozessors dieser sowohl als Steuer- und auch als Messgerät genutzt wird (Themenblock *Grundlagen der Analog- und Digitaltechnik*).

In beiden Fällen besteht die Aufgabe der Studierenden somit nicht nur in der Entwicklung der entsprechenden Schaltung, sondern auch in deren Verdrahtung sowie der Implementierung diverser Datenaustauschroutinen, um die Ein- oder Ausgabeeinheit oder den Mikroprozessor des PICee++-Entwicklungssystems nutzen zu können.

4 Konsequenzen eines webbasierten Praktikums

Die komplette Umstellung einer über die Jahre hinweg etablierten Präsenzveranstaltung hin zu einem virtuellen Praktikum bedingt einige Konsequenzen sowohl auf Seiten der Veranstalter als auch auf Seiten der Studierenden, die es zu beachten gilt. Sie werden im Folgenden erörtert:

- **Mobilität:** Ein großer Vorteil durch dieder vorgestellten Form der Veranstaltung ist im Anstieg der potenziellen Teilnehmer zu sehen. Die maximale Anzahl ist nur durch die Menge vorhandener Hardware-Komponenten beschränkt, die im Gegensatz zu den klassischen Praktika den Vorteil haben, mit etwa 150 bis 200 Euro pro „Arbeitsplatz" sehr kostengünstig zu sein. Zudem ist eine Präsenz vor Ort sowie speziell ausgestattete Laborräume nicht mehr zwingend erforderlich.
  Problematisch scheint für eine Pflichtveranstaltung, insbesondere im Grundstudium, die Tatsache zu sein, dass die gebildeten Gruppen Zugriff auf einen eigenen Rechner oder einen Laptop haben müssen. Neben anderen Gründen dürfen insbesondere soziale und finanzielle Aspekte keinen potenziellen Teilnehmer daran hindern, an dieser Form des Praktikums teilhaben zu können. Allerdings ist besonders in den naturwissenschaftlichen oder technischen Disziplinen wie der Informatik der Anteil der Studierenden, die über einen eigenen Rechner verfügen, sehr hoch. Des weiteren wird – wie an der Universität Freiburg mit dem Projekt „Mobile Pools" – an vielen Universitäten vermehrt dazu übergegangen, die Studierenden beim Erwerb eines Laptops finanziell zu unterstützen (teilweise gebunden an Leistungsnachweise). Vor diesem Hintergrund hat es bei den beiden zurückliegenden *Mobilen Hardware-Praktika* keinerlei Probleme dieser Art gegeben, wobei jedem Studierenden selbstverständlich weiterhin allgemeine Rechnerpools zur Verfügung stehen.
- **Flexibilität:** Um ein Praktikum erfolgreich zu absolvieren, ist es notwendig, dass sich die gebildeten Kleingruppen in ausreichendem Maße mit der Hardware und den entsprechenden Entwicklungsumgebungen vertraut machen können. Da jeder Gruppe eigene Hard- und Software-Komponenten zur Verfügung stehen, ist dies unabhängig von anderen Teilnehmern oder Öffnungszeiten der Laborräume problemlos möglich.
- **Effizienz:** Klassische Praktika beruhen oftmals auf sehr engen Zeitvorgaben, in denen die gestellten Experimente durchgeführt werden müssen. Durch den Wegfall dieser Beschränkungen wird mit dem *Mobilen Hardware-Praktikum* die Eigeninitiative zur Durchführung weiterer Experimente abseits der eigentlichen Aufgabenstellung begünstigt, wodurch sich die Qualität der Lehre steigern lässt.
- **Kommunikation:** Hervorgerufen durch die elektronische Abgabe und Bewertung sowie das (anonyme) Diskussionsforum wird ein gewisser Verlust an Kontakt zwischen Veranstaltern und Teilnehmern in Kauf genommen. Es fällt folglich schwer, zwischen *guten* und *schlechten* Studierenden bzw. Gruppen zu unterscheiden. Abhilfe wird durch die in Abschnitt 2 bereits

erwähnten (freiwilligen) Übungsstunden sowie die Präsentationen bzw. Video-Protokolle geschaffen. Die Veranstalter sind somit in der Lage, die Stärken und Schwächen der einzelnen Gruppen deutlich zu erkennen.

- **Evaluation:** Wie auch im vergangenen Jahr wird das aktuelle *Mobile Hardware-Praktikum* durch die Studierenden mit Hilfe eines (elektronischen) Fragebogens evaluiert. Neben zahlreichen Fragestellungen zur Komplexität der Aufgaben sind folgende Punkte von besonderem Interesse:
  - Steht Ihnen einen Laptop zur Verfügung?
  - Wie beurteilen Sie die „freie" Arbeitseinteilung?
  - Wie nehmen Sie die Arbeitsaufteilung innerhalb Ihrer Gruppe vor?
  - Was halten Sie für die optimale Gruppengröße?
  - Was halten Sie von einem Gruppenwechsel während des Semesters?
  - Welchen Typ Praktikum bevorzugen Sie?

  Zusätzlich wird in diesem Jahr im Rahmen des Freiburger *F-MoLL Projektes* die Evaluierung des *Mobilen Hardware-Praktikums* in Zusammenarbeit mit dem *Institut für Informatik und Gesellschaft* unter dem Aspekt „Gender Mainstreaming" durchgeführt. Ziel ist es hierbei, die verschiedenen Lehr- und Lernmethoden unter dem Blickwinkel der Geschlechter zu beurteilen.

5 Andere Ansätze

Das vorgestellte Praktikum gliedert sich ein in eine ganze Reihe ebenfalls virtuell durchgeführter Veranstaltungen. Als Beispiel seien der *Verbund Virtuelles Labor*, *Virtuelles Informatik Praktikum Aachen*, *ULI-Campus* sowie das *100-Online Projekt* der Universität Stuttgart genannt. Im Wesentlichen basieren diese Veranstaltungen auf der Idee, die vorhandenen Laborräume mitsamt der zu steuernden Maschinen (Mikroskop, Industrie-Roboter, Gleichstrommotor, etc.) auf geeignete Weise mit Rechnern zu verknüpfen und diese per WWW-Schnittstellen und Kameras „aus der Ferne" zu steuern. Durch diesen Ansatz wird neben einer weitgehenden Plattform-Unabhängigkeit erreicht, dass vielen Studierenden – zu unterschiedlichen Zeiten – der Zugriff auf dieselbe Maschine gewährleistet werden kann, was deren Nutzungsgrad erheblich erhöht. Arbeitssicherheit ist bei klassischen Praktika von erheblicher Bedeutung, auch hier ergeben sich durch diese so genannten „Telelaboratorien" Vorteile, da die Teilnehmer nicht mit Starkstrom o.ä. in Kontakt kommen. Dem stehen allerdings auch eine Vielzahl von Nachteilen gegenüber:

- Trotz Kamera nur sehr eingeschränktes Präsenzgefühl für den Anwender.
- Hoher Realisierungsaufwand, hervorgerufen durch die zu implementierenden WWW-Schnittstellen.
- Hohe Datenübertragungsraten für „Echtzeit-Steuerung" notwendig.
- Probleme bei Netzwerkausfall.

Insbesondere die benötigten hohen Übertragungsraten scheinen nur bedingt eine örtliche Unabhängigkeit zu garantieren, da oftmals lediglich die Infrastruktur der Hochschule selber diesen technischen Anforderungen genügt (die Teilnehmer müssen folglich in entsprechenden Rechnerpools „vor Ort" sein). Hier bietet die vorgestellte Form des *Mobilen Hardware-Praktikums* sicherlich Vorteile.

6 Zusammenfassung

Mit dem *Mobilen Hardware-Praktikum* wurde eine vollständig orts- und zeitungebundene Form einer Präsenzveranstaltung vorgestellt. Das verwendete *Learning Management System* ermöglicht neben der Bereitstellung aller nötigen Informationen die elektronische Abgabe und Bewertung der Experimente. Per E-Mail, Diskussionsforum, Kurzpräsentation (Video-Protokolle) und einer freiwilligen Übungsstunde wird auch weiterhin der persönliche Kontakt zwischen Studierenden und Veranstaltern gewährleistet. Des weiteren wird in besonderem Maße die Fähigkeit zur *verteilten* Teamarbeit gefördert, was im Berufsleben einen immer höheren Stellenwert einnimmt.

Auf Basis des *PICee++-Entwicklungssystems* steht jeder teilnehmenden Gruppe ein komplett ausgestatteter „Arbeitsplatz" zur Verfügung, der im Vergleich zu anderen virtuellen Praktika ein wesentlich stärkeres Gefühl der Präsenz im Labor vermittelt.

Eine im Sommersemester 2002 durchgeführte Evaluierung des Praktikums hat uns in unserem Vorgehen bestätigt. Insbesondere die multimedialen Vorträge zu den einzelnen Themengebieten sowie der Wegfall des Zeitdrucks ist bei den Studierenden auf große positive Resonanz gestoßen. In diesem Sommersemester wird neben einem (Online-)Fragebogen die Evaluierung durch die Zusammenarbeit mit der Abteilung „Modellbildung und soziale Folgen" des *Institutes für Informatik und Gesellschaft* verstärkt werden.

Die universelle Konfiguration des *Learning Management Systems* bietet die Chance, die vorgestellte mobile und webbasierte Form auch auf andere Veranstaltungen – selbst mit weit mehr als 100 Studierenden – anzuwenden.

Danksagung

Die Autoren möchten sich an dieser Stelle bei Peter Winterer und Heiko Falk für ihr Engagement und ihren Einsatz bei der Entwicklung des *Mobilen Hardware-Praktikums* bedanken.

Links

100-online at the University of Stuttgart: http://www.ias.uni-stuttgart.de/100-online

Altera Corporation: http://www.altera.com

Elektor: http://www.elektor.de

F-MoLL: http://f-moll.uni-freiburg.de

Hardware Lab 2002: http://ira.informatik.uni-freiburg.de/teaching/hwprak-2002/html/main.html

Hardware Lab 2003: http://ira.informatik.uni-freiburg.de/teaching/hwprak-2003/html/main.de.html

IC-Programmer: http://www.ic-prog.com

Institut für Informatik und Gesellschaft: http://www.iig.uni-freiburg.de

Microchip Technology Inc.: http://www.microchip.com

PICee++-System: http://ira.informatik.uni-freiburg.de/~schubert

PICee – Single Board µComputer: http://www.lgs-hanau.de/docs/picee/picee.php

TechSmith Corporation: http://www.techsmith.com

ULI-Campus: http://www.uli-campus.de

Verbund Virtuelles Labor – VVL: http://www.vvl.de

VIROR: http://www.viror.de

Virtuelles Informatik-Praktikum Aachen: http://www.vip.rwth-aachen.de

Tobias Thelen, Clemens Gruber

Kollaboratives Lernen mit WikiWikiWebs

Zusammenfassung

WikiWikiWebs sind ein asynchrones webbasiertes Kommunikationsinstrument, das vergleichbar mit Diskussionsforen, Weblogs und anderen CSCW[1]-Umgebungen in verschiedenen Szenarien einsetzbar ist. Es basiert auf zwei zentralen Prinzipien: „Jeder kann jeden Text ändern“ und „Strukturen entstehen bottom-up durch Verlinkung.“ Als Lernumgebungen können WikiWikiWebs zentrale Kommunikationsplattformen für asynchrone, ortsverteilte Veranstaltungen sein oder veranstaltungsbegleitend die Kommunikation über die Präsenzveranstaltungen hinaus ausdehnen. Idealerweise verändern WikiWikiWebs die Textproduktion hin zu einem kooperativen Prozess, der selbst organisierendes Lernen in Arbeitsgruppen begünstigt. Anhand von drei Anwendungsszenarien werden Bedingungen und Möglichkeiten eines solchen Lernens diskutiert. Die Ergebnisse zeigen, dass WikiWikiWebs kollaboratives Lernen und Arbeiten unter geeigneten Einsatzbedingungen ermöglichen, aber nicht von selbst herbeiführen.

1 Kollaborative Umgebungen und WikiWikiWebs

Wir unterscheiden drei Typen solcher Szenarien: (a) Instruktionale Szenarien, in denen die Autorin[2] voll aufbereitete Inhalte zugänglich macht, (b) semikollaborative Szenarien, in den die Autorin ihre Materialien in einer Lernumgebung platziert und mit verschiedenen Kommunikations- und Diskussionsmöglichkeiten anreichert und schließlich (c) vollkollaborative Szenarien, in denen sich eine „community of authors“ bildet und eine Trennung zwischen Autorinnen und Rezipienten nicht mehr vorhanden ist bzw. die Rollenverteilung fluktuiert. In der neueren mediendidaktischen Diskussion werden solche Szenarien unter dem Stichwort konstruktivistischen Lernens besonders positiv bewertet (s. z.B. Dillenbourg, 1999; Kerres, 2001, S. 79f., Wilbers, 2001, S. 26). Im Folgenden wird aus technischer und kommunikativer Sicht anhand von grundsätzlichen Überlegungen und Ergebnissen praktischer Einsätze dargelegt, warum „WikiWikiWebs“ sich in besonderer Weise als derartige Lernumgebungen anbieten und welche Bedingungen an ihren erfolgreichen Einsatz geknüpft werden müssen.

---

1 Computer Supported Collaborative Work

2 Um beide Geschlechter gleichermaßen zu berücksichtigen, wird für einige Begriffe durchgängig die männliche, für andere durchgängig die weibliche Form benutzt. In beiden Fällen sind Frauen und Männer gemeint.

Die wichtigsten heute üblichen Web-Kommunikationsformen waren auch schon vor Erfindung des WWW Anfang der 90er Jahre verfügbar: E-Mail ist in der heute bekannten Form seit Anfang der 80er Jahre definiert (Sluizer & Postel, 1980), Diskussionsforen gibt es seit Einrichtung des USENET (Horton, 1983) und einen Chat-Standard über verschiedenste IRC-Kanäle seit ca. 1989 (Oikarinen & Reed, 1993). Spätestens seit Ende der 90er Jahre ist eine immer weiter gehende Vereinheitlichung der Dienste über das WWW zu beobachten. Zunächst waren statische HTML-Seiten üblich, die vergleichbar mit einem Buch oder anderen gedruckte Texten Informationen zum Abruf anboten. Kurze Zeit nach Einführung des WWW stand aber bereits eine standardisierte Schnittstelle für dynamische Web-Anwendungen zur Verfügung, die in Form von Suchmaschinen, Gästebüchern und anderen kommunikativ einfach gestalteten Webseiten schnell Verbreitung gefunden haben.

Somit ist eine Entwicklung zu beobachten, die interessanter Weise bereits in den ersten Entwürfen des WWW angelegt war. Die ersten Browser waren gleichzeitig Editoren (Some early ideas, 2003), die Nutzer sollten nicht nur passive Leser, sondern auch aktive Schreiberinnen sein. Berners-Lee (1998) beschreibt die kommunikative und kollaborative Vision des WWW als: „The dream behind the Web is of a common information space in which we communicate by sharing information." Dass erst in den letzten Jahren kollaborative Web-Anwendungen verstärkt Verbreitung gefunden haben, liegt nicht an technischen Fortschritten (die hier vorgestellten Experimente mit WikiWikiWebs liefen auf einem 5 Jahre alten 300MHz-Rechner), sondern an vielen anderen sozio-technischen Faktoren, darunter vermutlich auch aufgrund der Ungewohntheit verteilter und kollaborativer Informationsflüsse und Textproduktionsprozesse.

Gegenwärtig gibt es eine Flut „volldynamischer" Webanwendungen, die Präsentation, Erstellung und Überarbeitung von Inhalten über eine einheitliche Webschnittstelle ermöglichen. "Große" Lösungen sind vor allem komplexe Content-Management-Umgebungen, die mit professionellen Redaktionssystemen verwandt sind und es erlauben, komplexe Workflows von der Erfassung über die Revision bis zur Freigabe und Auslieferung zu definieren und kontrollieren. Diese Systeme sind erstens sehr teuer in der Anschaffung und bedürfen zweitens einer sorgfältigen und komplizierten Konfiguration und organisatorischen Implementation. Daher sind sie für kollaboratives Arbeiten in Lehr-/Lernszenarien nur in Ausnahmefällen zu verwenden. Demgegenüber stehen „kleine" Systeme, die auf einfachen Web-Servern installiert und ohne größeren Konfigurationsaufwand betrieben werden können. Besonders verbreitet sind derzeit folgende Typen: Diskussionsforen, Weblogs oder „Blogs" (s. Möller, 2001) und WikiWikiWebs.

Das WikiWiki-Werkzeug wurde 1995 von Ward Cunningham für das „Portland-Pattern-Repository" (http://c2.com/cgi/wiki) entwickelt. Es folgt einem Ansatz aus dem Extreme Programming: „Do the simplest thing that can possibly work" (s. Huhmann, 2002) und sollte die Grenzen zwischen passivem Lesen und aktivem Erstellen aufheben. Der Name „WikiWiki" stammt aus dem Hawaiianischen und bedeutet, der Zielrichtung des Werkzeugs entsprechend, „schnell". In den folgenden Jahren haben sich WikiWikiWebs in vielen verschiedenen Implementationen und Installationen verbreitet und wurden besonders erfolgreich in der kollaborativen Erstellung technischer Dokumentationen angewendet. Obwohl einige neuere WikiWiki-Implementationen die ursprüngliche Forderung nach maximaler Einfachheit verletzen, lassen sich als gemeinsames Merkmal aller WikiWiki-Werkzeuge zwei Prinzipien festhalten:

- Einfache Editierbarkeit: Jede Seite kann von jedem verändert werden. Wiki-Seiten erscheinen für die Userin auf den ersten Blick als normale HTML-Seiten. Klickt man aber auf den Link „Edit", der sich auf jeder Seite befindet, wird der Seitentext in einem editierbaren Formularfeld angezeigt. Meist sind einfache Formatierungen möglich, z.B. sorgt eine Leerzeile für einen neuen Absatz oder ein * für das Aufzählungszeichen.
- Link-Prinzip: Berners-Lee (1996) nennt die Verlinkung beliebiger Seiten mit beliebigen Inhalten als zentrales Prinzip des WWW. Dadurch entsteht bottom-up, dynamisch und selbst organisiert ein Netz von Informationen. Im WWW ist dazu die Kenntnis einer Adresse (URL) nötig, WikiWikiWebs vereinfachen die Verlinkung radikal: Links entstehen durch Nennung, nicht existierende Seiten werden automatisch erzeugt. Dazu dienen so genannte WikiWords, das sind Wörter, die mit einem Großbuchstaben beginnen und im Wort einen weiteren Großbuchstaben enthalten.

2 Kommunikative Überlegungen

Die Zuordnung eines Textes zu genau einer Autorin ist ein zentrales Paradigma text- und literaturkritischer Betrachtungsweisen. Die erfolgreiche kritische Rezeption eines Textes wird üblicherweise aufgefasst als der gelungene Versuch, den Inhalt eines Textes auf Vorstellungen, Überzeugungen und Schlussfolgerungen der Autorin zu untersuchen und diese mit dem eigenen Überzeugungs- und Wahrnehmungssystem produktiv zu konfrontieren.

Im Gegensatz dazu präsentieren WikiWikiWebs Texte als prinzipiell Unfertiges, Veränderbares. Formal ist die Rolle des Lesers zunächst unverändert. Die Autorin kann dann aber nicht mehr autoritative Wissensquelle sein, weil aus der Textgestalt als „fertigem" Produkt keine sicheren Rückschlüsse auf seine Entstehung zulässig sind. Der Text ist nicht mehr Resultat einer konsistent handelnden Autorin, sondern Zwischenform einer „textimmanenten Dialogizität" (s. Dreher, 2002). Nicht isolierte einzelne, aufeinander bezogene und einander beeinflussende Sprechakte formen im sichtbar dialogischen Wechsel die Kommunikation, sondern es verändert sich jeweils der Gesamttext als ein einzelner großer Sprechakt. Dreher (2002) spricht hier von der intertextimpliziten Autorin. Der tatsächliche Akt des Schreibens, d.h. Veränderns, Ergänzens oder Streichens von Text wird in diesem Falle beim Lesen bereits antizipiert und kann sich in seiner Ausführung in mehrfacher Hinsicht von individuellen, „traditionellen" Schreibversuchen unterscheiden:

- Die äußerlich nichtdialogische Kommunikation erfordert ein hohes Maß an Kooperationsbereitschaft der Schreiberinnen. Es ist problemlos möglich, destruktive Beiträge durch Streichung, Verfälschung oder abfällige Kommentierung zu verfassen.
- Die Schreiberin muss „Mut zum Unfertigen" aufbringen und trotzdem zielgerichtet arbeiten. Blatt (1996) unterscheidet für (individuelle) Schreibprozesse am Computer „Mozarttypen", die große Textteile in langen, äußerlich unproduktiven Phasen entwerfen und en bloc als Endprodukt niederschreiben und „Beethoventypen", die sehr früh Entwürfe notieren und sich dem endgültigen Text iterativ durch Umstell- und Editieroperationen nähern, sozusagen „schreibend denken" (Blatt, 2001, S. 8).

Kollaborative Textproduktion mit WikiWikiWebs kann in mehrerlei Hinsicht hochschuldidaktischen Zielen dienen:

- „Wissenschaftlicher Schreibstil" ist in Abgrenzung zu z.B. essayistischen Formen unpersönlich, wertungsarm und methodisch sauber und objektiv nachvollziehbar argumentierend. Ein solcher Schreibstil kann sich am ehesten entwickeln, wenn der Student zum einen viele Beispiele guter wissenschaftlicher Praxis rezipiert und zum anderen bereits früh gezwungen wird, eigenes wissenschaftliches Schreiben in Auseinandersetzung mit einem kritischen Publikum zu üben. Im Idealfall vereinigen WikiWikiWebs beide Aspekte.
- Wissenschaft ist insgesamt ein kollaborativer sozialer Prozess, der überdies im Wesentlichen schriftlich stattfindet (vgl. Meehan, 1992, S. 300). Jedes wissenschaftliche Ergebnis baut auf den schriftlich rezipierten Vorarbeiten der Community auf und verbindet kritisch-zusammenfassende Darstellungen mit der Begründung eigener Hypothesen, Untersuchungen und Argumente. WikiWikiWebs können einen „Mikrokosmos" für solche Prozesse abbilden.
- Das Verfassen gemeinsamer wissenschaftlicher Artikel basiert auf Arbeitsteilung, Kommunikation und gegenseitigen Revisionsanregungen. In der Regel wird versucht, diese Arbeitsweise durch Bildung von Arbeits- und Referatgruppen zu fördern. Die Arbeitsgruppenmitglieder dokumentieren ihre Vorgehensweise aber nicht in strukturierter Form, und die Kursleiterin kann den Gang des Prozesses nicht nachvollziehen. WikiWikiWebs mit Revisionskontrolle (s.u.) können beide Möglichkeiten eröffnen und vertiefte Einsichten in erfolgreiche bzw. gestörte Arbeitsabläufe für Studenten und Dozentinnen bieten.
- In geistes- und sozialwissenschaftlichen Fächern ist die Seminar- oder Hausarbeit eine wichtige Form des Leistungsnachweises. Nachteilig ist der isolierte Charakter dieser Arbeiten: Ein Austausch über inhaltliche wie prozessbezogene Aspekte der einzelnen Arbeit findet nicht statt. Mit WikiWikiWebs können Seminar- und Hausarbeiten transparent und kommunikationsorientiert verfasst werden, gleichermaßen ist es möglich, Ergebnisse und Hypothesen bereits veranstaltungsbegleitend zu präsentieren und zu diskutieren.

Es ist nun zu fragen, inwiefern sich diese Möglichkeiten und Chancen des Einsatzes von WikiWikiWebs im praktischen Einsatz realisieren lassen. Im Folgenden werden drei konkrete Anwendungsszenarien beschrieben, die den Einsatz von WikiWikiWebs unter verschiedenen Aspekten beleuchten.

3 Anwendungsszenarien

3.1 Einsatz als Experimentier- und Dokumentationsumgebung

In einem Seminar des Studienganges „Cognitive Science“ sollten die Studierenden per Einzelreferat vorgestellte Algorithmen in Gruppenarbeit auf selbst gesammelte und aufbereitete Daten anwenden und die Ergebnisse zur Diskussion stellen. Damit hatte jeder Teilnehmer zwei Aufgabebereiche: Ein einzelnes Verfahren vorzustellen und Datensätze zu konstruieren sowie experimentell zu nutzen.

Die eigene Präsentation des vorzustellenden Algorithmus wurde von den Teilnehmern als wichtig für die Gesamtgruppe wahrgenommen, weil die Arbeitsaufgaben darauf aufbauten. Die Arbeit an Experimenten konnte nur gelingen, wenn die fundamentalen Eigenschaften eines Lernalgorithmus der theoretischen Darstellung klar entnommen werden konnten.

Der Einsatz des WikiWikiWebs wurde in diesem Seminar dadurch gefördert, dass der Dozent Implementationen der meisten Lernalgorithmen über ein Webinterface zur Verfügung gestellt hat, das direkt in das WikiWikiWeb integriert war. Somit wurde das WikiWikiWeb automatisch zur zentralen Plattform für das gesamte Seminar. Alle Zwischenergebnisse und Referatsvorbereitungen wurden über das WikiWikiWeb eingestellt und in Teilen hat sich eine seminarbegleitende Kommunikation entwickelt, die von den Präsenzsitzungen unabhängig war.

Kollaboratives Schreiben hat sich immer dann entwickelt, wenn Studierende Informationen nicht finden konnten, die für ihre eigenen Arbeiten notwendig waren. In diesen Fällen wurden konkrete Nachfragen („Wie müssen die Daten dafür aussehen?“), Anregungen zur Weiterführung der Texte („Bitte noch genauer ausführen.“), orthographische wie inhaltliche Korrekturen und Links auf andere Teile des WikiWikiWebs direkt in fremde Texte eingefügt. Die Kommunikation verlief – wie gewohnt dialogorientiert und die individuelle Autorenschaft und Zuständigkeit für einzelne Texte wurde durchgehend respektiert. Mit zunehmender Vertrautheit mit dem Medium sind aber insbesondere in Form von Übersichtsseiten und kurzen, eher technischen Anleitungen auch gemeinschaftlich Texte verfasst worden.

3.2 Kommunikationskoordination und Ideensammlung

Als zweites Anwendungsszenario wird der Einsatz eines WikiWikiWebs als Kommunikationsplattform für die ca. 10 Mitarbeiter und Hilfskräfte eines E-Learning-Kompetenzzentrums beschrieben. Neben strukturierten Formen wie Mailing-Liste und webbasiertem Terminkalender sollte das WikiWikiWeb vor allem der Ideensammlung und fortlaufenden Arbeitsdokumentation dienen. Es wurde bereits in der Startphase des Zentrums installiert und von den Mitarbeitern intensiv genutzt.

In einigen Bereichen war die Kommunikation und Arbeitskoordination besonders erfolgreich:

- Die Mitarbeiter mussten zunächst Zuständigkeiten aushandeln, Rollenverteilungen klären und Arbeitspläne für die kommenden Monate erarbeiten. Hier haben sich hochdynamische und verteilte Textproduktionsprozesse herausgebildet. Die Texte wurden nicht als Produkt einer einzelnen Autorin, sondern als gemeinsame Arbeitsgrundlage angesehen. Daher kommt es häufig vor, dass einzelne Autorinnen massive Veränderungen und Umstrukturierungen an Texten vornehmen.
- Die Planung der wöchentlichen Arbeitsbesprechungen lief vollständig über das WikiWikiWeb ab. Jeder konnte zu besprechende Punkte einbringen und andere Punkte bereits vorab im WikiWikiWeb kommentieren und diskutieren. Dabei kam der Vorteil voll zum Tragen, dass keinerlei Umlaufverfahren oder vorgegebener Workflow einzuhalten waren, sondern jeder jederzeit den aktuellsten Stand einsehen und ergänzen konnte. Durch konsequente Anwendung dieses Verfahrens konnte die Effektivität der Besprechungen erheblich gesteigert werden.
- Die Möglichkeit, Strukturen dynamisch zu erschaffen und zu verändern, wurde voll ausgenutzt. Typischerweise sammeln sich zunächst Inhalte unter einem einzelnen Thema, bis eine Autorin es für notwendig und sinnvoll erachtet, das Thema in mehrere Unterthemen aufzuteilen. Besonders intensiv wurden die Einstiegsseite und die Linksammlung als zentraler Zugang zu weiteren Kommunikationswerkzeugen genutzt.

Das WikiWikiWeb hat sich in diesen Fällen gegen andere Werkzeuge wie gemeinsam nutzbare Netzwerkverzeichnisse und CVS-Archive durchgesetzt. Diese Tools werden dennoch intensiv genutzt, um Binärdateien (inkl. zum Druck aufbereiteten Texten) und Programmquellen zu verwalten. Die Einsatzgrenzen von WikiWikiWebs werden aufzeigen: In Fällen, in denen die Gestaltung produzierter Texte über einfache Formatierungen hinaus geht und Binärdateien abgelegt werden müssen, wird das WikiWikiWeb nicht genutzt, obwohl das verwendete System „TWiki“ komplexe Formatierungen sowie Dateianhänge an Seiten erlaubt. Als Gründe werden von den Mitarbeitern zu umständliche Bedienung und Abweichung von gewohnten Arbeitsabläufen im Umgang mit Dateien genannt.

3.3 Einsatz in einem standortübergreifenden Seminar

In einem internationalen standortübergreifenden Seminar zum Thema „Management und Globalisierung" wurde ein WikiWikiWeb als zentrales Kommunikationsinstrument eingesetzt. Zwar standen den Teilnehmern auch eine professionelle Lehr-/Lernplattform (WebCT) und synchrone Kommunikationstools wie Text- und Audiochat sowie wöchentliche Videokonferenzen zur Verfügung, jedoch hat sich das WikiWikiWeb als ein besonders dynamisches und zugleich nicht-flüchtiges Medium bewährt. Die Gruppen à 4-6 Studenten koordinierten ihre Terminabsprachen, diskutierten Vortrags- und Gliederungsentwürfe im WikiWikiWeb und trugen einzelne Abschnitte der gemeinsam zu verfassenden Seminararbeit zusammen. Monatlich wurden durchschnittlich 30 Änderungen an den Seiten jeder Gruppe vorgenommen.

Ein Großteil der beobachtbaren Kommunikation[3] behandelte organisatorische Fragen und fand auf einer Meta-Ebene statt. Es entstanden „living documents", die sich sehr schnell ändern, aber auf der Ebene der Frage-Antwort- oder Kommentar-Gegenkommentar-Interaktion blieben. An diesen Diskussionen beteiligten sich fast alle Teilnehmer. Darüber hinaus gehend waren verschiedene Rollen beobachtbar, die individuell stark unterschiedlich wahrgenommen wurden:

- „Initiatorin" – Die Initiatorin eröffnet neue Diskussionsfelder, legt neue Seiten an und stellt eigenständig neue Texte ein. In den meisten der 15 Gruppen gab es genau eine Initiatorin, niemals mehr als zwei. Eine Initiatorin arbeitet nicht notwendigerweise kollaborativ. Häufig wurden neue Gedanken einfach unter schon vorhandene gestellt und blieben unverbunden.
- „Restrukturierer" – Im Laufe der Zeit wachsen einige Seiten stark an, es werden mehrere Diskussionen nebeneinander geführt und andere Seiten bleiben unbenutzt. Der Restrukturierer ordnet von Zeit zu Zeit die bestehenden Seiten neu, schafft Unterpunkte, gliedert aus und löscht offensichtlich veraltete Diskussionen. In den meisten Fällen blieb der Inhalt der Seiten insgesamt durch die Umstrukturierung unberührt.
- „Korrektor" – Der Korrektor vereinheitlicht das Layout und Rechtschreib-, Zeichensetzungs- sowie Grammatikfehler.
- „Organisatorin" – Die Organisatorin bemüht sich, die gruppeninternen Abläufe zu koordinieren und bringt die Ergebnisse synchroner Diskussionen in das WikiWikiWeb. Typischerweise entstanden dadurch Aufgabenlisten mit zugeordneten Zuständigkeiten.
- „Beiträger" – Der Beiträger ergreift nicht selbst die Initiative sondern handelt auf Aufforderung. Er agiert in abgetrennten Bereichen nach Absprache oder ergänzt Listen, z.B. Link- oder Literaturlisten mit eigenen Fundstellen.
- „Moderatorin" – Die Moderatorin bemüht sich um konvergierende Diskussionen. Sie fasst vorhandene Parallelvorschläge eigenständig zusammen und verändert Texte über Autorinnengrenzen hinweg.

---

3 Das verwendete WikiWikiWeb TWiki (s.u.) verfügt über eine Versionsverwaltung, die er erlaubt genau nachvollziehen, wer welche Seite wie geändert hat.

In den 15 Gruppen zeigte sich in auffälliger Weise, dass die ersten fünf Rollen immer vertreten waren, wenn auch in unterschiedlich ausgeprägter Weise und in unterschiedlichen Konstellationen. Die Rollenverteilung verfestigte sich sehr früh, ohne dass sie explizit diskutiert oder festgelegt wurde. Die Rolle der Moderatorin war nicht in allen Gruppen besetzt. Es zeigte sich, dass sich die meisten Autorinnen scheuten, in Texte anderer einzugreifen und sie eigenständig zu ändern. Die Ergebnisse der Gruppen mit Moderatorinnen waren signifikant besser als derjenigen ohne Moderatorin.

Insgesamt ist festzuhalten, dass durch den Einsatz eines WikiWikiWebs in diesem standortübergreifenden Szenario kollaborative Kommunikations- und Schreibprozesse ermöglicht und gefördert werden, die mit anderen Werkzeugen nur schwer zu erreichen sind. Es zeigen sich allerdings individuell stark unterschiedliche Zugänge, die in impliziten Gruppenprozessen koordiniert werden. Die Gruppengröße von 4-6 Autorinnen scheint in vielen Fällen eine optimale Größe zu sein, die alle Rollen zu besetzen erlaubt und dennoch nicht zu groß ist.

4 Ausgewählte WikiWiki-Systeme

Abschließend sollen kurz einige verfügbare WikiWiki-Implementationen und ihre besondern Eigenschaften aufgeführt werden. Ausgehend von dem „Ur-Wiki" (s.o.) bieten moderne Implementationen eine Reihe zusätzlicher Features. Interessant für den Einsatz als Lehr-/Lernumgebung sind insbesondere:

- Authentifizierung: Durch Authentifizierung können (a) Informationen nur autorisierten Personen zugänglich gemacht werden und – zusammen mit der Versionskontrolle – (b) neu erstellte Textteile einer Autorin zugeordnet werden. Durch die differenzierte Vergabe von Zugriffsrechten sind offene, geschlossene oder halboffene WikiWikiWebs möglich.
- Versionskontrolle: Mit der Versionskontrolle wird die „Entstehungsgeschichte" des Textes sichtbar, Veränderungen zu vorhergehenden Entwürfen mit wenig Aufwand identifizierbar. Damit ist es auch möglich, Texte, die mutwillig oder aus Versehen verändert worden sind, in einer früheren Version wieder herzustellen und Textproduktionsprozesse zu verfolgen.
- Multi-Webs: Einige Wiki-Implementationen bieten die Möglichkeit, auf einem Server mehrere inhaltlich unabhängige WikiWikiWebs bereit zu stellen. Dies kann z.B. für verschiedene Kurse oder Semester genutzt werden.
- Datei- und Bildupload: Dieses Feature ist nötig, wenn z.B. PDF- oder Multimediadateien und Programme zum Download über das WikiWikiWeb publiziert werden sollen.

Die Anzahl der Wiki-Lösungen ist beinahe unüberschaubar, in der folgenden Auflistung wurde darauf geachtet, unterschiedliche Plattformen zu unterstützen:

- TWiki (http://twiki.org) ist Perl-basiert und wurde bei den oben beschriebenen Anwendungsszenarien eingesetzt. Durch das Einrichten von Unterbereichen

(„webs“) sind unabhängige Arbeitsgruppen möglich. Eine differenzierte Authentifizierung ermöglicht geschlossene Bereiche für verschiedene Seminare oder Arbeitsgruppen. Hervorzuheben ist die große Erweiterbarkeit von TWiki durch Plug-ins, mit der die Oberfläche einfach verändert werden kann, aber auch Kalender oder Diagramme von Tabellen erstellt werden können. Will man per E-Mail informiert werden, wenn Beiträge erstellt oder geändert werden, ist dies optional möglich.

- UseModWiki (http://www.usemod.com/cgi-bin/wiki.pl?UseModWiki) ist eine Perl-Lösung die Wiki-Grundfunktionen bietet und dabei einfach und schnell zu installieren ist.
- PHPWiki (http://phpwiki.sourceforge.net), eine PHP-basierte Wiki-Implementierung kann wahlweise mit Textfiles oder mit einer Datenbank arbeiten. Templates sorgen für eine einheitliche und gefällige optische Gestaltung.
- JSPWiki (http://www.ecyrd.com/JSPWiki/) ist Java-Server-Pages (JSP)-basiert und bietet erweiterte Funktionen wie Templates und Dateiupload.
- Tiki (http://tikiwiki.sourceforge.net) fällt etwas aus dem Rahmen und ist eher ein WCMS-System mit der Möglichkeit, Umfragen und Newsletter zu erstellen oder Webmails zu versenden.
- Die Lehr-/Lernplattform Stud.IP (www.studip.de) bietet voraussichtlich ab Version 1.0 (Herbst 2003) integrierte WikiWikiWebs mit den wichtigsten Features. Jeder Kurs kann dort ein eigenes Web nutzen.

Fazit

WikiWikiWebs haben von ihrer Anlage her das Potenzial, radikal veränderte Schreibprozesse zu ermöglichen. Die feste Rollenverteilung von Autorin und Leser kann zu Gunsten gemeinschaftlich verfasster Texte aufgeweicht werden. Im hochschuldidaktischen Kontext ergeben sich daraus eine Reihe von interessanten Perspektiven, die selbst organisierendes Lernen, auf die Forschungspraxis vorbereitendes kollaboratives Arbeiten und Förderung der individuellen Schreibkompetenz umfassen. Es wurden drei beispielhafte Einsatzmöglichkeiten von WikiWikiWebs skizziert, die in unterschiedlichem Maße gelungen sind. Die kollaborativen Möglichkeiten der Plattform werden nur ausgenutzt, wenn ausreichend starke innere oder äußere Anreize dazu gegeben werden. Die kollaborative Produktion komplexer Texte wurde nur in Ansätzen beobachtet –, große Vorteile zeigte der Einsatz jedoch für die Dokumentation individueller Ergebnisse, die Arbeitskoordination, die selbst organisierende Strukturierung von Arbeitsfeldern und die freie Sammlung und Diskussion von Ideen. Es war zu beobachten, dass erst mit zunehmender Vertrautheit die kooperativen Möglichkeiten genutzt werden, zu destruktivem Verhalten oder Streitigkeiten über Textveränderungen kam es nicht. Die interessantesten Kollaborationsansätze gab es im Szenario eines standortverteilten Seminars, in dem in Kleingruppen gemeinsame Seminararbeiten verfasst werden. Hier wäre es interessant, mittels linguistischer Textproduktions- und -überarbeitungsanalysen sowie Befragungen die genauen individuellen, gruppen- und situationsspezifischen Bedingungen für erfolgreiche Zusammenarbeit mit WikiWikiWebs zu untersuchen.

Literatur

Berners-Lee, T. (1996). The World-Wide Web: Past, Present and Future. Abruf am 27.3.2003; http://www.w3.org/People/Berners-Lee/1996/ppf.html.

Berners-Lee, T. (1998). The World-Wide Web: A very short personal history. Abruf am 27.3.2003; http://www.w3.org/People/Berners-Lee/ShortHistory.html.

Blatt, I. (1996). *Schreibprozeß und Computer* (Materialien zur Schreib-Lehr-Lern-Forschung Nr. 1). Universität Hamburg.

Blatt, I. (2001). Der Computer im Deutschunterricht der Grundschule. In: Büttner, Chr. & Schwichtenberg, E. (Hrsg.), *Grundschule digital. Möglichkeiten und Grenzen der neuen Informationstechnologien*. Weinheim: Beltz.

Dillenbourg, P. (Hrsg.) (1999). Collaborative Learning. Oxford: Oxford University Press.

Dreher, T. (2002). Mitschreibeprojekt „nic-las“: Die Rolle des Teilnehmers in Netzdiskursen. In: IASLonline NetArt. Abruf 10.6.2003; http://iasl.uni-muenchen.de/links/NANL.html.

Horton, M. (1983). RFC 850 – Standard for Interchange of USENET Messages. Abruf am 10.6.2003 ftp://ftp.rfc-editor.org/in-notes/rfc850.txt.

Huhmann, J. (2002). Schnell, schnell. In: *ix 10*/2002, S. 84.

Kerres, M. (2001). *Multimediale und telemediale Lernumgebungen.* München: Oldenbourg.

Meehan, E. (1992). *Praxis wissenschaftlichen Denkens.* Hamburg: Rowohlt.

Möller, E. (2001). JXTA, Slashdot, Open-Source-Cola und Metadaten. In: telepolis 5.3.2001. Abruf am 10.6.2003; http://www.heise.de/tp/deutsch/inhalt/te/7051/1.html.

Oikarinen, J. & Reed, D. (1993). RFC 1459 – Internet Relay Chat. Abruf am 10.6.2003; ftp://ftp.rfc-editor.org/in-notes/rfc1459.txt.

Sluizer, S. & Postel, J. (1980). RFC 772 – Mail transfer protocol. Abruf am 10.6.2003; ftp://ftp.rfc-editor.org/in-notes/rfc772.txt.

Some early ideas for HTML (2003). Abruf am 10.6.2003; http://www.w3.org/Markup/historical.

Wilbers, Karl (2001). E-Learning didaktisch gestalten. In: Hohenstein, A. & Wilbe, K.: *Handbuch E-Learning – Grundwerk Dezember 2001*. Köln: Deutscher Wirtschaftsdienst.

Debora Weber-Wulff

Teaching by chat

Zusammenfassung

Diese Arbeit diskutiert einige didaktische Aspekte der Nutzung von Chats für Lehrzwecke. Die Bereiche, die dabei angesprochen werden, reichen von der Auswahl geeigneter Kurstypen und Studierendengruppen über Vorbereitung und Moderation von Chats bis zu der Frage, wie mit Unruhe stiftenden Studierenden und technischen Problemen umgegangen werden kann.

Abstract

This paper discusses some didactical aspects of chat usage for instructional purposes. Areas covered range from the choice of course type and student group for using chats, to the preparation and moderation of chats, and discussing how to manage both troublemaking students and systems.

In February 1998 I was the chair of a committee at my previous university that was authoring a recommendation list about the Internet to the president of the school. One of our recommendations was to eliminate the IRC server (Internet Relay Chat), since it was only causing traffic and was just being used for games. We stated that we could not envision a use for chatting either for research or for instructional purposes.

Five years later here I am: teaching 4 of my 5 courses by way of chat.

There has been an enormous growth in the use of chat-based instruction, but also quite a lot of problems encountered. Much of the available literature addresses technical problems, or discusses chats from an educational psychology perspective. This paper will address ten of the didactical issues in chat-based instruction, summarizing the experiences that I have made in many years of chat experience.

1 When to Chat

The most basic didactical question is deciding when a chat will be beneficial to the instructional setting. Just chatting for the sake of chatting is not going to be useful, there needs to be some sort of added value that is derived from using chat-based instruction.

The clearest situation for using chat-based instruction is when the participants in instruction are not all in the same physical location, but are able to schedule synchronous time. My first use of chatting was during my sabbatical, when I was in Sweden and my students in Berlin. It was a bit silly for them, as they were all sitting in the same room together, it was only me that was at a distant location. This caused some additional problems such as a participant commenting aloud on something that I had been discussing with the student in private. Since the others became aware that we were conducting a parallel thread (a difficult task as it was), they demanded that everything be repeated for all of them.

The program in which I am currently teaching requires the students to spend their internships in a foreign country. There is an obligatory course that accompanies internships in which the students reflect on their work situation. This is an ideal course for chatting, as the participants are distributed throughout the globe. It does have time zone problems, however. In order to accommodate the students in America, for example, I must offer a chat at 9 pm German time. The students who are in India must be made to understand that Indian time is 5 ½ hours different, so they must join the chat on the half hour and not on the full hour.

Chatting for more than an hour is extremely tiring and tends not to be very useful. After a maximum of 90 minutes, just as in face-to-face instruction, a break is mandatory. But if only an hour is available, one must insist that the students come on time to the chat and commit to stay for the entire hour. Otherwise the net time available for instruction is considerably reduced by continually having to greet latecomers and say goodbye to early leavers. I try and enter the chat room 5-10 minutes early and to offer some small talk with those who have also arrived early, in order to make it worth their while.

I have tried to use just one chat session in a course normally taught face-to-face for a situation in which I am out of town. This does not work very well, as the students have to learn how to conduct themselves in a chat-based learning situation. Much time is spent on technical considerations, so that the chat is not very worthwhile. However, if a group has experienced chat-based instruction before – such as after our internship course – then it is easy to replace one meeting with a chat. Thus, chats should be used as early as possible in a program so that the students are able to use them in various courses.

Chatting is sometimes suggested for a tutoring situation, in which a distance student can chat informally with other participants or ask a tutor a question. It is difficult, however, to get distance students to work on a particular class synchronously. They might be willing to commit to an hour's chat per week, but not to doing their homework on Monday evenings. An asynchronous news group is much better suited for such purposes.

Distance tutoring can be very difficult for the tutor – one sits and stares at an inactive chat room, and wonders if the inactivity is due to technical problems or if no one has any problems to discuss. In order to rule out the former, the distance tutor should be available in parallel by telephone. When, however, a student comes in with a question, the tutor tends to be reading a Web page in another window or out getting coffee and the learner fears that no one is there. If the chat room has the possibility to set a parameter so that an acoustic signal is given when someone enters the room or is re-active, this would be very helpful in getting the attention of the tutor. But always sounding the signal can be very annoying in other chat situations, so it must be possible to turn this on or off.

2 Appropriate Topics for Chatting

Chats are obviously useful for seminaristic situations in which the participants discuss an issue that they have (hopefully) prepared in advance. They can also be used for lecture-discussions, but these tend to get very boring for the students, as it is difficult to follow a lecture that is delivered in fits and starts. It does, however, give more of a chance to ask questions than a traditional face-to-face lecture does, as the lecturer "pauses" every time they use the send button.

This can be quite disconcerting for the lecturer, as she will have gone on to the next point, only to have a question about the previous point being interjected as soon as the student is finished typing. One ends up jumping back and forth in the train of thought. It is much too trying, however, to wait for questions at the end of every point. What one can normally read from the faces of the students (understanding, puzzlement, utter boredom) is not visible through the chat. The students need to be encouraged to make their conditions explicit! However, this can be overdone if you have 20 people writing "No" after you ask a question such as "Are there any questions on this matter?".

It is even possible to use a chat effectively for a course such as an introduction to programming exercise section. In order for this to work, the students must publish their exercises on the Internet before class. As you go through the exercises, you explicitly ask a particular student for the URL for their solution, and you instruct all of the students to point their browsers to this URL and discuss the solution found there. You can then ask if someone else has a different solution, and the group can thus compare the answers. This is very effective when there are more than one correct answer to a question, it provides an excellent situation for discussing the pros and cons of a certain way of solving a problem.

In evaluating such a scenario I had a number of interesting comments. One student pointed out that this way of looking at her exercises scared her – she was used to the exercises being a dialogue just between us, and was afraid of making a public mistake. This needs encouragement from the teacher. One must be extremely positive and supportive, and not make fun of people who make mistakes, as the "hard" nature of the communication medium chat will make negative comments seem much sharper than they are meant to be.

On the positive side a student noted that it was fascinating to see all of the different ways of solving the problem, this was something that was not possible in the traditional form of exercise sessions. It is important to do bookkeeping in such a scenario in order to ensure that all students participate and that no one is picked on more than the others.

3 Target groups

The appropriate target group for using chat-based instruction is first and foremost students that have access to the Internet. This might seem a trivial question, but as more and more companies and universities install firewalls and other barriers against hackers, many of the typical chat systems may be unavailable to all of the students. Some chat systems are even Java-based but still do not work in all browsers or on all platforms, so students with only access to Mac systems or without Internet Explorer may be left out. It is very frustrating for a student to not be able to attend a chat even though they have made an effort to attend. An introductory "first chat" can be useful for solving such problems.

It would be best if all participants were able to type using the 10-finger system. It can be extremely frustrating to want to contribute to a discussion, but by the time one has laboriously typed out one's opinion, the discussion is already two topics on down the stream. Students of all programs should be encouraged to attend a typing class, if they have not already done so.

If a visually impaired student is attending the class, the students should be encouraged to refrain from excessive use of smileys and abbreviations such as lol[1]. There is software available that can read aloud text-based instructional material to the student, but they have difficulty interpreting this oft-changing jargon.

4 Preparation

Preparing for chat-based instruction is not a trivial task. It does, however, get easier if a class is repeated and one can re-use the materials previously prepared. I prepare a file with questions that I want to ask during the session, even if I usually don't manage to use them all. It is very helpful to be able to copy and paste these questions into the chat window without having to type them – although with longer questions it will certainly spark a comment or two on how fast you have learned to type.

Just as in face-to-face instruction, it is helpful to have a weekly schedule posted to the web containing the topics to be discussed and links to materials to be read. Students need to be encouraged to actually read the materials. Assigning little exercises that must be turned in by midnight the day before the chat for a part of the grade can be very useful for this purpose. The grading of all of these exercises can be avoided if for example 15% of the final grade is 15 exercises that have binary grades: handed in on time / not on time.

---

1 lol = laughing out loud

In order to keep track of who has participated in the chat, I print out a chat participation list in advance using a spreadsheet program with a large line size and a column for every session as well as columns for special tasks that need to be finished sometime during the semester. It is very useful to have this next to the computer during the chat so that I can keep track of who has done what.

Chat course AEP

		Organigramm	Desk photo	01.04.2003	08.04.2003	15.04.2003
Charlie	Brown	+		+ +	+ + + +	+ + +
Fred	Flintstone		+	+ +	-	-
Wilma	Flintstone	+	+	+	+ + + +	+ +
Lucy	Schneider	+ +		+ +	+ + +	+ +

Figure 1: Chat Participation List

5 Moderation

Moderating a chat is a very difficult task. There can be numerous "threads", sequences of interactions on a particular topic, that appear in the chat interlaced. This task is similar to weaving a multi-colored rug – each colored thread must continue on until its part in the pattern has finished. When a number of questions or comments on different threads come up one right after the other – and this is very typical for chat groups that have more than 5 or 6 participants – the moderator needs to look back through the discussions from time to time in order to make sure that nothing has been ignored.

On the other hand, students often introduce extraneous threads into the discussion. A favorite is the misuse of the chat room to coordinate free time activities. I am quite dictatoric about this question, and will insist that such discussions be done after class. If the chat system has whispering capability, they could theoretically use that to correspond. But this takes their attention away from the discussion point at hand.

Participants need to be addressed directly during the chat. In the next section I discuss the naming problem, but assuming that names are clear, it is important to signal to a participant that they are being spoken to directly. We use the "@" sign in front of the name in order to make the recipient of the message clear:

```
weberwu: @Wilma, could you please explain what is meant by ….
```

Sometimes the students use an address signal of @all in order to underline the fact that they are addressing the group.

It is important to have a clear and obvious beginning to the chat session and to have a formal ending. A chat session can begin by "going around the room" and having every participant say something about their current situation. If everyone is on time and I keep track of who has already said something, and I explicitly ask those who have not yet said anything to make a statement, it is possible to do this in about 5 minutes with 15 participants. Then the formal beginning can be stated by something like

```
weberwu: Our topic for today is formal work processes.
```

It is just as important to have a formal closing for the chat. I try and summarize what we have done in the session today, and remind the participants of the topic for the next week. This can be difficult to do if people leave the chat room early. I remind them that we need a commitment to come on time and to stay until the end, but this is not always successful.

In my international chats we have the additional problems of power outages and general network flakiness that drops people from the chat involuntarily. This makes it important for there to be a protocol of the chat session, so that people with such problems or those who could not make the session can read what was said. When the formal closing has been given, I turn off the automatic protocol so that we can have some small talk before leaving the chat room.

These automatic chat protocols tend not to be very useful, however. Even though they provide an exact record of what was said, it is much more effective from a didactical standpoint to assign a scribe for each session. The scribe has the task of summarizing the points that were discussed in the session and posting the summary on a bulletin board, on the open web, or somewhere in the learning management system for the course. It is much faster for people to read through short protocols instead of wading through an hour's worth of chat. The protocols also provide good material for exam preparation. This method has the added advantage of giving the students experience in summarizing discussions.

6 The German Du/Sie Problem

There is a particular problem that occurs when chatting in German: the problem of which second person singular form to use, 'Du' or 'Sie'. 'Du' is the informal form used amongst friends, 'Sie' is the formal form of address normally used in higher-education instruction. Chats have a very informal feeling to them, making it difficult to address the teacher as "Frau Prof. Dr. Weber-Wulff" or the student as "Herr Crzylowskionitzki". If I do use last names, I keep a list of the names of the students opened in an editor on my computer, so that I can copy and paste the difficult spellings of some of the last names.

I tend to suggest that we use the 'Du' form in chatting, or that we use (non-standard) mixed forms. For example, I will use the first names of the students, but address them as 'Sie' in the singular. Somehow – probably because I am American – I still end up using the 'Ihr' form for the second person plural.

I offer the students a number of possibilities for addressing me – they can use my first name if they wish (but only a few groups have ever used this), or they can use a short form such as WeWu, which is easier to type. Since I use first names and 'Sie', they tend to settle in with WeWu and 'Sie' as well. Of course, the easiest solution to this problem is to switch to English as the chat language!

7 Troublemakers

Just as in face-to-face instruction, chat-based instruction can be disturbed by participants who for some reason or other choose to cause trouble. Some problems are just attention-getting devices, but there is behavior that can threaten to destroy the learning situation. Some students feel that since they are now on "equal terms" with the teacher, they can dominate the conversation. Others are angry about something and start verbal attacks on other participants. Those who chat as a hobby may also have trouble understanding that even though the medium is the same, their behavior needs to be adjusted to school behavior.

It is important to start the conversation and to stay in control, as noted in section 5. It is just as useless to get into a fight with a student on-line as it is in the classroom. Deferring the solution of the problem until after class can be helpful, as well as requesting that the student email his or her problem to you, so that you can discuss it in more detail one on one.

Defusing angry people is tricky. If face-to-face techniques don't work, one can only hope that the chat system being used offers some sort of sanctioning system. One method quiets the troublemaker, letting them receive messages from the other participants but preventing their comments from being sent to the others. This might be in the form of a time-out (a certain number of minutes) or for the rest of the session. A more severe punishment is kicking the person off of the chat system, that is, not letting them read or write to the group.

An interesting method is described in (Powazek 2002) for a democratic style of banning. When a participant starts to bother, anyone can give a ban command, which is broadcast to all of the participants, letting them know that one person is fed up. If others agree, they too can give a ban command. As soon as more than half of the participants have voted to ban the troublemaker, they either are put in time-out or kicked from the system, depending on how the parameters are set.

8 Chatiquette

Karin Neumann from the University of Tübingen has presented a list of Chatiquette (Chat etiquette) rules (Neumann 2002), among them:

- Be polite and patient
- Accept the moderator as leader of the discussion
- Contribute to the discussion yourself
- Keep to the subject
- Address a specific person by indicating his/her name
- Indicate reference to other contributions
- Use continuation signals (...) for longer contributions
- If you are addressed directly, send an answer
- Use smileys to indicate how something is meant

The last point is problematic, as noted above, for persons with visual disabilities who are attempting to participate in the chat. It can also be problematic if too many less well-known smileys such as @-->-->---- (a rose for you) are used.
I would add the following points:

- Write as you would speak in a normal dialogue
- Respect the opinions of the others
- Don't pretend to be somebody other than you are
- Don't take you bad mood out on the others by shouting (using all capital letters) or swearing
- Remember: if the chat can be recorded, the whole world is watching, so choose your words with care

9 Technical headaches

Internet-based instructional didactics are not complete without addressing some of the technical issues that come up, as they can cause quite some disturbance in the learning environment.

Sometimes participants that have been able to chat previously are suddenly not able to join the chat. Usually some update or adjustment somewhere along the line will have unexpected side effects. I let my students know the telephone number where I can be reached during the chat so that they can call with problems. Of course, non-chatters sometimes end up calling during the chat instruction. I always write to the chatters that the telephone is ringing, and then I cut off the caller quickly by indicating that I am in the process of teaching.

One work-around for students being temporarily unable to join the chat needs a second chat system in which the affected student and at least one other participant are able to join. It is possible to use copy and paste in order to copy both the discussion to the cut-off student, as well as their comments. But this is quite a hassle for the participant having to do the copying and should not be used for more than emergency situations.

I have a back-up chat system, Chat-N-Time (Pfaff-Harris 2003), that has rather limited functionality, but due to its HTML-based nature is usually able to get through even the most difficult firewall and is easy to install. If we do switch chats, I post the new location for latecomers and check back every few minutes to see if anyone new has shown up.

A major problem with a number of Java-based chat systems is that it is not possible to copy the chat text from the screen. This is especially irritating when posting a long and involved URL that the rest of the class is to visit and discuss. If there is an area in the learning management system where everyone can post links, this is at least a work-around, but it is a very involved process to direct all the students to proceed to another area only in order to click on a URL.

10 Advanced chatting: Audio and Video

There are two more technical methods of synchronously meeting with students who are not in the same physical space, audio chat and video conference.

Audio chats are like telephone conferences – anyone can say anything at anytime, if they have a microphone and headphones. This is of course much easier to do than typing, but it brings its own problems with it. If you do not know the people in the chat, it can be difficult to identify who is currently speaking. If one has the technology that makes the participants register to speak and then have them be granted speaking privileges, then it is possible for a picture of them to be shown to the others, as the speaker can be identified.

Simpler audio chats can be very noisy, because all of the auxiliary noises from all of the participants microphones are added together, and it can be difficult to concentrate on the person speaking. One can use signals such as those that are used on two-way radio connections: over, over-and-out, roger, etc. for denoting when one participant is finished. Not everyone is able to use audio chats everywhere, however. A text-based chat can be conducted from any Internet-Café, or from any location where one can use a laptop and a mobile phone to obtain an Internet connection. An audio chat might be very inconvenient in such a situation, or when people are participating in instruction from their places of work.

Video conferencing needs even more special equipment – a camera that connects to a PC by way of USB or a video-capture card in addition to a microphone and headphones. And the software can be very difficult to have working right, as there are many different protocols for video transmission available, and many are not compatible with each other.

Simple VC systems transmit only one video stream pair, or even only one stream – the teacher to the students. There are some systems such as DaViCo (DaViCo n.d.) that permit a number of streams to be transmitted simultaneously, if enough bandwidth is available.

The technical problems in a VC teaching situation are daunting: ISDN or IP, feedback, participants unable to join, camera problems, transfer of the instructional materials, etc. make it difficult to use VC at the present time. But I assume that in 5 years time, this will have changed, just as chatting has changed, and VC will be as prevalent then as chatting is today in Internet-based instruction.

11 The perfect chat system?

Does the perfect chat system exist? If so, I haven't found it yet. Each system has some strong points and some weak points, and most are missing necessary functionality such as bookkeeping for the teacher.

In a recently finished Diplom thesis (Renning 2003), an attempt was made to both describe and realize the necessary functionality and use XML for storing the chat protocols in order to facilitate their transformation. The results are encouraging, it was possible both to duplicate the democratic banning described in (Powazek 2002) as well as to offer bookkeeping functions and to offer queries for the teacher to find out who has been participating how often in the discussion. Further work will be required, however, to move this from a prototype into a system that is robust enough to withstand a semester's worth of instruction with a large group of students.

References

DaViCo (n.d.). http://www.daviko.com/en_produkte.html. Read on 10.02.03

Neumann, K. (2002). *Synchronous Communication in a Virtual Classroom,* Presentation at the 1st International ILIAS Conference – Hamburg, 05.09.2002

Pfaff-Harris K. (n.d.). Chat-N-Time v. 2.9. Scripts for Educators. http://www.tesol.net/scripts/Chat-N-Time/. Read on 10.02.03

Powazek, D.M. (2002) *Design for Community. The Art Of Connecting Real People in Virtual Places.* Indianapolis : New Riders Publishing

Renning, D. (2003) *Teaching by chat – Entwicklung eines Lehrsystems.* Diplom thesis, FHTW Berlin

Informationsmanagement in der Hochschule

Patricia Arnold, Lars Kilian, Anne Thillosen

Pädagogische Metadaten im E-Learning

Allgemeine Problemfelder und exemplarische Fragestellungen am Beispiel der Virtuellen Fachhochschule

Zusammenfassung

Mit dem Einsatz der neuen Medien, insbesondere des Internet, im Bereich des Lehrens und Lernens werden – auch nach dem Abklingen der ersten Euphorie – hohe Erwartungen verbunden. Dabei spielen neue, pädagogisch interessante Nutzungsmöglichkeiten, aber auch wirtschaftliche Interessen eine wesentliche Rolle. Die damit verbundenen Fragen (z.B. nach der Sicherung von Qualität und Gewährleistung von Rentabilität) führen zu einem steigenden Interesse an Metadaten zur Beschreibung von telematischen Lehr-/Lernmaterialien (zum Begriff „telematisch" vgl. Zimmer, 1997, S. 111).

Der folgende Beitrag befasst sich mit Erwartungen und Schwierigkeiten bei der Entwicklung und dem Einsatz *pädagogischer* Metadaten. Im Anschluss an eine kurze allgemeine Darstellung der Funktion von Metadaten wird unter Rückgriff auf Vorschläge verschiedener Gremien zur Bestimmung pädagogischer Metadaten gezeigt, welche Probleme bei deren Findung, Benennung und Implementierung auftreten: So stellen sich z.B. Fragen nach der interkulturellen Übertragbarkeit, nach den unterschiedlichen Perspektiven von Contentanbietern und Lernenden sowie auch die grundsätzliche Frage nach der Möglichkeit der Standardisierung pädagogischer Kategorien. Anhand des Praxisbeispiels der Virtuellen Fachhochschule für Technik, Informatik und Wirtschaft werden projekttypische Entwicklungsstufen von (pädagogischen) Metadaten dargestellt. Vorschläge zur Lösung der beschriebenen Probleme und ein Ausblick mit Forschungsfragen schließen den Beitrag ab.

Funktionen von Metadaten

„The information and documentation which makes data sets understandable and shareable for users", so werden Metadaten in der ISO Spezifikation 11179 beschrieben (vgl. Moßgraber, 2003). Es handelt sich also um Daten, die wiederum Daten beschreiben, um diese damit versteh- und gemeinsam nutzbar zu machen.

Metadaten sind an sich nichts Neues und „existieren prinzipiell seit der erste Bibliothekar eine Liste über seine bestehenden Pergament-Rollen anlegte." (Holzinger, 2001, S. 29) Heute werden Metadaten in vielen Bereichen des Lebens so selbstverständlich angewandt, dass sie als solche nicht auffallen. Sie geben im

Alltag Strukturierungshilfen und ermöglichen das schnelle Auffinden gewünschter Informationen. Dazu müssen sie gewissen Standards entsprechen. So folgen etwa die Katalogsysteme der Bibliotheken einem relativ gleichen System, das die leichte Einarbeitung neuer Werke und die schnelle Orientierung der Nutzer in jeder Bibliothek ermöglicht.

Die Erfolgsgeschichte des World Wide Web, insbesondere des Internet, ist zum Teil dem Einsatz von Metadaten zuzuschreiben. So ist in der HyperText Markup Language (HTML) – einer grundlegenden Programmiersprache für Webseiten – ein spezieller Bereich (der Header) für die Auszeichnung von Metadaten festgelegt. Bei Suchanfragen lesen Suchmaschinen unter anderem diese Metadaten. Der Vorteil dieser Technik besteht darin, statt großer Datenmengen durch Volltextsuche nur verhältnismäßig wenige, aber signifikante Daten zu überprüfen.

Neben dem Inhalt einer Datenquelle beschreiben Metadaten gerade im Bereich der Informations- und Kommunikationsmedien auch den Datentyp. Diese Information wird i.d.R. vom Browser interpretiert. Die Unterscheidung zwischen Syntax und Semantik ermöglicht die Interoperabilität und Portabilität beim Datenaustausch zwischen Sender und Empfänger.

Das folgende Beispiel zeigt, dass die bloße Sicherung von Daten deren Werterhaltung noch nicht gewährleistet: „Die NASA archivierte sämtliche Daten der letzten 30 Jahre und dennoch sind diese Daten völlig wertlos: Niemand hat nämlich die Millionen Magnetbänder systematisch katalogisiert und damit suchfähig gemacht.“ (Holzinger, 2001, S. 29) Eine weitere Arbeit mit diesen Daten ist also fast unmöglich geworden. Der Einsatz von Metadaten dagegen ermöglicht z.B. umfangreiche Recherchen, die Adaptierbarkeit in andere Systeme usw. „Die langfristige Werterhaltung, also die Datenfitness, kann nur durch gezielte Dokumentation in Form von Metadaten garantiert werden. Es lässt sich damit auch unnötige Redundanz in den Datenbeständen vermeiden, die Integration von Datenbeständen wird damit erleichtert.“ (Marugg, 2001)

Pädagogische Metadaten

Nachdem im vorgestellten Abschnitt der Begriff und die Funktionen von Metadaten allgemein umrissen worden sind, soll nun der Frage nachgegangen werden, was eigentlich „pädagogische Metadaten“ sind bzw. sein können. Was könnte mit Hilfe pädagogischer Metadaten erfasst werden und wie müssten diese Metadaten aussehen? Diese Frage ist (so einfach) nicht zu beantworten. Der Grund hierfür ist im Gegenstandsbereich der Pädagogik selbst verhaftet, ist er doch breit gefächert und beschäftigt sich mit allgemeinen Themen, wie beispielsweise der Anthropologie, Sozialisation und Erziehung oder Entwicklung und Lernen, sowie mit spezielleren Themen wie der Sozial-, Sonder-, Berufs-, Wirtschafts-, Betriebs- oder (Hoch)Schulpädagogik über vergleichende Pädagogik, Theorie der Pädagogik und Methodologie, um nur einige zu nennen (ausführlicher in Kron, 1988, S.15ff.).

Dieses Gerüst aus Themen fügt sich aus einer Vielzahl von Einzelthemen, -begriffen und -problemstellungen zusammen und ist (derzeit) mit Metadaten nicht erfassbar, da es zum einen zu komplex und zum anderen eine einheitliche Definition und Operationalisierung der Begriffe kaum möglich ist. Dieses Dilemma lässt sich u.a. am Lernbegriff veranschaulichen, der je nach zugrunde gelegter Lerntheorie – vom Behaviorismus bis zum Konstruktivismus – eine andere Beschreibung erfährt. Trotzdem gibt es Versuche, einzelne pädagogische Bereiche mit Metadatensätzen zu bezeichnen. Diese sind insbesondere im Kontext des E-Learning zu finden, motiviert durch Anreize wie Wiederverwendbarkeit oder Anwenderfreundlichkeit von entwickelten Modulen.

Im folgenden Beitrag wird das Hauptaugenmerk auf die Abbildung didaktisch-methodischer Fragestellungen in Metadaten gelenkt, also einer „Unterrichtsgestaltung“ im weitesten Sinne. Dabei spielen u.a. auch Fragen des Lernens, der Lernkontexte oder organisatorische, institutionelle und gesellschaftliche Rahmenbedingungen eine Rolle.

Erwartungen an pädagogische Metadaten

Welche Erwartungen werden nun mit dem Einsatz pädagogischer Metadaten im E-Learning verbunden? Welche Funktionen können sie haben und auf welche Grenzen stößt man bei der Beschreibung pädagogischer Fragestellungen?

Zunächst könnten Metadaten relevante Informationen für Lernende und Entwickler beinhalten, z.B. über das didaktisch-methodische Design eines Kurses, notwendiges Vorwissen oder die Arbeits- und Betreuungsformen. Entwickler von E-Learning-Angeboten könnten außerdem mit Hilfe der Metadaten klein(st)e (wiederverwendbare) Lerneinheiten – so genannte (Reusable) Learning Objects – so beschreiben, dass sich idealerweise neue Kurse aus verschiedenen Lernobjekten zusammenstellen lassen, welche nicht an ein Flickwerk erinnern, sondern einem didaktischen Design folgen.

Inzwischen hat sich jedoch gezeigt, dass bereits der Versuch, ein einheitliches Vokabular für verschiedene Lehr- und Lernformen, Methoden, Lernziele, Aufgaben- und Interaktionsformen usw. zu bestimmen, ein nahezu unlösbares Problem darstellt, da keine normierten Beschreibungen für pädagogische Begriffe existieren und diese je nach der zugrunde liegenden (Lern)Theorie unterschiedlich besetzt sind.

Einer der ersten Schritte zur Beschreibung pädagogischer Metadaten soll im Folgenden beispielhaft für diese Schwierigkeiten betrachtet werden. Es sind die Learning Objects Metadata (LOM) des Learning Technology Standards Committee des Institut of Electrical and Electronics Engineers (LTSC IEEE), die vom American National Standards Institute (ANSI) als Standard bestätigt wurden (vgl. IEEE 1484.12.1 – 2002). Das Ziel von LOM ist die Beschreibung eines Lernobjektes – eines Bildes, einer Animation, einer Aufgabe usw. – als kleinste, sinnvolle Lerneinheit eines Online-Kurses durch dessen Einordnung in die folgenden neun Kategorien: General, Life Cycle, Meta-MetaData, Technical, Educational, Rights, Relation, Annotation und Classification. Pädagogische Metadaten finden sich in der Kategorie „Educational", die folgende Unterkategorien enthält (vgl. LTSC of IEEE, 2002):

- Interactivity Type (active, expositive, mixed),
- Learning Ressource Type (exercise, simulation, diagram, figure,...),
- Interactivity Level (very low, low, medium, high, very high),
- Semantic Density (very low, low, medium, high, very high),
- Intended End User Role (teacher, author, learner, manager),
- Context (school, higher school, training, other),
- Typical Age Range,
- Difficulty (very easy, easy, medium, difficult, very difficult),
- Typical Learning Time,
- Description,
- Language.

Ein genauer Blick auf diesen scheinbar differenzierten Kriterienkatalog zeigt, dass die Kategorien nur rudimentäre Informationen über didaktisch-methodische Entscheidungen abbilden können und dass deren Aussagefähigkeit eingeschränkt ist. Die Einschätzung von Werten wie dem Schwierigkeitsgrad eines Lernobjekts hängt von der subjektiven Beurteilung und dem Kontext sowohl der Beschreibenden als auch der Lernenden ab. Die Abbildung eines solchen Wertes in einem Metadatum setzt zum einen eine homogene Lerngruppe voraus, die in der Praxis kaum gegeben ist, zum anderen erfordert er ein einheitliches Verständnis bei den Gestaltern von e-Learning Angeboten über die Bedeutung der Werte (wie schwierig ist ein als „very easy" charakterisiertes Lernobjekt?) Unschärfefaktoren wie unterschiedliche Motivation, Differenzen im Vorwissen, abweichende Arbeitsweisen usw. sind kaum darstellbar. Als Entscheidungshilfen für die Zuordnung der Lernobjekte zu den Elementen des Metadatenschemas müssen oft Best Practice-Beispiele genügen. Das hilft zwar den Nutzern, sich in den Gebrauch des Metadatenschemas einzudenken, aber die vorgegebenen Werte werden dadurch nicht schärfer. Außerdem zeigt diese Vorgehensweise, dass es auch den Produzenten der Beschreibungsformate schwer fällt, die einzelnen Elemente sauber abzugrenzen.

Darüber hinaus verdeutlicht die Kategorisierung in LOM, dass der internationale Einsatz der Beschreibungsformate problematisch ist. Bereits der Begriff „Educational" könnte im Deutschen mit Bildung, Erziehung oder – etwas weiter gefasst – mit Qualifikation übersetzt werden, wobei je nachdem auch das Lernobjekt eine andere Funktion bekommen kann.

Lösungen für diese Definitions- und Übersetzungsprobleme sind derzeit noch nicht in Sicht.

Problemfelder pädagogischer Metadaten

Nicht nur die Definition und Übersetzung pädagogischer Begriffe, auch die unterschiedlichen kulturellen Hintergründe und Lernkulturen der beteiligten Länder, die verschiedenen Interessen von Anbietern und Nutzern telematischer Lehr-/Lernangebote sowie allgemeine pädagogische Überlegungen erweisen sich als eine Ursache grundlegender Probleme bei den Standardisierungsbemühungen.

Spielt etwa der Bildungsbegriff – und die Frage, *wie* etwas vermittelt werden soll – in der pädagogischen Tradition speziell in Deutschland eine tragende Rolle, so hat sich in den USA die Curriculumstheorie – und die Frage, *was* vermittelt werden soll – etabliert (vgl. Allert, Qu & Neidl, 2002). Damit geht auch eine unterschiedliche Ausrichtung der Standards und in der Folge auch der Metadaten einher: Stehen eher die Inhalte oder eher die handelnden Personen im Vordergrund? Diese Differenz in der Ausrichtung und Gestaltung der Lehre in den jeweiligen Ländern bekommt eine neue Relevanz, wenn im Zuge einer internationalen Etablierung von Standards (Online-)Lernressourcen für die unterschiedlichen nationalen Kontexte einheitlich beschrieben werden müssten. Dabei steigt die Gefahr, dass Lehr-/Lernmaterialen unzureichend oder falsch gekennzeichnet werden müssen, um einem Standard zu entsprechen. Trotz vielversprechender Lösungsansätze für dieses Problem in den jüngeren Standardisierungsbemühungen – z.B. dem Learning Design des Instructional Management Systems (http://www.imsglobal.org) – konstatiert Schulmeister (2003, S. 237f.), dass „die international vereinbarten Standards keine Metadaten … für die pädagogisch-didaktischen Verwendungskriterien mit einschließen werden, weil man sich in diesem komplexen Gebiet vermutlich nicht auf gemeinsame internationale Standards einigen kann."

Auch die Interessen der Entwickler und Anbieter von telematischen Lehr- und Lernmaterialen tragen nicht unbedingt zur Verbreitung pädagogischer Metadaten bei. Zwar könnten durch die Wiederverwertbarkeit und Austauschbarkeit erstellter Lehr- und Lerninhalte Kosten reduziert und die Angebotspalette erweitert werden, aber damit einher geht die Gefahr, dass der Schutz der eigenen Inhalte nicht mehr gewährleistet ist. Die Frage, wie Urheberrechte an wieder verwendbaren Lernobjekten gesichert werden können, ist noch nicht hinreichend beantwortet.

Durch eine standardisierte, interoperable Benutzerverwaltung, wie dies beispielsweise beim Learner Model Public and Private Information (PAPI) des LTSC angestrebt wird, ist es für Lernende schneller möglich, zu einem anderen Anbieter zu wechseln, da z.B. bereits erbrachte Lernleistungen und persönliche Daten in die Benutzerverwaltung des jeweiligen Anbieters portiert werden können (vgl. cetis, 2002). Diesem Standard stehen jedoch derzeit auch Bedenken des Daten- und Verbraucherschutzes gegenüber.

Aber die Erstellung von Lernobjekten allein ist nicht ausreichend, um Portabilität und Adaptivität zu gewährleisten. „But just having content run is not enough… What we want is content, that runs in a highly adaptive fashion – in the context of company rules, academic copyright issues, learners being able to collaborate, the course being aware of the company's record-keeping system or of the library system at a university, and so on." (Gordon, 2002, S. 1) Sollen Lernobjekte wieder verwendet werden, müssen sie auch an das Corporate Design oder das technische Portfolio des jeweiligen Anbieters und das pädagogische Design des Kurses (z.B. die didaktische Struktur, Navigation, Betreuung usw.) anzupassen sein.

Die Erstellung und detaillierte Beschreibung der Lernobjekte ist ein zeit- und damit kostenintensiver Prozess, dessen Finanzierung von den Contenterstellern getragen werden muss. Da zurzeit eher komplette Kurse als einzelne Lernobjekte nachgefragt werden, haben Anbieter, die ihre Kurse nicht entsprechend modularisiert haben Kostenvorteile. Somit ist es denkbar, dass der Markt die Implementierung (pädagogischer) Metadaten aus wirtschaftlichen Gründen nach dem Prinzip des „Huhn-Ei-Problems" (Lindner, 2003, S. 37) verhindert: Für eine weitere Verbreitung und Nutzung sind wirkungsvolle Normen notwendig, die wiederum nur durch eine weite Verbreitung entstehen können.

Auch aus Sicht der Lernenden können pädagogische Metadaten Hindernisse bereiten. Fällt es bereits Experten schwer, Beschreibungsformate für pädagogische Metadaten zu finden, wie sollen dann erst die Lernenden mit diesen Daten operieren? Welche Lernenden kennen beispielsweise didaktisch-methodische Vorgehensweisen und können darüber hinaus auch noch die Frage beantworten, nach welchen sie besonders gut lernen, um dann mit den richtigen Daten nach gewünschten Lerninhalten zu suchen? Auch können Lernmotivationen und Lernbedingungen wechseln: Kann eine Lernerin an einem regnerischen Wochenende noch eine kollaborative Arbeitsform wählen, weil es ihre Freizeit zulässt, so muss sie sich zu einem anderen Zeitpunkt den Lernstoff nach einem Arbeitstag am späten Abend allein aneignen. Selbst wer den eigenen Lernstil kennt und einschätzen kann, mit welchen Arbeitsweisen er sich das gewünschte Wissen am besten aneignet, kennt noch nicht zwangsläufig die relevanten Metadaten, um gezielt nach geeigneten Lerninhalten und -formen zu suchen. Um Lernende verschiedener Kompetenzstufen vom Laien bis zum Experten (vgl. United Nations Statistical Commission, 2000, S. 2) bei ihrer Suche zu unterstützen, müssen deshalb die notwendigen Informationen und (pädagogischen) Metadaten leicht zugänglich sein und verständlich formuliert werden, nicht zuletzt in der (Landes-) Sprache oder vom jeweiligen System adäquat übersetzt.

Auch aus pädagogischer Sicht stellen sich die Learning Objects problematisch dar. Ist es tatsächlich möglich, kleine, aus verschiedenen Kursen entnommene Lerneinheiten, zu neuen, pädagogischen Kriterien genügenden Gesamtkursen zusammenfügen? Diese Frage stellt sich erst recht, wenn ein mögliches Endziel dieser Bestrebungen ist, dass Kurse nicht mehr von Pädagogen erstellt, sondern aufgrund eines vorhandenen Lernerprofils automatisch generiert werden. Krause und Kortmann (2003, S. 3) sehen „durch die Bemühungen der Standardisierung und den damit verbundenen Aufschwung der Lernobjekte wieder die Gefahr des Rückfalls in die Zeit, in der neue Medien nur zur Vermittlung von demjenigen Wissen eingesetzt wurden, das durch Kriterien wie Verstehen, Behalten und wortgetreuer Wiedergabe überprüft werden kann." Dabei besteht die Gefahr, dass die Größe der Lernobjekte im Endeffekt nicht über den didaktischen Sinn bestimmt wird, sondern sie sich „auf einen Wert einpendeln, bei dem der wirtschaftliche Vorteil der Wiederverwendbarkeit noch nicht durch erhöhte Kosten durch Katalogisierung und Verwaltung aufgehoben wird." (ebd., S. 2)

Pädagogische Metadaten an der Virtuellen Fachhochschule

An der Virtuellen Fachhochschule für Technik, Informatik und Wirtschaft (VFH) werden in einem Bundesländer übergreifenden Projekt zwei virtuelle Studiengänge, Medieninformatik und Wirtschaftsingenieurwesen, entwickelt. Innerhalb des Projekts kooperieren zwölf Fachhochschulen, zwei Universitäten und verschiedene Partner aus der Wirtschaft.

Der Projektbeginn der VFH im Herbst 1998 fiel zeitlich ungefähr mit den ersten internationalen Bemühungen zusammen, Standards im E-Learning zu entwickeln. Entsprechende Ergebnisse waren also noch kaum bekannt und verbreitet. Dennoch bestand innerhalb eines so großen Verbundprojekts ein großes Interesse an Interoperabilität, Portabilität und Wiederverwendbarkeit telematischer Lehr- und Lerneinheiten, und die Aufmerksamkeit für die entsprechenden internationalen Entwicklungen war hoch. Aus diesem Grund beschäftigte sich ein Arbeitspaket mit der Implementierung der Extended Markup Language (XML) bei der Erstellung der Lerneinheiten. Die Vor- und Nachteile von XML wurden bei verschiedenen Treffen der Lerneinheitenentwickler intensiv diskutiert und deren Ideen und Anregungen flossen in die Erarbeitung einer Dokumententyp-Definition (DTD) ein. Auf diese Weise konnten auch standortspezifische Unterschiede berücksichtigt und für alle Projektpartner dokumentiert werden. Es entstand eine große Akzeptanz für die DTD, deren Nutzung inzwischen für das gesamte Projekt freigegeben wurde. Derzeit wird eine Vielzahl von Lerneinheiten in XML produziert und mit Metadaten versehen.

Jedoch enthält diese DTD bisher keine pädagogischen Metadaten, obwohl pädagogische Mitarbeiter intensiv an den Diskussionen beteiligt waren. Stattdessen wurden in der Anfangsphase der VFH speziell auf deren Anforderungen ausgerichtete didaktisch-methodische Leitlinien entwickelt, anhand derer heute die Studienmodule konzeptioniert werden. Die Gründe für dieses Nebeneinander liegen zum einen in projektspezifischen Abstimmungs- und Verlaufsphasen, zum anderen spiegeln sich darin aber auch typische, in den vorangegangenen Abschnitten geschilderte Probleme bei der Entwicklung pädagogischer Metadaten wieder.

So wurde an der Lösung technischer Probleme von Projektbeginn an gemeinsam gearbeitet; auf Basis der abgesprochenen Standards wurden im Projektverlauf die Lerneinheiten umgesetzt. Die Einarbeitung didaktisch relevanter Inhalte in pädagogische Metadaten dagegen lag zunächst weder im Blickfeld der pädagogischen noch der technischen Mitarbeiter, außerdem gab es dafür weder Spielraum noch freie Kapazitäten. Die Zusammenarbeit von technischen und pädagogischen Mitarbeitern zeigte aber auch, dass nicht nur ein erheblicher Unterschied zwischen der Definition technischer Daten und pädagogischer Anforderungen, sondern auch unterschiedliche Begründungs- und Verständigungskulturen bestehen. So war für die Techniker schwer verständlich, warum aus pädagogischer Perspektive nicht einfach ein Beschreibungsmodell wie das der LOM übernommen werden konnte. Zugleich nahm zwar – angestoßen durch projektinterne und -externe Entwicklungen (wie des vom DIN organisierten Arbeitskreises „Standardisierung / Didaktik des E-Learning") – das Verständnis der pädagogischen Mitarbeiter für die Relevanz pädagogischer Metadaten zu, dennoch wird deren Sinn auch heute noch kritisch hinterfragt. Strittig ist weiterhin, inwieweit sich damit pädagogische Entscheidungen ausreichend beschreiben lassen. Die Ausrichtung der didaktisch-methodischen Leitlinien auf die Konzeption eines Studienmoduls als ganzem scheint mit der Idee des Aufbaus einer Lerneinheit aus austauschbaren Lernobjekten zu kollidieren. Die Gefahr des Zerfalls des didaktischen Designs und die Dekontextualisierung der Lernobjekte scheint ebenso gegeben wie eine verkürzte, technokratische Sicht auf die Abbildung von Lehr-/Lernszenarien.

Derzeit werden – angeregt durch eine Gruppe von Entwicklern – an der VFH erste Lerneinheiten entwickelt, die wiederverwendbare Lernobjekte einsetzen. Deren Konformität mit den didaktisch-methodischen Leitlinien des Projekts wird intensiv diskutiert und in mehreren Reviews überprüft.

Lösungsansätze

Trotz der dargestellten Probleme bei der Entwicklung und Implementierung und des offensichtlichen derzeitigen Mangels an verwendbaren pädagogischen Metadatensätzen gibt es einige bereits einsetzbare Beschreibungsformate. In verschiedenen Spezifikationen (IMS Learning Design, SCORM etc.) zeichnen sich weitere interessante Trends im Hinblick darauf ab, welche Daten bei zukünftigen Standardisierungen eine tragende Rolle haben könnten (z.B. Rollen/Aktoren, Content/Inhalt, Lernziel usw.).

Das im Folgenden vorgeschlagene vierstufige Konzept soll dazu beitragen, einige der dargestellten Schwierigkeiten bei der Entwicklung und dem Einsatz von (pädagogischen) Metadaten zu minimieren und Metadatensätze zu entwickeln, die für Entwickler telematischer Lehr-/Lernangebote, Tutoren und Lernende hilfreich sind.

In einem ersten Schritt kann es sinnvoll sein, bereits vor der Entwicklung einer telematischen Lerneinheit (pädagogische) Metadatensätze zu erstellen, mit welchen im Weiteren operiert wird. Dazu können Metadaten zur Beschreibung der Lerneinheit aus der Abstraktion des didaktischen Konzepts, Voraussetzungen und Zielen, der Reflektion des geplanten Lernszenarios, Fragen nach dem Betreuungskonzept, Arbeitsweisen, aber auch technische Anforderungen usw. abgeleitet werden. Die gewonnenen Datensätze werden im zweiten Schritt dazu genutzt, das Metadatenschema zu erstellen. In einem dritten Schritt sollte darauf geachtet werden, dass diese Beschreibungsformen während der Entwicklung der Lehr-/Lerneinheiten konsequent genutzt werden. Stellen sich während der Produktion Diskrepanzen zwischen den ermittelten und den tatsächlich benötigten Daten heraus, so müssen diese Informationen direkt in die Überarbeitung des bereits erstellten Metadatenkonzepts zurückfließen und das neue Datenschema genutzt werden. Im vierten Schritt muss der Nutzen der Metadaten durch Lernende und Lehrende im realen Einsatz in der konkreten Lernsituation überprüft werden. Erst hier zeigt sich, ob und wie die pädagogischen Metadaten von Lernenden für die Gestaltung des eigenen Lernprozesses genutzt werden und welche Daten dabei von Belang sind. Auch die Unterstützung Lernender durch Tutoren, die mittels Metadaten geeignete Aufgaben, Erklärungen oder Zusatzinformationen bereitstellen, lässt sich in dieser Phase prüfen. An dieser Stelle ist außerdem ein Informationsrückfluss an die Entwickler der Datensätze notwendig. Die Vor- und Nachteile der eingesetzten Metadaten müssen herausgearbeitet werden und in eine Überarbeitung des Metadatenkonzepts einfließen, das dann allen nachfolgenden Entwicklungen zugrunde liegt.

Um ältere Datensätze an neue Arbeitsversionen anzupassen bzw. durch die neuen, evaluierten zu ersetzen, ist es notwendig, dass alle Änderungen dokumentiert werden. Auf diese Weise entsteht ein relativ vereinheitlichtes Schema für die entwickelten Lehr- und Lernressourcen, durch das die Anpassung an und Konformität mit zukünftigen Standards schneller und effizienter zu realisieren ist.

Um ein solches dynamisches Modell zur Entwicklung von Metadaten erfolgreich zu implementieren, ist die Kommunikation der verschiedenen beteiligten Personengruppen von entscheidender Bedeutung. Die Akzeptanz eines solchen Models hängt u.a. davon ab, dass alle Beteiligten von seiner Bedeutung überzeugt sind und Strukturen gefunden werden, die den Zielen aller entgegenkommen.

Auch für Gremien, die pädagogische Metadaten entwickeln, ist eine solche Nutzerorientierung hilfreich. Mit der Berücksichtigung bereits erstellter Metadatensätze verschiedener Entwickler werden Schwerpunkte deutlich, auf welche bei den Spezifikationen geachtet werden soll, wie dies beispielsweise in der Arbeitsgruppe des Dublin Core Workshop DC7 1999 geschah (vgl. Rusch-Feja, 2000).

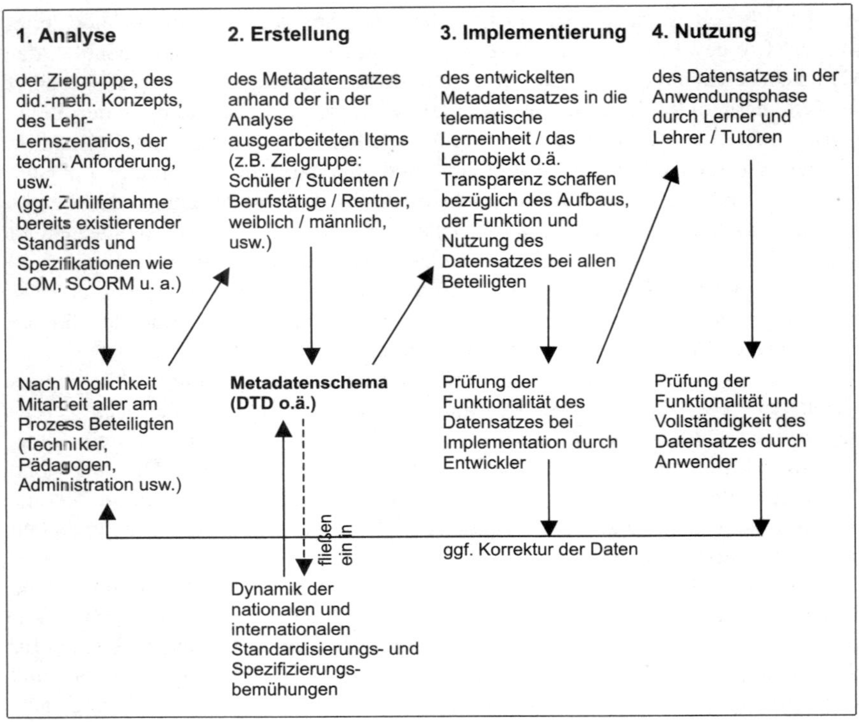

Abb. 1: Entwicklungsstufen eines (pädagogischen) Metadatenschemas

Fazit

Es wurde deutlich, dass trotz hoher Innovationsschübe und zahlreicher neuer Ideen mit der Entwicklung pädagogischer Metadaten viele Probleme verbunden sind, die teilweise erst im Prozess der Zusammenarbeit der unterschiedlichen Expertengremien aus den verschiedenen Fachgebieten erkannt werden können. So stellt sich nach den ersten problematischen Übertragungsversuchen die Frage, ob es vor dem Hintergrund der kulturhistorisch bedingten pädagogischen Unterschiede einzelner Länder überhaupt sinnvoll ist, internationale Standardisierungen im pädagogischen Bereich des e-Learning anzustreben, oder ob es nicht hilfreicher wäre, unter Berücksichtigung dieser Unterschiede jeweils besondere Standards zu entwickeln. Auch sollte genauer untersucht werden, welche Metadaten zur Information und Unterstützung der Lernenden hilfreich und nutzbar sind. Um kommerzielle Contentanbieter zur Implementierung pädagogischer Metadaten zu motivieren, müssen Fragen des Copyrights und der kommerziellen Verwertungsmöglichkeiten geklärt werden.

Dazu beitragen könnten beispielsweise Forschungsprojekte, in denen Modelle entwickelt und erprobt werden, die die unterschiedlichen Verwertungsinteressen und Kompetenzprofile aller Beteiligten berücksichtigen. Die Ergebnisse solcher Untersuchungen könnten ein tragfähigeres Fundament für die Diskussion um die weitere Entwicklung pädagogischer Standards im Allgemeinen und pädagogischer Metadaten im Besonderen bieten als es bisher gegeben ist.

Denn „an die eigentlichen pädagogischen Prinzipien virtueller Lehre hat sich bisher noch keines der internationalen Gremien gewagt.“ (Schulmeister, 2001, S. 22)

Literatur

Allert, H., Qu, C. & Nejdl, W. (2002). Theoretischer Ansatz zur Rolle der Didaktik in Metadaten Standards. (http://www.rz.uni-frankfurt.de/neue_medien/standardisierung/allert_text.pdf, letzter Abruf 25.11.2002)

CETIS The centre for educational technology interoperability standards (2002). Before Standards. (http://www.cetis.ac.uk/static/standards.html, letzter Abruf am 7.3.2003)

Gordon, J. (2002). Where oh Where is Plug & Play? (http://www.elearningmag.com/elearning/article/artikleDetail.jsp?id=41961, letzter Abruf 14.3.2003)

Häfele, H. (2003). E-Learning Standards, betrachtet aus der didaktischen Perspektive. (http://www.qualifizierung.com/download/files/e-learning-standards.pdf, letzter Abruf 14.3.2003)

Holzinger, A. (2001). Interoperabilität und Metadaten (1). In: *Oestereichische Computer Gesellschaft 5*, S. 29.

LTSC of IEEE (2002). Draft Standard for Learning Object Metadata. Institute of Electrical and Electronics Engineers, Inc., New York (http://ltsc.ieee.org/doc/wg12/LOM_1484_12_1_v1_Final_Draft.pdf, letzter Abruf 4.3.2003)

Krause, S. & Kormann, R.-D. (2002). Standardisierung im E-Learning oder Vom schleichenden Untergang der Didaktik (http://www.medienpaed.com/02-2/krause_kortmann1.pdf, letzter Abruf 12.3.2003)

Kron, F.W. (1988): *Grundwissen Pädagogik,* München, Basel.

Lindner, R. (2003). Standards und Normen im e-Learning: Die Aktivitäten von ISO/IEC. Handreichungen zur Tagung „Mit Standards in die Zukunft des e-Learning. Entwicklungsbegleitende Normung im e-Learning“, Berlin am 24.1.2003 (http://www.ebn.din.de/sixcms_upload/media/571/02_vortr_ge_gesamt.pdf, S. 36–44, letzter Abruf 24.3.2003)

Marugg, T. (2001). Metadaten für Content-Indizierung und Wissenssicherung, Teil 1. In: Internetmanagement.ch – Berichte – Studien – Kommentare 1 (http://www.internetmanagement.ch/index.cfm/fuseaction/shownews/newsid/351/, letzter Abruf 12.3.2003)

Moßgraber, J. (1997). Konzeption, Entwurf und Umsetzung eines Metadatenmodells zur Interpretation und Verwaltung von Informationen mit geographischem Bezug. Kap. 2. (http://aragon.iitb.fhg.de/moss/Work/Publications/Diplomarbeit/Metadaten.html, letzter Abruf 12.3.2003)

Rusch-Feja, D. (2000). Dublin Core Educational Medadata. Entwicklungen bei Metadaten für den Bildungsbereich. In: *Zeitschrift für Bibliothekswesen und Bibliographie,* (1), S. 20-25.

Schulmeister, R. (2003). *Lernplattformen für das virtuelle Lernen: Evaluation und Didaktik,* München, Wien.

Schulmeister, R. (2001). Szenarien netzbasierten Lernens. In: Wagner, E. & Kindt, M. (Hrsg.). *Virtueller Campus: Szenarien – Strategien – Studium,* Münster, S. 16-38.

United Nations Statistical Commission and Economic Commission For Europe (2000). *Guidelines For Statistical Metadata On The Internet.* Conference Of European Statisticians Statistical Standards And Studies – No. 52. Geneva.

Zimmer, G. (1997). Konzeptualisierung der Organisation telematischer Lernformen. In: Aff, J., Backes-Gellner, U., Jongbloed, H.-C. u.a. (Hrsg.). *Zwischen Autonomie und Ordnung – Perspektiven beruflicher Bildung.* Köln, Wirtschafts-, Berufs- und Sozialpädagogische Sozialpädagogische Texte, Sonderband 7, S. 107-121.

Annika Daun, Stefanie Hauske

Erfahrungen mit didaktischen Konzepten virtueller Lehre

Virtueller Weiterbildungsstudiengang Wirtschaftsinformatik (VAWi)

Zusammenfassung

Im folgenden Beitrag werden anhand von zwei Kursen aus dem „Virtuellen Weiterbildungsstudiengang Wirtschaftsinformatik" (VAWi) Erfolgsfaktoren didaktischer Konzepte analysiert. Ausgehend von der allgemeinen didaktischen Konzeption des internetbasierten Masterstudiengangs VAWi wird beschrieben, wie die Kurse „Lerntechnologien" und „Qualität und Evaluation in der Bildung" didaktisch konzipiert und umgesetzt werden und welche Erfahrungen mit dem Kurs gemacht wurden. Der Beitrag schließt damit, aus den gesammelten Erfahrungen allgemeingültige Erfolgsfaktoren für die didaktische Gestaltung virtueller Lehre zu identifizieren.

1 Einleitung

Im Rahmen des BMBF-Projekts „Neue Medien in der Bildung" wird das Verbundprojekt „Virtuelle Aus- und Weiterbildung Wirtschaftsinformatik" (VAWi) an den Universitäten Duisburg-Essen, Bamberg und Erlangen-Nürnberg durchgeführt. Ziel des Projektes ist der nachhaltige Aufbau eines virtuellen Weiterbildungsstudiengangs Wirtschaftsinformatik an den Universitäten Duisburg-Essen und Bamberg (Adelsberger, Ferstl, Friedrich, Körner & Schmitz, 2002).

Als ein Angebot der wissenschaftlichen Weiterbildung richtet sich VAWi vor allem an Graduierte beliebiger Fachrichtungen mit Berufserfahrung, die im Rahmen eines wissenschaftlichen Studiums ihre Kenntnisse erneuern, ergänzen und vertiefen wollen. Dabei kommt das internetbasierte und modular aufgebaute Studienangebot den Bedürfnissen berufstätiger Studierender nach möglichst großer zeitlicher, räumlicher und inhaltlicher Flexibilität entgegen (Adelsberger et al., 2002). VAWi-Studierende können sich, aufgrund der Schwerpunktsetzung auf Wahlpflichtfächer, ein weitgehend an individuellen Bedürfnissen sowie an den jeweiligen beruflichen Anforderungen ausgerichtetes Studienprogramm zusammenstellen.

Innerhalb eines dreisemestrigen Vollzeitstudiums oder berufsbegleitend in Teilzeit erwerben die Studierenden den international anerkannten Abschluss Master of Science. Neben ausgewählten Grundlagen der Betriebswirtschaftslehre, Informatik und Wirtschaftsinformatik in den Pflichtmodulen vermittelt das

VAWi-Studium im Wahlpflichtbereich strategisch-managementorientiertes und technisch-operatives Wissen. Das praxisorientierte Angebot umfasst Kurse zu E-Business, Datenverwaltung, Entscheidungsunterstützung, Systementwicklung, E-Learning und Multimedia-Systemen.

Der Studienbetrieb wurde zum Wintersemester 2001/02 mit einer Pilotgruppe von 52 Teilnehmern an den Universitäten Duisburg-Essen und Bamberg aufgenommen. Im Sommersemester 2003 sind bereits über 150 Studierende für VAWi eingeschrieben. Das Studienkonzept sieht vor, dass im Routinebetrieb jährlich insgesamt 150 Studierende zum VAWi-Studium neu zugelassen werden können.

2 Didaktische Konzeption von VAWi

VAWi richtet sich an Hochschulabsolventen, die bereits ein Erststudium abgeschlossen haben und somit über einschlägige Erfahrungen mit dem Lernen an Fach- bzw. Hochschulen verfügen. Bei der didaktischen Konzeption des Online-Studiengangs fand neben den Konzepten des Selbstlernens der Aspekt des lebenslangen Lernens besondere Berücksichtigung. Da der Fokus des Studiengangs auf dem Transfer des im Studium erworbenen Fakten- Theorie- und Methodenwissens in den Berufsalltag liegt, ist Berufserfahrung eine Zulassungsvoraussetzung für alle VAWi-Bewerber, damit das Gelernte möglichst im Alltag umgesetzt werden kann.

Im VAWi-Studiengang sind die Konzepte des lebenslangen Lernens (Unesco, 1997) unter besonderer Berücksichtigung der Erwachsenen- und Hochschulbildung umgesetzt. Lernen verlagert sich immer mehr vom rein institutionellen Lernen hin zum Lernen an verschiedenen Orten und zu verschiedenen Gelegenheiten und Zeiten (Forum Bildung, 2001). Des Weiteren steht das Konzept der Selbstorganisation von Lernen (Schlutz, 1999) im Vordergrund: „Im Kontext des lebenslangen Lernens kommt den Selbstlernfähigkeiten eine umfassende Rolle zu. In einer durch Modernisierungsimperative sich ständig verändernden Gesellschaft sind sie die Voraussetzung, um auf neue Problemlagen zu reagieren und selbständig neue kognitive Konzepte zu entwickeln, also selbständig zu lernen.“ (Dohmen, 1996, S. 13) VAWi-Studierende sollen Kompetenzen erwerben, die es ihnen langfristig ermöglichen, selbständig und selbstbestimmt die eigenen Lernprozesse – über das Studium hinaus – zu organisieren und somit Konzepte für nachhaltiges Lernen zu kennen und anzuwenden. Dadurch werden Lernende nicht nur für einen bestimmten Wissensbereich qualifiziert, sondern erwerben Lernkompetenz, also die Fähigkeit, eigenmotiviert und selbstgesteuert lebenslang zu lernen (Klein, 2002). Lernkompetenz führt schließlich zu einer größeren Selbstbestimmung nicht nur im Sinne von Klafkis bildungstheoretischer (Klafki, 1963) bzw. kritisch-konstruktiver Didaktik (Klafki, 1985), sondern entspricht auch den Forderungen der Unesco (Unesco, 1997).

Zu Beginn jedes Semesters findet eine einführende Präsenzveranstaltung statt. Diese hat sich als äußerst sinnvoll erwiesen, da die Studierenden nicht nur wichtige und aktuelle Informationen zu Studienorganisation, neuen Kursen, Prüfungsterminen, Projektarbeiten oder Evaluationsergebnissen erhalten, sondern vor allem auch die Gelegenheit haben, sich mit Kommilitonen, Dozenten und Kursbetreuern auszutauschen.

In VAWi werden nicht nur die Einzelkurse evaluiert, sondern die Lernenden haben darüber hinaus die Möglichkeit, in Feedbackrunden sich gegenüber den jeweiligen Kursdozenten und -betreuern kritisch zu äußern. Somit gewährleisten summative und formative Evaluationsverfahren während der Erstellung und Durchführung, aber auch nach Abschluss von Kursen den hohen Qualitätsstandard des Gesamtstudiums. Die Betreuung der virtuellen Kurse wird durch qualifizierte Online-Tutoren[1] gewährleistet, die die Lernenden inhaltlich und fachmethodisch unterstützen.

Ein Strukturelement des Studiengangs sind Teilprüfungsleistungen, die schon während des Semesters zu erbringen sind. Dieses Konzept wird von vielen Studierenden positiv bewertet, da sie auf diese Weise angehalten werden, kontinuierlich zu lernen (Ballstedt, 1997). Zudem ist das Bestehen des Kurses nicht von einer einzigen Prüfung abhängig, da die erbrachten Teilleistungen in die Abschlussnote einfließen.

Alle Studienleistungen werden zusätzlich nach dem European Credit Transfer System (ECTS) bewertet. Mit jedem erfolgreich bestandenen Kurs erwerben die Studierenden 4,5 ECTS-Punkte, dies entspricht einer Arbeitsbelastung von ca. 135 Stunden pro Kurs.

3 Umsetzung der didaktischen Konzeption in einzelnen VAWi-Kursen

Im folgenden Kapitel wird anhand der an der Universität Duisburg-Essen erstellten und betreuten Wahlpflichtkurse „Lerntechnologien“ und „Qualität und Evaluation in der Bildung“ exemplarisch für den VAWi-Studiengang beschrieben, wie Kurse in VAWi didaktisch konzipiert und umgesetzt werden, und welche Erfahrungen bislang mit den Lehr-Lernmethoden gemacht wurden.

Da Methoden nicht unabhängig betrachtet werden können, sondern in einem engen Zusammenhang mit Lernobjekten, Lerninhalten, Lernenden und Medien (Einsiedler, 1981; Meyer, 2000) stehen, muss bei der Auswahl der Methoden immer auch das Umfeld berücksichtigt werden. „Schon in Schule und Unterricht wird im Allgemeinen Fragen des methodischen Vorgehens zu wenig Aufmerksamkeit gewidmet [...]“ (Frommer, 1991), und dies ist auch nicht wesentlich anders beim Erwachsenenlernen. Die effektive und effiziente Nutzbarkeit von

1 Medienpädagogische Schulungen werden vom FIM – Institut für Neues Lernen der Universität Erlangen-Nürnberg durchgeführt.

Lehr-/Lernmethoden für den Lernenden ist ein entscheidender Aspekt für den Lernerfolg, doch diesem Aspekt wurde bisher zu wenig Bedeutung geschenkt. Im Rahmen der im Folgenden beschriebenen VAWi-Kurse sind deshalb Methoden besonders berücksichtigt worden, die die Selbstorganisation und -steuerung der Studierenden fördern.

3.1 Kollaboratives, fallbasiertes Lernen – VAWi-Kurs „Lerntechnologien"

Zum Sommersemester 2002 hatte die Pilotgruppe der 52 VAWi-Studierenden erstmals die Möglichkeit, Kurse aus den Wahlpflichtmodulen zu belegen. Insgesamt wurden sechs Wahlpflichtkurse angeboten, darunter der Kurs „Lerntechnologien" aus dem Wahlpflichtmodul „Electronic Learning". Der Kurs sollte folgende Kenntnisse und Kompetenzen vermitteln: Grundlagen des E-Learning, Kenntnisse über Einsatz und Nutzung synchroner und asynchroner Kommunikationswerkzeuge, Grundlagen des kooperativen, verteilten Lernens und Zusammenarbeitens und Fähigkeit zur Konzeption und Evaluierung computerunterstützter Lernumgebungen. Wie die meisten VAWi-Kurse fand auch dieser Kurs rein internetbasiert statt. Den Studierenden stand eine Lernplattform zur Verfügung, über die sie auf die zu Beginn des Kurses bereitgestellten Lernmaterialien sowie auf synchrone und asynchrone Kommunikations- und Kooperationswerkzeuge wie Diskussionsforum, E-Mail, Chat oder Kalender zugreifen konnten.

Zu Beginn der didaktischen Gestaltung stand die Frage, wie die Lernumgebung arrangiert werden muss, um die vielfältigen Lernziele adäquat umzusetzen. Neben Fakten-, Theorie- und Methodenwissen sollten die Studierenden vor allem auch Schlüsselqualifikationen und Medienkompetenz erwerben. Darüber hinaus sollten bei der Gestaltung der Lernumgebung die Anforderungen berufstätiger Studierender nach einem flexiblen und selbstorganisierten Lernen Berücksichtigung finden (Eigler, 1997, S. 10). Und schließlich sollten Methoden einbezogen werden, die die Motivation der Studierenden beim virtuellen Lernen möglichst unterstützte.

Da ein Schwerpunkt des Kurses, neben der Vermittlung von Wissensinhalten, auf der Vermittlung von Schlüsselqualifikationen wie Teamfähigkeit und Kommunikation lag, wurden Methoden bevorzugt, die auf kollaborativem Lernen (Ballin & Brater, 1996, S. 47; Bloh, 2002, S. 157) basieren. Auch für die Vermittlung von Medienkompetenz im Umgang mit Neuen Medien, die in erster Linie Kommunikationsmedien sind (Peters, 2002), bieten sich Methoden des kollaborativen Lernens an, denn nur in der Interaktion mit anderen können Funktion, Einsatzmöglichkeiten und Grenzen asynchroner und synchroner Kommunikationswerkzeuge praktisch eingeübt werden. Des Weiteren wird die Motivation der Lernenden durch kollaboratives Lernen unterstützt, indem sich die einzelnen Lernenden mit der Lerngruppe identifizieren und sich gegenüber den anderen Gruppenmitgliedern verantwortlich fühlen.

Die heterogenen und komplexen Lerninhalte, die neben den pädagogischen und psychologischen Grundlagen des Lernens auch technische, gestalterische sowie organisatorische Richtlinien computerunterstützter Lernumgebungen umfassten, sollten die Studierenden in Projektteams mittels einer Fallstudie erarbeiten, so dass sie nicht nur deklaratives Wissen erwerben, sondern vielmehr kontextuales Wissen, und die Zusammenhänge und Wechselbeziehungen zwischen den unterschiedlichen Grundlagen computerunterstützter Lernumgebungen kennen und verstehen lernen. Um ein planvolles und kontinuierliches Lernen sowohl für die Lerngruppe als auch für jeden einzelnen Lernenden sicherzustellen, sollten die Studierenden in ihren Gruppen zudem Projektmanagementmethoden einsetzen. Die Erstellung eines Projektplans, die Definition von Meilensteinen sowie die Verteilung von Arbeitspaketen dienen der ausreichenden Strukturierung der Zusammenarbeit (Bloh, 2002, S. 160-162).

Der Kurs setzt sich aus drei Phasen zusammen. In der Einführungsphase, die vier Wochen dauerte, machten sich die Studierenden mit dem kollaborativen Lernen im Internet vertraut und setzten sich in Theorie und Praxis mit dem Einsatz und Nutzen verschiedener synchroner und asynchroner Kommunikationswerkzeuge auseinander; dafür erarbeiteten sie beispielsweise im Team „Netiquetten“ für die Kommunikation in synchronen und asynchronen Medien. Die Zusammenarbeit erfolgte dabei rein virtuell in Foren oder Chats. Darüber hinaus konnten sich die Studierenden im Selbststudium mittels des Lernmoduls „Grundlagen des E-Learning“ in die Thematik des Kurses einarbeiten. In der sich anschließenden Projektphase bearbeiteten die Studierenden in Projektgruppen zu jeweils vier Teilnehmern eine Fallstudie. Die ursprünglich in der Konzeption vorgesehene Gruppeneinteilung nach fachlicher Kompetenz und räumlicher Verteilung konnte aufgrund der geringen Teilnehmerzahl nicht umgesetzt werden.

Bei der Erstellung der Fallstudie haben die Kursautoren vor allem darauf geachtet, eine realitätsnahe Aufgabe zu kreieren, die vielfältige Themen- und Aufgabenbereiche umfasst und komplex genug ist, um die Zusammenarbeit und das gemeinsame Lernen in der Gruppe sicherzustellen (Kerres & Petschenka, 2002, S. 251-252). Als Fallstudie erhielten die Studierenden die Aufgabe, bis zum Ende der Projektphase, die sechs Wochen umfasste, ein ca. 40-seitiges Konzept für einen internetbasierten Kurs zu erstellen, mit dem die Trainer eines internationalen Unternehmens zu Tele-Tutoren weitergebildet werden sollten. Dabei sollte das Konzept unter anderem folgende Teile umfassen: Definition der Lernziele und Lerninhalte, didaktische Konzeption, Planung der Lernumgebung, Medieneinsatz, Präsentationsformen und Kommunikationswerkzeuge sowie eine abschließende Begründung der gewählten Methoden und Komponenten.

Zu Beginn der Bearbeitung mussten die Studierenden einen Projektplan erstellen, in dem sie die Meilensteine sowie die Zuständigkeiten für die Bearbeitung der einzelnen Teilbereiche festlegten. Die Organisation innerhalb der Projektgruppe und die Festlegung von Bearbeitungsschwerpunkten blieben den Studierenden überlassen. Bei jedem Meilenstein hatten die Studierenden Gelegenheit, ihr Zwischenergebnis mit dem Kursbetreuer zu diskutieren. Auch zwischen den

Meilensteinen stand der Tutor allen Kursteilnehmern per E-Mail und im Diskussionsforum für inhaltliche und organisatorische Fragen zur Verfügung. Die Abschlussphase diente schließlich der Vorbereitung auf die abschließende mündliche Prüfung.

Rückmeldungen der Studierenden und die Kursevaluation des ersten Durchgangs haben die in der Literatur aufgeführten Probleme (Bloh, 2002, S. 159-160) virtuellen kooperativen Lernens zum Teil bestätigt. Insbesondere war für viele Studierende der hohe organisatorische Koordinationsaufwand zu Beginn der Gruppenarbeit zu zeitaufwändig. Die Studierenden beklagten, dass sie sich in den ersten Wochen des Kurses sehr stark mit Gruppenbildungsprozessen auseinander setzten mussten, wodurch viele bei der Bearbeitung der ersten Teilaufgabe in Zeitnot geraten sind. Dagegen stellte der Mangel an sozialer Präsenz kein Hindernis für das gemeinsame Arbeiten und Lernen dar, waren doch die Teilnehmer bereits mit den Formen virtuellen Studierens und Zusammenarbeitens aus dem ersten Semester vertraut und kannten sich viele bereits durch die Präsenzveranstaltungen oder durch andere Kurse.

Rückschlüsse über die Zusammenarbeit in den Gruppe sowie über Gruppenlernprozesse können nur indirekt aufgrund der Arbeitsergebnisse gezogen werden. Die erarbeitete Konzeption wies überwiegend eine große Einheitlichkeit auf und zeigte, dass innerhalb der Gruppe eng zusammengearbeitet wurde. Ein entscheidender Faktor für die erfolgreiche Zusammenarbeit in der Gruppe war dabei nach Aussagen der Studierenden die Projektmanagementmethoden, mit denen von Beginn an die Gruppenarbeit strukturiert wurde.

Durch die intensive Zusammenarbeit sind in der Gruppe Supportstrukturen entstanden. Inhaltliche und organisatorische Fragen wurden meist intern in der Gruppe abgesprochen. Für den Tutor hatte dies zur Folge, dass der Betreuungsaufwand im Vergleich zu Kursen, die auf dem Prinzip des eigenständigen, individuellen Lernens beruhten, minimiert war, ohne dass die Betreuungsqualität für die Studierenden darunter gelitten hätte. Aus dieser Erfahrung kann der vorsichtige Schluss gezogen werden, dass mit dem Konzept gruppenbezogenen fallbasierten Lernens eine größere Anzahl von Studierenden in einem internetbasierten Kurs betreut werden können, da die Studierenden vor allem innerhalb ihrer Projektgruppe Anregungen und Lösungen bei Problemen suchen und sich nicht – wie es beim individuellen Lernen der Fall ist – an den Tutor wenden.

Nach den Erfahrungen des ersten Durchgangs und unter Berücksichtigung der Evaluationsergebnisse wurde beim zweiten Durchgang des Kurses im Sommersemester 2003 den Studierenden zu Beginn des Semesters vor allem mehr Zeit für die Gruppenbildung eingeräumt. Die Kursteilnehmer hatten nun über drei Wochen Zeit, sich über das Diskussionsforum und per E-Mail zu Arbeitsgruppen zusammenzuschließen, bevor sie mit der Bearbeitung der ersten Teilaufgabe beginnen mussten.

3.2 Kombination verschiedener ausgewählter Lehr-Lern-Methoden –VAWi-Kurs „Qualität und Evaluation in der Bildung“

Der Kurs „Qualität und Evaluation in der Bildung“ wurde erstmalig im Wintersemester 2002/03 angeboten. Die Pilotgruppe von zu diesem Zeitpunkt 133 VAWi-Studierenden konnte aus insgesamt neun Wahlpflichtkursen den Kurs „Qualität und Evaluation in der Bildung“ aus dem Wahlpflichtmodul „Electronic Learning“ wählen. Vorüberlegungen und didaktische Analysen zur Umsetzung ergaben, dass in diesem Kurs das Wissen über Qualität und Evaluation in Bildungszusammenhängen mit verschiedenen Methoden vermittelt werden sollte. Dazu galt es zunächst die relevanten Methoden für die einzelnen Inhalte zu identifizieren. Dies resultiert aus der Annahme, dass es keine generelle Überlegenheit bestimmter Methoden gegenüber anderen gibt (Einsiedler, 1981), sondern ihr erfolgreicher Einsatz vielmehr von den zu vermittelnden Inhalten abhängt (Ballstedt, 1997).

Zunächst sollte unter Berücksichtigung der Zielgruppe sichergestellt sein, dass diese ihre Lernprozesse selbst planen konnten. Dazu hatten die Lernenden zu allen Zeiten die Möglichkeit, einen Advanced Organizer (Peterßen, 1999) als Organisationshilfe des Studiums nutzen. Diese Methode ermöglicht Ablauf, Lernziele, Methoden und Medien des Kurses bereits mit dessen Beginn festzulegen und den Lernenden zugänglich zu machen, um so einen Gesamtüberblick über den Kurs zu geben und den individuellen Lernprozess planbar zu machen. Der Advanced Organizer dient somit den eigenständigen Strukturierungsprozessen und unterstützt die Selbstorganisation des Lernens. Des Weiteren hatten die Lernenden die Möglichkeit, ihre persönlichen Lernziele, Prüfungs- und Abgabetermine mit Hilfe des Kalenders zu führen, Gruppenarbeiten zu organisieren und sich Besonderheiten zu notieren. Als Plattform für den Advanced Organizer wurden die Foren und der Gruppenkalender des Lernmanagementsystems genutzt.

In der ersten einleitenden Phase untersuchten die Studierenden mit der Methode der Texterschließung verschiedene Definitionen und Verständnisse von Qualitätsbegriffen, verglichen diese miteinander und erarbeiteten Vor- und Nachteile sowie Praxisbeispiele. Die zweite Phase des Kurses bestand aus einer Gruppenarbeit, in der die Studierenden drei konkurrierende Qualitätskonzepte bzw. -modelle gegenüberstellen und miteinander verglichen sowie Vor- und Nachteile der Konzepte darstellen sollten. Dies wurde in Form einer Präsentation erarbeitet. Um den Transfer des Wissens zu gewährleisten, sollte auf dieser Basis ein eigenes Qualitätskonzept erarbeitet und erläutert werden. Ein weiteres didaktisches Ziel der Gruppenarbeit war die Förderung kollaborativer und kommunikativer Lernprozesse, die durch Gruppenarbeiten (Peterßen, 1997, S. 53) erreicht werden sollte. Als Kommunikationswerkzeuge standen ständig Foren, Chat, E-Mail und Instant Messaging zur Verfügung. Im dritten Teil des Kurses hatten die Studierenden eine konkrete Fragestellung anhand eines Fallbeispiels zu lösen.

Dazu erstellten sie einen Projektplan anhand eines von ihnen favorisierten Evaluationsmodells und führten die Evaluation eines virtuellen Kurses durch.

Diese Arbeitsergebnisse gingen als Teilprüfungsleistungen in die Gesamtbewertung ein. Für den Lehrenden hatte dies den Vorteil, frühzeitig Fehlentwicklungen zu erkennen und lenkend eingreifen zu können. Ein weiterer Vorteil war, dass auf diese Weise die Studierenden und ihre Leistung besser einzuschätzen waren.

Im gesamten Kurs wurden drei unterschiedlich gewichtete Teilprüfungsaufgaben gestellt. Der Kurs wurde schließlich mit einer Abschlussklausur beendet, die 50% der Gesamtprüfungsleistungen umfasste. Die erste Teilprüfungsaufgabe bestand in der Bearbeitung von unterschiedlichen Definitionen, (maximal 10 von insgesamt 120 Punkten), die zweite Teilprüfungsaufgabe war eine Gruppenarbeit zur Ausarbeitung und Bewertung verschiedener Qualitätsmodelle (maximal 30 Punkte), die dritte Teilprüfungsaufgabe war ein Fallbeispiel zu verschiedenen Evaluationsmodellen (maximal 20 Punkte). Die Studierenden konnten somit 50% der Gesamtpunktzahl schon während des Kurses erwerben.

Die Teilprüfungsaufgaben waren von den Studierenden innerhalb einer gewissen Frist zu bearbeiten und per E-Mail einzusenden. Auf die Bearbeitung folgten Feedbacks (Peterßen, 1999) durch den Tutor. Des Weiteren hatten die Studierenden am Ende jeder Lerneinheit die Möglichkeit, freiwillig ihren Lernfortschritt zu kontrollieren, indem sie Fragen zum Lerninhalt beantworteten und ihre Lösungen dem Tutor zur Bewertung zuschickten.

Der qualifizierte Tutor stand den Lernenden während des Kurses zur Verfügung und sollte die Fragen der Studierenden maximal innerhalb von 48 Stunden bearbeiten und beantworten, möglichst aber sofort, um das Feedback nicht zu weit hinauszuzögern.

Als Ergebnis lässt sich festhalten, dass es nicht ausreichend ist, das Material didaktisch aufzuarbeiten, da es didaktische Funktionen der Lehrenden und Lernenden gibt, die im E-Learning nicht abgebildet werden können. Unter diesen zwischenmenschlichen didaktischen Funktionen verstehen wir alles, was unmittelbar auf der zwischenmenschlichen Ebene in der Präsenzlehre geschieht. Dazu gehören beispielsweise das Einlegen von Lernpausen, direktes und unmittelbares Feedback (Ballstedt, 1997) sowie sinnliche Wahrnehmung. Bei einem virtuellen Kurs muss der Lernende seine Lernpausen selbst festlegen und ein Feedback erfolgt entweder verbalisiert oder schriftlich, per E-Mail, Forum und/oder Chat. Nicht nur Missverständnisse können durch diese Kommunikationswege leichter entstehen, auch fällt der Bereich der sinnlichen Wahrnehmung, z.B. von Mimik und Gestik komplett weg und damit auch das unmittelbare Reagierenkönnen des Lehrenden. Auch Video-Konferenzen schaffen kaum Abhilfe. Von den verteilten Studierenden kann der Lehrende nicht alle gleichzeitig sehen. Aber auch der Austausch zwischen den Studierenden ist schwieriger. Sie können sich kaum untereinander verständigen und gleichzeitig dem Lehrenden folgen. Eine Lernberatung könnte an dieser Stelle zwar unterstützende Hilfe für jeden Einzelnen leisten, aber auch sie kann unmittelbare zwischenmenschliche didaktische Funktionen der Präsenzlehre nicht ersetzen.

Aus den ersten Erfahrungen des Kurses ergeben sich folgende Verbesserungspotenziale für den nächsten Durchlauf im Wintersemester 2003/04:
Es soll besonders die Methodenkompetenz geschult werden, um den Studierenden eine methodische Grundausrüstung mitzugeben, die sie befähigt, selbstorganisiert zu lernen. Des Weiteren sollen die Kommunikations- und Kollaborationsmöglichkeiten verstärkt tutoriell unterstützt werden, da Evaluationsergebnisse zeigen, dass Lerngruppen ein entscheidender Faktor für die Aufrechterhaltung der Motivation sind und teilweise tutoriell angeleitet werden müssen, um die Kommunikation üben den gesamten Zeitraum des Kurses aufrecht zu erhalten.

4 Schlussfolgerungen für didaktische Konzepte im E-Learning

Die Ergebnisse und Beobachtungen der oben beschriebenen Kurse decken sich mit den Evaluationsergebnissen anderer VAWi-Kurse und zeigen, dass die Anforderungen an virtuelles Lehren und Lernen anspruchsvoller sind, als bisher häufig in der Literatur (Schulmeister, 2001) angenommen wird. Der Erfolg des Studiengangs und die geringe Abbrecherquote von 14,7% lässt sich einerseits auf die eingesetzten didaktischen und methodischen Konzepte und andererseits auf die besondere Betreuung und Beratung zurückführen.

Die Evaluationen der VAWi-Kurse zeigen, dass die Methodenkompetenz der Lernenden wenig entwickelt ist. Zwar steht für die Studierenden der Wissenserwerb im Vordergrund, ihnen ist meistens jedoch nicht bewusst, dass sie dazu Methodenwissen und Kenntnisse über die eigenen Lern- und Wissensprozesse, also über Metakognition (Flavel & Wellmann, 1977), benötigen. Der bewusste und zielgerichtete Einsatz von ausgewählten Lehr-/Lernmethoden ist eine wichtige Voraussetzung, um erfolgreich selbstorganisiert lernen zu können (Schlutz, 1999; Ballstedt, 1997).

Die Ausbildung und Weiterentwicklung von Lernkompetenz und Metakognition (Kemper & Klein, 1999) sind Aufgabe der Lehrenden. Eine gezielte individuelle Lehrberatung kann den Kursentwicklern, -betreuern und -tutoren didaktische und lehr-/lerntheoretische Kenntnisse vermitteln. Vor dem Hintergrund virtuellen Lernens ist darüber hinaus eine medienpädagogische Beratung und Betreuung für den Erfolg des internetbasiertes Lernens bedeutsam.

Die Evaluationsergebnisse zeigen weiterhin, dass eine umfassende und ständige Betreuung und Beratung für Studierende in Bezug auf Planung und Durchführung ein entscheidendes Kriterium für den Erfolg virtuellen Studierens ist (Studienberatung).

Literatur

Adelsberger, H.H., u.a. Ferstl, O.K., Friedrich, S., Körner. F. & Schmitz, K. (2002). Der Virtuelle Weiterbildungsstudiengang Wirtschaftsinformatik (VAWi). Konzepte und Erfahrungen. In: *Tagungsband der Teilkonferenz E-Learning im Rahmen der Multi-Konferenz Wirtschaftsinformatik (MKWi02),* Nürnberg, 35-52.

Ballin D. & Brater, M. (1996). *Handlungsorientiert lernen mit Multimedia. Lernarrangements planen, entwickeln und einsetzen,* Nürnberg.

Ballstedt, St.-P. (1997). *Wissensvermittlung*, Weinheim.

Bloh, E. (2002). Computerunterstütztes kooperatives Lernen (CSCL). In: B. Lehmann & E. Bloh (Hrsg.). *Online-Pädagogik,* Hohengehren, 146-182.

Dohmen, G. (1996). *Das lebenslange Lernen. Leitlinien einer modernen Bildungspolitik,* Bonn, 1996.

Eigler, G. (1997). Zur Einführung. Lernen im Medienverbund in der betrieblichen Weiterbildung. In: H.F. Friedrich, G. Eigler, H. Mandl, W. Schnotz, F. Schott &, N.M. Seel u.a. (Hrsg.). *Multimediale Lernumgebungen in der betrieblichen Weiterbildung. Gestaltung, Lernstrategien und Qualitätssicherung,* Neuwied, 1-18.

Einsiedler, W. (1981). *Lehrmethoden. Probleme und Ergebnisse der Lehrmethodenforschung,* München.

Flavell, J.H. & Wellmann, H.M. (1977). Metamemory. In: R.V. Kail & J.W. Hagen (Hrsg.). *Perspectives on the development of memory and cognition,* Hillsdale, 3-33.

Forum Bildung (2001). *Lernen. Ein Leben lang,* Bonn.

Frommer, H. (1991). *Lernen, Wissen, Bildung. Ein integrierendes Lernkonzept für die Erwachsenenbildung,* Villingen-Schwenningen.

Kemper, M. & Klein, R. (1999) Vom Lehren zur Lernberatung. In: E. Schlutz (Hrsg.). *Lernkulturen,* Frankfurt am Main, 75-93.

Kerres, M. & Petschenka, A. (2002). Didaktische Konzeption des Online-Lernens für die Weiterbildung. In: B. Lehmann & E. Bloh (Hrsg.). *Online-Pädagogik,* Hohengehren, 241-256.

Klafki, W. (1963). Kategoriale Bildung. Zur Bildungstheoretischen Deutung der modernen Didaktik. In: W. Klafki. *Studien zur Bildungstheorie und Didaktik,* Weinheim.

Klafki, W. (1985). Zur Unterrichtsplanung im Sinne kritisch-konstruktiver Didaktik. In W. Klafki. *Neue Studien zur Bildungstheorie und Didaktik,* Weinheim, 194-227.

Klein, R. (2002). Neue Lernformen. Von der Wissensvermittlung zur Lernberatung. Abruf am 31.3.2003 http://www.wissensnetze-der-zukunft.de/kongress/rosemarie_klein.htm.

Meyer, H. (2000). *Unterrichtsmethoden 1,* Frankfurt am Main.

Peters, O. (2002). Lernen mit Neuen Medien im Fernstudium. In: B. Lehmann & E. Bloh (Hrsg.). *Online-Pädagogik,* Hohengehren, 257-283.

Peterßen, W. H. (1999). *Kleines Methoden-Lexikon,* 2. Auflage, München.

Schlutz, E. (1999): *Lernkulturen,* Frankfurt am Main.

Schulmeister, R. (2001). *Virtuelle Universität. Virtuelles Lernen.* München.

UNESCO (1997). *Unesco-Bericht für die Bildung des 21. Jahrhunderts. Lernfähigkeit. Unser verborgener Reichtum,* Genf.

Gudrun Görlitz, Stefan Müller

Vom Seminar zur Online-Lerneinheit – und zurück

Der abgestimmte Prozess zur Konzeption und Produktion von interaktiven Lernmaterialien als nachhaltige Erweiterung des Studienangebots an Hochschulen

Zusammenfassung

Im Rahmen des BMBF-Leitprojektes „Virtuelle Fachhochschule“ werden in einem interdisziplinären Team an der TFH Berlin 12 Online-Studienmodule für die Bachelor-Studiengänge Medieninformatik und Wirtschaftsingenieurwesen produziert. Unter der Leitung langjährig in der Lehre erfahrener Professorinnen und Professoren wurden mediendidaktisch anspruchsvolle Online-Kurse entwickelt. Das didaktische Design war neben der Produktentwicklung konsequent auf die Entwicklung eines effizienten Produktionsprozesses für multimediales Lernmaterial ausgerichtet. Das Online-Lernmaterial ist so modular aufgebaut, dass Teile daraus in die Präsenzlehre integrierbar sind. Der mehrstufige, abgestimmte Produktionsprozess kann für die kostengünstige Erstellung von Online-Material in anderen Fächern genutzt werden. Das Verfahren ist darüber hinaus erweiterbar. Diese Entwicklung leistet einen Beitrag zur nachhaltigen Integration von Online-Lehr- und Lernangeboten im Hochschulbereich.

1 Einleitung

Die Entwicklung einer Vielfalt an hervorragenden Einzellösungen im E-Learning-Bereich wurde durch nationale und internationale Initiativen gefördert. Obwohl seitens der finanzierenden Einrichtungen die Nachhaltigkeit der Studienangebote sowie deren Integration in das Curriculum bereits im Antrag zu begründen war, zeigt sich in der praktischen Lehre jedoch, dass die meisten Angebote nach der Förderung lediglich von den Entwicklern mit großem persönlichen Engagement am Leben erhalten werden. Eine Nachnutzung des Produktionsprozesses für weitere Online-Studienangebote in anderen Fachgebieten wurde nicht vorgesehen. Im Zusammenhang mit der Entwicklung von Lernmanagementsystemen arbeiten Informatiker gegenwärtig weltweit an Standards zur Beschreibung von E-Learning-Angeboten. Diese Standards sind eine Voraussetzung für eine allgemeine Beschreibung des Produktionsprozesses mit dem Ziel, Verfahren zu seiner Automatisierung zu entwickeln. Ein Mangel dieser Standards besteht in der ungenügenden Berücksichtigung didaktischer Anforderungen, wie R. Schulmeister am Beispiel der Interaktivität aufzeigt (Schulmeister, 2002, S. 193-194).

H. Groten vom Universitätsverbund Multimedia NRW bemängelte auf dem „education quality forum“ im November 2002, dass die Online-Lernangebote „technisch auf dem neuesten Stand, aber pädagogisch und didaktisch antiquiert“ seien. Bei der Konzeption multimedialer Lernsoftware wird die mediendidaktische Aufbereitung des Stoffes meist unterschätzt. Da Inhalte in Form von Skripten und Büchern ausreichend vorhanden sind, ist die Inhaltserstellung kein Förderschwerpunkt mehr, wie beispielsweise die Ausschreibungen zur Notebook University zeigen. Die Stoffaufbereitung, als didaktisches Design bezeichnet, wird meist den neu eingestellten Mitarbeitern und studentischen Hilfskräften übertragen. Diese zweifellos engagierten Mitarbeiter besitzen zu wenig, oftmals gar keine Lehrerfahrung. Auf der anderen Seite sind Professorinnen und Professoren, die über langjährige Erfahrung in der Präsenzlehre verfügen, durch Projektleitungsaufgaben ausgelastet und beteiligen sich in Folge dessen nicht im notwendigen Maße an der Aufbereitung des Lernstoffes für das Online-Lernen. Im Jahr 1999 begann im Rahmen des BMBF-Leitprojektes „Virtuelle Fachhochschule“ (VFH) ein interdisziplinäres Team an der Technischen Fachhochschule Berlin mit der Entwicklung von Studienmodulen für die Online-Studiengänge Medieninformatik und Wirtschaftsingenieurwesen. Ein Studienmodul stellt eine komplette Lehrveranstaltung für das Online-Studieren zur Verfügung, die in der Präsenzlehre aus etwa 15 Wochen Vorlesung und Übung besteht.

2 Medienspezifische Zielsetzung

Multimedial aufbereitete Lehrmaterialien bieten gegenüber der Präsenzlehre eine Reihe spezifischer Vorteile. Leider wurde bei vielen Projekten gegen die Vorteile der Präsenzlehre konkurriert. Dies führte zu keiner Verbesserung, sondern verstärkte eher das Misstrauen. Ziel bei der Erstellung der Studienmodule für die VFH war die Herausarbeitung der spezifischen Vorteile. Im Blended Learning wird versucht, die Vorteile der Präsenz- und der Online-Lehre im Sinne eines besten Lernerfolges zu verbinden.

Online-Lernangebote:
a) sind – Computer und Netzverbindung vorausgesetzt – „überall“ verfügbar,
b) erleichtern die zeitflexible Lehrveranstaltungsvor- und -nachbereitung,
c) ermöglichen ein effektives Zeitmanagement,
d) sind multimedial und interaktiv,
e) haben dynamische Inhalte und sind einfach zu aktualisieren,
f) ermöglichen eine Mitgestaltung durch die Studierenden,
g) nutzen unterschiedliche Darstellungsformen zur Wissensvermittlung,
h) bieten Übungsmöglichkeiten verschiedener Schwierigkeitsgrade mit Lösung,
g) fördern ein fachübergreifendes, vernetztes Lernen,
f) ermöglichen das schnelle Auffinden fachbezogener Informationen.

Es gibt sicherlich noch weitere Vorteile und einige werden sich durch neue technische Möglichkeiten erst entwickeln. Viele der genannten Vorteile werden durch moderne Lernsoftware bereits angeboten. Während einige rein technisch realisiert werden, besitzen andere eine didaktische Komponente, die es zu gestalten gilt. Bei der Produktion ist es besonders wichtig, die genannten Vorteile zu bedienen. Leider kommt es immer wieder vor, dass aus finanziellen, organisatorischen oder zeitlichen Gründen Vorteile verringert oder überhaupt nicht angeboten werden. Häufigste Ursache hierfür sind die unterschätzten Aufwändungen für die Entwicklung und Produktion. Das mehrstufige Verfahren der Arbeitsgruppe an der TFH beruht darauf, nur Bestandteile zu entwickeln, die mehrfach – also für andere Studienmodule – verwendet werden können. Aufwändige Einzelentwicklungen wie Simulationen zu sehr speziellen Themen sind nicht das Ziel. In einigen Fällen wurde vorhandenes Material und Software (z.B. Statistiklabor der FU Berlin) im Sinne einer Vernetzung integriert. Für das Basisangebot entstand ein offenes Baukastensystem, dem im Laufe der Entwicklungszeit immer neue Komponenten hinzugefügt werden konnten.

3 Rahmenbedingungen

Zu Beginn einer Produktion verständigen sich die Beteiligten über die bestehenden Rahmenbedingungen wie u.a. Zeit, Mittel und Kapazitäten. Diese wirken begrenzend und bestimmen den Umfang und den möglichen Einsatzbereich, z.B. die Positionierung im Curriculum. Danach werden Umfang und Merkmale der Lernsoftware sowie die technische Anforderungen festgelegt. Daran beteiligt sind die Autoren, Fachdidaktiker, Medieninformatiker und Designer. Ein Studienmodul ist eine komplette Lehrveranstaltung, vergleichbar mit 4 SWS in der Präsenzlehre, bestehend aus Vorlesung und Übung.

Die Zielgruppe sind Studierende, die orts- und zeitflexibel über das Internet lernen wollen, weil sie mehrheitlich berufstätig sind und neben dem Job studieren. Sie benötigen daher ein effizientes Zeitmanagement (Zimmer, 2001). Hinsichtlich ihrer Vorbildung sind die Eingangsvoraussetzungen sehr unterschiedlich und auch das Lebensalter der Studierenden ist heterogen. Eine sequenzierte Struktur mit in sich abgeschlossenen Themenfeldern bildet als technische Vorgabe das Grundgerüst für das Lernangebot (vgl. Kerres, 2001). Mit einer ersten inhaltlichen Struktur wird durch eine Konkurrenzanalyse ermittelt, ob vergleichbares Material schon existiert und erworben werden kann.

4 Mediendidaktische Konzeption

Der Beginn der Konzeption ist gekennzeichnet durch eine große Zahl unterschiedlicher Ideen, die vom Wissen und den Erfahrungen der Beteiligten abhängig sind. In dieser frühen Phase ist es wichtig, alle Ideen in einem Gesamtrahmen zu strukturieren. Abstimmungen der Autorinnen und Autoren zu den prinzipiellen Lehrzielen und dem Lehrkonzept sind dabei besonders wichtig. Die von Prof. Dr. Zimmer für das VFH-Projekt erstellten „Didaktischen Leitlinien" sind dabei eine wertvolle Hilfe zur systematischen Erfassung:

a) Berufsbildbeschreibung (didaktisch-methodisches Leitbild),
b) Detaillierte Beschreibung der Handlungskompetenzen (Bedeutungswissen, Fachkompetenz, Methodenkompetenz, Bewertungskompetenz, Entscheidungskompetenz und Sozialkompetenz) sowie zugehöriger Lernaufgaben,
c) Beschreibung der Lehr- und Lernformen, sowie der Kommunikationsformen,
d) Beschreibung der Prüfungsaufgaben.

Das Feedback von Evaluationen (Thillosen & Arnold, 2001) und die Weiterentwicklung der Technologien für das Internet führten zu Veränderungen und Erweiterungen des didaktischen Konzeptes. Die verbesserte webbasierte Kommunikation beispielsweise ermöglicht die praktische Umsetzung neuartiger virtueller Lernszenarien.

Bei den Online-Studienmodulen wird auf die guten Erfahrungen in der Präsenzlehre aufgebaut. Insbesondere für die Grundlagenausbildung gibt es bewährte Stoffsammlungen. Obwohl es mittlerweile eine Binsenweißheit ist, dass der Computer den Lernstoff andersartig präsentiert als der Dozent in der Vorlesung oder das Fachbuch, sind optimal aufbereitete Inhalte für das Online-Lernen selten zu finden. Statt seitenlangen Text am Bildschirm zu lesen, greift der Studierende lieber zum Fachbuch. Die multimediale Aufbereitung textbasierten Lernstoffs ist zeit- und kostenintensiv und nicht jede Dozentin, jeder Dozent verfügt über die dafür notwendigen Fertigkeiten. Vernetztes Lernen ist darüber hinaus aufwändiger in der Betreuung.

Das Lernen ist ein individueller und bei Studierenden ein stark selbstgesteuerter Prozess. Deshalb sind Bestrebungen, die Entwicklung von Online-Lernmaterialien vollständig zu automatisieren, sicherlich zum Scheitern verurteilt. Bestimmte Rahmenbedingungen und Prozessabläufe tragen jedoch zur Qualitätssicherung von Online-Lernmaterialen bei. Ausgehend vom didaktischen Planungsmodell für die Präsenz-Unterrichtsstunde mit den Entscheidungsfeldern Lernziel, Lerninhalt, Methoden und Medien kann das didaktische Design von Online-Studienmodulen wie folgt beschrieben werden:

a) Inhaltliche Strukturierung und Formulierung der Ziele und Inhalte,
b) Konzeption der Methodik der Wissensvermittlung,
c) Mediengerechte Aufbereitung der Inhalte und Konzeption von Kommunikationsszenarien,
d) Einsatz verschiedener Gestaltungsmittel zur Visualisierung der Inhalte und der grafischen Benutzeroberfläche im Sinne der Usability.

Der letzte Punkt stellt bereits die Verbindung zum Produktionsprozess her. Beide Bereiche haben sich bei der Entwicklung wechselseitig beeinflusst. Zum einen wurde versucht, geplante Anforderungen technisch zu realisieren und zum anderen technische Entwicklungen didaktisch sinnvoll einzusetzen. Nach mehreren Jahren Entwicklungsarbeit entstand eine Sammlung unterschiedlicher Werkzeuge und Verfahren die untereinander kombiniert werden können. Dabei gab es auch Entwicklungen, die nach kurzer Zeit wieder verworfen wurden, weil geplante Ziele damit nicht erreicht wurden oder die Erstellung und der Einsatz zu aufwändig waren. Dieser Prozess soll weitergeführt werden und ermöglichen, dass durch die fortschreitende technische Entwicklung neue Werkzeuge wie z.B. der Audio-Chat, in das didaktische Konzept und den Produktionsprozess integriert werden können.

5 Der Produktionsprozess

Die Aufgabe mehrere Studienmodule zu produzieren, ermöglichte die Entwicklung von Verfahren zur effizienten Umsetzung der Konzepte. Eine Vielzahl kleinerer Programme automatisiert immer wiederkehrende Arbeiten im Produktionsprozess wie z.B. die farbliche Kodierung von Java-Quellcode in HTML oder die Aktualisierung von Index-Einträgen. Vorlagen werden in Zusammenarbeit mit den Professoren den fachdidaktischen Erfordernissen angepasst. Die Module zeichnen sich durch eine starke Strukturierung aus, die den Erfordernissen der Zielgruppe der VFH Rechnung trägt.

5.1 Technische Struktur

Für die Online-Studienmodule wurde eine Struktur entworfen, die mittlerweile in acht Modulen der Grundlagenausbildung erfolgreich (Thillosen, Arnold, 2001) angewendet wird. Entlang eines Hauptnavigationspfades werden die Inhalte sequenziell angeordnet. Das Studienmodul ist aus didaktischer Sicht in Lerneinheiten strukturiert. Diese sollen vom Studierenden möglichst in einer Sitzung komplett bearbeitet werden. Zusatzinformationen können in externen Fenstern, im Glossar, der Hilfe oder dem FAQ-Forum positioniert werden. Neben der Primärnavigation kann auf den Inhalt nutzerbestimmt über ein Inhaltsverzeichnis, ein Indexverzeichnis und über die Seitenzahlen zugegriffen werden. Eine Volltextsuche und mehrere Suchlisten erleichtern das systematische Auffinden von Übungen, Abbildungen und Animationen. Die folgende Abbildung zeigt im mittleren Teil die Struktur einer Lerneinheit, die in Kapitel und Abschnitte gegliedert ist. Auf der linken Seite der Abbildung sind alle Navigationsmöglichkeiten zusammengefaßt, die den Studierenden auf jeder Seite einer Lerneinheit zur Verfügung stehen. Auf der rechten Seite der Abbildung wurden weitere Vertiefungen exemplarisch zugeordnet.

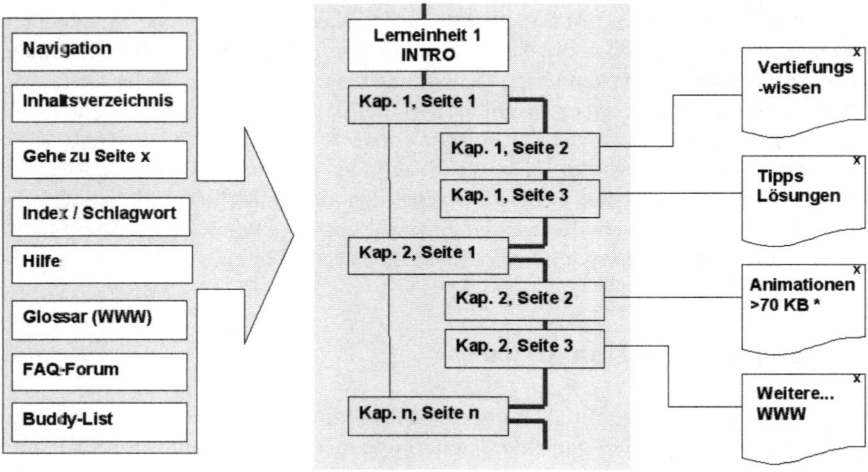

Abb. 1: Struktur einer Lerneinheit

5.2 Storyboard als Produktionsgrundlage

Die Erfassung aller Ideen, Inhalte und Ziele für das angestrebte Lernangebot erfolgt in der Regel schriftlich. Auf der Suche nach Vereinfachungen hat die Arbeitsgruppe der VFH an der TFH Berlin verschiedene formale Vorgehen getestet und sich für das Verfahren mit den wenigsten Nachteilen entschieden. Das Storyboard ist wie die Lerneinheiten seitenstrukturiert und enthält den Inhalt und dazugehörige Produktionsanweisungen. Glossar- und Indexeinträge und auch didaktische Überlegungen, wie Lernziel und Übungen, werden vermerkt.

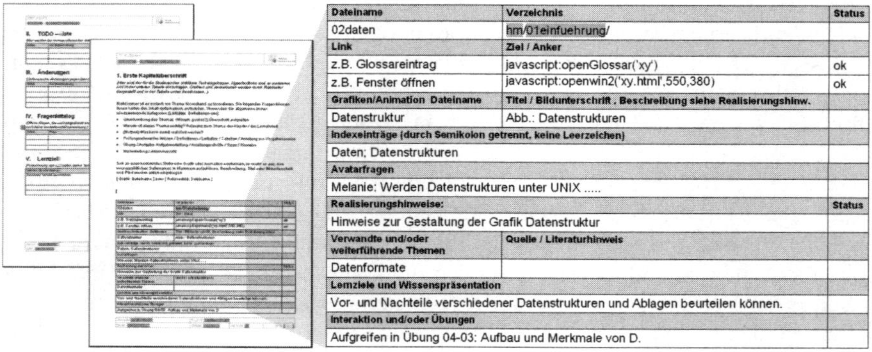

Dateiname	Verzeichnis	Status
02daten	hm/01einfuehrung/	
Link	Ziel / Anker	
z.B. Glossareintrag	javascript:openGlossar('xy')	ok
z.B. Fenster öffnen	javascript:openwin2('xy.html',550,380)	ok
Grafiken/Animation Dateiname	Titel / Bildunterschrift , Beschreibung siehe Realisierungshinw.	
Datenstruktur	Abb.: Datenstrukturen	
Indexeinträge (durch Semikolon getrennt, keine Leerzeichen)		
Daten; Datenstrukturen		
Avatarfragen		
Melanie: Werden Datenstrukturen unter UNIX		
Realisierungshinweise:		Status
Hinweise zur Gestaltung der Grafik Datenstruktur		
Verwandte und/oder weiterführende Themen	Quelle / Literaturhinweis	
Datenformate		
Lernziele und Wissenspräsentation		
Vor- und Nachteile verschiedener Datenstrukturen und Ablagen beurteilen können.		
Interaktion und/oder Übungen		
Aufgreifen in Übung 04-03: Aufbau und Merkmale von D.		

Abb. 2: Ausschnitt aus einem Storyboard mit Produktionsanweisungen

Ein Vorteil des Storyboardings mit einem Textbearbeitungsprogramm ist die einfache Be- und Überarbeitungsmöglichkeit auch durch mehrere Personen. Spezielle Hinweise für das Storyboarding erleichtern den Autorinnen und Autoren den Umgang mit den Formaten und Regeln. Sie gelten als verbindliche Richtlinien, sollen jedoch die Autorinnen und Autoren so wenig wie möglich einschränken. Für jede Lerneinheit wird ein Storyboard erstellt. Mitunter arbeiten mehrere Autoren parallel an verschiedenen Storyboards. Während der Erstellung des Storyboards werden Grafiken und Animationen bereits produziert, die bei der Erstellung der Lerneinheit zu integrieren sind. Das arbeitsteilige Entwickeln und Erstellen der Lerneinheiten veranschaulicht Abbildung 3.

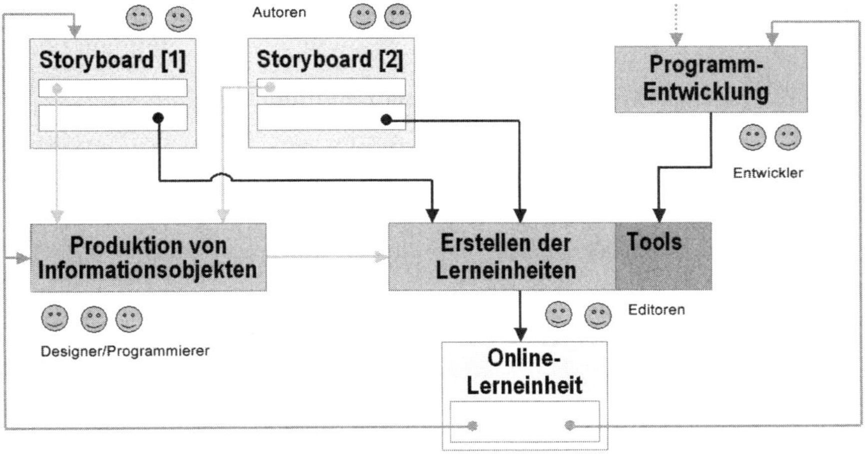

Abb. 3: Storyboard-basierter Produktionsprozess

5.3 Generatoren für hoch interaktive Lernobjekte

In Abbildung 3 wurde neben dem Erstellen der Lerneinheiten auf Tools verwiesen. Dabei handelt es sich um Generatoren, die wiederkehrende Arbeiten automatisieren. Der Lerneinheiten-Creator z.B. erstellt nach Eingabe der Sitemap eine komplett navigierbare Lerneinheit mit noch leeren Seiten. Verschiedene Parser durchsuchen die Lerneinheiten und erstellen wahlweise eine Seitenzahlnavigation, ein Index-Verzeichnis oder eine Offline-lauffähige Version für CD-ROM. Aus einer Datenbank heraus wird das Glossar erstellt bzw. aktualisiert. Für Animationen und Interaktionen unterschiedlicher Interaktionslevel (Schulmeister 2002) wurden Vorlagen mit einer standardisierten Navigation erstellt, die eine rasche Umsetzung ermöglichen. Aus einer Reihe von Übungen und Tests in Form von Multiple-Choice-Aufgaben, Drag-and-Drop-Aufgaben, Lückentexten und

Eingabeaufgaben mit integrierter Lösung und Lösungshinweisen, können die Autoren die passenden auswählen. Das Baukastenprinzip ermöglicht eine ständige Weiterentwicklung durch die Erweiterung von Vorlagen. Die Gestaltung folgt den ergonomischen Anforderungen, die im Rahmen der Virtuellen Fachhochschule verbindlich für alle Online-Studienmodule festgelegt wurden. Diese sind: VFH Styleguide, TFH Workflow, Hinweise zum Storyboarding und Layoutvorgaben. Diese Dokumente beinhalten eine Vielzahl von Geboten und Verboten, welche die Rahmenbedingungen aus didaktischer, gestalterischer, ergonomischer und produktionstechnischer Sicht bilden. Um Fehlentwicklungen vorzubeugen, wird schon im Vorfeld darauf geachtet, die Vorgaben angemessen zu berücksichtigen. Dabei wird weitestgehend auf proprietäre Formate verzichtet, und die sich entwickelnden internationalen E-Learning-Standards werden berücksichtigt.

5.4 XML-basierter Produktionsprozess

Internationale Bestrebungen empfehlen seit mehreren Jahren die Standardisierung und Auszeichnung von Lernmaterialien durch XML. Das bereits beschriebene Verfahren bot der TFH eine gute Ausgangslage, auf der ein XML basierter Produktionsprozess aufgebaut wurde.

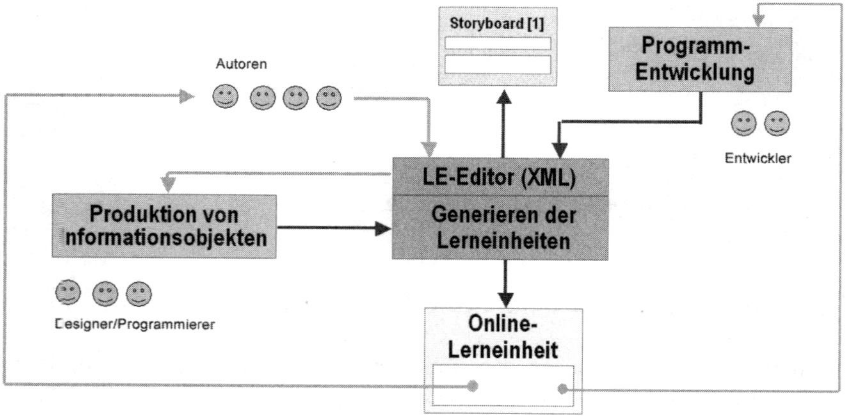

Abb. 4 XML basierter Produktionsprozess

Nach der Beschreibung aller entwickelten Bestandteile in einer DTD (Document Type Definition) wurde der XML-Editor XMetal als Autorensystem für die einfache Erstellung von Lerneinheiten angepasst und bietet den Autorinnen und Autoren nun eine komfortable Oberfläche zum Erstellen und Integrieren von Inhalten. Der wichtigste Unterschied zum Storyboarding ist der fehlende Transformationsprozess vom Storyboard zur Lerneinheit. Der Entwicklungsstand ist jederzeit online sichtbar, da die Autorinnen und Autoren die Inhalte direkt in das System editieren. Produktionsanweisungen können zum großen Teil entfallen und entlasten somit die Autoren. Es ist geplant beide Verfahren in starker gegenseitiger Anlehnung weiterzuentwickeln. So kommen z.B. für das Studienmodul „Autorensysteme" beide Verfahren zum Einsatz. Durch die Verwendung gleicher Gestaltungselemente ist für die Studierenden kein Unterschied zu erkennen, auf welche Art die Lerneinheit produziert wurde. Da die Webbrowser gegenwärtig den XML-Standard noch nicht uneingeschränkt unterstützen, müssen in einer Übergangszeit die XML-Dateien in HTML-Dateien transformiert werden.

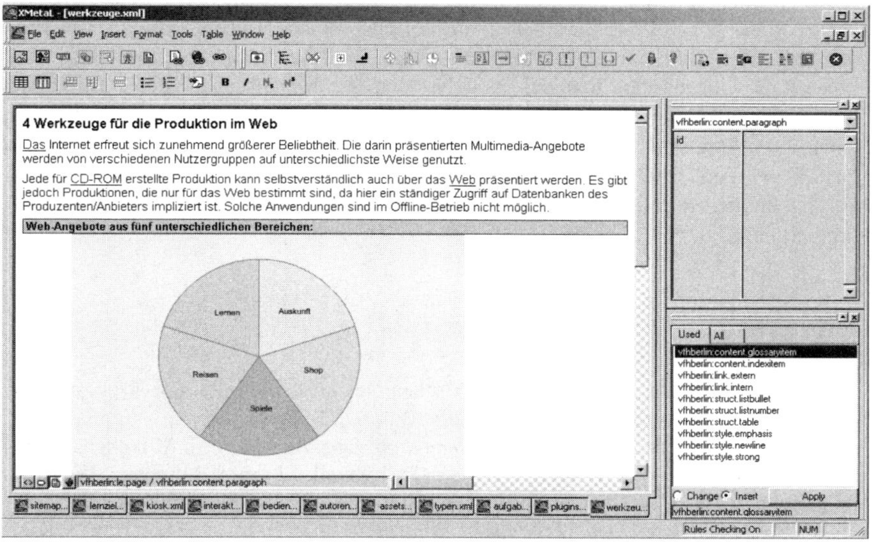

Abb. 5: Editor XMetal mit DTD

Die Nutzung des XML-basierten Autorensystems für die Produktion von Lerneinheiten stellt sicher, dass Änderungen wie das Einfügen oder Löschen von Kapiteln oder einzelner Seiten, leicht realisiert werden können. Die gezielte Aufbereitung der Inhalte für verschiedene Ausgabemedien, beispielweise für Printmedien, ist möglich. Skripte, auf welche die Studierenden neben den Online-Modulen gern zurückgreifen, können zusätzlich generiert werden. Hierzu müssen die in den Visualisierungen verarbeiteten Informationen entsprechend formuliert werden.

6 Schlussfolgerungen

Der beschriebene Produktionsprozess unterstützt die Entwicklung von Online-Studienmodulen, in die Erfahrungen aus Seminaren, Vorlesungen und Übungen der Präsenzlehre einfließen. Es soll kein perfektes in sich abgeschlossenes System entstehen, sondern nach Möglichkeit die unterschiedlichen Ideen der Beteiligten berücksichtigen, dynamisch erweiterbar sein und sich den Anforderungen internationaler Standards anpassen können.

Das Konzept der Freiheit der Lehre wird in einem abgestimmten Produktionsprozess nicht vollständig aufrecht erhalten werden können. Was hier provokant klingt, stellt in der Praxis jedoch einen Vorteil und eine Entwicklungsperspektive dar. Die Beteiligung mehrerer Personen am Produktionsprozess und die dynamische Erweiterbarkeit löst das Angebot aus der Verantwortung des Einzelnen und entwickelt sich im Sinne der Studierenden weiter. Bei einem kombinierten Einsatz im Präsenzstudium konnte zudem ein Einfluß auf die Präsenzlehre festgestellt werden. Eine Entwicklung vom Seminar zur Lerneinheit und zurück, die zur nachhaltigen Integration multimedialer Online-Lernangebote im Hochschulbereich beiträgt.

Literatur

Görlitz, G. & Müller, S. (2002): Didaktisches Design für eine Online-Programmierausbildung. In: *Softwaretechnik-Trends* 22:3, S. 32-35.

Kerres, M. (2001): *Multimediale und telemediale Lernumgebungen,* München, Wien.

Schulmeister, R. (2001). *Virtuelle Universität; Virtuelles Lernen,* München, Wien.

Schulmeister, R. (2002). Taxonomie der Interaktivität von Multimedia. In; *it+ti – Informationstechnik und Technische Informatik 44* (2002) 4, München, S. 193-199.

Thillosen, A. & Arnold, P. (2001): Entwicklung virtueller Studienmodule im Rahmen des Bundesleitprojekts „Virtuelle Fachhochschule für Technik, Informatik und Wirtschaft“ – Evaluationsergebnisse. In: Wagner, E.; Kindt, M. (Hrsg) *Virtueller Campus.* Waxmann, Münster, S. 402-410.

Zimmer, G. M. (2001). e-Learning – Die 10 wichtigsten Anforderungen an die didaktische Gestaltung eines aufgabenorientierten e-Learning. In: *LIMPACT 4,* August 2001, S. 3.

Oliver Hankel, Iver Jackewitz, Bernd Pape, Monique Strauss

Technical and Didactical Scenarios of Student-centered Teaching and Learning

Abstract / Zusammenfassung

In this paper we envision didactical concepts for university education based on self-responsible and project-based learning and outline principles of adequate technical support. We use the scenario technique describing how a fictive student named Anna organizes her studies of informatics at a fictive university from the first days of her studies to make a career for herself.

In diesem Artikel entwickeln wir didaktische Konzepte für die universitäre Lehre, die sich an selbstverantwortlichem, projektbasierten Lernen orientieren. Hierfür entwerfen wir Leitlinien einer angemessenen Softwareunterstützung. Wir verdeutlichen unser Konzept anhand von Szenarien, die eine fiktive Studentin namens Anna durch ihr Informatikstudium an einer erfundenen Hochschule begleiten.

1 Introduction

Many ICT-based learning environments provide teachers with powerful authoring tools and content management tools to design online-learning-courses. While these tools might seem to be a great help to perform higher education, they bear the danger of being didactically set on traditional, unilateral scenarios putting students in a passive position as recipients of fixed-up content. Following recent didactical and learning theories we encourage students to take on responsibility for an active role in their own learning process and to collaborate with each other and with their teachers to build up new or existing knowledge.

In our work, we have been developing didactical scenarios based on self-responsible and project-based learning and technical support to clarify our perceptions of good software supported university education. In this paper we accompany the fictive student Anna in four scenarios through her studies at the Department for Informatics of a fictive university. As software support we describe the community system *CommSy* (http://www.commsy.de) which was designed according to the didactical principles outlined above.

2 CommSy as software support for student-centered teaching and learning

CommSy is a web-based system to support communication and coordination in learning communities, e.g. university departments. A survey of the main components and functionality is given in Scenario No. 1 (*Anna's first days of her studies*). The following design principles distinguish *CommSy* from other software products (Jackewitz et al. 2002, Pape et al. 2002):

Easy to use: Enabling individuals to easily use *CommSy* is a prerequisite for use in a learning context where it is not arguable to have long-term adjustment and training. The learning activities and not technical barriers should be at the center of attention. Therefore *CommSy* offers only required functionality and a simple, recurring structure across the whole system.

Responsibility in cooperative usage: CommSy gives special emphasis to user communities rather than individuals: Portal as well as Project Rooms can be customized group wise rather than individually in order to establish a group identity. *CommSy* supports only a very limited concept of roles: all members of a *CommSy* – students as well as teachers – may use the whole set of functions and have access to all contents of the system. That reflects social manners we promote in our daily interaction with our students, like self-responsibility and commitment, in the system.

Embedding in a media-mix: In our point of view it is not desirable to design an all-embracing tool to cover every possible communicational need. In our experience additional media such as Email, standard office software and of course telephone and personal contact will be used by actors anyway and do not necessarily have to be implemented in a system for community support such as *CommSy*. Also we regard the ability to make an appropriate choice of media for the respective purpose and goals as an important component of media literacy.

3 Using scenarios for envisioning and discussing the didactical use of software

According to current theories computer supported learning processes are highly individual and do not follow a standard pattern (cf. Jonassen/Mandl 1990). At the same time it has to be acknowledged that these highly individual learning processes are influenced by various factors in a computer supported learning environment, e.g. the respective software system, computer accessibility, and by multiple actors involved pursuing different objectives and roles, e.g. learners, faculty, technical staff, societal actors. Due to this manifold setting it seems to be necessary to undertake an integrated organisational software development to ensure the didactical use of software support (cf. Fullan 1999, Kubicek/Breiter 1998).

In order to deal with the high complexity, we need an understanding of software use which acknowledges that software systems unavoidably restructure human activity, create new possibilities as well as new difficulties, and which examines the social choices of whether and how to computerize an activity, and the relationships between computerized activity and other parts of our social worlds (cf. Kling 1996; Carroll 1999).

The use of scenarios offers a possibility to anticipate and envision the typical and significant user activity in a qualitative manner and to discuss the results with different actors (Klein/Rohde 1994, Carroll 1999). Scenarios are made up of the following elements (cf. Carroll/Rosson; Carroll 1999):

- a *setting* – scenarios describe a starting scene for an episode;
- *actors* – as typical for human activities scenarios include many actors;
- *goals* and *objectives* – actors typically pursue different goals or objectives;
- *actions* and *events* – scenarios have a plot, they include a sequence of actions and events;
- *claims* – the authors should reveal the underlying claims – the wherefores and whys – of the scenario.

Scenarios are considered helpful to use experiences with new technologies lack or when the use depends on dynamic and diverse social processes that prohibit to completely assess the respective requirements and claims. And they are used as elements of the life cycle in the development of systems for computer-supported cooperative work and in approaches for participatory software design.

In the following paragraphs we use the scenario technique to develop our understanding of software support for student-centered teaching and learning in university education. A section is pointing out the inherent didactical and technical claims and also the possible stumbling blocks that might be encountered by the actors involved follows each scenario.

4 Didactical and technical scenarios of student-centered teaching and learning

4.1 Anna's first days of her studies

Anna is a freshman at the Department for Informatics and has just got through her starting week. She learned that her department is supported by the community system *CommSy* which is used by students and teachers. Together with other freshmen she has just registered for the system. "Have a look at it if you get the chance", one of her tutors said. "You'll find there some information about your courses."

In a quiet moment Anna seizes a computer, opens a browser and finds the homepage of the department's *CommSy* Portal named "informaticSy". While browsing through the sites she quickly notices that some lecturers have actually placed extensive material for their courses here. Most of them have also opened a so-called "project room" for their course. What that might be? Anna quickly finds out that she only may enter a project room if she is a member of that course. Then she notices that students also opened some project rooms, for example to form study groups. Is everyone allowed to do that? Anna tries to click on the "New" button. Cool – Anna might actually open a new project room right away. Then she takes a look at the other rubrics on the portal. The different institutes of her department are listed here, with a short description of research activities and links to the courses they offer. Lecturers describe their teaching and research interests on the portal. Anna recognizes some of the major fields of study that were presented to her by her tutors. Besides, there are links to other universities and research institutes, addresses of companies and professional organisations and so on. Anna enters her own contact information which is completed with a picture of herself.

Then Anna turns to the archive part of *CommSy*. Faculty members have stored bibliography and lecture notes here. But there are also reports, presentations, thesis papers and project results that were posted by students. FinallyAnna decides to take part in a project concerning "CSCL" (Computer supported cooperative learning) this semester. The course will also use *CommSy* as software support. Then she will eventually get to see one of these mysterious project rooms…

Claims inherent in this scenario

The aim of this scenario is to give an overview over the software system *CommSy*. A learning community using *CommSy* can set up their own *CommSy Portal* to offer information and guidance on courses, sub departments, faculty staff and research activities. An *Archive* is available to store and publish lecture material as well as students' work such as project results or thesis papers. Selected contents can be made accessible web-wide. At the heart of *CommSy* are the so-called *Project Rooms* that can be used by smaller groups of 10-30 persons engaged in a particular learning activity such as a university course.

By their functional scope, project rooms support central activities of a learning project as outlined by Gudjons (1997). Communicational means such as discussions and the announcement of news and events are available. Working material can be collected in a simple reference manager and put in context by linking them to any other item. Documents can also be written cooperatively using the provided group-editor.

Using *CommSy* as software support can thus promote Community building and identity within a learning community and serve as its public visiting card.

Possible stumbling blocks

A poorly used and maintained *CommSy* will constitute a poor visiting card for its institution. Time and personnel will be needed to ensure availability, up-to-datedness and quality of the system's contents. Also, the community needs to ensure that all of its members have adequate access to the system and that nobody is severely disadvantaged by the use of the software.

4.2 Anna does project work

In the first meeting of the CSCL course Anna finds out that they will work independently, preferably in small groups, throughout most of the semester and will have in-between plenary sessions to report on their work and get feedback. The first two sessions will be dedicated to find an appropriate research topic for the semester and people to work with on this topic. The organizers of the course will also give an introduction to the field of CSCL. To coordinate the project work and to facilitate communication between plenary sessions they set up a *CommSy* project room and copied some initial materials and bibliographic sources from the *CommSy* archive to help the students get started.

Anna also searches the archive on her own to get some ideas for her project work. She browses through the project reports that were posted by students who attended last semesters' CSCL course. Because of the different student experiences, their work these reports are all very different: some groups did extensive literature work, others focused more on the research process. There is also a broad range of topics that was chosen. However she misses in all those reports a description of how the teams organized their work and made it successful. Anna herself has made some negative experiences with teamwork. (…)

An exciting semester lies behind Anna. In spite of some minor problems and quarrels it was fun to work on a self-chosen topic together with others. Altogether, they reached some interesting results. Anna has just made the last minor changes in their project report which they wrote cooperatively using the group editor in their project room. Anna adds the final project report to the *CommSy* archive. A description of their teamwork has been added, too: Anna pushed her team to write an "Instruction for productive teamwork". Anna hopes that one day she will get feedback from her fellow students.

Claims inherent in this scenario

In our teaching we put an emphasis on project-oriented work (Gudjons 1997) leaving room for students to develop and express their own learning interests and ideas. Therefore the acquisition of knowledge is seen as an active endeavour in which social and group experiences play a major role. Project work puts an emphasis on hands-on and practical experience. Students take on responsibility for planning and implementing their project work. Doing this in teams – together with others – can help overcome initial problems in the process of self-organization and promotes the crossing of perspectives and the adoption of new viewpoints, especially when students from different faculties are involved.

Teachers in this setting act as *facilitators* (Rogers 1969) encouraging individual and group learning processes rather than "classical" lecturers.

Software support in this scenario aims at facilitating cooperation, communication and feedback processes between working teams and teachers. Also the software system serves as a publishing medium for students to present their work to a broader community.

Possible stumbling blocks
The mere existence of a software system does not automatically lead to a satisfactory use. The system should be embedded into courses in a didactically sensible way. Usage is encouraged if students experience a clear benefit from it. On the other hand, there might simply not be the need for close cooperation and communication in a virtual setting if the participants meet face-to-face on an everyday basis.

Also teachers will need to continuously moderate the use of the software system and actively use the system themselves.

4.3 Anna's diploma thesis – her first publication

During her studies Anna focused mainly on Social Informatics. To gain her degree, she has to write her thesis. There was a course last term entitled "Writing your thesis: Doing it right". Anna finds some quite interesting materials in the *CommSy* Archive. For some time she has been interested in user support services and technology-use mediation, especially "online moderation". Anna browses through the *CommSy* Portal and finds several courses and some materials related to „user support". She also searches for "online moderation" – the result page is blank. *No results? I think there has to be done something about that!*

Prof. Ahnung was the organizer of the two courses concerning „user support". Anna finds some information about Prof. Ahnung on his personal page: Among other things his email address and a list of possible topics for diploma theses. "Online moderation" is not on this list, but there are some comparable ones. Anna writes an email to Prof. Ahnung and he invites her to visit his consultation-hour. Prof. Ahnung is quite interested in Annas ideas about online moderation and agrees to supervise her thesis. (...)

Nearly 6 months later Anna hands over three copies of her diploma thesis to the administration of her department. Prof. Ahnung told her to publish her thesis in the *CommSy* Archive, too.

Claims inherent in this scenario
This scenario describes the interaction of one person with a community of practice. Anna makes use of the knowledge of her community and helps to develop it further. Her studies do not take place in a vacuum. The community is alive and has a history and tradition of shared knowledge. This scenario implies a specific image of a scientific community: All participants are seen as equal con-

tributors, they all have the same responsibilities and rights. Students as authors of scientific publications add knowledge to the community.

Media support in this scenario is multifarious. Anna searches for literature in the library, in the *CommSy* Archive and in the internet. She communicates via email and in face-to-face meetings. The actors chose from a variety of media the appropriate one for their respective needs. *CommSy* is only one component of this media mix and it does not serve every possible purpose. For example, Anna does not use *CommSy* as an authoring tool to write her thesis, but she uses it to publish her work for the scientific community.

Possible stumbling blocks

The culture of equal opportunities in the community is a challenge to all actors involved. *CommSy* makes nearly no restrictions to users. So the responsibility for a sensible use is handed to the users. If they fail to do so it might result in chaos or the system won't be used. In an ideal setting every participant of the community would act responsibly. With a capable facilitation and responsibilities and rights anchored in the organization of the community this might become a realistic goal.

4.4 Anna has made a career for herself

After finishing her studies ten years ago, Anna has been working for several management consultancies. Her current job is to consult firms at implementing knowledge management systems. Her job is very interesting because she has to mediate change processes together with different kinds of stakeholders. But she has to admit that she is working long hours in order to keep up with the latest technological developments and to take care of related controversial social issues. Altogether her job is a large burden for her private life. She puts up the question to herself how to strike a balance between her know-how, her career, and her private affairs. But what would be a good starting point for her personal change process?

Back in her office the next day, Anna remembers a seminar back in university dealing with working conditions in the IT-industry that covered some issues of her reflections the day before. She opens up her browser window and quickly finds the homepage of her former department. And yes, there is still this cooperative learning platform *CommSy*. Oh – while browsing through it she finds some interesting information on the topic of life long learning. There seems to be an interesting research project dealing with that. She gets stuck reading a recent paper by her former Professor, Mr. Ahnung. She immediately starts to write an email.

While further browsing around, she also finds a Project room facilitated by the Alumni-club of her former department. It serves as a discussion forum to exchange working experiences after leaving university. Plus, there is a forum with postings for job offerings … both forums seem tempting to Anna right now … so she clicks on the button that says “Apply for membership” and gets a message that promises a conformation for her application in a couple of days.

A few moments later her email-tool pings. There is a reply from Prof. Ahnung. He writes that he is pleased to hear that Anna has obviously made a good career for herself, and that it would be a pleasure for him to present his new research project at her company. He is always looking for practitioners as possible cooperation partners. Further he describes a seminar on the work of knowledge engineers that he is currently teaching. He asks Anna if she could talk to his students about her professional experiences. Anna immediately clicks on the Reply-Button: "Yes, I would love to talk to your seminar participants, ..."

Claims inherent in this scenario

Our understanding of university education does not stop with the graduation of our students. The scenario opens up two views on integrating university education and further education:

On the one hand, we work on approaches to integrate the work life experience of former students. These experiences help current students imagine a setting in which their learning objectives might be helpful.

On the other hand, we envision settings in which former students can take advantage of taking part in current teaching events. First of all, they can be offered opportunities to reflect on their daily affairs and pick up inspirations from new research results. Plus, they can profit from social networking with former fellow students, with former teachers and also with current students.

CommSy as software support in this scenario aims at bridging the gap between the individual organization of one's own learning process and the organization of learning processes as community experience at the same time. *CommSy* helps multiple actors from different institutions to exchange their experiences and thus to build up knowledge. Former students probably do not use *CommSy* on a regular basis. Therefore it is important that they can access the system via the Internet.

Possible stumbling blocks

Both our didactical and our software approach underlie restricting conditions:

Time-Space-Coordination: It seems questionable whether the involved actors take the necessary time to get in touch. The IT support might make getting in touch easier, but to be fruitful it still remains time consuming. Therefore, we presume that this interaction will not take place on a regular basis, but on specific occasions.

Necessity for Long-term Trust: Getting in touch on an intermittent basis requires long-term trust. The actors involved need a mutual understanding what to expect after extended periods of time without any contact. This necessity includes mutual understanding of personal preferences and likings as well as trust in the long time provision of institutional resources like *CommSy* and the content in the system.

5 Conclusion and further prospects

In this paper we used the scenario technique to illustrate our concepts of the didactically well-founded use of a community system in university education. Scenarios can serve as a means of facilitating communication between software developers and future users – in our case teachers and students. By depicting possible stumbling blocks in each scenario we pointed out that benefits will not appear automatically and rely on prerequisites that need to be taken into account. To anticipate possible drawbacks we find it helpful to work out *best case* and *worst case* scenarios that can be discussed with potential users.

In our experience, scenarios are not only useful for software development processes. We also apply the scenario technique as a means of evaluating our didactical concepts (e.g. for target/actual comparisons) and to illustrate, envision and develop measures of organizational development. Furthermore, we currently investigate the use of scenarios for our user documentation.

References

Caroll, J.M. & Rosson, M.B. (1992). Getting Around the Task-Artifact Cycle: How to Make Claims and Design by Scenario. In: *ACM Transactions on Information Systems,* Vol. 10, No. 2, 181-212.

Carroll, J.M. (1999). Five Reasons for Scenario-Based Design. In: *Proceedings of the 32nd Hawaii International Conference on System Sciences,* Maui.

Fullan, M. (1999) *Die Schule als lernendes Unternehmen,* Stuttgart.

Gudjons, H. (1997). *Didaktik zum Anfassen: Lehrer/in-Persönlichkeit und lebendiger Unterricht,* Bad Heilbrunn.

Jackewitz, I., Janneck, M. & Pape, B. (2002). Vernetzte Projektarbeit mit CommSy. In: M. Herczeg, W. Prinz & H. Oberquelle (Hrsg.). *Mensch & Computer 2002: Vom interaktiven Werkzeug zu kooperativen Arbeits- und Lernwelten,* Stuttgart, 35-44.

Jonassen, D.H. & Mandl, H. (Eds.) (1990). *Designing Hypermedia for Learning,* Berlin.

Klein, L. & Rohde, M. (1994): Der Szenariobogen – Herleitung und Evaluation software-ergonomischer Gestaltungsanforderungen. In: A. Hartmann, Th. Herrmann, M. Rohde & V. Wulf (Hrsg.). *Menschengerechte Groupware – Software-ergonomische Gestaltung und partizipative Umsetzung,* Stuttgart, 173-193.

Kling, R. (1996). *Computerization and Controversy – Value Conflicts and Social Choices,* San Diego, 2. Aufl.

Kubicek, H. & Breiter, A. (1998). Schule am Netz – und dann? Informationstechnik-Management als kritischer Erfolgsfaktor für den Multimediaeinsatz in Schulen. In: H. Kubicek et al. (Eds.): *Lernort Multimedia. Jahrbuch Telekommunikation und Gesellschaft 1998,* 120-129.

Pape, B., Bleek, W.-G., Jackewitz, I. & Janneck, M. (2002). Software requirements for project-based learning – CommSy as an exemplary solution. In: *Proceedings of the 35th Hawaii International Conference on System Science,* Maui.

Rogers, Carl (1974). *Lernen in Freiheit – Zur Bildungsreform in Schule und Universität.* München.

Engelbert Niehaus

Internetbasierte Wissensorganisation in der Lehrerbildung

Zusammenfassung

In diesem Artikel geht es um die *internetbasierte Wissensorganisation* von multimedialen Lerninhalten. Die Lernenden in der Lehrerausbildung sollen nicht allein eine *rezeptive Rolle bei der Nutzung multimedialer Inhalte einnehmen*, sondern sie werden aufgefordert, eine aktive Rolle bei der *Erstellung von Inhalten* zu übernehmen. Dabei wird die Trennung zwischen dem Autor auf der einen Seite und dem Leser bzw. Nutzer von Inhalten auf der anderen Seite aufgebrochen. Basis ist die Auseinandersetzung mit konkreten Lehr-/Lern-Situationen über die Nutzung von Video- und Audiosequenzen (Situated Learning). Eine internetbasierte Wissensbasis mit multimedialen Inhalten ist dabei der Ausgangspunkt, um die individuelle Wissensorganisation in der Lehrerbildung zu unterstützen.

Exemplarisch werden diese Aspekte einer internetbasierten Wissensorganisation an dem Projekt *MaDiN* deutlich gemacht (***Ma****thematik****Di****daktik im* ***N****etz*). Ohne detailliert auf die in *MaDiN* aufgebaute Wissensbasis einzugehen, geht es in diesem Artikel um allgemeine Methoden, internetbasiertes Wissensmanagement in die Lehrerbildung zu integrieren. Im Rahmen des vom Bundesministerium für Wissenschaft und Forschung mit 1,6 Millionen Euro geförderten Projektes zum Aufbau einer Wissensbasis mit mathematischen und mathematikdidaktischen Inhalten (Primarstufe, Sekundarstufe *I* und *II*) wurde eine spezielle Methode zur internetbasierten Wissensorganisation entwickelt.

Das Konzept einer internetbasierten Wissensorganisation hat einen konstruktivistischen Hintergrund. Die Umsetzung in der Lehrerbildung erfolgt über ein Autorensystem, mit dem der Nutzer ein Werkzeug zur Online-Strukturierung personalisierter Lerninhalte besitzt.

1 Einführung

Die Motivation für eine individuelle internetbasierte Wissensorganisation in der Lehrerbildung soll an dieser Stelle einführend erläutert werden.

In der Lehrerbildung gibt es für den Lernenden zwei unterschiedliche Informationsquellen. Einerseits die *praktischen Erfahrungen* durch die Lehrtätigkeit in der Schule (für Studenten z.B. Praktika), andererseits die *Inhalte* aus *Literatur, Vorlesungen, Seminaren* und *Fortbildungsveranstaltungen*. Das Konzept des *Situated Learnings* (siehe Lave & Wenger, 1991) ist das Bindeglied zwischen praktischen Erfahrungen und didaktischer Theorie. Für Studenten sind diese praktischen Erfahrungen auf bestimmte Jahrgangstufen und Unterrichtsinhalte beschränkt. Im Bereich der Lehrerbildung können Videos u.a. dazu eingesetzt werden, damit sich Studenten, Referendare und Lehrer mit authentischen Lehr-/Lern-Situationen auseinandersetzen können, die bislang für sie unbekannt waren. Aufnahmen aus einer Unterrichtsstunde oder aus Interviews mit Kindern beim Problemlösen sind Beispiele für das Konzept des *Situated Learnings*, d.h. der Lernende soll sich mit diesen authentische Materialien auseinandersetzen, in Lerngruppen analysieren und Schlussfolgerungen für die eigene Unterrichtspraxis ziehen. Multimedial aufbereitete Lehr-/Lern-Situationen bieten die Möglichkeit, die spätere Lehreraufgabe der *Organisation und Analyse von Lernprozessen* über die Verwendung von authentischen Materialien in gruppendynamische Problemlöseprozesse einzubetten. Der Ansatz bezieht sich dabei auf Shell und Black (1997), die Situated Learning in der Erwachsenenbildung untersucht haben. Die Lernenden sind dabei in einen Diskussionsprozess integriert, bei der sie ihr Wissen verbalisieren und in einer simulierten Expertentätigkeit zur Problemlösung einsetzen müssen.

Die CD-ROM *Learning about Teaching* (= LAT) (Mousley & Sullivan 1996), die von P. Sullivan auf der PME-Konferenz in Lahti vorgestellt wurde, ist ein hervorragendes Beispiel dafür, wie man Fragestellungen zur Planung und Analyse von Unterrichtsstunden in eine Lernumgebung mit Videoaufnahmen und Transkripten einbetten kann. Durch dieses Medium können Studenten in der Lehrerbildung praktische und theoretische Aspekte durch die Auseinandersetzung mit authentischem Material behandeln. Ein Video hat hier zusätzlich den Vorteil, dass z.B. Problemlöseprozesse von Kindern mehrfach und schrittweise analysiert werden können. Ende 1998 nahm M. Stein diese CD als Ausgangspunkt für die Nutzung der Multimediamöglichkeiten für die *Lehrerbildung in einer internetbasierten Wissensbasis*. Das Vorhandensein einer internetbasierten Wissensbasis ist notwendig, um Inhalte für eine individuelle Wissensorganisation bereitzustellen.

Zielsetzung: *Das Ziel der im Artikel vorgestellten internetbasierten Wissensorganisation für die Lehrerbildung ist es, die Rezeption und die Eigenproduktion von Inhalten zu verbinden, um zu einer individualisierten Repräsentation des eigenen Wissens zu gelangen.*

Bezogen auf mathematische und mathematikdidaktische Inhalte entwickeln seit dem 1.1.2001 vier Arbeitsgruppen die Online-Wissensbasis (Th. Weth, Erlangen, H.-G. Weigand Würzburg, U. Tietze, Braunschweig, M. Stein, Münster). Diese Wissensbasis bildet die Grundlage für die mathematische und mathematikdidaktische online-gestützte Lehrerausbildung. Dieses Projekt wird vom deutschen Ministerium für Wissenschaft mit 1,6 Millionen Euro finanziert.

2 Wissensrepräsentation

Modulare Wissensrepräsentation ist eine wesentliche Voraussetzung für ein online-gestütztes Ausbildungskonzept, denn eine Individualisierung von Inhalten benötigt gekapselte, nach persönlichen Bedürfnissen austauschbare Module (siehe Learning Object Metadata – LOM-Spezifikationen, 2002). Zum Beispiel sind Module, die sich generell mit dem Aufbau von *Unterrichtsentwürfen* und deren methodischen Überlegungen auseinandersetzen, sowohl in einem Seminar zum *Geometrieunterricht* als auch in einem Einführungskurs zur *Mathematikdidaktik* von Bedeutung *(Wiederverwertbarkeit von Inhalten)*. Dabei ist es ein Unterschied, ob man nur auf einen Inhalt mit einem Hypertextlink verweist oder ob man das Modul zu Unterrichtsentwürfen in eine individualisierte Wissensrepräsentation einbettet. Denn bei einer Einbettung ist das Modul ein fester Bestandteil der Wissensrepräsentation, während man bei einem Link aus dem ursprünglichen Kontext herausspringt. Dieses Herausspringen und Verlassen des ursprünglichen Kontextes führt häufig zu dem „*Lost in Hyperspace*"-Problem, bei dem der Nutzer der Information nicht mehr weiß, in welchem Informationskontext er sich befindet. Der folgende Abschnitt beschreibt die Struktur der Wissensbasis, in welchem mathematische und mathematikdidaktische Inhalte in dem MaDiN-Projekt organisiert wurden, um die Wiederverwertbarkeit und Individualisierung von Inhalten zu gewährleisten. Dabei werden jeweils die Bezüge zur LOM-Spezifikation aufgezeigt.

Die Grundannahme ist, dass mathematikdidaktisches und mathematisches Wissen in MaDiN dem Benutzer hierarchisch präsentiert wird (*LOM-Relational Category*, Beziehungen zwischen Lernobjekten). Benutzer sehen nur einen Auschnitt aus dem gesamten Netzwerk der Lernobjekte, da die einzelnen Nutzer nur auf einen Ausschnitt der gesamten Struktur zugreifen können bzw. wollen (*LOM-Rights Category*, Nutzungsrechte für das Lernobjekt). Die Wiederverwertbarkeit von Lernobjekten wird z.B. beim Thema der *Erstellung von Unterrichtsentwürfen* deutlich. Die zugehörigen Lernobjekte sind für unterschiedliche mathematikdiaktische Vorlesungen und Seminare von Bedeutung und daher mehrfach in der Wissenbasis eingebunden. Ferner werden bei der Individualisierung von Inhalten bestehende Strukturen aufgebrochen und in der persönlichen Wissensrepräsentation neu organisiert bzw. durch neue Inhalte (z.B. persönliche Unterrichtserfahrungen) verändert, ohne dass für andere Benutzer diese individuellen Veränderungen sichtbar sind (*LOM-Lifecycle Category* – Zyklus der Weiterentwicklung des Lernobjektes). Die hierarchische Strukturierung der Inhalte soll dem Nutzer die Möglichkeit geben, von *allgemeineren* Überblicksinformationen zu *detaillierten* Informationen der Wissensbasis vorzudringen. Die allgemeineren Informationen sollten dem Nutzer schnell die Entscheidungsmöglichkeit geben, ob die darunterliegenden Detailinformationen für ihn von Interesse sind (*LOM-General Category* – Allgemeine Beschreibung des Lernobjektes als Ganzes). Dies führt zu der Notwendigkeit, möglichst selbsterklärende Informationseinheiten in der Wissensrepräsentation anzubieten. Insgesamt bildet die entstehende Struktur einen gerichteten Baum, die die Grundlage für die internetbasierte Wissensorganisation darstellt. Dabei können Teilbäume in einen persönlichen Arbeitsbereich eingebettet und neu organisiert werden.

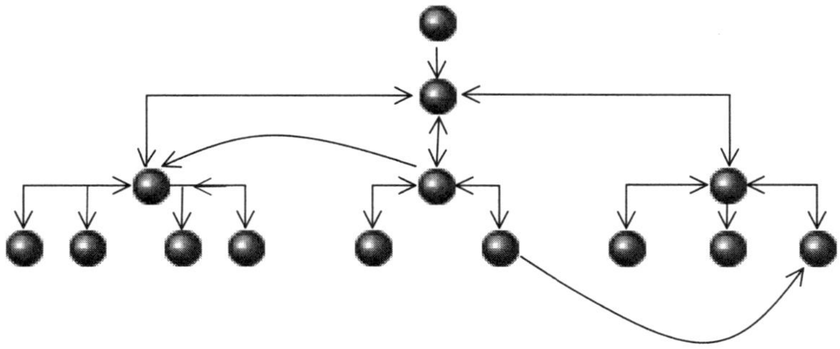

Abb. 1: Gerichteter Baum

Im MaDiN-Projekt bestehen die Knoten im Baum aus einer Sammlung von verschiedenen Informationseinheiten *(HTML-Seiten, Video, Audio, Animationen ...)*, die zu einem *Lernobjekt* zusammengefasst werden. Wenn man z.B. das Thema „*Problemlösen beim Sachrechnen*" wählt und ein Lernobjekt zu diesem Thema anbieten möchte, so bilden unterschiedliche Informationstypen zusammen den Knoten eines Lernobjektes.

- Ein *Video*, das z.B. in die Sachsituation einführt oder Schüler beim Lösen einer Sachrechenaufgabe zeigt.
- Eine *Beispielsammlung* von Aufgaben für Kinder in Grundschulen, die die Aspekte der Problemlöseaktivitäten beim Sachrechnen verdeutlichen.
- *Aufgaben(Aktivitäten)* für Studenten und Referendare, die Schülerlösungen von Sachrechenaufgaben analysieren sollen.
- *Links* ins Internet
  - zum Thema Sachrechnen,
  - zu Problemlöseaktivitäten in der Angewandten Mathematik in der Sekundarstufe I und II oder
  - zu verwandten fächerübergreifenden Themen der gezeigten Sachaufgaben.
- *Theoretische Hintergrundinformation* zum Sachrechnen in der Grundschule.
- *Literaturhinweise*, die zusätzliche Informationen zu dem Thema anbieten.
- *Aktuelle Nachrichten,* wie z.B. „Konferenz zum Thema Sachrechnen in der Grundschule am .XX.YY.2003."

Die Teilinformationen eines Lernobjektes werden dem Nutzer durch eine Schnittstellenmetapher präsentiert (*LOM-Classification Category*). Die Klassifikation von Lernobjekte schafft die Möglichkeit *kontextabhängig* den im Projekt MaDiN verwendeten Schreibtisch mit den Inhalten des Lernobjektes zu füllen. Dabei ist es möglich, dass einige Informationskategorien dem Nutzer nicht angeboten werden, weil der Autor diese nicht zur Verfügung gestellt hat bzw. der Nutzer selbst Beispiele aus der Unterrichtspraxis (zum Thema *Sachrechnen*) suchen soll. Die Kontextabhängigkeit des Informationsangebotes im Schreibtisch führt dazu, dass der Benutzer nicht lange Literatur- und Linklisten durchsuchen muss, um Informationen zum Schreibtischthema zu finden. Alle angebotenen Informationen gehören zu dem Informationskontext des Lernobjektes (im Beispiel also nur Links zum Sachrechnen). In der Abbildung 2 sieht man die Benutzerschnittstelle des Schreibtisches und das dynamisch generierte Menü aus der Baumstruktur.

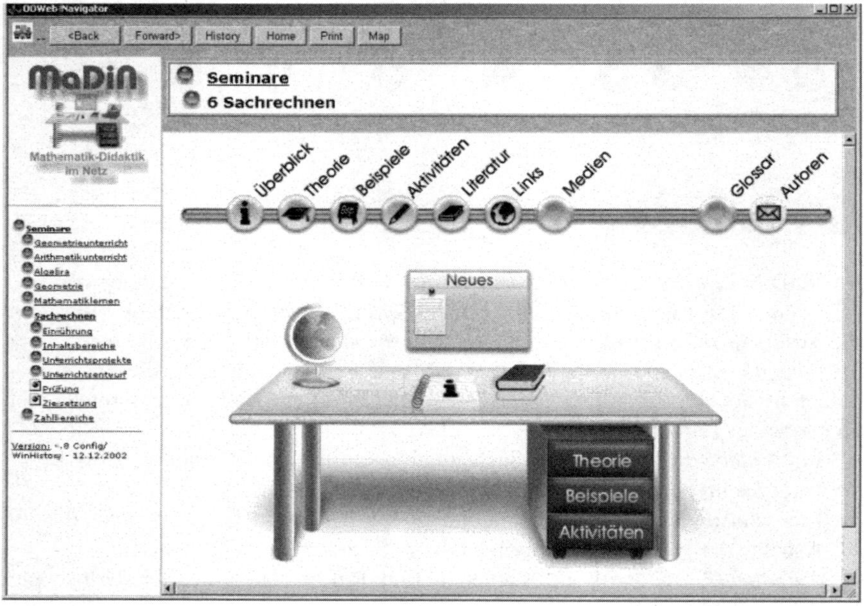

Abb 2: Schreibtisch als Metapher für eine Informationseinheit

Der Nutzer sitzt also an einem Schreibtisch und durch die Navigation im Informationssystem wird sein Schreibtisch *kontextabhängig* mit Informationen zum gewählten Thema des Lernobjektes *gefüllt*. Diese Kontextabhängigkeit vom Schreibtisch fungiert als *Informationsfilter*, um das Angebot für den Benutzer überschaubar zu halten und das Verlieren in einem Informationsüberangebot zu minimieren (*„Lost in Hyperspace“*-Problem).

3 Vom rezeptiven zum konstruktiven Umgang mit internetbasierten Inhalten

Auf den ersten Blick scheint es vernünftig zu sein, dass nur didaktische und fachliche Experten am Aufbau einer Wissensbasis arbeiten sollten. *Experten* arbeiten *konstruktiv* beim Aufbau der Wissensbasis. Die *Lernenden* arbeiten *rezeptiv* und erschließen sich auf individuellen Wegen die von den Experten bereitgestellten Inhalte oder nutzen die angebotenen Interaktionsmöglichkeiten.

Anforderungen in der Unterrichtspraxis: *Betrachtet man die Anforderungen, die an Lehrer in der Unterrichtspraxis gestellt werden, so ist die Anpassung gegebener Unterrichtsinhalte an die Lernvoraussetzungen der Lerngruppe eine zentrale Aufgabenstellung, die unabhängig von dem unterrichteten Fach von jedem Lehrer geleistet werden muss.*

Ein rein rezeptiver Umgang mit den von Experten bereitgestellten Inhalten entspricht *nicht* diesem Anforderungsprofil, sondern es ist nötig, Anpassung, Weiterentwicklung und Erstellung von Inhalten als grundlegenden Bestandteil der Lehrerausbildung zu ermöglichen, um im Hinblick auf die unterschiedlichen Praxiserfahrungen *konstruktiv* in einer Wissensbasis zu arbeiten. Dieser Weg vom rezeptiven zum konstruktiven Umgang mit einer Wissensbasis wird im Folgenden skizziert.

Innerhalb der universitären Ausbildung erfolgt zunächst die Einführung in den rezeptiven Umgang von Informationssystemen mit dem Ziel, sich mit der Wissensbasis vertraut zu machen und diese ausbildungsbegleitend als Informationsressource zu nutzen. Im MaDiN-Projekt werden Inhalte direkt aus dem Informationssystem in Vorlesungen eingesetzt. In Seminaren wird diese Aufgabenstellung durch Inhaltsproduktionen der Studenten erweitert. Dies beinhaltet die Einbettung professionell erstellter Inhalte in einen persönlichen Arbeitsbereich und die Ergänzung von weiteren selbst erstellten Inhalten. Die Ausbildung zielt in dieser Phase bereits darauf ab, die Trennung von Autoren- und Leserrolle aufzuheben. Persönliche Bedürfnisse und Erfahrungen in Unterrichtspraktika bestimmen dabei ebenfalls die Wissensorganisation und die *Adaption von Inhalten* (Lifecycle und Weiterentwicklung von Lernobjekten – siehe LOM 2002). Professionell erstellte Inhalte können in einem persönlichen Arbeitsbereich durch eigene Dokumente ergänzt bzw. ersetzt werden, ohne die Originaldokumente zu verändern. Im Zusammenhang mit der Erstellung von Projekten eröffnet die internetbasierte Wissensorganisation zudem die Möglichkeit, kooperativ mit authentischen Materialien in der Lehrerbildung zu arbeiten und *internetbasierte Projektentwicklung im Team* zu erlernen.

Lehramtsstudenten fertigen im Rahmen der Prüfungsleistungen zum ersten Staatsexamen eine Examenshausarbeit zu einem bestimmten Thema an. Eine Ausarbeitung bezogen auf internetbasierte Wissensorganisation erfordert eine Einbettung eines erarbeiteten Inhaltes in eine bestehende Wissensstruktur. Im Kontext *internetbasierte Wissensorganisation* enthält eine Examensarbeit drei wesentliche Bestandteile:

- Den in die Wissensbasis *einzubettenden Inhalt*, der in der Examensarbeit ausgearbeitet wurde.
- Die Analyse des Informationskontextes der Wissensbasis, in den der Inhalt eingebettet wird.
- Die Dokumentation der Einbettung und der notwendigen Anpassungen des Informationskontextes, in den der Inhalt eingebettet wurde.

Dabei ist die Analyse der existierenden Wissensorganisation von besonderer Bedeutung, damit für den Leser ein konsistentes zusammenhängendes Informationssystem entsteht. Dadurch müssen auch didaktische Aspekte der Wissenseinbettung des Themas in der Examenshausarbeit berücksichtigt werden. Je nach Entwicklung der Wissensbasis, in die die Examensinhalte eingebettet werden, wird die *Quantität* der eingebetteten Inhalte weniger und der *Aufwand für die Einbettung* größer. Der Prozess der Einbettung beinhaltet didaktisch-methodische Überlegungen, die als Metainformationen zwar zur internetbasierten Wissensorganisation, aber nicht zum eingebetteten Inhalt gehören.

Referendare nutzen das Informationssystem rezeptiv zur Informationsrecherche bei der Unterrichtsvorbereitung und konstruktiv bei der Weiterentwicklung, Kommentierung von existierenden Unterrichtsideen und -entwürfe mit kooperativer Planung.

In den bisherigen Ausführungen wurden die Anwendungsfälle skizziert, in denen konstruktives Arbeiten mit einer Wissensbasis möglich ist. Notwendig sind Methoden, um eigenes Wissen für eine internetbasierte Wissensbasis aufzubereiten. Als Ausgangspunkt dient die *ObjektOrientierte Analyse* (OOA siehe Coad, Yourdon, 1991). Die OOA ist eine in der Informatik entwickelte Methode, mit der programmiersprachenunabhängig ein System analysiert werden kann. Ferner ist die OOA als *Problemlösestrategie* Gegenstand des Informatikunterrichts an Schulen. Mit der OOA wird ein System

- in *Objekte* zerlegt (Modularisierung),
- die Objekte werden in *Beziehung* gesetzt
  - *Aggregation* als Teilobjektbeziehung zwischen den Teilen und dem Ganzen.
  - *Assoziation* einseitiger oder zweiseitiger allgemeiner Abhängigkeit zwischen Objekten, die keine Aggregation ist.
- eine *Klassifikation* von Objekten wird vorgenommen und
- *Prozesse und Methoden* werden analysiert, d.h. Prozesse in Objekten werden bestimmt und durch Methoden beschrieben.

Die ObjektOrientierte ThemenAnalyse OOTA (Ernst & Stein, 2003) verwendet die OOA als Grundlage für die internetbasierte Wissensorganisation von Themen. Z.B. hat eine Charakterisierung als *Prozess* in einem Lernobjekt Konsequenzen für die Veranschaulichung durch ein *Video* oder eine *Animation*. Als Bestandteil der Lehrerausbildung zielt die OOTA auf eine erweiterte konstruktive Kompetenz, didaktisches und fachliches Wissen zu strukturieren.

4 Fazit

Die vorangegangenen Abschnitte zeigen, dass internetbasierte Lehrerbildung nicht nur einen *rezeptiven* Umgang mit einer online verfügbaren Wissensbasis beinhaltet, sondern die *konstruktiven* Aspekte einer Individualisierung und Personalisierung von Inhalten ist eine wesentliche mediendidaktische Zielsetzung. Die *Anpassung von Lerninhalten an eine Lerngruppe* ist eine grundlegende Fähigkeit, die Lehrer in ihrer alltäglichen Arbeit benötigen. Diese personalisierte Wissensorganisation durchzieht die Lehrerausbildung im Bereich einer internetunterstützten Lehrerbildung im MaDiN-Projekt. Sie reicht von der Wissensorganisation von Studenten und Dozenten für Vorlesungen und Seminare, über die kooperative Unterrichtsplanung von Referendaren bis hin zur Planung und Dokumentation von Projekten in Schulen, bei denen Schülergruppen eigene Teilprojekte dokumentieren und mit anderen Schülergruppen ihre Ergebnisse abstimmen. Die Recherche in einem internetbasierten Informationssystem, die individuelle Organisation der für die Lernenden wesentlichen Inhalte und das Ergänzen persönlicher Inhalte hat die folgende Zielsetzung:

- Der *Lernende* soll sein *eigenes Wissen* im Verlauf seiner Ausbildung durchgängig *organisieren* und *erweitern.*
- Der *Lehrende* bereitet Lerninhalte für Lerngruppen auf und stellt damit für den Lernenden einen Rahmen der Unterstützung von individuellen Lernprozessen bereit (Dozent für Studenten oder Referendar/Lehrer für Schüler oder Fachleiter für Referendare).

Für die Organisation des eigenen Wissens ist es notwendig, Methoden für die Strukturierung von Inhalten bereitzustellen. Die objektorientierte Themenanalyse (Ernst & Stein, 2002) stellt diese Methoden zur Verfügung, um Inhalte modularisiert und vernetzt aufzubereiten. Sind Teile des eigenen Wissens strukturiert, ist eine einfache Benutzerschnittstelle durch ein Autorensystem notwendig, mit dem diese Strukturierung in eine Wissensbasis übertragen werden kann. Die Einfachheit des Autorensystems ist eine wesentliche Voraussetzung für den Einsatz in der internetbasierten Lehrerbildung, denn die angehenden Lehrer sollen nicht zu Webdesigner ausgebildet werden, sondern die Fähigkeit erwerben, ihr Wissen zu organisieren und kooperativ in Gruppen weiter zu entwickeln.

Die Klassifizierung der Informationen im Beispiel MaDiN durch einen Schreibtisch strukturiert die Informationskategorien für die Lehramtsstudenten vor und liefert so ein Gerüst für die Integration eigener Inhalte in die Wissensbasis (konstruktiven Aspekt). Bei der Integration einer internetbasierten Wissensorganisation in die Lehramtsausbildung wird der angehende Lehrer vom rezeptiven Einsatz in Vorlesungen zu einer konstruktiven Arbeit mit einer Wissensbasis in

Seminare, Examensarbeiten und im Referendariat geführt. Die dabei gesammelten mediendidaktische Erfahrungen dienen beim *Wechsel von der lernenden in die lehrende Rolle* dazu, selbst Wissen im schulischen Zusammenhang für Schüler internetbasiert bereit zu stellen und z.B. in einer Projektarbeit eigenverantwortliches Wissensmanagment bei den Schülergruppen zu initiieren. Insgesamt ist festzustellen, dass eine internetbasierte Lehrerbildung nicht von der Präsentation und Rezeption *„fertiger Inhalte"* lebt, sondern von der Dynamik und kooperativen Weiterentwicklung *„unfertiger Inhalte"*.

Literatur

Coad, P., Yourdon, E. (1991), *Objectoriented Analysis,* Prentice-Hall, Inc.

Ernst, A., Stein, M., (2002), Didaktische Aspekte der Aufbereitung von Lerninhalten für eine konstruktivistische Lehr-Lernumgebung im Internet, *Mathematica Didactica* (in Druck).

Honebein, P.C., Duffy, T.M., Fishman. B.J. (1993), Constructivism and the design of learning environments: context and authentic activities for learning, in: T.M. Duffy, J. Lowyck, et al. (Eds.), *Designing Environments for constructive learning,* Berlin, Heidelberg, S. 87-108

Jacobson, M.J., Spiro, R.J. (1995), Hypertext learning environments, cognitive flexibility and the transfer of complex knowledge: An empirical investigation, *Journal of Educational Computing Research, 12* (4), 301-333

Lave J., Wenger E. (1991), *Situated Learning,* New York Cambridge

Learning Technology Standards Commitee, LSTC of IEEE (2002), Draft Standard of Learning Object Metadata – LOM, IEEE 1484.12.1-2002, Abruf am 23.Feb. 2003, http://lstc.ieee.org/doc/wg12/LOM_1484_12_1_v1_Final_Draft.pdf

McAleese, R. (1998), Coming to know: The Role of the Concept Map – Mirror, Assistant, Master?, Euroconference – New Technologies for Higher Education, Aveiro University, Portugal, 16.-19. September, http://www.clab.edc.noc.gr/hy302/papers%5Ccoming%20to%20%know%201998.pdf

Mousley, J., Sullivan, P. (1996), *Learning about Teaching.* Australian Ass. of Teachers, Adelaide

Niehaus, E. (2002), Objektorientierte Analyse für die webbasierte Aufbereitung mathematikdidaktischer Inhalte: *Mathematica Didatica* (in Druck).

Shell J., Black R. (1997), Situated Learning: An Inductive Case Study of a Collaborative Learning Experience, *Journal of Industrial Teachers Education 34,* (4), 5-28,

Simons, P.R.-J, (1993), Constructive learning: The role of the learner, in: T.M. Duffy, J. Lowyck, et al. (Eds.), *Designing Environments for constructive learning,* Berlin Heidelberg, S. 291-314

Anastasia Sfiri, Martina Matzer, Jutta Pauschenwein, Megan Shaw, Julie-Ann Sime

VirRAD: A New Paradigm For Technology Enhanced Learning

Zusammenfassung

In den meisten E-Learning-Szenarien werden Kommunikation und Online-Zusammenarbeit als Zusatzmöglichkeiten zum Lernen gesehen. Dieser Artikel will einen pädagogischen Rahmen präsentieren, in dem diese Sicht umgekehrt wird und Communities of Practice als neues Lernparadigma dienen. Es wird der Zugang vorgestellt, welcher derzeit in der Entwicklung einer virtuellen Community von Radiopharmakologen (VirRAD) verwendet wird, und beschrieben, wie diese Theorie zu einem instructional design führt um Technologie gestütztes Lernen zu fördern.

Abstract

In most e-learning scenarios, communication and on-line collaboration is seen as an add-on feature to resource based learning. This paper will endeavour to present a pedagogical framework for inverting this view and putting communities of practice as the basic paradigm for e-learning. It will present an approach currently being used in the development of a virtual Radiopharmacy community, called VirRAD, and will discuss how theory can lead to an instructional design approach to support technologically enhanced learning.

1 Communities as a Basic Paradigm for Learning

The e-learning field is currently occupied by a knowledge management and multimedia content technological approach that offers individual learning independent of place and time as well as flexibility in knowledge formation processes. This approach came under fire for neglecting that learning is intrinsically a social process. This is to say that information cannot be separated from its context and that the cognitive dimension of knowledge is intricately intertwined and assessed relative to the needs for action (Senge, M. reported by Meen & Keough, 1998, Lave, 1991, Brown et al. 1989). The technological approach to e-learning further assumes that ready access to primary information sources eliminates the need for knowledgeable mediated guidance. Shortcomings appear in the lack of learner's motivation and peer contact and in the high costs of multimedia learning content. In order to develop technology based solutions that enhance learning a pedagogical framework is needed to set out the guidelines and criteria for the creation of effective e-learning environments (Evans 2001). The benefits of a theoretical framework lie in relating theory to practice and connecting the concrete educational innovations of practitioners to advances in the field of learning technology.

The learning paradigm presented here can be considered as an alternative to the traditional instructional design approach, because its aim is to preserve and facilitate the characteristics of social constructivist theory (Vygotzky, 1978, Wilson 1996). Wilson (1996) defines a constructivist learning environment "as a place where learners may work together and support each other as they use a variety of tools and information resources in their guided pursuit of learning goals and problem-solving activities." The more *open* the learning environment the greater the learners' opportunities to construct his/her own educational processes according to his/her own educational interests, styles, capacities and other unique characteristics, with a greater exposure to different ideas from others. Further, *participation* in strong and symmetrical relations among the learners, which are characterised by a high level of mutual dependency is a necessary (maybe also sufficient) condition for a social atmosphere of acceptance (Laister & Koubek 2001). The social constructivist theory also emphasises the importance of *reflection processes,* (Honebein 1996, Savery & Duffy 1996), which include the understanding of personal strengths and weaknesses concerning emotional maturity, group reflection and the development of rational learning and autonomy.

2 Theoretical Framework applied to concrete model example

This paper will present our pedagogical approach, which is currently being used in the development of a virtual Radiopharmacy community, called VirRAD. VirRAD is a European funded project with the aim to create a virtual environment where the worldwide Radiopharmacy community can meet to learn, exchange views and discuss best practices. To meet this end VirRAD will offer a community platform with specific features to support communication and collaboration between community members. VirRAD will also include a courseware component where members can access multimedia learning/teaching material, including video and simulations, as well as a 3D lab where members can experiment with hazardous expensive materials in a way that would not be possible in real life.

This paper will investigate the pedagogical framework and how it leads to practical solutions supporting technologically enhanced learning. Following the assumption that "all learning is a continual process of discovering insights, inventing new possibilities for action, producing the actions, and observing the consequences leading to insights" (Senge, M. reported by Meen & Keough, 1998), our efforts have attempted to integrate the dimension of action into the development of an e-learning environment for Radiopharmacists. To achieve this goal our research in the field has led us to the implementation of communities as a basic paradigm for learning and the development of a pedagogical framework for VirRAD comprising:

- the characteristics of communities of practice (CoP): domain, practice and community (Wenger, 1998),
- the psychological theory of Mindful Learning (Langer, 1997), and
- aspects of the situated instructional approach: e-tivities (Salmon, 2002)

3 Communities of Practice and Virtual Communities

Communities of practice (CoP) as discussed by Etienne Wenger (1998) provide an environment that facilitates both *openness*, and *participation* and have been adopted in our theoretical model. They offer their members a social environment where people can exchange and construct knowledge, have a common language (jargon), share specific tools and knowledge resources and adopt a common way of doing things. Members of a CoP work together, develop ideas, achieve common tasks, discuss the past and the future and thus develop and sustain mutual relationships (Preece, 2000 and Wenger, 1999). A CoP can also be nurtured in the virtual world where the emphasis lies on social interaction mediated by current ICTs. This facilitates the construction of shared knowledge in collaborative problem solving and the organisation of collaborative learning events, on which research has placed great educational value. Higher achievement levels, cognitive advantages, raised problem solving skills, context and person related knowledge and motivation, as well as the development of personality traits (beneficial for future learning) are only some of the benefits suggested to date (Teasley and Roschelle, 1993, Webb, 1984, Bargh, 1980). Openness and participation are core themes in CoPs. Learning is accelerated in CoPs because they offer learning through social interaction and support the creation of knowledge in meaningful, authentic real contexts. In other words CoPs offer a suitable environment for the support of "constructive learning" as termed by Vygotzky (1978). The underlying principle of this concept is that communities are fundamentally self-organised systems and are not bound to official structures. According to Wenger the main characteristics of a community of practice includes three dimensions. These are *domain, practice* and *community*. The domain is the shared expertise, which gives a purpose to the community. The practice dimension refers to the specific knowledge (tacit and explicit) the community shares, develops and maintains and to the protocols that are followed in the domain. The community dimension is the social frame in which the learning takes place.

A virtual community of practice also needs to offer its members these characteristics in order to be sustainable and successful.

3.1 The VirRAD Community of Practice

VirRAD will support existing communities within the field of Radiopharmacy, some of which have already taken a first step towards a virtual community using an Internet based discussion group called *Radpharm*. The technology used for this discussion group is *Yahoo! Groups*. However, the Radiopharmacy community is not entirely satisfied with this solution and wants a technology more suitable to their requirements and every effort was taken to provide a better solution. Theoretical and qualitative empirical research was carried out using methods for monitoring the existing Radiopharmacy communities and methods for assessing the requirements for virtual communities. In order to identify the potential communities and leverage points and help implement CoP inspired initiatives, an analysis of the Radiopharmacy communities on an international and a national scale was carried out with the aim to:

- explore the virtual and non-virtual ways of collaboration and communication of the Radiopharmacy community
- identify the requirements for community technology and usability of software
- find the most appropriate ways to support the existing Radiopharmacists in a virtual worldThe research revealed that Radiopharmacists discuss different issues on a national/local level and on an international level. The Radiopharmacy hot topics on each level were identified as well as those on which the community wishes to increase collaboration, all of which shows that Radiopharmacists have already a well defined domain. One of the main obstacles to increased collaboration and communication were seen to be organisational policies allowing limited resources to attend meetings. Moreover, we analysed factors which increase or inhibit all of the following: motivation, collaboration, trust, community building, advancing in the field of Radiopharmacy, developing a shared practice, openness etc. Overall, the research delivered invaluable results, which are beneficial to the development of the VirRAD community.

In VirRAD we foresee that the community will build on existing networks and communities of Radiopharmacists paying great respect to their different user requirements. To meet this end it is envisaged that the community will be divided into subgroups to allow for local variation. The big challenge within the VirRAD community will be to connect these subgroups to a whole that is to allow for some kind of connectedness between them. In order to achieve this a great deal of moderation and cooperation will be required, a task mainly performed by the subgroup moderators and the global coordinator.

4 Mindful Learning

A key aim of the VirRAD project is to address the recognised need for developing pedagogical frameworks within e-learning. Such frameworks should be designed to increase the effectiveness of virtual learning environments by providing the flexibility to cater for the increasingly diverse needs of learners and facilitate processes of reflection. In order to achieve this aim, the design of the pedagogical framework will build on the idea of 'mindfulness' as found in "The Power of Mindful Learning" by Ellen J. Langer (1997).

Langer describes the concept of mindfulness, not as a learning strategy in itself, but as the state of mind of a learner and his or her approach to the learning materials. Learning mindfully means that learners are able to create new categories in order to classify new knowledge constructs appropriately, remain open to new situational information in order to adapt to current contexts effectively, and are implicitly aware of more than one perspective in order to think in a critical and reflective manner. According to Langer true mindfulness cannot occur until seven principles, or mindsets, associated with learning are dispelled as myths. The seven myths are: 1) the basics must be learned so well that they become second nature, 2) paying attention means staying focused on one thing at a time, 3) delaying gratification is important, 4) rote memorisation is necessary in education, 5) forgetting is a problem, 6) intelligence is "knowing what's out there", and 7) the illusion of right answers. These seven myths undermine the learning process because they "stifle creativity, silence questions and diminish self-esteem" (Langer 1997, p.4). The following section will discuss each myth one by one, will present the strategies developed by Langer and describe the way in which the mindful learning pedagogical theory is being incorporated into VirRAD.

4.1 Mindful Learning in VirRAD

Teaching "the basics", independent of context, may lead learners to apply these skills in a mindless automatic manner, without regard to the suitability of their actions to the particular contexts in which they are being applied. In order to encourage learners to be open to alternative situations that may require subtle alterations to the application of their knowledge or skills, Langer believes that changes must be made to the way the information is first learned. She suggests teaching information and skills in a conditional manner rather than in an absolute form. This may include using conditional terms such as 'probably' or 'could be', rather than absolute terms such as 'is' or 'has' when describing something. It may also include asking learners to generate multiple correct answers and asking them to explain the conditions under which each answer is correct.

Langer proposes that, although a learner's attention is necessary in order to achieve goals, it is also the case that the mind seeks variety in the form of distractions. The learning environment can provide this variety so that learners may be less likely to become distracted by irrelevancies. The specified structure of the novel VirRAD environment is capable of providing alternative learning methods including enriched courseware material (provision of videotaped examples and interviews, animations, picture and graphics) to a virtual laboratory and to community discussion forums on "real life" issues. The development of student modelling techniques, that will personalise the feedback available to students, will enable the technique to be further enhanced, while preserving the freedom of choice necessary for autonomous learners. It is expected that the novelty of information will capture the learner's attention and will increase their memory retention.

The third 'myth' described by Langer is that 'delaying gratification is important and that rewards will follow when the hard work is complete. Langer suggests that if an evaluation is imposed upon a task it can cause it to become unpleasant for students, for fear of negative evaluation. To comply with the above suggestion within the VirRAD project, evaluations will be conducted in the form of self-assessment questions. These questions will be directed purely for the learner's benefit (and as information to the learner model) and will not be accessible by tutors or anyone else. This should result in a more enjoyable and therefore enhanced learning experience.

Another mythical learning principle is that 'rote memorisation is necessary in education'. Langer claims that memorisation promotes no 'learning for understanding' and therefore it cannot lead to any conceptual insights or be used in any context other than the one with which it was taught. Within the VirRAD project, the virtual reality simulation environment is expected to provide a realistic context in which learners may learn in an exploratory fashion. They will encounter realistic problems and will be expected to react in a realistic manner. This authenticity in the VirRAD learning environment will convey personal meaning to the learners, discouraging the need to rote memorise procedures.

Langer also challenges the notion that 'forgetting is a problem'. Langer argues that it may be advantageous for students to forget certain kinds of previously learned material as it can interfere with new learning (Schuell, 1995). She advocates that the process of actively remembering may cause learners to reconstruct the information they wish to know, taking into account more recent experiences and the present context, causing a learner to have a more mindful awareness of that knowledge. The self-assessment questions taken by learners in VirRAD are expected to promote some reconstruction of materials when learners are attempting to remember the information needed to produce an answer.

Langer proposes that a traditional view considers intelligence to be a measure of how aware a person is of the 'absolute reality' in the world. However, Langer differentiates between intelligence and the concept of mindfulness. Rather than believing in an absolute reality, the state of being mindful is to control reality, by recognising that no one perspective can optimally explain a situation. In this respect, *mindful intelligence* is not a measure of how much one has learned, but how effectively one *can* learn. Within the context of VirRAD, a particular learner's progress should be measured in terms of meta-cognitive skills, such as the ability of the learner to identify multiple perspectives, their flexibility of thinking and reasoning, and appropriate transfer of information across domains. This may be inferred by viewing a learner's profile and through the learner's response to carefully chosen self-assessment questions that test knowledge transfer.

A high level goal of traditional education is to equip learners with the abilities to produce specific desired outcomes. However, Langer suggests that correct answers do not exist when they are independent of any context; answers are only deemed desirable based upon the situation in which they are applied, a notion supported by Spiro and Jehng (1990). The freedom to experiment with the material learned will be given to learners in the virtual reality element of VirRAD. This environment will be flexible in that there will be a number of different paths the users may take at any given moment in order for them to explore when and where procedures can be used – the learner model will not assume that there is a single optimum path to take in a situation.

5 E-tivities

The previous sections have outlined the key concepts of communities of learning and suggested ways in which the theory of mindful learning can be applied to the design of the VirRAD courseware environment. A further aspect that needs to be thought of in the course of the VirRAD development regards the social interactions of the community members. Since the majority of the user population is not very ICT-literate and is not used to online communication media as part of daily work or learning, we need to assist them in the process of becoming active on-line. The process of "e-tivities" suggested by Salmon (2000) is our proposed method for providing such a support. E-tivities aim at initiating on-line activities, which are motivating, engaging, and purposeful and are led by an e-moderator. These activities concentrate on the needs of students and other stakeholders and adapt the methods and goals of a learning community in a way that promotes self-reflecting value. Salmon defines e-tivities as small pieces of information that structure and support the learning process of the participants. They are based on interactions between community members, mainly through written message communication. They can be written to all participants or to single persons and include: a stimulus to start something, feedback, summary, an instruction – in every case a small piece of information. In her book Salmon applies e-tivities mainly to discussion forums. In VirRAD, however, we want to extend this definition to include also chat, virtual conferences and message distribution.

The kind of support given to community members by the e-moderators is structured in a five-stage model for teaching and learning on-line. The first stage is the phase when the participants access the online community for the first time. At this point the participants do not have to take an action, it is enough when they are silent visitors. During the second stage they have to get acquainted with the tools available. They can take easy tasks, give some information about themselves and start chatting about irrelevant points. It is important that they get used to each other and to the moderator and that they start defining the roles within the collaborative processes. In a third stage the real information exchange starts. The participants read the material and discuss it with the other learners. The process of discussing promotes critical thinking, creativity and the use of the knowledge in practice. In the fourth stage the participants are able to construct knowledge. They reflect their concepts, discuss it with the other learners and broaden their horizons (Jermann and Dillenbourg, 1999). In the last stage the members organise the online environment by themselves and decide with whom they want to discuss and share their ideas. At this stage they are also able to support newcomers. Within this concept the communication media offered in VirRAD (discussion forums, chat, virtual conference and message distribution) can support the social interactions among the community members.

The international VirRAD learning community will be launched in August 2003. The community members will be welcomed to the community and will be advised by moderators according to the above mentioned stages of e-tivities. We expect that the newcomers from all user groups will overcome technological barriers quickly and will soon become active community members.

6 Evaluation Issues and Conclusion

As already mentioned the VirRAD project is still under development. Formative types of evaluation with the prospective users and the developers are being carried out as part of the development process and are used to inform and guide our efforts At regular points during development, a User Panel, representative of the Radiopharmacy community, have been consulted to provide feedback into the design of the virtual community. Once all of the mentioned VirRAD components (community, courseware and 3D lab) are implemented and usability issues are resolved, we will continue with summative evaluation. We expect that the VirRAD teaching methods will produce the same level of learning performance in comparison with current teaching methods. We also expect that VirRAD learners will use their acquired knowledge mindfully, this means in a flexible and context related way. The VirRAD learning environment, with the adoption of e-tivities, is expected to lead to satisfactory levels of participation, motivation, enjoyment and engagement with the learning experience for all user groups involved creating an added value for all members.

This paper suggested that learning can be improved by exploiting the potential of virtual communities of practice and combining it with the pedagogical framework of "mindful learning" and e-tivities. When designing a learning community one should investigate all learning processes and view them as an integrated part of communities of practice. In doing so, one will be able to detect social deficits and communication ruptures as well as undefined roles.

References

Aronson, E. & Patoe, S. (1997). *The Jigsaw Classroom,* New York : Adison Wesley Longman.

Bargh, J.A. and Schul, Y. (1980). On the Cognitive Benefits of Teaching. *Journal of Educational Psychology, 72,* pp. 593-604.

Brown, J., Collins, A. & Duguid, P. (1989) Situated cognition and the culture of learning. *Educational Researcher, 18, 32-42*

D3.1- VirRAD "Pedagogical Framework", Deliverable of the project VirRAD (The Virtual Radiopharmacy – a mindful learning environment), September 2002.

D6.1- VirRAD "Evaluation Plan", Deliverable of the project VirRAD (The Virtual Radiopharmacy – a mindful learning environment), September 2002.

D7.1- VirRAD "Community Monitoring Report", Deliverable of the project VirRAD (The Virtual Radiopharmacy – a mindful learning environment), March 2002.

Evans, T. (2001) New Research Challenges for Technology Supported Learning. Open Consultation July-October 2001. Report. November 2001. EC.

Honebein, P. (1996). Seven goals for the design of constructivist learning environments. In B. Wilson (Ed.), *Constructivist learning environments: Case studies in instructional design* (pp.11-24). New Jersey: Educational Technology Publications.

Jermann, P. and Dillenbourg, P. (1999). An Analysis of Learner Arguments in a Collective Learning Environment. *In the Proceedings of the Computer Support for Collaborative Learning (CSCL) 1999 Conference,* C. Hoadley and J. Roschelle (Eds.) Dec. 12-15, Stanford University, Palo Alto, California. Mahwah, NJ: Lawrence Erlbaum Associates.

Johnson, D.W. & Johnson, R.T. (1991). *Learning Together and Alone: Cooperative, Competitive and Individualistic Learning,* Englewood Cliffs, NJ: Prentice Hall.

Johnson, D. & Johnson, R. & Stanne, M.B. (2000). Cooperative Learning Methods: A Meta-Analysis. http://www.clcrc.com/pages/cl-methods.html.

Laister, J. & Koubek, A. (2003). 3rd Generation Learning Platforms Requirements and Motivation for Collaborative Learning, Contribution to the conference *"4th Interactive Computer aided Learning"*. Villach/Austria September 26-28, 2001

Langer, E. J. (1997). *The Power of Mindful Learning.* Perseus Books.

Lave, J. (1991). *Situated learning in communities of practice.* In L.B. Resnick, J.M. Levine, & S.D. Teasley (Eds.). *Perspectives on socially shared cognition* (pp. 63-82). Washington, DC: American Pscyhological Association

Meen, D. & Keough, M. (1998). Creating the learning organization – An interview with P. M. Senge, author of The Fifth Discipline: The Art & Practice of the Learning Organization. *The McKinsey Quarterly,* 1992 Number 1, pp. 58-86.

Preece, J. (2000). *Online Communities: Designing Usability, Supporting Sociability,* John Wiley & Sons Ltd.

Salmon, G. (2002). *Etivities.* London: Kogan Page Limited.

Savery, J. & Duffy, T. (1996) Problem-based learning: An instructional model and its constructivist framework. In B. Wilson (Ed.), *Constructivist learning environments: Case studies in instructional design* (pp. 135-148). New Jersey: Educational Technology Publications.

Sharan, Y. & Sharan, S. (1992). *Expanding Cooperative Learning Through Group Investigation,* New York: Columbia University Press.

Shuell, T. (1995). Designing Instructional Computing Systems for Meaningful Learning. In M. Jones & P. Winne (Eds.), *Adaptive Learning Environments: Foundations and Frontiers* (pp. 19-54). Berlin: Springer-Verlag.

Spiro, R. & Jehng, J.-C. (1990). Cognitive Flexibility and Hypertext: Theory and Technology for the Nonlinear and Multidimensional Traversal of Complex Subject Matter. In D. Nix & R. Spiro (Eds.), *Cognition, Education and Multimedia* (pp. 163-205). New Jersay, Lawrence Erlbaum.

Teasley, S.D., and Roschelle, J. (1993). Constructing a joined problem space: The computer as a tool for sharing knowledge. In S.P. Lajoie & S.D. Derry (Eds.), *Computers as cognitive tools,* Hillsdale, NJ:Erlbaum.

Vygotsky, L.S. (1978). *Mind in Society.* Cambridge: Cambridge University Press.

Wilson, B. (1996). *Constructivist learning environments: Case studies in instructional design.* New Jersey: Educational Technology Publications.

Webb, N. (1984). Microcomputer Learning in Small Groups. Cognitive Requirements and Group Processes". *Journal of Educational Psychology*, *76* (6), pp. 1076-1088.

Wenger, E. (1998). *Communities of Practice: Learning, Meaning and Identity.* Cambridge: Cambridge University Press.

Autorinnen und Autoren

Dr. Patricia Arnold
Universität der Bundeswehr Hamburg, D
mail@parnold.de

Hashem Badra
Universität Karlsruhe, D
hashem.badra@ifab.uni-karlsruhe.de

Prof. Dr. Bernd Becker
Albert-Ludwigs-Universität Freiburg, D
becker@informatik.uni-freiburg.de

Karen Beyer
Universität Hamburg, D
k.beyer@aww.uni-hamburg.de

Lars Bollen
Universität Duisburg-Essen, D
bollen@collide.info

Prof. Dr. Margarete Boos
Georg-August Universität Göttingen, D
mboos@uni-goettingen.de

Claudia Bremer
Universität Frankfurt a.M. D
mail@bremer.cx

Dr. Marion Bruhn-Suhr
Universität Hamburg, D
m.bruhn-suhr@aww.uni-hamburg.de

Lorenzo Cantoni
Università della Svizzera italiana, CH
lorenzo.cantoni@lu.unisi.ch

Dr. Jörg Caumanns
Fraunhofer-Institut für Software- und Systemtechnik Berlin, D
joerg.caumanns@isst.fhg.de

Annika Daun
Universität Duisburg-Essen, D
adaun@wi-inf.uni-essen.de

Dr. Birgit Drolshagen
Universität Dortmund, D
birgit.drolshagen@uni-dortmund.de

Michael Dumbser
Universität Stuttgart, D
dumbser@iag.uni-stuttgart.de

Martin Ebner
Technische Universität Graz, A
martin.ebner@tugraz.at

Heiko Feeken
Universität Oldenburg, D
heiko.feeken@uni-oldenburg.de

Birgit Feldmann
FernUniversität Hagen, D
birgit.feldmann@fernuni-hagen.de

Dr. Martin Gieseking
Universität Osnabrück, D
mgieseki@uos.de

Prof. Gudrun Görlitz
Technische Fachhochschule Berlin, D
goerlitz@tfh-berlin.de

Clemens Gruber
Universität Osnabrück, D
cgruber@uni-osnabrueck.de

Prof. Dr. Peter Grübl
Technische Universität Darmstadt, D
gruebl@massivbau.tu-darmstadt.de

Robert Gücker
Universität Hamburg, D
robert.guecker@uni-hamburg.de

Ulrike Günther
Universität Düsseldorf, D
ulrike.guenther@uni-duesseldorf.de

Corinna Haas
Universität Osnabrück, D
corinna.haas@uos.de

Jasmin Hamadeh
Universität Hamburg, D
j.hamadeh@aww.uni-hamburg.de

Heidemarie Hanekop
Soziologisches Forschungsinstitut (SOFI) e.V. Göttingen, D
hhaneko@gwdg.de

Oliver Hankel
Universität Hamburg, D
olli@zeitleben.de

Marion Hartung
Universität der Bundeswehr Hamburg, D
marion.hartung@unibw-hamburg.de

Stefanie Hauske
Universität Duisburg-Essen, D
shauske@wi-inf.uni-essen.de

Prof. Dr. Edgar Heineken
Universität Duisburg-Essen, D
heineken@uni-duisburg.de

Akiko Hemmi
University Edinburgh, UK
akiko_hemmi@hotmail.com

Prof. Dr. Wilfried Hesser
Universität der Bundeswehr Hamburg, D
wilfried.hesser@unibw-hamburg.de

Dr. Manfred Heydthausen
Universität Düsseldorf, D
heydth@uni-duesseldorf.de

Uwe Hofschröer
Universität Göttingen, D
uhofsch1@gwdg.de

Dr. Andreas Holzinger
Technische Universität Graz, A
andreas.holzinger@uni.graz.at

Prof. Dr. Ulrich Hoppe
Universität Duisburg-Essen, D
hoppe@collide.info

Prof. Dr. Uwe Hoppe
Universität Osnabrück, D
uwe.hoppe@uos.de

Iver Jackewitz
Universität Hamburg, D
jackewitz@informatik.uni-hamburg.de

Prof. Dr.-Ing. Klaus Jobmann
Universität Hannover, D
jobmann@ant.uni-hannover.de

Gerd Kaiser
Humboldt-Universität Berlin, D
gerd.kaiser@charite.de

Prof. Dr. Wolfgang Keil
Westfälische Wilhelms-Universität Münster, D
keil@psy.uni-muenster.de

Prof. Dr. Michael Kerres
Universität Duisburg-Essen, D
kerres@uni-duisburg.de

Lars Kilian
Universität der Bundeswehr Hamburg, D
lars.kilian@unibw-hamburg.de

Ralph Klein
Universität Dortmund, D
ralph.klein@uni-dortmund.de

Dr. Andreas Knaden
Universität Osnabrück, D
aknaden@uos.de

Karola Koch
Universität der Bundeswehr Hamburg, D
kkoch@unibw-hamburg.de

Marc Krüger
Learning Lab Lower Saxony, D
krueger@learninglab.de

Markus Kuhn
Universität Duisburg-Essen, D
kuhn@collide.info

Jr.-Prof. Dr.-Ing. Kyandoghere Kyamakya
Universität Hannover, D
kyandogh@ant.uni-hannover.de

Carmen Lanfer
Soziologisches Forschungsinstitut (SOFI) e.V. Göttingen, D
clanfer@gwdg.de

Dr. Benedetto Lepori
Università della Svizzera italiana, CH
blepori@unisi.ch

Martina Matzer
FH Johanneum, A
martina.matzer@fh-joanneum.at

Prof. Dr. Horst Otto Mayer
Fachhochschule Vorarlberg, A
horst.o.mayer@fh-vorarlberg.ac.at

Dr. Yongwu Miao
Westfälische Wilhelms-Universität Münster, D
miao@psy.uni-muenster.de

Stefan Müller
Technische Fachhochschule Berlin, D
s.mueller@tfh-berlin.de

Prof. Dr. Claus-Dieter Munz
Universität Stuttgart, D
munz@iag.uni-stuttgart.de

Dr. Engelbert Niehaus
Universität Münster, D
niehaus@math.uni-muenster.de

Dr. Trong-Nghia Nguyen-Dobinsky
Humboldt-Universität Berlin, D
ngudobin@charite.de

Ursula Nothhelfer
Universität Kaiserslautern, D
un_virtual@ursula-nothhelfer.de

Klaus Nuyken
Universität Hamburg, D
klaus.nuyken@uni-hamburg.de

Dr. Heike Ollesch
Universität Duisburg-Essen, D
heike.ollesch@uni-duisburg.de

Anja Osiander
Technische Universität Dresden, D
osiander@canaletto.net

Bernd Pape
Universität Hamburg, D
pape@informatik.uni-hamburg.de

Dr. Jutta Pauschenwein
FH Johanneum, A
jutta.pauschenwein@fh-joanneum.at

Niels Pinkwart
Universität Duisburg-Essen, D
pinkwart@collide.info

Prof. Dr. Ursula Piontkowski
Westfälische Wilhelms-Universität Münster, D
pio@psy.uni-muenster.de

Dr. Markus Plach
Universität des Saarlandes, D
m.plach@mx.uni-saarland.de

Dr. Neil Pollock
University Edinburgh, UK
neil.pollock@ed.ac.uk

Dr. Cornelia Rizek-Pfister
Swiss Virtual Campus Schweizerische Hoschulkonferenz, CH
cornelia.rizek@cus.ch

Matthias Rohs
Fraunhofer-Institut für Software- und Systemtechnik Berlin, D
matthias.rohs@isst.fhg.de

Sabine Roller
Universität Stuttgart, D
roller@iag.uni-stuttgart.de

Prof. Dr. Gunter Schlageter
FernUniversität Hagen, D
gunter.schlageter@fernuni-hagen.de

Bernd Schmidt
Technische Universität Darmstadt, D
bschmidt@massivbau.tu-darmstadt.de

Nils Schnittker
Technische Universität Darmstadt, D
schnittker@massivbau.tu-darmstadt.de

Tobias Schubert
Albert-Ludwigs-Universität Freiburg, D
schubert@informatik.uni-freiburg.de

Frank P. Schulte
Universität Duisburg-Essen, D
frank.schulte@uni-duisburg.de

Christine Schwarz
Universität Hannover, D
schwarz@wa.uni-hannover.de

Anastasia Sfiri
FH Johanneum, A
anastasia.sfiri@fh-joanneum.at

Megan Shaw
Lancaster University, UK
mshaw2@lancaster.ac.uk

Julie-Ann Sime
Lancaster University, UK
j.sime@lancaster.ac.uk

Robert Stein
Prof. Dr. Stein + Partner GmbH, D
robert.stein@stein.de

Peter Steininger
Universität Karlsruhe, D
peter.steininger@ifab.uni-karlsruhe.de

Dr. Christa Stocker
Universität Zürich, CH
cstocker@ds.unizh.ch

Jörg Stratmann
Universität Duisburg-Essen, D
joerg.stratmann@uni-duisburg.de

Monique Strauss
Universität Hamburg, D
strauss@informatik.uni-hamburg.de

Markus Stübing
Technische Universität Berlin, D
mstuebing@cs.tu-berlin.de

Chiara Succi
Università della Svizzera italiana, CH
chiara.succi@lu.unisi.ch

Tobias Thelen
Universität Osnabrück, D
tthelen@uni-osnabrueck.de

Anne Thillosen
Universität der Bundeswehr Hamburg, D
anne.thillosen@unibw-hamburg.de

Dr. Volker Uhl
Hamburger Universität für Wirtschaft
und Politik, D
volker.uhl@T-Online.de

Burkhard Vollmers
Universität Hamburg, D
burkhard.vollmers@uni-hamburg.de

Britta Voß
Universität Duisburg-Essen, D
Britta.Voss@uni-duisburg.de

Prof. Dr. Debora Weber-Wulff
FHTW Berlin und Virtuelle
Fachhochschule Berlin, D
weberwu@vfh.de

Jürgen Zechner
Technische Universität Graz, A
zeckomat@sbox.tugraz.at

Prof. Dr. Gert Zülch
Universität Karlsruhe, D
gert.zuelch@mach.uni-karlsruhe.de

Gesellschaft für Medien in der Wissenschaft (GMW)

Im Kontext des wissenschaftlichen Lehrens und Forschens gewinnen die so genannten Neuen Medien mehr und mehr an Bedeutung. Die GMW hat sich zur Aufgabe gemacht, diesen Prozess reflektierend, gestaltend und beratend zu begleiten. Die GMW begreift sich als Netzwerk zur interdisziplinären Kommunikation zwischen Theorie und Praxis im deutschsprachigen Raum. Anwender und Forschende aus den verschiedensten Disziplinen kommen durch die GMW miteinander in Kontakt.

Mitte der neunziger Jahre begründete die GMW zusammen mit dem Waxmann Verlag die Buchreihe „Medien in der Wissenschaft", aus der Ihnen hier der Band 24 vorliegt. Im Fokus der Buchreihe liegen hochschulspezifische Fragestellungen zum Einsatz Neuer Medien. Für die GMW stehen dabei die gestalterischen, didaktischen und evaluativen Aspekte der Neuen Medien sowie deren strategisches Potenzial für die Hochschulentwicklung im Vordergrund des Interesses, weniger die technische Seite. Autoren und Herausgeber mit diesen Schwerpunkten sind eingeladen, die Reihe für ihre Veröffentlichungen zu nutzen. Informationen zu Aufnahmekriterien und -modalitäten sind auf der GMW-Webseite zu finden.

Jährlicher Höhepunkt der GMW-Aktivitäten ist die europäische Fachtagung im September. Im Wechsel sind deutsche, österreichische und Schweizer Veranstaltungsorte Gastgeber. Die Konferenz fördert die Entwicklung medienspezifischer Kompetenzen, unterstützt innovative Prozesse an Hochschulen und Bildungseinrichtungen, verdeutlicht das Innovationspotenzial Neuer Medien für Reformen an den Hochschulen, stellt strategische Fragen in den Blickpunkt des Interesses und bietet ein Forum, um neue Mitglieder zu gewinnen. Seit 1997 werden die Beiträge der Tagungen in der vorliegenden Buchreihe publiziert.

Eng verbunden mit der Tagung ist die jährliche Ausrichtung und Verleihung des MEDIDA-PRIX durch die GMW für herausragende mediendidaktische Konzepte und Entwicklungen. Seit dem Jahr 2000 ist es damit gelungen, unter Schirmherrschaft und mit Förderung der Bundesministerien aus Deutschland, Österreich und der Schweiz gemeinsame Kriterien für gute Praxis zu entwickeln und zu verbreiten. Der Preis hat mittlerweile in der E-Learning-Gemeinschaft große Anerkennung gefunden und setzt richtungsweisende Impulse für Projekt- und Produktentwicklungen. Die jährliche Preisverleihung lenkt die öffentliche Aufmerksamkeit auf mediendidaktische Innovationen und Entwicklungen, wie dies kaum einer anderen Auszeichnung gelingt.

Die GMW ist offen für Mitglieder aus allen Fachgruppierungen und Berufsfeldern, die Medien in der Wissenschaft erforschen, entwickeln, herstellen, nutzen und vertreiben. Für diese Zielgruppen bietet die GMW ein gemeinsames Dach, um die Interessen ihrer Mitglieder gegenüber Öffentlichkeit, Politik und Wirtschaft zu bündeln.
GMW-Mitglieder profitieren von folgenden Leistungen:

- Reduzierter Beitrag bei den GMW-Tagungen
- Gratis Tagungsband unabhängig vom Besuch der Tagungen

Informieren Sie sich, fragen Sie nach und bringen Sie Ihre Anregungen und Wünsche ein. Werden Sie Mitglied in der GMW!
[www.gmw-online.de]

September 2003, für den Vorstand
Michael Kindt

MEDIEN IN DER WISSENSCHAFT

Herausgegeben von der Gesellschaft für
Medien in der Wissenschaft (GMW)

■ BAND 5

Hartmut Simon (Hrsg.)

Virtueller Campus

Forschung und Entwicklung für neues Lehren und Lernen

1997, 270 Seiten, br., 19,50 €
ISBN 3-89325-557-5

■ BAND 6

Mechtild Hauff (Hrsg.)

media@uni-multi.media?

Entwicklung – Gestaltung – Evaluation neuer Medien

1998, 270 Seiten, br., 19,50 €
ISBN 3-89325-674-1

■ BAND 7

Michael Kindt (Hrsg.)

Projektevaluation in der Lehre

Multimedia in Hochschulen zeigt Profile

1999, 140 Seiten, br., 15,30 €
ISBN 3-89325-745-4

■ BAND 8

Klaus Lehmann (Hrsg.)

Studieren 2000

Alte Inhalte in neuen Medien?

1999, 260 Seiten, br., mit CD-ROM, 25,50 €
ISBN 3-89325-776-4

■ BAND 9

Helga Krahn,
Joachim Wedekind (Hrsg.)

Virtueller Campus '99

Heute Experiment – morgen Alltag?

2000, 374 Seiten, br., 25,50 €
ISBN 3-89325-913-9

■ BAND 10

Friedrich Scheuermann (Hrsg.)

Campus 2000

Lernen in neuen Organisationsformen

vergriffen

■ BAND 11

Christoph Brake

Politikfeld Multimedia

Multimediale Lehre im Netz der Restriktionen

2000, 200 Seiten, br., 19,50 €
ISBN 3-89325-923-6

■ BAND 12

Rainer Albrecht,
Erwin Wagner (Hrsg.)

Lehren und Lernen mit neuen Medien

Plattformen – Modelle – Werkzeuge

2001, 242 Seiten, br., 19,50 €
ISBN 3-89325-935-X

■ BAND 13

Friedrich W. Hesse,
Helmut F. Friedrich (Hrsg.)

Partizipation und Interaktion im virtuellen Seminar

2001, 318 Seiten, br., 25,50 €
ISBN 3-8309-1094-0

Der Band fasst die Ergebnisse von VIROR, eines führenden Verbundprojektes der »Virtuellen Hochschule« zusammen. Interessierte aus Lehrpraxis und Leitungsebene erfahren im Überblick, welche Szenarien und Methoden des E-Learning sich in der traditionellen Campus-Hochschule etablieren und diese modernisieren können. Die Beiträge beschreiben ausführlich eingesetzte Technik, didaktische Konzepte und konkrete Erfahrungen, nehmen aber auch sich abzeichnende Trends und die hochschulpolitische Ebene in den Blick.

■ BAND 14

Erwin Wagner,
Michael Kindt (Hrsg.)

Virtueller Campus

Szenarien – Strategien – Studium

2001, 520 Seiten, br., 25,50 €
ISBN 3-8309-1093-2

■ BAND 15

Paul-Thomas Kandzia,
Thomas Ottmann (Hrsg.)

E-Learning für die Hochschule

Erfolgreiche Ansätze für ein flexibleres Studium

2003, 400 Seiten, br., 25,50 €
ISBN 3-8309-1292-7

■ BAND 16

Ludwig J. Issing,
Gerhard Stärk (Hrsg.)

Studieren mit Multimedia und Internet

Ende der traditionellen Hochschule oder Innovationsschub?

2002, 158 Seiten, br., 15,30 €
ISBN 3-8309-1103-3

An den deutschen Hochschulen gibt es bereits zahlreiche Projekte zum Einsatz von Multimedia und Internet. Einzelne Hochschulen planen die Vermarktung von Online-Studienangeboten und ausländische virtuelle Universitäten rüsten sich für einen globalen Bildungsmarkt. Bedeutet diese Virtualisierung das Ende der traditionellen Präsenzhochschule? Kann letztere mit der virtuellen Konkurrenz mithalten? Zu diesen Fragen nehmen deutsche und internationale Experten Stellung und zeigen Perspektiven.

■ BAND 17

Patricia Arnold

Didaktik und Methodik telematischen Lehrens und Lernens

Lernräume – Lernszenarien – Lernmedien

2001, 174 Seiten, br., 19,50 €
ISBN 3-8309-1107-6

Lernen mit neuen Medien, sei es als ›virtuelles Lernen‹, ›online studieren‹ oder ›telematisches Lehren und Lernen‹ wird in allen Bildungsbereichen propagiert. Ebenso vielfältig sind aber auch die Organisationsformen, die Lernräume und die didaktisch-methodischen Konzepte. Wie lassen sich in dieser ›bunten Vielfalt‹ der gegenwärtige Stand der Entwicklung und die zukünftigen Perspektiven virtueller Lernkultur fassen? Dieser Band analysiert dazu weltweit ausgewählte Praxisbeispiele aus didaktischer Perspektive vor dem Hintergrund einer Vision selbstgesteuerten Lernens.

Didaktische Überlegungen erleben mit den neuen Lernmedien eine Renaissance. Allerdings sind im Bereich des »Didaktischen Designs« die verschiedenen theoretischen Modelle, aber auch generell Theorie und Praxis bislang oft nur unzureichend aufeinander bezogen. Thematisiert werden allgemein-didaktische Modelle sowie Modelle des Instructional Design, instruktionistisch orientierte und situationistische Ansätze, genau so wie hochschuldidaktische Fragen. Aus Sicht der Praxis werden unterschiedliche medienbasierte Lehr-/Lernprojekte unter einer primär didaktischen Perspektive dargestellt und diskutiert. Nicht zuletzt wird dabei auch das Verhältnis von Medien und Methoden eine Rolle spielen.

■ BAND 18

Gudrun Bachmann, Odette Haefeli, Michael Kindt (Hrsg.)

Campus 2002

Die Virtuelle Hochschule in der Konsolidierungsphase

2002, 512 Seiten, br., 25,50 €
ISBN 3-8309-1191-2

Mit diesem Band werden Referenzmodelle netzbasierten Lehrens und Lernens präsentiert, d.h. »examples of good practice«, die sich in der Praxis bewährt haben und Vorbildcharakter für die Umsetzung in der Lehre bieten.
Unter einer primär medien- und hochschuldidaktischen Perspektive werden in den Beiträgen Möglichkeiten einer Anreicherung, Erweiterung und Veränderung der Präsenzlehre durch virtuelle Komponenten dargestellt. Bezug genommen wird dabei auf folgende Fragen: Wie sollen traditionelle Lehr-/Lernformen verbessert werden? Welche positiven Veränderungen werden angestrebt bzw. wurden erreicht? Welche Erfahrungen liegen bereits vor?

■ BAND 19

Ulrike Rinn, Joachim Wedekind (Hrsg.)

Referenzmodelle netzbasierten Lehrens und Lernens

Virtuelle Komponenten der Präsenzlehre

2002, 246 Seiten, br., 19,80 €
ISBN 3-8309-1214-5

In diesem Band wird der Einsatz von Lernplattformen im »Alltagsgeschäft« und so im Kontext der damit zusammenhängenden didaktischen Fragen thematisiert. Anhand der Erfahrungen in abgeschlossenen und laufenden Projekten aus der Hochschule werden Möglichkeiten und Probleme der dort eingesetzten Plattformen dargestellt und diskutiert. Ergänzt werden diese Praxisberichte durch Beiträge, die sich mit Qualitätskriterien und Standardisierungsfragen beschäftigen, sowie mit Implementationsfragen, didaktischen Funktionen, institutionellen Rahmenbedingungen und Zukunftsvisionen.

■ BAND 20

Katja Bett, Joachim Wedekind (Hrsg.)

Lernplattformen in der Praxis

2003, 248 Seiten, br., 19,80 €
ISBN 3-8309-1215-3